간추린 오보사전

가짜뉴스의 세계

그 거짓과 왜곡 조작 날조 선동의 場
The World of Fake News

서 옥 식 지음

The World
of Fake News

책 머리에

① Convictions are most dangerous enemies of truth than lies.(신념은 거짓말보다 더 위험한 진실의 적이다)

② Journalists and the media must avoid falling into coprophilia.(언론인과 미디어는 호분증(好糞症)에 빠지는 것을 피해야 한다)

③ Accuracy is to a newspaper what virtue is to a lady.(신문에서의 정확성은 여자의 정조와 같은 것이다)

④ If you tell a lie big enough and keep repeating it, people will eventually come to believe it.(대중은 작은 거짓말보다 큰 거짓말에 잘 속아 넘어간다. 거짓말도 반복해서 말하면 결국 진실로 믿게 된다)

⑤ True Enough: Learning to Live in a Post-Fact Society(내가 믿고자 하는 진실은 차고 넘친다: 탈 사실 사회에서 사는 법 배우기)

⑥ Alternative facts are not facts. They're falsehoods. Alternative facts is to talk about the opposite of reality(which is delusion), or the opposite of truth(which is untruth.(대안적 사실이란 사실이 아닌 것, 즉 거짓을 말한다. 대안적 사실이란 실제(實際)의 반대 또는 진실(眞實)의 반대 개념이다)

⑦ Post-Truth "a term relating to or denoting circumstances in which objective facts are less influential in shaping public opinion than appeals to emotion and personal belief."(탈진실이란 객관적인 사실보다 감정이나 개인적인 신념이 여론 형성에 더 큰 영향력을 끼치는 현상과 관련된 용어)

⑧ confirmation bias(확증편향)

⑨ truthiness(트루시니스)

⑩ camp logic(陣營論理)

⑪ Theory of Cognitive Dissonance(認知的不調和理論)

⑫ Selective Avoidance(선택적 회피)

⑬ filter bubble(필터버블)

⑭ matador(흑색선전)

⑮ propaganda(선전선동)

⑯ inconvenient truth(불편한 진실)

⑰ simulacre(시뮬라크르)

⑱ verification(검증) & falsification(反證)

이상 ①에서 ⑱까지는 가짜뉴스와 관련된 명언과 용어들을 열거한 것이다.

①은 2016년 미 대선과정에서 "교황이 트럼프를 지지하고 있다" "힐러리가 (국무장관 시절) 이슬람 테러단체 ISIS에 무기를 팔아넘겼다" 등의 가짜뉴스 덕을 톡톡히 본 것으로 알려진 도널드 트럼프 대통령이 오히려 아이러니하게도 자기 마음에 들지않는 뉴스를 양산한다며 워싱턴 포스트, 뉴욕 타임스 CNN 등을 공격하며 사용한 문구다. 트럼프 대통령은 2017년 취임 첫 8개월 동안 자신의 트위터에 이 문구를 무려 106회나 올려 가짜뉴스 공격에 나선 것이다. 이 문구는 철학자 니체의 저서 '인간적인 것, 너무나 인간적인 것(Menschliches, Allzumenschliches)'에 나오는 것이지만 여기서 트럼프가 사용한 '신념(belief)'은 '확신(conviction)'이란 단어로 치환할 수 있는 것으로, 이는 소위 '확증편향'(confirmation bias)을 의미한다고 볼 수 있다. 즉, 자기가 보고싶고, 믿고싶고, 듣고싶은 것만 진실로 받아들이고 그렇지 않은 것은 아무리 사실이고 진실이라 할지라도 배척해버리는 '자기만의 신념'이 확증편향이며, 이러한 신념이 언론의 가짜뉴스로 표출된다는 것이다.

②는 프란치스코 교황이 2016년 12월 7일 벨기에의 가톨릭 주간신문 '테르티오(Tertio)'와 가진 인터뷰에서 가짜뉴스를 배설물에 비유하면서 유명해진 말이다. 교황은 또 2018년 1월 24일 에는 '가톨릭 소셜 커뮤니케이션의 날'을 맞아 가짜 뉴스의 병폐와 진실의 중요성을 강조하는 메시지를 발표하고 가짜 뉴스를 사탄의 술책이라고 강도 높게 비난했다. 교황은 '진리가 너희를 자유케 하리라-가짜 뉴스와 평화를 위한 언론(The truth will set you free-Fake news and journalism for peace)'이라는 제목의 메시지에서 인류 최초 가짜 뉴스 사례로 구약성서 창세기에서 이브가 뱀으로 위장한 사탄의 꼬임에 빠져 선악과를 따먹는 장면을 들고 "이브는 선악과를 따먹으면 하느님(하나님) 처럼 전지전능해질 수 있다는 사탄의 거짓 정보에 넘어간 것"이라며 "우리는 사상 최초의 가짜 뉴스로 인간을 비극적 죄악의 역사로 몰아넣었던 교활한 뱀을 기억해야한다"고 말했다.

③은 1952년, 1956년 두 차례나 아이젠하워 대통령에게 연달아 패배한 미국 민주당 대선후보 애들라이 스티븐슨 2세(Adlai Stevenson II)의 말이다. 뉴스의 생명인 정확성(accuracy)을 여성의 정조에 비유했다.

④ 인류 역사에 가장 대표적인 선전선동가로 꼽히는 나치 독일의 선전장관 파울 요제프 괴벨스(Paul Joseph Goebbels, 1897-1945)의 '명언'. 이밖에도 그가 했다고 전해지는 말에는 "나에게 한 문장만 달라. 누구든 범죄자로 만들 수 있다" "100%의 거짓말보다는 99%의 거짓말과 1%의 진실의 배합이 더 나은 효과를 보여준다" "선동은 문장 한 줄로도 가능하지만 그것을 반박하려면 수십 장의 문서와 증거가 필요하다. 그리고 그것을 반박하려고 할 때면 사람들은 이미 선동 당해 있다"를 둘 수 있다. 무릎을 치고 싶어질 정도로 선전선동의 요체(要諦)를 잘 보여주는 명언들이다. 그러나 실제로 괴벨스가 이런 말들을 했는지는 분명치 않다. 다만 괴벨스가 이런 말들을 한 장본인으로 꼽히는 것이야말로 그에 대한 세상의 평가를 잘 보여준다

⑤ 남아프리카공화국 출신의 미국 작가이자 칼럼니스트인 파하드 만주(Farhad Manjoo)가 쓴 책 이름이다. 국내에서 'True Enough'는 '이기적 진실'이라고 번역, 출판됐으나 오히려 '탈 사실 사회에서 사는 법 배우기(Learning to Live in a Post-Fact Society)'란 부제가 책 내용을 더 명확히 해 주고 있다. 이기적인 진실이란 자기에게 이익이 되는 것만 진실이고 그 밖의 것들은 아무리 진실이라도 가짜라는 의미를 포함하고 있다. 저자에 따르면 현대 정보화 사회는 정보의 '부족'이 아니라 오히려 '과잉'으로 고통을 받고 있다. 사실이 그대로 기록된 사진과 영상이 넘쳐나는데도 대국민 사기극이나 다름없는 허위와 괴담, 선전선동이 먹혀들고 있는 이유를 설명하고 있다.

우리는 객관적 증거가 많으면 많을수록 진실에 접근하기는 쉬울 것처럼 생각해왔다. 하지만 고도의 정보화 사회를 맞아 정보의 바다가 넓고 깊어질수록 우리는 자유롭게 헤엄을 치기보다는 맥을 못 추고 허우적대고 있다. 저자는 정보통신 기술 발달이 진실의 정확한 전달과 공유·소통에 기여하기보다는 오히려 왜곡과 분열, 편가르기를 더욱 심화시켰다고 주장한다. 정보화시대에 줏대 없이 휘둘리는 인간형을 소위 '디지털 레밍(digital lemmings)'이라한다. 이는 우리 사회의 현주소만 봐도 쉽게 공감할 수 있다. 말도 안 되는 이야기가 진실로 둔갑한 채 '정의'라는 가면을 쓰고 실제 사실을 한낱 음모로 만들어버린 사건들은 정치, 사회, 경제, 문화 어느 분야에서나 떠올릴 수 있다. 세계가 조롱하는 광우병촛불난동사태와 한미 FTA반대시위, 천안함 폭침, 세월호 침몰, 박근혜 전 대통령 탄핵논쟁에서 보여주 듯 온갖 가짜뉴스와 괴담이 난무했다. 김대업이란

사기꾼에 의해 대한민국의 대통령 선거가 좌지우지되는 황당한 일이 벌어지기도했다. 이런 가짜 뉴스와 괴담들은 지금도 언론 특히 인터넷을 통해 빠르게, 널리 전파되고 있다.

이 책은 한편 우리 사회의 분열을 이해하기 위해 다양한 선택권을 손에 쥔 사람들이 어떻게 정보를 처리하는지, 넘치도록 많아진 영상과 사진 기록물들을 어떻게 해석하는지, 검증되지 않은 '전문가'들이 토론의 장을 점령한 시대에 믿을 사람이 누구인가를 어떻게 결정하는지, 언론사들은 이 모든 변화에 어떻게 대처하고 시청자와 독자의 편향성을 어떻게 이용하는지 살펴본다.

⑥ '대안적 사실'이라는 용어는 2017년 1월 20일 열린 트럼프 대통령 취임식 참석 인원 공방에서 비롯됐다. 취임식 당일 로이터통신은 2009년 버락 오바마 전 대통령과 트럼프 취임식 인파를 비교하는 사진 2장을 공개했다. 사진은 내셔널 몰(National Mall)이 관중으로 빽빽하게 채워진 2009년과 듬성듬성한 2017년의 차이를 확연히 보여줬다. 다른 언론들도 역대 최저 지지율로 출범한 인기 없는 정권이라는 기사를 쏟아냈다. 트럼프는 이런 언론 보도에 격분했고, 숀 스파이서(Sean Spicer)백악관 대변인에게 관련 브리핑을 지시했다. 결국 취임식 이튿날(1월 22일) 열린 첫 브리핑은 "역사상 최대 취임식 인파" "42만 명이 워싱턴D.C. 지하철 환승역을 이용해 오바마 때의 31만 7천명보다 많았다"는 등 사실과 동떨어진 내용이었다. 스파이서는 질문도 받지 않고 4분30초간 브리핑을 했다. 이에 언론들은 더 조목조목 따지기 시작했다. 워싱턴포스트(WP) 등은 항공사진과 지하철 승객 통계를 제시하며 "왜 뻔한 거짓말을 하는지 모르겠다"고 지적했다. 하지만 '대안적 사실'을 처음 주장한 사람은 트럼프 대통령의 측근인 켈리앤 콘웨이(Kellyanne Conway)백악관 고문이다. 1월 22일 미 NBC방송 프로그램 '미트 더 프레스(Meet the Press)'에 출연한 콘웨이는 거짓 논란을 일으킨 백악관 브리핑에 대해 "대안적 팩트를 제시한 것"이라는 해명을 내놓았다. '실제로 있는, 입증할 수 있는, 거짓이 아닌 사실'을 뜻하는 단어(fact)와 대안·대체를 의미하는 단어(alternative)의 조합은 언뜻 봐도 논리적이지 않다. 그런데 '팩트를 대체한다'는 기이한 논리를 처음 주장한 사람이 바로 콘웨인 것이다.

⑦ 2016년 옥스포드사전은 세계의 단어로 '탈진실(post-truth)'을 선정하며 탈진실화가 국지적 현상이 아닌 세계적으로 나타나는 시대의 특성이라고 진단했다. 탈진실의 시대가 시작된 것을 방증하기라도 하듯 '가짜뉴스'(Fake News)가 사회적 논란으로 떠올랐다. 가짜뉴스는 탈진실의 시대를 투영하는 세계적 특징으로 떠오른 것이다.

⑧ 자신의 신념과 일치하는 정보는 받아들이고 신념과 일치하지 않는 정보는 무시하는 경향. 즉, 사람이 자신의 생각과 일치하는 상황이나 자료만 찾아내고 그와 반대되는 것들은 무시하거나 폄훼하는 심리를 말한다. 부연하면 자기가 보고싶고, 믿고싶고, 듣고싶은 것만 진실로 받아드리고 그렇지 않은 것은 아무리 사실이고 진실이라 할지라도 받아들이지 않는 성향을 말한다. 이와 비슷한 용어로 '진영논리', '인지부조화', '선택적 회피' '트루시니스' 등이 있다.

⑨ truthiness(트루시니스)란 사실 여부에 관계없이 직관이나 주관에 따라 자신이 원하는 것만을 진실로 인식하려는 성향 또는 심리상태를 뜻하는 용어다. 수많은 정보가 넘쳐나는 현실 속에서 사실이나 증거, 논리적으로 검증된 지식 등에 근거하기 보다는 자신이 믿고자 하는 정보만을 받아들여 그것이 진실인 것처럼 믿고 싶어하고 실제로 그렇게 믿는 것을 말한다. 이 용어는 2005년 10월 미국의 유명한 방송 사회자이자 코미디언인 스티븐 콜버트(Stephen Colbert)가 이라크에 대량살상무기가 있다는 정보를 사실로 믿고 이라크 전쟁을 일으켰던 부시 정권을 풍자하기 위해 사용하면서 유명해졌다. 이후 트루시니스는 미국방언학회(ADS: American Dialect Society)가 선정한 '2005년의 단어'(Word of the Year for 2005), 2006년 미국 사전출판사인 메리엄-웹스터(Merriam-Webster)가 선정한 '올해의 신조어'로 선정되기도 했다. 우리 나라의 경우, 2007년 학력위조로 전국을 떠들석하게 만든 신정아 사건 발생 당시 사회적으로 이슈화됐던 용어이다.

⑩ 진영논리란 자기편 것은 사실이 아니라도 사실로 받아들이고 상대편 것은 사실이라도 허위라고 주장한다. 따라서 같은 진영(陣營)이면 불법 행위도 감싸거나 침묵하는 반면, 다른 진영이면 똑같은 행위를 해도 무조건 악으로 모는 것이 진영논리다. 예를 들면 곽노현 전 서울시 교육감 후보매수사건 유죄판결에 대해 전교조가 부당하다는 논평을 낸 것이라든지, 딸 입학비리 관련 의혹과 함께 대다수 국민의 공분을 사고있는 조국 전 법무부 장관에 대해 조국수호를 외치는 촛불집회 주도세력의 행태가 여기에 해당한다.

⑪ 인지부조화이론이란 미국의 사회심리학자 리언 페스팅어(Leon Festinger)가 1957년 제기한 이론으로 사람이 두 가지 모순되는 인지요소를 가질 때 나타나는 인지적 불균형상태를 뜻한다. 사람은 자신의 태도 간 혹은 태도와 행동 간에 일관되지 않거나 모순이 존재할 때 이러한 비일관성이나 모순을 불쾌하게 여겨 이것을 감소시키려고 하는 경향이 있다. 이러한 모순을 줄이기 위해 사람은 태도나 행동을 바꾸려 시도하는데, 태도는 다른 사람들이 모르지만 행동은 이미

다른 사람들이 알고 있으므로, 행동에 맞게 태도를 바꾸게 된다. 예컨대 담배를 피우는 사람이 담배에 대해 건강에 좋지 않다고 생각을 하지만 담배를 끊지 못하고 계속 핀다. 이것은 생각과 행동이 일치하지 않는 인지부조화를 일으킨다. 이럴 때 사람은 담배를 끊던지 아니면 담배에 대한 부정적인 생각을 바꾸게 된다. 이솝 우화중의 포도밭에 들어간 여우가 포도를 따먹지 못하자 그 포도를 신 것으로 생각하는데, 이것은 인지부조화 이론으로 설명이 가능하다.

⑫ 확증편향과 비슷한 것으로 선택적 회피가 있다. 선택적 회피란 자신에게 불리한 것은 잊고 유리한 기억만 떠올리려는 것을 말한다. 다만 확증편향이 좀 더 무의식적으로 일어나는 현상이라면 선택적 회피는 의도성이 다분히 함축되어 있다고 할 수 있다.

⑬ 필터버블은 정보를 제공하는 인터넷 검색 업체나 SNS 등이 이용자 맞춤형 정보를 제공하는 과정에서 이용자가 특정 정보만 편식하게 되는 현상을 말한다. 필터버블(The Filter Bubble, 한국어판 제목: 생각 조종자들) 이라는 책을 써 이 용어를 처음 확산시킨 미국 시민단체 무브온(Move on)의 이사장인 엘리 프레이저(Eli Pariser)는 2011년 한 강연에서 자신의 페이스북에 보수 성향의 글이 올라오지 않는 이유가 페이스북이 자신의 데이터를 바탕으로 정보를 필터링했기 때문이라고 지적했다. 이처럼 이용자 성향이나 취향에 맞는 정보만 골라 보여주는 '필터버블' 현상은 가짜뉴스 확산에 한몫한다.

필터 버블은 개인의 편견이나 고정관념을 강화하는 데 그치지 않는다. 사회와 정치에 악영향을 미쳐 궁극적으로 민주주의의 오작동에 기여한다. 테크 기업들이 적극적으로 해결책을 모색하지 않으면, 민주주의를 훼손하는 서비스라는 오명을 피할 수 없다. 메르켈 독일 총리는 "건강한 민주주의는 반대 의견을 얼마나 접하는가에 달렸다"라고 강조하며 필터 버블 현상을 우려했다.

⑭ 마타도어란 근거없는 사실을 조작해 상대편을 중상모략하거나 그 내부를 교란시키기 위해 하는 흑색선전(黑色宣傳)의 의미로 정치권에서 널리 쓰이는 말이다. 마지막에 소의 정수리를 찔러 죽이는 투우사(bullfighter)를 뜻하는 스페인어 Matador(마따도르)에서 유래한 것이다.

마타도어는 주로 사설정보지(지라시)를 통해 구색을 갖춘 뒤 트위터 등 SNS를 통해 유포되는 경우가 많은데, 경우에 따라 당락에 결정적 영향을 미칠 정도로 파급력이 높기 때문에 유권자들은 이에 대한 판단력을 갖추어야 한다.

⑮ 주로 상식적이지 못하거나 무논리(無論理)가 동반되는 이념이나 사고방식 등을 홍보하거나

설득하는 것을 말한다. 또는 그러한 것들을 주입식 교육을 통해 어느 하나의 철칙으로 여겨진 것들을 가리키기도 한다. 국립국어원은 이를 순화하여 선전·선동으로 번역하고 있다.

유래는 바티칸 교황청에서 1599년에 설립한 포교성(布敎省, Congregatio de Propaganda Fide)으로 거슬러 올라간다. 지금은 이름이 인류복음화성(Congregatio pro Gentium Evangelizatione)으로 바뀌었지만 설립 당시 포교성은 약칭하여 propaganda라고 했다. 원래 라틴어에서 propaganda는 '확장'을 의미하는데, 처음 포교성에서는 '신앙의 확장'이란 뜻으로 사용하다 점차 '신앙의 확장'보다는 '무형의 이념, 사고방식의 확장'으로 의미를 바꾸어 쓰게 된 것이다. 정부가 국민을 우매하게 보는 경향이 있으면 propaganda는 자주, 그리고 대형으로 만들어지기 마련이다. 국민의 수준이 높을 경우에는 정부의 프로파간다가 상대적으로 유치해 보이기 때문에 조롱거리로 전락하는 등 부정적 반작용이 생긴다.

국가간에 프로파간다는 아무래도 자국의 체제를 찬양하고 대척점에 있는 국가를 의도적으로 폄하하는 것이 기본이기 때문에 절대 다수의 경우 거짓말이 섞이게 된다. 명백한 적국이 있거나, 혹은 뭔가 타국에 비해 밀리는 부분이 많아 숨길 목적으로 프로파간다를 만들기 때문이다.

⑯ '불편한 진실'이란 많은 사람들이 암묵적으로 동의하지만, 대놓고 말하기는 꺼려지는 것들을 가리킨다. 그게 사실이라고 해도 공개적으로 언급하면 상대방으로부터 좋지않은 평가를 받는 등 까이거나 비난받을 가능성이 크다. 그러한 사실들은 현실적으로 상대방을 향해 말하기가 불편하다 보니 인터넷상에서 종종 언급되고 있다. 예컨대 〈모든 국가는 불로소득을 죄악시하지만, 정작 불로소득은 부자가 되기 위한 지름길이다〉〈아르헨티나에는 1995년부터 인종차별 금지법이 제정되어 있지만 실제로는 남미에서 손꼽히는 인종차별국이다〉 등이 불편한 진실에 해당한다.

'불편한 진실'은 2006년 미국에서 제작된 데이비스 구겐하임 감독의 다큐멘터리 영화 'An Inconvenient Truth'에서 생겨난 말이다. 미국의 전 부통령 앨 고어가 1천여회의 강연에서 사용했던 슬라이드 쇼를 바탕으로 지구 온난화에 대해 다루고 있다.

불편한 진실과 비슷한 뜻으로 '공공연한 비밀'이 있다. 간단히 말해서, 무언가의 '사실'이 있는데 그걸 말하려고 하면 괜히 심리적으로 거부감이나 수치심이 들 때, 그리고 그런 사실을 듣거나 아는 사람들도 불쾌해하며 쉬쉬하면 그 '사실'은 불편한 진실이다. 역설적이게도 명시적으로 무언가를 천명할 경우, 현실은 그 반대인 경우가 많다. 이 불편한 진실의 상당부분은 모순에 기초하고 있다. 예를 들면 대외적으로 긍정적인 이미지인 'A'를 모토로 삼는 조직이 있는데 사실 그 조직의 행동거지나 내부체계는 부정적인 'B'에 가까울 경우 이 'B'는 불편한 진실이 된다. 즉 상당수의 불편한 진실은 특정 조직의 명예나 신뢰와 관련되어 있는 것들이 대부분이다. 이 밖에도 자국의 흑역사(黑歷史, dark history, ugly past)에 대해서도 쉬쉬하는 것은 현실에서 많이 볼 수 있다. 사실 현실을 감안해 말하는 사람도 있긴 하다. 내부 고발이 대표적인 예인데, 국내에서든 국외에서든 배신자로 낙인찍히는 등 각종 불이익이 따라올 수 있기 때문에 선뜻 나서는 사람이 많지않다. 하지만 이런 것이 완전히 없어진다면 사회의 질적 몰락만 반복되기 때문에, 사회의 생존을 위해서라면 불편한 진실에 대한 재조명이 일상화되어야 한다.

불편한 진실이라 해서 덮어두고 쉬쉬하기만 한다면 당장에야 사회에 아무 문제가 없는 것처럼 보이겠지만 '깨진 유리창 이론(Broken Windows Theory)'에 따라 나중에 가서는 도저히 해결할 수 없을 정도로 곪아터져 사회의 분열과 불신. 심할 경우 해당 사회의 멸망을 초래할 수도 있다. 깨진 유리창 이론은 미국의 범죄학자인 제임스 윌슨과 조지 켈링이 1982년 3월에 공동 발표한 글에 처음으로 소개된 사회 무질서에 관한 이론이다. 깨진 유리창 하나를 방치해 두면, 그 지점을 중심으로 범죄가 확산되기 시작한다는 이론으로, 사소한 무질서를 방치하면 큰 문제로 이어질 가능성이 높다는 의미를 담고 있다. 암을 초기에 치료하지 못 하면 나중에 시한부 인생 선고를 받는 것과 동일한 이치다.

하지만 아직도 여전히 내부 고발자들은 동종업계에서 사실상 매장당해서 재취업이 불가능에 가까운 건 예사이며 심한 경우 법이 악용돼 보복을 당하는 경우도 부지기수다. 영어로는 elephant in the room(=An obvious problem or difficult situations and unpleasant experiences that people do not want to talk about.)이란 관용어가 있다.

⑰ 시뮬라크르(simulacre)란 가상, 거짓 그림 등의 뜻을 가진 라틴어 시뮬라크룸에서 유래한 말로, 시늉, 흉내, 모의 등의 뜻을 지닌다. 이 단어는 영어에 그대로 흡수돼 모조품, 가짜 물건을 가리키는 말로 쓰인다.

시뮬라크르는 실제로는 존재하지 않는 대상을 존재하는 것처럼 만들어놓은 인공물을 지칭한다. 실제로는 존재하지 않지만 존재하는 것처럼, 때로는 존재하는 것보다 더 실재처럼 인식되는 대체물을 말한다. 한국어로는 '가장'(假裝)으로 번역하는 것이 무난할지 모르나, 다른 유사어와의 혼동을 피하기 위하여 대개 원어 그대로를 사용하는 경우가 많다. 시뮬라크르와 유사한 어휘로 '위장'(僞裝)이 있지만 이는 프랑스어의 'dissimulation', 즉 실제 있는 것을 없는 것처럼 감추는 행위를 지칭하기에 전혀 반대의 뜻이 된다.

⑱ 검증이란 어떤 진술이 진실인가, 또는 타당한가를 발견하는 것이다. 논리실증주의자나 논리적 경험주의자들은 과학이 가설의 검증에 의해 발전하며 진술은 증명이 가능할 때에만 의미가 있다고 주장한다. 이들은 어떤 명제가 유의미한가 그렇지 않은가(참인가 거짓인가)는 경험적으로 확인해야한다고 주장한다.

'경험적으로 확인한다'라는 것은 눈으로 직접 보든지 손으로 만져보아(감각기관에 의해) 조사하는 것을 말한다. 예를 들면 "어떤 시각에 어떤 지점에서 한 대의 검은색 자동차가 주차하고 있다"라는 명제는, 그 시각에 그 지점으로 가서 보면 누구의 눈에라도 확인될 수 있을 때 유의미한 명제이다. 엄격하게 말하면 개인의 직접 체험의 그때마다의 표현인 그러한 명제(예를 들면, '지금, 여기에, 검다')만이 유의미한 것이 될 수 있다.

그러나 이러한 주장의 어려움 가운데 가장 심각한 것은, "모든 가마귀는 검다"는 진술처럼 아무리 많은 지지를 받는 증명이 수집된다 하더라도 완전히 증명될 수가 없다는 데 있다.

이 진술은 '흰 가마귀'라는 반대 사례에 의해 허위가 될 수 있다.
즉, "모든 가마귀는 검다"라는 가설이 기존의 과학적 방법들에서는 모든 가마귀를 관찰하고 조사하거나 일정한 수의 가마귀를 조사한 후 다른 가마귀들도 검을 것이라고 일반화시켜 과학적 사실로 만들려고 한다. 그러나 특정 가마귀 집단에서 흰 가마귀가 발견된다면 본래의 가설은 "모든 가마귀가 검지는 않다"는 가설로 대체된다. 하지만 흰 가마귀를 찾아내지 못한다면 "모든 가마귀는 검다"라는 가설은 좀 더 설득력이 있게 된다. 이러한 과정들의 반복을 통해 반증주의에서는 과학이 진보하는 것이다. 그렇기 때문에 포퍼(Karl Popper)는 과학적인 진술과 비과학적인 진술을 구분하기 위한 범주로서의 검증이 반증가능성으로 대체되어야 한다고 주장한다. 포퍼는 그의 저서 '억측과 반박'에서 자연과학이나 사회과학에서는 '절대적인 진실'이 존재할 수 없다고 주장한다. 따라서 진실(과학적 진실)은 검증(verification)이 아니라 오로지 반증(falsification)이 가능할 때만 진실로서 의미가 있다는 것이다.

본서는 이른바 '가짜뉴스'의 사례를 내용과 함께 유형별로 광범하게 수록, 정리함으로써 가짜뉴스가 국민(독자와 시청자)을 어떻게 얼마나 오도(誤導: misleading)시켜 언론에 대한 불신과 함께 사회의 분열과 갈등을 조장하고 손해까지 끼치는 지를 보여주려고 저술됐다.

이와 함께 오보의 원인을 다각적으로 분석, 예시함으로써 일선 취재기자는 물론 편집담당자나 언론학도, 일반 독자들에게 조그만한 도움이라도 주길 기대하면서 썼다. 이런 점에서 본서는 부족한 부분이 있지만 국내 최초의 '오보(가짜뉴스)사전'이라고도 할 수 있을 것이다.

우리의 근현대 언론 역사가 100년을 훨씬 웃돌고, 2018년 현재 언론관련 학과를 개설하고있는 대학이 88개에 달하며, 문화관광체육부가 파악하고 있는 매체수도 온라인-오프라인을 합쳐 1만 8천 100여개(신문 3천 400, 인터넷 매체 6천 200, 잡지 4천 900, 정보간행물 1천 600, 기타간행물 2천 여개)에 달하지만 아직 종합적인 가짜뉴스 사례집이나 오보관련 단행본 하나 없는 것이 현실이다. 일선 대학에서 '오보론' 같은 것을 단일 커리큐럼으로 가르치는 곳은 한 군데도 없는 것으로 확인된다.

지금 국내에서 '가짜뉴스'란 용어는 언론사의 통상적인 오보에서부터 인터넷 루머에 이르기 까지, 넓은 스펙트럼 안에서 혼란스럽게 사용되고 있다. 하지만 '가짜뉴스'는 영어의 'fake news'를 번역해 사용하는 말이기 때문에 정확한 설명이라고 하기는 어렵다. 우리 나라에서 '페이크'라는 단어가 가장 많이 사용되고 있는 분야는 스포츠다. 스포츠에서 '페이크'는 속임수로 번역된다. 따라서 합의된 정의가 존재하는 것은 아니지만, 'fake news'는 '가짜뉴스' 보다는 '속임수 뉴스'나 '조작된 뉴스'로 번역하면 실체에 가까워질 수 있다. 이러한 'fake news'는 fabricated news(report), cooked-up news, created story, invented story 등으로도 불리워진다. 모두가 사실에 근거하지 않은 조작, 날조된 뉴스란 얘기다. 가짜뉴스는 허위정보(虛僞情報, false information)와 함께 사람들의 흥미와 본능을 자극하여 시선을 끄는 황색언론(yellow journalism)의 일종이다.

'가짜뉴스'는 '기사의 형식을 흉내 낸 거짓말'일 때 더 큰 위력을 발휘한다. 여기에는 글뿐만 아니라 영상도 포함된다. 경제적 또는 정치적으로 이득을 얻기 위해 작성되고 발간되며, 주목을 끌기 위해 선정적이거나 과장된 표제를 사용한다. 의도적으로 제작된 가짜뉴스는 명백한 풍자 또는 패러디와는 다르다.

한국언론진흥재단도 'fake news'를 '정치·경제적 이익을 위해 의도적으로 언론사 보도기사의 형식을 하고 유포된 거짓 정보'로 정의하고 있다. 이 점에서 가짜뉴스는 뉴스의 얼굴을 한 마타도어(Matador)라고도 할 수 있다.

하지만 본서는 가짜뉴스의 개념을 속임수나 날조에 한정하지 않고 '사실에 근거하지 않은, 사실과 조금이라도 다른 모든 뉴스'로 확대하고자 한다. '사실에 근거하지 않은 모든 뉴스'란 국가나 학자에 따라 그 정의가 조금씩 다르지만 △뉴스원(sources)의 정보조작, △기자의 취재 소홀과 부주의, 경솔한 판단과 착오, △막연한 추측, △자료에 대한 철저한 확인 부족 및 신뢰성(credibility)과 타당성(validity) 없는 자료의 인용, △기자 자신의 날조 등으로 인한 보도를 망라한다.

저자는 이러한 보도를 통틀어서 '흠(하자)있는 보도'(defective report)로 규정한다. 통상 영어에서 말하는 false report(허위보도), inaccurate/incorrect report(부정확한 보도), biased report(편견 보도), unfair report(불공정 보도). exaggerated report(과장 보도), ambiguous report(의미가 모호하거나 불분명한 보도), junk report(쓸모없는 쓰레기 같은 보도), inappropriate report(도덕적·윤리적으로 부적절한 보도), distorted report/twisted report(왜곡 보도), fabricated report(날조 보도), pseudo-news(사이비 뉴스), hoax news(속임수 뉴스)가 여기에 속한다.

이러한 보도들은 모두 독자와 시청자를 오도(misleading)함으로써 갈등 예방과 해소에 앞장서야할 언론이 오히려 갈등의 중심에 서거나 갈등을 유발시킨다는 비판이 뒤따른다. 특히 갈등은 명예훼손과 사생활침해, 정신적·물질적 피해 등 각종 법익침해로 이어질 때 최고조로 증폭된다.

가짜뉴스는 페이스북 등 SNS(사회관계망서비스)를 통해 급속도로 유포된다. 얼마전 위키피디아 창립자 지미 웨일스(Jimmy Wales)는 가짜뉴스와 전쟁을 선포한 바 있다. 미국의 뉴스 및 엔터테인먼트 웹사이트 '버즈피드(BuzzFeed)'의 2016년 11월 17일자 분석 기사에 따르면 미국 대선 전 3개월간 가장 인기 있었던 가짜 뉴스 20개의 페이스북 내 공유·반응·댓글 수는 871만 1천 건으로, 뉴욕타임스와 워싱턴포스트 등 주요 매체 뉴스의 페이스북 공유수인 730만 건을 앞섰다. 이는 누군가는 제대로 된 정보를 공유 받지 못했다는 것을 의미한다.

본서는 이러한 하자있는 보도의 유형을 언론중재위원회가 정한 기준에 따라 ①거짓을 사실인 것처럼 꾸민 허위보도 ②사실을 그릇되게 과장한 보도 ③전체 사실 중 일부분만을 부각하여 나쁜 인상을 심어준 왜곡·과장 보도 ④한쪽의 주장만을 전달한 편파보도 ⑤필자의 허락을 받지 않고 글을 고쳐 필자의 의도와 다르게 표현된 보도 ⑥기사 내용과 관련 없는 사진을 보도해 피해를 준 경우 ⑦인명이나 지명, 통계수치 등을 잘못 기록한 보도 ⑧범죄혐의자나 범인으로 보도됐으나 수사 또는 재판 결과 혐의가 없는 것으로 밝혀진 경우 후속 보도가 없는 경우 ⑨승낙 또는 정당한 이유 없이 개인의 초상, 음성, 사생활, 성명을 보도한 경우 ⑩개인의 사회적 평가를 저하시키는 명예훼손 보도 등 모두 10가지로 분류하고 이 기준에 따라 국내는 물론 외국의 오보 사례 등 가짜뉴스를 광범하게 소개하려고 했다.

지금 우리는 가짜가 진짜를 압도하고 지배하는 사회에 살고 있다. 이는 영국의 옥스퍼드(Oxford)사전이 2016년 세계의 단어로 'post-truth(탈진실)'를 선정한 데 이어 콜린스(Collins)사전도 2017년 세계를 달군 가장 핫(hot)한 단어로 'fake news(가짜뉴스)'를 선정한 데서 잘 알 수 있다. 콜린스는 2017년 자사 단어 목록에 올라있는 45억 개 어휘의 사용빈도를 조사한 결과 지난 1년 사이 'fake news'는 단어의 사용빈도가 365% 급증했다면서 이를 '2017 세계의 단어(Word of the Year 2017)'로 선정한다고 공식 발표했다.

한국인의 뉴스에 대한 신뢰도는 세계 최하위인 것으로 조사되고 있다. 이를 다른 말로 바꾸면 한국이 세계 최대의 가짜뉴스 나라라는 뜻이다. 가짜뉴스가 많기 때문에 자국에서 보도되는 뉴스에 대한 믿음이 지극히 낮다는 얘기다. 이같은 사실은 영국 옥스퍼드대 부설 로이터 언론연구소(Reuters Institute for the Study of Journalism)가 지난 6월 13일 발표한 '디지털 뉴스 리포트 2019'에 잘 나타나 있다. 이 보고서에 따르면 한국인들의 뉴스에 대한 신뢰도는 22%로, 조사대상 38개국 가운데 맨 꼴찌(38위)를 기록했다. 국민 5명 중 1.1명만이 뉴스를 신뢰한다는 얘기다. 한국 언론은 2016년 해당 조사에 처음 포함된 뒤부터 4년 연속 부동의 신뢰도 최하위라는 불명예에 빠졌다

보고서에 따르면 이 조사에는 38개국의 7만 5천여 명이 응답했고, 한국에서는 한국언론진흥재단이 공식 협력 기관으로 참여해 2천35명이 조사에 응했다. 이 조사에서 자국에서 보도되는 뉴스 '대부분을 신뢰할 수 있다'고 응답한 사람의 평균은 42%로 한국보다 2배 가량 높았다. 핀란드는 신뢰도 59%로 해마다 이 조사에서 가장 높은 신뢰도를 보였고, 포르투갈(58%), 덴마크

(57%), 네덜란드(53%), 캐나다(52%) 순으로 신뢰도가 높았다.

한편 국내에서 진짜뉴스와 가짜뉴스를 완벽하게 구별하는 사람이 2%미만이란 조사결과가 나와 충격을 주고 있다. 한국언론진흥재단이 2017년 인터넷에 유포된 진짜뉴스 2건과 가짜뉴스 4건을 섞은 뒤 전국 20-50대 남녀성인 1천 84명을 대상으로 온라인 여론조사를 실시한 결과 6건을 모두 완벽하게 구별한 응답자는 1.8%에 불과했다. 또 전체 응답자의 83.6%는 가짜 뉴스 때문에 우리 사회의 분열이 더 심해지고 있다고 했으며, 76%는 가짜 뉴스 때문에 진짜 뉴스를 볼 때도 가짜로 의심한다고 답했다.

한국에 '가짜뉴스가 많다는 것은 언론중재위원회에 접수된 '언론조정' 신청 건수로도 확인 할 수 있다. 중재위에 따르면 2018년 언론보도로 피해를 본 사람들이 신청한 언론조정 건수는 무려 3천 500여 건에 달했다. 거짓·편향·왜곡·조작·날조 등 '가짜 뉴스'를 이유로 신청된 언론조정 건수는 2011년 2천 237건이었던 것이 2012년 2천 460건, 2013년 2천 623건, 2014년 1만 9천 238건, 2015년 5천 253건, 2016년 3천 183건, 2017년 3천 230, 2018년 3천 562건으로 해마다 크게 늘었다. 금년 2019년 10월 현재(1-10월)만도 2천943건이 접수됐다.

중재위측은 2014년에 신청건수가 폭증한 것은 세월호 사고와 관련한 가짜뉴스가 많았고 2015년 역시 세월호 사고 후속보도를 하면서 사실이 아닌 뉴스가 많았기 때문이라고 설명했다. 또 2016년과 2017년에도 각각 3천 건 이상으로 신청이 늘어난 것은 '최순실 게이트'와 박근혜 대통령 하야-구속 촉구 촛불집회 및 탄핵 과정에서 가짜 뉴스가 많았기 때문이라고 부연했다. 중재위 관계자는 중재위를 거치지 않고 해당 언론사를 직접 상대하는 정정·반론보도 청구나 재판을 통한 정정·반론보도 및 손해배상청구 등을 고려하면 '가짜뉴스' 건수는 훨씬 많을 것이라고 말했다.

본서를 읽게되면 우리 언론이 얼마나 많은 가짜뉴스를 양산하는 지를 짐작 할 수 있을 것이다. 가짜뉴스는 특히 좌우이념 대립이나 진영논리를 타고 기승을 부린다. 농촌의 좁은 도로에서 발생한 장갑차 교통사고(업무상 과실치사)를 미군에 의한 살인사건으로 둔갑시켜 반미투쟁을 촉발시킨 효순·미선사건, 세계 최고 품질의 육류로 인정받아 100여개 국에 수출되고 있는 미국산 쇠고기를 광우병 감염 물질로 몰아 2008년 여름 대한민국 수도 한복판을 106일 동안 광란의 무법지대로 만들어 이명박 정부의 조기 레임덕을 초래케 한 광우병촛불폭력시위(피해액 약 4조원)의 원인을 제공한 것은 가짜뉴스이다. 광우병촛불시위 주도자들이나 시위를 부추긴 학자들의 주장이라면 미국산 쇠고기는 광우병 감염 쇠고기이지만 치료약과 예방백신이 전무한데다 인간광우병 잠복기간은 5-10년인 만큼 미국 인구 3억 2천만은 지금쯤은 이미 죽었거나 죽음을 기다리는 환자로 있어야 하고 인구 5천만의 대한민국 국민 역시 대부분이 죽거나 모든 병원이 인간광우병 환자로 넘쳐 있어야 한다.

천암함 폭침에 대해서도 우리의 상당수 언론은 명확한 증거도 제시하지못하면서 북한의 소행임을 부정하고 한국과 미국정부의 합동 자작극, 좌초, 기뢰사고, 내부폭발, 피로파괴, 자폭, 미군 오폭설 등을 여과없이 보도, 북한 독재 세습정권의 반인륜적-반문명적 군사모험주의노선에 면죄부를 주었다. 세월호 침몰에 대해서도 소위 '개념인사'들의 주장이라며 해군 잠수함 또는 미군 잠수함과 충돌한 후 침몰했다는 설, 박근혜대통령이 주도한 희생자 304명 인신공양(人身供養)설 등 망언 수준의 보도를 마구잡이로 쏟아냈던 언론들이 정작 세월호가 비교적 종전 모습대로 인양되자 슬그머니 꼬리를 내렸다. 1987년 11월 29일 대선을 불과 보름정도 앞두고 발생한 대한항공(KAL)기 공중테러폭파사건은 당시 전두환 대통령이 노태우 후보를 당선시키기위해 조작한 사건일지도 모른다는 공중파 방송 3사 등 상당수 언론의 의혹제기에 따라 노무현 대통령시절 과거사진상규명위원회라는 것을 만들어 재조사까지 실시했으나 북한 공작원 김현희 등에 의한 폭파사건이라는 동일한 결과가 나오자 최종조사보고서도 만들지 않고 슬그머니 꼬리를 내렸다. 2002년 '김대업 병풍사건'은 대선판을 흔들어버린 역대급 가짜뉴스사건이다.

박근혜 대통령 탄핵정국에도 1백여개의 사실무근 가짜뉴스는 엄청난 위력을 발휘하면서 큰 기여를 했다. 자체 조사는 거의 없이 진짜와 가짜가 섞인 언론사 보도기사 15개를 토대로 만들어진 국회의 탄핵 탄핵소추장, 그리고 이를 근거로 판단한 헌법재판소의 결정문은 여러 곳에서 위헌적이고 위법적인 문제점을 내포하고 있었지만 우리 언론은 모른 체하고 비켜가고 말았다. 재석 300명중 234명이나 되는 의원들이 대통령 파면을 요구하는 중대한 탄핵소추장을 만들면서 자체 증거조사는 하나도 하지 않고 검찰 공소장을 베끼고 가짜와 진짜가 뒤범벅이 된 신문기사들을 '표절'한 것이다.

국회의 잘못된 탄핵소추장에 근거한 헌법재판소의 판결은 사실오인·심리미진·법리적용 잘못 등으로 얼룩져 스스로 헌법을 파괴하고 법치를 무너뜨렸다는 지적까지 받는다. 그래서 탄핵결정이 '위헌쿠데타'라는 주장까지 나올 정도다. 헌재는 탄핵 결정문에서 가짜뉴스(촛불집회 참가자수를 조작한 언론 보도)를 우회적으로 인용할 정도였다.

지금 국민들 사이에는 기자를 기레기(기자와 쓰레기의 합성어), 평론가를 팽론가(烹論家), 논설위원을 농설위원(弄舌委員)으로 비하하는 말들이 회자되고 있다. 모두가 가짜뉴스나 가짜논평 등으로 국민을 속이고 선동을 일삼고 있다는 뜻으로 쓰이는 모욕적인 말이다.

필자는 이 책을 쓰면서 많은 분들의 도움을 받았다. 무엇보다 저술비를 지원해 준 방일영문화재단에 감사드린다. 출판계의 사정이 어려움에도 불구하고 출간을 맡아준 도서출판 (주)해맞이 미디어 관계자 모두에게도 고마움을 전한다. 집필을 위해 물심양면으로 돕고 격려해준 아내 이경자 권사를 비롯한 가족에게 고맙게 생각한다. 본서의 내용 중 오류나 잘못된 인용이 있다면 과감히 지적해 주기 바란다. 아무쪼록 이 책이 비록 부족하고 아쉬운 점이 있지만 우리 사회의 가짜뉴스를 줄이는 데 조금이라도 기여할 수 있다면 큰 보람으로 여기겠다.

2019년 11월 30일

저자 **서 옥 식**

가짜뉴스의 세계

그 거짓과 왜곡 조작 날조 선동의 場
The World of Fake News

| 목차 |

제3부 정부와 관계기관의 정보조작 등으로 인한 대형 오보 / 65

제4부 세계를 발칵 뒤집은 과학사 최대의 사기극과 가짜뉴스들 / 103

제11부 외교문서·외신 등을 오역해 정부공격과 반미선동에 앞장 / 263

제16부 세계지도자 명사의 주요 연설문·명언의 오보 / 371

제17부 국익 걸린 민감한 외교에서의 오보사례들 / 391

제21부 역사를 바꾼 오보들 / 459

제22부 만우절 거짓보도 백태 / 487

제25부 문재인 대통령 청와대 발(發) 거짓말 뉴스 / 563

제1부

The World
of Fake News

정권과 선거판을
흔들어 버린 가짜뉴스들

▪ 세계를 경악시킨 프란치스코 교황의 트럼프 지지 선언?

"프란치스코 교황이 미 공화당 대선 후보 도널드 트럼프(Donald Trump) 지지를 선언했다"

지난 2016년 11월 8일(현지시각)의 미 대선을 불과 1개월 여 앞두고 '엔딩 더 페드(Ending the Fed)'라는 매체가 터뜨린 빅 뉴스였다.

'엔딩 더 페드'는 가짜뉴스를 생산하는 웹사이트로 밝혀졌지만 이 기사는 페이스북에 널리 퍼져 첫날 네티즌 96만명이 '공유'나 '댓글'로 반응을 보였다. 뉴스와 엔터테인먼트 웹사이트 '버즈피드(BuzzFeed)' 조사에 따르면 이 뉴스는 트럼프 대통령의 당선에 영향을 미친 5대 가짜뉴스 중 단연 1위를 차지했다.

〈2016년 미국 대선에 영향을 미친 가짜 뉴스 TOP 5〉

순위	가짜뉴스 내용	언급회수	출처
1	Pope Francis Shocks World, Endorses Donald Trump for President, Releases Statement(교황이 트럼프를 대통령으로 지지한다는 성명을 발표했다)	95만	Ending the Fed
2	WikiLeaks CONFIRMS Hillary Sold Weapons to ISIS...(힐러리가 ISIS에 무기 판매한 사실을 위키리크스가 확인	78만	The Political Insider
3	IT'S OVER: Hillary's ISIS Email Just Leaked & It's Worse Than Anyone Could Have Imagined(힐러리의 ISIS 이메일 유출은 상상을 초월: 끝났다)	75만	Ending the Fed
4	Just Read the Law: Hillary is Disqualified from Holding Any Federal Office(힐러리에게는 어떠한 연방 공무직도 수행할 수 있는 자격이 박탈됐다)	70만	Ending the Fed
5	FBI Agent Suspected in Hillary Email Leaks Found Dead in Apparent Murder-Suicide(힐러리의 이메일을 유출했다는 혐의가 있는 FBI 요원이 시체로 발견됐다)	56만	Denver Guardian

(출처=버즈피드: BuzzFeed), 원급 회수는 공유 및 댓글

▪ 힐러리가 국무장관 시절 이슬람 테러조직 ISIS에 무기판매허가했다?

미국의 정치전문 매체 '더 힐(The Hill)'은 2016년 8월 4일 미 민주당 대선후보로 사실상 확정된 힐러리 클린턴이 오바마 행정부의 국무장관 시절 미 국무부와 함께 적극적으로 시리아에

주둔하고 있는 이슬람 반군(叛軍) ISIS(Islamic State in Iraq and Siria)를 포함한 이슬람 지하드를 무장시키려고 무기를 판매했다고 밝혔다, 더 힐은 '더 폴리티컬 인사이더(The Political Insider)'를 인용한 위키리크스가 이날 홈페이지를 통해 이같이 공개했다면서 이 정보는 민주당 내부로 부터 입수한 이메일 내용에 들어 있다고 밝혔다.

클린턴 국무장관은 오바마 행정부의 2기 임기중이었을 때 리비아의 가다피 정부를 전복하기 위한 노력의 일환으로 리비아 반군과 무슬림 형제국인 카타르에 미국산 무기의 선적을 허가하고 이 무기들을 알카에다에 자금을 대주고 시리아의 알 아사드(Bashar al-Assad) 정부를 제거하기 위해 시리아로 보내라고 명령을 내렸다고 위키리크스는 전했다. 하지만 이 뉴스는 사실이 아닌 것으로 나타났다.

■ **힐러리가 아동성매매 포주?…가짜뉴스 '피자게이트'에 20대 남성 총기 난동까지**

공화당의 도널드 트럼프와 민주당의 힐러리 클린턴이 맞붙었던 2016년 미국 대선 막바지에 폭로 전문사이트 '위키리크스'를 통해 집중적으로 퍼졌던 이른바 '피자게이트(PizzaGate)' 괴담은 힐러리 클린턴을 비롯한 민주당 고위관계자들이 워싱턴 D.C.의 한 피자가게 지하실에서 주기적으로 비밀리에 아동 성매매 및 아동 성학대 행위 공간을 마련하고 일부 인사들은 이를 즐기기까지 했다는 충격적인 주장이다. 이 괴담은 2016년 11월 8일의 대선을 앞두고 선거에 영향을 끼치면서 트럼프 진영에 의해 걷잡을 수 없이 번져 나갔고, 급기야 대선 후인 12월 4일에는 한 청년이 아지트로 지목된 '카밋 핑 퐁(Comet Ping Pong)'이라는 피자 가게에 무단침입, 총기를 난사하는 사건까지 벌어지고 말았다. 카밋 핑퐁은 워싱턴 D.C. 중심가에서 북서쪽으로 6㎞ 가량 떨어진 피자가게이다. 피해는 없었지만 '피자게이트'를 지켜보는 미국인들의 심기는 불편할 수밖에 없었다.

Man opens fire in restaurant targeted by anti-Clinton "PizzaGate" fake news conspiracy

△ 힐러리 클린턴을 비롯한 미 민주당 고위 인사들이 비밀리에 아동 성매매 및 아동 성학대 행위장소로 사용했다는 괴담의 진원지 피자가게 '카밋 핑 퐁(Comet Ping Pong)'

한 백인 청년이 '카밋 핑퐁'가게 안으로 들어오더니 갑자기 종업원을 향해 반자동 소총을 쏘기 시작한 것이다. 다행히 사상자는 없었고, 잠시 후 총기 난사범이 가게 밖으로 걸어 나오면서 사건은 싱겁게 끝났다.

에드가 웰치(Edgar Welch)는당시 28세)라는 이 청년은 경찰에서 범행 동기에 대해 "인터넷에서 '카밋 핑 퐁(Comet Ping Pong)' 지하실에 아동 성노예들이 감금돼 있다는 소문을 듣고 정말 그런지 두 눈으로 직접 확인하고 감금된 아이들을 구출하기 위해 피자 가게를 찾아왔다"고 밝혔다. 하지만 결국 지하실은 커녕 의심스런 증거를 찾지 못했던 웰치는 제발로 걸어 나왔고, 사건은 해프닝으로 끝났다.

'피자게이트'가 언제, 어디에서 처음 시작됐는지는 명확하지 않다. 단지 2016년 10월 무렵부터인 것으로 추정되고 있을 뿐이다. 당시 트위터에 개설된 여러 익명의 계정에는 힐러리 클린턴의 국무장관시절의 이메일 스캔들을 수사하던 FBI가 클린턴의 최측근인 후마 에버딘(Huma Abedin)의 전 남편인 앤서니 데이비드 위너(Anthony David Weiner) 하원의원(뉴욕주)의 노트북을 압수했고, 이 과정에서 아동 성학대와 관련된 이메일을 발견했다는 의혹이 나왔다. 실제 위너는 과거 섹스팅(sexting) 스캔들에 휘말려 하원의원 직에서 사임한 바 있었다.

7선의 뉴욕 주 연방 하원의원으로 미국 민주당의 '떠오르는 스타'였던 위너의 정치적 아성을 무너뜨린 것은 2011년 그가 저지른 단 한 번의 트윗 오타(誤打)였다. 트위터광(狂)이었던 위너는 그해 6월 트위터에서 한 여성에게만 자신의 외설스러운 나체 사진을 보내려고 '직접 메일(DM)'의 D를 누른다는 것이 @를 눌렀고, 결국 이 사진은 만천하에 공개돼 큰 뉴스가 되면서 SNS를 중심으로 트럼프 지지자들과 음모론자들 사이에서 급속도로 퍼져 나갔다. 눈덩이처럼 불어난 소문은 급기야 힐러리 클린턴 본인과 클린턴 진영의 선거운동본부장이었던 존 포데스타(John Podesta)가 아동성학대와 연루돼 있다는 의혹으로까지 번졌다. 그리고 이런 의혹은 이보다 앞서 제기됐던 포데스타의 수상한 행적과 맞물려 더욱 더 의심을 받았다.

위키리크스가 공개한 포데스타의 이메일에 따르면, 포데스타는 세계적인 행위예술가인 마리나 아브라모비치(Marina Abramovic)가 주최한 '스피릿 쿠킹(Spirit Cooking, 영적 요리)' 파티에 초대됐다는 것. '스피릿 쿠킹' 파티란 일종의 오컬트(occult: 과학적으로 해명할 수 없는 신비적, 초자연적 현상) 의식이다. 예컨대 돼지피로 벽에 기괴한 문장을 쓰거나 방 한구석에 세워 놓은 어린이 동상에 돼지피를 끼얹는 등 기괴한 행동을 하거나 악마에게 인신공양을 하는 의식 같은 것이다. 더구나 포데스타의 사무실에서 인육(人肉)을 먹는 것으로 추정되는 사진이 걸려있는 것으로 포착되면서 이런 소문은 더욱 빠른 속도로 퍼져 나갔다.

특히 위키리크스가 공개한 포데스타의 이메일 가운데는 그가 평소 친분이 있던 '카밋 핑 퐁'

의 제임스 알레판티스 사장과 주고받은 이메일에서 불필요하게 '피자' '피자가게'란 단어가 여러 차례 언급돼 있는 데 이 '피자'라는 단어가 소아성애(小兒性愛, pedophile)를 의미한다 것이다. 트럼프 진영은 이 이메일이 겉으로는 힐러리 클린턴의 기금 모금 행사에 대해서 상의하는 것처럼 보이지만 사실은 소아성애를 의미한다고 주장했다. 즉 '피자'란 단어는 일종의 '소아성애자들이 사용하는 암호(pedophile code language)'라는 것이다. 예컨대 pizza=girl, hotdog=boy, cheese=little girl, pasta=little boy, ice cream=male prostitute(남창), walnut=person of clour(유색인), map=semen(정액), sauce=orgy(난잡한 술파티)라는 식이다.

▪ 대통령 선거 당락을 바꾼 2002년의 김대업 병풍사건 가짜뉴스

소위 김대업 병풍(兵風)사건이란 2002년 대통령 선거 때 의정(의무)부사관 출신 김대업(金大業)의 이회창(李會昌) 한나라당 후보 아들 병역문제에 대한 허위 폭로를 언론이 아무런 검증없이 '받아쓰기'식으로 연일 보도함으로써 당시 1위이던 이 후보의 지지율이 무려 12% 포인트 가량 폭락, 결국 근소한 표차로 노무현 후보에게 대통령 당선의 자리를 내주게 된 사건을 말한다.

△ 김대업씨가 2013년 8월 15일 채널A 〈쾌도난마〉에서 "2002년 병풍사건을 현직 지방자치단체장인 친노 인사와 사전 모의했다"며 "그 대가로 50억 원을 받기로 했으나 그 단체장이 가져가 착복했다"고 주장했다. 하지만 수사당국은 이에 대한 조사는 하지 않았다.

이회창 후보는 이후 대부분의 지지도 조사에서 노무현 후보를 앞서지 못했다.

병풍사건은 2002년 5월 21일 오마이뉴스가 김대업의 말을 인용, '이회창 후보측이 아들의 병역비리 은폐를 위한 대책회의를 가졌다'고 보도한 데서 비롯됐다. 이후 김씨는 7월 31일 기자회견을 갖고 직접 이 후보 아들의 병역비리 의혹을 제기했고, 이를 받아 당시 민주당 등은 이 후보 아들의 병역비리를 집중 공격했다. 김씨는 대선이 끝난 뒤에야 구속됐다.

대법원 2부(주심 김용담·金龍潭 대법관)는 한나라당이 "허위 보도로 대선에서 치명적인 타격을 입었다"며 김 씨와 인터넷신문인 '오마이뉴스', 주간지 '일요시사'를 상대로 낸 손해배상 소송에서 "피고인들은 1억 원을 배상하라"며 한나라당에 승소 판결한 원심을 2005년 4월 29일 확정했다. 배상액은 김 씨 5천만원, 오마이뉴스 3천만 원, 일요시사 2천만 원이다.

재판부는 판결문에서 "병역비리 은폐 대책회의가 열렸다는 보도를 진실로 인정할 만한 증거가 없으며, 오히려 대선에 영향을 주겠다는 피고 측의 악의가 의심된다"고 밝혔다.

한나라당은 오마이뉴스 등이 2002년 5월 의정(의무) 부사관 출신인 김 씨의 제보를 근거로 "이 후보 측이 장남 정연(正淵) 씨의 병역 비리를 은폐하기 위해 대책회의를 열었다"는 등의 보도를 하자 소송을 냈다. 이 사건의 원심(原審) 판결문도 "2002년 8월에서 9월경 사이에 실시된 각 언론사의 여론조사 결과에 의하면 이회창 후보의 지지도가 병역비리의혹으로 인하여 최대 11.8%까지 하락한 것으로 나타났다"고 적시했고 상급심에서도 원심 판결을 그대로 유지, 확정했다. 이 사건은 사실상 대통령 당선자를 바꾼 것이다.

이 판결에 대해 당시 한나라당 김무성(金武星) 사무총장은 "김 씨와 오마이뉴스가 주도한 공작 정치에 대한 최종 심판이 내려졌다"며 "그러나 당시 대통령 선거에 엄청난 영향을 미쳤고 그 결과 탄생한 정권이 나라를 어지럽히고 국민을 불편하게 만드는 상황에서 불과 1억 원의 배상금이 선고된 것은 안타까운 일"이라고 말했다. 박관용 전 국회의장은 회고록에서 이 사건에 대해 김대업의 배후에 당시 최고 권력의 비호가 없었다면 불가능한 일로 보고 있다.

김대업은 대구 광역시 출신으로 병무 관련 의정 부사관으로 예편했다. 16대 대통령 선거 전, 오마이뉴스와 일요시사는 2002년 5-6월 김대업의 제보를 받고 1997년 대선 직전 이 후보의 장남 정연씨의 병역비리를 은폐하기 위한 대책회의가 열린 뒤 병적 기록이 파기됐다'는 취지의 보도를 했다. 이 때 김대업은 테이프를 증거 자료로 제시했으나 검찰은 위조로 판단했다.

김대업은 15대 대선(2002년 12월 19일)이 끝난 후 2003년 2월 명예훼손 및 무고, 공무원자격 사칭 등의 혐의로 구속기소된 후 2004년 2월 대법원 재판에서 혐의가 모두 유죄로 인정돼 징역 1년10월의 형을 선고받았다. 그러나 2004년 10월 28일 잔여형기 1개월을 남기고 1년 9개월만에 가석방으로 출소했다. 그 후 김대업은 강원랜드 등의 폐쇄회로(CC)TV 사업권을 따주겠다며

CCTV 업체 영업이사로부터 2억5천만원을 받아 챙긴 혐의로 피소돼 2016년 검찰의 수사를 받았으나 당시 수사 검찰은 김씨가 건강 상태가 나빠졌다고 호소하자 치료받을 때까지 시한부 기소중지 명령을 내렸고, 김대업은 변호인을 통해 검찰 출석 일정을 미루다 필리핀으로 출국한 것으로 드러났었다. 필리핀 이민청은 2019년 6월 30일 김씨를 불법체류 혐의로 붙잡아 수용소에 수감했다. 김 씨는 사기 혐의로 인터폴(국제형사경찰기구)에 수배된 상태였다. 검찰과 법무부는 필리핀 당국이 지난 7월 말 김 씨를 추방함에 따라 필리핀 말라떼에서 붙잡힌 김씨를 국내로 송환해 서울 남부구치소에 수감했다. 사기 혐의로 수사를 받다 해외도피 생활을 한지 3년여만이다.

야당인 한나라당 후보로서 대통령 재수(再修)에 나섰던 이회창은 '대세론'을 업고 타 경쟁자를 압도했으나 아들들의 병역기피 의혹 논란에 다시 휩쓸리면서 추격을 허용했었다. 의정 부사관 출신 김대업은 병역문제 전문가로 행세하며 관련 문건을 작성, 언론에 흘렸고 KBS는 이를 9시뉴스에 80여 차례나 집중 방송하는 등으로 이회창 후보에게 타격을 가했다. 이후 지지율이 일거에 11.8%나 빠졌다. 제15대 대선 당시 병풍이 교묘하게 병역을 기피했다는 '편법(便法)' 시비라면 16대는 '탈법(脫法)'으로 강도를 높인 게 다르다. 김대업은 수감자 신분이면서 서울지검에서 8개월 동안 수사관 행세를 하고 검찰 기자실에서 기자회견을 갖기도 했다. 야당이 당시 대통령 DJ를 배후라고 주장하는 것도 김대업의 행위가 최고 권력의 비호가 없었다면 불가능하다는 점에서다.

징역형을 살고 나온 김대업은 사건의 가장 큰 수혜자인 대통령 당선자 노무현을 취임 전과 후에 두 차례 만났다고 했다. 허위 폭로 댓가로 자신이 지급받기로 되어있던 50억원이 중간에 배달사고가 나서 모 광역단체장이 착복했다고 주장해 논란이 있었으나 이에 대한 조사는 이루어지지 않았다.

2002년 대선은 김대업의 허위 주장을 언론들이 앞다투어 연일 집중 보도한 때문에 대통령 당선자가 바뀐 사상 최악의 부정선거라고 할 수 있지만, 법의 미비로 제대로 조사와 단죄가 이루어지지도 않았고, 선거 결과를 무효화할 방법도 없었다. 이승만 대통령이 하야하게되는 1960년의 3.15 부정선거는 대통령 선거가 아닌 부통령 선거의 문제였으므로, 2002년 대선은 그보다 더 심각한 문제가 있었다. 국민의 정당한 투표권 행사를 왜곡한 이 사건으로 한국의 민주주의는 1960년 이전으로 후퇴했다고도 볼 수 있다.

노무현 전 대통령은 대통령 당선 후 김대업의 이회창 후보 아들 병역 관련 허위폭로를 방송들이 연일 크게 보도해 준 덕에 당선되었다는 것을 인정하는 듯한 발언을 했고, 재임 기간에 방송사들에 혜택을 주려 애썼다.

노 대통령은 취임 직후인 2003년 5월 1일 MBC 100분 토론회에 나가 "내가 영상매체(방송) 아니었으면 대통령이 됐겠느냐"면서 자신의 정권내내 정권의 전위대 역할을 해준 공영방송들에

'낮 방송 허용' 등 '떡'을 쥐어주려 애썼다.

　노무현은 당선자 신분으로 2003년 1월 9일 선거운동 기간 중 자신에게 일방적으로 유리한 기사를 많이 써준 한겨레신문사를 방문하기도 하고, 한겨레의 정연주씨를 KBS 사장으로 발탁했다. 김대중, 노무현 재임기간 내내 KBS, MBC 등 공영방송이 정권의 마이크(입) 노릇을 톡톡히 했다는 것은 부인할 수 없는 사실이다.

■ 야당후보에 불리한 조작된 가짜뉴스 유포 등으로 무효가 된 케냐 대선

　2017년 8월 8일(현지시간) 실시된 케냐의 대통령선거에서는 가짜뉴스가 선거판을 흔드는 바람에 대선 무효와 함께 재선이 실시되는 사상 초유의 사태가 벌어졌다.

　케냐 선거관리위원회(IEBC)는 투표가 완료된 지 사흘 후인 8월 11일 제5대 대통령을 뽑는 선거에서 총유권자 약 1천 961만 명 중 78.91%에 해당하는 약 1천 507만 명이 투표한 가운데 현직 대통령이자 집권당 후보인 우후루 케냐타(Uhuru Muigai Kenyatta)가 54.27%(820만여 표)를 얻어 44.74%에 그친 야당의 라일라 오딩가(Raila Odinga)후보를 누르고 당선됐다고 공식 발표했다.

　그러나 오딩가가 선거과정에서의 야당과 야당후보에 대한 여당의 마타도어(흑색선전)와 근거 없는 인신공격 등 가짜뉴스가 난무하고 개표조작 등 심각한 부정행위가 있었다며 대법원에 선거무효 및 재선거를 요구하는 청원(petition)을 냈고, 이를 대법원이 받아들여 선거무효 결정을 내림에 따라 10월 26일 재선이 실시됐다.

　야당측은 여당의 케냐타 후보측이 거의 언제나 여론 지지도 조사에서 오딩가 후보를 앞선 것으로 조작, 보도토록하고 이런 보도가 공신력 있는 언론기관인 'BBC'의 보도인 것처럼 꾸몄다고 주장했다. 또한 CNN의 소셜 미디어 계정도 가짜 뉴스에 이용했다고 밝혔다. 특히 케냐타 후보측은 "오딩가 후보가 자신의 낙선을 예감하고 개표소 습격을 기획하고 있다"는 가짜뉴스를 유포시켰고, 언론을 조종, '사기꾼 오딩가'라는 헤드라인 기사들이 케냐 전역에 빠르게 퍼져나가도록 했다.

　케냐 선거관리위원회는 10월 26일 치러진 대통령 재선거에서 집권 여당의 현직 대통령인 케냐타 후보가 전체 투표자의 98.26%인 748만3천895표(투표율 38.84%)의 지지로 승리했다고 30일 밝혔다. 투표율이 저조한 것은 오딩가 후보가 재선 보이콧을 선언하며 후보로 나서지 않았기 때문이다.

이런 가운 데 오딩가 후보는 2018년 1월 30일 자신이 자칭 '국민의 대통령(People's president)'이라며 대통령 취임선서를 함으로써 케냐에는 두 명의 대통령이 존재하는 셈이 됐다.

그러나 '국민대통령'으로서의 오딩가의 동력은 떨어지고 있다. 취임식에는 런닝메이트인 부통령 후보 칼론조 무쇼카(Kalonzo Musyoka)가 나타나지 않았을 뿐 아니라 다른 야권 지도자들도 대부분 참석하지 않았다. 케냐 정부는 취임식을 주도한 야권 내 정치그룹 '국민저항운동(NRM: National Resistance Movement)'을 불법 단체로 규정했다.

케냐 정부는 2017년 대선 과정에서 여야 지지 세력간의 유혈 충돌 등으로 49명이 사망했다고 밝히고 있으나 야당은 100명이 넘는다고 말하고 있다.

▪ 반기문 전 유엔총장의 대선후보 낙마를 초래한 악의적인 가짜뉴스

반기문 전 유엔 사무총장은 2017년 2월 1일 충격적인 대선출마 포기를 선언하며 이렇게 말했다.

"저의 순수한 애국심과 포부는 인격 살해에 가까운 음해, 각종 가짜 뉴스로 인해 정치교체 명분은 실종되면서 오히려 저 개인과 가족, 그리고 제가 10년을 봉직했던 유엔의 명예에 큰 상처만 남기게 됐습니다."

유력 대선 예비후보가 가짜 뉴스 때문에 낙마하게 된 착잡한 심경을 밝힌 것이다.

반기문 전 총장에 대한 가짜뉴스는 후임인 안토니우 마누엘 드 올리베이라 구테흐스(António

Petition for U.N.'s official affirmation on and statement re the validity and enforceability of the GA Resolution 11(1) of 1946 providing for the Terms of Appointment of the Secretary-General

December 29, 2016

His Excellency Mr. António Manuel de Oliveira Guterres
United Nations Secretary-General
U.N. Headquarters
New York, NY 10017
U.S.A.

Dear Secretary-General Guterres,

Many Koreans are whole-heartedly congratulating your acclamation and sincerely hoping that your inauguration will mark a new era of lasting peace in the conflict-torn world for it is really high time for the world to fight for peace as you so passionately put it.

To begin with, departing Secretary-General Ban Ki-moon has openly expressed his desire to run for president. During an interview with Reuters on October 24, 2016, he said, "I understand that there are

△ 재미 교포 이범희씨가 반기문 전 사무총장이 1946년의 유엔총회 결의 제11(1)호를 위반하고 있기 때문에 대통령선거에 출마하는 것을 막아달라고 구테흐스 유엔총장에게 보낸 청원문 일부

Manuel de Oliveira Guterres, 전 포르투갈 총리)가 반 전 총장에게 대선 출마 자격이 없다고 했다는 뉴스가 대표적인 예다. 이 기사는 처음부터 거짓이다. 구테흐스 총장 또는 구테흐스 어느 측근 또는 유엔 관계자도 이런 말을 한 사실이 없다.

이런 주장은 2017년 1월 7일 '유로저널(EUROJOURNAL)'이라는 매체에 처음 게재됐다.

유로저널은 영국 런던에 본사를 두고 유럽 각국 소재 한인들에게 배포하는 무가(無價) 주간지다. 홈페이지에 들어가보니 조국 법무장관 사건을 포함한 한국의 정치 외교 국방 경제 사회문제 등 국내외 현안에 대해 자유한국당을 비판하는 기사와 사설이 대부분인 것으로 나타나 親文(친문재인) 매체인 것으로 추정된다. 이 주간신문은 유럽 19개국에 2만부를 배포하고 있는 것으로 알려져 있다. 조선일보 보도에 따르면 유로저널의 발행인 겸 논설위원이며 김세호라는 필명으로 기자 역할도 하고 있는 김훈씨는 구테흐스 총장의 반기문 전 총장 관련 언급 기사를 어떤 경위로 썼는지 묻는 질문에 이렇게 답했다 . "블로그에 기사 형식으로 글이 올라와 있기에 정상적인 기사인 줄 알았다." 인터넷에 올라온 게시글을 보고 베껴 썼다는 주장이다. 조선일보는 구테흐스 총장 측에 사실 확인을 했는지 물으려 했으나 김훈씨는 더 이상의 대화를 거부했다고 썼다. 구테흐스 총장 또는 어떤 유엔관계자도 반 전총장의 '대선출마 부적격'에 대해 언급한적이 없다.

문제는 유로저널 홈페이지에 반기문 전 총장관련 뉴스가 올라온 후 삽시간에 한국의 인터넷 게시판과 블로그에 이 기사가 퍼졌다는 점이다. 1월 11일 오후 4시쯤에는 인터넷매체 '인사이트' 가 유로저널의 해당 기사를 인용, '반기문 대선 출마는 역대 총장들이 다 지킨 유엔 결의 위반'이 라는 이름으로 기사를 내면서 가짜뉴스는 확산됐다. 인사이트는 페이스북을 비롯한 온라인 공간 에서 기사를 쓰고 발행하는 매체다. 페이스북에서만 2월 2일 기준 175만명 이상의 독자가 이 매 체의 기사를 받아본 것으로 나타났다.

이 가짜 기사를 오프라인 공간에서 가장 먼저 진짜로 공식화한 것은 더불어민주당측이었다. 안희정 충남지사와 정청래 전 의원은 1월 12일 각각 라디오 프로그램 인터뷰와 트위터 게시물에 이 기사를 인용해 반기문 전 총장을 공격했다. 사태가 일파만파 확산됐다. 이날은 반 전 총장이 귀국한 날이었다.

유엔은 창설 직후인 1946년 1월 24일 제1차 총회에서 "사무총장은 많은 정부(유엔 회원국 정부)의 기밀을 알고있는 절친한 친구이기 때문에, 어떠한 회원국도, 그가 알고 있는 비밀 정 보가 다른 회원국들을 당황하게 만드는 자료(상황)가 될 수도 있는 정부 직책을 그에게 퇴임즉 시, 제공하지 않는 것이 바람직하며, 사무총장 자신도, 그러한 직위를 받아들이는 것을 삼가야 한다(Because a Secretary-General is a confident of many government, it is desirable that no Member should offer him, at any rate immediately on retirement, any governmetal position in which his confidential information might be a source of embarassment to other Members, and on his part a Secretary-General should refrain from accepting any such position.)는 권고를 담은 '결의 11(Ⅰ)호'를 채택했다.

즉 유엔 사무총장은 재임 중 유엔 회원국의 내밀한 정보를 다수 취득하는 만큼, 적어도 퇴임 직후에는 특정 국가를 위해 복무하는 일을 하지 말아야 한다는 뜻이다. 이런 결의의 취지에 비 춰, "퇴임 직후" 사무총장이 피해야 할 "정부직"(govermental position)은 좁게는 '임명직', 넓 게는 '선출직'까지 포괄하는 것으로 볼 수 있다.

하지만 외교부 관계자는 "유엔 총회 결의는 국제 관습법으로 간주되는 특별한 경우를 빼고는 법적 구속력이 없는 정치적 결정"이라며 "존중해야 할 관행 정도의 훈시규정으로 이해하면 된 다"고 말했다.

역대 사무총장의 퇴임 이후 행적에 비춰볼 때, 유엔총회 결의 11(Ⅰ)호는 엄격하게 지켜졌다고 보기 어렵다. 그렇다고 반드시 '사문화(死文化)' 된 것도 아닌 것으로 보인다.

반 총장 이전 1-7대 사무총장은 대체로 퇴임 뒤 독립·비영리 재단을 이끌거나 유엔 특사로 활 동(7대 코피 아난)하거나, 초국적·초정파적 국제기관 등에서 일하는 등(6대 부트로스 부트로스갈리, 3대 우 탄트) '정파적 행위'를 피해왔다. 퇴임 뒤 대선에 뛰어들거나 정부직을 맡은 사람도 있다. 다만 4-5년의 휴지기를 거쳤다. 4대 사무총장 쿠르트 발트하임은 퇴임 5년 뒤인 1986년 오스트리아 대통령에 당선됐다. 그는 유엔 사무총장을 맡기 전에도 대선에 출마했다 패배한 이력이 있다. 5대 사무총장 하비에르 페레스 데케야르는 퇴임 4년 뒤인 1994년 페루 대선에 나섰다 패배했고 2000-2001년 페루 총리를 지냈다. 초대 사무총장 트뤼그베 리는 퇴임 4년 뒤부터 노르웨이 오슬로와 아케르스후스 주지사, 산업장관 등을 지냈다.

한편 이같은 가짜뉴스에 이어 에드워드 리(Edward Lee)라는 재미 한국인 이범희씨는 2016년 12월 29일 구테흐스 유엔사무총장 앞으로 '반기문 전 총장 대선출마금지청원'을 내고 청원 사이트까지 개설, 반 전총장의 대선출마 반대지지 서명을 받았으나 이씨의 이같은 활동은 반 전총장이 대선출마 포기를 선언함에 따라 중지된 것으로 알려졌다.

그는 이 청원에서 "반기문 전 사무총장이 1946년 1월 24일자 유엔총회 결의 제11(1)호를 위반하고 있기 때문에 대통령선거에 출마하는 것을 막아주시기 바랍니다(Departing Secretary-General Ban Ki-moon should not run for president because such his action will violate the provisions of the General Assembly Resolution 11(1) of January 24, 1946.) 고 밝혔다. 청원문 전문(全文)은 미국의 한인 웹사이트인 'NYCultureBeat'에 수록돼있다.

▪ 나경원 의원이 억대 피부 클리닉에 다녔다는 가짜뉴스 결국 서울시장 낙선

시사 주간지 시사IN은 2011년 10월 20일 서울특별시장 보궐선거 후보로 나선 한나라당(현 자유한국당의 전신) 나경원 의원이 서울 강남에 있는 연회비 1억원의 피부관리 전문 클리닉을 출입했다고 보도했다. 선거를 6일 앞두고 나온 이 뉴스는 중앙 유력 일간지를 비롯한 거의 모든 온오프라인 매체가 보도함으로써 나 후보에게 치명상을 안긴 것이었다.

당장 야당들은 '신종 귀족후보'라면서 비난하고 나섰다. 민주노동당 신창현 부대변인은 "나경원 후보는 콩나물 값이라도 깎으려는 우리 서민들의 마음을 티끌만치라도 알까"라고 반문하면서 "나 후보의 진성호 홍보본부장이 청렴한 후보를 뽑아야 한다고 했는데 나 후보야말로 서민들을 우롱하는 청렴과는 거리가 먼 후보"라고 비판했다.

신 부대변인은 "1천만 서울 시민들에게 박탈감을 주는 신종 귀족후보 나경원 후보는 양식이 조금이라도 있다면 그동안 서민을 위한 후보 흉내에 대해 사과하고, 물러나는 게 도리"라면서 나 후보의 사퇴를 촉구했다.

억대 회원권이 있어야 출입가능한 피부 전문 클리닉에 나 의원이 다녔다는 것이 문제의 시작인데, 나 후보는 회원이 아니었다. 설사 1억원을 썼다 할지라도 불법이 아니라 정당하게 벌어서 피부치료라는 목적을 위해 썼다면 크게 문제될 성질도 아니었다. 나의원은 큰 사학재단 이사장의 딸이고, 본직이 변호사여서 돈을 많이 벌고 쓰는 것 자체가 이상하지는 않은 인물이다. 고가의 클리닉 출입이라는 것은 그저 정치판에서 물어늘어지기 위한 것이지 도덕적인 문제가 있는 것은 아니다.

이에 나경원 후보 측은 "연회비는 고액이 아니며 딸의 피부과 치료를 위해 방문한 것"이라고 반박했다. 경찰이 해당 병원의 기록을 조회해 본 결과, 연간 연회비는 3천만원선이며, 나 후보는 10차례 방문해 자신과 딸의 피부관리 비용으로 550만원을 쓴 것으로 나타났다.

나경원 전 후보는 즉각 허위사실 유포혐의로 시사IN 관계자들을 고발했고, 시사IN측도 나의원을 무고 및 공직선거법 위반으로 맞고소했으나 검찰은 모두에 대해 불기소 처분을 내렸다.

한편 현재 자유한국당 원내대표인 나경원 의원은 아들이 원정출산으로 미국에서 태어났고 이중국적 보유자라는 가짜뉴스에 시달리고 있다.

이에 대해 나 원내대표는 2019년 9월 23일 국회에서 열린 최고위원회의에서 아들 의혹과 관련해 "원정출산이 아니라고 얘기했더니 이중국적이 아니라고 왜 얘기하지 않느냐고 한다"며 "둘 다 사실이 아니라고 다시 말씀드린다"고 했다.

나 원내대표는 "부산지법 근무 당시 서울에 와서 아이를 낳았다고 수없이 이야기해도 희생양으로 삼아 몰아붙이고 있다"고 밝혔다. 나 원내대표는 또 일부 네티즌이 원정출산의 정황 증거로 지목한 미국 LA의 한 산후조리원과 관련해서도 "그 조리원은 2000년에 설립됐지만, 저희 아들은 1997년에 태어났다"며 "이는 명백히 가짜뉴스"라고 밝혔다.

이어 인터넷에 올라온 허위사실에 대해 실시간 검색어를 조작한 뒤 뉴스로 확대 재생산되고, 민주당이 논평까지 냈다며, "이것이 바로 원정출산, 이중국적, 가짜뉴스의 생산 방법"이라고 강조했다. 그러면서 "국민에게 비정상·비상식을 강요하는 문재인 정권의 국론분열과 갈라치기의 전형이자 파렴치한 모습"이라며 "본인들의 불법적 비상식적 행태 옹호하면서 다른 가짜뉴스를 생산하는 것"이라고 설명했다. 나 원내대표는 자신과 문재인 대통령, 조국 법무부 장관, 황교안 대표의 자녀를 둘러싼 의혹을 규명하기 위한 특검을 제안한 데 대해 "겁을 집어먹은 여당이 화들짝 놀라면서 물타기라고 한다"며 "떳떳하다면 제가 제안한 특검을 논의하자"고 목소리를 높였다.

사상 최대의
가짜뉴스 논란

▪ 젊은 지구 창조설

젊은 지구 창조설(Young Earth Creationism, YEC)은 창세기의 기록을 축자영감설(逐字靈感說, verbal inspiration)에 따라 문자적으로 해석해서, 지구의 나이는 6천-1만2천년이고 최초의 6일 동안 모든 창조가 이루어졌다는 기독교 창조론의 한 종류로, 유사과학적 시각에 기반한 종교적 신념이다.

제7일 안식일교에서 시작되어 근본주의계열의 기독교인들에게 주로 지지를 받고 있으나, '창조'이후 정립된 많은 과학 이론들을 부정해야 하기에 과학계는 물론 복음주의 신학계에서도 전혀 인정을 받지 못하고 있다. 즉 젊은 지구 창조설이 맞다면 천문학, 물리학, 지질학생물학을 비롯한 대부분의 과학이 거짓이며 폐기되어야 한다는 것을 의미한다. 창조과학이라는 이름의 유사과학은 바로 이 젊은 지구 창조론을 과학적으로 설명하려는 시도로 시작됐다. 또한 이러한 시도는 대부분의 과학적 사실을 무시해야 하기에 반지성주의를 조장하는 것으로 과학계와 종교계 모두에서 비판을 받는다.

과학의 발전이 이루어지기 전에는 사람들이 성경을 마치 과학책으로 생각하는 경향이 많았기에, 전통적인 사상으로서의 젊은 지구 창조설이 근동지방의 설화로부터 내려오고 있었다.

이는 일부 기독교 교구에서 받아들여졌지만, 천동설과 마찬가지로 과학적으로는 근거가 전혀 없는 순전한 믿음에 의한 것이었다. 과학이 발달하기 전에는 과학적 사실과 종교적 믿음이 분리되지 않았기 때문이다.

하지만 19세기 이후, 찰스 라이엘의 오랜 연대론적 '동일과정설(同一過程說, uniformitarianism)'을 기반으로 한 지질학의 발달, 찰스 다윈의 진화 생물학(진화학과 유전학), 다양한 천문학 등 의 과학이 발달하면서 창조설은 믿음으로부터 시작된 것임을 대부분 인정하게 되었고, 이후 각각의 과학 연구가 과학적 방법론을 사용한 탐구를 통해 진화가 명백한 사실로 밝혀지고, 지구의 나이와 우주의 나이 및 생화학 등의 등장에 따라, 기존의 젊은 지구 창조설은 자취를 감추게 된다.

▪ 천동설과 지동설

천동설(Geocentric theory)은 과거 16세기까지 대세를 이루던 '과학이론'이었다. 지구가 우주의 중심으로 고정되어 있어 움직이지 않고 지구의 둘레를 태양을 비롯한 각 행성이 돈다는 이론이다. 간단히 말해서 지구가 우주의 중심이고 지구를 중심으로 우주가 돈다는 '지구 중심적 사고'가 바로 천동설이다. 당시 그리스의 학자 프톨레마이오스(Ptolemaeus, AD 85?-165?)는 〈천문학 집대성(Megalē Syntaxis tēs Astoronomias, 다른 이름으로는 알마게스트/Almagest〉이라는 책을 냈는데, 그 책에서 지구를 중심으로 태양과 주변 천체들이 지구 주위를 돈다는 천동설이 나왔다.

하지만 이 이론은 깨지고 만다. 니콜라우스 코페르니쿠스(Nicolaus Copernicus, 1473-1543)가 처음 지동설을 제기했지만 정작 천동설이 무너진 것은 그 유명한 갈릴레오 갈릴레이(Galileo Galilei, 1564-1642) 때문이다. 그는 다양한 과학적인 근거를 제시하면서 천동설이 아닌 지동설을 주장했다. 이로 인해 갈릴레이는 로마 교황청의 반발을 사 1633년 교황청 이단심문소(審問異端所)에 소환돼 사형을 선고받았지만 자신의 주장을 굽혀 풀려나게 됐다. "그래도 지구는 돈다"라는 말이 이 때 나온 것으로 알려져 있다. 그러나 이 말을 갈릴레이가 했는지는 논란의 여지가 있다. 당시 심문소를 나서면서 다른 사람이 들을 정도로 크게 외쳤을 가능성이 크지않고 혼잣말이라도 정황상 하기 힘들었다는 것이다. 게다가 이 말을 했다는 기록이 남아있지 않다. 갈릴레이에 대한 최초의 전기에도 이야기가 없고 소송 기록에도 없다. 갈릴레이가 직접 쓴 서신 등에도 없다.

천동설 이론에 의하면 태양, 달, 별과 행성들은 모두 지구를 중심으로 회전한다. 이와 반대해 제기된 이론은 우주의 중심인 태양 주위로 지구를 포함한 행성과 천체가 회전한다는 지동설 또는 태양중심설(Heliocentrism)이다.

현대에는 관측의 발달로 태양도 우리 은하 내부의 한 별에 불과하다는 것이 발견되었다. 태양도 은하 중심의 블랙홀을 중심으로 타원운동을 하고 있는 것이 발견된 것이다. 더 나아가 우리 은하도 우주에 존재하는 수많은 은하 중의 하나임이 발견되었다. 현대 우주론에 의하면 우주에는 특별한 중심은 없고 아인슈타인의 일반상대성이론에 의해 각각의 천체들이 중력의 영향을 받아 운동을 하고 있을 뿐이다.

성경 창세기(Genesis)에는 땅과 바다를 우주의 천체보다 먼저 창조했다고 나오기 때문에 지구가 가장 먼저 창조되었고, 태양과 달 등은 부차적이라는 공식이 성립한다. 그래서 로마가톨릭 교회는 지구가 중심이라고 하는 천동설이 성경의 창세기에 부합된다고 판단, 그것을 공식적으로 인정한 것이다. 성경에 지구가 우주의 중심이고 해와 달이 지구를 도는 것으로 묘사되어 있는 관계로 입장이 거북한 기독교에서 이를 금하고 이런 주장을 하는 사람들은 이단이라고 하여 심문조사를 하고, 파문 한다던가, 화형을 시키기도 했다. 이런 일로 화형당한 학자는 조르다노 브루노(Giordano Bruno, 1548-1600)가 있다.

한편 당시 지동설 탄압을 마치 개신교와 가톨릭 간의 대립으로 설명하면서, 예민해진 가톨릭에 의해 제재된 것이라는 주장이 있으나 이는 틀린 말이다. 개신교라고 해서 코페르니쿠스의 지동설을 받아들인 것은 아니었으며, 당시 주류적 흐름을 비판했던 개신교 쪽도 역시 지동설에 대해서 심한 비판을 가한 것이 사실이다. 예컨대 마틴 루터는 "사람들은 하늘이나 태양과 달이 도는 것이 아니라 지구가 돈다는 것을 보여 주려고 애쓴 한 건방진 점성가에게 귀를 기울인다. 영리해보이기를 원하는 자는 누구이건 어떤 새로운 체계, 물론 모든 체계들 가운데 가장 훌륭한 체계를 고안해 내야 한다. 이 바보는 천문학 전체를 뒤집어 놓으려고 한다. 그러나 성스러운 복음서는 여호수아가 태양에게 정지를 명령했지 지구에게 한 것이 아님을 우리에게 말해주고 있다"라며 지동설을 옹호했다. 따라서, 가톨릭의 개신교와의 대결이 지동설 탄압으로 이어진 것은 전혀 사실이 아니다. 그 대결은 기독교 자체의 교리상 문제로 보는 게 자연스럽다. 혹자는 성서가 천동설을 주장하고 있다고 하는 데 어디에 그런 주장이 있느냐고 질문하면서 성서가 완벽하다(無誤謬性)고 우기고 있으나 여호수아 10장 12-14절에서 천동설과 관련된 내용을 언급하고 있다.

■ 하나님이 해와 달을 하루동안 운행정지시켰다?

구약성서 여호수아(Joshua) 제10장 12-14절에는 다음과 같은 내용이 나온다.

〈(12) 여호수아께서 아모리 사람을 이스라엘 자손에게 붙이시던 날에 여호수아가 여호와께 고하되 이스라엘 목전에서 가로되 태양아 너는 기브온 위에 머무르라 달아 너도 아얄론 골짜기에 그리할찌어다 하매 (13) 태양이 머물고 달이 그치기를 백성이 그 대적에게 원수를 갚도록 하였느니라 야살의 책에 기록되기를 태양이 중천에 머물러서 거의 종일토록 속히 내려가지 아니하였다 하지 아니하였느냐 (14) 여호와께서 사람의 목소리를 들으신 이 같은 날은 전에도 없었고 후에도 없었나니 이는 여호와께서 이스라엘을 위하여 싸우셨음이니라((12)

On the day the Lord gave the Amorites over to Israel, Joshua said to the Lord in the presence of Israel:

"Sun, stand still over Gibeon,

and you, moon, over the Valley of Aijalon."

(13) So the sun stood still,

and the moon stopped,

till the nation avenged itself on its enemies,

as it is written in the Book of Jashar.

The sun stopped in the middle of the sky and delayed going down about a full day. (14) There has never been a day like it before or since, a day when the Lord listened to a human being. Surely the Lord was fighting for Israel!

(Joshua chapter 10 verse12-14, New International Version, NIV)

위에서 보는 바와 같이 여호수아 장군이 가나안 땅을 정복하는 이민족과의 전쟁에서 승리를 위해 하나님께 낮이 좀 더 계속되게하도록 기도를 드렸고, 그래서 하나님이 이스라엘민족이 확실하게 이길 때까지 계속 낮을 연장시켜 주셨다는 내용이다. 이것이 사실이더라도 성경기록을 하던 당시 여호수아는 태양과 달이 지구를 도는 것이고, 낮이 계속되려면 태양이 운행을 멈춰야 되는 줄 알고 그렇게 기도했고, 그렇게 응답받았다고 적어놓고 있다. 그러나 여호수아가 현대 과학을 배운 사람이라면, 낮이 계속되게 하기 위하여 하나님께 지구의 자전을 멈추도록 기도했을 것이고, 지구가 자전을 멈추어 낮이 계속됐다라고 기록했었어야 한다.

여기서 '야살의 책'이란 '의로운 자의 책'이란 뜻으로, 이곳과 구약성서 사무엘하 1장 18절에 언급돼 있다. 그러나 오늘날에는 남아 있지 않다. 이 책의 기원은 잘 알 수 없고 다만 정경(正經) 외에 이스라엘 역사에 관한 여러 가지 민족적 자료들이 연대기를 따라 수록된 고대 수집 문서라고 보여진다. 즉 성경의 내용에 비추어 볼 때, 이 책은 이스라엘의 역사 초기로부터 시작된 구전(口傳)이 아닌 기록된 수집물이다. 내용은 이스라엘 민족 역사상 위대한 인물이나 큰 사건을 노래한 시가를 모은 민족적 시편이라고 추정된다.

미항공우주국(NASA. 나사)이 여호수아서 10장에 나오는 태양이 하루동안 멈춘 사실을 증명했다(?)는 이야기는 지금도 상당수 교회 홈페이지는 물론 기독교관련 온라인 매체에 사실인 것처럼 버젓이 올라있다. "NASA 과학자들이 컴퓨터 계산을 하다가 지구 시간에서 24시간이 부족하다는 것을 찾아냈고 이것이 바로 여호수아서 10장에 나오는 태양과 달이 멈췄던 바로 그 사건을 증명한 것이라는 것이다.

하지만 이런 주장은 차라리 지라시 수준의 카더라 방송보다 못한 완전 조작된 것이다. 나사에 납품을 하던 어느 회사 직원이 이런 이야기를 현지 신문 기자에게 했고 그것이 일파만파로 번져나간 것이라 한다. 그러나 이 직원은 나사의 컴퓨터 관련 부서와는 관련도 없고 나사에서 지구 시간에 24시간이 모자란다는 것을 찾아 낸 적도 없다. 지구의 긴 역사에서 24시간이 비었다는 것을 도대체 어떤 컴퓨터 계산을 통해서 찾을 수 있는지도 의문이지만, 이 이야기는 사실(fact)

에 기반하고 있지 않은 허구(fiction)라는 것이다. 이 문제 때문에 나사의 '고다드 우주 비행 센터 (Goddard Space Flight Center)'는 그런 일이 없었다고 공식 발표까지 했다.

검증도 안된 이야기를 믿음으로 받아들이는 경우는 우리 사회뿐만 아니라 교회에서 매우 자주 볼 수 있다. 그러나 그런 믿음은 맹신이지 성경이 말하는 믿음은 아니다. 지금 국내 상당수 교회 나 기독교관련 매체 홈페이지에 들어가 보면 "미항공우주국 과학자들이 컴퓨터를 사용해서 연구 하다가 지구의 연대 중에 하루가 비어 있음을 밝혀냄으로써 구약성경 여호수아에 나오는 태양과 달이 하룻동안 멈춘 사건을 증명했다"라는 내용이 나온다.

설교와 인터넷에 수없이 인용되고 회자된 이 유명한 이야기는 심지어 일부 성경책에도 해설형 태로 실려 있다.

"미 메릴랜드 주 볼티모어 시 소재 커티스 엔진회사(the Curtis Engine Company)의 우주 과학자들이 인공위성의 궤도를 작성하기 위해 태양과 달과 주변 혹성들의 궤도 조사를 하던 중 컴퓨터가 멈추어 버렸다. 원인을 조사해 보니 계산상 하루가 없어졌음을 발견했다. 그때 한 사람 이 여호수아 10장 12-14절의 태양이 멈추었던 사실을 떠올렸다. 과학자들은 그 '사라진 하루'를 찾기 위해 컴퓨터 전자계산기를 돌려서 여호수아 시대의 궤도를 조사했다. 그 결과 23시간 20분 동안 궤도가 정지해있었다는 답을 얻게 되었다."

1969년에 지역신문 칼럼에 실린 이 일화는 곧 '창조과학' 소식지에 등장했고 성경의 기적을 증명한 위대한 발견이라며 일파만파로 퍼져나갔다. 하지만 이 일화는 사실이 아니라 허구로 밝 혀졌다. 많은 사람들이 조사했지만 이 일화를 입증해 줄 어떤 증거도 찾지 못했다. 나사는 컴퓨 터계산 연구의 사실성을 부정했다. 사실, 컴퓨터 계산으로 사라진 하루를 찾는다는 발상 자체가 대동강물을 팔아먹는 수준이다. 20년이 지난 1989년엔 창조과학 소식지도 이 일화의 허구성을 인정한다. 한편 열왕기하 20장 8-11절의 히스기야(Hezekiah)에 관한 기록은 태양의 궤도가 10 도 뒤로 물러갔다고 했는데, 시간으로 계산하면 이것은 40분에 해당된다.

이 둘을 합치면 정확하게 하루(24시간)가 된다.

그러나 이같은 주장은 130년에 가까운 새카만 거짓말이다. 이 거짓말의 원조는 1890년 〈Joshua's long day and the dial of Ahaz, a scientific vindication and A midnight cry, New Haven, conn., THE OUR RACE PUBLISHING COMPANY〉라는 책을 쓴 찰스 토텐 (Charles Totten, 1851-1908)이라는 미 예일대 교수였다. 이런 주장은 미 창조과학자 해리 리 머(Harry Rimmer, 1890-1952)가 1936년에 쓴 〈과학과 성경의 조화, Harmony of Science and Scripture〉에서도 나타난다. 찰스 토텐의 책은 1968년 에 〈Joshua's Long Day〉 라는 제 목으로 다시 출판된다.

■ 마태복음 기자의 '예수 처녀잉태 예언 실현' 보도

　기독교에서 예수가 구약성서의 예언에 따라 '동정녀 마리아'(Virgin Mary)에게서 태어났다고 말하는 근거는 마태복음 1장 23절에 나오는 "보라 처녀가 잉태하여 아들을 낳을 것이요 그 이름은 임마누엘이라 하리라 하셨으니 이를 번역한즉 하나님이 우리와 함께 계시다 함이라"(개역개정성경, 이하 같음)이란 구절이다. 이 구절은 구약성경 이사야(Isaiah) 7장 14절에 나오는 말을 그대로 인용한 것이다. 하지만 이는 마태복음의 기자 마태(Matthew)가 이사야의 해당 구절을 오역, 오해하여 생긴 오보다.

　마태복음(1장 22절)은 하나님의 사자가 요셉의 꿈에 나타나서 약혼녀 마리아의 임신이 이사야 7장 14절의 성취라고 알려주고 있다.

　그러나 이사야 7장 14절은 앞으로 올 메시아 즉, 예수의 탄생에 대한 예언이 아니라는 점이다. 이 구절이 의미하는 것은 '처녀'(사실은 '처녀'가 아닌 '젊은 여자', 여기서 '처녀'는 '젊은 여자'의 오역으로 이에 대한 설명은 후술함)에게서 태어난 아들이 그의 이름 '임마누엘'(Immanuel = God is with us: 하나님이 우리와 함께 계시다)이 갖는 의미처럼 하나님이 유다왕국(Kingdom of Judah)과 함께함으로써 유다(Judah)를 위협하고 있는 아람(=수리아(Surya), 오늘날의 시리아)과 북이스라엘 동맹세력이 망할 것이라고 하는 예언에 있다. 실제 역사적인 사실에 의하더라도 아람(Aram)과 북이스라엘은 이 아이가 태어난 지 2년 뒤인 BC 720년에 앗수르(Assyria)에게 멸망한다.

　이사야 7장의 역사적 배경은 BC 720-730년대로 유다왕 아하스(Ahaz) 때에 아람 왕 르신(Rezin)과 르말리야(Remaliah)의 아들인 이스라엘 왕 베가(Pekah)가 예루살렘을 공격했던 때다(7장 1절). 비록 예루살렘성은 함락되지 않았지만 유다왕국은 언제 또 있을지도 모를 아람과 이스라엘의 공격위협에 불안한 나날을 보내고 있었다. 당시의 지리로 유다는 '남이스라엘 왕국', 아람은 '수리아왕국', 베가왕의 이스라엘은 '북이스라엘왕국'(에브라임, Ephraim)을 가리킨다. 영어성경을 보면 7장 14절의 태어날 아들 'a son'은 15절에서 'He', 16절에서 'the boy'로 연결되면서 예수가 아님을 분명히 보여주고 있다.

　그 때 여호와께서 아하스왕에게 구원의 징조(a sign)를 주겠다고 약속하지만 아하스는 징조 구하기를 거절한다. 아하스는 징조를 구하는 것은 여호와를 시험하는 것이기 때문에 구하지 않겠다고 한다. 그럼에도 불구하고 이사야가 여호와께서 친히 징조를 주실 것이라고 말씀하신다. "⑭그러므로 주께서 친히 징조로 너희에게 주실 것이라. 보라 처녀가 잉태하여 아들(a son)을 낳을 것이요 그(him) 이름을 임마누엘이라 하리라. ⑮그(He)가 악을 버리며 선을 택할 줄 알 때가 되면 엉긴 젖과 꿀을 먹을 것이라 ⑯대저 이 아이(the boy)가 악을 버리며 선을 택할 줄 알기 전에 네가 미워하는 두 왕의 땅이 황폐하게 되리라/이사야 7장 14-16절"(⑭Therefore the Lord himself will give you a sign: The virgin will be with child and will give birth to a son, and will call him Immanuel. ⑮He will eat curds and honey when he knows enough to reject the wrong and choose the right. ⑯But before the boy knows enough to reject the wrong and choose the right, the land of the two kings you dread will be laid waste.)

이 성경 대목은 예언자 이사야가 아하스에게 아람과 이스라엘(북이스라엘)이 유다와 전투를 벌이지 않게 될 것임을 아하스왕에게 확신시키는 내용이다. 즉, 예언자가 아하스에게 '젊은 여인'이 곧 임신을 해서 아들을 낳을 것인데, 이때가 되면 정치적인 위험이 사라지게 될 것이라고 말하고 있는 대목이다. 이사야 8장 3절에 따르면 이 예언은 이사야의 아내가 아들을 낳음으로써 성취된다.[1]

구체적으로 지적해보면 "보라 처녀(젊은 여인)가 잉태하여 아들을 낳을 것이요, 그 이름을 임마누엘이라 하리라"(The virgin will be with child and will give birth to a son, and will call him Immanuel.)는 성경구절에 나오는 '아들'(a son)은 바로 다음 구절의 '그'(He)와 그 다음 구절의 '이 아이'(the boy)를 의미한다. 다시 말하면 15절의 '그'와 16절의 '이 아이'는 14절에서 태어날 아들, 즉 임마누엘을 가리킨다.

'이 아이'는 유다의 왕과 백성들이 두려워하는 다메섹(시리아 수도, 오늘날의 다마스커스)과 사마리아(북이스라엘 수도)의 왕이 각각 멸망한다는 하나님의 예언과 직접적으로 관련된 인물인 만큼 두 왕이 죽기 전에 태어나지 않으면 안된다. 그런데 '이 아이'가 철들기 전에 유다가 두려워하는 두 나라 왕이 멸망한다는 예언은 실제로 성취된다. 그렇다면 '이 아이'는 두 왕이 멸망하기 전에 태어나서 철이 들어야 하는 어린 아이로 성장해야 하기때문에 이사야 당대에 아이를 낳은 여인이 어떻게 마리아가 될 수 있다고 보겠는가. 마리아가 이사야의 시절에 태어났다가 다시 예수를 잉태하기 위해 죽었다가 또다시 태어났다면 모를까. 더구나 '이 아이'도 나이 들어 죽었을 텐데, 그 당시에 나서 죽은 사람이 어떻게 수백년 후 예수가 될 수 있다는 말인가. '이 아이'가 예수가 되고 그 여인이 마리아가 된다는 게 말이나 되는 얘기인가?

한편 마태복음의 기자가 인용한 이사야 7장 14절은 그리스어(헬라어)로 번역된 70인역에서

---

1) Timothy D. Finlay, The Birth Report Genre in the Hebrew Bible, Tuebingen, Germany: Mohr Siebeck, 2005, pp. 178-179.

그대로 인용한 것인데 70인역에는 파르테노스(parthenos) 즉, '처녀'라고 번역돼 있지만 원문인 히브리어 성경(Tanakh)에는 알마(almah) 즉, '젊은 여인'이라고 기록돼 있다. 히브리어로 '처녀'는 '베튤라'(bethulah)로, '젊은 여인'을 뜻하는 'almah'와 구분하고 있다. 따라서 히브리어판을 헬라어로 번역하는 과정에서 오역[2]된 것을 그대로 인용, 이것이 '처녀 잉태'(Virgin Birth) 예언이라고 인용됐다는 것이다. 실제 이사야는 처녀란 단어가 필요한 구절에서는 처녀의 정확한 히브리 단어인 베튤라(bethulah)를 사용, 젊은 여자와 구분했다.[3] 개역성경이나 표준새번역의 난외 주, 또는 주석성경에 보면 '젊은 여자' 또는 '젊은 여인'이라고 언급돼있음을 알 수 있다. '젊은 여인'과 '처녀'(동정녀)는 같을 수도 있고, 다를 수도 있다. '처녀'(virgin)가 '젊은 여인'(young woman)일 수 있지만 '젊은 여인'이 반드시 '처녀' 즉, 동정녀라고 할 수 없다는 얘기다. 영어성경들은 '처녀'(virgin)를 쓰는 성경과 '젊은 여자'(young woman)를 쓰는 성경으로 나뉘어 있다. '처녀'로 번역된 성경은 KJV, NIV, ASV, Darby, YLT 등이고 '젊은 여자'로 번역된 성경은 BBE, NEB, NET, NJB, RSV 등이다.[4]

하지만 언어학적으로는 '젊은 여인'이란 뜻의 히브리어 'ha'almah'의 앞에 정관사(ha)가 있기 때문에 이사야 7장 14절의 여인은 이사야와 아하스왕이 잘 알고 있는 여인이란 것이 된다. 그렇다면 약 700년 후의 예수의 진짜 어머니 마리아를 이사야와 아하스왕이 알고있었다는 얘기가 되는데 이것 역시 말이 되지 않는다.

더구나 아이를 낳은 여자가 이사야의 아내인 만큼 처녀가 아니라는 것은 너무나 분명해진다. 이사야가 같은 그의 글에서 왜 처녀라는 부분에는 정확히 '처녀'라는 뜻의 '베튤라'(bethulah)를 사용하면서도 유독 7장 14절에는 '젊은 여인'이란 의미의 '알마'(almah)를 썼는지 알 수 있는 대목이다. 그것은 이 여인이 남자를 아직 모르는 숫처녀라는 의미가 아니기 때문이다.

결론적으로 이사야 7장 14절의 내용은 예수의 탄생에 관한 예언이 아니다.[5] 이는 이사야 당시 태어난 어떤 아들이 철들기 전에 유다가 두려워하는 두 왕이 급속도로 폐하여진다는 예언의 내용이다. 왜냐하면 "이 아이가 내 아빠 내 엄마라 부를 줄 알기 전에 다메섹의 재물과 사마리아

---

2) 케냐출신의 영국인 진화생물학자 리처드 도킨스(Clinton Richard Dawkins)는 그의 저서 '만들어진 신'(The God Delusion)에서 예수의 어머니가 처녀라는 것은 오역이 낳은 터무니없는 전설이라고 주장한다. Richard Dawkins, The God Delusion, Boston/NY: Houghton Mifflin Harcourt, 2006.

3) 이사야 23:4, 23:12, 37:22, 47:1, 62:5의 '처녀'는 모두 히브리어 'bethulah'로 표기돼 있다. 구약에 'almah'(젊은 여자)로 표기된 곳은 이사야 7장 14절 외에 창세기 24:43, 아가 1:3, 6:8, 잠언 30:19 등에서 볼 수 있다.

4) 서옥식, 오역의 제국-그 거짓과 왜곡의 세계(The Empire of Misinterpretation & Mistranslation: The World of Inaccuracy and Distortion), 도서출판 도리, 2013, pp. 515-516.

5) 예수의 처녀수태는 누가복음에도 등장하지만 누가는 이사야 7장 14절을 직접 인용하지 않는다. 성서학자들은 성서에서 무엇보다 중요한 예수의 처녀수태가 4대 복음서중 가장 먼저 쓰였다는 마가복음, 그리고 요한복음에 나오지 않는데 대해 의문을 표하기도 한다. 특히 사도 바울의 서신 - 마태복음과 누가복음 앞에 쓰인 - 에도 처녀수태가 전혀 등장하지 않는 데 대해 바울이 왜 그 중대한 사실을 빼놓았을까에 대해 의아해 한다.

의 노략물이 앗수르왕(King of Assyria) 앞에 옮겨질 것임이라 하시니라"(이사야 8장 4절)고 하여 아이가 철들기 전에 이루어질 것이라 하신 하나님의 예언이 앞에 나오는 7장 16절의 "이 아이가 악을 버리며 선을 택할 줄 알기 전에 네가 미워하는 두 왕의 땅이 황폐하게 되리라"는 예언의 내용과 완전히 일치하기 때문이다. 즉 하나님께서 예정하신 대로 여인이 잉태하여 태어난 아이가 철들기 전에 두 왕이 폐위되었으니 하나님의 예언 성취를 중심으로 볼 때 이사야의 둘째 아들과 이사야 7장 14절의 임마누엘은 동일인임을 알 수 있다. 따라서 이미 성취된 예언을 가지고 앞으로 7백여년 뒤에 성취될 예수의 탄생과 결부시켜 예수의 탄생에 대한 예언이라고 주장하는 것은 전혀 설득력이 없다. 이 아이의 정체를 성경에서 찾아보면 이어지는 8장 3절에 나오는 바, 이사야가 그의 아내와 동침해 낳은 둘째 아들 '마헬살랄하스바스'(Maher-Shalal-Hash-Baz)이다. 이 대목에서 이사야 선지자는 징조(a sign)를 자신에 적용한 것이다. 그 이름도 임마누엘에서 마헬살랄하스바스로 바뀌었다. Maher-Shalal-Hash-Baz는 직역하면 '급히 빼앗다'(plunder speedily, hurry to the plunder)는 뜻으로 두 나라가 급속도로 멸망할 것임을 예고하고 있다.

실제 이 예언은 BC 730년대에 이루어졌다. 르신과 베가가 유다를 치기위해 동맹을 체결한 해는 BC 약 734년경이다. 역사적 사실에 의하더라도 이사야의 둘째 아들 마헬살랄하스바스가 태어난지 2년 뒤인 BC 732년에 북이스라엘의 베가왕(재위 BC 740-732)과 아람의 르신왕(재위 BC ?-732)은 죽임을 당한다. 앗수르(앗시리아)가 수리아(시리아)를 정복하고, 에브라임(북이스라엘)을 침공했기 때문이다. 이는 유다를 위협하는 수리아와 북이스라엘을 앗수르가 칠 것이라는 예언이 예수 탄생 700여년전에 성취된 사건임을 의미한다. 이러한 예언은 열왕기하 16장 7-11절에도 성취돼 나온다.

한편, 이사야 7장 14절의 '처녀잉태'(Virgin Birth)설을 정당화하기 위해 교계 일부에서 이 절의 임마누엘이 바로 이사야 9장 6절의 '기묘자'(Wonderful Counselor) '전능하신 하나님'(Mighty God), '영존하시는 아버지'(Everlasting Father), '평강의 왕'(Prince of Peace) '으로 묘사된 한 아이'(a child)와 동일인물이라고 주장하고 있으나 이 또한 억지에 불과하다. 7장 14절의 아이는 이미 이사야 당대에 태어나 예언이 성취된 인물임이 밝혀졌는데, 당시 태어나지도 않은 9장 6절의 아이 즉, 궁극적으로 예수가 어떻게 7장 14절에 나오는 이사야의 둘째 아들과 동일인물일 수 있겠는가? 마태는 이사야에 등장하는 '임마누엘'(하나님이 우리와 함께 계시다)이라는 말 때문에 이를 예수님과 동치(同値)시킨 것으로 보인다. 그러나 성서에 등장하는 이름들은 거의가 하나님과 연관돼 있다. 예컨대 이사야(Isaiah)란 말은 '여호아는 구원이시다'(YAHWEH is salvation), 예레미아(Jeremiah)는 '여호와께서 세우시다'(YAHWEH has uplifted/God will raise up), 엘리야(Elijah)는 '나의 하나님은 여호와이시다'(My God is

YAHWEH)란 뜻이다. 성경속에 '임마누엘'은 구약성서에 두번, 신약성서에 한번 언급된다. 구약의 두번이란 바로 이사야 7장 14절과 8장 8절이고 신약의 한번이란 이사야 7장 14절을 인용한 마태복음 1장 23절을 가리킨다. 그러나 구약 두 곳에서는 전혀 예수님을 암시하지 않는다. 신약의 마가복음, 누가복음, 요한복음 등 다른 세 복음서에도 '임마누엘'이란 호칭은 없다. 예레미아나 엘리야 등 구약의 다른 선지자도 메시야 대한 예언에서 '임마누엘'이란 말은 사용하지 않았다. 그럼에도 불구하고 마태는 예수님을 임마누엘의 실현이라고 증거한다. 다만 이사야 9장 6절의 내용은 미가 5장 2절 이하의 예언과 함께 이사야 이후 몇 백년 후에 성취될 예수님의 탄생에 관한 예언을 가리킨다고 한다.

마태복음 1장 23절에 대해 '가톨릭 백과사전'(The Catholic Encyclopedia)은 "현대 신학은 이사야 7장 14절이 그리스도의 동정녀 잉태에 대한 예언이라는 것을 인정 하지 않는다. 따라서 성(聖) 마태가 '보라 처녀가 잉태 하여 아이를 낳으리니 그 이름을 …' 한 것은 이사야 구절을 잘못 이해한 것으로 판단된다."(Modern theology does not grant that Isaiah 7:14, contains a real prophecy fulfilled in the virgin birth of Christ; it must maintain, therefore, that St. Matthew misunderstood the passage when he said: "Now all this was done that it might be fulfilled which the Lord spoke by the prophet, saying; Behold a virgin shall be with child, and bring forth a son, etc.")[6] 고 밝히고 있다. 이런 가운데 일부 우리말 성경은 이사야 7장 14-16절이 ①아하스 시대에 젊은 여자가 낳은 아들이 성장할 무렵 두 대적(아람과 북왕국 이스라엘)이 멸망할 것이라는 예언 ②장차 동정녀에 의해 태어날 그리스도에 대한 예언(마태복음 1장 23절에 의한) 등 2중의 의미를 갖는다고 설명한다.[7] 그러나 이러한 설명은 성경 구절의 의미가 이렇게도 되고 저렇게도 되는가라는 비판을 받고있다. 신약성경에서 하나님 즉 성령에 의한 마리아의 처녀 잉태가 언급돼 있는 곳은, 마태복음 말고도 누가복음(1장 26-35절)이 있다. 다만 누가복음에서는 처녀잉태가 이사야 7장 14절의 실현이라는 내용은 없다.

---

6) 'Virgin Birth of Christ.' The Catholic Encyclopedia. Vol. 15. New York: Robert Appleton Company, 1912, p. 451.(온라인 '가톨릭대백과사전' New Advent(http://www.newadvent.org/cathen/15448a.htm)의 'The Virgin Birth in Catholic theology'에서 재인용)
7) QA(Question & Answer)개역개정성경, 성서원, 2008, p. 975.

■ '능력에 따라 일하고 필요에 따라 분배받는다'는 마르크스주의의 허구

공산주의 시조로 불리는 마르크스(Karl Marx)는 그의 친구 엥겔스(Friedrich Engels)와 함께 1848년 런던에서 발표한 공산당선언(Manifest der Kommunistischen Partei, Manifesto of Communist Party)에서 자본주의의 사멸은 필연적이라면서 궁극목표로 자본주의 타도를 천명하고 있다. 마르크스는 자본주의가 멸망할 수밖에 없는 이유는 첫째, 자본주의는 자본가계급이 노동자계급을 지배하고 착취하는 체제이기 때문이라는 것이다. 지배계급과 피지배계급 사이의 투쟁은 필연적으로 자본주의를 멸망시키게 될 것이라는 것이다. 마르크스는 "지금까지의 모든 사회의 역사는 계급투쟁의 역사다. 억압자와 피억압자는 끊임없이 대립했으며, 때로는 은밀하게 때로는 공공연하게 투쟁을 끊임없이 계속했는데, 이 투쟁으로 인해 사회 전체가 혁명적으로 재편되었든지 투쟁하는 계급들이 함께 몰락했다"고 주장했다. 마르크스와 엥겔스가 공산주의를 역사발전의 최후단계로 보는 것도 그런 '논리'에서다. 이들은 역사발전 단계를 원시공산사회 → 고대 노예제 사회(주인과 노예) → 중세 봉건제 사회(영주와 농노) → 근대 자본주의 사회(자본가와 노동자) → 공산주의 사회(무계급 사회)로 설정한다. 마르크스주의자들은 자본주의 사회에서 공산주의 사회로 넘어가는 과도기 중간 단계를 사회주의로 설명한다.

둘째, 억압받고 착취당하는 노동자계급이 점점 더 수적(數的)으로 증가할 뿐 아니라 단결하기 때문에 자본주의는 멸망한다는 것이다. 그래서 노동자계급은 자본주의를 타도하는 혁명에서 잃을 것이라곤 '임금의 노예'라는 '쇠사슬'뿐이지만 얻을 것은 새로운 세계 전체라는 것이다. 셋째로 자본주의에서는 경제위기 또는 공황이 주기적으로 반복해 발생함으로써 수많은 기업이 도산, 노동자가 대규모로 실직하여 생존을 위협받게 되는데, 이는 자본주의적 사적(私的)소유와 경쟁 및 이윤 추구가 더 이상 생산력을 증가시키거나 주민들의 생활수준을 향상시키지 못하는 것을 의미하기 때문이라는 것이다. 따라서 피지배계급은 공장이나 기계, 토지 등 생산수단에 대한 사적 소유를 사회적 소유로 전환시키고, 생산의 목적을 자본가들의 이윤추구로부터 주민들의 욕구나 필요를 충족시키는 것으로 변경시키며, 무정부적인 '경쟁' 대신에 '계획'을 도입할 수밖에 없다는 것이 선언의 핵심내용이다.

그러나 마르크스의 그같은 예언은 모두 빗나갔다.

첫째, 자본주의가 결국 실업, 공황, 빈부격차 및 사회적 불평등 등 자기 모순으로 멸망할 것이라던 마르크스의 예언은 실현되지 않았다. 오히려 자본주의 사회가 붕괴된 것이 아니라 소련과 동구 국가들에서 보듯 공산주의가 붕괴됐다. 이상적인 사회를 건설하기 위해 생산수단을 공유할 것을 천명했지만 생산수단을 공유·관리·독점하는 사회조직은 오히려 더 폐쇄적인 절대주의, 전체주의 체제를 만들어냈다.

둘째, 만국의 노동자들은 단결 대신 세계무역기구(WTO)에 의해 분열됐다,

셋째, 자본주의가 고도로 발달된 나라에서 필연적으로 일어난다고 했던 프롤레타리아 혁명은 어느 한 곳에서도 일어나지 않았다.

넷째, 국가는 사멸하는 것이 아니라 날이 갈수록 그 기능과 역할이 강화되고 있다.

다섯째 능력에 따라 일하고 필요에 따라 가져간다(소득분배가 이뤄진다: From each according to his ability, to each according to his needs)는 주장은 실현되지 않았다. 능력에 따라 일하고 필요에 따라 가져간다는 주장은 마르크스가 1875년 5월에 쓴 '고타 강령 비판, Kritik des Gothaer Programms/Critique of the Githha Program)에 나오는 것으로 실현 불가능한 완전한 허구다. 이런 주장이 성립되려면 자원이 무제한으로 존재하거나 생산돼야한다. 또한 부수적으로 모든 사람이 예수나 석가처럼 이타적이어야 할 것이다.

마르크스의 '공산당선언'은 이후 공산당 엘리트들의 지배권력을 정당화하는 소위 마르크스주의라는 이데올로기로 경직화되고, 이 이데올로기를 받아들였던 소련과 동구 국가들의 '현실사회주의'(really existing socialism)가 붕괴함으로써 더 이상 절대적 지위를 누릴 수 없게 되었다. 이로써 자본주의는 자기모순에 의한 파국을 맞이하기는커녕 전 세계적으로 보편화되고 있으며, 공산주의의 이념은 진부하기 짝이 없는 구시대의 유물로 역사의 뒤편으로 퇴장하는 듯 받아들여지고 있다.

이에 대해 포퍼(Karl Popper)는 마르크스주의는 '공산당선언'에서 보듯 출발점부터 잘못되었다고 비판했다. 왜냐하면 마르크스주의의 이념은 인류의 주요 문제를 푸는 데 서로 협력할 '동반자'를 발견하는 대신에 '적'(enemy)을 발견함으로써 문제를 해결하려 했기 때문이라는 것이다. 그리고 '적'을 뉘우치게 하고 '사랑'의 힘으로 포용하며 끌어들이는 것이 아니라 반드시 폭력으로 파멸시켜야 할 대상으로 삼았다는 점이라는 것이다. 마르크스는 폭력혁명을 통해 타도되어야 할 적으로 자본주의를 지목했다. 그들은 '책임' 대신 '증오'를 선택했다. 이는 처음부터 커다란 오류였다.

원래 편 가르기는 공산주의 혁명의식의 출발점이다. 물질이 1차적이고 정신이 2차적이라고 보는 유물론(唯物論, materialism), 정신이 1차적이고 물질이 2차적이라고 보는 관념론(觀念論, idealism)이 서로 대립돼 있는 것으로 인간과 우주를 설명함에 따라 공산주의자들은 '동무가 아니면 모두가 원수'로 보는 절대적 세계관을 내세우면서 자유민주주의적 사상을 가진 사람들은 모두 헛된 관념론자들이기 때문에 파멸시켜야 한다는 것이다.

정부와 관계기관의
정보조작 등으로 인한 대형 오보

■ 6.25전쟁 최대 오보 : 패주하는 국군을 북진, 해주 점령, 제공권장악 등으로 허위보도

6·25전쟁 발발 직후 우리 언론은 이 사건을 어떻게 보도했을까.

〈이북 괴뢰 불법 남침·25일 무효(조효) 38全線(전선)에 걸쳐〉(조선일보)

〈괴뢰군 돌연 남침을 기도〉(동아일보). 1950년 6월 26일자 신문 1면 머리기사 제목이다. 경향, 동아, 조선 등 일부 신문들은 일요일인 25일엔 북한의 남침사실을 간략하게 알리는 호외(號外)만 발행했다. 그러나 이런 호외는 미국의 뉴스통신사 UP(United Press. 현 UPI통신 전신)가 서울발 기사로 오전 9시 50분 전 세계를 향해 제1보를 날린 수 시간 뒤 나왔다.

△ 6.25전쟁 발발 사흘 째되는 1950년 6월 27일자 동아일보 1면 기사

신문들은 26일자에서 전날 정오 발표된 이선근 국방부 정훈국장(대령)의 담화 내용을 일제히 1면 기사로 다루며 북한의 남침 사실을 거듭 알렸다. 하지만 제목을 통단으로 크게 뽑지않고 1면의 30% 정도를 전쟁 발발 기사에 할애하고 있었다.

이선근 국장은 북한괴뢰군이 25일 아침 5-8시 사이 38선 전역에 걸쳐 남침을 시작했다는 사실을 알리면서 다음과 같은 담화를 발표했다.

〈옹진 전면으로부터 개성, 장단, 의정부, 동두천, 춘천, 강릉 등지 전면의 괴뢰 집단은 거의 동일한 시각에 행동을 개시해 남침해왔고 동해안에는 괴뢰 집단이 선정(船艇)을 이용해 상륙을 기도해 왔으므로 전 지역에 걸쳐 우리 국군부대는 이를 격퇴, 요격해 긴급적절한 작전을 전개했다. 동두천 방면 전투에선 적측이 전차까지 출동시켜 내습하였으나 아군 대전차포에 격파당하고 말았다. 군에서는 명령이 없이 38선을 넘어 공격작전을 취할 수 없는 고충이 있으나 만전의 방어태세로 저들이 불법 남침할 때 이를 포착 섬멸할 수 있는 준비와 태도가 구비되었으니 전국민은 이북 모략방송과 유언비어에 속지 말 것이며 안심하고 국지적 전황에 특히 동요되지 말라. 이러한 시기를 이용하여 추호라도 후방의 치안이나 민심을 교란하는 자가 있다면 이 또한 엄중히 단속할 것이니 각계 각층에서 군의 의도에 적극 협력하기를 부탁한다.〉

6월 27일자로 넘어가면서 우리 언론의 전쟁관련 기사의 비중은 점점 커진다. 1면을 비롯 사회면까지 전쟁관련 기사로 채워진다. 하지만 내용은 〈국군, 반격에 나서 북진, 해주 돌입〉 등 사실과 아주 동떨어진 가짜뉴스였다.

동아일보는 전쟁발발 사흘째인 27일 1면 머리에 〈국군 정예 북상 총반격전 전개(國軍精銳北上總反擊戰展開)〉라는 큰제목 아래 〈해주시를 완전 점령(海州市를 完全占領)·대한해협서 적함 격침(大韓海峽서 敵艦擊沈)〉이란 부제를 달고 국방부가 26일 오전 8시 현재를 기준으로 발표한 내용을 그대로 게재했다. 동아일보는 이와 함께 1면에 별도로 〈적 주력 부대 붕괴(敵主力部隊崩壞)〉〈공비 임진 도강 수포화(共匪臨陣渡江水泡化)〉라는 두줄 제목의 기사를 실었다. 조선일보도 국방부 발표를 전재하면서 〈국군 일부 해주 돌입·적 사살 1천 580명·전차 등 격파 58대〉라고 보도했다. 경향신문은 〈찬(燦)! 아군 용전에 괴뢰군 전선서 패주중〉이라는 1면 컷 제목 아래 〈삼군 패적 맹추(三軍敗敵猛追)·일부는 해주시에 돌입〉이라는 제목으로 국방부 발표문을 실었다. 사회면 머리에는 〈38 마선(魔線)을 분쇄하자! 우렁찬 실지회복의 군호(軍號)〉라는 제목의 기사를 실었다. 이처럼 우리 언론 보도를 보면 국군이 승승장구(乘勝長驅) 북진을 계속하면서 해주시를 완전 점령했다는 것이었다.

그러나 그 시각(26일)은 실제로 의정부가 북한군 수중에 넘어간 뒤 창동(倉洞, 당시 경기도 양주군 노해면 소속이었으나 1963년 서울시 편입) 방어선마저 위태로워져 의정부 일대의 피란민이 서울로 몰려들기 시작함으로써 정부기관과 서울 시민들이 동요하기 시작하는 등 위기가 고조되고 있었다. 정부는 27일 새벽 3시 경무대에서 열린 비상 국무회의에서도 실효성 있는 대책은 세우지 못한 채 정부를 수원으로 옮긴다는 방침만 정했다.

△ 1950년 6월 28일 남침 사흘후 서울에 진입한 북한 인민군들

이처럼 우리 정부는 시시각각으로 변하는 전세(戰勢)에 속수무책 상태에 빠져 서울 시민을 포함한 각 기관의 소개 대책을 세울 겨를이 없었고, 이 때문에 100만명에 달하는 서울시민들이 피란 시기를 놓치게 됐다. 물론 언론이 사실과 다른 보도를 함으로써 시민들이 전황을 제대로 파악하지 못했던 점도 큰 영향을 끼쳤다.

그러면 왜 당시 우리 언론은 사실과 다른 보도를 했을까.

국방부 산하 전사편찬위원회(현 국방군사연구소)가 지난 1987년 발간한 '한국전쟁'은 당시 보도 태도에 대해 다음과 같이 분석했다.

한국의 보도담당 기관은 북한의 남침을 알리는 첫 소식을 받은 다음 '서울이 함락된다면 만사가 끝장이다'라는 국민의 잠재의식을 감안해 민심을 안정시키는 데 일차적인 노력을 기울였다. 그 결과 시간이 흐를수록 불리하게 변화되고 있던 당시의 전황을 실제와는 다른 방향으로 보도하게 됐다. 그 한 예로 옹진반도에 배치됐던 독립 제17연대가 6월 26일 인천으로 철수한 뒤에도 '국군 17연대가 해주로 돌입했다'고 터무니없는 보도를 되풀이했기 때문에 국민이 전황을 파악할 수 없게 됐을 뿐 아니라 북한이 이를 한국이 선제공격을 했으므로 남침하게 됐다고 주장하는 방증으로 인용하게 되는 결과를 자초하기도 했다.

6월 28일에도 국내 일간지들은 국군이 의정부를 탈환했다는 등 사실과 다른 내용을 계속 보도했다. 조선일보는 1면에 〈제공권 완전장악·국군 의정부를 탈환〉이라는 제목 아래 27일 오전 10시의 국방부 보도와 발표 내용을 그대로 소개하고 있다. 4개항의 국방부 발표 내용(아래)은 북한군이 아군의 반격으로 패주하고 있다고 해 눈길을 끈다.

〈① 아국군 의정부 부대는 10시 30분 의정부를 완전히 탈환하고 패주하는 적에 대해 맹렬한 추격전을 전개. 또 문산 기타 지구에서도 전면적인 반격으로 말미암아 적의 전열은 극히 혼란되고 있으며 38선을 향해 계속 후퇴하고 있다.
② 지금까지 국군이 불리한 작전을 계속해 왔음은 적의 전차부대와 항공대의 압력이 있기 때문이었는데 아군 항공대는 제공권을 완전히 장악하고 있으므로 적의 항공대는 행동불능인 동시에 아군의 강적이던 전차부대는 공군의 폭격으로 전면적인 격파 후퇴를 당하고 있다.
③ 맥아더 사령부대에서 비래(飛來)한 공군의 원조로 국군은 작전 주도권을 완전히 장악하고 치열한 적개심과 충천하는 사기로 패주하는 적을 맹추격 중에 있다.
④ 전 국민은 정부 중앙기관의 이동 기타로 추호도 실망하지 말고 우세한 아 육해공군의 작전을 신뢰하여 수도 서울과 전 국토의 치안방위와 최전선에서 혈투하고 있는 국군장병에 대해 만강(滿腔)의 협력을 바라는 바이다.〉

28일자 조선일보 1면은 국방부 발표기사에 이어 맥아더 사령부의 지시로 신예 전투기 ○○○대가 행동을 개시했으며 이 전투기는 세계에서 가장 우수한 P-38, P-51기라고 강조하는 내용도 게재하고 있다.

그러나 실제로는 상황이 더욱 악화되고 있었다. 북한군이 27일 저녁 한국군의 미아리-홍릉 저지선을 공격하는 등 서울을 향해 숨통을 죄어오고 있었던 것. 28일 새벽 1시쯤 북한군 전차가 돈암동으로 진출하자 미아리 일대의 한국군은 분산되고 말았다. 당황한 한국군은 북한군 전차가 한강대교에 나타나기 7시간 30분 전인 28일 새벽 2시반 한강대교를 서둘러 폭파, 한국군 5개 사단(총병력의 46%)과 각 지원부대의 퇴로가 차단되고 많은 인명이 희생됐다.

6.25 전쟁 당시 대전에 주둔하고있던 국군 제2사단장이었으며, 휴전 직후인 1956년에 육군 참모총장을 역임했던 이형근 장군은 1993년에 출간된 그의 자서전 '군번 1번의 외길 인생'에서

6.25 발발 당시 언론의 오보를 '6.25전쟁 10대 불가사의'중의 하나라고 제기하고 이제라도 누군가가 책임을 져야한다고 말했다. 다음은 이형근 장군이 제기한 것을 중심으로 한국전쟁 초기의 10대 미스터리를 종합적으로 정리한 것이다.

〈① 6월 20일을 전후해 일선부대에서 북한 인민군 사단들이 전선 인근인 경기 연천·전곡 등에 집결하는 등 남침 징후가 있다는 정보보고를 올렸는데도 육군본부 수뇌부가 묵살 내지 무시한 점.

② 6.25 발발 2주전인 6월 10일에 단행된 전후방 사단장과 연대장 등 인사이동, 특히 전방 3개 사단장과 육군본부 작전국장, 작전차장, 작전과장을 모두 교체하여 초기 작전에 많은 지장을 초래한 사실.

③ 전후방 부대의 교체와 함께 기관총, 대포, 수송 차량 등 주요 장비들이 남침 2주 전부터 정비를 이유로 후방에 있는 부평 기지창에 입고된 것.

④ 6월 11일부터 발효된 전군 비상경계령이 남침 하루를 앞둔 6월 24일 0시를 기해 전격 해제된 사실.

⑤ 육군이 비상경계령 해제와 함께 6월 24일 전 장병의 1/2에게 휴가 및 외출·외박을 실시함으로써 전후방 가릴 것 없이 거의 모든 부대가 텅텅 빈 사실.

⑥ 6월 24일 육군본부 장교클럽 개관식을 계기로 밤늦게까지 채병덕 참모총장을 비롯한 전후방의 주요 지휘관이 대거 참석한 가운데 음주가무 댄스파티가 열렸으며, 일부 장교들은 파티가 끝난 후 25일 새벽에도 미리 예약된 인근 국일관 등지에서 38선이 뚫리는 줄도 모르고 2차, 3차 술파티를 벌인 사실.

⑦ 적의 남침 이후 수도사수 명목으로 서울 북방에 병력을 축차(逐次) 투입해 장병들의 불필요한 희생을 강요한 것.

⑧ 중앙방송(현 KBS)에서 6월 25-27일의 국군 후퇴를 반격, 북진 중이라고 허위 보도한 것.

⑨ 6월 28일 오전 2시 30분에 후퇴명령 없이 단행된 한강교 조기폭파로 거의 모든 군장비 등 군수품이 적의 수중에 들어가고 국군과 민간인 희생이 늘어난 것.

⑩ 한강교 폭파임무를 수행한 공병감 최창식 대령의 조기 사형 집행(폭파 명령자가 대통령, 국방장관, 육군참모총장 등 누구인지는 아직도 논란이 있으며 최 대령은 사형집행 후 1962년 유족의 재심 요청에 따라 무죄확정 판결을 받았음).〉

그러면 당시 외신들은 6.25전쟁 발발과 그 이후의 전황을 어떻게 보도했을까.

1950년 6월25일 6.25전쟁 발발과 함께 세계의 시선이 한반도로 쏠리면서 미국, 영국, 프랑스. 독일, 캐나다 등 23개국 300여명 종군기자들의 취재 경쟁이 시작됐다.

한국전쟁을 최초로 보도한 기자는 UP통신(현 UPI 통신)의 잭 제임스(Jack James)였다. 제임스의 기사는 경쟁사인 AP통신 보다 2시간 14분이 빨랐고 무쵸(John Joseph Muccio) 주한 미국대사가 본국에 타전한 보고 보다 빨랐다. 제임스 기자는 이 기사로 이듬해인 1951년 퓰리쳐상을 수상했다. 제임스 기자가 제1보를 타전한 시각은 6월 25일 오전 9시 50분이었다. 이승만 대통령은 6시 30분, 무쵸 대사는 8시 쯤 북한인민군 남침 보고를 받은 것으로 알려져 있다. 분발에 나선 AP통신은 맥아더 장군의 인천상륙작전, 그리고 중공군의 개입으로 유엔군이 후퇴하면서 파괴한 대동강 철교 사진을 전 세계에 알려 두 기사 모두 퓰리쳐상을 차지했다. 9.15 인천상륙작전 제1보는 AP통신의 한국인 기자 신화봉(영어명 Bill Shin), '끊어진 대동강 철교' 사진은 1950년 12월 5일 역시 AP통신의 맥스 데스포(Max Desfor) 기자에 의해 전 세계에 타전됐다. 퓰리처상은 1951년 6명에게 주어졌는데, 수상자는 모두 한국전을 취재한 종군기자들이었다. 드레스보다 군복이 잘 어울리는 것으로 유명했던 헤럴드 트리뷴의 마거릿 히긴스(Marguerite Higgins) 기자에게 여성 최초의 퓰리처상을 안겨준 것도 한국전쟁이었다.

〈UP통신의 잭 제임스가 전세계에 타전한 6.25전쟁 발발 제1보(全文)〉

North Koreans invade South Korea

By JACK JAMES

SEOUL, Korea, June 25, 1950 (UP) - Troops from Communist-dominated North Korea launched a series of attacks across the border into American-backed South Korea early Sunday, fragmentary reports from the frontier said.

Reports from the 38th parallel, which divides the Northern and Southern parts of Korea, said that attacks were launched generally along the border. They said the North Koreans were supported by tanks in the Chunchon area, 50 miles northeast of Seoul.

Early reports did not indicate how many troops were involved.

One report said that the headquarters of the South Korean Army's 1st Division at Kaesong, 40 miles northwest of Seoul, had fallen.

Enemy forces were reported to have penetrated two to three miles south of the border on the Ongjin Peninsula.

Below Kangnung, on the Eastern coast, invaders were said to have landed in 20 small craft and to have cut off the coastal highway.

The border area has been the scene of frequent guerilla clashes between North and South Koreans.

The frontier was set along the 38th parallel for mutual military convenience when American and Russian occupying forces entered Korea after the surrender of the Japanese there.

The Russians occupied the northern half and American troops took over in the south.

But negotiations between Americans and Russians regarding the restoration of full freedom to Korea broke down in May, 1946, and the border now completely separates the northern and southern Korean republics.

The South Korean National Assembly requested United States troops to stay in the country.

In Washington, Gen. Omar N. Bradley said there were only 200 or 300 American officers and men - part of a military mission - in South Korea.

Bradley would not comment on whether the United States had a commitment to defend the South Korean government in case of attack.

UP통신의 잭 제임스가 타전한 제1보를 요약하면 아래와 같다.

〈38선 지역의 단편적인 보고에 의하면 북한은 일요일 아침 전 경계선에서 전면 공격을 개시했다. 이곳 시간 오전 9시 30분 현재의 불규칙적인 보고 내용에 의하면 서울 서북방 40마일 지역인 개성시 소재 한국군 1사단 사령부가 9시에 함락됐으며 옹진 남쪽 3, 4km 지역에서 적 부대가 발견됐다. 서울 동북방 50마일 지점인 춘천 지역에서 공격에 투입된 적 전차대가 출현했다. 국도가 없는 강릉 이남의 동부 해안지역에서 적은 단정(短艇) 20척으로 상륙을 감행했다. 그러나 상황은 아직도 단편적이고 모호하다는 사실을 덧붙여둔다.〉

제임스의 기사는 제1보이면서도 당국의 발표에만 의존, 발발 이후 실제 전황과는 다른 보도를
계속해온 한국 언론에 비해 비교적 정확한 보도였다.

■ 정부의 조작발표에 놀아난 언론의 '평화의 댐' 보도

△ 북한의 금강산댐 수공 위험을 검증과정 없이 정부발표대로 전한 언론보도

1986년 10월 31일. 전두환 정부는 "북한이 휴전선 10km 북쪽 강원도 안변 금강산 지역에 저
수용량 2백만t의 대규모 댐을 건설하려는 계획을 갖고 있으며 댐이 무너질 경우 서울이 물바다
가 될 것"이라고 발표했다. 언론은 정부의 발표 내용을 그대로 전하며 "북한의 금강산 댐이 붕괴
될 경우 '1984년 한강 대홍수'[8]의 10배에 달하는 물이 한강 전 유역을 삼켜 가공할 수마(水魔)로
큰 피해를 입는다"고 보도했다.

---

8) 1984년 '한강 대홍수'란 태풍 준(June)이 집중호우를 동반하며 그해 8월 31일일부터 9월 4일까지 닷새동안 서울·경기·강원·충청 일대 한강유역에서 발생한 홍수이
다. 한강이 위험수위인 10.5m를 넘어서면서 한강대교 등 4개 교량의 차량통행이 전면통제됐고, 161개 지역 2만 2천500가구에서 9만 3천800명의 이재민이 발생했다.
저지대인 강동구 풍납동과 성내동 등은 주택들이 물에 잠기며 '수중고도(水中孤島)'가 돼 버렸다. 초·중·고는 물론 대학교까지 휴교령이 내려지는 대형 수재(水災)였
다. 전국적으로는 사망과 실종 189명, 이재민 35만 1천여명, 부상 153명에 피해액은 2천 502억원에 달했다. 이때 북한이 수재물자를 보내줬고 이를 계기로 남북한 경
제회담이 열렸다.

언론들은 이렇게 되면 물이 한강 제방을 넘쳐 여의도 국회의사당이 완전히 잠기고 63빌딩도 허리까지 수마가 덮친다고 했다. 방송들은 컴퓨터 그래픽을 동원해 63빌딩 허리까지 물에 잠기는 무시무시한 화면을 내보냈다. 이런 보도는 수개월간 계속됐다.

정부는 첫 보도가 나간지 한 달만에 북한의 수공(水攻)에 의한 적화야욕을 무력화하기위해 대응댐인 '평화의 댐'을 만들겠다고 발표했고 언론들은 앞다퉈 성금유치 경쟁에 나섰다. 관변단체들은 연일 규탄대회를 열면서 분위기를 잡았다. 1988년 평화의 댐 1단계 공사가 완공될 때까지 모인 국민성금은 744억여 원이었다. 그러나 그로부터 7년 후인 1993년 6월 감사원 특감 결과 평화의 댐은 88서울올림픽을 앞두고 야당의 개헌주장을 봉쇄하기 위해 전두환 정부가 조작한 것으로 드러났다. 언론이 정부의 대(對)국민 사기극에 동참한 꼴이었다.

■ 실미도 사건 오보 : 당국의 발표만 믿고 군특수범을 무장공비로 보도

실미도 사건(實尾島事件)은 1971년 8월 23일 경기도 부천군 용유면 무의리(현 인천광역시 중구 무의동) 실미도에서 훈련을 받던 공군 북파공작 부대 대원들이 교관과 기간병(감시병) 18명을 살해하고 섬을 빠져나와 인천에서 버스를 탈취해 서울로 진입한 뒤 군과 총격전을 벌이다 수류탄으로 자폭, 대부분이 사망한 사건이다.

실미도에는 1968년 4월부터 북파 목적의 비밀부대인 '684 부대'가 운용돼 왔다. 1968년 1월 21일 북한 정찰국 소속 공작원 김신조 등 31명이 박정희 대통령을 암살하기 위해 서울에 침투한 사건이 발생했다. 소위 '1.21사태' 또는 '김신조 사건'이 그것이다. 이에 중앙정보부는 같은 해 4월 684부대를 창설하고 김일성 암살을 위해 실미도에서 훈련을 시킨다. 김신조 일당과 똑같이 31명으로 구성된 부대원들은 각종 힘든 훈련을 무려 40개월이나 버텨낸다. 창설일이 1968년 4월이기 때문에 '684부대'란 이름이 생겼다.

이들은 김일성 암살을 목표로 혹독한 훈련(훈련 도중 7명 사망)을 받았으나, 남북 화해 분위기가 조성되면서 작전 자체가 불확실해지자 가혹한 훈련과 장기간의 기다림에 불만을 품고 1971년 8월 23일 아침 6시경 교관과 기간병 18명을 살해했다. 이 과정에서 동료 부대원 1명도 사망했다. 24명의 기간병 중 6명만이 목숨을 건졌다.

△ 군특수범을 무장공비로 보도한 1971년 8월 23일자 경향신문

섬을 빠져나간 23명의 684부대원들은 그날 낮 12시 20분경 인천 독배부리 해안에 상륙한 뒤, 인천 시내버스(현대 R-192) 1대를 탈취해 청와대 방향으로 향했다. 인천에서 육군과의 총격전으로 타이어가 터져서 버스가 움직일 수 없게 되자 이들은 수원-인천간 시외버스(신진 FB100L, 태화상운 소속)를 다시 탈취해 14시 15분경 서울 영등포구 대방동(현 동작구 대방동) 유한양행 건물 앞에 도착했다. 여기서 마지막 총격전을 벌이다 부대원 대부분이 스스로 수류탄을 터뜨려 목숨을 끊었고, 생존자 4명은 군사재판에 회부돼 1972년 3월 10일 사형이 집행됐다.

정부는 이 사건을 '8.23 실미도 난동사건'으로 규정하면서도 부대의 진상을 은폐함으로써 이후 이 사건은 세간의 관심에서 잊혀진 채 30여 년간 묻혀 있었다. 그러다 1999년에 684부대의 실상을 소재로 하는 백동호의 소설 '실미도'가 발표되고 이 소설을 바탕으로 2003년 말 동명 영화가 개봉되면서 사건의 실체가 세상에 알려지기 시작했다.

이들은 사건 발생 당시인 1971년 8월 23일 무장공비로 보도됐다. 대부분의 언론은 대간첩대책본부 발표를 그대로 받아 보도했다. 당시 신문을 보면 큼지막하게 '무장공비'라고 제목을 뽑은 것은 물론, '침투'란 표현을 썼다. 정부 발표를 충실히 따른 것이다.

예컨대 경향신문의 경우 기사 첫 문장(리드)부터 "북괴 무장간첩 21명이 예비군 복장으로 위장하고 서울로 침투하려다 급거 출동한 군·경·예비군의 저지를 받아 일부는 폭사하고 3명은 교전 끝에 생포됐다."고 돼있다. 또 기사에서는 '아군'이란 주어를 썼다. "아군은 이날 하오 3시 현재 분산도주한 공비의 소탕 작전을 벌이고 있다. 공비들은 모두 예비군과 비슷한 복장을 하고 권총과 카빙소총으로 무장하고 있었으며 잔당은 5, 6명으로 추정되고 있다"는 식이었다.

신문들은 다음 날인 8월 24일에야 오보를 정정, 무장공비를 '군특수범'으로 바로 잡았다.

■ '영일만 포항에서 석유발견' 허위 발표 : 물거품이 된 산유국의 꿈

"어쩌면 단군 이래 5천년의 역사를 바꿀 석유가 이 땅에서 나왔다"

합동통신과 함께 현 연합뉴스로 통폐합 되기 전 동양통신의 1976년 1월 15일자 "영일만서 석유가 나왔다"제하의 기사 첫 문장이다.

△ 1976년 1월 15일 연두기자회견에서 석유 발견소식을 전하고있는 박정희 대통령

이날 박정희 대통령은 연두기자회견에서 메가톤급 뉴스를 터뜨렸다. "영일만 포항부근에서 처음으로 원유와 가스가 나왔다"고 발표한 것이다. 그것도 회견 말미에 기자의 질문에 답변하는 형식의 깜짝 발표를 통해서였다. 대한민국이 갑자기 산유국이 된 것이다. 건국 후 최대의 낭보(朗報)로 온 나라가 흥분과 열광에 휩싸였다. "경제성있는 매장량을 확인하기 위해 과학적인 탐사가 필요하다"는 전제가 붙기는 했지만 대통령의 발언은 즉각 온 나라를 흥분과 열광의 도가니로 몰고 갔다. 당시 언론들은 "이제 세금을 내지 않아도 될 날이 오고 있다"는 식의 꿈같은 기사를 쏟아내기도 했다.

〈지난해 12월 우리나라 영일만 부근에서 처음으로 석유가 발견된 것이 사실입니다. 우리 기술진이 오랫동안 탐사한 후 3개 공을 시추한 결과 그 중 한 군데에서 석유와 가스가 발견된 것이 사실입니다. 석유가 나온 양은 비록 소량이나 지하 1500m 부근에서 그것도 우리나라에서 처음으로 석유가 발견된 것은 고무적인 일이 아닐 수 없습니다. 그동안 KIST에 의뢰해 성분을 분석한 결과 양질의 것으로 판명되었습니다. 매우 반가운 소식이고 고무적인 이야기라 하지 않을 수 없습니다. 매장량이 어떻게 될지는 모르나 우리나라에서 석유가 나왔다는 사실 그 자체가 중요합니다. 경제성이 있을 만큼 매장량이 있을지는 더 조사해 보아야 합니다. 이 지역에 대한 탐사 및 조사를 위해 연초부터 외국 기술자를 불러오고 필요한 장비를 들여오고 있습니다. 4-5개 월이 지나면 그 결과를 알 수 있을 것입니다. 외국 기술자들이 유망(有望)하다고 이야기하고 있으나 땅 밑에 있는 문제로 아직은 무어라고 말할 수 없으며 더 조사해 봐야 할 것입니다. 좀더 확실한 것을 안 후 발표하기 위하여 공개하지 않았습니다. 기름이 한 방울도 나오지 않는 우리나라에서 기름이 나온다니까 국민들이 흥분하고 좋아하는 심정은 충분히 알 수 있으나 직접 파보지 않으면 알 수 없는 것이므로 하늘은 스스로 돕는 자를 돕는다는 말과 같이 국민들이 번영된 조국건설을 위해 근면, 자조, 협동으로 부지런히 일하고 열성을 다하면 하느님이 우리에게 좋은 선물을 가져다 줄지도 모르니 조사가 끝날 때까지 기다려 주십시오.〉

그러나 1년 정도 지나 영일만 석유는 경제성이 없는 것으로 밝혀졌고, 산유국의 꿈은 사라졌다. 경제성이 없는 줄 알면서도 취재원이 제공한 일종의 허위 보도자료였다.

朴대통령의 이 발표에다가 혹을 덧붙인 것이 언론의 소나기 같은 과장·조작 보도였다. 거의 모든 신문은 포항 석유발견 발표를 1면 머리에 통단 컷 제목으로 보도했다. 이런 편집은 북한이 남침하거나 현직 대통령이 사망한 경우에나 사용한다. 대통령은 석유가 나왔다고만 했는데 거의 모든 신문들은 유전이 발견된 것처럼 보도했다. 퇴적층을 뚫으면 소량의 석유는 자주 나오지만 경제성이 있을 만한 유전 발견율은 2% 정도에 불과하다는 것을 무시하고 '우리도 산유국 이 되었다'느니 '이제 세금을 내지 않아 도 될 날이 오고 있다'고 보도하는가 하면, 중앙의 어느 신문은 "포항유전의 매장량은 일본 최대 유전의 10배, 중동 최대인 '멜라님'유전과 맞먹는 69억 배럴로 추정된다"고 백일몽 같은 기사를 쓰고 있었다. 이런 기사로 해서 주식값이 연일 폭등했다. 참고로 일본에서 당시 가장 큰 유전은 매장량이 약 6천만 배럴이었고 중동에서 가장 큰 유전은 사우디 아라비아의 가와르(Ghawar) 유전으로서 매장량이 약 700억 배럴이며, '멜라님' 이란 이름의 유전은 존재하지도 않았다.

그러나 포항석유는 1년여 뒤 "경제성이 없는 것으로 판명돼 시추를 중단했다"는 짤막한 발표와 함께 해프닝으로 끝나고 말았다. 박 전 대통령이 "이걸 그냥 마시고 싶다"고 했을 정도로 감격해했던 시커먼 액체도 사실은 시추공에서 윤활제로 사용하는 경유를 원유로 착각한 것으로 드러났다.

한 마디로 조작이었다. 그런데 당시 이같은 주장을 팩트로 반박한 기자가 있다. 바로 국제신보의 조갑제 기자(현 조갑제 닷컴 대표)였다. 그는 조선일보로 자리를 옮긴 뒤에도 2000년 월간조선 3월호 '내 무덤에 침을 뱉어라'는 연재물을 통해 "박정희 대통령이 당시 청와대 중화학공업담당 오원철(吳源哲)수석으로부터 원유가 아니라 경유라는 분석 보고를 받고도 기자회견에서 양질의 석유가 발견됐다고 발표했다"고 보도했다. 그는 다음과 같이 적었다.

> "吳源哲 수석은 이 기자회견장에 배석하고 있었는데 석유관련 질문이 나오자 불안했었다고 한다. 朴대통령의 설명을 분석해보면 그는 포항석유가 원유가 아니란 사실을 알면서도 원유가 발견된 것처럼 말했고 마치 매장량이 많아 油田으로 성립될 수 있으리란 기대감을 주는 방향으로 대답을 하고 있음을 알 수 있다. 경제성이 있다는 이야기를 하지 않았으나 포항석유 발견에 대단한 의미를 두는 발언이었다. 朴대통령의 이 발표에다가 혹을 덧붙인 것이 언론의 소나기 같은 과장·조작 보도였다."

포항 시추는 1977년 4월에 끝났다. 꼭 2년 걸린 작업이었다. 박 대통령은 "석유가 있는지 없는지를 확인하는 것도 통치자의 의무가 아니었겠느냐?"면서 담담하게 시추 종료 건의를 받아들였다는 것이다. 정부가 마지막으로 뚫은 것은 칠포해수욕장(경북 포항시 흥해읍) 남쪽 해안 언덕 위의 DS4호공이었다.

▪ 안기부의 정보조작에 의한 오보 : '김대중 평민당 총재 대북 친서전달 가능성'

1989년 7월 24일 연합통신(현 연합뉴스)은 서경원 의원이 밀입북했을 당시 평민당 김대중 총재의 친서를 휴대, 북에 전달했을 가능성이 있다고 보도했다. 당시 거의 모든 언론사들은 이 기사를 받아 1면 머리기사로 다뤘다.

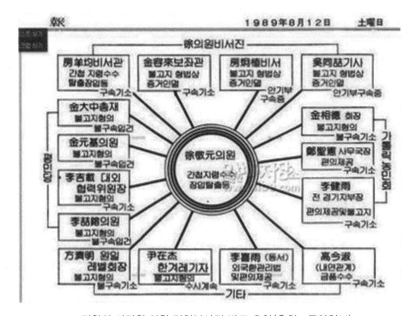

△ 검찰의 서경원 의원 밀입북사건 발표 요약(출처= 동아일보)

연합통신은 국가안전기획부는 김대중 총재가 서의원을 통해 북한 당국에 친서를 전달했을 가능성이 있는 것으로 보고 사실 여부를 밝히기 위해 금명간 법원으로부터 구인장을 발부 받아 김총재에 대한 참고인 조사를 강행할 방침이라고 보도했다. 연합통신은 안기부의 한 고위 관계자 말을 인용, "김총재가 서의원을 통해 김일성 등 북한당국에 친서를 전달했을 가능성이 있다"며 "곧 구인장을 발부받아 친서전달 여부와 함께 서의원에 대한 자금지원 여부, 김총재가 무관하다고 주장하는 불고지 혐의 등에 관해 조사할 방침"이라고 말했다고 보도했다.

이 보도는 연합 통신이 안기부로부터 단독 취재해 보도한 것이다. 그러나 이 보도는 오보였다. 안기부의 정보조작 의도가 분명했던 사안이었다. 김총재는 혐의를 벗었다. 하지만 정치지도자로서의 도덕성과 당의 이미지는 큰 타격을 입었다.

서경원 의원 밀입국사건이란 평민당 서경원 의원이 1988년 8월 19일부터 21일까지 북한을 비밀리에 방문, 국가주석 김일성, 부총리 허담등과 회담하고 5만 달러까지 받아 귀국한 사건이다. 서의원은 유럽 여행중 성낙영 목사를 통해 접촉한 북한인사 정모씨의 주선으로 체코슬로바키아를 경유 방북했다. 서의원은 이듬해인 1989년 6월말 스스로 이 사실을 밝히고 안기부에 자진 출두했다. 이 사건으로 이길재 평민당 대외협력위원장, 방양균 비서관 등 9명이 국가보안법상 불고지 등의 혐의로 구속 또는 불구속 기소됐다. 김대중 총재도 1989년 8월 안기부로 강제 구인돼 21시간 동안 조사를 받고 서울지검에서도 15시간 가량 조사를 받는 수모를 당했다. 서의원은 간첩혐의로 구속기소돼 1심에서 실형을 선고받고 의원직을 상실했다. 서의원은 대법원에서 10년형 확정판결을 받고 8년6개월을 복역한 뒤 김대중 대통령의 특별사면으로 풀려났다.

▪ 안기부가 조작한 '여간첩 수지김 간첩사건' 13년만에야 진실 보도

전두환 대통령의 제5공화국 시절 국가안전기획부(안기부)가 정국 호도용으로 무고한 시민을 간첩으로 조작한 대표적인 대공(對共)사건으로 손꼽히는 것이 이른바 '수지김 사건'이다.

△ 남편 윤태식에 살해되기 직전의 수지김 모습

1987년 1월 2일 홍콩에서 한국여성 수지김(본명: 김옥분/金玉分)이라는 여성이 사업자금문제로 부부간 다투던 중 남편 윤태식(尹泰植)에 의해 살해된다. 당시 28세였던 윤태식은 수지김 살해 후 1월 5일 싱가포르 주재 한국대사관을 찾아간다. 이때 윤태식은 대사관측에 자신이 조총련의 사주를 받은 여간첩 수지김과 북한 공작원에 의해 싱가포르주재 북한 대사관에 납치될뻔 했다가 감시소홀을 틈타 탈출하게 됐다고 진술했다. 이에 5공 정권과 안기부는 이를 북한의 무차별적인 납치, 납북기도사건으로 규정하고 언론과 외신 등에 대대적인 공보활동을 펼쳤다.

하지만 당시 주싱가포르 대사관의 이장춘(李長春) 대사 등 대사관 직원들은 중요 인물이 아니고 보통 사람에 불과한 윤태식이 북한에 납치될 뻔 했다는 것에 의심을 가졌다. 특히 윤태식이 한국대사관에 오기 전 미국대사관을 먼저 방문했다가 온 점, 그리고 싱가포르주재 북한대사관에서 망명을 신청했다가 쫓겨난 한국인이 있었다는 첩보를 입수하고 윤태식을 의심하기 시작했다. 李 대사의 이의 제기에 따라 안기부측은 싱가포르 현지에서 기자회견을 갖지 못하고 윤태식을 방콕으로 데리고 가 주로 홍콩에 있는 한국 특파원들을 방콕으로 불러들여 1월 8일 기자회견을 가졌다. 방콕 기자회견을 마친 윤태식은 1월 9일 서울의 김포공항에 도착한 후 기자회견을 갖고 조사를 받기위해 안기부 대공분실로 간다.

윤태식은 김포공항 기자회견에서 "내 아내 수지김은 북한공작원이었다"면서 자신이 싱가포르 대사관에 망명을 요청한 것이 아니라 북한 공작원에 납치돼 강제납북 당할뻔 했다가 극적으로 탈출했다고 말했다. 그는 이 납북미수사건에는 자신의 부인 수지김이 깊숙이 개입돼 있었다고 주장했다. 자신의 아내 수지김은 처음부터 자신을 납북시킬 목적으로 의도적으로 접근, 위장결혼을 한 북한공작원이라는 것이었다. 이 사건은 국내언론에 대대적으로 보도됐고, 전 국민에게 커다란 충격을 안겨주었다.

△ 안기부 발표대로 북한이 한국 상사원을 납치기도했다는 중앙일보 보도와 법정에 선 윤태식 피고인

그런데 보름이 조금 지난 1월 26일 남편을 납북시키려 했다던 '여간첩' 수지김이 홍콩에 있던 자신의 아파트에서 피살체로 발견된다. 아마도 오래 전에 살해된 듯 구더기로 덮인 채 썩고 있던 사체는 머리에 베개커버가 씌워져 있었고, 목에는 캔버스벨트가 감겨있었다. 홍콩경찰은 살해된 것으로 추정했다. 그렇다면 북한 공작원 수지김은 도대체 누구에 의해, 왜 살해된 것일까? 그리고 남편 윤태식의 납북미수사건과 그녀의 죽음 사이에는 어떤 관계가 있는 것일까? 아내의 피살체가 발견됨에 따라 결국 윤태식은 자신이 홍콩에서 아내인 수지김을 살해하고 정치적 망명을 기도해 북한대사관을 방문했던 사실을 자백하기에 이른다. 하지만 안기부는 이를 납치에 실패한 북한공작원이 증거인멸을 위해 수지김을 살해한 것이라고 발표했다

안기부는 윤태식의 진실된 자백을 무시, 은폐하면서 최초 진술대로 그를 부인인 여간첩 수지김에 의해 북한으로 납치될뻔한 반공투사로 만들어 대대적인 선전을 했다.

1987년 당시는 한참 전두환 정권 타도 시위로 시끄러웠던 때였다. 윤태식이 싱가포르 주재 한국대사관을 찾은지 9일 후인 1월 14일 서울에서는 치안본부 대공수사단 남영동 분실에서 서울대생 박종철(朴鍾哲)군이 고문을 받다 사망하는 사건이 일어났다. 제5공화국 정권은 국민들의 관심을 다른 데로 쏠리게 할 필요가 있었고 마침 이 3류 영화 시나리오 같은 내용을 접하게 되자 '살인+자진 월북기도'사건을 '납북 미수'사건으로 조작한 것이다. 이를 위해 윤태식은 사전에 철저하게 교육까지 받았다. 실제 입국 할 때의 보도 자료를 보면 기자들의 질문에 "이제야 서울에 온 것 같습니다"라고 울먹이는 어조로 답하고, 심정을 묻자 괴로운 표정을 지으며 "너무 무서워 가지고요 말을 못하겠어요"라는 말을 했다. 수지김 피살체 발견과 함께 홍콩에서는 현지 경찰의

조사로 윤태식이 살인 사건 용의자로 추정되는 등 사건의 진상이 드러나고 있었으나 한국 정부는 홍콩 경찰의 윤태식 송환 요구를 일언지하에 거절했다.

살인범에서 반공투사로 변신에 성공한 윤태식은 자신의 부인을 죽인 후 잘나가는 벤처사업가로 성공 가도를 달리고 있었다. 하지만 13년이 흐른 2000년부터 수지김 사건에 대한 의혹이 제기되기 시작했다. 2000년 1월 20일자 주간동아에서 이정훈 기자가 처음으로 수지김 사망에 대한 의혹을 제기했다. 또한 SBS '그것이 알고싶다'에서도 이를 자세히 취재하여 방송했다. 그럼에도 불구하고 윤태식은 2001년 1월 벤처기업 대표로서 김대중(金大中) 대통령 앞에서 지문인식 기술에 대해 설명했다. 대통령을 만나기위해서는 아무나 갈 수 있는 것이 아니라 신원조회를 통과해야 하는 데 그는 당당히 대통령을 만났다. 윤태식이 살인사건 용의자라는 것은 이미 언론보도를 통해 만천하에 알려졌는데, 경호실과 국정원(안기부의 후신)은 살인사건 용의자의 대통령 면담을 허가한 것이다.

결국 유족의 고소로 살인사건 공소시효 만료 15년을 50여일 앞둔 2001년 11월 13일 윤태식이 살인죄로 구속기소돼 2003년 5월 상고심에서 15년 6월의 징역형이 확정됨으로써, 수지김은 그동안 남편을 유혹한 여간첩이라는 누명을 벗을 수 있었다. 윤태식은 2002년 법정에서 15년 전 안기부 조사시 자신은 이 사건의 진실을 모두 털어놓았다는 폭탄선언을 하고 만다. 윤태식에 따르면 당시 안기부는 수지김은 북한공작원이 아니라 살해됐다는 사실을 알고 있었음에도 불구하고 정국호도용으로 이 사건을 이용하기 위해 앞장서서 수지김 살해사건을 은폐조작했다는 것이었다. 사건 당시 안기부가 윤태식의 수지김 살해사실을 알고 있었음에도 불구하고 의도적으로 사실을 은폐하고 오히려 윤태식을 반공투사로 미화하는 한편, 억울하게 살해된 수지김에게는 북한의 간첩이라는 올가미를 씌워 단순 살인사건을 대공사건으로 조작한 것이다.

수지김은 1952년 충청북도 충주에서 태어나, 1976년 홍콩으로 건너가 1986년 10월 여섯 살 아래의 사업가인 윤태식과 결혼했다. 그러나 결혼한 지 3개월도 되지 않은 이듬해 1월 초 남편에 의해 살해된 뒤, 죽어서까지 국가안전기획부에 의해 여간첩이란 씻지 못할 누명을 쓰게 됐다.

이 사건으로 김옥분은 억울하게 죽은 것도 모자라 미인계를 쓴 희대의 여간첩으로 왜곡 선전됐고, 그녀의 가족들도 간첩의 가족이라며 세상의 멸시를 당했으며 실제로 안기부에 연행돼 강도 높은 조사를 받았다. 가족 중 어머니는 1997년 홧병으로 사망했고, 언니는 변사체로 발견됐다. 오빠는 교통사고로 세상을 떠났고, 여동생은 이혼당했으며 중학생이었던 조카 김 모씨도 간첩의 가족이라며 집단 괴롭힘을 당해 자퇴하고 가출하기도 했다.

윤태식이 확정판결을 받고, 안기부의 사건 조작 사실이 밝혀지자, 수지김의 유족들은 부당한 공권력을 행사한 국가를 상대로 손해배상 청구소송을 제기했고, 서울중앙지방법원은 2003년 8

월 14일 "국가는 유족들에게 42억 원의 위자료를 지급하라"는 판결을 내렸다. 하지만 안기부 관계자들은 공소시효(3년)가 지나 직무유기죄로 처벌받지 않았다. 국가도 이 사건 당시의 장세동 안기부장을 비롯한 안기부 간부들과 윤태식에게 구상권을 행사했고 결국 대법원은 장세동씨에게 9억원, 윤태식에게 4억 5천만원을 배상하라고 판결했다. 결국 2003년 국정원은 진실을 인정하고 사과를 했지만 이미 신뢰를 잃어버린 뒤였다. 케이블 채널에서 이 사건을 다룬 드라마 '제5공화국'이 방송될 때 36화에서 박철언 정무장관과 노태우 대통령이 이 사건에 대해 언급하는 장면이 나온다. 박장관이 제1차 세계대전 당시 여간첩 마타 하리를 예로 들면서 "여간첩 사건은 여론의 이목을 끌기에 좋은 소재이므로, 안기부가 어떻게든 이슈화하려 들 것"이라고 상황을 설명한다. 이에 노대통령은 "생사람 잡는 일인데, 이대로 해도 되겠나?"라는 반응을 보였지만, 본심은 이 사건 당시의 안기부장인 장세동씨가 차기 대권 경쟁에서 전두환 대통령의 신임을 더 얻게 될 것을 못마땅하게 여겼기 때문이라는 해석이 나왔다. 윤씨는 2017년 4월 26일 만기 출소했다.

■ 정부기관들이 합동으로 은폐 조작한 서울대생 박종철 고문치사사건

1987년 1월 14일 발생한 서울대학교 학생 박종철(朴鍾哲)군 고문치사사건은 공안당국의 조직적인 은폐 시도에도 불구하고 그 진상이 폭로돼 1987년 6월항쟁의 주요한 계기가 됐다. 서울대학교 언어학과 3학년이던 박종철은 학내 '민주화추진위원회' 사건 관련 주요 수배자인 사회학과 재학생 박종운(朴鍾雲)의 소재를 알기 위한 참고인이라는 이유로 1987년 1월 14일 서울 신림동 자취집에서 치안본부 대공수사관들에 의해 영장 없이 불법으로 강제 연행된 후 사망했다.

강민창 치안본부장은 단순 쇼크사(死)라고 발표했다. "냉수를 몇 컵 마시게 한 후 수사관이 심문에 들어가 박종운의 소재를 말하라고 책상을 '탁'치자 박종철이 갑자기 '억' 소리를 지르면서 쓰러져, 중앙대 부속 병원으로 옮겼으나, 12시경 사망했다"고 공식 발표했다

그러나 박종철의 부검의였던 중앙대학교 부속 용산병원 내과전문의 오연상의 '고문치사일 가능성이 높다'는 증언이 알려지자, 1월 19일 강민창 치안본부장은 박종철의 사망원인이 '물고문'에 의한 질식사이며 고문에 가담한 사람은 조한경 경위와 강진규 경사 2명이라고 다시 발표했다. 하지만 경찰의 정정발표에도 불구하고 고문 가담자인 두 수사관을 참여시키지 않은 채 사건현장이 치안본부 대공분실이라는 이유로 비공개 현장검증을 실시함으로써 연행시간과 결정적인 사망 경위, 고문 가담자의 수 등에 대한 의혹들이 그대로 남겨진 채 이 사건은 일단 마무리되는 듯 했다.

그러나 그해 5월 18일 광주민주화운동 7주기 추모 미사에서, 천주교정의구현전국사제단의 김승훈 신부는 박종철 고문치사와 관련된 경찰의 은폐 조작을 폭로했다. 치안본부 5차장 박처원 등 대공간부 3명이 이 사건을 축소 조작했고, 고문가담 경관이 2명이 아니라 5명이었다는 사실을 밝혔다. 안기부, 법무부, 내무부, 검찰, 청와대 비서실 및 이들 기관의 기관장이 참여하는 관계기관대책회의가 은폐 조작에 조직적으로 관여했다는 사실도 드러났다. 결국 여론의 압력에 밀려 고문치사의 은폐·조작혐의로 강민창 치안본부장을 비롯한 박처원 치안감, 유정방 경정 등 다수의 경찰간부가 구속됨으로써 이 사건은 마무리됐다.

■ 소련의 U-2기 격추사건 : 미국의 허위조작발표에 언론만 신뢰추락

1960년 5월 1일 오전 7시 30분경(현지시각, 이하같음) 우랄산맥 스베르들롭스크 시(市) 7만 피트(2만 1천 336m) 상공을 유유히 날고 있던 '냉전(冷戰)의 눈' U-2기가 소련 미사일에 격추됐다. 파키스탄의 페샤와르에서 발진해 소련 영토를 동서로 가로지르며 고고도(高高度) 정찰비행을 한 후 노르웨이에 기착키로 예정돼 있던 미국의 첩보기였다. 이날 오전 5시쯤 보고를 받은 흐루쇼프 소련 총리겸 공산당 서기장은 격노했다. 그는 즉시 격추를 명한다. 소련군은 최신예 전투기인 미그 19기와 수호이 9기를 출격시켰다. 그러나 요격에 실패하자 지대공 미사일인 샘(SAM)-2를 발사한다. 제 1발은 자국의 미그 19기에 명중됐고, 제 2발이 U-2기를 맞혔다. 조종사 프랜시스 개리 파워즈(Francis Gary Powers)는 낙하산으로 탈출한 후 소련의 포로가 됐다. 피격시 기체를 폭파하고 독침으로 자살해야 하는 복무지침을 따르지 않았다. 그리고 그는 하루 12시간에 걸친 심문을 견디지 못하고 "미 중앙정보국(CIA)을 위해 일하고 있다"고 자백하고 만다.

소련은 그동안 U-2기의 영공침범에 대해 수차례 항의했지만 미국은 1956년 7월 이후 줄곧 소련 전역을 정찰하고서도 이 사실을 부인해 왔다. 소련은 내심 분통을 터뜨렸지만 증거를 제시하지 못한 데다 아직 요격기나 요격 미사일을 개발하지 못해 속으로만 끙끙 앓고 있었다.

'드래곤 레이디'(Dragon Lady)로 불리는 U-2기는 1954년 미국 중앙정보국(CIA)이 자금을 지원해 록히드사가 극비리에 개발한 첨단 첩보기다. 미 전략공군사령부가 장거리를 비행하는 정찰기로 구소련 방공시스템이 미치지 못하는 고고도에서 정찰하기 위해서 개발됐다. '드래곤 레이디'라는 말은 '무자비하고 사악한 힘을 행사하는 글래머 여성'을 뜻하나 1953년에 방영된 미국의 인기 TV 드라마 '테리와 해적들'(Terry and the Pirates)에 등장하는 인물을 지칭한다.

△ 고공 비행중인 전략정찰기 U-2기의 위용

　U-2기는 최대 상승고도 2만 7천400m에 속도 마하 0.7의 제원을 갖고 있다. 목표지 상공에서는 익면하중(翼面荷重, wing loading)이 적어 엔진을 끈 상태에서의 활공(滑空)이 가능하도록 설계돼있어 소리를 내지 않고도 정찰비행이 가능하다. 또 동체 전후 일직선상에 2개의 랜딩기어(landing gear)가 있고 양날개 중간 하면에는 이륙시 안정성을 위한 보조바퀴가 있는데 이륙 후에는 떨어져 나가도록 돼 있다. 날개의 양쪽끝에는 미끄럼방지용 지륜(止輪)장치가 있어 감속이 가능하다. 광선 반사를 막기 위해 기체 전체를 검은색으로 뒤덮어 '검은 스파이 기'라고도 불렸다.

　그런데 당시로서는 좀처럼 격추되기 어려운 U-2기가 이런 수난을 당하게 되데 대해 적지않은 의문에 제기됐다. 소련은 U-2기를 잡기 위해 최신예 전투기인 미그기를 투입해도 소용이 없자 샘미사일 발사했다. 그런데 이 미사일은 높은 고도까지 올라갈 수는 있으나 명중률은 매우 좋지 않았다. 그래서 비행체가 낮은 고도에 있을때 쏘는 것이 명중률을 높이는 것이었다. 공교롭게도 당시 U-2기는 조종사가 고도를 낮추는 순간 마구 날린 미사일에 맞은 것이다. 초고도를 잘 날던 U-2기가 이날따라 왜 고도를 낮추었는지에 대해서는 U-2기가 이륙하기 전 소련 간첩이 터키 발진기지에 침투해 U-2기의 계기를 오작동하도록 했다는 설이 유력하게 전해지고 있다. 전직 파일럿이기도 했던 이 인물은 KGB(소련비밀경찰)의 지령을 받고, U-2기의 고도계를 교묘히 조작해 저공비행을 유도했다는 것이다. 조종사가 저공비행을 하면서도 기체가 3만m 이상을 나는 것으로 착각하도록 교란했다는 것이다.

　흐루쇼프 총리는 사건발생 나흘째 되는 5월 4일 크렘린궁에서 개최된 소연방최고회의에서 미국 스파이기의 영토침범을 발표하면서 비행기의 구체적인 기종과 조종사 생사여부, 그리고 격추

경위에 대해서는 이상하게도 입을 다물었다. 미국이 어떤 반응을 나타낼 지를 알아보기 위한 고단수 조처였다. 모스크바 주재 서방 특파원들은 온갖 추측성 보도를 했고 드디어 미국정부가 입을 열었으나 그 내용은 U-2기는 기상관측비행기로 소련측이 주장한 첩보 비행사실을 완강히 부인하는 것이었다. 미 국무부의 링컨 화이트 대변인은 같은 날 드와이트 아이젠하워 대통령 주재 국가안전보장회의가 끝난 후 정례기자회견에서 다음과 같은 성명을 발표했다.

"5월 3일에도 발표했지만 미항공우주국(NASA)으로부터의 보고에 의하면 민간인이 조종하는 비무장인 U-2형의 기상관측기로서, 터키의 아다나 기지에 있던 1기가 1일 행방불명됐다. 조종사로부터의 최후 연락에 의하면 산소공급장치에 고장이 있었다는 것이다. 흐루쇼프는 소련이 지난 1일 소련영내에서 미국의 비행기를 격추했다고 발표하고 있지만 그것은 어쩌면 행방불명일른지도 모른다. 산소장치에 고장이 있었다고 한다면 조종사가 의식을 잃더라도 비행기는 자동적으로 상당한 거리에까지 날게 됨으로서 혹시 소련영공을 침범했다고도 생각된다. 특히 조종사의 생사문제도 있는 것이므로 미국 정부는 이 문제에 대해서 소련정부와 협상하고자 한다."

화이트 대변인은 이어 더욱 자세한 것을 알고 싶으면 NASA가 얼마든지 설명해 줄 것이라고 쓸데없는 말을 덧붙이기까지 했다. 그래서 기자들이 NASA에 문의하게 되었는데, NASA의 공보과에서는 도대체 사건내용을 전혀 알지 못하고 있었다. NASA는 여기저기로 조회하고 상의한 끝에 월트 본니 공보관이 국무부 성명보다 훨씬 상세한 성명을 읽은 다음 질문에 대해서 아래와 같이 대답했다.

"타고 있던 조종사는 록히드사의 사원으로서 NASA와 계약하고 있었다. NASA는 U-2 형기를 10대 보유하고 있으며 이를 영국에서 오끼나와까지 여러 나라에 배치하고 있다. U-2기 기체에는 NASA의 표식을 했으며 색은 해군기와 같이 검푸른 빛이다."

화이트 대변인은 조종사의 이름을 밝혀달라는 질문에 "알 수 없다. 언젠가는 발표되겠지만 그것은 록히드가 발표하겠지. 왜냐하면 그는 록히드의 조종사이니까."라고 대답했다.

하지만 미국의 이같은 발표는 U-2기와 그 조종사의 운명을 전혀 모르고 한 거짓말이었다. 미국 신문들을 비롯한 서방 언론들은 미국 정부의 발표를 그대로 전하는 도리밖에 없었다. 특히 뉴욕 타임스를 위시한 신문들은 이 사건을 '불의의 소련 영공 침범 사고'로 규정하고 미국측의 입장을 대변하는 사설이나 칼럼을 부지런히 실었다.

이러한 미국측의 반응을 기다렸다는 듯이 흐루쇼프 총리는 5월 7일 이 사건의 전모를 비교적 자세히 발표해 미국의 거짓 주장들을 반박했다. 소련은 △ 이 비행기가 소련 영공을 1천 920km 나 침범해 샘미사일에 의해 격추됐고 △ 조종사 파워즈는 생포됐으며 △ 파워즈가 자신은 CIA 요원으로 소련 군사시설을 촬영하기위해 첩보비행을 해왔다는 사실을 자백했다고 폭로한 것이다.

진실이 드러나자 가장 난처한 입장에 빠진 것은 아이젠하워 대통령의 미국정부뿐 아니라 거짓 발표를 진실인 것처럼 미국 국민들에게 보도해온 언론이었다. 이 사건을 계기로 기자와 부처 대변인 또는 공보관과의 관계설정이 어떠해야 하는가가 도마위에 오르기도 했다.

이 사건으로 인해 제기된 소위 '신뢰의 격차'(credibility gap)문제는 케네디 행정부에서의 쿠바침공사건, 존슨 행정부에서의 통킹만사건으로 이어지면서 그치지 않는 논쟁거리가 됐다.

아이젠하워 대통령은 U-2기 사건 발생 만 1년 뒤에 "이 사건을 두고 우리가 했던 거짓말의 댓가가 그처럼 클 줄 몰랐다"면서 사건 당시 그런 부인 성명을 내게한 자신의 행위는 대통령으로서 저지른 큰 과오였으며 유감지사(遺憾之事)였다고 술회했다. 케네디 대통령도 쿠바침공사건을 두고 "미국정부가 관여하지않은 전적으로 반(反)카스트로 쿠바 피난민들의 소행이었다"는 자신의 거짓말로 결과적으로 큰 피해를 입었다. 존슨 대통령 역시 통킹만사건에 대해 "북베트남(越盟)측의 도발에 대항한 부득이한 조치였다"고 거짓진술을 함으로써 큰 타격을 입어 1968년 대통령출마 포기선언을 하지 않으면 안되었다.

아이젠하워 대통령은 결국 "임기 내에 U-2 기의 비행을 중지하겠다"고 약속했다. 그러나 끝내 사과는 거부했다. 흐루쇼프 서기장이 유엔에서 구두를 벗어 단상을 두드리며 미국을 비난하는 '세기의 해프닝'을 연출한 것도 이 사건 4개월 뒤였다.

U-2기 격추사건으로 냉전의 골은 더욱 깊어졌다. 1959년 제1차 미소 정상회담으로 움트던 동서 해빙무드는 차갑게 가라앉았다. 소련 내 강경파가 득세하면서 흐루쇼프는 대미 유화정책을 접는다. 10년형을 선고받은 조종사 파워즈는 1962년 2월 10일 소련 거물 스파이 루돌프 아벨 (Rudolf Abel)과 독일 '그리니케 다리'(Glienicke Bridge)에서 교환됐다. 아벨은 미국내에서 고정간첩으로 활동하다 FBI에 검거된 KGB 대령이었다.

■ 관동대지진때 조선인 6천여명 학살을 부채질한 것은 일본당국의 정보조작

우리는 흔히 일제의 만행하면 명성황후(明成皇后)의 피살이나 군대위안부 및 강제 징용만을 떠올린다. 그러나 일제 36년 동안 우리 겨레에 저질러진 가장 큰 비극은 바로 1923년 9월 간토

(關東) 대지진 때 벌어진 조선인 대학살이다. 불과 한 달도 안 되어 일본에 살고 있던 조선인 6천 600여명이 일본인 군경과 민간인 자경단의 손에 의해 끔찍하게 살육 당했다.

△ 1923년 9월 10일자 매일신보. 관동대지진 당시 조선인들이 폭동을 조장하고 있다는 내용이 지진참상현장 사진과 함께 실려있다

관동대지진(關東大地震, 일본어: 関東大震災)은 1923년 9월 1일 오전 11시 58분에 사가미만(相模灣, 지금의 神奈川県일대 相州)을 진앙지로 발생했던 큰 지진이다. 관동대지진은 5분 간격으로 발생한 3차례의 지진이다. 오전 11시 58분은 점심시간이 임박한 시간이었기 때문에, 이날 도쿄를 비롯한 지진 피해지역에서는 화재가 발생했다. 점심을 준비하기 위해 각 가정과 요식업소에서 불을 사용하고 있었는데, 지진이 발생하면서 불이 대부분 목재 건물을 태우며 널리 퍼져나갔다.

도쿄 일원의 간토 지방은 지진으로 인하여 궤멸적인 피해를 입었고, 민심과 사회질서가 대단히 혼란스런 상황이었다. 주민들 사이에 서로를 믿지 못하는 불신이 싹트는 가운데 일본 내무성은 계엄령을 선포하고, 각 지역의 경찰서에 지역의 치안유지에 최선을 다할 것을 지시했다.

그런데, 이때 내무성이 각 경찰서에 하달한 내용 중에 "재난을 틈타 이득을 취하려는 무리들이 있다. 조선인들이 사회주의자들과 결탁해 방화와 폭탄에 의한 테러, 강도 등을 획책하고 있으니 주의하라"는 황당한 내용이 있었다. 이 내용은 아사히, 요

미우리 등 신문에 보도됐고 보도 내용에 의해 더욱더 내용이 과격해진 유언비어들이 신문에 다시 실리면서 "사회주의자들의 교시를 받은 조선인들이 폭도로 돌변해 우물에 독을 풀고 방화, 약탈을 하며 일본인들을 습격하고 있다"는 헛소문이 각지에 나돌기 시작했다. 심지어는 "조선인들이 일본에 지진 일어나게 해달라고 일본에 저주를 퍼부었다"라는 유언비어까지 나돌았다. 일제는 이러한 조선 사람들을 불령

선인(不逞鮮人)으로 불렀다. 자기네 말을 따르지 않는 불온하고 불량한 조선인이라는 뜻이다.

1923년 9월 10일자 조선총독부 기관지 매일신보를 보더라도 관동대지진 당시 조선인들이 폭동을 조장하고 있다는 내용의 기사가 도배질돼 있음을 알 수 있다. 이처럼 유언비어가 전국적으로 나돈 것은 일본 신문들의 조작된 오보 때문이다.

당시에는 지진으로 인하여 물 공급이 끊긴 상태였고, 목조 건물이 대부분인 일본 주택의 특징 때문에 일본인들은 화재를 굉장히 두려워했으므로, 이러한 소문은 진위여부를 떠나 일본 민간인들에게 조선인에 대한 강렬한 적개심을 유발했다. 이에 곳곳에서 민간인들이 자경단을 조직해 불시검문을 하면서 조선인으로 확인되면 가차없이 살해하는 범죄를 저지르기 시작했다. 이들은 죽창이나 몽둥이, 일본도(日本刀) 등으로 무장했고, 일부는 총기를 휴대하기도 했다. 우선 조선 복장을 한 사람은 현장에서 바로 살해했으며, 신분을 숨기기 위해 일본 복장을 한 조선인들을 식별해내기 위해서 이들에게 발음하기 어려운 일본어 단어 예컨대 〈十五円五十錢(じゅうごえんごじっせん)〉이나 〈大根(だいこん)〉등을 읽게 한 뒤 발음이 이상하면 역시 현장에서 살해했다.

■ 가다피 축출 유도위한 미 정부의 흑색선전을 언론이 사실로 보도

지난 1986년 8월 25일 미국의 유력 일간지 월 스트리트 저널(WSJ)은 제1면 머리기사에서 '미국과 리비아 또 다시 충돌 코스로 달리고 있다' 라는 제목 아래 다음과 같이 보도했다.

"미국 정보 당국은 리비아 국가원수 가다피(Muammar al-Qaddafi)가 새로운 테러 음모를 꾸미고 있다는 믿을만한 정보를 갖고 있다. 이에 대비, 미 국방부는 리비아에

대한 대규모의 공격 계획을 이미 완료하고 레이건 대통령의 명령만 기다리 고 있다.”

백악관 대변인 레리 스피크스는 이러한 보도내용의 진위를 묻는 다른 언론사 기자들의 빗발치는 질문에 대해 마지못한 태도를 보이면서 “공식 확인해 줄 수는 없지만 권위 있는 보도”라고 간접 시인을 했다. 웬만한 보도가 나가면 단호하게 부인하던 그가 예전의 태도와 판이한 점에 속아 넘어간 언론들은 이를 대서특필했다. 하지만 그것은 가다피의 축출을 유도하기 위한 미국 정부 당국의 흑색공작이었음이 워싱턴 포스트의 끈질긴 추적보도에 의해 드러났다.

비록 이 경우는 조작된 거짓 정보임이 사후에 밝혀졌으나 이와 같은 일이 결코 처음은 아니었으며, 그것이 사실보도인양 그냥 파묻혀 버린 경우도 많았고 앞으로도 그런 일이 얼마든지 있을 수 있다는 점에서 큰 교훈을 남겼다.

■ 이라크 침공명분…알고보니 잘못된 정보에 의존

조지 W. 부시 대통령의 미 공화당이 다수를 차지하고 있던 미 상원은 2004년 7월 9일 부시 정부가 주장하는 이라크 침공 정당성을 조목조목 반박하고 이를 근원적으로 부정하는 보고서를 공식 발표했다. 상원 정보위원회는 이날 발표한 보고서를 통해 부시 행정부가 이라크 침공을 정당화하기 위해 내세웠던 이라크 대량살상무기(WMD: weapons of mass destruction) 등 제반 위협 사항은 “잘못되고 근거 없는 정보에 기반 한 것”이었고 “주요 판단사항도 과장되거나 오판”이라고 결론지었다. 이날 발표된 미 상원 정보위원회 보고서는 1년에 걸친 조사 끝에 나온 것으로 정보위 위원장인 공화당의 팻 로버츠 상원의원은 “이 사실을 알았다면 이라크 전을 승인하지 않았을 것”이라고 보고서의 의미를 함축해 발표했다. 정보위 민주당 측 간사인 제이 록펠러 의원도 “그 당시 지금 알고 있는 것을 알았다면 이라크전은 승인을 얻지 못했을 것”이라고 말했다. 보고서의 핵심은 “사담 후세인 전 이라크 대통령이 WMD를 보유하고 있고 핵무기를 개발하려 한다는 CIA의 주장은 이라크가 그런 무기를 갖고 있다는 ‘집단 사고'(group thinking)에 기반 한 것”이라는 내용이다. “정보 분석가들은 이라크는 WMD를 보유하고 있다는 자신들의 기존 가정 때문에 다른 의견이 제시됐음에도 이러한 정보를 무시하거나 깎아내렸다”고 보고서는 결론을 내렸다. 한편 영국의 BBC는 2003년 5월29일 아침 ‘투데이’ 프로그램을 통해 영국 정부가 이라크 WMD 관련 정보를 조작했을 가능성이 있다는 의혹을 제기했다. BBC는 이어 6월 2일과 4일자 ‘뉴스 나이트’ 프로그램에서도 비슷한 내용의 보도를 했다.

당시 BBC는 한 익명의 제보자를 통해 "토니 블레어 정부가 이라크 전쟁을 정당화하기 위해 '(이라크가) 45분 내에 WMD를 배치할 수 있다'는 내용을 보고서에 포함시키는 정보 조작을 했다"고 주장했다.

이에 블레어 정부는 "그런 사실이 없다"고 반박하는 등 양측은 치열한 공방전을 벌였다. 청문회가 열리는 동안, 신분이 노출된 제보자가 스스로 목숨을 끊는 사건까지 발생했다.

영국 정부가 WMD 관련 정보문건을 조작했다는 BBC 방송보도의 '취재원'으로 지목됐던 국방부 자문역 데이비드 켈리(당시 59세)박사가 2003년 7월 18일 실종 하루만에 변사체로 발견된 것이다. 무기추적 전문가로 전면에 나서기 보다는 막후에서 일하는데 훨씬 익숙해 있던 켈리 박사는 방송의 취재원으로 지목된 뒤 영국 정부와 BBC간에 벌어진 보고서 조작사건의 핵심인물로 부각돼 언론의 집중적인 스포트라이트를 받았다. 그는 영국 하원 외교위원회 청문회에 참석해 스스로 BBC 기자를 접촉했다는 사실을 인정하면서도 보도내용의 취재원으로는 생각하지 않는다고 증언했으나 이 사건으로 상당히 고통스러워했던 것으로 알려졌다.

무기통제분야 전문가인 켈리 박사는 걸프전이후인 1991년부터 1998년까지 이라크 무기사찰단원으로 활동했으며 특히 1994년 이라크에 있던 유엔의 생물전 수석자문관이 된 뒤 1999년까지 그 자리를 유지했다. BBC는 7월 20일 오후 인터넷판을 통해 발표한 리차드 샘브룩 보도국장과 앤드루 길리건(Andrew Gilligan)기자의 성명을 통해 켈리 박사의 사망에 대해 깊은 유감을 표시하며 지난 5월 29일 보도된 BBC의 이라크 대량살상무기 정보조작 관련기사 취재원이 켈리 박사임을 확인했다.

샘브룩 보도국장은 성명에서 "BBC는 데이비드 켈리 박사의 사망에 깊은 유감을 표명한다. 우리는 수년에 걸쳐 이라크와 여러 곳에서 보여준 켈리 박사의 성취에 최대의 존경을 나타내며 그의 가족에게 다시 한번 조의를 표하는 바"라고 밝혔다.

성명은 "길리건 기자의 지난 5월 29일 투데이 프로그램 보도 이후 켈리 박사가 취재원이냐를 두고 많은 억측이 난무했다"며 "BBC는 켈리 박사가 길리건 기자의 보도와 지난 6월 2일과 4일자 수잔 와트의 뉴스 나이트 프로그램 보도의 주요한 취재원이었음을 확인한다"고 발표했다.

샘브룩 보도국장은 "우리는 켈리 박사와 가진 인터뷰를 통해 습득한 정보들을 정확하게 해석해 보도했다고 믿고 있다"며 "우리는 지난 수주 동안 켈리 박사를 보호하기 위해 소식통으로 확인되지 않도록 애써왔으나 그의 죽음 이후 계속되는 추측을 끝내기 위해 가능한 한 빨리 사실을 밝히는 것이 중요하다고 믿었다"고 밝혔다.

그는 이어 "우리는 이 사실을 켈리 박사 가족의 요청에 의해 20일 오전까지도 공개하지 않았다"며 켈리 박사의 죽음에 대한 사법조사에 전적으로 협력할 것이라고 덧붙였다. BBC는 끝으로

"우리는 켈리 박사의 생각을 보도한 것은 여전히 옳은 행동이었다고 계속 믿고 있다"며 "그러나 취재원으로서 켈리 박사의 공헌이 이처럼 비극적인 귀결을 맞게 돼 진심으로 유감"이라도 덧붙였다.

켈리 박사를 인용, 보도한 길리건 기자 또한 성명을 통해 "나는 켈리 박사를 부정확하게 인용하거나 잘못 전달하지 않았다는 점을 분명하게 하고 싶다"며 "켈리 박사는 나와의 인터뷰와 BBC의 뉴스나이트 프로그램에 출연했을 때 모두 (이라크 관련) 정보 문건에 대한 '다우닝가 10번지'(총리실)의 해석과 '45분 부분'의 신빙성이 없다는 점에 대해 아주 비슷한 우려를 표명했다. 이 보도들은 총리실로부터 어떤 의혹제기도 받지 않았다"고 설명했다.

정부와 공영방송이 사생결단 '혈투'를 벌인 이 전대미문의 사건에서 마지막으로 미소를 지은 건 블레어 총리였다. 전방위로 진상 조사를 벌인 허튼조사위원회가 BBC의 보도에 대해 "근거가 없다"는 결론을 내린 것. 허튼조사위원회는 "오보가 나가는 것을 막지 못했고, 충분한 반론도 싣지 않았다"며 "BBC의 보도 제작 시스템에 중대한 결함이 있었다"고 밝혔다.

진상보고서 결과가 나오자 BBC의 개빈 데이비스(Gavin Davis) 이사장은 즉각 사임 의사를 밝혔다. 며칠 뒤 그레그 다이크(Greg Dyke) 사장마저 자리에서 물러났다. 이사장과 사장이 공동 사퇴한 모양새만 보면 블레어 정부의 영락없는 완승이었다.

하지만 BBC 경영진의 사퇴 이후 여론이 반등하기 시작했다.

"허튼의 진상보고서가 지나치게 정부를 감싸고 있고, 무엇보다 이라크 내에서 WMD가 발견되지 않고 있는 상황에서 BBC의 기사를 '오보'로 단정짓는 것은 독자의 알 권리를 억압하는 탄압"이라는 여론이 고개를 들기 시작한 것이다.

■ 검찰발표만 믿은 충격적인 '공업용기름 라면' 보도 사실무근으로 드러나

1989년 11월, 대용식이나 간식으로 라면을 즐기던 국민들에게 충격적인 소식이 전해졌다. 인체에 유해한 공업용 쇠기름을 사용해 라면과 마가린을 제조한 혐의로 검찰이 삼양식품을 비롯 5개 회사 대표와 실무자를 구속한 것이다.

각 언론매체들은 검찰이 발표한 내용을 여과 없이 보도하면서 이들 업체들을 부도덕한 기업으로 매도했다. '식품용으로 속여 수입'했다거나 '파렴치 상혼'이라는 말이 쏟아져 국민들을 자극했고 어떤 신문은 '식품살인'이라는 제목으로 유해식품에 대한 연재를 시작하기도 했다. 라면의 매출은 급감하고 기존 출시된 제품들도 반품되었으며 소비자들의 항의 전화가 업체에 빗발쳤다.

이렇게 시작된 라면 쇼크로 삼양식품은 1천여 명의 직원이 회사를 떠났고 100억원 이상의 제품을 수거하여 폐기 처분해야 했다. 국내 시장 점유율이 크게 떨어진 것은 물론이고 해외시장에서도 신용을 잃어 수출에 막대한 타격을 입었다.

그러나 문제의 쇠기름은 '공업용'이 아니었고, 식용에 전혀 문제가 없는 무해한 것으로 드러났다. 삼양식품 측은 이후로 법정 투쟁을 전개하여 1997년 8월, 대법원의 무죄 판결을 받아냈다. 그렇다고 매출 감소로 적자가 지속돼 이후 IMF 구제금융 때에 화의를 신청하는 등 회사가 겪은 엄청난 손실을 회복할 수는 없었다. 하지만 당시 삼양식품(주) 대표 전중윤 회장은 앞으로의 기업경영을 생각해서 검찰이나 언론에 손해배상을 요구하는 것도 포기했다. 기업의 명예가 다소나마 회복된 것이 그나마 위안이었다.

당시 삼양식품(주)의 홍보팀장이었던 최남석씨는 "27년간 온 국민이 먹었던 라면을 하루아침에 유해식품으로 판정내리다니 억장이 무너졌다"면서 그때를 술회한다. "무엇보다도 '질과 신용'으로 소비자들에게 인식되었던 삼양의 기업 이미지가 완전히 추락한 것이 가장 큰 피해"라는 그는 "검찰도 검찰이려니와 그에 부화뇌동하여 확인되지 않은 사실을 과장 보도한 언론이 피해를 가중시켰다"고 지적했다.

■ '포르말린 통조림' 보도도 사실왜곡 : 30개업체만 풍비박산 줄도산

'쇠기름 사건'과 유사한 사건은 이후에도 재차 발생했다. 1998년 여름 국민들은 "통조림에 포르말린 범벅"이라는 보도에 다시 한 번 충격을 받았다. 검찰은 7월 8일 일부 통조림 제조업자들이 번데기, 골뱅이, 마늘, 호박, 팥 등을 원료로 하는 통조림 제품을 만들면서 포르말린을 방부제로 사용했다고 발표했다. 특히 검찰은 적발된 통조림 제조업자들이 수입한 원료에 이미 포르말린이 함유된 사실을 알고도, 유통기한을 늘리기 위해 여기에다 또 물에 섞은 포르말린을 뿌리기까지 했다고 밝혔다. 대부분의 언론들은 이를 받아 '인체에 치명적인 포르말린 사용, 식품업체 대표 적발', '포르말린은 시체 방부처리용 독극물'이니 '간접 살인'이니 하며 사건을 과장하고, 전문가들도 인정하는 천연 포르말린 생성 가능성에 대해서는 별다른 언급을 회피했다.

사람들이 즐겨 먹는 통조림에 인체에 치명적인 유해물질을 넣었다는 보도는 곧 엄청난 분노를 자아냈고, 관련자들을 파렴치한으로 몰아붙여 이들에 대한 엄벌을 요구하는 여론이 형성됐다.

관련 업체에서 아무리 포르말린을 넣은 적이 없다고 해도 검찰이나 언론은 요지부동이었다. 중소기업이 대부분이었던 통조림 업체들은 법적 투쟁을 전개하고 이를 위해 포르말린의 자연

발생 가능성에 대해 조사를 의뢰하며 백방으로 뛰어다녔다. 그러나 삼양라면 때보다 상황은 더 나빴다. 포르말린 파동으로 약 30여 업체가 줄줄이 도산했다. 관련 업체 가운데 가장 규모가 컸던 효성농산의 경우, 대표 김상천 씨는 본인의 구속과 회사의 부도 외에도 가정에서 아내와의 이혼과 아들의 가출이라는 아픔을 겪었다. 또 다른 업체 우리농산의 대표 이종순 씨의 경우도 비슷했다. 회사의 사장과 공장장이 구속되다보니 회사는 문을 닫았고 이종순 씨 가족은 뿔뿔이 흩어졌다.

하지만 재판과정에서 검찰 수사의 문제점이 드러나면서, 통조림 제조업자들에게는 억울함을 풀 수 있는 길이 조금씩 열리기 시작했다. 검찰이 천연상태의 원료에서도 포르말린 구성 물질인 포름알데히드가 자연 생성될 수 있다는 점을 간과한 채 충분한 증거도 확보하지 않고 관련자들을 기소했다는 지적이 나왔던 것이다. 즉 검찰이 직접적인 증거나 자백도 없이 오로지 통조림에서 포르말린이 검출되었다는 사실에만 집착해 기소했다는 것이다. 또한 식품의약품안전청도 "천연상태에서도 포르말린이 검출될 가능성이 있다"고 밝혀, 통조림 제조업자들의 주장을 뒷받침할 수 있는 중요한 근거가 마련됐다. 하지만 거의 대부분의 언론은 이런 식품의약품안전청의 발표조차도 무시하고 말았다.

1, 2심 법원은 결국 "포름알데히드가 검출된 것은 사실이지만 이는 자연상태의 식품에도 원래 존재하고 인위적으로 첨가했다고 볼 증거가 없다"고 하며 피고인인 통조림 제조업자들에게 무죄를 선고했다. 이후 2001년 3월 대법원에서도 같은 취지로 무죄를 선고함으로써 비로소 통조림 제조업자들은 누명을 벗게 되었다. 하지만 그 동안 이들이 입은 정신적, 물질적 피해는 너무나 컸다. 이런 피해를 보상받기 위해 통조림 제조업자들은 급기야 국가와 언론사를 상대로 거액의 손해배상청구소송을 내기에 이르렀던 것이다.

한편 2004년 6월 소위 '불량만두 사건'에서 검찰이 생산 업자들을 구속하고 식약청이 생산업체 25곳 명단을 공개했으나 제조상의 청결이 문제되었을 뿐, 아무도 이 만두들의 인체 위해성을 입증하지 못했다. 이번에도 만두업체들은 줄줄이 폐업·도산했고, 만두업체 대표가 자살하는 안타까운 일이 벌어졌다.

▪ 경찰발표 받아쓰다 피해자를 범인으로 둔갑시킨 1981년 용산 윤 보살 피살사건

1981년 7월22일 '원효로 윤보살'로 불리던 점술인 윤모씨(당시 71세)와 수양딸(당시 6세), 가

정부(당시 19세)등 3명이 둔기로 난타당하고 목이 졸려 숨졌다. 살인사건 용의자로 조카며느리 고모씨가 붙잡혔다. 언론은 "물증이 나와도 범행을 시인하지 않고 있다. 둘도 없는 끈질긴 여자다"라는 표현을 쓰며 고씨의 현장검증 사진을 모자이크처리도 없이 게재했다. 살인자에게 인권은 없다는 이유로 신상을 공개했다. 경찰은 "고씨가 범행 일체를 자백했다"고 발표했고, 언론은 의심하지 않았다.

경찰이 밝힌 범행 동기와 과정은 이렇다. 고씨가 윤씨에게 "2년 전 사주기로 한 아파트를 사달라"고 했는데 윤씨가 거절했다. 고씨가 "그럼 1천만원만 보태 주면 정릉 집을 처분해 집을 옮기겠다"고 사정했으나 윤씨는 "키워 놓으니까 도와주는 놈은 하나 없고 뜯어가려는 놈만 있다"며 "단돈 10원도 줄 수 없다"고 소리를 질렀다. 고씨가 순간적으로 유산이 탐나 흉기를 내리쳐 세 사람을 차례로 쓰러뜨렸다. 이런 혐의를 고씨도 인정했다고 한다. 기자들 앞에서는 "내가 사람을 죽였다. 나를 어서 죽여 달라"며 울음을 터뜨리기도 했다.

하지만 고씨는 9월28일 첫 공판에서 "경찰의 고문으로 허위 자백했다"며 결백을 주장했다. 10일 동안 불법감금 상태에서 조사받았다고 주장했다. 호텔에서 옷이 벗겨진 채 수갑이 채워지고, 물고문을 당했고, 전신을 얻어맞았으며, 자백하지 않으면 죽어 나갈 것이라는 협박을 받았다고 말했다.

경찰은 "상대가 여자이고 남편이 검찰청 계장이므로 고문한다는 것은 상상도 할 수 없다"는 반박자료를 돌렸다. 피의자의 남편인 윤모씨는 당시 서울지검 북부지청 압수물 계장으로 아내 고씨와는 별도로 7일 동안 구금상태에서 검찰수사관의 심문을 받았다.

검찰은 법정에서 진술조서를 주 증거 자료로 제시하며 사형을 구형했다. 하지만 재판부는 "고문과 협박에 의해 강압적인 분위기에서 이뤄졌으므로 임의성이 없어 증거로 인정할 수 없다"며 무죄를 선고했다. 검찰은 항소했지만 2심, 대법원에서도 무죄 판결이 났다.

고씨는 1982년 6월 보석으로 석방됐으며, 1985년 2월 대법원의 무죄확정을 받았다. 또한 1986년 2월 형사보상금 청구소송에서 승소했다. 당시 법원은 국가가 고씨에게 불법감금 및 폭행으로 인한 손해배상금 2천700여 만원을 지급하라는 판결을 내렸다. 이 사건은 경찰사(警察史)의 치욕의 사건이다. '고문 경찰'도 모자라 '도둑 경찰'의 멍에를 써야 했다. 고문 시비가 한창이던 1981년 10월17일 수사팀의 하모 형사가 현장 증거품인 윤씨의 정기예금증서 3장을 빼돌리다 적발된 것이다. 수사책임자인 용산경찰서장, 수사과장, 형사계장, 형사반장 등 4명이 파면되거나 직위해제 됐다. 이후 수사경찰 자질 향상 방안과 수사비 인상 개선책이 추진되기도 했다. '윤노파 피살 사건'은 아직도 미제로 남아 있다.

이 사건에서 언론은 경찰자료에만 의존하며 또 다른 피해자를 가해자로 둔갑시켰다. '무죄추정의 원칙'만 무시하지 않았으면 될 일이었다.

■ 춘천 파출소장 9세 딸 강간살인 범인 조작사건

1972년 9월 27일 오후 8시쯤. 춘천 경찰서 산하 역전 파출소 소장의 딸이던 12살 된 장모양(초등학교 5학년)은 집으로 돌아가던 길에 근처의 만화가게로 TV를 보러 갔으며, 그것이 생전의 마지막 모습이 됐다.

아이는 9월 29일 춘천시 우두동의 춘천측후소 뒤편의 논둑길에서 성폭행 흔적이 있는 알몸 상태의 시신으로 발견됐다. 이날 오전 8시쯤 마을 주민 이모씨(남, 당시 62세)는 논두렁에서 목이 졸린 채 숨져 있는 장양의 나체 시신을 발견했다. 몸에는 성폭행 흔적도 있었다. 경찰은 현장에서 범인이 떨어뜨리고 간 것으로 보이는 노란색 몽당연필(15.8cm)과 머리빗을 증거물로 확보했다.

12살 초등학생, 그것도 파출소장의 딸이 성폭행당한 후 살해된 채 발견되자 언론에서는 대대적으로 보도했다. 이에 전 국민이 공분했고, 단번에 전국적인 이슈로 떠올랐다. 경찰도 검거 의지를 불태우고 전담팀을 꾸려 수사를 벌였다. 범인의 혈흔과 음모도 찾아냈지만 당시엔 유전자 검사가 없어서 누가 한 짓인지는 범인의 윤곽은 쉽게 드러나지 않았다.

9월30일 당시 김현옥 내무부 장관은 박정희 대통령에게 사건 진행상황을 보고했고, 박 대통령은 범인을 잡지 못했다는 말에 불호령을 내렸다. 박 대통령은 "어떤 놈이 경찰 가족을 건드렸냐"고 대노하며 김 내무장관에게 지시를 내려 당시 세상을 떠들썩하게 하던 이 사건을 포함한 서울 아현동 국민은행지점 고객 납치사건, 부산 어린이 연쇄살인 사건 등 3대 미해결 사건에 대해 "10일 안에 범인을 잡아라. 못 잡으면 옷 벗을 각오하라"는 명령을 내렸다. 그런데 기적 같은 일이 벌어진다. 최종 시한이던 10월10일 경찰은 이 사건의 범인을 체포했다고 발표했다. 경찰이 범인이라고 밝힌 사람은 살해된 장양이 자주 찾던 동네 만화가게 주인 정원섭씨(당시 39)였다. 경찰에 따르면, 검거 시한 하루 전인 10월 9일 우두동 일대의 우범자와 폭력배, 변태성욕자 등 30여 명의 용의자를 연행해 조사했다. 이 중에는 정씨도 있었다. 정씨가 1970년부터 만화가게 점원으로 고용한 10대 소녀들을 상습적으로 추행해 왔다는 것이다. 아울러 만화가게 점원으로 있었던 김모양에게 사건 현장에서 발견된 빗과 연필이 정씨의 것이라는 것을 확인했다.

경찰의 발표에 의하면 정씨는 평소 어린 소녀들을 성추행하고 심지어 같은 만화가게 직원들을 성폭행하기까지 했던 사람이었는데 사건 당일에 장양이 자신의 만화가게에 오자 자신의 가게에선 TV가 잘 안 나오니 이웃 만화가게로 가서 TV를 보자고 꾀어내 춘천측후소 뒤편 논둑길로 유인해 그곳에서 성폭행한 후 범행이 들킬까봐 두려워 살해했다는 것이다. 검찰도 경찰의 수사가 정당하다고 인정한 후 정씨를 기소했다. 그리고 현장에서 정씨 아들의 몽당연필이 발견됐으며, 증인들의 증언도 일치하는 데다 정씨 본인도 사건을 자백해 결국 재판에서 정씨에게 무기징역이 선고됐다.

정씨는 이후 감옥에서 모범수로 복역해 특별 사면으로 15년형으로 감형돼 1987년 12월 풀려났다. 그러나 정씨는 자신이 결백하다고 호소하기 시작했다. 경찰이 자신을 고문과 짜맞추기 수사로 범인으로 만들었다는 것이다. 결국 정씨는 1999년 서울고법에 재심을 청구했다. 하지만 서울고법은 재심 청구를 기각했고, 대법원에 재항고했으나 2003년 12월, 대법원도 재심 청구를 기각했다.

그러나 노무현 정부시절인 2005년, 진실·화해를위한과거사정리위원회는 이 사건을 조사하기 시작했다. 진실화해위는 당시 경찰관으로 근무한 이들을 면담해 정씨가 당한 고문 수법이 실제로 존재하는 것임을 밝혀냈고 한 경찰관으로부터 그 당시 다른 사건에서 정씨가 당한 것과 유사한 고문을 가하는 것을 봤다는 진술을 확보했다. 당시 그는 경찰들로부터 잠 안 재우기, 통닭구이 등의 고문을 당했고, 사흘 만에 거짓 자백을 할 수밖에 없었다.

게다가 경찰은 정씨를 범인으로 몰기 위해 증인들을 위협했다. 정씨가 운영하던 만화가게의 여종업원들을 감금하거나 가혹행위로 협박해 이전에도 성추행, 성폭행을 했던 인물이라는 허위 증언을 하도록 증인들을 협박한 사실도 드러났다. 법원은 정씨의 허위자백 호소를 무시했고, 이를 입증해준 참고인들까지 위증 혐의로 구속했다.

그런데 SBS의 〈그것이 알고 싶다〉 취재팀은 2008년 12월 20일 이 사건을 재조명하는 프로그램을 내보냈는데 취재 과정에서 엄청난 사실이 드러났다. 당시 현장에서 발견된 범인의 혈흔을 조사한 국립과학수사연구소는 가해자의 혈액형이 A형이라고 밝혔다. 그러나 정씨는 A형이 아니라 B형이었다는 사실이 취재결과 나타난 것이다. 경찰과 검찰은 이런 사실을 알고도 정씨를 짜맞추듯 범인으로 만들었다. 36년만에 언론에 의해 사건의 진실이 드러나는 순간이었다.

정씨를 범인으로 지목한 물증인 연필도 조작된 것이었다. 경찰은 정씨의 부인에게 아들 필통을 가져오라고 했고, 그 안에 들어 있던 연필 하나를 꺼내 논두렁에 던져놓고 사건 현장에서 나온 것처럼 조작했다. 정씨 아들이 자신의 연필이 맞다고 하자 "그럼 입에 한번 물어봐라" 하고 아들의 치아 자국을 내서 그걸 증거물로 만든 것이다. 경찰은 박 대통령의 '시한부 검거령'이 내려진 후 진범을 잡으려고 한 것이 아니라 범인을 만드는 데 혈안이 됐던 것이다. 더 어처구니없는 건 살인 사건 현장에서 발견된 연필은 노란색 몽당연필이었던 반면 정씨 아들의 연필은 길다란 파란색 연필이란 사실이다.

　2007년 11월, 진실화해위의 재심 권고로 재심이 다시 이뤄졌고 춘천지방법원에서 열린 1심에서 재판부는 검찰의 증거는 증거로 사용될 수 없거나 믿을 수 없으므로 정씨의 유죄를 인정할수 없다고 무죄를 선고했다. 검찰이 재항고해 고법에서 2심이 열렸으나 2심에서도 무죄가 선고됐다. 이후 검찰이 다시 재항고해 대법원까지 판결이 넘어가게 됐다. 마침내 대법원은 2011년 10월 27일, 무죄를 선고한 원심을 확정해 정씨는 39년 동안의 치욕을 씻을 수 있게 됐다.

　2013년 7월 15일, 서울중앙지방법원은 해당 사건의 손해배상 청구소송에서 민주주의 법치국가에서는 결코 일어나선 안 되는 일이라며 국가는 정씨와 그 가족에게 26억 3천 752만원을 배상하라는 판결을 내렸다. 하지만 2014년 1월 23일 서울고법 민사8부에서는 소멸시효 기간이 열흘 지났다며 정원섭 씨와 그 가족에게 손해배상금 26억 3천 752만원을 지급하라는 1심 판결을 뒤집었다. 전혀 다른 판결이 내려진 이유는 2013년의 대법원 판결에 따른 것이다. 대법원은 2013년 12월 12일 재심 무죄 선고를 받은 과거사 피해자들이 낸 손해배상청구 소송에서 이전까지 민법에 따라 3년으로 통용되던 소멸시효 기간을 뜬금없이 '형사보상 결정 확정일로부터 6개월'로 못박았다. 이 판결로 1심 때는 문제가 되지 않았던 소멸시효가 적용되면서 결국 정씨는 단 한 푼의 손해배상금도 받지 못하게 됐다. 다만 정씨는 2012년 15년간의 억울한 옥살이에 대한 형사보상금으로 9억6천만원을 받았을 뿐이다.

　정씨는 원래 목회를 꿈꾸던 신학대 졸업생이었다. 1960년 한신대를 졸업하고 스스로 벌어서 교인을 섬기는 '자비량 목회'를 꿈꾸며 서울 변두리의 농촌 교회 등에서 목회를 했다. 그러다 8살 아들을 뇌척수막염으로 잃은 뒤 고향인 춘천으로 내려가 작은 만화가게를 차린 것이다.

　그는 출소 다음 해인 1988년 남원에 살고 있는 누나 집으로 내려갔다. 1991년에는 강남노회에서 목사 안수를 받고 정식 목사가 됐다. 6년 후인 1997년에는 그가 꿈꾸던 '자비량 목회'를 위해 '남원 충절교회'를 세웠다

■ 당국발표만 믿고 쓴 '6.29이후 1천 526일만에 노사분규 제로'란 허위보도

　국내 언론들은 1987년 6.29선언이후 처음으로 1991년 9월 3일 전국에서 노사분규가 한건도 없는 날을 기록했다고 보도했다.

　언론들은 1991년 9월 4일 노동부의 보도자료를 인용, "노동운동 활성화의 기폭제가 된 1987년 6.29선언이후 전국의 산업현장에서는 매일 최다 2백67건, 최소 6건의 노사분규가 있었으나

3일 하룻동안에는 신규발생 또는 진행중인 노사분규가 한건도 없어 1천 526일만에 '무분규일'로 기록됐다"고 밝혔다.

　노동부의 김재영 당시 노사지도관은 "이날 마산의 동양전장·중앙기업 등 2개 업체가 분규상태였지만 이들 업체가 20일전 폐업신고를 내 사후처리절차가 매듭지어졌으므로 3일자로 노사분규 통계에서 제외돼 처음 분규없는 날이 됐다"고 설명했다. 하지만 오보였다. 노동부가 무분규일이라고 밝힌 3일만 해도 서울 구로공단에선 백산전자 노동자들이, 경남 거제에선 삼성중공업 해양 사업본부 노동자들이 농성과 작업거부에 나섰다. 숭실대에서 노조원 70여명이 단체교섭 결렬로 업무거부에 들어갔다.

세계를 발칵 뒤집은
과학사 최대의 사기극과 가짜뉴스들

■ 유인원과 인간의 연결고리라는 '필트다운人' 발견 뉴스는 완전 조작

1912년 전 세계는 유인원과 인간 사이를 연결하는 '잃어버린 고리(missing link)'를 찾았다는 언론 보도에 발칵 뒤집혔다. 영국의 인류학자 찰스 도슨(Charles Dawson, 1864-1916년)은 인간이 원숭이로부터 진화했다는 위대한 증거라며 잉글랜드 이스트 서식스(East Sussex)주의 필트다운(Piltdown) 지역에서 발굴한 화석(사진)을 공개했다. 이 화석은 지명을 따 '필트다운人(Piltdown Man, 사진)'으로 명명됐다. 그런데 불소(弗素)를 이용한 연대 측정법이 개발되면서 '필트다운인'이 조작됐다는 사실이 밝혀졌다. 중세 시대 인간의 머리뼈에 오랑우탄의 아래턱 뼈, 침팬지의 이빨 화석을 풀로 교묘하게 붙여 놓은 것이었다.

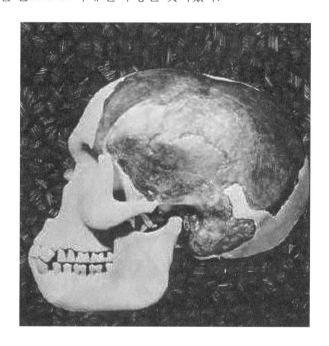

도슨의 보고를 접한 대영박물관의 지질학 담당이었던 아서 스미스 우즈워드(Arthur Smith Woodward)는 이를 인정하여 학계에 보고했고 'Eoanthropus dawsoni'(도슨이 발견한 최초의 인간)이란 학명을 부여했다. 그러나 1953년 이 뼈들이 사실은 현생 인류의 머리뼈와 오랑우탄의 아래턱뼈, 그리고 침팬지의 송곳니로, 누군가가 이것을 짜맞추어 위조한 것이 밝혀졌다.

1953년 11월 21일 뉴욕 타임스(NYT)는 영국 자연사박물관 관계자를 인용, 필트다운인이 조작(hoax)된 것이라고 보도했다. NYT는 필트다운인은 세 종의 유골을 짜맞추어 조작한 것으로 중세 시대에 살았던 인류의 머리뼈와 500여년 전 보르네오 섬 사라와크주에 살았던 오랑우탄의 아래턱뼈, 그리고 침팬지의 치아 화석으로 구성된 것이라 밝혔다. 뼈들은 보다 오래된 것처럼 보이기 위해 산화철과 크로뮴산을 이용하여 착색돼 있었고, 현미경으로 관찰한 치아 화석에서는 침팬지의 치아를 보다 인간의 것과 비슷하게 보이게 하려고 인위적으로 갈아낸 흔적이 발견됐다고 전했다.

이렇게 조작된 필트다운인 유골이 다른 학자들의 이목을 속이는 데 성공한 이유는 당대의 학계에 여러 문제가 있었기 때문이었다. 당시 학계에서는 인간의 손발보다는 머리가 먼저 커지는 진화과정을 거쳤을 것이라 여기는 가설이 있었고 필트다운인은 여기에 정확히 들어맞는 증거로 취급됐다. 또한 당시는 국가주의가 팽배하던 시절로 고생 인류의 화석과 유적이 풍부하게 발견된 유럽 대륙에 비해 화석 발견이 전무했던 영국의 과학자들은 발견 사실 자체를 큰 성과로 여겼기 때문에 주위의 비판을 애써 무시했다. 필트다운 인의 발견 소식은 무엇보다 영국인이 프랑스인이나 독일인에 비해 결코 뒤지지 않는다는 만족감을 주었던 것이다.

▪ 세계를 흥분시킨 황우석 교수 배아줄기세포 논문, 결국 조작이었다

2005년 11월, MBC 프로그램 PD수첩은 '사이언스' 지에 실린 황우석 교수의 줄기세포 논문에 대한 의혹을 제기했다. 이에 사회적으로 논란이 일자, 결국 서울대는 황우석 교수의 논문을 재검증에 착수했다. 노정혜 연구처장을 위원장으로하는 서울대 조사위원회는 2005년 12월 "황우석 교수의 2005년 사이언스 논문이 고의로 조작됐다"는 중간 조사결과를 발표했고, 황 교수는 교수직을 사임했다.

이후 황우석 박사는 교육과학기술부의 최고과학자 지위에서 박탈됐으며, 서울대학교 교수직에서도 파면됐다. 그리고 2006년 5월 황 박사는 사기·횡령과 난자 불법거래 혐의 등으로 불구속 기소됐다. 이후 2009년 10월 26일 1심 선고공판에서 조작된 줄기세포 연구논문을 사이언스에 발표한 혐의, 정부 지원금 횡령과 난자 불법매매(생명윤리 및 안전에 관한 법률 위반) 혐의에 대해 유죄 판결이 내려져 징역 2년 및 집행유예 3년을 선고받았다.

그러나 줄기세포 실용화 가능성을 과장하여 민간 기업(농협, SK)에게 연구비를 투자 받았다는 혐의나 연구 결과를 과장한 혐의에 대해서는 무죄 판결을 받았다. 이후 열린 항소심에서 재판부는 1심에서 유죄로 인정한 정부 지원금 횡령 중 1억 554만 원은 입증이 부족하다고 판단하여 무죄로 판결하였으며, 징역 1년 6개월 및 집행유예 2년으로 감형을 선고했다.

2011년 11월에는 서울고등법원에서 줄기세포 논문 조작을 이유로 황우석 박사의 교수직을 파면 처분한 서울대학교에 파면 처분을 취소하라는 판결을 내렸다. 이 판결에 불복한 서울대학교는 대법원에 상고하였고, 2014년 2월 대법원은 파면을 취소하라고 판결한 원심을 깨고 사건을 서울고법으로 돌려보냈다. 이후 대법은 황 교수에 대한 서울대 교수직 파면과 함께 줄기세포 연구비를 횡령한 혐의 등으로 기소된 황우석 박사에게 징역 1년 6개월에 집행유예 2년을 선고한 원심을 확정했다. 이 사건으로 국내 대다수 언론은 황 교수가 저명한 과학 잡지에 논문을 게재했다는 명성과 권위에만 주목하고 업적과 성과에 대해 엄밀한 검증을 하려는 노력을 게을리 했다는 강력한 비판을 받았다.

■ '세기적 발견'이란 日 만능세포 개발은 연구진의 조작으로 인한 '세기적 오보'

　평범한 세포를 약산성 용액에 잠깐 담그기만 함으로써 어떤 세포로도 변할 수 있는 '만능세포'를 개발했다는 연구논문이 2014년 1월 28일 세계적인 과학전문 저널 '네이처'에 발표되면서 화제가 됐다.

　논문은 일본 이화학연구소의 오보카타 하루코(小保方晴子, 당시 30세) 박사를 제1저자로 하여 미 하버드대 연구팀과 함께 쓴 2편으로, 약산성 용액에다 갓 태어난 쥐의 체세포를 담가두었다가 일정한 배양 처리를 했더니 줄기세포 성질을 띠는 것으로 나타났다고 밝혔다.

△ 2014년 1월 28일 언론에 스탭세포 개발을 설명하고 있는 오보카타 박사

줄기세포는 체내 모든 조직으로 분화하는 능력을 가진 세포다. 줄기세포를 이용하면 암이나 난치병 등을 치료할 수 있을 것으로 기대되고 있다. 연구팀은 이런 기법을 '자극이 촉발하는 다분화기능 획득'(STAP: Stimulus-Triggered Acquisition of Pluripotency)이라고 명명했으며, 그렇게 해서 생성된 세포를 '스탭(STAP) 세포'라고 불렀다.

이 논문이 발표됐을 때 '노벨상을 받을 것'이라는 반응이 나오는 등 일본을 비롯해 전 세계 학계가 흥분을 감추지 못했다. 논문을 주도한 오보카타 연구주임은 젊은 여성 과학자라는 점에서 일약 '신데렐라'로 부상했다. 일본 언론은 '세기의 발견'이라고 평가하며 들뜬 반응을 감추지 않았다. 일본 언론의 관심은 오보카타 박사가 선보인 앞치마형 연구복 등 그의 패션으로까지 확산할 정도였다. 일본의 NHK방송은 1월 30일자 방송에서 '세계를 놀라게 한 대발견'이라며 일본의 이과계 여성이 세상을 깜짝 놀라게 했다고 전했다. 같은 날 MBS방송도 "이화학연구소의 리더 오보카타 하루코 씨, 앞치마를 입은 귀여운 여성이에요"라며 극찬했다.

무엇보다 이 연구 성과는 기존의 그 어떤 줄기세포 제작방법보다 쉽고 간편했다. 줄기세포가 분화해 체세포가 되는데, 간단한 자극만으로 체세포가 줄기세포로 되돌아간다는 건 세포생물학의 기존 상식을 뒤집는 것이었다.

학계가 놀라움을 감추지 못하는 것은 당연했다. 2012년 노벨 생리의학상을 받은 일본 교토대 야마가타 신야 교수가 개발한 체세포에 유전자 등을 삽입해 만드는 '유도만능(iPS) 줄기세포'보다 효율이 높다는 평가를 받았으니 노벨상을 예약했다는 말이 나올 만도 했다. 이 연구결과는 또한 황우석 전 서울대 교수가 시도한 인간배아줄기세포와 달리 윤리문제도 없었다. 오보카타 논문의 교신저자인 하버드대 의대 찰스 버칸티 교수는 미국 언론과의 인터뷰에서 "인간 세포에서도 쥐 세포 실험과 유사한 스탭 줄기세포 결과를 얻었다"고 밝혔다. 이 모든 게 암이나 난치병 등을 치료하는 데 적용할 수 있는 가능성을 제시하는 듯 보였다.

그러나 약 2주 뒤 네이처에 실린 논문이 조작됐다는 의혹이 논문 검증 사이트 '펍피어'(Pubpeer)에 의해 제기됐다. 이후 전 세계 연구진들은 오보카타가 논문에서 제시한 줄기세포 제조방법을 재현하는 실험을 실시했지만 실패했다는 보고를 속속 내놓았다. 네이처는 2014년 2월 17일 보도한 기사에서 "스탭 세포 재현 실험을 해본 실험실 10곳에 문의했지만 성공한 곳이 하나도 없다는 답변을 받았다"고 적었다.

결국 논문 발표 40여일 만에 공동저자들은 철회를 요구하기에 이르렀다. 오보카타의 네이처 논문을 공동집필한 와카야마 테루히코(若山照彦) 야마나시대(山梨大) 교수는 일본 NHK와의 인터뷰에서 "논문을 더 이상 믿을 수 없는 상황"이라며 "믿었던 연구 데이터에 심각한 문제가 발생해 스탭 세포가 정말 생기는지 확신이 없어졌다"고 말했다.

결국 이화학연구소도 자체 조사에 나서 오보카타 박사의 '데이터 잘라 붙이기' 등 조작행위를 사실로 확인했다. 이후 논문은 신뢰를 잃었고 급기야 주저자들의 동의를 얻어 네이처는 2014년 7월 2일 오보카타의 관련 논문 두 편을 게재 취소하기에 이르렀다

논문이 조작으로 판명나면서 오보카타가 개발한 줄기세포를 이용한 의학 연구에 10년간 1천 100억 엔(약 1조원)을 투자하겠다고 밝힌 일본 아베 정권의 입장이 난처해졌다.

더구나 사사이 요시키(笹井芳樹, 당시 52세) 일본 이화학연구소 발생·재생과학연구센터 부소장이 2014년 8월 5일 목을 맨 채 자살함으로써 이 연구부정의 파문은 확산일로를 거듭했다.

한편 오보카타가 2011년 박사학위 논문도 표절 의혹에 휩싸여 학위자체가 취소됐다. 박사학위 논문 108쪽 가운데 20쪽 상당이 미국 국립보건원(NIH)의 웹사이트에 실린 줄기세포 관련 내용과 겹친다는 의혹이 제기됐다. 논문에는 출처 표기도 돼 있지 않았다. 논문의 첫 부분과 연구의 배경을 설명하는 부분이 인터넷 사이트의 문장과 단어 배열, 구두점까지 거의 같은 것으로 나타났다. 이 논문은 간세포를 다룬 것으로, 네이처에 게재한 스탬 세포에 직접적으로 관련되는 논문은 아니다.

이에따라 일본 와세다대(早稻田大)는 2015년 11월 2일 오보카타 전 이화학연구소 연구원이 2011년 와세다 대학에서 받은 박사 학위를 취소했다. 와세다 대학은 오보카타에게 논문 수정제출 기회를 주고 재제출을 받았으나 과학적 근거 등이 미비해 심사가 불가능하다며 박사 학위 취소를 결정했다.

일본은 과거 구석기 유물 조작사건으로 큰 홍역을 치렀다. 아마추어 고고학자인 후지무라 신이치(藤村新一) 도호쿠구석기문화연구소 부이사장이 일본에서 가장 오래된 70만년 전 구석기 유적이라며 발굴한 가미타카모리 유적이 후지무라가 날조한 새빨간 거짓말로 밝혀진 것이다.

후지무라는 발굴에 관여한 유적지마다 구석기 유적임을 증명하는 석기 등을 건져내 일본 학계에서는 '신의 손'으로 불렸다. 후지무라의 발굴은 일본열도의 인류 역사를 기존의 7만-5만년 전에서 무려 70만년 전까지 거슬러 올라가게 해 일본은 물론 동북아 학계에도 큰 영향을 미쳤다. 그러나 2000년 11월 그가 유적지에 석기를 파묻는 모습이 마이니치신문에 포착되면서 날조 사실이 드러났다. 일본 고고학회는 유적 진위 조사를 통해 후지무라가 관여했던 구석기 유적 162개 모두가 날조됐다는 결론을 내렸다.

▪ 세상을 놀라게한 맹물로 달리는 기차 개발 사건

외부로부터 에너지 공급을 받지 않으면서도 영원히 일을 계속하는 가상의 기관을 영구기관(永

久機關, Perpetual Mobile/perpetual motion machine, PMM) 이라한다.

하지만 그러한 기관은 열역학법칙이나 에너지보존의 법칙에 위배되므로 존재하지 않는다. 외부에서 에너지를 공급하지 않아도 스스로 영원히 작동하는 장치를 만들었다는 것은 열역학의 기본 원리와 에너지 보존법칙을 무시한 채 무(無)에서 유(有)를 창출할 수 있다는 것으로 감언이설로 혹세무민(惑世誣民)하는 사기이다.

영구기관의 고안자들은 그저 영원히 움직이는 것 뿐만 아니라 이러한 운동을 통한 에너지를 다른 일에 사용할 수 있다고 주장한다.

외부에서 에너지나 동력을 공급하지 않아도 스스로 영원히 움직이는 장치인 영구기관은 오랜 옛날부터 많은 사람들이 만들어보려고 애썼던 꿈의 기계였다. 1840년대 이후 에너지 보존법칙 등이 확립되어 영구기관은 과학적으로 불가능하다는 것이 밝혀졌지만, 그 후에도 영구기관의 발명은 끊임없이 시도됐고 그중에는 금전 지원을 노리는 사기행위도 적지 않았다. 18세기 초에 독일의 오르피레우스(Johann Bessler aka Orffyreus)는 자동바퀴라는 영구기관을 선보여 언론에 대서특필됐다. 하지만 이는 톱니바퀴 장치의 중요 부분을 가리고 밑에 숨은 사람이 밧줄을 잡아당기는 어처구니없는 속임수였다. 그러나 그는 러시아 황제 등 여러 나라의 귀족과 부유층들로부터 거액을 지원받으면서 호사스런 생활을 누렸다. 19세기 후반 미국에서는 존 킬리(John Keely)라는 또 다른 탁월한 사기꾼이 "나는 약 1ℓ(리터)의 맹물로 기차를 필라델피아에서 뉴욕까지 달리게 할 수 있다"고 호언장담하면서 거액의 투자와 후원금을 모았다. 그가 죽은 후에 건물의 마루 밑에 숨겨둔 압축공기 장치로 영구기관(?)을 움직였던 사기극이 드러났지만, 거액의 투자비는 모두 탕진된 후였다.

■ 자살로 막을 내린 두꺼비 '혼인혹' 용불용설 조작 실험

오늘날 생물학계에서 널리 인정되는 진화론은 다윈의 자연도태설(自然淘汰說, natural selection)이지만, 옛날에는 라마르크의 용불용설(用不用說: Lamarckism, the theory of use and disuse)역시 만만치 않았다. 용불용설과 자연도태설의 가장 큰 차이는, '획득형질의 유전' 여부인데, 현재는 획득형질은 유전되지 않는다는 것이 정설이므로 라마르크의 학설을 믿는 사람은 별로 없다.

그러나 20세기 초반 무렵까지만 해도 라마르크의 이론대로 획득형질도 유전될 수 있다고 주장하는 생물학자들이 적지 않았다. 오스트리아의 동물학자 파울 카메러(Paul Kammerer, 1880-1926)도 그 중 한 사람이었다. 빈에서 태어나 빈 대학을 졸업한 그는 두 종류의 유럽산 불도마뱀을 표본으로 삼아 실험해, 서로 다른 환경에서 사육함으로써 그들의 형질을 다르게 만드는 데에 성공했다고 주장했다. 즉, 얼룩 불도마뱀을 검은 흙에서 사육하면 노란 반점이 점점 없어져서 도마뱀의 몸이 거무칙칙하게 되고, 반대로 노란 흙에서 사육하면 노란 반점이 점점 커져서 도마뱀의 몸 색깔이 전체적으로 노랗게 된다는 것을 밝혀냈다고 주장했다. 그는 이것을 라마르크의 이론에 유리한 것이라고 해석했다. 그가 더욱 라마르크의 용불용설을 강력히 주장하게 된 것은 두꺼비의 '혼인혹(nuptial tubercle)'에 관한 실험인데, 이는 이후에 숱한 논란과 표본 조작 의혹을 낳게 되었다.

양서류, 즉 물뭍동물인 개구리는 대부분 물 속에서 교미를 하기 때문에, 교미할 시기가 되면 그에 적합하도록 개구리의 몸에 변화가 일어나게 된다. 즉, 암캐구리를 붙잡기 편리하도록 수캐구리의 앞발 끝에 검고 뿔 같은 모양의 융기가 생겨나게 되는데, 이를 '혼인혹'이라고 부른다.

그러나 개구리 종류 중에서도 두꺼비는 이와 다르다. 즉 물속이 아닌 땅 위에서 교미하는 두꺼비는 굳이 혼인혹 같은 것으로 암컷을 붙잡을 필요가 없기 때문에, 교미할 때가 되어도 이런 것이 만들어지지 않는다.

카메러는 두꺼비를 물 속에서 사육하고, 그렇게 하면 두꺼비에게도 혼인혹이 생겨날 것이라고 믿었다. 그는 1919년 자신의 실험 결과를 발표하면서 두꺼비 수컷에도 혼인혹이 만들어졌다고 학계에 보고했다. 용불용설에 호의적인 생물학자들은 이것이 라마르크의 이론을 확증하는 명백한 증거라고 주장해, 세계 생물학계는 흥분과 큰 논란과에 휩싸이게 되었다.

1926년 생물학자들은 별도의 위원회를 조직하고 캄메러가 사육했다는 수두꺼비 표본을 조사했는데, 정밀조사 끝에 나온 결론은 카메러의 실험 결과가 엉터리였을 뿐만 아니라 의도적으로 조작됐다는 것이었다. 일반적으로 개구리의 혼인혹은 가시 모양의 돌기가 있어야 하는데 카메러가 지니고 있던 두꺼비는 그런 모양이 아니었고, 거무스름한 빛깔은 인위적으로 먹을 주입한 결과라는 것이었다. 이후 카메러는 1926년 9월 23일, 오스트리아의 어느 산 속에서 머리에 권총을 쏘아 자살한 채로 발견된다.

▪ 가짜 인공다이아몬드 합성사건

다이아몬드는 우리 주변에 풍부한 탄소 원소 하나로 이뤄진 것이지만 빼어난 아름다움과 매력적인 물성 때문에 이를 직접 만들고자 하는 노력의 역사는 매우 오래됐으며, 다양한 방법이 개발돼 있다. 하지만 산소를 100% 배제하는 환경이어야한다는 점에서 마냥 쉬운 공법만은 아니다.

인공 다이아몬드를 만들기 위해 여러 방법이 시도되었는데, 그중에 쇳물 속에 탄소를 넣고 급속도로 식혀서 그 압력으로 탄소 덩어리를 압축시켜 다이아몬드를 만든 다음 산으로 철을 녹여 분류해 낸다는 방법을 1900년 초에 프랑스의 앙리 무아상(Henri Ferdinand Frédéric Moissan, 1852-1907)이 발표한 적이 있다.

그러나 이 방법은 그가 죽고 나서야 가짜라는 사실이 밝혀졌다. 무아상의 제자(일설에는 제자와 무아상의 부인이 짜고)가 되지도 않는 실험에 매달리는 것을 안타까워해 몰래 다이아몬드를 구해서 넣었고 그걸 몰랐던 당사자는 자신의 주장이 옳았다고 생각해 발표해 버린 것이었다. 하지만 무아상의 과학계에서의 업적은 대단하다. 그는 플루오르화수소산에서 플루오린을 따로 분리해 내는 데 성공한 업적으로 1906년 노벨 화학상을 수상했다. 재미있는게, 이 때 무아상과 함께 화학상 후보로 올라왔던 인물이 바로 주기율표를 정리한 드미트리 멘델레예프(Dmitry Ivanovich Mendeleyev, 1834-1907)였는 데 멘델레예프는 노벨위원회 표결에서 아쉽게 1표 차로 떨어졌다. 무아상은 1892년에는 자신의 이름을 딴 전기로를 개발하여 그때까지 얻기 어려웠던 금속들을 제조해 냈다. 1893년에는 탄소에서 다이아몬드를 합성하여 자연에서 다이아몬드가 생성되는 원리를 밝혔다.

▪ 유물을 몰래 땅에 파묻고 진품인양 발굴하는 식의 일본 구석기유물 조작사건

일본인들은 2000년 11월 5일 일본 마이니치(每日)신문 1면에 실린 기사에 충격에 빠졌다. 유명한 고고학자 후지무라 신이치(藤村新一, 당시 50세)가 혼자 구덩이를 파고 유물을 몰래 묻는 사진이 실려 있었기 때문이다. 장소는 일본의 구석기 문화를 60만-70만년 전으로 끌어올린 미야기 현(宮城縣) 가미타카모리(上高森) 유적지였다. 그는 이곳에서 60만년 전의 석기 31점을 발견했다고 밝혔다.

후지무라는 자신이 미리 만든 유물을 발굴 예정 장소에 몰래 묻고 나중에 그의 발굴팀과 함께 공식 발굴 작업을 통해서 찾아내는 방식을 사용했다. 후지무라의 유물 조작 사건은 일본 고고학계를 발칵 뒤집어 놓았다. 일본 문부성은 교과서에 실린 후지무라의 업적을 변경하는 등 큰 홍역을 치러야 했다.

1972년 고교 졸업 후 한 화학회사 연구원으로 일하고 있던 후지무라는 독학으로 고고학을 공부하면서 유물을 찾으러 다니기 시작했다. 1981년 미야기현 사사라기(座散亂木) 유적지에서 4

**1981년 일본은 후지무라 신이치의 유물발견으로
일본에서 최초 인류가 70만년 전에 출현했음이
증명되었다며 교과서에까지 게재했다.
그러나 이는 후지무라 신이치가
미리 묻어둔 유물이었음이 발각돼 거품처럼 사라졌다.
이후 일본은 아무도 이 헤프닝을 말하지 않는다.**

만 년 전 유물을 발굴하면서 전국적으로 유명해지기 시작했다. 3만 년 전의 유물이 없던 일본 고고학계에서는 일본에 최초 인류가 60만 년 전에 출현했다는 주장을 뒷받침할 수 있는 그의 발견에 크게 고무됐다. 그가 발굴하기만 하면 엄청난 유물이 쏟아져 나왔기 때문에 '신(神)의 손'이라고 칭송받기도 했다. 그는 이런 업적을 인정받아 도호쿠(東北) 구석기문화연구소 부이사장 직책까지 맡았다.

하지만 후지무라의 유물 발굴은 대부분 사실이 아닌 조작으로 밝혀졌다. 마이니치 신문의 한 간부는 후지무라의 부정을 제보하는 이메일을 받았다. 충분히 근거가 있다는 결론을 내리고 2000년 8월부터 본격적인 조사에 들어갔다. 조작 과정을 정확히 기록하기 위해 일반 사진기 대신 동영상 카메라로 녹화하기로 하고 원거리에서 숨어서 촬영하는 방식을 택했다. 2000년 9월 5일 미야기현 가미타카모리(上高森) 유적지에서 선명하지는 않지만 자신이 만든 유물을 몰래 묻는 현장을 촬영하면서 의혹이 사실로 확인됐고 결국 10월 22일 아침에 정확한 현장을 촬영하는 데 성공했다. 그러나 후지무라가 부인할 것에 대비해 11월 4일 센다이 시(仙台市)의 한 호텔에서 인터뷰를 갖고 본인에게 직접 확인키로 했다. 영문도 모른 채 인터뷰에 응한 후지무라는 약

40분간 자기 자랑을 늘어놓았는데 이를 듣고만 있던 취재팀이 "보여드리고 싶은 영상이 있다"라면서 후지무라가 몰래 유물을 파묻는 모습을 VCR로 틀었다. 후지무라는 10분간 아무 말이 없다가 "전부 조작한 것은 아니다(그러니까 조작은 했다). 마(魔)가 낀 것 같다"고 했다.

이로 인해 정밀조사가 실시돼, 후지무라가 70년대 이후 발굴에 관여한 유적 180곳 중 162곳에서 조작 흔적이 발견됐고 출토된 가짜 유물들은 문화재 지정이 취소됐다. 교과서에서 후지무라에 대한 내용도 삭제됐다. 그 자신은 고고학계에서 영구제명됐다. 출판사들은 시판중인 후지무라의 유물에 관한 책 모두를 회수했다. 그가 애지중지하던 석기 유물은 모두 폐기처분되거나 창고에 보관됐다.

사실 후지무라의 발굴은 그 초기부터 숱한 의혹을 받아왔다. 뗀석기(打製石器)를 만든 수법이 수십만 년 전의 것과 확연히 차이가 난다는 점, 수십 km 간격으로 떨어진 석기들의 아귀가 너무 정확히 들어 맞는다는 점, 발굴된 석기의 재질이 주변 석재와 다르다는 점, 방금 파낸 유물에는 젖은 흙이 묻어 있어야하는데 마른 흙이 묻어있는 점, 구석기 시대 유물에서 철로 조각해서 만든 철선상흔이 발견됐다는 점, 구석기 시대 유물이 발견되면 필수적으로 주변에 석기의 원본이 되는 돌의 조각이 있어야 하는데 없는 점, 구석기 시대 유물인데 고도의 문화 흔적인 제사유적이 발견됐다는 점, 석기가 발견된 지층이 화산쇄설류가 퇴적된 지층이므로 실제 유물이라면 구석기 시대 일본인들은 용암 위에서 석기를 제조했다는 이야기가 된다는 점, 후지무라가 아니면 다른 사람이 아무리 같은 곳을 뒤져도 유물이 안 나온다는 점, 후지무라 가 발굴하는 유물마다 점점 이전 시대의 것이 나온다는 점. 후지무라가 해외 학자들의 공동 연구 제의를 전부 거부했던 점으로 보아 수상한 점이 많았다.

▪ 국내 역사학계와 고고학계를 경악케한 '거북선 총통' 유물 조작 인양사건

귀함별황자총통(龜艦別黃字銃筒)은 가짜임이 드러나 우리나라 국보에서 해제된 총통(銃筒)이다. 1992년 8월 18일, 해군사관학교를 중심으로 조직된 '충무공해저유물발굴단'이 경상남도 통영군 한산도 문어포 서북방 460m 수역 해저에서 발견한 이 총통은 인양된 지 17일 만인 9월 4일 곧바로 국보(274번)에 지정됐지만 가짜로 드러나 약 4년 후인 1996년 8월 30일 국보에서 해제됐다.

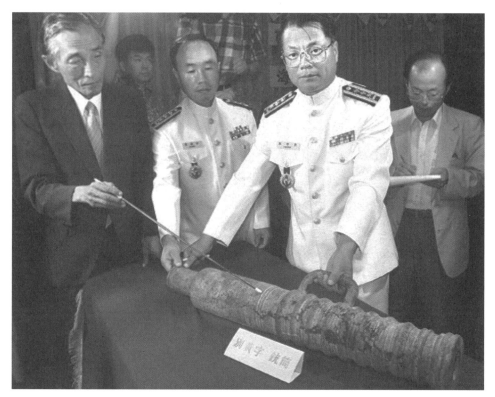

△ 해군 발굴단과 고고학자들이 한산도 앞바다에서 인양된 귀함별황자총통(龜艦別黃字銃筒)을 선보이고 있다. 하지만 이 총통은 조작된 가짜였다

　사연인즉 발굴단장인 황동환(黃東煥, 해사 22기) 해군 대령이 유물 발굴단 자문위원 겸 골동품 상이었던 신휴철(申休哲)의 집에서 모조품을 받아 잠수부를 시켜 바다에 빠뜨린 뒤 8일 만인 8월 26일 인양한 사실이 뒤늦게 드러나 국보에서 해제된 것이다. 현재 국보 274번은 결번으로 남아 있다. 한국 고고학계와 해군의 역대급 흑역사로 남은 이 발굴 조작사건은 '한국판 후지무라 신이치(藤村新一) 구석기유물조작사건'으로 불리기도 한다.

　길이 89.2cm, 구경 5.9cm에 달하는 총통의 포신에는 '萬曆丙申六月日 造上 別黃字銃筒(만력 병신년(1596) 6월 제조하여 올린 별황자총통' 과 '龜艦黃字 驚敵船 一射敵船 必水葬(거북선의 황자총통은 적선을 놀라게 하고, 한 발을 쏘면 반드시 적선을 수장시킨다)' 라는 글귀가 새겨져 있었다. 만력(萬曆)이란 중국 명나라 월력이며, 1596년 병신년은 만력 24년이다. '龜艦' 이라는 글귀는 이제까지 기록으로만 전해질 뿐 실물로는 전하지 않는 거북선의 존재를 증명하는 것이었기에, 역사학계와 고고학계는 단번에 흥분의 도가니에 빠지기에 충분했다.

　국보가 된 황자총통은 진해 해군사관학교 박물관에 소장됐고, 해군은 이후 이를 바탕으로 실물복원은 물론, 포격시험까지 실시했으며, 포신에 새겨진 '一射敵船 必水葬'(한 발을 쏘면 반드시 적선을 수장시킨다)은 육군의 '一發必中(one shot, one kill)'과 함께 해군의 슬로건으로 까지 떠오르게 됐다. 게다가 1992년이 임진왜란 400주년이라 전국적으로도 엄청난 관심이 집중되면서 언론에 대대적으로 보도됐다.

38t급 소형 탐사정 한 척과 불과 30명에 불과한 미니 발굴단으로서는 믿기 어려우리 만큼 큰 업적을 올린 것이기에, 발굴단장 황동환 대령(해사 22기)에게는 보국훈장 삼일장이 수여됐다.

1996년 4월 광주지방검찰청 순천지청 지익상(池益相) 검사는 문화재 보호구역 안에서 자생하는 피조개 채취 허가를 받아주는 대가로 어민들로부터 4,400여 만원을 받아 각 기관에 뿌린 혐의로 구속된 수산업자 홍무웅(洪武雄)을 조사하는 과정에서 "황동환 대령에게 900만 원을 건넸고 그 외의 관계기관에도 돈을 뿌렸다. 얼마 지나지 않아서 황 대령으로부터 가짜 별황자총통을 바다 속에 빠뜨린 다음에 이를 인양해서 국보로 지정되게 했다"라는 진술을 받아냈다. 검찰은 황동환 대령을 추궁해 황자총통이 조작된 사실을 확인하는 한편 해군의 명예를 고려해 해군이 나머지 조사와 발표를 맡게 했다.

해군 검찰부는 1996년 6월 18일 국보 274호가 조작됐다고 발표했다. 성분 분석이 끝나기도 전에 국보로 지정된 점과 거북선을 가리키는 표현이 당대의 표기와 달랐는데도 문화재위원들이 명문(名文)을 보아 진품이 확실하다고 잘못 판정한 점 등이 드러나 파장이 일었다. 황 대령은 검찰 조사에서 "수산업자로 일하던 홍무웅을 통해 골동품상이었던 신휴철이 소유하고 있던 모조 총통을 구입해서 바다에 빠뜨리게 한 뒤 자신이 발굴한 것처럼 꾸몄으며 해군사관학교 박물관장을 역임했던 조성도(趙成都) 교수 또한 이 사건에 관여했다"고 진술했다.

귀함별황자총통에 쓰여진 명문은 임진왜란 당시에 사용된 것이 아닌 현대적인 글귀이다. 조선 시대의 문헌에서는 거북선을 한자로 '龜船'(귀선)이라고 적었지만 '龜艦'(귀함)이라고 적은 기록은 없다. 또한 왜군에 대한 기록을 보면 왜군의 배를 '적군의 배'를 뜻하는 '敵船'(적선)이 아니라 '도적의 배'를 뜻하는 '賊船'이라고 표기했다.

조선 시대의 문헌에서 '射'(사)라는 표기는 활로 화살을 쏠 때에 사용했으며 포, 총통과 같은 화약 무기를 사용할 때에는 '放'(방)이라는 표기를 사용했다. 또한 조선 시대에는 '水葬'(수장)이라는 단어를 사용한 사례가 없다.

박근혜 전 대통령 탄핵을 부추긴
100여개 조작·날조기사

▪ 탄핵촛불 최대 27만을 100만으로 조작… 평당 33명이라니 말이되나

△ 최대 27만 촛불집회 참가자를 100만 이상으로 조작 보도한 선동언론을 규탄하자며 시위에 나선 시민들

박근혜 대통령 탄핵 결정이후 시중에는 '탄핵 5적'이란 말이 회자됐다. 사실오인-심리미진-법리오해 판결로 얼룩진 헌법재판소, 선동언론, 정치검찰, 반역국회, 그리고 촛불집회를 주도한 민주노총과 전교조 등 종북좌파세력을 가리키는 말이다. 이들 5적에 순위를 매긴다면 1위는 단연 언론이라는 지적까지 나온다. 탄핵 결정은 국회의 소추에 따라 헌재가 내린 것이지만 촛불시위에서부터 헌재 판결에 이르기 까지 탄핵 전 과정의 1등 공신은 무분별한 의혹제기, 허위·왜곡·편파·선동보도를 일삼아온 언론이라는 것이다. 언론은 이와 함께 당연히 알려야 할 것을 보도하지 않거나 고의로 은폐했다는 지적도 나온다.

2016년 10월 24일 저녁 8시 JTBC는 출처가 불분명해 조작혐의까지 주장되고있는 '최순실 태블릿 PC 분석내용 폭로'라는 것을 전하면서 '최순실게이트'의 총성을 울렸다. 정확히 말하면 박대통령 탄핵의 방아쇠를 당긴 것이다. 이 태블릿 PC 보도 후 선동적인 언론들은 JTBC에 뒤질세라 흥미위주의 허위 보도들을 사실인 것처럼 앞다투어 쏟아냈다. 언론들은 이후 민노총·전교조·한국진보연대 등 종북좌파세력과 세월호 유족중심단체인 4.16연대, 야3당, 그리고 조총련과 일본공산당 산하단체까지 참가한 11월 12일의 광화문 촛불시위 참가인원을 '100만 촛불민심'이라고 라고 조작, 선전했다.

효순·미선양추모반미촛불집회, 한미FTA반대촛불시위, 광우병반미·반정부촛불시위, 월드컵 응원 장소로 이용돼온 서울광장 총면적은 1만 3천 207제곱미터(약 4천평), 광화문광장은 1만 8천

840제곱미터(약 5천 700평)이다. 박근혜 탄핵촉구 촛불집회는 서울광장 아닌 광화문광장을 꽉 메운 가운데 열렸다. 설사 두 곳 모두에서 집회 인원이 가득 찼다고 보고 평당 6명이 들어갈 수 있다고 하면 (4000+5700)x6=5만 8천 200명이란 수효가 나온다. 광화문 광장 한곳에만 집회 군중이 꽉찼다고 하면 5700x6=3만 4천 200명이란 계산이 나온다.

서울역광장에서 숭례문(남대문)과 서소문 입구를 지나 덕수궁 대한문앞, 시청앞 서울광장, 광화문 광장까지의 면적에 대해서는 몇몇 계산법이 있지만 대체로 면적은 약3만평(정확히 말하면 10만 2천900제곱미터로 3만 1천 100평)이다. 평당 6명이 들어간다고 보면 참가인원은 최대 18만(3만×6)명이다. 차도에 인도(人道), 건물 가장자리까지 포함하면 4만 5천평정도라 한다. 그래도 최대인원은 27만(4.5만×6)명이다. 그런데도 선동 언론들은 집회 참가인원을 4-5배로 부풀려 '100만 민심'으로 조작했다. 2016년 11월 12일 박근혜 탄핵을 위한 소위 '민중총궐기집회' 당시 경찰은 광화문광장과 서울광장의 참가 인원을 합쳐 26만으로 추산했지만 거의 모든 언론은 제목에서 '100만 촛불이 민심이다'식으로 보도했다. 일부 언론은 포토샵 조작 기법으로 참가 인원이 많은 것처럼 날조하기도 했다. 일본 언론들은 참가인원을 26만으로 보도했다. 이러한 조작 보도에는 연합뉴스와 보도전문 채널 YTN이 앞장선 것으로 전해진다. 그런데 경찰에서 집계한 참가 인원수는 좀 달랐다. 경찰은 이날 집회에 약 26만명이 모인 것으로 집계했다. 이처럼 차이가 나는 데 대해 주최측은 '누계'를 제공한 것이라고 주장하나 근거를 제시하지 못했다. 경찰은 매 시간마다 현장에 집결한 '순간 최대 인원'을 카운트하는 방식으로 참가 인원을 계산하기 때문에 경찰의 집계방식이 훨씬 합리적이라는 평가를 받는다.

서울역에서 광화문까지 차도에 100만명이 되려면 1평당 최소한 약 33명의 밀도가 돼야한다. 이는 통상 1.6제곱미터(가로 1.6m 세로 1m로 약 0.48평)크기의 회의용 테이블에 약 17.6명이 올라설 수 있는 것과 같다. 하지만 반 평도 안되는 테이블에 살아있는 사람 17.6명이 올라 선다는 것은 물리적으로 불가능하다. 사람의 손발과 몸통을 시체처럼 꼼짝못하게 묶어 차곡차곡 쌓아 올리지 않고서는 불가능하다. 목제 테이블이라면 17.6명의 무게(평균 체중이 60kg이라고 할 때 총 1천 56kg)을 견디다 못해 아예 부러져 버릴 것이다. 이러한 상황을 서울 도심에 적용한다면 아마 호흡곤란으로 압박을 받거나 밟혀서 죽는 사람이 부지기수로 발생, 세계적인 톱 뉴스가 될 것이다. 문제는 지난해 11월 12일 촛불집회 군중은 서울광장을 포함해 광화문 광장을 주무대로 하여 모였고 서울역-숭례문-대한문-시청앞 광장에 이르는 차도에는 이렇다할 군중이 없었다는 점이다. 특히 11월 12일 이후 태극기 집회가 본격적으로 열리면서 집회장소가 서울광장(태극기집회)과 광화문 광장(촛불집회)으로 양분돼 촛불집회 면적이 당초의 3분의1 정도로 크게 줄어든 후에도 언론은 계속 100만, 130만, 170만 등으로 엉터리 보도를 하고 탄핵 열기에 기름을 부었다는 점이다. 한국프레스센터 앞, 동화면세점 앞, 동아일보사 앞을 포함한 범광화문광장은 차도, 인도, 건물 가장자리 공간 모두를 합쳐 약 1만 1천100평, 시청앞-대한문-서소문-남대문-서울역광장에 이르는 태극기 집회 영역은 약 2만평이다. 비율을 보면 태극기집회 면적이 약 1.6배 크다. 다시 말하면 촛불집회 장소는 태극기집회 장소의 60% 밖에 안되는 영역이다. 게다가 촛불집회 장소에는 이순신·세종대왕 동상 등 각종 조형물과 세월호 관련 단체들의 천막, 경찰 차량들이 밀집해 있었던 점을 감안하면 집회가능 면적은 더욱 줄어든 상태다.

참고로 서울역 광장을 제외하고 집회 군중이 실제로 모였던 광화문에서 숭례문까지 도로 및 광장 면적이 9만 1천 551제곱미터인데 1제곱미터당 평균 2.5명이 서있다고 보면 약 23만명(경찰추산 22만명)정도가 집결 가능하다. 100만명이 그 장소에 모이려면 1제곱미터당 11명이 서있어야 된다는 얘기고, 회의용 테이블(90cm x180cm)에 17명이 올라간 상황과 똑같아야 한다. 박근혜퇴진 촉구시위를 주도해온 민주노총 중심의 이른바 '박근혜 퇴진을 위한 국민행동(퇴진행동)' 본부는 2017년 3월 촛불시위에 참가한 연인원이 총 1천600만이라고 발표했다. 검찰은 2009년 발표한 광우병촛불집회 백서에서 2008년 5월부터 8월 사이 106일간 서울도심을 사실상 무정부상태로 만든 광우병촛불폭력시위 참가 연인원이 96만명이라고 밝혔다. 어느 통계가 더욱 신빙성이 있다고 생각 하는가.

숭례문, 시청앞, 서울광장, 광화문광장 일대에서 열린 집회 중 역대 최대 규모로 꼽히는 2002 한일월드컵 응원전 때에도 '순간 최대 인원'은 한-이탈리아전 때의 55만명(경찰추산)이었다. 당시 숭례문에서 서소문, 시청앞 서울광장, 광화문 광장은 물론 청계천, 종로까지 그야말로 발 디딜 틈이 없을 정도로 인산인해였는 데도 55만 이었다. 언론은 2014년 프란치스코 교황 방문때 광화문광장에 100만이 모였다고 보도했으나 이 또한 엄청나게 과장된 것이었다. 실제 시복미사에 참가한 인원은 주최측에 의해 17만 5천여명으로 추산됐으나 언론은 확증도 없이 인근에 구경꾼 등 시민들이 많이 나왔다며 100만이라고 전했다.

▪ 美대사관이 '최태민은 한국의 라스푸틴'이라고 평가했다?…탄핵여론에 기름

중앙일보와 중앙일보 방계회사 종편인 JTBC는 박근혜 전 대통령에 대한 국회의 탄핵소추 결의를 앞두고 2016년 10월 27일 폭로전문 사이트 위키 리크스를 인용, 주한 미대사관이 최태민을 제정 러시아의 요승(妖僧) 라스푸틴으로 평가한 외교전문을 본국에 보냈다고 보도했다. 이 기사는 박 전 대통령이 최순실에 앞서 최순실의 아버지 최태민 대(代)에서부터 비선실세에 농락당하고 사이비 주술에 홀린 인물이라는 이미지를 생산하여 탄핵을 부추기는데 영향을 미쳤다는 지적을 받았다. 국내에서 나돌고 있는 루머에 대해서 쓴 내용인 데도 2007년 대선 당시 알렉산더 버시바우 주한 미대사가 본국에 보낸 전문에서 마치 최태민을 '한국의 라스푸틴(Korean Rasputin)'이라고 평가한 것처럼 오역(誤譯)한 것이다. 당시 이 보도는 전후 설명 없이 〈최태민=라스푸틴〉이라는 식으로 거의 모든 언론에 확산됐다. 이 외교전문은 해킹된 뒤 폭로전문 사이트인 위키리크스에 실린 것이다.

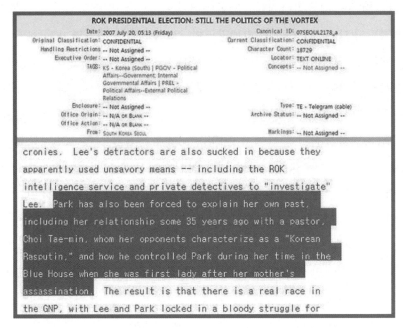

ROK PRESIDENTIAL ELECTION: STILL THE POLITICS OF THE VORTEX

Date: 2007 July 20, 05:13 (Friday)
Original Classification: CONFIDENTIAL
Handling Restrictions: -- Not Assigned --
Executive Order: -- Not Assigned --
TAGS: KS - Korea (South) | PGOV - Political Affairs--Government; Internal Governmental Affairs | PREL - Political Affairs--External Political Relations
Enclosure: -- Not Assigned --
Office Origin: -- N/A or BLANK --
Office Action: -- N/A or BLANK --
From: SOUTH KOREA SEOUL

Canonical ID: 07SEOUL2178_a
Current Classification: CONFIDENTIAL
Character Count: 18729
Locator: TEXT ONLINE
Concepts: -- Not Assigned --

Type: TE - Telegram (cable)
Archive Status: -- Not Assigned --
Markings: -- Not Assigned --

cronies. Lee's detractors are also sucked in because they apparently used unsavory means -- including the ROK intelligence service and private detectives to "investigate" Lee. Park has also been forced to explain her own past, including her relationship some 35 years ago with a pastor, Choi Tae-min, whom her opponents characterize as a "Korean Rasputin," and how he controlled Park during her time in the Blue House when she was first lady after her mother's assassination. The result is that there is a real race in the GNP, with Lee and Park locked in a bloody struggle for

△ 위키리크스가 공개한 2007년 당시 외교문서

해당 전문의 원문은 아래와 같다.

Park has also been forced to explain her own past, including her relationship some 35 years ago with a pastor, Choi Tae-min, whom her opponents characterize as a "Korean Rasputin," and how he controlled Park during her time in the Blue House when she was first lady after her mother's assassination.(박근혜는 상대후보측이 "한국의 라스푸틴"이라 규정지은 최태민 목사와 약 35년 전에 가진 관계, 그리고 어머니 피살 후 그녀가 청와대에서 퍼스트 레이디 역할을 할 때 최 목사가 그녀를 어떻게 컨트롤 했는가를 포함한 그녀의 과거사에 대해 해명할 것을 강요당해 왔다.)

Perhaps even more damaging to her image as the maiden who sacrificed herself in the service of the nation upon the assassination of her mother, rumors are rife that the late pastor had complete control over Park's body and soul during her formative years and that his children accumulated enormous wealth as a result.(어머니가 암살당한 후 국가를 위한 봉사에 자신을 희생한 처녀로서의 그녀의 이미지에 더욱 타격을 가한 것은 사망 전 최목사가 형성기의 박근혜 심신을 완전히 장악했으며 그 결과 최목사의 자녀들은 엄청난 부를 축적했다는 파다한 소문들이다.)

중앙일보는 별다른 설명 없이 이 기사를 삭제했다. 현재는 미주 중앙일보와 JTBC 링크만 남아 있다. 중앙일보 기사를 따라간 다른 언론들도 오역으로 인한 오보에 대해 사과 한마디 없었다.

▪ 주한미대사관이 박근혜 탄핵촉구 촛불집회 '1분 소등'에 동참했다는 황당오보

△ JTBC 2016년 12월 4일자 보도화면 캡쳐

2016년 12월 3일 JTBC는 박근혜 전 대통령 탄핵촉구를 위한 이날 촛불집회 '1분 소등 ' 행사에 주한 미국 대사관이 동참했다는 기사를 내보냈다. 이같은 기사는 중앙일보를 비롯해 대부분의 국내 언론사에 의해 보도됐다.

그러나 주한 미국 대사관은 5일 이들 보도에 대해 '사실과 다르다'라고 공식적으로 부인했다. 하지만 미 대사관의 부인 이후에도 자신들의 오보에 대해 사과하거나 제대로 바로잡은 언론사는 거의 없었다.

오히려 미국 대사관의 공식 부인 입장에 대해서도 믿을 수 없으니 좀더 지켜봐야한다는 보도가 나오기도 했다. 해당 의혹의 진원지였던 JTBC의 경우, 5일 뉴스룸의 〈비하인드 뉴스: 탄핵 강행하면?…이정현, 손에 장 지질까〉에서 다시 한 번 '미 대사관의 1분 소등 동참' 뉴스를 다뤘다. 손석희 앵커는 주한미군 대사관 측에서는 공식적으로 불을 끈 적이 없다고 입장을 밝혔다는 이야기를 전하면서도, "아무튼 지금 나온 화면을 보면 사무실 오른쪽 맨 위는 불이 켜 있다 꺼졌고 왼쪽은 계속 켜 있는 데 이건 좀 확인해 볼 필요가 있을 것 같다"고 말했다.

하지만 미대사관 건물의 불빛은 집회 주최측이 대사관에서 떨어진 '광화문'쪽에 설치해놓은 대형 전광판 빛이 반사돼 일으킨 일종의 '착시현상'으로, 1분 소등과 함께 전광판이 꺼지자 소등현상이 나타난 것처럼 오인한 것으로 확인됐다.

한편 조선일보는 4일 인터넷판에서 외교소식통이란 이름을 빌려 "2016년 12월 3일 열린 박근혜 대통령 퇴진 촉구 5차 촛불집회 중 1분 소등 행사에 주한 미국대사관도 참여했다"고 보도했다. 조선일보는 온라인에서는 미대사관측의 소등을 두고 "미국 정부도 박근혜 정권을 포기한게 아니냐"는 해석이 퍼지고 있다"면서 "만약 일부 직원 개인 차원이 아니라 미 대사관 차원에서 소등이 이뤄졌다면 정권 퇴진 여부가 걸려있는 주재국의 민감한 정치 잇슈에 적극적으로 의견을 밝힌 것으로 해석돼 외교적 파장이 일 소지도 있다"고 전했다. 이런 보도들에 대해 일부 누리꾼들은 '나라 망신이다' '미국조차 촛불시위와 함께한다'라는 내용의 댓글을 달기도 했다. 또다른 네티즌들은 "JTBC측이 초등학교 학생이라도 알 수 있는 '빛의 반사'라는 아주 기초적인 과학지식을 생각해 내지 못한 것 같다"고 안타까움을 나타냈다.

〈2016년 10월 31일 김순덕 칼럼 '丙申年 대통령제 시해 사건'의 일부 내용〉
〈우리가 뽑은 대통령이 아니라… 한국판 라스푸틴의 딸...비선실세가 국정 주무른 나라… 측근비리로 끝나는 불행한 대통령...워싱턴포스트가 '기념비적 연설'이라고 언급한 2014년 박근혜 대통령의 드레스덴 연설마저 최순실이 손을 봤다니 표현만 다듬은 건지, 평화통일 구상까지 해준 건지 온몸에 소름이 돋는다. (중략) 입안의 혀 같은 외교장관 있고 보좌진 수두룩한데 최순실한테 뭘 물어볼 만큼 백지상태란 말인가. 국민이 가장 분노하고 또 허탈해하는 것이 바로 이 점이다. 분명 박정희와 육영수의 딸 박근혜를 대통령으로 뽑았는데 알고 보니 제정 러시아의 요승(妖僧) 라스푸틴에 비견되는 최태민의 딸이자 호스트바 마담 출신 남자와 반말하는 강남 여편네가 대통령 머리 꼭대기에 앉아 일일이 가르치며 국정을 주물렀다는 얘기다. (중략) 이름도 입에 올리기 고약한 병신년(丙申年) 2016년, 박 대통령과 최순실의 비선·부패·섹스 스캔들은 대통령제를 시해(弑害)하는 것으로 막을 내렸으면 한다.〉

▪ 美 정부가 박 대통령 퇴진 촛불시위를 '지지한다'고 오보

KBS는 2016년 11월 29일 밤 9시 뉴스에서 미국정부가 한국 촛불시위를 "지지하고 있다"고 보도했다. 이는 미국정부가 한국의 내정에 간섭하고 있는 듯한 중대한 의미를 지니는 보도였다. 하지만 이는 오역으로 인한 왜곡보도였다. KBS 보도 내용은 아래와 같았다.

> 황상무 앵커: 미국무부가 처음으로 대통령 퇴진을 요구하는 한국의 대규모 촛불집회를 지지한다는 입장을 밝혔습니다... 한미동맹은 굳건하다는 점도 거듭 확인했습니다.
> 박유한 특파원: 평화적 시위와 집회는 민주주의가 작동하는 방식입니다. 미 국무부가 한국의 잇따른 촛불집회에 대해 이렇게 명확한 지지 의사를 공개적으로 밝혔습니다. 미국 정부가 대규모 촛불집회에 공개적인 지지의사를 밝힌 건 처음입니다... 워싱턴에서 박유한 특파원입니다.

하지만 미국무부 홈페이지에 나타나있는 잔 커비(John Kirby) 대변인의 11월 28일자 'Daily Press Briefing'(일일 언론 브리핑)내용을 보면 KBS 워싱턴 특파원의 보도는 오역이었다. 아래는 브리핑 내용.

> 〈You know where we stand on the right of peaceful protest and assembly and we support that around the world. People should have the ability to go out and voice their concerns about their government.(여러분은 (국민에게는) 평화적 항의와 집회의 권리가 있다는 우리(미국 정부)의 입장은 잘 아실 겁니다. 전 세계적으로 우리는 그 입장을 유지하고 있습니다. 국민은 거리로 나가 정부에 대한 우려를 말할 수 있어야 합니다.)〉

커비 대변인은 이어 다른 기자로부터 보충 질문을 받고 계속해서 아래와 같이 말했다.

> 〈Again, that's how democracy works. People have that right and ability to exercise the right. I think that's important. (다시 말씀드리지만, 그런게 민주주의가 작동한다는 이유입니다. 국민에게는 그런 권리가 있고 그 권리를 행사할 능력이 있습니다. 그게 중요하다고 생각합니다.)〉

국무부 대변인의 이같은 말은 미국 정부는 세계 어느 나라든 국민이 정부에 대해 항의하고 집회할 권리가 있다는 것을 지지한다(또는 그런 입장을 유지한다)는 것이지 박근혜 대통령 탄핵 집회를 지지한다는 말이 아니다. 그런데 KBS 보도를 보면 마치 미국 정부가 박대통령의 즉각 퇴진을 요구하는 촛불시위를 지지한다는 소리처럼 들리는 것이다.

△ 미국정부가 한국촛불시위를 지지한다고 보도하는 KBS 특파원

▪ 최순실 단골 마사지센터 원장을 K케이스포츠재단 이사장에 임명했다고 조작

한겨레신문은 2016년 9월 20일 박근혜 대통령의 비선실세 최순실이 재단 설립과 운영에 깊숙히 관여한 증거로 K스포츠 재단 이사장 자리에 자신이 단골로 드나들던 마사지집 사장을 앉혔다고 보도했다.

그러나 당시 K스포츠 정동춘 이사장은 자신이 운영한 '운동기능회복센터'는 마사지와 아무 관계 없는 곳이라고 국회청문회 증인으로 참석, 해명했다. 정동춘 이사장은 서울대 사범대 체육교육과를 나와 서울대 대학원에서 스포츠 의학분야 석·박사학위를 받은 사람이다. 체육교사를 시작으로 서울한사랑병원 운동처방과장, 건국대학교 한국영양연구소 책임연구원, 서울대·동덕여대·인천대 강사, 호서대 사회체육과 겸임교수, 재단법인 국민체력센터 운동처방실장으로 지낸 경력이 있다. 그러나 마치 퇴폐 마사지 업소 사장처럼 보도, 아무런 전문성도 없는 낙하산 인사처럼 임명된 것 처럼 조작한 것이다.

▪ 박근혜 '세월호 7시간'은 검찰조사결과 실체가 없는데도 당시 야권에서 온갖 의혹제기

문재인 정부의 검찰은 2018년 3월 28일 세월호 침몰 사고 일어난 2014년 4월 16일 박근혜 전 대통령의 행적을 둘러싼 이른바 '세월호 7시간' 의혹은 결국 실체가 없는 것으로 밝혀졌다고

'세월호 7시간'에 대해 제기된 의혹들

안민석 더불어민주당 의원
2016년 12월 SBS '박진호의 시사전망대'에서

"대통령께서 중앙재난본부에 나타났을 때 그 얼굴이 마치 잠에서 깬듯 한 얼굴. 참 이상하지 않으세요? 마취 상태에 계셨을 것이다. 누군가 대통령의 몸에 주사 바늘을 꽂았을 것이다."

유시민 작가 2016년 11월 JTBC '썰전'에서

"(대통령) 세월호 사고 당시 7시간 행적에 대해 '굿을 하지 않았다'라고만 말하고 있다. 7시간동안 뭘 했는지 이야기만하면 나머지는 자동으로 없어질 문제다. 이야기하지 않으니 국민이 신뢰하지 않는 것이다."

이재명 당시 성남시장
2016년 10월 자신의 SNS에

"세월호 참사, 최순실 굿, 7시간, 국정원, 사이비 교수, 이런 단어들이 뒤죽박죽 떠오른다. 진실을 알려달라

박영선 더불어민주당 의원
2016년 12월 CBS 라디오 '김현정의 뉴스쇼'에서

"세월호 7시간 동안 박근혜 대통령의 얼굴에 변화가 있었다. 전문가들에 의하면 (박 대통령의) 한쪽 눈 밑과 팔자주름, 그리고 입가의 주름이 전달하고는 모양이 다르다는 것이다."

발표했다. 검찰은 28일 언론 브리핑을 통해 세월호 사고 관련 수사 결과를 발표하며 이같이 밝혔다.

검찰은 "박 전 대통령은 중앙재난안전대책본부(중대본) 방문 전후 줄곧 관저에 머문 것으로 확인됐다"며 "최순실씨 등 극히 일부를 제외하면 다른 인사의 출입도 없었다"고 했다. 박 전 대통령이 청와대 밖으로 외출을 하거나, 중대본 방문을 전후해 최씨와 이재만·안봉근·정호성 등 소위 '문고리 3인방'을 제외한 다른 사람을 만난 사실이 없었다. 이는 검찰이 △ 청와대 국가안보실 근무자 26명 △ 청와대 비서관 8명 △ 청와대 행정관·경호관 16명 △ 관련기관 인사 13명 등 63명을 110차례에 걸쳐 조사해 내린 결론이다.

검찰이 밝힌 박 전 대통령의 사고 당일 행적을 보면 대통령은 오전 10시 20분쯤 최초 사고 내용을 보고받고 2분 뒤 김장수 당시 국가안보실장에게 전화로 구조를 지시했다. 그리고 오후에 청와대 관저로 방문한 최순실씨 등과 짧게 회동한 뒤 미용사를 불러 화장과 머리 손질을 했고, 오후 5시15분 김기춘 당시 청와대 비서실장과 함께 중대본에 갔다. 박 전 대통령이 사고 당일 머문 장소는 청와대 관저와 중대본, 청와대 내부에서 박 전 대통령과 만난 사람은 회의에 동석한 최씨와 문고리 3인방을 제외하면 미용사뿐이라는 게 검찰의 결론이다.

당시 야당이었던 더불어민주당과 언론, 시민단체들은 세월호사건과 관련한 대면 보고와 대통령 주재 회의가 없었던 점을 들어 '사라진 7시간' 의혹을 제기했다. 음모론도 돌았다. 박 전 대통령이 "특정 인사와 호텔에서 정사(情事)를 가졌다. 청와대 관저에서 기(氣)치료를 받았다. 성형 시술을 받은 뒤 프로포폴 주사를 맞고 잠들었다"는 말도 나왔다. 심지어 굿판을 벌이고 있었다는 의혹을 제기하는 국회의원도 있었다.

2014년 8월에는 외신에서도 문제를 제기했다. 일본 산케이신문의 서울지국장이던 가토 다쓰야는 "박근혜 대통령 여객선 침몰 당일 행방불명…누구와 만났을까"라는 제목의 칼럼을 통해 '한국에서는 박 전 대통령의 사생활과 관련된 루머들이 돌고 있다'는 내용을 다뤘다. 산케이신문은 익명의 증권가 관계자 등을 인용해 박 전 대통령이 사건 당일 과거 자신의 비서실장이었던 정윤회씨와 접촉했다는 의혹이 있다고 보도했다.

하지만 검찰이 밝힌 수사경과는 "세월호 7시간 의혹은 실체가 없다"는 것이다. 검찰은 "사고 당일 최씨 외에 외부인이 대통령 관저에 들어온 것은 확인된 바 없으며 최씨의 방문도 사전에 약속된 만남이었다"고 밝혔다.

▪ 최순실이 박대통령 해외순방때 전용기에 동승했다고 허위보도

동아일보 계열 종합편성채널인 채널 A는 박근혜 대통령 탄핵 하야 촉구를 촉구하는 촛불시위가 절정에 달하고 있던 2016년 11월 15일 최순실이 대통령 전용기인 대한민국 공군 1호기를 타고 수차례 박근혜 대통령의 해외순방에 동행했다고 보도했다. 채널A의 K기자는 "박근혜 대통령이 지난 5월 이란 순방을 할 때 대통령 전용기에서 최순실씨가 탄 사실이 목격됐다"고 전했다. 채널 A는 "이는 최순실이 박 대통령의 해외 순방과 관련한 외교, 안보, 대외 경제 정책에까지 개입했다고 볼 수 있는 대목"이라는 해석을 내놓기도 했다.

그러나 청와대는 탑승자 명단을 공개하며 최순실의 이름은 없었다고 밝혔다. 또한 1호기 탑승을 하려면 보안패스가 있어야 하는 데 최씨에게는 발급되지 않았다고 했다. 청와대는 70여명의 취재기자들이 좌석 통로를 지나다녀야 하는 등의 구조상 동승은 있을 수 없다고 해명했다.

▪ 단두대·사약(賜藥) 등장한 박근혜 대통령 퇴진촉구 시위가 평화적인 축제였다?

우리 언론 특히 공중파 방송들은 2016년 10월-2017년 3월 사이에 열린 박근혜 대통령탄핵 및 하야 촉구 촛불집회를 한결같이 '평화적인 축제'라며 창찬을 아끼지 않았다. 하지만 이는 과거 촛불시위에 자주 볼 수 있던 쇠파이프와 죽창(이상 시위군중), 물대포(경찰) 등이 등장하지 않았다는 것을 지적한 것에 불과하다.

박 대통령을 프랑스 비운의 왕비 마리 앙트와네트에 비유하며 목을 쳐야한다고 등장한 기요틴(단두대)과 대통령의 시신을 메고 가는 상여행렬, 목이 잘려 공중에 높이 들려있는 대통령의 피 흘리는 얼굴모형, 대통령에게 사약을 들이붓는 퍼포먼스, 어린 애들이 발로 차고 굴리는 대통령의 얼굴모형이 담긴 대형 축구공, 수의를 입혀 포승줄로 묶어 끌고 가는 대통령과 기업인들의 형상 그리고 이들을 무덤에 파묻는 의식, 어린 중고교 학생들이 '혁명정권 이뤄내자'고 쓴 플래카드를 펼치고 있는 장면 등 등... 혁명을 구실로 과거 중국의 문화혁명이나 캄보디아 크메르 루주정권의 킬링필드 광기(狂氣)를 방불케하는 인간에 대한 잔혹한 범죄예행연습이 대한민국 수도 한복판에서 재현되고 있었는 데도 찬양과 미화보도 일색이었다. 야당인사들 특히 대통령이 되겠다는 문재인, 안희정, 박원순, 이재명씨과 임종석, 이해찬, 추미애, 우상호씨 등도 촛불집회에 참석해 박대통령의 목을 치자고 등장한 단두대와 박대통령의 목 잘린 얼굴이 그려진 대형 '초상화'를 보면서도 박수를 보내고 있었다.

■ "박근혜가 마약섞은 '백두산山蔘독사주' 마시고 김정일과 동침했다" 조작

미 CIA정보에 따르면 2002년 5월 11일 당시 한나라당을 탈당해 한국미래연합 창당준비위원장 자격으로 북한을 3박4일 방문한 박근혜 의원은 마약을 탄 '백두산 산삼(山蔘) 독사주' 마시고 김정일과 성관계를 가졌다. 이는 완전 조작기사이다. 박 위원장과 김정일이 40분간 독대한 것은 사실인 것으로 전해지고 있으나 이 때도 기록관이 동석했다. 성관계설을 칼럼으로 쓴 오모씨(여)는 명예훼손혐의로 재판에 넘겨져 징역 1년6월의 확정판결을 받았다.

■ 청와대서 비아그라 다음 섹스테이프와 마약사건 나올 것이다?

청와대가 국민 세금으로 고산병 치료용으로 발기부전제 비아그라를 구입한 것으로 확인된 가운 데 '시사IN'에서 일했던 주진우씨는 섹스 테이프가 나올 것이라고 말했다. 주씨는 방송인 김제동 씨와 함께 2016년 11월 25일 일본 와세다대학 오오쿠마홀에서 열린 '애국소년단 토크콘서트'에서 "(청와대에서) 비아그라가 나왔다. 그 다음에 마약 성분이 나오고 앞으로 더 나올 거다. 이제 섹스와 관련된 테이프가 나올 것이고 조금 있다가 마약 사건이 나올 것"이라며 "여러분께서는 지금 최순실·박근혜 비리의 10분의 1만큼만 알고 있다. 검찰은 거기에서 10분의 1만 수사를 하고 있다"고 말했다. 하지만 주 씨는 얼마 뒤 "취재 결과를 확신하고 있지만 증명할 수는 없다"는 말한 것으로 알려졌다.

이에 '자유개척청년단'은 2017년 2월 주씨와 김씨를 내란선동 등 혐의로 검찰에 고발, 현재 수사가 진행중인 것으로 알려졌다.

2005년 4월 결성된 자유개척청년단(대표 崔大集)은 2006년 5월 방북시 북한혁명열사릉을 참배한 민주노총과 한국노총 관계자 50명을 국가보안법(찬양고무) 위반 혐의로 서울중앙지검에 고발하기도 했다. 자유개척청년단은 또 강정구(姜禎求) 교수 친북행위 고발, 맥아더 동상 사수(死守)집회, 독일인 북한인권운동가 노베르트 폴러첸씨의 단식농성 지원 등을 벌여 왔다.

최대집 대표는 "공산혁명 지도부나 그 직계 가족이 묻힌 혁명열사릉을 참배한 것은 국가보안법 제7조 제1항을 어긴 이적행위"라며 "엄연한 실정법인 국가보안법 무력화를 막기 위해서라도

이들을 엄중 처벌해야 한다"고 밝혔다. 주씨는 '섹스 테이프' 언급 외에도 '최순실 임신' '사드는 최순실의 작품' 등 근거없는 언행을 쏟아낸 경력이 있다. '섹스 테이프 청와대 존재' 주장은 소위 국정농단 수사가 마무리 될 때까지도 전혀 실체가 확인되지 않은 명백한 허위사실이다. 당시 청와대 측은 비아그라를 복용하면 혈관을 확장시켜 산소가 빠르게 공급돼 고산병 증상을 완화한다면서 고산지대의 남미와 아프리카를 방문할 때 쓸 치료용으로 비아그라를 구입했고, 전량 보관 중이라고 밝혔다.

■ 박근혜 대통령 탄핵촛불에 기름을 부은 기타 가짜뉴스 사례들

아래는 박근혜 대통령 탄핵 하야 구속을 위한 민노총 주도의 촛불집회에 기름을 부은 100여개 뉴스(신문, 방송, 인터넷, SNS 포함) 중 일부(정확히 70여개)를 모은 것이다.

△ 최순실의 국정농단 녹취록이 77개 존재한다(사실무근. 기록상 단 1개도 존재하지 않음. 미르재단 사무총장 이성한은 일반 회의 녹취록이라 함)

△ 박근혜 정부는 최순실과의 공동정권이다(설사 최순실의 국정개입이 도를 지나친다고 가정하더라도 이런 보도는 과장이 아니라 사실오인)

△ 최순실은 불임녀다. 정유라는 최순실 남편 정윤회와 박근혜 사이에 출생했다(나꼼수 멤버 주진우가 퍼뜨렸는데 사실무근으로 밝혀져 페북에 사과글 게재)

△ 최순실의 친언니 최순득이 박 대통령과 성심여고 동기동창이다. 박근혜 정부의 숨어있는 진짜 실세는 동기동창인 최순득이다(최순득은 성심여고를 다닌 적이 없음)

△ 최순실 아들이 청와대에 5급행정관으로 근무했다(최순실에겐 아들이 없음)

△ 최순실이 2016년 5월 박 대통령의 이란 순방시 대통령 전용기에 동승했다(탑승자 명단에 없음)

△ 최순실씨가 거의 매일 청와대 당시 정호성 제1부속실장으로부터 30cm 두께의 '대통령 보고자료'를 받아 국정 전반을 논의하는 '비선 모임'을 운영했다(사실무근)

△ '통일대박'은 최순실의 아이디어다(신창민 중앙대 명예교수의 책에서 따온 표현)

△ 미 대통령 후보 트럼프가 '(민주당 대선후보인 힐러리를 겨냥하면서) 여자 대통령의 끝을 보려면 한국 대통령을 보라고 말했다(한 SNS 유저가 장난삼아 올린 게시물을 일부 언론이 검증없이 보도)

△ 청와대에서 곧 (박근혜 대통령의) 섹스 동영상이 나올 것이다(가짜뉴스, 나온 사실 없음)

△ 박대통령이 세월호 사고 당일 최순실의 전남편 정윤회와 밀회했다(정씨는 당일 오전 무속인 친구와 함께 지낸 것으로 확인)

△ 박 대통령이 2010년 한나라당 의원시절 강남의 한 병원에서 불법으로 줄기세포 시술을 받았다(검찰 조사결과 사실무근)

△ 박대통령이 과거 서울 강남구 소재 차움병원을 이용하면서 드라마 '시크릿 가든'의 여주인공 이름인 '길라임'이란 가명을 직접 사용했다(병원 직원이 임의로 작성해 기록한 것으로 확인)

△ 박대통령이 2015년 5월 5일 어린이날 "간절하게 원하면 전 우주가 나서서 다 같이 도와준다"고 했는데 이 말의 출처는 최순실인 것 같다(브라질 문호 파울루 코엘류의 소설 '연금술사'에 나오는 대목으로, 박 대통령이 2015년 4월 브라질 방문 때 '외교적인 수사(修辭)'로 사용한 말이며 귀국 후 어린이날 재인용 한 것)

△ 박근혜 대통령 때 구입한 침대 2개중 하나는 최순실 것이다. 박대통령 취임 직후부터 최씨가 남편 정윤회씨와 함께 안봉근 제2부속비서관의 차량을 타고 관저에 드나들었으며 최씨는 관저에서 대통령을 만난 뒤 잠을 자기도 했다(침대 2개 중 하나는 대통령이 쓰고 하나는 여름 휴가지 저도(猪島)에 있음)

△ 새누리당 당명은 최순실이 작명했다(당명은 공모 통해 결정)

△ 박대통령은 최순실을 선생님으로 호칭했다(정호성 비서관 녹음파일에 그런 호칭 일체 없음)

△ 청와대 경호실이 최순실씨 경호를 위해 최씨 자택앞에 경호숙소를 두고있다('대통령 경호에 관한 법률'에 따라 동생 박지만씨의 초등학생 아들(조카)에 대한 경호용)

△ 독일 검찰과 경찰이 최씨 일가가 독일에 숨겨둔 재산이 10조원에 달한다고 보고 수사를 확대하고 있다(독일정부로부터 그런 내용 통보받은 바 없다고 특검이 설명)

△ 최순실씨 측근 차은택씨가 심야에 청와대를 제맘대로 들랑거렸고 청와대는 탈모증세가 있는 차씨를 위해 발모제까지 구입했다(사실무근)

△ 최순실이 청와대 경비 책임자를 경질했다(해당 언론에서 오보 시인하며 정정보도문 게재)

△ 박대통령이 최경희 이화여대 총장에 전화를 걸어 정유라 입학을 요청했다(이 주장을 편 야당의원은 관련 근거를 내놓지 못했고, 교육부는 '확인되지 않은 사항'이라고 했으며, 특검도 대통령이 개입한 단서는 잡지못했다고 했음)

△ 정유라가 이화여대에 특례입학한 대가로 이대는 '산업연계 교육활성화 선도대학(PRIME)'에 선정되는 등 정부사업 6개를 챙겼다(특검 조사결과 박대통령이나 최순실이 이대 사업에 관여한 사실 없는 것으로 드러남)

△ 박근혜 아버지 박정희가 월남 참전의 장병들의 피 값 60억 달러를 스위스 은행에 예금했으며 지금도 유효하다(사실무근)

△ 박대통령이 세월호 사고당일 적절히 대응하지 않아 단원고 학생 304명의 사망에 책임이 있다(사실관계 차원에선 이해하기 어려운 주장임. 해경과 청와대 국가안보실에 따르면 사고당일 전남 진도 앞바다에서 세월호가 침몰하기 시작한 시각은 오전 8시 58분이고 대통령에게 최초로 보고된 시각은 오전 10시였음. 대통령이 보고받기 30여분 전인 9시 23분에 선체는 이미 50도 이상 기울어 내부 탑승자 구조는 과학적으로나 현실적으로 불가능했음. 배가 기울면서 탑승자들로부터 가족들에게 '배가 침몰한다'는 휴대전화 메시지가 빗발쳤으나 9시 23분을 전후로 이런 메시지가 모두 끊어졌다는 사실이 이를 입증한다는 것임. 헌재도 세월호 참사관련, 생명구호 책임을 탄핵사유로 받아들이지 않았음)

△ 세월호를 타고있던 단원고 학생들이 죽음 직전 여교사들과 성행위를 했다(이 글을 일간베스트 사이트 게시판에 올린 자가 명예훼손으로 징역1년의 확정판결을 받고 복역했음)

△ 박근혜는 정윤회의 꼭두각시이며 삼성동 박근혜 집에 정윤회가 자주 드나드는 것이 목격됐다(사실무근)

△ 최태민 사위 정윤회가 박근혜 뒤에서 통치자금을 관리하며 모든 인사도 도맡아 하고 있는 등 박근혜는 허수아비였다(사실무근)

△ 2002년 5월 평양방문 시 속기사를 배석시킨 가운데 김정일과 4시간 30분 정도 단독 대화를 가졌으며 미 CIA(중앙정보국)에 따르면 정부 허가를 받지않고 몰래 가져간 450만 달러(약 500억원)를 전달했다(김정일과 독대한 건 맞지만 450달러 제공설은 사실무근)

△ 2002년 5월 평양방문 때 김일성 시신이 안치된 금수산기념궁전(현 금수산태양궁전)을 참배하면서 연방제 선서를 했다(사실무근. 금수산기념궁전을 찾은 것은 사실이나 참배를 하거나 연방제 선서한 사실 없음)

△ 최태민과 15년간 불륜관계였고 아이가 생겨 낙태수술을 두 번 했다(사실무근)

△ 최태민이 사망한 후에는 사위 정윤회와 16년간 불륜관계였다(정씨가 부인)

△ 대통령이 2016년 9월 3일-10월 30일 사이 차명폰으로 독일에 도피중인 최순실과 127회 통화했다(대통령과 최순실 모두 특검이 거짓말을 하고있다고 부인. 최씨 변호인 오태희 변호사는 최씨를 접견한 뒤 "최씨는 차명폰은 물론이고 독일에서 그 어떤 전화로도 대통령과 통화한 적이 없었다"고 밝혔고 이경재 변호사는 "최씨와 박대통령이 몇차례 통화했으나 그 횟수는 취임후 국내에서의 10여 차례에 불과하다고 주장. 배성례 청와대 홍보수석은 특검이 명확한 근거없이 언론 플레이를 하고있다고 비난. 특검의 차명폰 수사발표는 헌재의 심

리에 불리하게 작용했고 모든 언론이 대서특필하면서 최순실과 대통령의 반박은 묻히고 말았다)

△ 박대통령이 세월호 인양작업을 고의로 6개월 정도 지연시킨 의혹이 있다(세월호 인양업체인 '상하이 샐비지' 사장은 해저 작업환경이 어려워 리프트 빔을 설치하는데도 예상보다 5개월 이상 더 걸렸다고 밝혔음)

△ 대통령이 무속에 빠졌다. 세월호 사고 당일에도 무속인을 불러 굿판을 벌였다. 최태민의 20주기가 2014년 4월 20일인데 이날이 일요일이라, 나흘 앞당겨 16일(세월호 사고일)에 최태민 20주기 천도제(薦度祭)를 지냈다. 천도제에 300명의 목숨을 '인신 공양'하기 위해 세월호를 고의로 침몰시켜 사건 당일 오전 씨김굿을 벌인 것이다(사실무근. 박 대통령은 이런 소문이 나돌자 2016년 11월 4일 대국민대화에서 완강히 부인)

△ 박대통령이 세월호 사고 당일 오전 소공동 롯데호텔 36층 객실에서 필러·보톡스 등 미용 시술을 받았거나 프로포폴을 맞고 자느라 사고 대응을 게을리한 것 같다(특검은 세월호 당일 시술이 있었는지는 확인하지 못했다고 밝혔음. 롯데호텔 36층엔 스위트룸 말고 객실은 없음. 박 대통령은 이런 의혹에 대해 '허위'라고 밝혔음)

△ 박대통령이 세월호 당일 외부에서 미용사를 불러 90분 이상 '올림머리' 손질을 받느라 사고 대응을 지체했다(청와대 측은 "대통령이 중앙재해대책본부 방문을 앞두고 서면 보고를 받으면서 약 20분간 머리 손질을 받았다"면서도 "90분 이상 머리를 했다거나 헝클어진 머리를 연출했다는 건 사실과 다르다"고 부인. 또한 중대본 가는 길에서 교통사고가 발생, 40분 늦게 도착했다고 설명)

△ 태블릿 PC는 최순실의 것이다(확인 안됨. 논란 계속중)

△ 박 대통령 옷 값은 최순실이 대납했다(허위보도)

△ 박 대통령이 청와대서 마약을 사용했다고 한다(사실무근)

△ 최순실이 주도하는 '팔선녀'라는 모임이 있고 여기에는 현대그룹 현정은, CJ그룹 이미경, 김종 문체부 차관 부인 홍진숙, 한화 김승현 회장 부인, 산업은행 홍기택 부인, 우병우 민정수석 부인 이민정, 조윤선 정무수석이 거명되고 있다(증권가 지라시 수준의 조작된 가짜뉴스)

△ 최순실이 K스포츠재단과 미르재단 돈을 횡령했다(사실무근. 두 재단 돈은 기 지출한 사무실 운영경비와 직원 봉급, 세금 등을 제외하고 그대로 은행에 예치돼 있음)

△ 최순실이 조달청장과 인천공항공사 사장 인사에 개입했다(사실무근)

△ 최순실이 대통령 행세를 하며 국무회의에 관여했다(사실무근)

△ 스위스 은행에 박근혜 대통령 외화도피 계좌가 있다(사실무근)

△ 최순실이 박근혜 대통령에게 이야기해 이영렬 대구지검 검사장을 서울중앙지검 검사장(고등검사장 급)으로 임명되게 했다(사실무근)

△ 검찰이 김학의 전 법무차관의 성접대 의혹사건 수사를 질질 끈 것은 김 전 차관 누나와 최순실 자매간에 친분이 두텁기 때문이다(사실확인 불가)

△ 최순실이 美 록히드마틴사 F-35 구매 및 사드(THAAD, 고고도미사일방어체계) 배치에 관여했다(사실무근)

△ DMZ 평화공원 구상은 최순실의 작품이다(사실무근)

△ 최순실 씨 조카 장시호 씨가 6대의 대포폰을 사용하면서 그 중 한 대를 박근혜 대통령에게 줬다(사실무근)

△ 최순실 씨 언니 최순득 씨가 외교행낭(diplomatic pouch)을 이용해 베트남·캄보디아로 재산을 대거 빼돌렸다(사실무근)

△ 린다김(무기 로비스트)과 최순실 남편 정윤회가 미국 록히드 마틴 측과 만났다(사실무근)

△ 정유라가 KEB하나은행의 특혜로 3억원을 대출받아 독일 집을 샀다(허위날조)

△ 삼성이 삼성 테크윈과 삼성 탈레스 등 방산 계열사 4곳을 한화에 매각할 때 최순실이 개입, 빅딜 대가로 거액을 요구했다(사실무근)

△ 한국마사회가 승마협회, 삼성과 함께 정유라를 피겨의 김연아, 골프의 박세리처럼 만들기 위해 608억 원을 투입하는 '정유라 국민영웅 만들기'프로젝트를 추진하면서 독일에 있는 정에게 지원금을 보내려 했다. 현명관 한국마사회장은 최순실과 전화 통화하는 사이다(시행된 바 없음. 현 회장은 "최순실과 일면식도 없다"며 법적 조치 하겠다고 했음)

△ 박영수 특별검사팀이 우병우 전 청와대 민정수석의 가족회사 정강건설주식회사 자금 횡령 의혹과 관련한 조사에 착수했다(자신과 아내 지분으로만 돼있는 가족회사에 자금 횡령이란 게 법률적으로 말이 안됨. 무식선동)

△ 최순실이 문화융성 사업에 개입, 수천억을 꿀꺽했다한다(허위보도)

△ 최순실은 대통령 해외순방중에 미르재단 인사를 지시했다(허위보도)

△ 박근혜 대통령 연설문 고치는 게 최순실의 취미(허위날조, 최초 발설자로 알려진 고영태가 그런 말 한 적 없다고 했음)

△ 수감중인 최순실은 대역(代役)이다(최순실 사건 특별수사본부(본부장 이영렬 서울중앙지검장)는 "검찰에서 지문 대조를 통해 확인한 결과 최순실 본인임이 확인됐다"고 밝혔음)

△ 현대자동차 그룹이 차은택의 광고회사에 63억원 규모의 광고를 밀어줬다(과장날조. 현대차는 실제 광고 규모는 13억원이라고 해명하고, 외압에 따라 광고를 밀어준 것이 아니라 일감

나누기 차원에서 업체를 선정한 것이라는 기존 입장을 재확인)

△ 최순실이 2015년 초 대한항공 조양호 회장과 2차례 독대하면서 거액을 요구했다(허위날조. 조 회장은 "최씨를 결코 만난 적이 없으며, 최씨의 존재 또한 정확히 알지 못한 상태였다"면서 "오보에 대해서는 필요한 법적 조치를 취할 계획"이라고 밝혔다)

△ 세월호 사고 당일 군 간호장교가 청와대에 출입했다는 기록이 있다(허위날조. 청와대 경호실과 국방부는 "당일 간호장교가 청와대에 출입한 기록 없다"고 해명)

△ 피겨의 여왕 김연아가 2014년 11월 26일 차은택의 주도로 열린 늘품체조 시연회에 참석하지 않아 청와대로부터 불이익을 당했다(김연아의 소속사는 "보도된 것처럼 불이익을 당했다고 생각한 적이 없다. 당시 피겨 선수인 김연아의 이미지와도 맞지 않았고, 다른 일정과도 겹쳐 참석하지 못했을 뿐 다른 이유는 없다"고 해명. 대한체육회도 2015년 스포츠영웅 선정당시 김연아가 전체 평가의 10%를 차지하는 인터넷 투표에서 1위를 했지만, 선정위원들의 종합 평가에서 밀린 것이라며 외부의 압력은 없었다고 소개. 김연아 본인도 "불이익을 당했다고 느껴본 적 없다"고 언론 인터뷰에서 밝힘)

△ 삼성물산과 제일모직의 합병에 국민연금이 동의한 것은 삼성의 최순실 지원에 대한 대가(국민연금측은 "합병에 따른 시너지 효과 및 주식 가치의 상승 여지 등을 종합적으로 검토한데 따른 결정"이라며 "절차적 정당성 아래 외국계 '먹튀' 자본을 막자는 여론 등도 고려한 선택"이었다고 외압설을 정면 반박)

△ 박근혜 대통령 초대 주치의 이병석 세브란스병원장은 박대통령이 취임 직후 태반주사 등 영양주사를 놔달라고 먼저 요구했지만, 이를 완곡하게 거절했다(허위 날조. 이 병원장 그런 요청 받은 적 없으며 보도는 사실과 다르다고 해명)

△ 황교안 총리는 박근혜를 위해서가 아니라 최순실의 은닉재산을 보호하기 위해 특검 연장을 반대한 것 같다(허위날조)

△ 최순실 씨의 딸 정유라 씨의 옛 남편 신주평씨가 공익근무요원으로 복무중이다(현역 입대)

■ 또 촛불 뻥튀기 : 서초동에 200만이라니 여의도 면적 1/3 이나 잠실 구장 80개 필요

"'검찰개혁' '조국 수호' 서초동 촛불집회…주최 쪽 200만명 참석"(한겨레신문)

"'검찰 개혁' 100만 함성 서초동 삼켰다"(한국일보)

"거리 가득메운 검찰개혁 촛불 인파... 100만명 운집"(경향신문)

"100만명⋯검찰 심장부 점령한 '검찰개혁 촛불'"(뉴시스)

"100만 촛불 '조국 수호·검찰개혁' "(뉴스1)

"검찰개혁, 대규모 촛불집회... 주최측 200만명 참가 추산"(SBS)

"검찰개혁 촛불집회 열려, 100만명 이상의 시민들 모여" (KBS)

"검찰개혁 촛불집회 150만명 추산" (YTN)

"검찰개혁, 대규모 촛불집회... 주최측 200만명 참가" (연합뉴스TV)

"500명 촛불집회서 200만(9.28일) 300만(10.5일) 촛불 불야성"(서울의 소리)

"10월 5일 조국 수호 집회에 더 많은 인파, 주최측 300만 추산"(MBC)

"10월 5일 검찰개혁 촛불집회 참석자 300만 주최측 밝혀"(미디어 오늘)

　　2019년 9월 28일 저녁 대검찰청 앞 '조국 수호' 집회를 주최한 이른바 '사법적폐청산 범국민 집회'는 이날 밤 집회에 200만이 참가했다고 주장했다. 주최 측은 처음 시작 땐 15만이 참가한 것으로 추산된다고 발표했다가 오후 6시 30분부터 시간이 지나면서 50만, 80만, 100만, 200만 명이 운집했다고 숫자를 부풀려 나갔다. 일부 언론은 일주일 후인 10월 5일 '조국 수호 및 검찰 개혁 촉구'집회에는 300만으로 추산되는 인파가 몰렸다고 전했다. 민주노총 산하 언론노조에 가 입해있는 친문(親 문재인) 나팔수 언론들은 이런 주장을 아무런 여과나 검증 없이 대대적으로 보 도한 것이다. '허위(falsity)'가 '사실(fact)'로 전환되는 순간들이었다.

　　여당인 더불어민주당은 이런 거짓 숫자를 온갖 공식 성명에 인용하며 '민심'이라고 규정했 다.민주당의 이재정 대변인은 29일 오전에 발표한 성명에서 "어제 200만 국민이 검찰청 앞에 모 여 검찰 개혁을 외쳤다"고 했다. 오후에는 원내대변인 브리핑에서 "민주시민의 위대한 저력이 다 시 재현됐다"며 "200여만명의 시민들이 '검찰개혁 촛불문화제'에 참석했다"고 말했다. '주최 측 추산'이라는 표현은 아예 쓰지 않았다. 이인영 원내대표는 페이스북에 "국민들의 마음속에 켜진 촛불까지 합치면 1천만일 수도 있고 2천만일 수도 있을 것"이라고 썼다.

　　이날 이런 엉터리 보도에는 친문·친북·좌파성향의 박원순 서울특별시장이 김어준·주진우 등 친문좌파인사들에게 라디오 진행을 맡기고 있는 tbs(교통방송)가 앞장섰다. 이들은 '100만명 참 가' 소식을 교통 정보라며 반복적으로 전파했다. 공중파인 KBS·MBC·SBS와 친문 종합편성채 널인 MBN·JTBC도 주최 측을 인용해 100만 명이 모였다고 보도했다. 손석희 사장이 진행하는 JTBC는 100만 명이 자체적으로 추산한 집계라며 주최 측 주장에 힘을 실어줬다. 공중파와 종편 등 주요 방송들은 대부분 메인 뉴스가 끝난 이날 저녁 9시 30분쯤에는 다시 주최측 추산이라며

"최종 200만 명의 시민이 모였다"고 전했다. 연합뉴스TV가 주최측 추산이라며 200만을 자막으로 내보낸 뒤였다. 한겨레신문과 오마이뉴스 등 100여개 온·오프라인 언론매체들은 이후 집회인원을 200만명으로 고착시켰다. 한가지 웃기는 것은 어느 매체도 시위를 주도한 단체 이름을 밝히지 않고 '주최측'으로만 보도했다는 점이다.

집회를 주도한 측은 민주노총과 전교조 세력 등인 것으로 알려졌다. 이들은 경찰에 집회 참가 예상 인원을 1만 5천명으로 신고했었다.

언론 들은 2016-2017년 민주노총, 전교조. 민변, 민교협, 한국진보연대 주도의 박근혜 대통령 탄핵촉구 광화문광장 촛불집회 때도 참석인원을 100만, 130만, 150만, 170만, 200만 등으로 보도해 실제보다 5-8배 부풀렸다는 지적을 받았다. 그러나 실측에 가까운 계산 결과 이런 주장과 보도들은 모두 엉터리 허위임이 밝혀졌다. 완전히 국민을 대상으로 한 사기극이었다.

△ 퀸 공연 웸블리 스타디움 총 관중수 7만5천명

28일 저녁 서울 서초구 서초역 일대에서는 2개의 대형 행사가 열려 참가자들이 자동차 도로를 점거했다. 조국 수호 집회와 서초구청이 연례적으로 주최하는 '서리풀축제'였다. 경찰에 따르면 조국 수호 집회 참가자는 반포대로상 누에다리-서초역 구간과 서초대로상 서초역-교대역 구간에 모였다. 또 '서리풀축제' 참가자는 반포대로상 서초역-서초3동 사거리 구간에 모였다. 누에다리에서 서초역, 서초역에서 교대역까지 '기역자'로 이어진 최대 8차선의 도로의 길이는 약 1.8km이지만 실제 조국수호촛불집회 인원이 늘어선 곳은 1km이내다. 나머지 최소 0.8km 거리에는 서초구청이 주최한 '서리풀축제' 참가 인원이 모여 있었다. 최대 도로폭을 40m정도로 보고 계산하면 조국수호 촛불집회 면적은 4만m²(1000m x 40m=40000m²)이다. 따라서 m²당 평균 2.5명이 앉자서 들어간다고 보면 10만(40000m² x 2.5), 3명이 선채로 들어간다고 보면 12만(40000m² x 3=120000)명이 나온다.

서초구청장 출신의 박성중 의원(자유한국당)은 29일 국회 정론관에서 기자회견을 열고, "어제 촛불 집회 참석 인원과 관련해 많아야 5만 명 정도이며, 서초구에서 주최한 서리풀축제 인원은 7만 명 정도로 추산된다"며 "200만 명이라고 하는 것은 여론을 호도하기 위한 완전한 숫자 부풀리기"라고 주장했다. 그는 그러면서 '누에다리-서초역'까지 경찰이 시위대 인원 추산 방법으로 사용하는 '페르미 기법'(단위 면적당 수용가능 인원 기준을 적용해 참가 인원을 추산하는 방법)을 적용하면 실제 시위참가 인원은 '3만3천명-5만명'이라고 설명했다. 시위가 열린 누에다리-서초역 약 560m 도로의 면적인 2만2천 400m²(약 6천675평)를 기준으로 했을 때 평당 약 5-6명이 앉았을 것으로 가정하면 약 '3만5천명-5만명' 정도가 참여했을 것이라는 결과를 내놨다.

한편 서초구청 측 추산과 한국도로교통공단 측이 제공한 지하철 이용객 통계를 종합하면 여당과 주최 측이 주장하고 있는 '100만, 200만명'에는 한참 미치지 못한다는 분석이 나온다. 9월 30일 서울교통공사가 제공한 자료에 따르면 28일 낮 12시 이후부터 익일 오전1시까지 2·3호선 교대역과 2호선 서초역, 3·7호선 고속터미널역에서 하차한 사람은 총 43만 5천336명이다. 바로 전주 토요일인 21일 같은 시간대 이용객수가 25만 5천152명, 전년도인 2018년도 9월 마지막 주 토요일 이용객수가 21만 1천 420명이었던 것을 고려한다면 평균 주말 이용객수와 약 18-22만명 정도 차이가 난다. 조국수호 촛불집회와 서리풀축제 참가 인원이 같다고 보고 지하철 이용객수를 반분하면 9만-11만으로 위에서 지적한 참가인원 최대 10만-12만에 근접한다. 극소수로 추산되지만 버스나 자가용 등을 이용해 집회 장소로 모인 참가자들의 수를 고려한다 하더라도 '100만 명'에는 한창 미치지 못하는 정도다.

언론들은 또한 동 시간대에 서리풀축제가 열리고 있었다는 사실 자체를 아예 전하지 않았다. 여기에 서초역 6번 출구 주변에서 열린 보수집회 내용도 특별히 다루지 않았다. 보도사진들을 보면 이들 모두가 다 조국수호 촛불집회 인원인 것처럼 보였다.

그렇다면 100만 군중은 얼마만한 넓이를 차지할까? 평당 최대 7명이 들어가 앉는 다면 약 14만 2천 857평(100만÷7)평이 필요하다. 이는 여의도 넓이(윤중로 제방 안쪽 290만m²=약 87만

7천 250평. 정부는 통상 여의도 면적의 '몇 배'라 할 때 윤중로 제방 안쪽 면적을 적용한다고 밝히고 있다)의 약 6분의 1에 해당하는 면적이다. 요컨대 100만 군중이 운집하려면 여의도 면적의 6분의 1(14만 2천 857평)이란 대단히 광대한 지역이어야 한다. 또 200만이라면 여의도 면적의 3분의 1을 사람들이 가득 메웠다는 얘기가 된다. 잠실야구장(서울종합운동장 야구장) 수용인원은 현재 약 2만5천명이다. 그렇다면 200만이 모이려면 잠실야구장 약 80(2,000,000÷25,000)개가 필요하다. 이게 말이나 되는 소리인가?

2017년 기준 서울특별시 인구는 977만 6천여 명인데, 200만명은 이들의 20%에 해당하는 인원이다. 같은해 기준 서울 강남 3구 인구는 강남구 56만여명, 송파구 64만여명, 서초구 39만여명 등 모두 159만여 명으로 200만 명에 훨씬 미달한다.

북한의 평양직할시에 중앙에 위치한 김일성광장(金日成廣場)의 면적은 이번 조국 수호 촛불시위가 열린 대검찰청 주변 면적보다 약 1.8배 큰 7만 5천㎡(2만 2천 687평)로, 세계 16번째로 큰 광장임에도 불구 열병식 최대 참가 인원은 10만 명이다. 도쿄돔에서 열린 BTS 콘서트에는 입추의 여지가 없는 5만여 명이 참석했는데 도쿄돔은 조국 수호 촛불집회가 열린 대검찰청 주변 면적보다 1.2배 이상 넓은 4만 6천755m²이다.

그렇다면 이번 조국 수호 100만, 200만 명의 진실은 무엇일까? 좌파들은 동서고금을 막론하고 속임수와 선전, 선동, 왜곡, 조작의 달인이며 이번 집회에도 이런 현상이 그대로 작용된 것으로 보인다. 게다가 100만, 200만이 넘는 이런 집회를 하려면 수억원이 들어가는데 이런 거액을 어디서 어떻게 조달했다는 말인가. 그래서 우파 집회와 달리 늘 연예인을 동원하며 감성을 자극한다. 이들이 하필 이번에 광화문에서 집회를 하지 않고 느닷없이 서초구에서 집회를 한 것은 검찰을 겨냥한 측면이 없지 않지만 '서리풀축제' 때문이라는 해석이 유력하다. 서리풀축제 인원을 조국수호 집회인원인 것처럼 속이기 위함이라는 것이다.

낮 뜨거운
언론 스스로의 날조 기사들

▪ 워싱턴 포스트의 날조된 '지미의 세계'… 퓰리처상 반납 파동

1980년 9월 29일자 워싱턴 포스트 1면에는 흑인 여기자 자넷 쿡(Janet Cooke, 당시 26세)이 쓴 '지미의 세계'(Jimmy's World)가 '특종'으로 보도됐다.

"지미는 8살, 헤로인 중독 3세다. 고수머리에 갈색 눈을 가진 이 흑인 소년의 가냘픈 팔에는 많은 바늘 자국이 반점으로 남아 있다(Jimmy is 8 years old and a third-generation heroin addict, a precocious little boy with sandy hair, velvety brown eyes and needle marks freckling the baby-smooth skin of his thin brown arms)는 문장으로 시작되는 이 장문의 탐사보도는 소년의 어머니가 그런 것 처럼 역시 사생아인 지미가 어머니의 애인으로부터 매일 헤로인을 맞고 있다고 보도했다. 그리고 지미는 다섯 살 때부터 헤로인 주사를 맞아 왔다고 전했다.

△ 날조 보도로 퓰리처상을 수상한 자넷 쿡 기자. 자신이 근무한 워싱턴 포스트 편집국에서 포즈를 취하고 있다

"주사바늘은 지미의 부드러운 살갗에 마치 방금 새로 구어낸 케이크 한 가운데에 빨대를 찔러 넣듯이 미끄러져 들어갔다"(The needle slides into the boy's soft skin like a straw pushed into the center of a freshly baked cake.)

쿡 기자는 마치 현장 모습을 눈으로 보는 듯 묘사했다. 그녀는 지미가 어머니와 동거 애인이 헤로인을 맞는 것을 보며 호기심에 중독자가 됐고, 그의 어머니의 부모도 중독자였으므로 결국 3대째 헤로인에 희생되고 있다는 끔찍한 기사를 훌륭한 문장으로 써 나갔다. 워싱턴시 당국은 그 기사를 읽고 진상을 조사, "지미는 존재하지 않는다"고 발표했다. 그러나 워싱턴 포스트는 이를 묵살한 채, 1981년 퓰리처상(Pulitzer Prize)을 신청했다. 그해 4월 13일 '지미의 세계'는 특집기사 부문 수상작으로 결정됐고, 쿡 기자를 일약 명기자로 만들어 주었다. 당시 쟈넷 쿡의 데스크는 워터게이트 사건을 취재했던 밥 우드워드였다. 백악관의 내밀한 곳까지 취재를 해냈던 최고의 민완기자도 쟈넷 쿡의 어처구니없는 사기 행각에 놀아나고 말았던 것이다. 그러나 수상이 있었던 바로 이틀 뒤 워싱턴 포스트는 스스로 기사 자체가 허위보도임을 밝힐 수밖에 없게 되었는 바, 이는 64년 퓰리처상 역사에 처음 있는 오점이었다. 한마디로 '지미의 세계'는 거짓이라도 특종기사부터 쓰고 보자는 기자의 출세주의와 상부터 타고 보자는 언론사의 상업주의가 만들어낸 조작적 오보의 전형적인 실례였다.

〈워싱턴 포스트 기사 전문〉

By Janet Cooke September 28, 1980

Jimmy is 8 years old and a third-generation heroin addict, a precocious little boy with sandy hair, velvety brown eyes and needle marks freckling the baby-smooth skin of his thin brown arms.

He nestles in a large, beige reclining chair in the living room of his comfortably furnished home in Southeast Washington. There is an almost cherubic expression on his small, round face as he talks about life -- clothes, money, the Baltimore Orioles and heroin. He has been an addict since the age of 5.

His hands are clasped behind his head, fancy running shoes adorn his feet, and a striped Izod T-shirt hangs over his thin frame. "Bad, ain't it," he boasts to a reporter visiting recently. "I got me six of these."

Jimmy's is a world of hard drugs, fast money and the good life he believes both can bring. Every day, junkies casually buy herion from Ron, his mother's live-in-lover, in the dining room of Jimmy's home. They "cook" it in the kitchen and "fire up" in the bedrooms. And every day, Ron or someone else fires up Jimmy, plunging a needle into his bony arm, sending the fourth grader into a hypnotic nod.

Jimmy prefers this atmosphere to school, where only one subject seems relevant to fulfilling his dreams. "I want to have me a bad car and dress good and also have me a good place to live," he says. "So, I pretty much pay attention to math because I know I got to keep up when I finally get me something to sell."

Jimmy wants to sell drugs, maybe even on the District's meanest street, Condon Terrace SE, and some day deal heroin, he says, "just like my man Ron."

Ron, 27, and recently up from the South, was the one who first turned Jimmy on."He'd be buggin' me all the time about what the shots were and what people was doin' and one day he said, 'When can I get off?'" Ron says, leaning against a wall in a narcotic haze, his eyes half closed, yet piercing. "I said, 'Well, s . . ., you can have some now.' I let him snort a little and, damn, the little dude really did get off."

Six months later, Jimmy was hooked. "I felt like I was part of what was goin' down," he says. "I can't really tell you how it feel. You never done any? Sort of like them rides at King's Dominion . . . like if you was to go on all of them in one day.

"It be real different from herb (marijuana). That's baby s---. Don't nobody here hardly ever smoke no herb. You can't hardly get none right now anyway."

Jimmy's mother Andrea accepts her son's habit as a fact of life, although she will not inject the child herself and does not like to see others do it.

"I don't really like to see him fire up," she says. "But, you know, I think he would have got into it one day, anyway. Everybody does. When you live in the ghetto, it's all a matter of survival. If he wants to get away from it when he's older, then that's his thing. But right now, things are better for us than they've ever been. . . . Drugs and black folk been together for a very long time."

Heroin has become a part of life in many of Washington's neighborhoods, affecting thousands of teen-agers and adults who feel cut off from the world around them, and filtering down to untold numbers of children like Jimmy who are bored with school and battered by life.

On street corners and playgrounds across the city, youngsters often no older than 10 relate with uncanny accuracy the names of important dealers in their neighborhoods, and the going rate for their wares. For the uninitiated they can recite the color, taste, and smell of things such as heroin, cocaine, and marijuana, and rattle off the colors in a rainbow made of pills.

The heroin problem in the District has grown to what some call epidemic proportions, with the daily influx of so-called "Golden Crescent" heroin from Iran, Pakistan, and Afghanistan, making the city fourth among six listed by the U.S. Drug Enforcement Agency as major points of entry for heroin in the United States. The "Golden Crescent" heroin is stronger and cheaper than the Southeast Asian and Mexican varieties previously available on the street, and its easy accessiblity has added to what has long been a serious problem in the nation's capital.

David G. Canaday, special agent in charge of the DEA's office here, says the agency "can't do anything about it [Golden Crescent heroin] because we have virtually no diplomatic ties in that part of the world." While judiciously avoiding the use of the term epidemic, Canaday does say that the city's heroin problem is "sizable."

Medical experts, such as Dr. Alyce Gullatte, director of the Howard University Drug Abuse Institute, say that heroin is destroying the city. And D.C.'s medical examiner, James Luke, has recorded a substantial increase in the number of deaths from heroin overdose, from seven in 1978 to 43 so far this year.

Death has not yet been a visitor to the house where Jimmy lives.

The kitchen and upstairs bedrooms are a human collage. People of all shapes and sizes drift into the dwelling and its various rooms, some jittery, uptight and anxious for a fix, others calm and serene after they finally "get off."

A fat woman wearing a white uniform and blond wig with a needle jabbed in it like a hatpin, totters down the staircase announcing that she is "feeling fine." A teen-age couple drift through the front door, the girl proudly pulling a syringe of the type used by diabetics from the hip pocket of her Gloria Vanderbilt jeans. "Got me a new one," she says to no one in particular as she and her boyfriend wander off into the kitchen to cook their snack and shoot each other up.

These are normal occurrences in Jimmy's world. Unlike most children his age, he doesn't usually go to school, preferring instead to hang with older boys between the ages of 11 and 16 who spend their day getting high on herb or PCP and doing a little dealing to collect spare change.

When Jimmy does find his way into the classroom, it is to learn more about his favorite subject -- math.

"You got to know how to do some figuring if you want to go into business," he says pragmatically. Using his mathematical skills in any other line of work is a completely foreign notion.

"They don't BE no jobs," Jimmy says. "You got to have some money to do anything, got to make some cash. Got to be selling something people always want to buy. Ron say people always want to buy some horse. My mama say it, too. She be using it and her mama be using it. It's always gonna be somebody who can use it. . . .

"The rest of them dudes on the street is sharp. You got to know how many of them are out there, how much they charge for all the different s---, who gonna buy from them and where their spots be . . . they bad, you know, cause they in business for themselves. Ain't nobody really telling them how they got to act."

In a city overflowing with what many consider positive role models for a black child with almost any ambition -- doctors, lawyers, politicians, bank presidents -- Jimmy wants most to be a good dope dealer. He says that when he is older, "maybe about 11," he would like to "go over to Condon Terrace (notorious for its open selling of drugs and violent way of life) or somewhere else and sell." With the money he says he would buy a German Shepherd dog and a bicycle, maybe a basketball, and save the rest "so I could buy some real s--- and sell it."

His mother doesn't view Jimmy's ambitions with alarm, perhaps because drugs are as much a part of Andrea's world as they are of her son's.

She never knew her father. Like her son, Andrea spent her childhood with her mother and the man with whom she lived for 15 years. She recalls that her mother's boyfriend routinely forced her and her younger sister to have sex with him, and Jimmy is the product of one of those rapes.

Depressed and discouraged after his birth ("I didn't even name him, you know?My sister liked the name Jimmy and I said 'OK, call him that, who gives a fu--? I guess we got to call him something, don't we?'") she quickly accepted the offer of heroin from a woman who used to shoot up with her mother.

"It was like nothing I ever knew about before; you be in another world, you know? No more baby, no more mama . . . I could quit thinking about it. After I got off, I didn't have to be thinking about nothing."

Three years later, the family moved after police discovered the shooting gallery in their home, and many of Andrea's sources of heroin dried up. She turned to prostitution and shoplifting to support a $60-a-day habit. Soon after, she met Ron, who had just arrived in Washington and was selling a variety of pills, angel dust and some heroin. She saw him as a way to get off the street and readily agreed when he asked her to move in with him.

"I was tired of sleeping with all those different dudes and boosting (shoplifting) at Woodies. And I didn't think it would be bad for Jimmy to have some kind of man around," she says.

Indeed, social workers in the Southeast Washington community say that so many young black children become involved with drugs because there is no male authority figure present in the home.

"A lot of these parents (of children involved with drugs) are the unwed mothers of the '60s, and they are bringing up their children by trial and error," says Linda Gilbert, a social worker at Southeast Neighborhood House.

"The family structure is not there so they [the children] establish a relationship with their peers. If the peers are into drugs, it won't be very long before the kids are, too. . . . They don't view drugs as illegal, and if they are making money, too, then it's going to be OK in the eyes of an economically deprived community."

Addicts who have been feeding their habits for 35 years or more are not uncommon in Jimmy's world, and although medical experts say that there is an extremely high risk of his death from an overdose, it is not inconceivable that he will live to reach adulthood.

"He might already be close to getting a lethal dose," Dr. Dorynne Czechowisz of the National Institute on Drug Abuse says."Much of this depends on the amount he's getting and the frequency with which he's getting it. But I would hate to say that his early death is inevitable. If he were to get treatment, it probably isn't too late to help him. And assuming he doesn't OD before then, he could certainly grow into an addicted adult."

At the end of the evening of strange questions about his life, Jimmy slowly changes into a different child. The calm and self-assured little man recedes. cThe jittery and ill-behaved boy takes over as he begins going into withdrawal. tHe is twisting uncomfortably in his chair one minute, irritatingly raising and lowering a vinyl window blind the next.

"Be cool," Ron admonishes him, walking out of the room.

Jimmy picks up a green "Star Wars" force beam toy and begins flicking the light on and off.

Ron comes back into the living room, syringe in hand, and calls the little boy over to his chair: "Let me see your arm."

He grabs Jimmy's left arm just above the elbow, his massive hand tightly encircling the child's small limb. The needle slides into the boy's soft skin like a straw pushed into the center of a freshly baked cake. Liquid ebbs out of the syringe, replaced by bright red blood. The blood is then reinjected into the child.

Jimmy has closed his eyes during the whole procedure, but now he opens them, looking quickly around the room. He climbs into a rocking chair and sits, his head dipping and snapping upright again, in what addicts call "the nod."

"Pretty soon, man," Ron says, "you got to learn how to do this for yourself."

■ '웅진여성'의 20대 미모 여배우 에이즈 섹스 보복극 보도는 날조

여성 월간지 '웅진여성'은 1991년 12월호에서 김(金)씨 성을 가진 20대(1967년생) 미모의 여배우 겸 모델이 일본인과 관계를 가진 뒤 에이즈(AIDS, 후천성면역결핍증)에 감염된 사실을 알고 전직 장관, 국회의원, 대학교수, 언론인, 의사, 고위공무원, 기업인, 변호사, 대학생 등 40여명의 사회 저명인사와 무차별 성관계를 가지며 남성들에 대한 복수극을 펼치다 1990년 11월 음독 자살했다고 보도했다.

이에 대해 보건사회부는 월간 웅진여성(발행인 **柳健洙**) 12월호에 게재된 '에이즈 감염여성 보복 섹스' 기사는 '사실무근'이라며 1991년 12월 5일 웅진여성을 상대로 언론중재위원회에 중재 신청을 낸데 이어 6일 대검찰청에 고발했다.

보사부측은 "법무부와 협의한 끝에 웅진여성을 허위사실 보도 등의 혐의로 대검찰청에 고발했다"며 "웅진여성에 게재된 기사는 독자들의 흥미를 유발하기 위해 선정적으로 날조한 것으로, 전혀 사실이 아니다"고 강조했다.

보사부는 앞서 웅진여성의 기사가 사실이 아니라는 근거로 △ 현재까지 여자 에이즈 감염자 가운데 1967년생이 없고 △ 배우 등 연예인 감염자는 이제까지 한 명도 없었으며 △ 헌혈과정에서 에이즈에 감염된 사실을 알고 자살한 사례 역시 한 건도 없다고 밝힌 바 있다.

이와 관련, 취재기자 **趙**모씨(당시 32세)는 "**金**양 어머니에게서 직접 입수한 2년간의 일기장및 수첩원본을 보관하고 있으며 또 **金**양 가족과 주변 친구들의 증언도 제시할 수 있다"며 자신의 에이즈 기사에 대한 보사부의 지적을 반박했다.

하지만 이 사건은 조작으로 드러나 르포 작가와 기자, 편집장이 줄줄이 쇠고랑을 찼고 창간 3개월된 웅진여성이 폐간됨으로써 일단락됐다.

이 사건은 비슷한 내용을 다른 잡지에 쓰면서 스토리를 대충 완성한 르포 작가가 특종에 목마른 웅진여성 기자와 편집장에게 '증거가 있다'며 일기장을 내밀면서 비롯됐다. 이에 홀딱 넘어간 기자와 편집장은 "'사양'하는 르포 작가를 20여 일간 끈질기게 따라다니며 사정한 끝에 겨우 일기장 주요 부분의 복사본을 얻어냈고 1991년 12월호에 급기야 세상을 향해 복수를 자행한 여인을 주인공으로 한 허위 공포물을 탄생시켰다.

■ KBS '자연다큐멘터리 수달' 연출·조작 파문

KBS가 1998년 5월 24일 방영한 '일요스페셜-자연다큐멘터리 수달'은 천연기념물 3백30호로 지정돼 보호를 받고 있는 수달의 생태를 밝혀내는 프로그램이었지만 사람 못지 않은 가족애를 실현하는 수달의 모습을 통해 시청자들에게 감동을 준 보기드문 수작이라는 평가를 받았다. 수달 자매의 극적인 사랑과 생존을 위한 몸부림, 특히 수놈이 죽은 암놈에게 낙엽을 덮어주는 애처로운 장면은 시청자들의 눈시울을 뜨겁게 달구었고, 감동적인 한편의 드라마였다고 칭송받았다. KBS측도 "대형 야생동물인 수달을 대상으로 프로그램을 제작함으로써 자연다큐멘터리의 수준을 한 단계 높여 놓은 것"이라고 자평하기도 했다. 하지만 이 다큐멘터리는, 실제 몇몇 장면들이 '드라마처럼' 인위적으로 연출되었다는 충격적인 사실이 밝혀지면서 50년 우리나라 방송사상 '최대의 조작물'로 기록되고 말았다.

1997년 초에 기획돼 1년 이상의 제작끝에 완성된 '다큐멘터리 수달'의 얘기는 크게 두 가지. 첫 번 째는 섬진강의 수달가족 얘기. 수달 암컷이 임신한 상태에서 수컷은 주민에 의해 희생 되고, 암컷은 두마리의 새끼를 낳아 기르다 강물이 불어나 보금자리가 침수되면서 이곳을 떠난다.

두번째는 강원도 내린천(內麟川)에서 암컷 어미가 통발에 걸려 죽고난 후 생후 3개월 된 수컷(달식)과 암컷(달미) 수달 남매가 살아가는 얘기. 암컷은 겨울에 죽고 남은 수컷은 죽은 형제의 주검을 낙엽으로 덮어주고 자연으로 돌아간다.

문제가 된 내용은 두 번째의 수달 남매 얘기. 프로그램에서 밝힌 것처럼 수달 남매는 인제 내린천에 살았던 수달이 아니었다. 애초 1997년 7월 경북에서 발견돼 한 동물병원에 보호중이던 것이었고 완전한 자연 상태가 아닌 펜스에 둘러싸인 상태에서 촬영된 것이었다. KBS제작진은 이들 수달남매를 보관중이던 동물병원과 인제 내린천을 3차례나 오가며 촬영 했다.

이 과정에서 제작진은 죽은 암컷을 내린천에 다시 가져다가 수컷이 죽은 암컷을 낙엽으로 덮어주는 장면을 연출하기까지 했다.

△ KBS의 '자연다큐멘터리 수달'에 연출자로 등장한 수달남매

그러나 이같은 사실은 프로그램 속에서 철저히 은폐돼 있었다. 처음 조작·연출에 대한 의혹이 제기된 것은 동아일보가 1998년 6월 16일자 '수달남매 진실 의혹'에서 인제군 내린천에서 수달이 자연상태가 아닌 펜스에 갇힌 채 촬영됐으며 이 수달이 사육용일 가능성이 있다는 의혹을 제기하면서 부터였다.

족제비과에 속하는 수달(Otter)은 물속 생활을 즐기는 포유동물로 야행성이며, 물속 생활을 즐기지만 육상에서도 사람보다 더 빨리 달릴 수 있다. 우리나라에 서식하는

수달은 유라시아산 수달의 아종(亞種)으로 천연기념물 330 호로 지정돼 있으며, 국제적으로도 보호를 받는 희귀동물이다. KBS 제작진에 있어서 가장 중요한 문제는 수달 포획 자체가 불법인데다 돈으로도 구할 수 없는 주연배우의 캐스팅이었다.

제작 진은 궁리 끝에 자문위원으로 제작에 참가한 한성룡(당시 경남대 강사)박사가 연구용으로 한 동물병원에 사육하던 수달을 내린천의 세트로 옮겼다. 닭장차에 실려 무대에 도착한 두 수달은 주기적으로 끌려와 출연료도 없는 연기를 해야 했다.

물론 추적장치가 부착된 수달은 제작진에 의해 먹이를 공급받았고 사방이 막힌 철조망 안에서는 생존을 위해 투입되는 오리, 송어, 뱀 등을 먹었다.

이같은 동아일보 보도에 대해 이 프로그램을 제작한 신동만 PD는 경북에서 인수한 두마리의 암수 새끼 수달(달미, 달식)에 대해서는 숨긴 채 "인제 내린천에서 주민들에게 발견된 수달이었으며 1주일만에 펜스가 무너지는 바람에 도망가 제대로 촬영하지 못했고 펜스를 치고 촬영한 수달은 프로그램에는 전혀 등장시키지 않았다"고 주장했다. 또한 그는 오히려 "펜스를 치고 촬영한 것은 다큐멘터리 제작기법상 필요했다"고 주장했다. 수달전문가로서 이 프로그램 제작에 도움을 주었던 한박사 역시 이 때까지는 '달미' '달식'에 대해서는 언급을 하지 않았고, 펜스를 친 사실에 대해서만 인정했다. KBS측도 17일 공식대응에 나서 "사육 수달은 촬영하지 않았다"며 적극 부인하고 나섰다. 내린천 인근지역에서 어미를 잃은 새끼 수달을 발견, 내린천 일대에서 1km정도 펜스를 치고 보충촬영을 했을 뿐 사육수달을 촬영하지 않았으며 펜스 설치는 외국에서도 통용되고 있는 촬영기법이라고 해명했다.

그러나 '달미'와 '달식'이 연출·왜곡 촬영된 사실에 대해 일부 기자들이 추궁하고 나서자 KBS는 다음날(18일) 17일자 공식해명을 번복, 전문가의 관찰용 수달이 촬영에 활용됐다며 연출 및 사실왜곡을 시인했다. 그리고 19일 한 박사가 사건의 전말을 기자들에게 털어놓으면서 경북에서 발견된 수달을 KBS 제작진이 내린천으로 옮겨와 연출·촬영했다는 사실이 드러났다.

KBS는 20일 KBS 9시 뉴스와 21일 옴부즈맨 프로그램 '시청자 의견을 듣습니다', '일요스페셜' 등 3개 프로그램을 통해 공식사과를 하고 지난 23일 담당 PD를 포함 지휘계통에 있던 모

든 간부들에 대해 징계를 했다. 사장을 비롯한 집행 간부 전원에게 1-6개월의 감봉 처분이, 담당 PD에게는 연출정지 1년이라는 중징계가 내려진 것이다. 그러나 KBS측의 이같은 징계조치는 사태수습 차원의 성격이 짙고 왜곡의 진상을 철저히 밝혀내는 데에는 미흡하다는 지적이 따랐다.

한편 1997년 1월 교육방송(EBS)이 방영한 자연다큐멘터리 '하늘다람쥐의 숲'도 이런 관행으로부터 자유롭지 못한 작품이다. 생포한 하늘다람쥐 네 마리를 인공숲으로 꾸며놓은 경기도 용인의 한 폐교 교실 세트장에 기르면서 촬영한 이 작품은, 지난 1997년 환경관련 프로그램에 주는 일본 어스비전(Earth Vision)상 우수작품상을 수상하기도 했다. 인위적인 세트촬영은 수상여부에 아무런 영향을 주지 않았다. 그러나 이 작품은 다큐멘터리 제작자들 사이에 숱한 소문을 뿌리며 이번 '수달편' 못지않게 비난을 받고 있다.

■ 미 NBC방송 GM 트럭 폭발장면 연출 · 조작 : 사장 사퇴, 200만달러 배상

미국 NBC-TV방송은 1992년 11월 17일 '데이트라인'(Dateline)이란 뉴스 프로그램을 통해 제너럴 모터스(GM) 트럭의 충격적인 충돌실험 화면을 내보냈다. 10대 소년이 GM 픽업트럭을 몰고가다 충돌사고로 화염 속에서 숨졌다는 증언과 함께 자체 실험 결과를 보도한 것이다.

소비자의 항의가 빗발치자 GM은 자체 조사에 나섰다. GM은 2개월간의 추적 끝에 방송사가 실험을 연출 · 조작한 사실을 밝혀냈다. 제작진이 극적인 폭발 장면을 보여주기 위해 연료탱크에 점화장치를 부착, 충돌 직전 리모컨으로 작동시켰던 것이다. 결국 NBC는 조작이 들통나자 조작경위 등을 시인하고 미국 방송 사상 가장 긴 3분30초의 사과방송을 했다. GM 측에 200만달러의 손해배상금을 지불하고, 사장도 물러났다. NBC 뉴스의 신뢰도는 2위에서 4위로 추락했다.

■ 아사히신문 수중 산호초 낙서 날조보도 파문 : 사장사퇴, 취재기자 파면

일본의 아사히신문은 1989년 4월 20일자 석간 1면에서 '지구는 어떤 색깔'이라는 제목으로 오키나와(沖繩)에 있는 거대한 산호초에 누군가가 낙서를 해 놓은 사실을 고발하는 내용의 기사를 실었다. 생생한 사진과 함께 자연환경의 훼손을 상징하는 이 기사는 일본에 엄청난 반향을 일으켰다.

문제의 사진은 수중 촬영된 것으로 산호초 군락에 'K·Y'라는 글자가 새겨진 것이었다. 아사히신문은 이 사진을 6단 13cm의 커다란 크기로 보도하면서 오끼나와 이시가키 섬(石垣島)의 바다

밑에 있는 거대한 산호초에 누군가가 이같이 낙서를 해놓았다고 보도했다.

이 기사는 선명한 사진과 함께 이렇게 적고 있다. "한동안 말을 잃었다. 후세의 사람들이 볼 때 1980년대 일본인의 기념비가 될 것임에 틀림없다. 정신의 빈곤, 황폐한 마음…도대체 'K·Y'는 누구인가" 그러나 이 사진은 촬영한 카메라맨의 자작극으로 판명됐다. 낙서가 있다는 정보를 듣고 현지에 달려간 기자는 눈에 뜨이는 낙서가 없자 카메라 스트로보의 금속 부분으로 'K·Y'라는 영문 이니셜을 파새긴 것이다.

조작사실이 들통난 것은 혼다 기자가 이 사진을 촬영할 때 현지에서 취재협력을 해준 다이빙 클럽 회원이 문제의 사진에 대해 날조된 것일 수도 있다는 지적을 하면서부터 비롯됐다. 아사히신문은 즉시 자체조사를 실시했다. 아사히신문은 낙서는 촬영효과를 높이기 위해 사진기자가 더 깊이 긁어낸 것으로 1차적인 결론을 내렸다. 원래 있었던 낙서에 '덧칠'을 했다는 의미였다. 아사히신문은 곧바로 5월 16일자 조간 1면에 이 사실을 보도하면서 '명백히 자연파괴방지라는 취재 의도에 반하는 행위'임을 인정하는 사과문을 게재했다. 이와 함께 취재사진기자를 파면하는 한편 도쿄 본사의 편집국장, 사진부장 등에게 그 책임을 물어 인사조치했다.

하지만 문제의 낙서가 촬영효과를 높이기 위한 '덧칠'이 아니라 취재기자의 완전 날조였다는 사실이 계속된 조사결과 드러나 신문사의 입장은 더욱 난처해 질 수 밖에 없었다.

아사히신문은 5월 20일자 조간 1면에 6단 크기로 '산호초사진 낙서 날조였습니다. 깊이 사과 드립니다'라는 제목으로 사과문을 다시 게재했다 이와 함께 3면 거의 전체에 걸쳐 독자에 대한 해명과 사과기사, 자체 조사결과, 현지 다이빙클럽의 경과보고서 등을 게재하고 문제가 된 사진 도 다시 실었다. 아울러 사설을 통해서도 사과와 자체반성의 내용을 보도했다. 그리고 5월 27일 자 1면에 '히토쓰야나기 토이치로(一柳東一郎) 사장 사임'이라는 제목 아래 '산호초 사건'에 책임 을 지고 사장이 자리를 물러났다는 기사를 보도했다.

이 사진이 큰 파문을 일으킨 것은 산호군락이 위치한 지역적 특성 때문이었다. 이시가끼섬(石 垣島)은 이미 1970년대 말부터 공항건설 적지로 인정돼 매립계획이 추진되고 있는 곳이었다. 그 런데 1982년 이곳에서 세계최대 규모의 산호군락이 발견된 것이다. 이렇게 되자 공항건설을 추 진하려는 당시의 운수성(현재는 국토교통성)과 이 곳을 자연환경 보전지역으로 지정하려는 환 경청의 공방이 치열해졌고 결국은 국민적 여론에 힘입어 공항건설 계획은 없었던 것으로 결말이 났다. 이 때문에 이 지역에서의 자연훼손행위에 대한 보도가 큰 반응을 일으켰던 것이다.

■ 감동 준 NHK 다큐 '히말라야 금단의 왕국_무스탐' 60군데 조작 드러나

일본의 공영방송인 NHK는 1992년 9월 '오지 히말라야 금단의 왕국_무스탐'이라는 특집 다큐멘터리를 방영, 외국인의 접근이 금지된 고도 3천 800m의 히말라야 오지(奧地) 무스탐 지역에 고립돼 살고 있는 무스탐인들의 생활상을 생생하게 보여줘 많은 시청자들을 감동시켰다. 하지만 며칠 뒤, 이 감동은 배신감으로 바뀌었다. 내용의 상당 부분이 조작된 것임이 드러났기 때문이다.

제작진 스스로가 고산병(高山病)에 걸린 것처럼 쓰러지는 장면을 조작하는 등 60여 군데를 인위적으로 연출하거나 사실과 다르게 조작한 것이 아사히(朝日) 신문의 폭로로 드러났다. 이에 대해 히말라야 현지에 조사단을 파견하는 등 자체 진상조사에 나선 NHK는 이 같은 폭로가 사실임을 시인했고 이로 인해 공영방송으로서의 위상은 크게 추락됐다.

주요 조작 내용을 보면 △ 물이 부족해 어린 승려가 타던 말이 죽었다며 비가 오도록 기도하는 장면이 나오는 데 사실은 제작진이 돈을 주고 죽은 말을 구해 촬영했으며 △ 고산병에 걸려 고생하는 극적인 장면을 인위적으로 연출하기 위해 한 제작진에게 산소 마스크를 착용시켜 신음하도록 했고 △ 모래가 강물처럼 흐르는 유사(流砂) 장면을 영상에 담기 위해 바위를 흔들고 인위적으로 바람을 일으켜 촬영한 것 등이다.

결국 NHK는 공신력과 도덕성에 치명타를 입고 이듬해인 1993년 2월 3일 대국민 사과 방송과 함께 가와구치 미키오(川口幹夫) NHK 회장을 포함해 관계자 7명을 직급 강등 및 감봉 처분하는 등 징계했다.

한편 지난 1993년 일본 TV아사히는 자신들이 방영했던 '중국 사형수 장기매매 사건'이 조작인 것으로 드러나자 즉각 책임을 시인했다. 그리고 몇 달 후 '우리는 어디서 어떻게 잘못을 저질렀을까?'에 대한 일종의 검증 프로그램을 다시 내보냈다. 조작프로그램 제작사의 사장과 연출가, 그리고 이를 방영했던 TV아사히측 관계자가 함께 참여해 조작의 모든 과정을 되짚어보는 형식이었다.

■ 사기극으로 막내린 독일 슈테른지의 히틀러 친필일기장 입수 보도

서독의 주간지 슈테른(Stern)은 1983년 4월 25일 본사 소재지인 함부르크에서 기자회견을 열고 아돌프 히틀러의 친필 일기(hand-written personal diaries)를 입수했다고 밝혀 전 세계 매스컴과 학계를 깜짝놀라게 했다.

슈테른은 또 이날 "히틀러의 일기가 발견됐다"는 제목으로, 아돌프 히틀러의 일기를 발췌해 출간했다. 이 히틀러 일기는 이틀 전인 4월 23부터 이미 영문 판권을 사들인 영국의 더 타임스를 통해 일부 내용이 공개되기도 했다.

흥분된 표정으로 기자회견장에 나온 슈테른의 페터 코흐(Peter Koch) 편집장은 "필적감정 결과 이 일기의 한 자 한 자를 히틀러가 썼다고 100% 확신한다" 면서 "나치치하 제3제국의 역사는 이제 새로 기술돼야 한다"고 기염을 토했다. 그는 슈테른의 탐사보도부문 기자 게르트 하이데만 (Gerd Heidemann)이 콘라트 쿠야우(Konrad Kujau, 2000년 사망)라는 동독인을 통해 동독 (독일민주공화국)에서 일기를 입수했으며, 이는 1945년 드레스덴 근처에서 일어난 비행기 추락사고 현장에서 건져낸 것이라고 주장했다.

슈테른은 히틀러의 권력장악 시기인 1935년부터 2차 세계대전, 그리고 1945년 4월 30일 자살 직전까지 마지막 5일 동안의 심정 등을 잉크로 기록한 노트북 형태의 일기책 62권에 약 900만 마르크(당시 미화 500만 달러, 2019년 시세로 한화 약 60억원)를 지불했다. 당시 영국의 더 타임스, 미국의 뉴스 위크, 타임, 프랑스의 파리 마치 등이 각각 수십만 달러에 판권을 사들였다.

슈테른지의 발표에 따르면 나치독일 패망직전 히틀러는 자신의 일기를 비롯한 개인기록과 중요 문서들을 오스트리아 잘츠부르크 부근의 안전지대로 소개시켰는데 1945년 이를 실어나르던 비행기가 추락하며 잃어버렸던 것을 동독의 농가 마구간 건초더미에서 찾아낸 것으로 돼있다.

비행기가 추락했다는 지점은 드레스덴 남쪽 베르너즈도르프(Börnersdorf)란 소도시로, 하이데만 기자가 이 기록들을 사고지점에서 주워 40년 가까이 숨겨왔다는 당시의 군장교의 소재를 찾아내 이 장교로부터 입수한 것으로 알려져 있다.

그러나 이 일기는 2주후인 5월 5일 위조전문가 콘라트 쿠야우에 의한 사기행각으로 드러났다. 실재하지도 않은 일기장을 위조한 것이다. 이는 어느 곳엔가 있으리라는 히틀러 일기장에 대한 국민적 관심을 이용한 희대의 사기극으로 기록되고 있다.

곧바로 콘라드 쿠야우는 사기혐의로 구속돼 4년 6개월의 징역형을 받았다. 하이데만 기자에게는 사기 공모죄가 적용돼 4년 8개월의 징역형이 선고됐다. 쿠야우는 동독에서 나치 시대의 유품을 팔아온 사기꾼이었다. 히틀러가 연설에서 언급한 사적인 내용을 모아 가짜 일기를 썼다. 히틀러가 언급돼있는 500여 권의 서적과 정기간행물을 섭렵해 쓴 것이다. 종이와 잉크는 히틀러 시대가 아닌 현대의 제품이었다.

출옥 후 쿠야우는 '위조의 제왕'으로 TV에 의해 일약 스타가 됐다. 그는 감옥에서 나온 뒤 렘브란트, 드가, 피카소, 달리 등 유명화가의 작품을 모사한 그림을 200-500달러씩에 팔아왔으며 모차르트나 베토벤의 악보, 심지어 옛날 왕들의 칙령등도 모사해 팔아왔다.

쿠야우는 5세 때부터 열심히 남의 그림을 보고 그려왔으며 미술대학 출신이다. 유럽에서는 그가 그린 유명화가 작품의 모사품이 진품과 육안으로 구별하기 어려운 훌륭한 것으로 평가하고 있다. 그는 1996년에는 스투트가르트 시장선거에까지 출마했지만 겨우 900표를 얻는 데 그쳐 낙선했다.

사실 슈테른의 주장에 대해 많은 전문가들은 처음부터 일기의 신빙성에 대해 회의적이었다.

의문의 초점은 히틀러가 일기를 썼다는 사실이 지금까지 그에 대한 연구결과 한 번도 거론된 적이 없거니와 그의 측근 인물들을 통해서도 발견된 적도 없었다는 점이다. 히틀러 연구가들은 특히 히틀러 자신이 문서나 기록자체를 증오했으며 그가 죽기 직전 모든 문서를 없애버리도록 명령했던 사실을 반론의 근거로 제시하고 있다.

히틀러는 또한 1943년 1월 이후에는 수전증으로 손이 떨려 문서에 서명하기도 어려워 잉크로 일기를 쓴다는 것 자체가 불가능했다.

■ 100% 작문기사 : 날조된 10.26 사건 현장의 여인 신재순씨 인터뷰

한국일보사가 발행하는 주간여성은 1987년 10월 18일자에 '독점공개'라는 타이틀로 '박대통령 시해 궁정동 10.26 현장의 여인 신재순'이란 제하의 인터뷰 기사를 내보냈다. 이 기사가 나가자 신씨는 펄쩍 뛰었다. 자신은 주간여성 기자와 인터뷰한 사실이 없을뿐더러 내용 또한 대부분 틀리다는 것이었다. 신씨가 언론중재위에 정정보도 중재신청을 했고 중재결과 주간여성 측은 신씨와 인터뷰를 하지 않고 임의로 작문한 것임을 시인했고, 그해 11월 15일자에 정정과 함께 사과를 표명했다.

박정희대통령 시해사건 현장의 여인이 8년만에 입을 열었다는 작문기사

신재순이 8년만에 입을 열었다. 1979년 10월 26일 박정희 대통령 시해사건의 현장 궁정동 중앙정보부장 공관옆 비밀식당에서 최후의 만찬에 가수 심수봉과 함께 게스트로 초대돼 박대통령의 왼쪽에 앉아 있다 총을 맞고 쓰러지는 박대통령 최후의 순간을 지켜 본 신여인. 그녀는 그후 미국 등을 오가며 세인들의 눈을 해살다 "이젠 그 악몽의 기억을 떨쳐 버리고 싶다"며 숨겨뒀던 당시 상황을 생생하게 본지 기자와의 문답을 통해 최초로 털어났다.(중략) 신재순은 뜨거운 피가 쏟아져 나오는 대통령의 등을 맨손으로 막은 채 "각하 괜찮으세요"하고 물었다. 순간 대통령은 두 눈을 감은 채 "나는 괜찮다"고 대답했으나 다시 김재규가 대통령의 머리에 권총을 들이대는 순간, 혼비백산하고 말았다고 한다.(하략)

주간여성의 보도는 10.26 현장을 지켜봤던 신씨가 공개적으로 입을 열었다는 점에서 세인의 관심을 끌었으나 결국 작문기사였음이 밝혀졌다. 이는 여성지의 치열한 '선정 경쟁'이 빚어낸 사안이다. '최초 공개', '독점공개'라는 타이틀을 달아야 상품이 되는 여성지 시장에서 심심찮게 볼 수 있는 사례이다.

■ 광우병촛불시위속 '미국산 쇠고기 먹는 장면' 사진 연출 조작

미국산 쇠고기 판매가 재개됐던 2008년 7월 5일 중앙일보는 두 명의 여성이 미국산 쇠고기를 굽고 있는 사진을 내보냈다. 중앙일보는 신문 9면에서 '미국산 쇠고기 1인분에 1700원'라는 사진을 내보냈다. 그런데 한 네티즌이 인터넷 커뮤니티 게시판에 올린 글에서 이 음식점이 미국산 쇠고기 수입업자가 운영하는 프렌차이즈 점이며 고기를 굽기 전 연출한 사진이라는 사실을 지적했고 논란이 확산되자 중앙일보는 보도 사흘 뒤인 7월 8일 사진 속의 여성들이 자사 취재기자였다는 사실을 시인하고 사과문을 게재했다.

독자 여러분께 사과드립니다

본지 7월 5일자 9면에 실린 '미국산 쇠고기 1인분에 1700원'이란 제목의 사진은 연출된 것입니다. 사진 설명은 손님들이 미국산 쇠고기를 먹고 있다고 돼 있으나 사진 속 인물 중 오른쪽 옆모습은 현장 취재를 나간 경제부문 기자이며 왼쪽은 동행했던 본지 대학생 인턴 기자입니다. 이 인턴은 업무를 시작한 지 이틀밖에 되지 않았으며 이번 사진에 대해 아무런 책임이 없습니다. 그 때문에 정정 기사에서 인턴 기자의 얼굴은 모자이크 처리했습니다.

두 사람은 사진기자와 더불어 4일 오후 5시쯤 서울 양재동에 있는 식당에 도착했습니다. 다시 시판되는 미국산 쇠고기를 판매하는 음식점을 취재하기 위해서였습니다. 기자들이 도착했을 때는 이른 저녁 시간이라 손님이 없었습니다. 마감시간 때문에 일단 연출 사진을 찍어 전송했고, 6시가 넘으면서 세 테이블이 차자 기자가 다가가 사진 취재를 요청했으나 당사자들이 모두 사양했습니다.

하지만 손님들이 모두 미국산 쇠고기를 주문했기 때문에 음식점 상황을 독자들에게 전달해야 한다는 판단에서 잘못을 저질렀습니다. 독자 여러분께 머리 숙여 깊이 사과드립니다.

△ 중앙일보 사과문 : 미국산 쇠고기를 먹고있는 장면을 연출한데 대해 사과한다고 밝히고 있다

중앙일보는 사과문을 통해 "사진 설명은 손님들이 미국산 쇠고기를 먹고 있다고 돼 있으나, 사진 속 인물 중 오른쪽 옆모습은 현장취재를 나간 경제부문 기자이며, 왼쪽은 동행했던 본지 대학생 인턴 기자"라고 밝혔다. 이어 "이 인턴은 업무를 시작한 지 이틀 밖에 되지 않았으며 이번 사진에 대해 아무런 책임이 없어 정정기사에서 인턴 기자의 얼굴은 모자이크 처리했다"고 덧붙였다.

중앙일보는 연출사진을 사용하게 된 경위에 대해 "두 사람은 사진기자와 더불어 4일 오후 5시쯤 서울 양재동에 있는 식당에 도착했다"며 "마감시간 때문에 일단 연출사진을 찍어 전송했고, 6시가 넘으면서 세 테이블이 차 기자가 사진 취재를 요청했으나 당사자들이 모두 사양했다"고 설명했다.

▪ 신참기자 제이슨 블레어의 허위·표절·왜곡·조작 기사에 멍든 뉴욕타임스

2003년 5월11일자 뉴욕 타임스에는 지금까지 미 언론에서 볼 수 없었던 정정보도문이 게재돼 전 세계 언론계는 물론 독자들을 놀라게 했다. 전국부 소속 제이슨 블레어(Jayson Blair, 당시 27세) 기자의 허위·표절·왜곡·조작 기사에 대한 사과와 함께 경위, 그리고 오류 수정기사를 게재한 것이다. 뉴욕 타임스는 1면을 포함, 4개 지면에 걸쳐 블레어 기자가 2002년 10월 이후 작성한 73건 기사 중 36건의 허위·표절·왜곡·조작의 경위를 밝히고 정정문을 게재했다.

△ 뉴욕 타임스의 제이슨 블레어 기자

뉴욕타임스가 블레어 기자의 기사를 사후 검증하게 된 것은 그해 4월 26일. 미 텍사스의 일간 신문 샌 안토니오 익스프레스-뉴스(San Antonio Express-News)에서 자신들의 기사와 같은 주제로 쓰여진 뉴욕 타임스의 한 기사에 대한 표절 의혹을 제기했기 때문이다. 당시 뉴욕 타임즈는 하웰 레인즈(Howell Raines) 라는 최고 편집인(executive editor)이 부임한 지 2년이 안 된 때였다. 뉴욕 타임스는 자사 기자 7명으로 조사위원회를 구성하고 블레어 사건의 발생 원인을 추적, 5월 11일 그 같은 조사 결과를 밝혔다. 이어 한 달 뒤, 2003년 6월 11일자의 후속 기사에서 추가로 10개의 기사에 대한 오류를 정정했다. 창사 152년의 전통을 지닌 뉴욕타임스는 블레어 기자 사건으로 6월 5일 레인즈 최고편집인 등 고위 편집간부 2명이 사임했다. 블레어 기자는 앞서 5월 1일 해임됐다. 뉴욕타임스 편집국 역사에 유례없는 인책 사건이었다.

△ 2003년 5월 11일자 뉴욕타임스 정정관련 기사

　블레어는 워싱턴 포스트지 프리랜서로 일하다 4년전인 1998년 뉴욕 타임스 인턴으로 옮겼는데 인턴 입사때 고졸학력을 대졸로 위조한 것이 뒤늦게 밝혀지기도 했다.

　블레어 기자의 대표적인 날조기사로는 이라크의 한 병원에서 제시카 린치 일병이 구출되자 웨스트 버지니아 주에 있는 그의 아버지 조지 린치와 인터뷰를 한 것처럼 허위 기사를 쓴 것을 둘 수 있다. 그는 또 베데스타 해군병원에 입원한 이라크전 부상 병사 기사에서 문제의 병사가 언급하지도 않은 내용을 자의적으로 꾸며 썼는데 그가 인터뷰했다는 병사는 뉴욕 타임스측에 "기사에 나온 말 중 대부분은 내가 하지도 않은 것"이라고 말했다.

　그는 또 이라크전쟁에서 실종된 뒤 사망한 것으로 전해진 병참부대 소속 한 군인의 장례예배에 관한 기사를 작성하면서 허위기사를 내보냈다. 장례예배가 열렸던 현지 클리블랜드엔 가지도 않은 채 뉴욕 타임스의 경쟁지인 워싱턴 포스트와 다른 일간지에 이미 기사화된 내용들을 베끼면서 취재원의 발언을 인용 표시도 없이 본인이 취재한 양 옮겨 썼다.

뉴욕타임스는 5월 12일 앨런 시걸 부편집인을 위원장으로 한 3개 위원회를 구성했다. '시걸위원회'는 평기자에서 간부까지 내부위원 22명, 타 언론사 출신 외부인사 3명 등 28명으로 구성됐다. 외부 인사 3명은 루이스 보카디 전 AP통신회장, 조앤 버드 퓰리처상 이사, 로저 윌킨스 전 워싱턴 포스트 논설위원이었다. 시걸위원회는 7월28일 사태 발생 배경과 조직의 문제점, 대책을 담은 보고서를 경영진에 내놨다. 시걸위원회 보고서의 제목은 '왜 우리의 저널리즘은 실패했나'였다. 시걸위원회에 합류한 3명의 외부 인사들은 수십명의 뉴욕 타임스 편집자와 관리자들을 인터뷰하여 1998년 인턴으로 시작해 2003년 5월 사임할 때까지 블레어 기자의 행적을 낱낱이 추적했다. 이를 통해 뉴욕 타임스에서 기사 조작사건이 발생할 수밖에 없었던 원인을 분석했다. 보고서의 주요내용은 블레어 기자사건을 바탕으로 인력운용과 경력개발 방안, 편집국 조직과 업무관리 개선, 사내 커뮤니케이션 강화와 윤리의식 고취 등을 담고 있다.

제7부

The World
of Fake News

생사람 잡는 오보
살아있는 자를 죽었다고 보도

▪ 뉴욕 타임스의 1882년 '고종과 명성황후 피살' 대 오보사건

　　조선말기 고종의 비(妃) 중전 민씨(1897년 명성황후로 추존)는 일본 정부의 사주를 받은 주한 일본공사(公使) 미우라 고로(三浦梧樓)가 1895년 8월 20일(양력 10월 8일) 궁중에 잠입시킨 낭인배들에 의해 무참히 살해됐다. 당시 부임한지 37일밖에 안되는 미우라의 주요 무력(武力)은 서울 주둔 일본군 수비대였고 행동대는 일본공사관원, 영사경찰, 신문기자, 낭인배 등이었다.

AN INSURRECTION IN COREA.

THE KING AND QUEEN ASSASSINATED AND THE JAPANESE LEGATION ATTACKED.

LONDON, Aug. 17.—The *Pall Mall Gazette* says private telegrams received in London say that the troubles in Corea have culminated in a general insurrection, and that the King and Queen have been assassinated. The Japanese Legation was attacked by natives belonging to the anti-foreign party. Japanese men-of-war have been dispatched to Seoul River.

A dispatch to the Press Association says that the report of a revolution in Corea is officially confirmed. A Japanese military officer in the Corean service is among the killed.

The New York Times

△ 조선에 발생한 반란으로 고종과 민비가 피살됐다는 1882년 8월 18일자 뉴욕 타임스 오보기사

　　이들은 미우라의 직접 지시에 따라 조선의 정궁인 경복궁을 기습, 민비(閔妃)를 참혹히 살해했다. 시신은 근처의 숲속으로 옮겨 장작더미 위에 올려놓고 석유를 부어 불태워 버렸다. 역사는 이 사건을 명성황후시해사건(明成皇后弑害事件) 또는 을미사변(乙未事變)으로 기록하고 있다.

　　그런데 미국의 뉴욕타임스가 명성황후 시해사건 13년 전인 1882년 8월 17일 민비와 고종이 시해됐다는 엄청난 오보를 한 사실이 있다. 런던의 한 신문을 인용한 보도였다. 보도 전문(全文)

은 아래와 같다.

〈런던에서 8월 17일 수신된 민간 전보(電報)를 인용한 팰맬 가제트(Pall Mall Gazette)지 보도에 따르면 조선에서 전면적인 반란 사태가 일어나 왕과 왕비가 살해됐다. 일본 공사관은 반(反)외국파에 속하는 조선인들의 공격을 받았다. 일본 군인들이 서울의 한강에 급파됐다. 프레스 어소시에이션(Press Association)의 전보에 따르면 조선의 반란은 공식 확인됐으며, 사망자 가운데는 조선에 주둔한 일본군 장교가 포함돼 있다.〉

이 기사는 짧은 보도문이었지만 왕비 신상에 큰 문제가 생겼다는 사실을 정확히 보도하고 있다는 점이다. 사실상 뉴욕타임스의 이 1보는 을미사변을 미리 알린 대 특종이라고 할 수 있다. 민비시해사건에는 조선 측에서도 대원군과 조선국 국군 1대대장 우범선(禹範善), 2대대장 이두황(李斗璜), 3대대장 이진호(李軫鎬), 전 군부협판 이주회(李周會), 개화파 문신 유길준, 친일파 송병준의 사위 구연수(具然壽) 등 다양한 계층의 조선인 지도자들이 내통, 협조했기 때문에 뉴욕 타임스의 보도는 대원군의 개입 사실을 알린 최초의 보도라고 할 수 있다.

ANTI-REFORM RIOTERS IN COREA

Tai-won-kun, the King's Father, Leads an Armed Force into the Palace and Threatens the Queen's Life.

YOKOHAMA, Oct. 8.—A dispatch from Seoul, the capital of Corea, says that Tai-won-kun, the father of the King, and leader of the anti-reform party, has entered the royal palace at the head of an armed force, and that the Queen's life is in danger.

The New York Times

△ 을미사변 당일인 1895년 10월 8일에 일본 요코하마발로 대원군의 행보를 타전한 뉴욕타임스 기사

한편 뉴욕타임스는 1895년 10월 8일 실제 민비가 시해되자 미국 언론으로서는 10월 12일 이 사실을 처음 지면에 기사화했다. 며칠씩 걸리는 전보 등 당시의 통신사정을 감안하면 아주 빠른 보도였다.

하나 더 놀란 것은 을미사변이 일어난 10월 8일 당일 뉴욕 타임스가 관련 기사를 본사로 타전했다는 사실이다. 뉴욕타임스는 을미사변이 발생한 1895년 10월 8일 일본 요코하마 발로 '한국의 반개혁 폭도들'이라는 짧은 기사를 긴급 타전한다.

이틀날인 10월 9일에 보도된 이 기사는 작은 제목으로 '왕의 아버지 대원군, 무장대 이끌고 궁궐 난입, 왕비 생명 위협'이 달려 있다.

내용은 "조선의 수도 서울로부터의 전보에 따르면 왕의 아버지이자 반개혁파 지도자인 대원군이 무장세력을 이끌고 왕궁에 난입했다. 왕비의 생명이 위험에 처했다"고 돼 있다.

■ 1964년 세계가 발칵 뒤집힌 흐루쇼프 급사보도 소동

1964년 4월 한국시간으로 14일 새벽 5시 49분. 소련 지도자 흐루쇼프(Nikita Sergeyevich Khrushchev)가 급사했다는 뉴스에 온 세계는 발칵 뒤집혔다.

유럽 표준시간(ET)으로 13일(월요일) 오후 9시 49분, 미 동부 표준시간(EST)으로 13일 오후 3시 49분, 서독의 함부르크에 본사를 둔 뉴스통신사 DPA(Deutsche Presse Agentur)가 흐루쇼프가 사망했다는 기사를 전 세계에 긴급뉴스(flash)로 타전했기 때문이다. 뉴욕, 워싱턴, 런던, 파리, 로마, 도쿄의 모든 뉴스통신사와 신문사, 방송사의 전화통은 불이 날 지경이었다. 실제 미국의 밀워키 저널(Milwaukee Journal) 신문은 14일자에서 DPA 보도후 1시간 30분간 시민들로부터 300여통의 전화를 받았다고 보도했다. 흐루쇼프는 1971년 9월 11일 심장마비로 사망했다.

DPA가 긴급으로 보낸 제1보는 두 단어 "Khrushchev Dead"였다. 5분 뒤 모스크바 발신으로 내보낸 기사 역시 한 문장으로 된 "Soviet Premier Khrushchev died suddenly Monday at 20:19 ET--four days before his 70th birthday as a result of an acute hephocapalytirosis."이었다. 소련 수상 흐루쇼프가 그의 70회 생일 나흘을 앞두고 급성 간경화증으로 13일 오후 8시 19분(유럽시간) 사망했다는 내용이었다. 'hephocapalytirosis'는 의학사전에도 잘 나오지 않는 병명이다.

유럽 주요 도시의 TV스크린에는 흐루쇼프의 모습이 사망뉴스와 함께 클로스 업 됐고 미국에서는 월 스트리트가 민감한 반응을 보이면서 갑자기 주가가 폭락했다. 모스크바에서는 덴마크 대사가 파자마 바람으로 현지 UPI통신 지국에 허둥지둥 달려가 뉴스의 진위를 확인하는 촌극을 벌이기도 했다.

그러나 정작 이 기사에 가슴이 철렁 내려앉을 만큼 놀라고 당황한 사람들은 모스크바 주재 외국 특파원들이었다. 그들은 회복할 수 없는 낙종임이 분명한 흐루쇼프 급사보도에 혼비백산하며, 저마다 소련 외교부나 소련관영 타스(Tass)통신으로 달려갔다.[9]

그러자 DPA통신은 제1보를 내보낸 지 23분 뒤 그 기사를 보도하지 말고 잠시 보류(withhold)해 줄 것을 요청하는 또 하나의 알림(note to editors)을 띄우면서 "사안을 아직 파악 중"(the matter was still being looked into.)이라고 말했다. 그러나 이 시점은 로이터 AFP 등 세계적인 뉴스통신사들이 DPA를 인용, 흐루쇼프의 사망을 보도한 뒤였다. 런던의 일부 신문들은 초판에서 이미 흐루쇼프의 사망기사를 싣고 있었다. 미국의 TV와 라디오방송들도 DPA를 인용, 흐루쇼프의 사망소식을 긴급 보도했다. 미국의 린든 B. 존슨 대통령은 백악관 집무실에서 텔리프린터로 찍혀들어오는 뉴스에 촉각을 곤두세우고 있었다. 영국 외교부는 비상 근무체제에 들어가 모스크바 주재 영국대사관에 긴급훈령을 내리고 흐루쇼프 사망 여부를 즉각 파악해 보고토록 지시했다.

그러나 이 시각 흐루쇼프는 사망하기는 커녕 크렘린궁에서 이날 모스크바를 방문한 폴란드 공산당수 고물카(Waldyslaw Gomulka)를 위한 환영만찬을 베풀고 기분좋게 보드카를 마시고 있음이 확인됐다. 세상을 발칵 뒤집어놓았던 DPA의 특종이 오보로 바뀌는 순간이었다. DPA 측은 오보의 발단은 타스통신 직원과 일본 아사히 신문 모스크바 주재 특파원 간의 대화(통역)오류 때문이라고 설명하고 오보에 대해 즉각 사과 성명을 발표했다. 오보를 하게된 경위는 이렇다. 4월 13일 저녁 9시 30분. 서독 콜롱시의 룬트푼크 방송 뉴스룸의 텔리프린터에 '경천동지'할 메시지가 들어왔다. 내용은 〈오늘 하오 소련 수상 흐루쇼프가 급성 간경화증으로 사망했음. 유럽시간(ET)으로 오후 8시 19분. 타스통신 직원과 아사히 신문 특파원이 서명한 것임〉이었다. 타스통신에서 뉴스가 흘러나왔고 일본 기자가 픽업한 것임을 암시하는 내용이었다. DPA는 이 메시지를 모스크바 주재 특파원에게 보내 확인해 본사로 즉각 기사를 송고하도록 지시했다.

흐루쇼프는 이 시각 크렘린궁에서 고물카에게 환영만찬을 베풀고 연설을 하고 있었다. 흐루쇼프는 러시아어로 연설했지만 연설문은 영어와 러시아어로 구분돼 타스통신이 실황보도를 했는

9) 박실, 지구특파원-세계의 대사건을 파헤친 취재비화!, 정호출판사, 1987, pp. 235-236.

데 갑자기 영어판 송신이 중단됐다. 이상히 여긴 아사히신문의 구바 다케오 특파원은 타스통신에 그 까닭을 물었다. 이 때 타스통신직원은 "(방송)회로가 죽었다(the circuit was dead)"고 말했는 데 아사히 신문 특파원은 "흐루쇼프가 죽었다(Khrushchev was dead)"로 잘못 알아 들었고 이것이 DPA특파원에게 까지 전달돼 오보를 내게된 것이다. 일설에는 '후르쇼프가 연설을 마쳤다'라고 타스통신 직원이 영어로 대답했는데 '마쳤다'는 영어 'end'가 'dead'의 뜻으로 잘못 들렸다고 한다.

DPA특파원은 확인할 겨를도 없이 일단 사실일 것으로 믿고 함부르크 본사로 기사를 송고했고 본사에서는 국내외 신문, 방송사 등 1천 2백여개 고객사들에게 긴급으로 흐루쇼프의 급사 사실을 타전한 것이다. 결국 DPA는 오보임을 시인하고 사과 성명을 발표했다. 크렘린당국은 사흘후인 16일 모스크바 주재 DPA지국의 폐쇄와 함께 특파원의 24시간 내 추방을 결정했다. 당시 미국의 AP, UP1통신과 교도통신을 비롯한 일본 특파원들은 DPA 기사를 인용보도하지 않았다. 인용보도를 한 로이타와 AFP는 사과 없이 입을 다물어 버렸다. 타스통신측은 DPA의 기사가 허위보도(false report)로 '쓰레기'(rubbish)라고 말했다.

흐루쇼프는 1953년부터 1964년까지 소련의 국가원수 겸 공산당 서기장을, 1958년부터는 총리 겸 국가평의회 의장을 지낸 정치인이다. 그는 스탈린주의를 비판했고 대외적으로는 미국을 비롯한 서방 국가와 공존을 모색했다. 그의 탈(脫)스탈린화 정책과 반(反)스탈린주의 정책은 공산주의 국가들에 폭넓은 충격과 반향을 불러일으켰다.

그러나 집단지도 체제를 무시한 정책 결정, 농업 정책 실패, 쿠바 미사일 위기에서 미국에 대한 양보 등은 많은 반대파를 만들어내었고, 1964년 10월 13일 중앙위원회의 결정으로 실각됐다. 흐루쇼프가 1971년 9월 11일에 심장마비로 사망할 때 소련정부는 그에 대한 국장(國葬)과 소련에 공헌이 큰 위인들이 안장된 크렘린 벽묘지에 매장되는 것을 거부했다. 그리하여 그보다 한 단계 격이 낮은 노보데비치 공동묘지에 안장됐다.

▪ 1986년 '3일 천하'로 막내린 한국 언론의 김일성 총격피살 보도

1986년 11월 16일 세계를 발칵 뒤집어놓은 한국 신문 방송들의 북한주석 김일성 사망 보도는 사흘째인 18일 오전 10시 김일성이 몽골의 국가원수인 잠빈 바트문흐 인민혁명당(공산당) 서기장을 영접하기위해 평양의 순안국제공항에 나타나면서 오보로 판명되고 만다.

국내 언론보도는 처음 '김일성 사망설'(16일)에서 '김일성 총격피살'(17, 18일)로 발전된다. 이렇게 덴 데는 국방부가 17일 오전 김일성이 총격으로 사망했다는 휴전선에서의 북한 확성기 방송이 있었다고 발표한 것이 큰 몫을 했다.[10] 이기백 국방부 장관도 일요임에도 불구하고 그날 소집된 국회 예결위에서 "김일성의 사망 또는 내부 권력투쟁이 전개되고 있는 것으로 판단한다"고 밝혔다. 그는 여러 가지 근거를 댔다. 휴전선의 확성기를 통해 "김일성 어버이가 열차를 타고 가다 총격을 받아 서거하였다"는 내용이 방송되면서 장송곡이 연주됐고, 판문점 너머 북한의 선전마을에 인공기가 조기로 게양된 점 등 여러 근거를 소개했다. 그리고 몽골 총서기의 북한 방문이 취소됐다는 외교정보도 언급했다. 그러나 이같은 국방부 발표와 국내언론 보도는 김일성이 몽골 총서기를 영접하기위해 순안국제공항에 나타났다는 UPI통신의 베이징발 기사가 18일 오전 10시23분에 입전되면서 거짓으로 판명된다.

그런데 이같은 오보는 오산 미군기지에 근무하던 미군 정보통신 감청병의 오역이 빌미를 제공했기 때문이다.[11] 김일성 사망설은 14일 오산 공군기지의 미 안보국(NSA) 감청소에서 상황 근무

---

10) 뉴욕 타임스는 1986년 11월 17일자 도쿄발 기사에서 휴전선의 북한 확성기들이 김일성 사망을 방송했다는 한국 국방부의 발표에 대해 확인할 수 없으며, 특히 베이징과 뉴델리의 북한 대사관들은 이같은 발표를 '사실이 아닌 남조선의 선동', '남조선의 완전한 날조' 등으로 부인했다고 보도했다. 뉴욕 타임스는 이어 주한미군 대변인은 휴전선의 북한 확성기들이 방송한 내용을 독자적으로 확인할 수 없다고 말했다고 전했다. 이 신문은 그러면서도 "워싱턴의 고위 군사소식통은 미 국방부가 17일 이른 오전 김일성 사망에 관한 보고들을 접수했다고 전했다. 그러나 이 소식통은 주한 미군에 특별경계령은 내려지지 않았다고 말했다."(In Washington, high-level military sources said the Pentagon had received reports of Mr. Kim's death as early as Saturday. They said no special alert had been ordered for American forces in the region.)고 보도했다.

11) 영국 신문 'The Independent'지는 김일성의 실제 사망 직후인 1994년 7월 11일자 부고기사(Obituary)에서 1986년의 김일성 사망 루머는 한 미군 정보분석병의 오역(mistranslation of a North Korean broadcast by an American intelligence worke)이 진원지임을 지적했다.

를 하던 한 미군 통신감청병이 북한 확성기에서 "임은 가시고…"라는 언급과 함께 무거운 분위기의 음악이 흘러나오자 이를 장송곡으로 착각하고, 특히 "김일성 주석이 가셨던 길을 김정일 지도자가 따라 가시고 있다."는 찬양시의 '가셨다'라는 표현을 김일성이 '죽었다'(passed away)고 오역하면서 일어났다. '위대한 지도자 김일성 어버이께서 가셨던 길을 따라 가시다'를 굳이 영어로 표현하면 'follow the tracks(footsteps)of great leader Kim Il-sung' 정도가 될 것이다.

이 병사는 곧바로 미국 본토의 NSA 본부에 확인 요청을 했는데, NSA 본부 상황병이 백악관과 CIA(중앙정보국)에 '확인을 요하는 정보'(confirmation required)를 의미하는 두 번째 코드가 아니라 '확인필'(confirmed)을 의미하는 첫 번째 코드로 잘못 전송하는 바람에 휴전선의 북한 확성기가 김일성 사망을 방송한 것으로 전해진 것이다. 한 사건의 정보전달 체계에 연달아 두 번이나 실수가 발생한 셈이다. 이같은 정보는 주일미군사령부와 한미연합사령부에도 송신되고 말았다. 더구나 15일에는 일본 공안조사청이 입수했다는 김일성 암살설이 도쿄의 증권가와 외교가에 나돌면서 사망설은 터무니없이 확대됐다. 이같은 '사망설'은 16일 조선일보에 최초로 보도된다. 하지만 '사망설' 보도는 크게 문제될 것이 없었다. 국방부 발표가 있었던 17일과 이후 18일 오전까지 거의 대부분의 언론이 '사망'으로 보도함으로써 오보로 발전된 것이다.

▪ 건재한 김정일을 2008, 2009년 연달아 피습사망했다고 오보

지난 2008년 5월 26일 인터넷신문 뉴스타운을 통해 제기됐던 '김정일 사망설'이 28일 또 다른 인터넷 신문을 통해 재차 제기됐으나 모두 오보였다.

'뉴스한국'은 이날 북한 군부 내 유력한 정보망을 보유하고 있다는 남한 내 북한 소식통의 말을 인용해 "김정일 국방위원장의 전용차가 2008년 5월 26일 오후 7시에서 8시경 평양 대성구역과 황해남도 안악군 사이 도로상에서 피습된 상태에서 흘러내린 혈흔이 남아 있는 그대로 버려진 채 발견됐다"고 보도했다.

신문은 또 "중국 고위급 공안 정보통이 '김정일 위원장의 피습이 100% 확실하며 사망한 것으로 보인다'고 (남한내) 북한 소식통에 전해왔다"고 보도했다.

하지만 이들 보도는 모두 오보였다. 우리 정보 당국은 "현재 북한 내부에서는 김정일이 피습됐을 것으로 보이는 징후나 움직임이 전혀 포착되고 있지 않다"며 그 가능성을 일축했다. 실제 북한 조선중앙통신은 5월 29일 김정일이 함경남도 함흥에 있는 대표적 섬유기업인 2.8비날론연합기업소를 현지 지도했다고 보도했다.

통신은 김정일이 이 공장의 '혁명사적관'을 참관한 뒤 새로 건설되고 개선된 시설을 둘러보면서 기술개선과 생산실태를 파악했으며, 방대한 공사를 짧은 기간에 끝낸 데 대해 만족을 표시하고 근로자들의 공로를 치하했다고 전했다.

김정일은 2011년 12월 17일 현지 지도 방문차 탑승한 열차에서 과로로 인한 중증급성 심근경색과 심장 쇼크로 사망했다고 이틀 후인 12월 19일 조선중앙통신과 조선중앙방송이 공식 발표했다.

김정일의 경호원 출신이었던 탈북자 이영국씨는 자신의 저서 '나는 김정일 경호원이었다(시대정신, 2002)'에서 "김정일이 가려고 하는 지역에서는 2시간 전부터 행사장 주변을 수색하고 차단 또는 근무 증강이 이루어진다"고 밝히면서 피습 가능성은 거의 불가능하다고 밝힌 바 있다.

그는 "행사가 진행되면 지방에 있는 현지 경호원들이 1선을 형성하고 평양에서 내려온 경호원들이 2선과 3선을 이루어 경호한다. 또한 보위부 행사과는 4선, 사회안전부 행사과는 5선, 각 지방 보위부, 사회안전부는 6선을 담당한다"며 김정일에 대한 철통같은 경호를 증언했다.

하지만 이후에도 김정일 피습사망설은 꼬리를 감추지 않았다. 2009년 12월 1일 오전 인터넷 커뮤니티를 중심으로 피습사망설이 퍼지면서 증권가를 강타했다. 이같은 소문은 2008년 5월에 있었던 피습사망설의 재탕인 것으로 밝혀졌으나 이날 코스피지수는 장중 한때 20포인트 가량 급락해 1540선을 위협하다가 루머로 확인되면서 1567.12로 마감했다.

▪ 침몰사망자 292명에 포함된 서해 페리호 선장을 살아 도주한 파렴치범으로 몰아

1993년 10월10일 전북 부안군 위도면 앞바다에서 서해훼리호가 풍랑에 휩쓸려 침몰, 292명이 사망하는 참사가 발생했다.

전 언론 머리기사를 장식했던 서해훼리호 참사 당시 한겨레신문은 "선장 백운두씨가 살아있다"고 보도했다. 한겨레는 12일 "구조작업에 나선 유진호 선장 최문수씨는 백씨가 소맷자락 하나 젖지 않은 채 구조어선에서 내리는 것을 봤다"고 보도했다. 이후 백씨의 행방을 놓고 "백선장 육지로 도주한 듯"(조선일보) "백선장 군산 오식도에 있다"(서울신문) 등 온갖 추측성 기사가 쏟아졌다. 검찰도 백씨가 도피중인 것으로 보고 백씨를 찾는데 수사력을 모았다. 하지만 10월 15일, 백 선장의 사체가 인양됐다. 백 선장은 가장 먼저 도망친 파렴치범이 아니었다. 최문수씨가 본 백선장은 백선장과 외모가 비슷한 인물이었다.

▪ 2000년에 죽은 김정일 금고지기 길재경이 2003년 망명했다고 보도

국내 언론들은 2003년 5월 17일 오전부터 김정일의 금고지기인 길재경(吉在京) 노동당 총서기실 부부장의 미국 망명 소식을 전했다.

이 소식은 연합뉴스가 서울의 외교소식통을 인용, 이날 오전 8시 18분 첫 보도를 한데 이어 문화일보가 이를 1면 머리로 다뤘으며 KBS MBC SBS 등 방송사들도 저녁 메인뉴스 등에서 주요 기사로 처리했다. 주말이라 다른 신문들은 인터넷판에서 이 기사를 다뤘다.

특히 첫 보도를 했던 연합뉴스는 '김정일 총서기실 길재경 부부장은 누구인가' '북 고위인사 망명일지' 등 관련기사를 잇따라 내보냈다. 연합뉴스는 "김정일 노동당 총서기실 부부장인 길재경이 마카오의 북한 조광무역공사 부사장 한명철씨와 안모씨 등 2명과 함께 얼마전 제3국에서 미국측에 망명을 요청해와 현재 안전한 곳에 머물러 있다"며 "길재경은 이 두 사람과 반드시 동행해야 한다는 것을 전제조건으로 내걸었다"고 보도했다.

그러나 이는 오보였다. 길재경은 2000년 6월7일 사망해 북한의 평양 애국열사릉에 묻혀있는 것이 확인됐기 때문이다. 이같은 오보는 5월 19일자 중앙일보의 보도로 확인됐다. 중앙일보 기자가 2003년 2월17일 남북역사학자 공동학술토론회 취재차 방북, 평양 형제산구역 신미동 애국열사릉을 방문했을 때 찍은 2백여장의 묘비 사진 속에서 길재경 부부장이 지난 2000년 6월7일 사망했다는 사진을 찾아내 보도함으로써 확인됐다.

중앙일보가 보도한 묘비 사진에는 묘비 맨 윗부분에 길재경 부부장의 사진이 실려있고 그 아래에 '길재경 동지 당중앙위원회 부부장, 1934년 10월18일생 2000년 6월7일 서거'라고 적혀있었다. 이에 앞서 길재경 부부장과 함께 망명했다고 보도된 한명철 북한 조광무역공사 부사장은 18일 연합뉴스와 가진 전화 인터뷰에서 자신의 행방불명설과 관련, "나는 지금 마카오에서 정상 근무하고 있다"며 "직접 와서 사진을 찍어도 좋다"고 말했다. 한명철 부사장은 또 "미국 망명설이 제기된 김정일 노동당 총비서 서기실의 길재경 부부장은 이미 돌아가셨다"고 밝혔다. 그는 "남한 언론들이 북한 문제를 연구하는 것은 좋은 일이지만 보도를 하려면 북한 사정을 제대로 알고 해야 한다"고 비꼬면서, "이번 길재경 부부장 망명설은 남한의 정보기관이 자행한 대북 모략소동으로 보인다"고 말했다.

한 부사장은 이어 "몇년 전에 이미 돌아가신 분을 보고 미국으로 망명했다고 주장하는 것은 명백히 명예훼손에 해당한다"면서 "허위 정보를 공개한 정보기관이나 언론들은 사과하라"고 비판했다.

이에 따라 연합뉴스는 19일 '길재경 망명설 사과합니다'라는 제목의 사과문에서 "국내외에 엄청난 파장과 물의를 빚은 데 대해, 해당 기사에 거론된 인사들 개인은 물론, 관련 기사를 실은 국내외 언론사, 그리고 국민 여러분께 진심으로 사과를 드린다"고 말했다.

다른 언론사들의 사과·정정도 잇따랐다. KBS도 같은날 9시 뉴스에서 "이번 망명설과 같은 북한 보도는 사실확인이 어렵다는 고충이 있기는 하지만 진상을 끝까지 확인하지 않고 보도한 것은 잘못"이라는 사과방송을 내보냈다. 경향신문은 20일자 1면에 '길재경 망명설 오보 사과드립니다' 제하의 알림기사를 게재했다.

■ 스티브 잡스 사망 오보 : 실제 사망일보다 26일 앞당겨져

애플의 창시자이자 전 CEO 스티브 잡스는 2011년 10월 5일 향년 56세로 사망했다. 사인(死因)은 췌장 신경내분비종양이었다. 하지만 그가 약 1개월 전인 9월 9일 사망했다는 보도로 세계가 충격에 빠진 적이 있다. 명백한 오보였다.

오보의 진원지는 미국 CBS뉴스의 트위터 '왓츠 트렌딩'(What's Trending). 유명 블로거이자 방송인인 시라 라자르(여, 당시 28세)는 9월 9일 트위터에 '스티브 잡스가 세상을 떠났다'(Steve Jobs has passed away)는 글을 포스팅했고 이 소식은 전 세

계의 트위터망을 통해 급속도로 퍼졌다.

스티브 잡스 사망 글이 올라오자 수많은 네티즌들은 이 글을 퍼날랐고 일부 매체들까지 가세하면서 이 소문은 전 세계로 일파만파 퍼져나갔다. 그러나 1분 후 이 글은 사실이 아님이 드러났다. 이글을 최초로 포스팅한 라자르는 곧바로 "스티브 잡스 사망 소식은 확인하지 않은 내용이다. 정확하지 않은 내용을 올려 죄송하다"고 밝히며, 해당 글을 삭제했다. 또 자신의 개인 트위터에도 같은 내용을 올리며 사과했다. 이처럼 사태가 커지자 CBS도 비난의 화살을 피하지 못하고 사과했다.

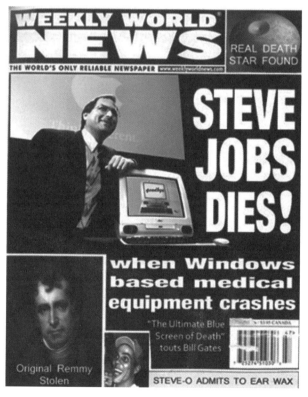

△ 스티브 잡스의 사망사실을 보도한 미 위클리 월드뉴스.

라자르의 오보 소동이 신빙성 있게 퍼진 까닭은 스티브 잡스의 건강 상태 때문이었다. 스티브 잡스는 2011년 8월 24일 갑자기 애플의 CEO에서 물러났다. 스티브잡스는 당시 명확한 사임 이유를 밝히지 않았지만 세계 언론들은 건강상의 이유를 들었다. 스티브잡스는 2004년 췌장암 수술과 2009년 간 이식 치료를 받아 수차례 병가를 낸 바 있다.

▪ 2019년에 103세 맞는 배우 커크 더글러스, 5년전 부고기사에 당황

우리에겐 영화 'OK목장의 결투'(Gunfight At The O.K. Corral), '우정의 건맨'(Draw!), '분노의 악령'(The Fury)등에 출연해 잘 알려진 할리우드 배우 커크 더글러스(Kirk Douglas)가 자신의 사망기사를 인터넷서 보는 기막힌 일이 벌어졌다.

2019년 12월 9일로 103세를 맞는 할리우드의 전설적인 배우 더글러스는 아직도 노익장을 과시하고 있지만 2014년 12월 1일 영국 오렌지뉴스 등 외신에 사망한 것으로 보도됐다.

△ 드라마 '더글러스 패밀리'에서의 커크 더글러스와 역시 배우인 아들 마이클 더글러스

이는 미국의 유명 온라인 매체인 피플 닷컴서 벌어진 일. 기사제목은 'DO NOT PUB Kirk Douglas Dies'라고 분명한 사망기사였다. 기자가 더글러스 사망 때까지 '게재하지 말라'고 적은

'DO NOT PUB(publish)'이라는 문구가 그대로 실린 것이다.

기사는 2014년 당시 98세의 더글러스가 어떻게 할리우드 스타가 되었고, 또 유명한 배우 가정의 가장이 됐는지를 기술했다. 하지만 더글러스가 무슨 병으로 사망했는지는 밝히지 않았다.

그는 전성기때 영화 '형사이야기' '율리시스' '스팔타커스' '해저2만리' '바이킹' 'OK목장의 결투'를 거쳐 2000년 전후까지도 영화 '홀로코스트' '일루전' 등과 드라마 '더글라스 패밀리'에 출연했다.

▪ 교황 바오로 2세·레이건·제럴드 포드·헬무트 콜·만델라·딕 체니·피델 카스트로·마크튀웨인도 생전에 부고기사 나가

살아있는 유명인의 부고기사(obituary)는 자주 나온다. 기사를 미리 써두기 때문에 실수로 벌어지는 일이다. 2003년 미국 CNN 방송 홈페이지의 오류로 당시 멀쩡히 살아있던 로널드 레이건 전 대통령, 딕 체니 부통령, 피델 카스트로 쿠바 국가평의회 의장의 부고 기사가 인터넷에 급속히 퍼졌다. 교황 요한 바오로 2세, 제럴드 포드 전 미국대통령, 넬슨 만델라 전 남아공 대통령, 헬무트 콜 전 서독 총리 등도 실제 사망에 앞서 부고 기사가 나왔다.

미국 작가 마크 트웨인은 1897년 뉴욕 헤럴드에 보도된 자신의 부고기사를 보고 유명한 한마디를 남겼다. "내 사망기사가 너무 과장됐군요(greatly exaggerated)". 1835년생인 그는 이후 13년을 더 살다 1910년 타계했다.

2015년 3월 CNN과 주요 중화권 언론들이 리콴유 전 싱가포르 총리의 사망 며칠 전 오보를 냈는데, 가짜 싱가포르 정부 웹사이트에 속았기 때문이다.

2018년 8월 'Z' '계엄령' 등을 만든 그리스 출신 영화감독 코스타 가브라스(Costa Gavras, 1933-)의 사망 기사는 의도된 가짜뉴스임이 드러났다.

영화 '여인의 향기' '홈랜드' '아메리칸 어페어' '인디펜던스 데이'의 연기파 배우인 제임스 레브혼(James Rebhorn)은 2014년 3월 21일 암으로 사망했으나 죽기 3개월전인 1월 초 자신의 사망기사를 봤었다.

▪ 코미디의 제왕 밥 호프는 사망 5년전 자신의 부고소식 듣고 조크

영국출신의 전설적인 미국 코미디언 밥 호프((Bob Hope)는 2003년 7월 27일 100세를 일기로 별세했다.

그런데 밥 호프의 사망소식이 그가 95세 때인 1998년 6월 5일 AP 통신의 실수로 알려지는 바람에 미국을 비롯한 세계의 많은 언론이 망신을 당하고 사망소식을 발표한 정치인이 사과를 하는 소동이 벌어졌다.

사건의 발단은 AP 통신이 미리 준비해둔 밥 호프 부고기사가 이날 자사의 인터넷 웹사이트에 실수로 올려지는 바람에 비롯됐다. 딕 아메이 공화당 하원 원내총무는 인터넷에서 이 기사를 발견하고 밥 스텀프(공화, 애리조나)의원에게 이 사실을 하원회의에서 발표하라고 지시하고 애도를 표할 것을 제의했다.

스텀프 의원의 호프 사망 발표는 C스팬 방송에 의해 생중계됐고 이를 받아 다른 신문 방송들이 앞다투어 보도하는 사태가 벌어졌다. AP 통신은 실수를 확인하고 급히 인터넷 사이트에 올렸던 호프의 사망소식을 삭제했으나 이미 하원에서 발표된 뒤였다.

루스 거쉬 AP통신 멀티미디어 담당 편집인은 "미리 준비해둔 호프 부고기사는 우리 직원들만 볼 수 있는 내부통신망(인트라넷)에 언제라도 수정할 수 있도록 올려 놓았던 것인 데 코드입력 실수로 AP 웹사이트에 동시에 나가게 돼 이같은 소동이 벌어졌다"고 해명했다. 이 시각, 95세의 호프는 캘리포니아에서 아침식사를 하고 있었다. 호프는 "나는 여러 번 죽었지만 여전히 여기 잘 있다"고 조크를 던졌다. 호프의 딸 린다도 "아버지는 '여전히 잘 있다'면서 이번 사건을 웃어 넘겼다"고 전했다.

그런데 이와 비슷한 실수가 지난 그해 6월 16일 또다시 발생했다. 이번에는 CNN방송이 저질렀다. 유명인사들의 갑작스런 사망에 대비해 미리 작성해둔 부음기사가 인터넷 사이트를 통해 실수로 유통된 것이다.

▪ 해지펀드계 거물 조지 소로스도 2013년 부고기사 나가

세계적인 뉴스통신사 로이터가 헤지펀드계의 거물 조지 소로스(사진)의 사망에 대비해 미리 써둔 기사를 실수로 내보내 망신을 샀다.

George Soros, enigmatic financier, liberal philanthropist dies at XX

👍Recommend 🔲 17 people recommend this. Be the first of your friends.

By Todd Eastham
WASHINGTON, XXX | Thu Apr 18, 2013 5:41pm EDT

🐦 Tweet ⟨1⟩

in Share

f Share this

⟨1⟩

✉ Email

(Reuters) - George Soros, who died XXX at age XXX, was a predatory and hugely successful financier and investor, who argued paradoxically for years against the same sort of free-wheeling capitalism that made him billions.

2013년 4월 19일 영국 일간 텔레그래프에 따르면 로이터는 이날 오전 6시 41분(한국시간) '수수께끼 금융가, 자유주의적 박애주의자 조지 소로스 XX세로 사망'(George Soros, enigmatic financier, liberal philanthropist dies at XX)이라는 제목의 기사를 타전했다.

△ 2019년 89세를 맞은 조지 소로스

기사에서도 소로스의 나이와 사망 날짜를 일단 'XX'로 표시해 둔 것이 그대로 전송됐다. 소로스는 1930년생이다.

로이터는 10여분 뒤 '알림' 기사를 낸 언론사들에 실수를 알리고 "앞서 발행한 기사는 무시해달라"고 요청했다. 로이터는 해명자료를 통해 "소로스 측 대변인은 그가 살아있고 건강하다고 알려 왔다"며 "실수를 저질러 유감(regret)"이라고 밝혔다.

로이터의 밥 버그 커뮤니케이션 책임자는 "누군가 실수로 발행 버튼을 눌렀다"면서 "데스크의 실수였다"고 말했다.

워싱턴포스트의 칼럼니스트 알렉산드라 페트리는 소로스에 대한 야박한 평을 보고 '조지 소로스와 크리스마스 캐럴'이라는 글을 블로그에 올렸다. 그는 "이번 일은 소로스에게 소설 '크리스마스 캐럴'의 스크루지 영감처럼 자신을 뒤돌아 볼 수 있는 대단히 좋은 기회"라면서 "소로스 당신이 로이터가 묘사한 것처럼 남고 싶지 않다면 아직 인생을 바꿀 시간이 있다"고 비꼬았다.

20세기 최고의 펀드매니저로 꼽히는 조지 소로스는 '퀀텀 펀드'로 유명하다. 그는 1992년 유럽 각국의 통화가 불안정한 틈을 타 영국 파운드화를 투매해 10억달러를 벌어들이면서 논란이 됐다. 1997년 아시아 금융위기의 주범으로 꼽히기도 했다. 하지만 그는 자신의 이름을 딴 재단을 설립해 자선 활동을 펼치고 있으며, 검소한 생활로도 유명하다.

■ 하루 앞당겨진 신성일 김근태씨 별세보도 : 언론사마다 기사 삭제 소동

2018년 11월 3일 토요일 저녁 인터넷에는 '한국 영화계의 거장 신성일씨 별세'라는 속보가 빗발쳤다. 하지만 신씨는 4일 새벽 2시 눈을 감았다. 가족들이 서울의 한 병원 영안실을 예약하는 과정에서 흘러나온 정보가 삽시간에 퍼진 때문이었다. 수백 개 매체가 '일단 올리고 보자'며 속보 경쟁을 하다보니 '오보'소동은 이날 저녁 내내 이어졌다. 신 씨 사망소식을 가장 먼저 전한 연합뉴스는 정정기사와 함께 사과문을 실었다. 마지막 가는 길을 1초라도 더 잡고 싶었던 가족들에겐 큰 상처가 됐을 것이다.

한편 민주화의 대부로 불리며, 세 차례의 국회의원과 노무현 정권 당시 보건복지부장관과 열린우리당 원내대표로 여당 지도부를 이끌었던 김근태 전 민주통합당 상임고문 겸 한반도재단 이사장이 뇌정맥혈전증에 2차 합병증이 겹치면서 패혈증으로 2011년 12월 30일 오전 5시 30분 입원중인 서울대병원에서 64세의 나이로 별세했다.

그런데 하루전인 12월 29일 오후 7시 YTN이 김근태 상임고문이 별세했다는 뉴스를 자막으로 내보낸데 이어 연합뉴스가 7시 4분경 미리 작성해 둔 기사를 송고했고 여러 언론사들이 이를 받아썼다.

인물 정보

삼가 고인의 명복을 빕니다

김근태 정당인, 전 국회의원

출생-사망   1947년 2월 14일 (경기도 부천) - 2011년 12월 29일
소속   민주당 (상임고문)
학력   서울대학교 경제학 학사
경력   2010.08~ 우석대학교 석좌교수
　　　 2008.02~ 민주당 상임고문
　　　 2008~2008.05 제17대 통합민주당 국회의원
사이트   블로그, 미니홈피

프로필 더보기

△ 2011년 12월 29일 네이버 인물정보 코너의 김근태 상임고문. 흰 국화 이미지와 함께 '삼가 고인의 명복을 빕니다'라
는 문구를 띄우고 있다

　　상당수 인터넷 매체들까지 가세하면서 사망보도 소동은 걷잡을 수 없이 번졌다. 하지만 불과
10여분 만에 김 고문의 사망 소식은 사실이 아닌 것으로 밝혀지면서 해당 언론사들은 해당 기사
를 삭제했다.

　　민주통합당은 서둘러 국회 출입기자들에게 휴대전화 문자 메시지로 사실이 아니라고 밝혔다.
한반도재단측도 "김근태 이사장은 아직 숨을 쉬고 있으며 별세하지 않았다"며 "손학규 전 대표,
정동영 의원 등 민주통합당 의원들이 오후 7시 현재 면회하고 있다"고 밝혔다.

　　김 고문이 위독한 상태였던 건 사실이었지만 명백한 오보였다.

　　그러나 가라앉던 사망보도 소동은 네이버 등 일부 포털에 의해 다시 불거졌다. 김 고문에 대한
인물검색 코너에 '추모게시판'을 마련, 흰 국화 이미지와 함께 '삼가 고인의 명복을 빕니다'라는
문구를 띄운 것. 연합뉴스는 즉각 기사를 삭제하고 김근태 고문 별세 이틀째인 2012년 1월1일
'사고(社告)'를 통해 오보에 대해 사과했다. 코미디언 이주일씨도 2002년 사망하기 5분 전에 사
망 속보가 나가 논란이 되기도 했다.

▪NYT의 리즈 테일러 부고기사는 리즈보다 6년전 사망한 기자가 작성

　　2011년 3월 23일 뉴욕타임스(NYT) 1면에 나갔던 여배우 엘리자베스 테일러의 부고 기사가

화제다. 4천여자에 이르는 방대한 이 기사는 내용이 워낙 충실해 많은 사람들로부터 눈길을 끌었다. CNN 속보보다 1시간 반 전에 속보를 내보낸 것은 물론 NYT 인터넷판에는 '미의 화신'의 일생을 촘촘하게 기록한 4페이지 분량의 기사가 올라왔다.

그런데 기사보다도 더 놀라게 한 것은 글을 쓴 기자였다. 부고 기사를 쓴 '멜 구소'(Mel Gussow)는 뉴욕 타임스에 35년간 근무한 평론가이자 영화전문기자로, 2005년 4월 29일에 71세의 나이에 암으로 사망했다. 6년 전에 죽은 사람이 2011년에 죽은 테일러의 부고 기사를 쓴 것이다. 테일러가 사망할 것을 대비해 기사를 미리 써뒀는데, 정작 기사의 주인공보다 기사 작성자가 먼저 사망한 셈이다. 부고기사를 미리 준비했더라도 죽은 사람의 바이라인(by—line: 기사에 필자 이름을 넣는 것)을 넣는 경우는 드물지만 뉴욕타임스는 이미 6년 전에 죽은 기자의 이름을 당당하게 기사 앞에 집어넣었다.

NYT 빌 맥도널드 에디터는 "구소의 테일러 부고 기사는 너무나 훌륭했다. 그리고 우리는 독자들이 이 부고 기사를 즐길 것이라 느꼈다. 이 기사에서 배울 것이 있을 것이라 생각했다. 던져버리기엔 너무 아까운 기사였다"고 말했다.

NYT의 돈 밴 네이터(Natar)기자는 트위터를 통해, "훌륭했던 (기자로서의) 삶이 부음 기자의 생명을 연장해줬다"라고 썼다.

△ 왕년의 엘리자베스 테일러

NYT에 이미 사망한 기자가 써놓은 부고 기사가 실린 것은 처음이 아니다. 2003년 미국 코미디 황제 밥 호프가 100세로 사망했을 때 그의 부고 기사를 쓴 사람은 3년 앞선 2000년 사망한 빈센트 캔비 기자였다.

ELIZABETH TAYLOR, 1932-2011
A Lustrous Pinnacle of Hollywood Glamour
By MEL GUSSOW
Published: March 23, 2011

Elizabeth Taylor, the actress who dazzled generations of moviegoers with her stunning beauty and whose name was synonymous with Hollywood glamour, died on Wednesday in Los Angeles. She was 79.

Enlarge This Image

A spokeswoman at Cedars-Sinai Medical Center said Ms. Taylor died at 1:28 a.m. Pacific time. Her publicist, Sally Morrison, said the cause was complications of congestive heart failure. Ms. Taylor had had a series of medical setbacks over the years and was hospitalized six weeks ago with heart problems.

CBS Photo Archive/Getty Images
Elizabeth Taylor in 1957. More Photos »

In a world of flickering images, Elizabeth Taylor was a constant star. Fir

▪ 살아있던 메르스 35번 환자 사망 오보

YTN은 세인의 관심을 끌었던 이른바 '삼성서울병원 메르스 감염 의사이자 35번 환자'인 박모 씨가 2015년 6월11일 오후 8시32분 경 사망했다고 보도했다. YTN은 "의료계 관계자들에 따르면 박씨는 11일 오후부터 뇌 활동이 사실상 정지해 있다 끝내 숨진 것으로 전해졌다"며 "전날 산소마스크를 쓰고 있다가 11일은 혈액순환을 강제로 해주는 장치인 에크모(ECMO)를 착용할 정도로 심각한 상태로 접어들었다"고 보도했다.

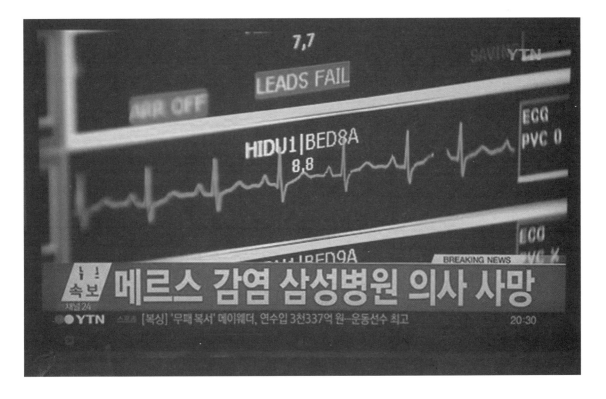

그러나 살아있다는 보건복지부의 반박 발표가 나오자 YTN은 20분 만에 오보를 인정했다.

보건복지부는 해명 자료를 통해 "35번 환자는 뇌사 상태가 아니며, 현재 호흡 곤란이 있어 적절한 치료를 받고 있으나 생명이 위독한 상황이 아님을 주치의를 통해 확인했다"고 밝혔다. 박씨가 입원중인 서울대병원 측도 "박씨는 뇌사 판정을 받지 않았다. 뇌사 판정을 받았다는 것은 잘못 알려진 사실"이라고 설명했다. 이에 앞서 한국일보는 이날 오후 6시33분 '단독보도'라며 '메르스 감염 삼성서울병원 의사 뇌사'란 제목의 기사를 올렸다가 오후 11시14분에는 '삼성서울병원의사 뇌 손상 위중'으로 수정했다.

질병관리본부 중앙방역대책본부는 35번 환자인 박씨가 메르스 감염 약 5개월만인 2015년 12월 6일 11시에 퇴원했다고 밝혔다. 박씨는 삼성서울병원 응급실에서 14번 확진환자와 접촉, 지난 6월 4일 감염됐었다.

▪ 암으로 20일전 사망한 사람을 정상적으로 살고있다고 보도

국민일보는 1993년 3월19일자 '암과 싸운다'시리즈 14편에서 뇌종양수술을 받고 쾌유한 홍모씨 이야기를 다뤘다. 홍씨는 감마나이프 방사선 수술(Gamma knife radiosurgery)을 받았다. 감마나이프란 두피나 두개골을 절개하지 않고 감마선을 사용해 머리속의 질병을 치료하는 최첨단 뇌수술 장비로 세계적으로 가장 많이 환자를 치료하고 있는 방사선수술 장비이다. 주로 외과적 수술이 어려운 선천성 뇌동정맥 기형, 뇌하수체 종양, 수막종, 신경초종, 전이성 뇌종양, 파킨슨병 등 뇌질환 환자의 시술에 효과가 큰 것으로 보고되고 있다.

국민일보는 "수술 2개월째 홍씨의 뇌종양은 지름이 1cm 정도로 줄어든 것으로 나타났고 종양의 감소가 꾸준히 확인됐다"면서 "몸무게가 7kg 정도 늘었을 뿐 모든 것이 정상"이라고 전했다. 하지만 홍씨는 보도 당시 이미 뇌종양으로 사망한 뒤였다. 가족들은 홍씨가 사망했는데 주위에서 자꾸 살아있느냐고 물어봐 피해가 크다며 언론중재위 조정신청을 냈다. 홍씨는 보도가 나가기 20여일 전 사망한 것으로 드러났고, 국민일보는 4월 12일 홍씨 사진과 함께 정정보도문을 냈다. 해당 기사를 쓴 기자는 "솔직히 시간에 쫓겨 확인을 하지 않고 썼다. 홍씨는 전부터 알고 있었고 가끔 병세 확인도 했는데 마지막 순간에 확인하지 않고 쓰는 바람에 실수를 했다"고 밝혔다.

▪ 김정은 애인 현송월 모란봉악단장 처형설은 가짜뉴스

조선일보는 김정은 노동당 제1비서(당시 직함, 현재는 노동당 위원장)의 애인으로 알려진 가수 현송월을 포함해 북한 유명 예술인 10여명이 김정은의 지시를 어기고 음란물을 제작·판매한 혐의로 2013년 8월 20일 공개 총살됐다고 8월 29일 보도했다.

△ 김정은과 현송월

조선일보는 중국 내 복수의 대북 소식통을 인용, 가수 현송월과 은하수 관현악단장 문경진 등은 지난 2013년 6월 김정은의 '성(性) 녹화물을 보지 말 것에 대하여'란 지시를 어긴 혐의로 같은해 8월 17일 체포됐으며 3일 만에 전격 처형됐다고 전했다. 이들은 은하수 악단과 왕재산 경음악단 소속의 가수·연주가·무용수로 자신들의 성관계 장면을 촬영해 판매하고 음란물을 시청한 혐의를 받았으며 이들이 제작한 음란물은 중국에까지 유출된 것으로 알려졌다고 조선일보는 전했다. 소식통은 "공개 처형은 은하수·왕재산·모란봉 등 주요 예술단원과 사형수 가족이 지켜보는 데서 기관총으로 진행됐고 사형수 가족은 모두 정치범수용소로 끌려간 것으로 안다"고 말했다고 조선일보는 전했다. 소식통은 "일부는 성경책을 소지한 사실이 적발됐으며 사형된 예술가는 모두 정치범으로 규정됐다"고 말했다. 은하수 악단은 북한 '퍼스트 레이디' 리설주가 활동했던 곳이지만 리설주의 이번 사건 개입 여부는 확인되지 않았으며 은하수·왕재산 악단은 이번 사건으로 해체됐다고 소식통은 전했다.

현송월은 보천보 전자악단 소속 가수로 김정은이 리설주와 결혼하기 전에 그녀와 사귀었다는 소문이 나돌았다. 문경진은 2005년 헝가리 '카네티 국제 바이올린 콩쿠르'에서 우승한 북한의 대표적인 연주가다. 그는 '공훈 배우'칭호까지 받았다.

조선일보는 2013년 9월 8일에도 미국의 자유아시아방송(RFA) 보도를 인용, 현송월 공개처형 사실을 전하면서 "처형된 장소는 평양시 순안구역 강건종합군관학교 전술훈련장"이라고 보도했다. 그러나 이 모든 보도는 오보였다.

조선일보는 2014년 5월 17일 지난해 총살 처형설이 나돌았던 북한 모란봉악단 단장이자, 김정은 노동당 제1비서의 애인으로 알려진 현송월이 생존해 있는 것으로 16일 확인됐다고 보도했다. 조선일보는 북한 조선중앙TV가 이날 제9차 전국예술인대회 개최 소식을 전하는 가운데 "모란봉악단 단장 현송월이 토론했다"고 보도했다고 전했다. 조선일보는 이에 따라 현송월이 은하수악단과 왕재산 경음악단 소속 북한 유명 예술인 10여명이 직접 성관계 장면을 촬영해 판매하고 음란물을 시청한 혐의로 작년 여름 총살됐다는 주장은 사실이 아닌 것으로 밝혀졌다고 전했다.

신뢰성 없는
취재원에 속아 쓴 오보

▪ 세월호 침몰사고 오보참사 : '단원고 학생·교사 전원구조'

세월호 침몰사고가 일어난지 두시간 남짓한 2014년 4월 16일 오전 11시 10분 경. 언론들은 "경기 안산 단원고등학교 사고대책본부가 세월호에 타고 있던 2학년 학생과 교사 전원이 구조됐다고 오전 11시 5분 해경으로부터 통보받았다"고 일제히 보도했다. 그러나 오후 2시, 중앙재난안전대책본부(중대본)는 탑승객 477명 중 368명을 구조했다고 밝혔다. 오후 3시, 중대본은 368명이 아닌, 180명을 구조했다고 정정했다. 언론은 오보책임을 중대본에 돌렸다. 오후 4시, 탑승인원 476명, 생존자 174명으로 잠정 집계됐다. 보도를 믿고 있던 실종자 가족들의 가슴을 무너져 내리게 한 '오보참사'였다.

지상파·종편·보도채널의 '학생전원구조' 오보 시간

방송사	최초 오보시간	오보 보도형식	최초 정정시간
MBC	**11:01**	**자막,앵커코멘트,기자리포트**	**11:24**
YTN	11:03	자막, 앵커코멘트	11:34
채널A	11:03	자막, 앵커코멘트	11:27
뉴스Y	11:06	자막, 앵커코멘트	11:50
TV조선	11:06	자막, 앵커코멘트	11:31
SBS	11:07	자막,앵커코멘트,기자리포트	11:19
MBN	11:08	자막, 앵커코멘트	11:27
KBS	**11:26**	**자막,앵커코멘트,기자리포트**	**11:33**

-자료 출처:방송통신심의위원회

오보는 이어졌다. 4월 17일 YTN은 "오늘 낮 12시 반쯤부터 공기주입이 시도되고 있지만 성공하지 못했다"고 보도했다. 그러나 이날 오후 해양수산부는 산소 공급 장치가 아직 도착하지 않았다고 밝혔다. KBS는 4월 18일 오후 4시 30분경 자막을 통해 '구조당국 선내 엉켜있는 시신 다수확인'이란 속보를 내보냈다. 그러나 선내진입 성공 보도는 선내진입 실패로 정정 보도됐다. 국가재난 주관방송사 마저 엄청난 오보를 한 것이다. 결국 KBS의 오보는 길환영 사장의 사퇴로 이어졌다.

▪ 탈북자 말만 믿고 쓴 김정은 고모 김경희 독살설

미국 CNN은 2015년 5월 11일 탈북민 발언을 인용해 "김정은 북한 노동당 제1비서(당시 직명, 2016년 이후는 조선노동당위원장 겸 조선민주주의인민공화국 국무위원장)가 한 해 전인 2014년 5월 고모인 김경희 당 비서를 독살했다"는 내용의 보도를 내보냈다. 정부와 정보당국은 이 같은 보도에 대한 신빙성에 의문을 표시하며 우려를 나타냈다. CNN은 서울발 기사에서 고위 탈북민인 박 모씨(가명)와 인터뷰하면서 이같이 보도하고 "김정은이 2014년 5월 김경희를 죽이라고 지시했다"고 전했다. CNN은 그러나 북한이 지구상에서 가장 폐쇄적이고 억압적인 국가이기 때문에 박 씨의 이런 주장을 자체적으로 확인할 방법은 없다고 덧붙였다. 박씨는 인터뷰에서 "당시 김정은의 경호를 담당하는 974부대만이 김경희의 독살 사실을 알고 있었지만 지금은 고위 관리들도 알고 있다"고 주장했다.

박씨는 김경희가 자신의 남편이자 북한 제 2인자였던 장성택이 처형된 이후 강한 불만을 표출했으며 김정은은 이런 불만을 잠재우려 했다고 설명했다.

박씨는 처형된 장성택과 김경희가 어린 나이에 지도자가 된 조카 김정은을 내부적으로 이끄는 역할을 맡았으나 장성택과 김정은은 돈 문제에서 이견이 있었다고 주장했다.

그는 "김정은은 스위스 유학 시절 경험을 바탕으로 마식령 스키장과 문수 물놀이장을 만들고 싶어했지만 장성택은 경제를 살리는 것이 먼저라고 제안했다. 이때부터 갈등이 시작됐다"고 말했다.

박씨는 또 장성택은 공개 처형된 것이 아니라 지하 밀실에서 처형됐기 때문에 아무도 본 사람이 없지만 30명 가까이 되는 장성택과 김경희의 보좌진들은 공개 총살됐다고 말했다.

김경희는 2013년 9월 이후 공개 석상에 모습을 드러내지 않고 있으며 특히 장성택이 처형된 그해 12월 이후부터는 자택 감금설, 위독설, 뇌졸중 사망설, 자살설 등 신변이상설이 나돌았다.

국가정보원은 이같은 CNN 보도에 대해 2015년 5월 13일 국회 정보위 보고를 통해 "김경희가 아직 살아있다"고 밝혔다. 정부 관계자도 "김경희는 이미 정치적 수명이 다한 사람이고 가만히 놔둬도 아무런 위험이 없다"며 "김정은이 김경희를 독살할 정치적 동기나 유인도 없다"고 회의적인 반응을 보였다.

■ '이회창 대선후보 아들 병역비리 은폐' 보도는 취재원이 준 악의적인 허위 정보

1997년 15대 대선 당시 한나라당 이회창 후보의 두 아들 (이정연, 이수연) 모두가 병역을 면제 받았다는 의혹이 일었다. 특히 이후보 장남 정연씨의 경우 최초 병무청 징병검사에서 1급 현역 판정을 받았으나 추후 정밀 신체검사에서 신장이 178 cm인데도 체중은 45kg으로 군입대 면제를 받은 것에 대한 의혹이 제기됐다.

이 병역 관련 시비는 이 후보의 2002년 대선에도 다시 이슈가 됐다. 대구 출신으로 병무 관련 의정(醫政) 부사관이었던 김대업씨는 16대 대선을 앞둔 2002년 5월 일부 언론에 이 후보 장남 정연씨의 병역미필관련사항을 제보한 데 이어 7월 31일 기자회견을 열고 정연씨의 군면제에 비리가 개입돼 이를 은폐하려고 시도한 대책회의가 1997년에 있었고, 전태준 전 의무사령관이 장남의 신검부표를 파기토록 지시했다고 주장했다. 이에 대해 한나라당은 김대업과 이를 보도한 오마이뉴스, 일요시사 등을 상대로 소송을 냈다. 대법원 2부(주심 김용담 대법관)는 2005년 4월 29일 한나라당이 "허위 보도로 대선에서 치명적인 타격을 입었다"며 김씨와 인터넷신문인 '오마이뉴스', 주간지 '일요시사'를 상대로 낸 손해배상청구 소송에서 "피고인들은 연대해 1억 원을 배상하라"며 한나라당에 승소 판결한 원심을 확정했다. 배상액은 김씨 5천만 원, 오마이뉴스 3천만 원, 일요시사 2천만 원이다.

대법원은 판결문에서 "병역비리 은폐 대책회의가 열렸다는 보도를 진실로 인정할 만한 증거가 없으며, 오히려 대선에 영향을 주겠다는 피고 측의 악의가 의심된다"고 밝혔다.

김대업씨는 이와 관련한 형사사건에서도 명예훼손 및 무고, 공무원자격 사칭 등으로 2004년 대법원 확정 판결을 받아 1년 10월의 실형을 살았다. 하지만 이러한 의혹은 이회창 후보가 1997년과 2002년의 대선에서 민심을 잃어 패배하게 되는 주된 원인이 됐다. 판결문에도 적시돼 있지만 실제 2002 8월에서 9월 사이에 실시된 각 언론사의 여론조사 결과에 의하면 이회창 후보의 지지도가 병역비리 의혹으로 인하여 최대 11.8%까지 하락한 것으로 나타났다. 한나라당은 이러한 병풍 스캔들을 조직적인 정치공작이라고 주장해왔다. 이 판결에 대해 당시 김무성 한나라당 사무총장은 "김씨와 오마이 뉴스가 주도한 공작정치에 대한 최종 심판이 내려졌다"며 "그러나 당시 대통령 선거에 엄청난 영향을 미쳤고 그 결과 탄생한 정권이 나라를 어지럽히고 국민을 불편하게 만드는 상황에서 불과 1억 원의 벌금형이 선고된 것은 안타까운 일"이라고 말했다.

김대업 병풍사건은 2002년 5월 21일 오마이 뉴스가 김대업의 말을 인용, '이회창 후보측이 아들의 병역비리 은폐를 위한 대책회의를 가졌다'고 보도한 데서 비롯됐다. 김대업은, 7월 31일 기자회견을 갖고 직접 이 후보 아들의 병역비리 의혹을 제기했고, 이를 받아 당시 민주당 등은 이 후보 아들의 병역비리를 집중 공격했으나 대선이 끝난 한참 뒤 검찰 수사로 의혹은 허위로 밝혀졌다.

■ 재미 한인 유학생 하버드·스탠퍼드 동시합격 보도는 가족이 흘린 거짓 정보

한국 언론들은 2015년 6월 3일과 4일 미국 유학 중인 한국 여고생이 4년 전액 장학생으로 명문 하버드대와 스탠퍼드대에 동시 진학하게되는 록을 세웠다고 보도했다. 한국의 신문과 뉴스통신, 방송, 인터넷 매체들은 버지니아 주 토머스제퍼슨 과학고 3학년에 재학 중인 김정윤(미국명 새라 김, 당시 18세)양이 2014년 말 하버드대에 조기 합격한데 이어 2015년 초 스탠퍼드대와 코넬대, MIT(매사추세츠대 공과대학), 칼텍 등으로부터 합격통지서를 받았다고 보도했다. 특히 스탠퍼드대는 김양을 영입하고자 처음 1-2년을 스탠퍼드대에서 배우고, 다음 2-3년을 하버

중앙일보

2015년 06월 11일
02면 (사회)

'한인 여학생, 하버드·스탠퍼드 동시 입학' 보도
사실과 달라 독자 여러분께 거듭 사과드립니다

본지는 6월 4일자 24면에 '한인 여학생, 하버드·스탠퍼드 동시 입학' 기사를 실었습니다. 미국 버지니아의 토머스 제퍼슨 과학고 3학년인 김정윤양이 지난해 말 하버드대에 조기 합격한 이후 스탠퍼드대에 동시 합격했고, 하버드대와 스탠퍼드대의 요청에 따라 두 대학을 2년씩 다닌 뒤 김양의 뜻에 따라 졸업 학교를 정하도록 하는 파격적인 제안을 했다는 내용이었습니다.

그러나 본지가 두 대학에 문의한 결과 기사 내용은 사실이 아니었습니다. 두 대학 측은 "하버드대와 스탠퍼드대에서 동시에 배우거나 기간을 나눠 배우는 식의 프로그램은 없다"는 입장을 밝혔습니다. 하버드대 측은 기사에 거론된 여학생 김정윤양 가족이 제시한 합격 편지에 대해 "위조라고 확인한다"며 "김양은 하버드대에 합격하지 않았고 앞으로 다니지도 않을 것"이라고 밝

혔습니다. 스탠퍼드대 측은 "언론에 거론된 스탠퍼드대 교수 중 누구도 김양과 관련해 입장을 밝힌 바 없다"고 답했습니다.

이 기사를 처음 보도한 워싱턴 중앙일보의 전영완 객원기자는 "김양 가족으로부터 두 대학이 보냈다는 합격 편지 및 김양이 하버드·스탠퍼드대 교수들과 주고받았다는 e메일 등 20여 페이지의 문건을 받아 이를 근거로 기사를 작성했다"고 밝혔습니다.

그러나 김양을 지도했다고 가족들이 주장한 하버드대 조셉 해리스 교수는 워싱턴 중앙일보의 문의에 "김양에 대해 들은 바 없다"고 부인했습니다. 김양의 아버지 김정욱씨는 "미국에 도착하는 대로 상황을 파악해 입장을 밝히겠다"고 알려왔습니다.

본지는 사실 확인을 끝까지 하지 않고 보도해 독자들에게 혼란을 일으켰습니다. 독자 여러분께 거듭 사과드립니다.

(9.7*14.3)cm

드대에 다닌 뒤 최종 졸업학교를 김양이 선택하도록 하는 새로운 프로그램을 만들었다고 언론들은 전했다. 이에 당초 하버드대 진학을 결정했던 김 양은 두 대학에서 수학과 컴퓨터 분야를 동시 전공하기로 했다는 것. 언론들은 2008년 중앙일보 워싱턴특파원이었던 아버지를 따라 초등학교 5학년 때 미국에 간 김양은 6학년 때 미국 수학경시대회에서 최고 점수로 입상했으며, 특목고인 토머스제퍼슨 과학고에 진학해 4년 내내 A학점을 받고 미국 수능시험인 SAT에서 2400점 만점을 기록했다고 보도했다. 또 수학경시대회와 미국컴퓨터사이언스대회, 컴퓨터사이언스올림피아드, 인텔국제경시대회 등 다양한 대회에서 입상했다고 전했다.

하지만 이같은 보도는 오보였다. 김양 아버지가 제공한 자료를 확인하지 않고 최초로 보도한 미주 중앙일보 기사를 그대로 베껴쓰다 망신을 당한 것이다. 받아쓰기식 보도의 대표적 오보사례였다. 국내언론들은 10일과 11일 오보에 대해 공식 사과했다.

특히 중앙일보는 11일자 2면에 사과문을 내고 "사실 확인을 끝까지 하지 않고 보도해 독자들에게 혼란을 일으켰다"며 "거듭 사과드린다"고 밝혔다. 중앙일보는 첫 오보를 낸 미주 중앙일보 기사와 관련, "미주중앙일보 전영완 객원기자는 김 양 가족으로부터 두 대학이 보냈다는 합격 편지 및 김 양이 하버드·스탠퍼드대 교수들과 주고받았다는 e메일 등 20여 페이지의 문건을 받아 이를 근거로 기사를 작성했다"고 밝혔다. 미주중앙일보 또한 "합격 진위여부가 논란이 됐을 때 대학에 사실 확인 등 신속히 대처하지 못한 점 또한 깊이 반성한다"며 오보를 인정했다.

▪ 가짜 인터넷 논객 미네르바 기고문 게재·인터뷰 오보사건

소위 '미네르바 사건'이란 2007-2008년 '미네르바'라는 필명으로 인터넷 논객 활동을 한 '박대성'과 그에 관계된 여러 사건을 가리키는 말이다. 미네르바(Minerva)란 원래 로마 신화에 나오는 '지혜의 여신'을 가리킨다.

박대성(朴大成, 당시 31)은 '미네르바' 라는 필명으로 2007년 10월 2일부터 2008년 11월 무렵까지 국내외 경제 동향 분석과 예측에 관한 280개의 글을 다움(Daum) 아고라 경제토론방에 올렸다. 이 글들은 누적 조회수 730만여 건, 댓글 3만 3천여 개, 답변 글 2천여 개, 찬성 9만여 개, 반대 2천여 개의 기록을 세우고 있었다. 미국의 세계적인 투자은행인 리먼 브라더스(Lehman Brothers)의 파산을 예언한 것이 들어맞은 게 계기가 돼 주류 언론이나 지상파 방송 3사에서도 미네르바를 '인터넷 경제 대통령' 등으로 불렀다. 언론들은 미네르바가 S대 법대, 미국 N대 경제학 석사 출신으로 외국의 금융기관에서 일했던 엘리트라며 나이도 50대로 부풀리는 등 여러 허위보도를 했다. 하지만 박대성은 검찰에서 자신의 신상에 대해 '나이는 30대, 전문대 졸, 무직'이라고 말했다.

박대성은 주로 반MB(이명박)정부, 반여권 정서를 기조로 '제2의 외환위기 도래설' 등 한국 경제 위기론을 역설했다. 당시 결정적으로 문제가 된 글은 '정부, 달러 매수 금지 긴급 공문 발송'이라는 것으로, 검찰은 사실이 아닌 박대성의 글로 20억 달러의 방어비용이 발생했다고 주장했다. 검찰은 미네르바가 외환위기로 환전 업무가 중단됐으며 정부가 달러 매수를 금지하는 긴급 공문을 발송했다는 내용의 글을 올리자, 공익을 해칠 목적으로 인터넷에 허위 사실을 유포한 혐의(전기통신기본법 제47조 제1항 위반)를 적용, 구속기소했다.

그러나 서울중앙지법은 2009년 4월 20일 미네르바가 글의 내용이 허위라는 인식이 없었고 공익을 해칠 목적이 없었다며 무죄를 선고했다. 이듬해인 2010년 12월 28일 헌법재판소는 미네르바 처벌의 근거가 됐던 전기통신기본법 제47조 제1항(인터넷 허위사실유포 처벌)에 대해 위헌 결정을 내렸다. 헌법재판소는 이 조항이 "표현의 자유에 대한 제한입법이며, 동시에 형벌 조항에 해당하므로 엄격한 의미의 명확성 원칙이 적용된다"고 보았다. 이를 계기로 인터넷 실명제까지 표현의 자유 침해를 이유로 폐기됐다.

파이낸셜 뉴스의 곽인찬 논설 위원은 2008년 12월 2일 오후 5시께 '미네르바 자술서'라는 패러디 칼럼을 올리면서 그가 미네르바라는 소문이 퍼지기도 했으나 곽인찬 위원이 나중에 스스로 패러디였다고 밝히면서 일단락됐다.

미네르바가 한창 인기를 끌 때 허경영(민주공화당 총재)은 미네르바는 50대의 금융엘리트이고 자신이 정체를 안다라고 주장했다가 박대성이 체포된 후 꿀먹은 벙어리가 됐다.

그런데 동아일보의 자매지인 시사월간지 신동아가 게재한 인터넷 논객 '미네르바'의 기고문과 인터뷰 기사가 오보로 밝혀짐으로써 큰 파문이 일었다.

신동아는 2008년 12월호에 자체 취재한 미네르바 기고문을 실었으며, 2009년 2월호에는 '미네르바는 금융계 7인 그룹…'이라는 내용으로 자칭 미네르바라고 주장하는 K씨(당시 34세)의 인터뷰 기사를 실었다. 하지만 신동아에 실린 기고문과 인터뷰 기사는 진짜 미네르바인 박대성씨가 기고한 것도, 그가 인터뷰에 응한 것도 아니었다. 이같은 사실은 2009년 1월 7일 검찰에 전기통신기본법위반 혐의로 긴급 체포된 30세의 박대성씨가 진짜 미네르바로 밝혀짐으로써 드러났다. 동아일보는 미네르바가 K씨 아닌 박대성으로 밝혀짐에 따라 2009년 2월 17일 신문 1면에, 같은 날 발행한 〈신동아〉 3월호는 표지에 오보 사과문을 게재했다. 동아일보는 "자칭 미네르바 K씨가 후속 취재에서 자신은 미네르바가 아니라고 당초의 발언을 번복했다"며 "신동아는 발언 내용과 번복 배경을 검증하는 과정에서 K씨가 미네르바가 아니라고 판단했다"고 밝혔다. 이어 "신동아의 오보에 대해 독자 여러분께 진심으로 사과드리며 이번 일을 뼈아픈 자성의 계기로 삼아 신뢰받는 언론으로 거듭나도록 노력하겠다"고 했다. 동아일보사의 자존심을 크게 훼손한 이 사건은 진상조사 보고서 발표 및 관련인사를 해임, 정직 등 문책하는 것으로 매듭지어졌다. 같은 해 4월 무죄를 선고받고 풀려난 박대성씨는 신동아의 사과를 받아들였고, 세상을 떠들썩하게 했던 '가짜 미네르바 사건'은 그렇게 일단락되는 듯했다. 그러나 문제는 그 후다. 바로 그 '미네르바 박대성'이 주요 활동공간으로 삼고 있던 '다음 아고라' 등 인터넷에 "박대성은 가짜이며, '신동아 K'가 진짜 미네르바"란 주장이 제기됐다. 글 대다수가 허황된 음모론에 불과했지만, 일부 네티즌들은 추천과 댓글을 통해 이들의 주장에 동조했다. 진상은 신동아에 미네르바로 소개된 K씨가 대북사업가이자 한국전쟁 당시 첩보원을 자처하는 브로커가 권모씨가 개입한 가짜였고 이 일로 신동아는 동아일보 신탁통치 오보사건 이래 최대의 오명을 쓰게 됐다.

제9부

The World
of Fake News

형사사건·손해배상
청구소송으로 번진 오보논란

▪ 법원이 '진실보도'로 판결한 '나는 공산당이 싫어요' 이승복 어린이 학살 사건

소위 '이승복 사건'이란 1968년 12월 9일 강원도 울진·삼척 지구에 침투했던 북한의 '무장공비' 5명이 강원도 평창군의 한 시골 오지마을에 숨어 들어가 일가족 4명을 집단으로 무참히 살해한 사건이다.

희생자는 어머니 주대하(당시 33세), 차남 승복(당시 10세), 3남 승수(당시 7세), 4녀 승녀(당시 4세) 등 4명이었으며, 아버지 이석우(당시 35세)씨와 장남 승권(당시 15세, 호적상 이름은 '학관') 군 등 2명은 중상을 입었다.

△ 작문 논란을 빚은 조선일보 1968년 12월 11일자 '공산당이 싫어요' 기사

1968년 12월 28일 국방부와 대간첩대책본부 등의 발표에 따르면 그해 10월 30일부터 11월 2일까지 3차례에 걸쳐 울진·삼척 지역에 침투한 북한 무장 공비는 모두 120명으로, 이 가운데 7명이 생포되고 113명이 사살됐으며, 남한측도 민간인을 포함하여 49명이 사망하고 37명이 부상하는 등 큰 피해를 입었다. 평창에 침투한 무장공비는 우리 군경과 예비군의 토벌작전을 피해 북으로 도망가던 잔비(殘匪)들로 먹을 것을 찾기 위해 숨어든 것으로 추정됐다.

조선일보는 1968년 12월 11일 3면(사회면) 머리기사로 '잔비, 일가 4명을 참살'이란 큰 제목과 '공산당이 싫어요 어린 항거 입 찢어'란은 작은 제목의 기사에서 이 사건의 전모를 소개하면서 무장공비에 살해된 승복 군이 '나는 공산당이 싫어요'라며 유일하게 항거하다가 죽임을 당했다"고 보도했다. 조선일보의 이 대목을 보면 아래 같다.

　　〈장남 승원('승권'의 오기) 군에 의하면 강냉이를 먹은 공비들은 가족 5명을 안방에 몰아넣은 다음 북괴의 선전을 했다. 열 살 난 2남 승복 어린이가 '우리는 공산당이 싫어요'라고 얼굴을 찡그리자 그 중 1명이 승복 군을 끌고 밖으로 나갔으며 계속해서 주 여인을 비롯한 나머지 세 자녀를 모두 끌고 나가 10여m 떨어진 퇴비더미까지 갔다. 공비들은 자식들이 보는 앞에서 벽돌만한 돌멩이로 어머니 주 여인의 머리를 여러 차례 내리쳐 현장에서 숨지게 했으며 승복 어린이에게는 '입버릇을 고쳐 주겠다'면서 양손가락을 입속에 넣어 찢은 다음 돌로 내리쳐 죽였다.〉

△ 무장공비들에게 무참히 살해당한 이승복 일가 4명의 시신 모습

　　이 사건은 초등학교 도덕 교과서에 실렸다. 일부 초등학교에 이승복의 동상이 세워졌다. "나는 공산당이 싫어요" 이 한마디는 한국의 반공교육에 미친 영향력은 컸다. 이후 민주화시기를 거치며 해당 기사가 "안보를 정권유지 수단으로 악용해 온 군사독재정권과 이에 편승해 안보상업주

의를 추구해 온 언론의 합작품"이라는 주장이 제기되며 해당 보도를 둘러싼 논쟁이 본격화됐다.

쟁점은 북한 무장공비들의 잔혹성 등 천인공노할 만행과 함께 왜 이승복군 가족이 처참하게 살해됐는지의 원인분석 보다는 조선일보 기자가 직접 현장에서 취재를 했는가의 여부, 그리고 이승복군이 "공산당이 싫어요"라고 말했는지 여부였다.

자유기고가 김종배(전 미디어오늘 편집국장)씨는 사건발생 24년후인 1992년 살해된 이승복군의 형 학관씨 인터뷰를 통해 그가 조선일보 기자를 만난 적이 없다는 기사를 한국기자협회가 발간하는 '저널리즘' 가을호에 썼다. 그 뒤 언론개혁시민연대는 1998년 8월 '언론계 50대 허위, 왜곡보도'를 선정하며 조선일보의 이승복 보도를 오보로 분류하고 서울과 부산 등에서 오보전시회를 개최했다. 이에 조선일보는 언론시민연대 김주언 사무총장과 김종배 씨 등에게 소송을 제기하며 오보논쟁이 본격화됐다.

대법원 형사2부(대법관 김용담)은 2006년 11월 24일 조선일보 1968년 12월 11일자 '공산당이 싫어요. 어린 항거 입 찢어'라는 제목의 기사를 '거짓 보도, 소설'이라며 허위사실을 유포한 혐의로 기소된 김주언 전 언론시민연대 사무총장에게 징역 6월, 집행유예 2년을 선고한 항소심 판결을 확정했다. 김주언씨는 1심에서 징역 6월의 실형을 선고받았다.

또한 김종배 전 미디어오늘 편집장에 대해서도 검찰측의 상고를 기각, 무죄를 선고한 항소심 판결을 확정했다. 김종배씨는 1심에서는 징역 10월을 선고받았다. 항소심 재판부는 우선 조선일보의 '현장취재' 여부 가능성을 인정했다. 재판부는 조선일보가 보관하고 있는 당시 사건 현장 사진을 담은 원본 필름 15장을 근거로 "조선일보 기자가 현장에서 찍은 사진임이 인정된다"고 밝히는 한편, 당시 다른 신문사 기자들이 "조선일보 기자를 못봤다"고 한 증언에 대해서는 "30여년이 지난 사건으로 당시 다른 신문사 취재기자들의 '서로 못 봤다'는 진술만으로는 조선일보 기자가 현장에 가지 않았다고 볼 수 없다"고 밝혔다.

항소심 재판부는 판결문에서 "남한이 좋으냐, 북한이 좋으냐"는 공비의 물음에 이승복이 "나는 공산당이 싫어요"라고 말해 일가족이 살해됐다는 승복의 형 학관씨의 진술과 이를 전해 들은 주민 최순옥·서옥자씨 등의 증언, 시신 중 유일하게 입가가 찢어진 이승복의 시신 사진 등을 종합할 때 이승복이 공비들에게 공산당이 싫다는 취지의 말을 한 것은 사실로 판단된다고 밝혔다. 김종배 전 미디어오늘 편집장에게는 "의혹을 제기할 만한 상당한 이유가 있었고 공익성이 인정된다"며 명예훼손죄에 대해서 무죄를 선고했다.

이로서 '허구, 조작, 작문, 오보, 소설, 조선일보 기자들은 현장에 없었다' 등의 주장은 허위 사실의 적시에 해당한다는 사법적인 결론이 내려진 것이다.

▪ 법정송사로 번진 WSJ와 해롯백화점간의 오보논쟁은 WSJ의 승리

미국 월 스트리트 저널(WSJ)과 영국 해롯(Harrods)백화점간 '만우절 오보사건'의 법정다툼이 2년만에 WSJ의 승리로 마무리됐다.

영국의 런던항소법원은 2004년 2월 17일 "WSJ의 보도가 해롯백화점의 명예를 훼손하지 않았다"며 "해롯은 WSJ에 4만 파운드(당시 환율 적용 한화 약 8천 8백만원)를 배상하고 양측의 소송비용 50만 파운드(약 11억원)도 부담하라"고 판결했다. 이로써 2002년 4월 시작된 WSJ-해롯의 법정싸움은 일단락됐다.

사건은 WSJ가 모하메드 알 파예드(Mohammed al Fayed) 해롯백화점 회장의 만우절 농담을 오해한데서 비롯됐다.

알 파예드 회장은 2002년 만우절 하루전인 3월 31일 백화점 홈페이지를 통해 "4월 1일을 기해 해롯을 상장한다. 관심있는 사람은 루프 리르파(Loof Lirpa)에게 연락하라"는 보도자료를 올렸다. 'Loof Lirpa'는 'April Fool'(만우절)의 철자를 거꾸로 쓴 것으로 만우절 농담임을 알리기 위해 그가 만든 이름이다.

하지만 WSJ는 이를 사실로 보도했다가 정정보도를 내는 망신을 당했다.

WSJ는 '영국의 엔론?'(The Enron of Britain?)이란 제목의 해명성 정정기사를 통해 "해롯백화점이 상장을 한다면 투자자는 공개된 내용을 철저히 확인하는 것이 현명하다"고 꼬집었다.

그러자 알 파예드 회장은 해롯을 분식결산으로 20001년 파산한 미국 에너지기업 엔론(Enron Corporation)에 비유한 것에 격분, WSJ를 영국법원에 제소했다.

이집트 출신 억만장자로 1985년 영국 내 최고급 백화점인 해롯을 인수한 알 파예드 회장은 1997년 8월 31일 파리에서 다이애나(Diana, Princess of Wales) 왕세자빈과 함께 교통사고로 사망한 도디 알 파예드의 부친이다.

▪ 고발프로그램 '찐빵 파는 소녀'는 조작보도 : 법원, SBS에 3억 배상 판결

SBS 고발프로그램 '긴급출동SOS24'는 2008년 9-10월 '찐빵 파는 소녀'라는 제목으로 강원도 홍천의 한 휴게소 주인 가족이 한 소녀에게 앵벌이를 시키며 가해행위를 하고있다는 취지의 방송을 했다. SBS는 9월 16일, 9월 30일, 10월 14일 등 3회에 걸쳐 휴게소 주인 가족이 정신질환이 의심되는 소녀를 데려다 일을 시키면서 상습적으로 폭행했다고 보도했다. 결국 휴게소 주인은 재판에 넘겨지고 법정 구속돼 6개월 간 실형을 살았다. 하지만 그는 무죄판결을 받고 풀려났다. 법원은 SBS가 후게소 주인을 "힘없는 여성을 가해한 파렴치한으로 몰아가기 위해 방송을 조작했다"며 휴게소 가족에게 3억원을 배상하라고 판결했다.

서울고법 민사13부는 2013년 1월 11일 김모(여·42)씨와 남편 윤모(49)씨, 딸(20)등 휴게소 주인 가족 3명이 SBS를 상대로 낸 10억원의 위자료 청구 소송에서 1심과 같이 "SBS는 김씨 가족에게 3억원을 배상하라"고 판결했다. 재판부는 판결문을 통해 "제작진의 이 사건 방송은 공정성과 진실성이 모두 인정되지 않는다"고 판시했다.

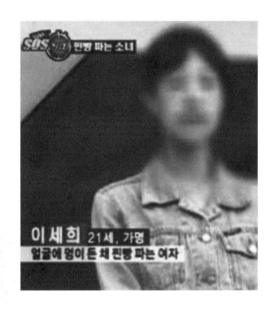

사건의 발단은 SBS 자회사인 'SBS 플러스' 제작진이 '찐빵 파는 소녀'라는 제목의 프로그램에서 강원도 홍천의 한 휴게소에서 허드렛일을 하고 있는 변모(여·25)씨가 주인 김씨로부터 상습적으로 흉기 등으로 폭행과 학대를 당하면서 찐빵 팔이를 강요당하고 있다고 방송하면서 비롯됐다. SBS측은 "주인과 격리한다"는 명목으로 변씨를 정신병원에 입원시키도록했고, 경찰에 김씨에 대한 수사를 의뢰해 구속시킨 내용을 내보내 큰 반향을 일으켰다.

판결문에 따르면 제작진은 2008년 1월 권모씨 등 4명으로부터 "휴게소에서 찐빵 파는 20대 여자를 봤는데 주인 눈치를 보는 듯했고 얼굴에 맞은 듯한 멍이 있다"는 제보를 받았다. 제작진은 그해 6월 손님으로 가장, 변씨에게 접근하면서 취재를 시작했다. 하지만 변씨는 7월 제작진에게 "나는 맞지도 않았고 장애도 없다. 찾아오지 말라"고 했다. 그러자 제작진은 변씨의 언니·형부에게 "(주인인) 김씨 가족이 변씨에게 답변 연습을 시키고 말을 맞추는 듯한 느낌이 드니 (주인과) 격리하면 피해 사실을 진술할 것 같다"고 설득해 동의를 얻은 뒤 변씨를 국립춘천정신병원에 입원시켰다.

판결문에 따르면 변씨는 정신병원에 입원한 뒤에도 한동안 "난 학대당하지 않았고, 얼굴 멍은 손님이 때려 생긴 것"이라며 학대당한 사실을 부인했다. 그러다 2008년 8월 하순 "휴게소에서 일할 때 김씨 등으로부터 상습 폭행을 당했다"고 말을 바꿨다. 이러자 제작진은 경찰에 "김씨를 수사해달라"고 했고, 변씨도 김씨를 고소했다. 경찰은 9월 변씨가 "주인 김씨가 주방 식칼로 목과 가슴, 팔을 한 차례씩 찔렀다"고 진술한 것에 근거해 김씨 휴게소를 압수 수색하고 김씨를 구속했다.

프로그램 왜곡·조작 의혹이 불거진 것은 주인 김씨에 대한 재판 과정에서였다. 재판부는 "변씨가 빵을 훔쳐서 폭력을 행사한 일이 있다"고 김씨가 자백한 부분만 유죄로 인정해 벌금 100만원을 선고했다. 방송에서 나온 학대 내용에 대해선 "변씨가 거짓말을 하고 말을 바꿔 진술을 믿을 수 없다"며 무죄로 판결했다.

6개월 동안 구속됐다 풀려난 김씨와 그의 가족은 2010년 11월 SBS를 상대로 10억원을 물어내라는 소송을 냈다. 1심 재판부는 2012년 2월 "방송은 제작진이 미리 사실과 결론을 끌어내고 줄거리를 구상한 다음 이에 맞춰 취재·촬영·편집·제작한 악의적인 프로그램으로 봐야 한다"며 SBS에 3억원을 배상하라고 판결했고, 2심 재판부의 결론도 같았다.

SBS측은 "공익 목적으로 제작했고 다소 오류나 과장이 있다고 해도 전체적으로 진실에 부합하며, 설사 방송 내용이 진실하지 않다고 하더라도 충분한 확인 절차를 거쳐 진실이라고 믿을 만했다"고 반박했으나 1·2심 모두 받아들여지지 않았다. 이 사건은 SBS측이 대법원에 상고하지 않아 2심판결로 종결됐다.

'긴급출동SOS24'는 2005년 11월부터 5년 5개월 동안 방송됐으며 2011년 4월 폐지됐다.

▪ 梨花女大생들 사진 싣고 '돈의 노예들'로 보도한 뉴스위크에 배상판결

미국 시사주간지 뉴스위크(Newsweek)가 한국의 과소비 열풍을 보도하는 기사에서 본인들의 동의없이 이화여대생들의 사진을 실었다가 소송에 휘말려 초상권 침해와 명예훼손이 인정돼 손해배상을 물어줬다. 뉴스위크는 1991년 11월 11일자 아시아판에서 한국의 과소비 실태를 심층적으로 다룬 'Too Rich, Too Soon'(너무 일찍 부자가 됐다)이라는 제목의 기사에서 'Slaves to Money: Students at Ewha Women's University'[12](돈의 노예: 이화여자대학생들)라는 부제

---

12) 이화여대가 사용하는 동대학의 공식 영문명은 'Ewha Womans University'이나 뉴스위크는 이를 따르지 않고 'Ewha Women's University'를 사용했다.

를 달고 이야기를 나누며 정문 앞을 걸어 나오는 이화여대생 5명의 사진을 실었다.

뉴스위크는 이 보도가 사실에 근거하지 않은 '오보'라는 이화여대측과 학생들의 거센 항의를 받고 즉각 사과했다. 하지만 사진이 찍힌 5명중 3명이 1992년 6월 초상권침해, 명예훼손 등을 이유로 뉴스위크를 상대로 각각 1억원의 손해배상 소송을 제기했다.

당시 원고들은 모두 이화여대 경영학과 4학년 재학생들로 1992년 2월의 졸업식을 앞두고 1991년 10월 22일 졸업기념사진을 찍기 위해 정장차림을 하고 학교에 나왔다가 수업을 마치고 집으로 돌아가기 위해 학교 정문을 나서다가 자신들도 모르게 사진을 찍히게 됐다. 원고들은 자신들의 사진이 기사에 삽입돼 게재되는 과정에서도 전혀 그 사실을 알거나 승낙한 바가 없었다고 말했다.

이 사건의 1심 재판부인 서울민사지법은 1993년 7월 8일 뉴스위크는 원고들에게 가각 3천만원을 배상하라고 판결했다. 이어 1994년 3월 30일 열린 항소심 재판부인 서울민사지법 항소2부는 원고들에게 각각 2천만원을 배상하라고 판결했고 이 배상액은 뉴스위크가 대법원에 상고하지 않아 그대로 확정됐다. 1심과 2심 재판부는 뉴스위크가 원고들의 동의를 받지 아니한 채 원고들의 얼굴 사진을 찍고 이를 잡지에 게재하여 배포함으로써 원고들의 초상권을 침해했다고 밝혔다. 재판부는 또한 "사치와 과소비, 배금주의 풍조 등 사회적으로 부정적 평가를 받고 있는 문제들을 주된 내용으로 하는 기사의 중간에 원고들의 사진을 삽입하면서 '돈의 노예들'이라는 부제까지 달아 놓아, 그 사진 속에 나오는 사람들이 최소한 그 기사에서 나오는 부정적 측면 또는 부제에서 의미하는 내용과 관련돼 있거나 그러한 경향이 있는 사람들이라고 생각할 수 있게 함으로써 원고들의 명예를 훼손했다"고 판시했다.

▪ 인터뷰 내용 오역한 신문사에 정정보도 명령 및 손해배상판결

영어로 진행된 인터뷰 기사를 오역, 보도한 언론사가 법원으로부터 손해를 배상하라는 판결을 받았다. 서울중앙지법 민사합의14부(재판장 김인겸)는 2010년 3월 24일 한국계 미국 프로골퍼 크리스티나 김(김초롱)이 서울의 한 종합일간지를 상대로 낸 손해배상 청구소송에서 "피고 신문사가 오역 등으로 김 씨의 명예를 훼손한 점이 인정된다"면서 "피고는 김씨에게 1천500만원을 배상하고 정정 및 반론보도를 하라"고 판결했다.

사건은 2008년 10월 31일 인천 영종도에서 개최된 LPGA투어 하나은행·코오롱 챔피언십 대회에 출전한 크리스티나 김을 인터뷰한 신문사가 인터뷰 내용을 오역, 보도함으로써 비롯됐다. 이 신문은 그해 12월 7일 '김초롱? No, 크리스티나 김! 씁쓸한 아메리칸 걸의 변심' 이란 제목의 기사에서 아나운서가 크리스티나 김을 '한국의 김초롱 선수'라고 소개하자 "그가 고개를 갸우뚱하며 쓴웃음을 지었다"면서 최근 3년간의 성적을 "참담하다"라고 보도했다. 하지만 이런 보도 내용은 약과였다. 결정적인 문제는 영어로 진행된 크리스티나 선수와의 인터뷰 내용을 우리말로 잘못 옮기면서 발생했다. 기사는 "한국에서의 우승은 나한텐 일종의 '복수'가 될 것이다. 내가 한국에서 논란을 일으킨 사람이라는 걸 잘 알고 있고 나를 싫어하는 이들도 분명히 있다. 하지만 그건 미국에서도 마찬가지고 나도 어쩔 수 없다."라고 전했다. 이 기사에 대해 크리스티나 김은 오역 등에 의한 허위보도임을 전제로 손해배상 청구소송을 제기한 것이다. 크리스티나 선수의 부모는 한국인이지만, 그녀는 미국에서 태어나 미국 국적을 가진 미국인이다. 이 때문에 국내에서는 다소 논란이 있었다. 그녀가 인터뷰에서 했던 말은 아래와 같다.

> "I think it would be kind of a vindication.… I'm trying my best to reach out and interact with everybody and if some people don't like me, it's just like in America, some people don't like me."

여기서 핵심어는 'vindication'이다. 기사에서는 이를 '복수'로 번역했다. 크리스티나 선수 역시 자신에 대한 거부감을 충분히 알고 있었던 것 같다. 원고측은 법정에서 'vindication'에 대해 한국에서의 우승이 자신에 대한 비난 또는 오명에 대한 변론이 될 것이라고 답했던 것이지 복수라고 말한 것이 아니라고 주장했다.

법원의 판단은 다음과 같다.

> "인터뷰 원문과 전체 내용에 비추어 보면 'vindication'은 '반감을 해소하는 계기'라는 취지로 해석됨이 상당하다 할 것임에도 피고 ○○○는 합리적이거나 납득할 만한 근거도 없이 이를 '복수'라고 해석하여 기사를 작성한 것으로 판단된다"[13]

판결문에 적시된 것처럼 'vindication'은 '복수'라는 의미와 거리가 멀다. 고어(古語)에서 이례적으로 '앙갚음'의 의미로 쓰이기도 했지만 주로 변호, 옹호, 변론, 정당함(진실임)을 입증함, 정당화, 변명, 해명 등의 뜻으로 쓰인다. 법원은 기사의 위법성을 인정해 언론사 측에 1천500만 원

---

13) 서울중앙지방법원 2010. 3. 24. 선고 2009가합25116 판결

의 손해배상과 함께 반론및 정정보도를 명했다. 번역의 자유도 '표현의 자유' 에 속한다고 볼 수 있다. 이 판결은 하지만 오역이 표현의 자유를 넘어 부당하게 명예훼손을 초래했다면 책임을 져야한다는 것을 강조한 것으로 볼 수 있다. 이 신문은 2010년 5월16일 자에서 오역을 바로 잡는다는 내용의 '반론 및 정정보도문'을 게재했다.

▪ 육영수 여사 피격 진범은 문세광아닌 청와대 경호원? 결국 법정으로

국민일보는 1990년 5월 17일 '육영수 암살 진범은 이사람'이라는 제하의 1면 사진과 5월 24일자, 31일자 시사토픽(당시 국민일보 발간 시사주간지)을 통해 '육여사 암살 진범은 문세광이 아니라 청와대 경호원'이라는 보도를 했다.

국민일보는 "이건우 당시 서울시경 감식계장 역시 문세광이 4발을 발포했다고 증언했고 문이 쏜 4발 중 제1발은 오발, 제2발은 연설대, 제3발은 태극기, 제4발은 천장에 탄흔이 나타났다"며 "경호원이 육여사를 향해 뛰쳐나감과 동시에 또 한 명의 경호원이 육 여사를 향해 총을 발사했다는 충격적 사실이 포착되고 있다"고 보도했다.

하지만 암살음모 관련자로 이름이 거명됐던 신모씨는 자신은 육여사 피격사건 당시 경호 3과 1계장으로 청와대 본관 근무를 하고 있었다며 허위기사를 게재한 국민일보 측은 2억 2천만원의 위자료 및 손해배상금을 지급하라고 소송을 제기했다.

국민일보측은 재판과정에서 신씨에 대한 사실관계가 틀렸음을 인정했다. 반면 이 기사가 공익에 관한 것이고 진실하다고 믿을만한 상당한 이유가 있으므로 위법성이 조각돼야 한다고 주장했다. 이에 재판부는 확인의 의무를 다하지 않은 만큼 기사가 진실하다고 믿을만한 상당한 이유가 없다고 못박았다.

이 사안은 결국 서울고법에서 재판부가 '국민일보는 신씨에 대해 2천 4백만원의 위자료를 지급하라"는 판결을 내리고 국민일보가 상고를 포기함으로써 일단락됐다.

이 소송은 처음부터 국민일보의 패소가 예상됐던 사안이었다. 기사에서 혐의자로 지목된 신씨는 현장에도 가지 않고 직책 또한 틀렸기 때문이다. 소송제기 내용이 전체기사의 진위 여부에 있었던 것이 아니라 바로 신씨의 범인여부에 국한됐기 때문에 오보에 대한 책임을 면할 수 없었던 것이다.

당시 합동수사본부의 요원이었던 서울시경 감식계장 이건우 경감은 1989년 월간 '다리'와의 인터뷰를 통해 육영수 여사는 문세광이 쏜 탄환에 맞아 숨진 것이 아니라는 충격적인 주장을 했다. 그는 "육 여사는 절대 문세광 총탄에 죽지 않았으며 이 사건이 숱하게 은폐되고 조작됐다"고 주장했다. 2005년에는 MBC의 '이제는 말할 수 있다'와 SBS의 '그것이 알고 싶다'가 비슷한 시기에 각각 2부작으로 육영수 여사 피살사건의 의혹을 다뤘다.

로스앤젤레스(LA) 타임스 도쿄특파원 샘 제임슨은 한국 텔레비전에서 방영되었던 흑백 영상이 아닌 다른 각도에서 촬영한 새로운 컬러 영상을 공개했다. 이를 토대로 육영수를 쏜 것은 무대 오른쪽에서 뛰어 들어 온 경호원이었다는 주장을 폈다.

MBC와 SBS는 각각 당시의 녹음자료를 음향전문가 배명진 숭실대 교수에게 분석을 의뢰했다. 문세광의 총이 아닌 제3의 총에서 발사된 총성이 발견됐다는 분석보고가 나왔다. 문세광의 왼쪽 후방에 있던 경호원이 문세광을 향해 발사한 총이 빗나가 육영수 여사를 맞혔다는 것이다.

배명진 · 김명숙 숭실대 교수는 공동저서 '소리로 읽는 세상'을 통해 방송사의 의뢰로 육 여사가 피격당한 1974년 8.15 광복절 기념식 현장 중계방송 음성을 정밀 분석했다. 세간에 알려진 7번이나 총성이 울린 것과 달리 세 번째 총성에 묻혀 잘 들리지 않았던 또 다른 총성을 추가로 발견했다.

배 교수는 "이 총소리가 세 번째 총성 탓에 들리지 않을 정도로 작다면 다른 위치에서 발사됐을 것"으로 추정했다. 배 교수는 국내 최초로 소리공학 분야를 개척했고 20년 넘는 세월 동안 관련 논문 1천여 편을 발표해 1999년 '신지식인'으로 선정되기도 했다.

이날 문세광이 박정희 대통령을 저격하기 위해 쏜 총알은 모두 네 발. 나머지는 3발은 경호원들의 총에서 발사됐다. 이를 근거로 배 교수는 문세광이 아닌 경호원이 쏜 총탄에 의해 육 여사가 사망한 것으로 결론지었다. 당시 수사본부는 정밀한 음향 분석과 영상 프레임별로 육영수 여사의 반응을 분석하지 않았기 때문에 세 번째 총성 사이에 감춰진 또 다른 총성을 찾지 못한 것이다.

당시 수사발표에 따르면 사건 당일 현장에서 울린 총성은 모두 7발. 문씨는 5발이 장착되는 스미스 웨슨(일명 리볼버) 권총을 사용했고 범행 뒤 한 발이 권총 약실에 남아 있어 모두 4발을 발사한 것으로 결론났다. 대법원 판결문도 문세광이 발사한 1탄은 오발(자신의 허벅지), 2탄은 박정희 대통령이 서있던 연단, 3탄은 불발, 4탄은 육여사, 5탄은 태극기에 맞았다고 적고 있다. 불발탄이 권총 약실에 남아 있었고, 따라서 총성이 안 울렸다는 분석이 가능하다.

그러나 수사본부 요원이었던 고(故) 이건우 당시 서울경찰청 감식계장은 1989년 월간 '다리'와의 인터뷰에서 탄흔에 기초해 제1탄은 오발, 2탄은 연단, 3탄은 태극기, 4탄은 천장에 맞았다고 주장했다. 일치하지 않는 한 발에 대해 당국의 수사발표는 육 여사를, 이 계장은 천장을 맞췄다고 주장하고 있다.

▪ 법원, '오역도 허위보도에 해당한다'며 무거운 판결

"김종훈 쌀개방 추가협상 미국에 약속했었다"

2011년 9월 15일 서울의 한 종합 일간지 1면에 톱 기사로 실린 제목이다. 이 신문은 폭로 전문 사이트 위키리크스를 인용, 김종훈 외교통상부 통상교섭본부장이 한미FTA(자유무역협정) 공식 서명 직후인 2007년 8월 미국측 고위 인사들과 만나 쌀 관세화 유예 종료 이후 미국과 별도로 쌀시장 개방 확대를 협상할 수 있음을 약속했다고 보도했다. 이에 대해 김 본부장은 신문이 위키리크스 영어 원문을 오역했다면서 협상을 약속한 사실이 없다고 주장했다. 그리고 해당 신문사와 기자들을 상대로 정정보도 및 손해배상 청구소송을 제기했다.

2007년 8월 29일 서울의 모처에서 김 본부장과 포머로이(Earl Pomeroy) 미 민주당 하원의원, 버시바우(Alexander Vershbow) 주한미국대사가 회동했다. 당시는 한미FTA 협상안이 타결된 지 불과 두 달 후인 데다 국회 비준을 앞두고 여야가 첨예하게 대립하고 있던 시점이었다. 이런 민감한 시점에 우리측 협상대표였던 김 본부장이 미국의 고위인사를 만났다는 것은 중대한 관심사라 할 수 있다. 그럼에도 대화 내용은 물론 세 사람의 회동 사실조차 일반에게 알려지지 않았다. 하지만 4년 뒤인 2011년 8월 30일 회동사실이 폭로된다. 위키리크스가 미 정부문서를 통해 회동사실을 공개했고, 이를 우리 신문이 보도한 것이다. 위키리크스에 언급된 관련 부분는 다음과 같다.

〈Turning to rice, Pomeroy said this issue had been left out of the FTA. This omission had disappointed major rice growers in California and worked against the perception that the KORUS-FTA was a balanced, comprehensive agreement.

Kim replied that Korea's domestic political climate was highly protective of its small, rapidly aging farm population (only six percent of its total population, producing only three percent of GDP). Widely viewed as deserving 'affirmative action,' rice farmers had attracted enough public support to make the issue untouchable at this time. However, Kim(Jong-Hoon) indicated that the ROKG(Republic Of Korea Government) would revisit the rice issue once the 2004 WTO arrangement on rice quotas expired in 2014.〉

포머로이 의원이 "한-미 FTA에서 쌀이 제외돼 캘리포니아 곡물업자들이 반발하고 있다"며 쌀 개방을 촉구하자 김종훈 본부장이 현재로는 쌀 문제를 다룰 수 없다고 답한 것으로 돼 있다. "하지만 김본부장은 세계무역기구(WTO)의 쌀 관세화 유예가 2014년에 끝나면 한국정부가 재논의할 것임을 시사했다" 고 말한 것으로 외교 전문에 적혀 있다.

여기서 논란이 된 단어는 'indicated'다. 신문은 이 단어를 '약속했다'로 번역해 썼다. 하지만 당사자인 김 본부장은 약속한 사실이 없으니 허위보도라고 주장했다. 논란에 대해 1심법원인 서울서부지법 민사합의12부(재판장 배호근)는 2012년 2월10일 "정정보도 하라"고 판결했다. 정정보도하라는 내용은 이렇다. "위키리크스 문건에 따르면, 김종훈 본부장이 '쌀 문제는 2014년 세계무역기구 쌀 쿼터 협정이 종료되면 재논의될 수 있다'고 발언한 것으로 돼 있을 뿐, 쌀 개방 추가 협상을 약속하거나 쌀 개방을 밀약한 발언은 없는 것으로 확인돼, 이를 알려드립니다."

패소했던 신문은 즉각 항소했다. 그러나 이번에는 법원이 신문의 허위보도(오역)를 인정하면서도 정정보도 및 손해배상부분에서는 신문사측의 손을 들어주었다.

2심 재판부인 서울중앙지법 민사합의14부(재판장 노만경)는 2012년 5월16일 판결문에서 "위키 리크스 문건의 내용은 … '언급하였다'고 되어 있을 뿐, … '약속하였다'는 기재가 없고, 위 문건의 전체 문맥에 비추어 보더라도 원고가 쌀 개방의 추가협상을 '약속하였다'고 해석될 수 있는 직접적인 표현은 없는 점 … 등에 비추어 보면, … 2014년 이후 쌀에 관하여 재논의할 수 있다는 일반적인 가능성을 언급한 것으로 기재되어 있을 뿐임에도, 이 사건 보도에서 '약속했다'는 단정적 표현을 사용한 것은 위키 리크스 문건의 내용을 왜곡한 것이어서 허위사실에 해당한다고 봄이 상당하다."고 판시했다. 재판부는 그러면서도 "원고(김종훈)의 사회적 평가가 다소 저하될 여지가 있지만 보도 내용이 악의적이거나 경솔한 공격으로 볼 수 없다."며 신문사측에 승소판결을 내렸다.[14] 법원은 허위보도이지만 해당 사안이 '주요한 공적 관심사'라는 점, 원고가 '공인'이라는 점도 고려해 위법성이 조각된다고 판결한 것으로 보인다. 이 사건은 이후 새누리당 국회의원에 당선된 원고가 대선을 20여일 앞둔 시점인 2012년 11월26일 소를 취하함으로써 일단 신문사의 '승리'로 확정되고 말았다. 하지만 이 사건은 1, 2심 모두 오역을 허위보도로 인정했다는 점에서 언론의 오역보도에 경종을 울린 것으로 평가할 수 있다.

14) 서울중앙지방법원 2012. 5. 16. 선고 2011가합116282 판결

취재기자의 실수와 부주의,
일방적 판단에 의한 오보

■ 오보가 부채질한 만보산사건때의 반중국인감정으로 화교 수백여명 피살

완바오산 사건(萬寶山 事件, Wanpaoshan Incident)이란 1931년 5월 하순부터 중국 만주 지린성(吉林省) 창춘현(長春縣) 싼싱바오(三姓堡)에 있는 완바오산(만보산) 지역에서서 일본의 술책으로 조선인 농민과 중국인 농민 사이에 수로 개설 문제를 둘러 싸고 일어난 충돌 및 분규이다.

△ 7월 5일 중국인 배척 폭동으로 폐허가 된 평양의 중국인 거리와 사건의 발단이 된 '조선일보' 1931년 7월3일자(위)

문제의 발단은 조선인들이 판 수로에서 비롯됐다. 그 수로 때문에 자신들의 물길이 막혔다고 본 중국 농민 200여명이 7월1일 조선인 정착촌으로 몰려가 수로를 파괴했고 이에 조선이 자기네 영토이며 조선 농민들이 법적으로 일본신민이라고 주장한 일본 경찰이 '자국민 보호'를 구실로 출동해 중국농민들을 향해 발포한 것이다. 다행히 사망자는 없어 하나의 해프닝으로 끝날 수 있었던 사건을 당시 조선일보가 특종으로 보도하면서 조선인의 반중국인 감정에 불을 질렀다.

만보산에서 조·중 농민 간에 처음 충돌이 발생한 이래 1931년 6월부터 동아일보는 모두 세 차례 이 사건을 보도한 반면, 1927년 이래 재만동포옹호운동을 주도해 온 조선일보는 이 사건을 모두 16차례나 보도했다. 1920년대 후반 이래 중국 관헌들이 재만동포를 박해하고, 또 중국인 노동자들 때문에 조선인들이 일자리를 잃는다는 의식이 퍼지면서 조선에는 반(反)중국인 의식이 자라고 있었다.

이런 반중국인 감정에 불을 당긴 것은 1931년 7월 2일 밤과 3일 새벽에 조선일보가 이례적으로 두 차례에 걸쳐 발간한 호외였다. 호외의 제목은 '중국 관민 800여명과 200여 동포 충돌

부상/ 장춘 일본 주둔군 출동 준비/ 대치한 일·중 관헌 1시간여 교전/ 급박한 동포 안위(安危)' 등 당시의 상황을 다급하게 전했다. 더구나 기사의 내용은 동포 다수가 부상이 아니라 살상된 것으로 돼 있었다. 이러한 자극적인 뉴스가 전해지면서 가뜩이나 만주 거주 동포들이 중국인들의 텃세로 고생한다는 이야기를 들으며 '되놈들'에 대한 감정을 키우던 조선인들의 속을 뒤집어 놓았다.

그러나 불행히도 이 급보는 오보였다. 오보도 단순한 오보가 아니라 일본 제국주의자들이 만주 침략의 길을 닦으려는 목적으로 조선인과 중국인의 감정을 악화시키기 위해 제공한 허위정보에 속아 넘어간 오보였다. 이는 조선일보가 일본제국주의에 이용당한 불행한 사례였다. 일본 관동군은 창춘 영사관측을 이용해 조선일보 창춘지국장 김이삼(金利三)을 유인, 만보산사건에 대한 과장된 허위 특보를 제공, 본사로 지급 타전케 했다.

△ 만보산 사건의 배경이 된 이퉁강(伊通河) 관개수로

김이삼은 장춘의 일본 영사관이 제공한 허위정보를 현장 확인을 거치지 않고 보냈고, 경성(서울)의 조선일보 본사는 특파원이 다급하게 송고한 내용을 그대로 호외로 발행했다. 이 호외의 여파는 의외로 컸다. 호외가 뿌려진 직후인 7월 3일 새벽부터 인천에서 중국인 가옥과 상점에 대한 투석이 시작되는 등 전 조선에서 반중국인 감정이 들끓기 시작했다. 7월 4일 폭동은 전국으로 확대됐다. 서울 서소문의 중국인 거리에는 5천여명의 군중이 몰려들어 중국인 상점의 물품을 끄집어 내어 파괴하고 중국인들을 닥치는대로 구타했다. '정감록'(鄭鑑錄)의 참언(讖言)도 폭동이 악화되는 데 한 몫을 했다. 7월 5일, 평양에서는 정감록에 중국인 손에 조선인은 죄다 죽는다는 참언이 들어 있다는 유언비어가 퍼졌다.

"정감록에 '어양망어고월(魚羊亡於古月) 고월망어어양(古月亡於魚羊)'이라는 글귀가 있다. 어양

(魚羊)이란 선(鮮)자요, 고월(古月)은 호(胡)자니 그것은 이번에 만주에서 오랑캐(胡人)에게 조선인이 몰살당하고, 조선에서 또 오랑캐가 몰살당한다는 말이다."

폭동은 평양, 진남포, 신의주, 의주, 선천, 운산, 해주, 안변 안주, 재령, 개성, 사리원, 원산, 함흥, 흥남, 수원, 춘천, 청주, 공주, 부산, 대구, 마산, 전주, 이리, 군산 등 전국으로 번져 모두 400여회 이상의 습격사건이 일어났다. 심지어는 재일조선인들이 일본 내의 중국인들을 습격하는 사건도 일어났다. 당시 중국인들은 도시 뿐 아니라 농촌의 중심지에도 깊숙이 들어가 음식점이나 잡화상을 경영하고 있었는데, 중국인이 있던 곳에서는 모두 폭동이 일어났다고 해도 과언은 아니었다. 전국의 중국인 거리는 문자 그대로 피비린내나는 아수라장으로 변했다. 이러한 사태는 동아일보 등에서 오보임을 알리고 진정을 호소하는 보도로 7월 10일 이후 소강상태를 보이기 시작했다. 이상한 것은 첫 보도를 했던 조선일보 김이삼 기자가 정정보도와 사죄문을 발표한 다음날인 7월 15일 지린(吉林)의 우마황 동아여관에서 조선인에 의해 피살됐다는 점이다. 김이삼은 일본의 특무기관에 의하여 살해됐다는 설도 있다.

이 참혹한 폭동으로 인한 피해는 엄청났다. 총독부 경무국의 발표에 따르면 사망 100여명에 부상자 190명, 조선총독부 고등법원 검사국 자료에 의하면 사망 122명, 부상 227명, 국제연맹에 제출된 '리튼위원회보고서'(The Lytton Commission Report)에 의하면 사망 127명, 부상 393명, 재산피해 250만원(현시가 2천500억원)이었다. 중국쪽 자료에 의하면 사망이 142명, 실종 91명, 중상 546명, 재산손실 416만원, 그리고 영사관에 수용된 난민이 화교 전체 인구의 1/3에 육박하는 1만6천 800명이었다. 이 사건으로 검거된 자만 1천 800여명이었고, 사형 1명을 포함해 벌금 이상의 처벌을 받은 자만 해도 1천 11명에 달했다. 총독부는 이들을 수용하기 위해 교도소 가건물을 지어야 했다.

폭동 직전인 1930년말 화교의 총인구는 6만9천여명이었으나, 폭동과 그에 뒤이은 1931년 9월 18일 일제의 만주침략의 여파로 중국으로의 귀환자가 속출해 1931년 말에는 5만6천여명, 1933년 말에는 3만7천여명으로 급감했다.

■ 만주 군벌의 비적(匪賊)처형 장면을 일본군의 '조선인 작두만행'으로 오보

1992년 3.1절을 기해 국내 신문들은 일제의 잔학상을 폭로한다며 옛 일본군이 조선 독립군을 작두로 목을 잘라 처형하는 장면이라는 사진들을 대대적으로 보도했다.

이 사진들은 천주교 인천교구 엠마우스(남자지체장애자회)봉사원으로 일하고 있던 이구씨(당시 36세)가 1985년 서울 소공동의 한 고서점에서 구입한 일본어판 '이솝우화'책 속에 기름종이에 싸여 있던 것으로 인천의 기호일보가 1992년 2월 29일 보도한 후 다음날인 3월 1일 경향신문, 세계일보, 조선일보, 중앙일보, 한겨레신문에 인용보도됐다.

발견된 사진은 모두 10장으로 크기는 5.3㎝×7.2㎝ 이었으며 이 가운데 4장이 보도됐다.

중앙 언론사 중 국민일보, 동아일보, 세계일보는 보도하지 않았다. 이 사진들은 15년전인 1977년 2월 28일 신아일보에 이미 보도된 바 있다. 당시 신아일보는 이들 사진은 독자 유승렬씨가 제보한 것으로 일제 때 일본군이 울산부근에서 독립투사를 '작두처형'한 것이라고 설명했다.

그러나 이 사진들에 대해 일본의 산케이(山徑)신문은 오보라고 주장했다.

산케이는 1992년 3월 5일자 보도에서 사진 속의 군인들은 1930년 전후 만주의 군벌인 장쉐량(張學良) 군대 또는 국민당 북벌군대일 가능성이 높으며, 처형되고 있는 사람들은 비적(匪賊)으로 몰린 무장집단이며, 처형장소는 주변의 지형지물로 보아 만주임이 틀림없다고 전했다.

△ 1992년 3.1절 당시 국내 신문에 옛 일본군의 한국독립투사 '작두참형'으로 소개된 사진

이 신문은 시부야대(拓植大) 해외사정연구소 다테 무네요시(伊達宗義) 교수 등의 말을 인용, 처형하는 병사들이 청룡도(靑龍刀)로 보이는 칼끝이 두터운 칼을 들고 있거나 손잡이 끝이 둥그렇고 거기에 리번같은 것이 붙어 있는 점 등으로 판단할 때 이는 일본군의 모습과 다르다고 보도했다. 당시 일본군에서는 장교는 군도(軍刀), 병사는 총검(銃劍)의 휴대가 의무화 돼있었다며 그같이 주장했다. 또 처형되는 남자들은 죄상을 적은 것으로 보이는 흰 천 같은 것을 가슴에 걸고 있는 등 사진에 나타난 장면이 모두 중국풍이라고 이 신문은 주장했다. 또 중국군의 군모(軍帽) 테두리는 푸른 바탕에 12줄 무광선 하얀 바탕을 새겨넣은 청천백일기(靑天白日旗)의 백색이지만 일본의 군모는 이와 다르다는 주장이었다. 완장의 경우 일본군 헌병은 사진에서처럼 선이 그어져 있는 완장을 차지 않는다고 그는 밝혔다. 총탄을 휴대하는 탄대도 중국을 흰색의 주머니였지만 일본군의 그것은 '상자형'이었다. 다리에 감는 복장도 일본은 각반이었지만 중국군은 발목에 흰색 양말을 신었다. 따라서 이런 여러 점들로 미뤄보면 이 사진들이 일본군의 '작두 참형 만행'이라는 보도는 오보가 되고 만다. 구체적인 처형 장소나 처형 시점을 밝히지 못한 한국 언론들은 산케이신문 보도에 대해 아무런 반박 보도를 내놓지 못하고 있다.

■ 박근혜 대통령이 김정일의 넷째 부인으로 둔갑…중국 언론의 황당 오보

중국 인터넷 매체 동방망(東方網)은 지난 2011 11월 19일 김정일 북한 국방위원장 사망을 기해 김정일 일가 가계도를 그래픽 기사로 처리하면서 박근혜 당시 한나라당 비상대책위원장을 북한 김정일 국방위원장의 4번째 부인으로 보도, 물의를 빚었다. 박 위원장의 사진 아래에는 김정일 넷째부인 '김영숙(金英淑)'이라는 이름과 함께 1947년생이라 적혀있다. 박근혜 위원장은 1952년생이다.

김영숙은 김정일의 넷째부인이 아니라 두 번째 부인이다. 김 위원장의 네 여인 중

유일하게 김일성 주석의 정식 허락을 받아 결혼식을 거친 공식 부인이다. 함경북도 인민보안국 타자수를 거쳐 노동당 간부부에서 문서원으로 일하다가 간부부 사무실을 들락거리던 김 위원장의 눈에 들어 결혼했다고 한다. 김영숙은 다른 동거녀들과 달리 뛰어난 예술적 재능이 없고 착하기만 한 순종적인 시골여인으로 김 위원장의 바람기를 견제하거나 속앓이를 드러내지 않고 이를 숙명으로 받아들인 '봉건시대의 전형적인 내조자'라는 평을 받고있다. 그는 김위원장과 슬하에 설송, 춘송 두 딸만 둬 공식 부인으로서의 지위를 완전히 상실했고 김위원장의 관심에서도 완전히 멀어졌다.

중국 언론이 박근혜 비대위원장을 김정일 국방위원장의 부인으로 잘못 보도한 것은 이번이 처음이 아니다. 2011년 8월에도 중국 주요 온라인 사이트들은 같은 가계도를 사용해 오보를 낸 바 있다.

2011년 9월에는 중국 관영 신화통신 온라인판이 한국의 레이싱모델의 사진을 김정일의 후계자 김정은의 아내로 소개하기도 했다.

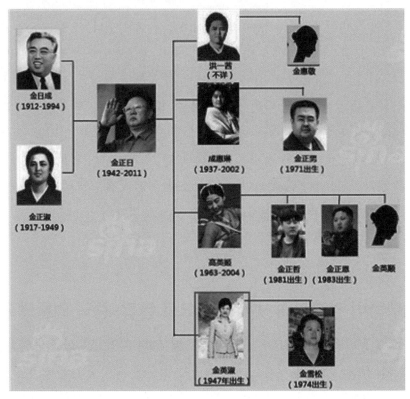

△ 중국 동방망이 잘못 보도한 김정일 국방위원장 가계도출처=동방망 웹사이트 캡처)

■ 이번엔 김정숙 여사를 '김정은 여사'로…TV뉴스 잇단 방송사고 논란

종합편성채널 MBN의 간판 시사토크쇼 〈백운기의 뉴스와이드〉는 지난 2019년 4월 11일 오후 한미정상회담 전망을 분석한 보도에서 김정숙 여사 이름을 김정은으로 쓴 자료화면을 내보냈다.

해당 자료화면에서는 문재인 대통령 오른쪽에서 손을 흔들고 선 김정숙 여사의 모습 옆에 '김정은 여사-멜라니아 여사 한미정상회담 동석'문구를 적었다. 자료화면 헤드라인은 '문 대통령-김정숙 여사 워싱턴 도착…한미정상회담 전망은?'으로 오기 없이 적었으나 설명 문구에서 김정숙 여사 이름을 김정은이라 쓰는 실수를 한 것이다.

하루 뒤인 12일 뒤늦게 이 사실이 알려지며 사회관계망서비스(SNS)에서는 비판이 이어졌다. 한 누리꾼은 "실수로 보기 힘든 방송사고"라며 방송사에 항의 전화를 한 사실을 인증하기도 했다.

△ 종합편성채널 MBN의 간판 시사토크쇼 〈백운기의 뉴스와이드〉는 2019년 4월 11일 오후 한미정상회담 전망을 분석한 보도에서 김정숙 여사 이름을 김정은으로 쓴 자료화면을 내보냈다(사진=MBN 캡쳐)

MBN 측은 이날 오후 홈페이지에 올린 사과문을 통해 "〈뉴스와이드〉 시간에 문재인 대통령의 미국 방문 소식을 전하면서 영부인 김정숙 여사의 이름을 잘못 기재한 참고 화면이 방송됐다"며 "참고 화면 제작 때 오타를 제대로 거르지 못한 제작진의 실수였다"고 해명했다. 그러면서 "김정숙 여사를 비롯한 관계자분은 물론 시청자 여러분에게 깊은 사과의 말씀을 드린다"고 밝혔다.

△ (위쪽부터)보도전문채널 연합뉴스TV가 지난 10일 미국을 방문하는 문재인 대통령 사진 아래 북한 인공기를 그래픽으로 배치했다. 지난 4일 재벌가 3세 마약 사건을 다룬 자료 화면에서도 노무현 전 대통령을 모욕하는 의도로 쓰이는 사진을 사용했다(사진=연합뉴스TV 캡처)

■ 문재인 대통령 사진 아래 인공기 그래픽 처리했다가 연합뉴스TV 보도국 줄초상

보도전문채널 연합뉴스TV는 2019년 4월 10일 미국을 방문하는 문재인 대통령 사진 아래 북한 국기인 인공기를 그래픽으로 배치해 논란이 됐다. 연합뉴스TV 측은 방송사고가 난 지 하루

만에 방송 사고 관련 책임을 물어 보도국장 등 보도국 총괄 책임자들을 보직 해임했다.

연합뉴스TV는 2019년 4월 4일에도 재벌가 3세 마약 사건을 다룬 자료 화면에 일간베스트저장소(일베) 누리꾼들이 노무현 전 대통령을 모욕하는 의도로 쓰는 사진을 실어 뭇매를 맞은 바 있다.

■ KBS 고성산불 특보 방송논란…강릉에서 고성 현장으로 조작

강원지역 대형 산불 당시 화재관련 특보가 아닌 '오늘밤 김제동'등을 방송해 '부실 재난방송'논란을 빚었던 국가 재난 주관 방송사 KBS가 기자가 고성 화재 현장에 가지 않고 고성 현장에 간 것처럼 보도해 '거짓 방송'지적을 받았다.

2019년 4월 12일 KBS노동조합(1노조) 자료에 따르면 지난 4월 4일 오후 강원 고성군 화재 특보 당시 KBS 기자가 고성 현장에서 산불로 인한 사망자 및 부상자 소식을 전했지만 실제로는 강릉시 KBS 강릉방송국 인근에서 화재 현장을 중계한 것으로 드러났다.

당시 KBS특보에서 앵커는 "현장에 나가있는 취재기자 연결합니다"라며 현장을 연결했다. 이어 현장 취재기자는 현장 중계와 함께 "고성에 나와 있다"며 리포트를 마무리했다.

하지만 고성 현장 배경을 분석한 KBS노동조합은 "취재기자가 KBS 강릉방송국 울타리를 배경으로 실시간 방송을 했다"며 "리포트 중간 중간 시청자 제보를 받은 산불 현장 영상이 나오기도 했지만 취재기자 자체는 강릉방송국 주위에서 중계차를 연결한 것"이라고 밝혔다. 노동조합은 "현장에 있지 않으면서 현장에 있다고 속인 것은 공정방송 의무를 저버린 것이며 심각한 취재 윤리 위반 사례"라고 지적했다.

자유한국당의 'KBS 헌법파괴 저지 및 수신료 분리징수 특위' 위원장인 박대출 의원은"가짜뉴스도 이런 가짜뉴스가 없다. 역대급 '사기방송' 아닌가"라고 비판하고 "청와대는 '가짜뉴스' '조작·사기 방송' 책임을 물어 KBS 양승동 사장을 즉각 해임하라"고 촉구했다.

■ 여성의 자위기구를 희귀버섯으로 보도…中 여기자의 황당 오보

중국 서부지역 시안방송국(西安放送局)의 한 여기자가 '희귀 버섯'이라고 보도했던 물체의 정체가 실리콘 재질의 '여성용 자위기구'인 것으로 밝혀져 사과하는 해프닝이 벌어졌다고 미국

ABC방송이 2012년 6월 19일 보도했다.

시안방송국은 6월 17일 시안 류쿤부 농촌 마을 주민들로부터 "80m 깊이의 우물을 파던 중 신기한 버섯같은 식물(植物)을 발견했다"는 제보를 받았다. 흥분을 감추지 못한 방송국은 이 날자로 잡혀있던 탐사보도 프로그램인 '시안 클로즈업'에 이 내용을 단독기사로 내보내기로 하고 평소 민완기자라는 평을 들어온 예윈펑(叶云风)을 마을 현지에 파견했다.

마을에 도착한 예윈펑은 "이 물체가 지하에서만 자라는 식물로 희귀 버섯으로 추정된다"며 마을 사람들과 함께 이 물체를 이리저리 만져보고 줄자로 길이와 둘레 등 크기를 재보기도 했다. 그리고 현지 농민들에게 "이것이 무엇 같냐?"며 물어 영지버섯(lingzhi)으로 추정된다는 답변을 이끌어냈다.

예 기자는 길이 19cm의 이 물체를 들어 보이며 현장중계를 통해 "살색 기둥 양 옆으로 둥그런 부분이 달린 것을 보니 버섯과 닮았다. 그리고 다른 쪽에 반대편과 연결된 구멍이 있다. 이 물체는 아주 부드럽다. 마치 살코기를 만지는 것처럼 말랑말랑하다"고 했다. 그는 "이것은 약용으로 쓰이는 영지버섯이 틀림없다. 이 버섯은 자라는데, 특수한 환경이 필요하다. 지하에서 자라기 때문에 매우 희귀하다. 불로장생을 꿈꾸던 진시황제(秦始皇帝)가 이 버섯을 구하려고 노력했다는 이야기가 전해진다"고 보도했다. 예 기자는 또 중국의 유명 의서(醫書)인 본초강목(本草綱目)을 인용해 영지버섯의 효능에 대해 설명하면서 이를 전문가에게 보내 구체적으로 성분 분석을 할 예정이라고 밝혔다.

방송이 나간 뒤 "방송에서 소개한 '영지버섯'은 한 눈에 보아도 남성 생식기를 본떠 만든 여성용 성기구"라는 시청자 전화가 방송국에 빗발쳤다. 일부 시청자들은 방송국과 마을 사람들의 '순박함'을 칭찬하는 댓글을 달기도 했다.

방송국측은 18일 중국 블로그 웹사이트인 시나 웨이보(Sina Weibo)에 사과문을 올렸다. 방송국은 사과문에서 "17일 방송된 우리 프로그램은 모든 이들을 웃음거리로 만들었다. 우리 기자는 매우 어렸고 보호가 필요하다. 불편하고 잘못된 보도에 사과한다"고 밝혔다.

예 기자의 보도는 유튜브를 통해 전 세계로 퍼지면서 수백만 명이 시청했다. 전 세계 네티즌들은 "저렇게 많은 사람이 어떻게 한 명도 빠짐없이 저걸 희귀버섯이라고 생각할 수 있는 가?" "순진한 건지 멍청한 건지 알 수 없다" "어떻게 실리콘과 버섯을 구별 못 하지?" "올해 최고의 뉴스로 역사에 남을 보도다" "자위기구가 '순수한' 여기자의 눈에는 영지버섯으로 보였나보다" "앞으로 기자들은 성지식부터 갖춰야겠다", "뉴스를 보고 완전 배꼽잡았다" 등의 반응을 보였다고 한다.

후난성(湖南省) 인터넷매체 화성온라인(华声在线)은 자체 사설을 통해 "성지식이 부족한 여기자가 자위기구를 영지버섯이라 생각했다고 하더라도 방송국 차원에서 사실을 확인하지 않고 그대로 보도한 것은 이해할 수 없는 일이다"며 "중국인들은 코미디를 보려고 뉴스 프로그램을 보는 게 아니다"고 꼬집었다. 그런데 한국 언론매체들이 이 '희귀버섯'이야기를 보도하면서 모든 기자가 입을 맞춘 듯 한결같이 '남성용 자위기구'로 보도함으로써 또 한번 웃음을 자아내게 했다.

■ '한국 멸망시켜달라' 한상렬목사 기도문은 누리꾼의 '작문'을 기사화한 것

인터넷 매체 '뉴데일리'는 2010년 7월 17일 한국진보연대 상임고문인 한상렬 목사가 평양에서 '대한민국 멸망시켜 달라'는 기도를 했다며 기도 전문을 게재했다. 뉴데일리는 "재미동포언론인 '인사이더월드'가 16일(현지시간) 서울발 기사를 통해 북한에 불법 체류 중인 한상렬 목사가 지난 6월 27일 평양 칠골교회에서 한 일요예배 기도문 전문을 보도했다"고 전했다.

정부의 승인 없이 불법 방북한 한상렬 목사가 평양의 칠골교회에서 예배할 때 낭독했다는 기도문에는 '마귀와 같은 이명박 괴뢰 정부', '21세기 태양이신 위대한 장군님' 등의 표현이 담겨 있다. 뉴데일리는 '마귀와 같은 이명박 괴뢰 정부를 멸하여 주실 것을 간절히 기도드린다'라는 대목을 '대한민국 멸망시켜 달라'로 표현했다.

하지만 이 기도문은 한 누리꾼이 작성한 것으로 밝혀졌다. 이 기도문을 최초 작성한 '초록'이라는 이름의 누리꾼은 "이 기도문은 제가 지만원씨가 운영하는 '시스템클럽' 자유게시판에 6월 28일 '한상렬 목사의 기도(추측)'란 제목으로 올린 글"이라며 "한상렬 목사의 국가관과 김일성, 김정일을 향한 종북관을 풍자하고자 주일날 한상렬 목사가 평양의 어느 한 교회를 방문하여 기도하는 사진을 보며 과연 한상렬 목사 같은 자가 기도를 한다면 어떤 기도를 할까 하는 추측으로 올린 글"이라고 밝혔다.

그는 18일 지만원 씨가 운영하는 '시스템클럽' 자유게시판에 작성한 글에서 "한마디로 어처구니가 없다"며 "분명히 추측이라는 단서를 달았고 댓글에서도 이렇게 기도하지 않았겠는가 하

는 글도 첨부하였으나 마치 한상렬 목사가 사실로 그런 기도를 한 것처럼 기사로 보도됐다"고 말했다. 6.15 남북공동선언 10돌 기념 중앙보고대회 참석차 북한에 밀입국한 한상렬목사는 앞서 2010년 3월 26일 북한 어뢰공격으로 천안함 폭침사건이 발생, 46명의 우리 해군 장병이 전사한 것에 대해 평양에서 기자회견을 갖고 이명박을 천안함 사태의 원흉이라고 지목하고 김정일을 지혜로운 지도자라고 찬양했다.

한상렬 목사는 6월 14일 평양시내 곳곳에서 열린 6.15공동선언 10주년 기념행사에 참석한 다음 22일 평양 인민문화궁전에서 내외신 기자회견을 갖고 "천안함 사건은 한미동맹으로 주도권을 잃지 않으려는 미국과, 선거에 이용하고자 했던 이명박 정권의 합동사기극"이라면서 "6.15를 파탄내고 한미 군사훈련 등으로 긴장을 고조시켜온 이명박이야말로 천안함 희생 생명들의 살인 원흉"이라고 말했다.

그는 6.15 선언 10돌 기념 중앙보고회 보고대회 참석 후 곳곳을 누비며 여러 부류의 북한 인사와 접촉하는 등 활발한 행보를 보였다. 6월 19일에는 쑥섬혁명사적지와 만경대학생소년궁전, 김일성종합대학, 단군릉 등 평양직할시 곳곳을 참관했고, 20일에는 평양 봉수교회에서 열린 일요예배에 참석해 6.15선언의 중요성을 강조하는 설교를 했다. 한상렬 목사는 같은 달 22일 평양 인민문화궁전에서 북한 매체들과 기자회견을 갖고 천안함 사태를 '이명박式 거짓말의 결정판'이라고 왜곡선동하고 "이명박 현정권은 6.15를 명시적으로 부인한 적이 없다고 하지만 '비핵·개방·3000'이니 뭐니 하는 것은 그 자체가 6.15를 거스르는 것"이라고 대한민국 정부를 비판했다. 또한 김정일의 선군정치를 '(한반도) 평화정치'라며 옹호했다. 간첩과 빨치산을 '통일애국열사'로 미화하고 스탈린과 마오쩌둥(毛澤東)의 공조아래 김일성이 일으킨 6·25남침전쟁을 '애국적 통일전쟁'이라고 선전했다. 6월 23일 평양에서 열린 환영 군중집회에서는 "이명박 정부가 한반도에 전쟁을 몰아오고 있다"며 이명박 정부를 향해 '역적패당'이라고 주장했다. 북한 주민을 수백만명을 굶겨 죽이고 17명의 한국외교사절단을 폭사케한 미얀마(미얀마) 아웅산 묘소 테러폭발사건, 대한항공(KAL) 858기 공중테러폭발사건을 주도한 테러범 김정일에 대해 "남녘 동포들은 김정일 국방위원장님의 어른을 공경하는 겸손한 자세, 풍부한 유머, 지혜와 결단력, 밝은 웃음에 깊은 인상을 받았다"고 아첨했다. 김일성의 생가인 만경대와 조국통일3대헌장기념탑을 방문해 수령독재를 찬양하는 발언을 한뒤에도 학교와 농장, 사적지, 판문점 등을 두루 방문한 한상렬목사는 북한 불법 방문 70일 만인 2010년 8월 20일 판문점을 통해 돌아온 뒤 국가보안법위반 등 혐의로 구속기소돼 징역 3년, 자격정지 3년이 확정돼 만기 출소했다.

다음은 지난 6월 28일 누리꾼이 작성한 한상렬 목사의 기도문이다.

〈누리꾼이 작성한 한상렬 목사 기도문〉

〈창조의 주 아버지 하나님! 오늘 이 죄인은 통일의 성지이자 혁명의 도시 평양에서 간절히 기도 드립니다. 이명박 괴뢰 도당이 하루 빨리 위대한 장군님과 통일의 선구자 김대중 선생이 이룩한 6.15 공동 선언을 지킬 수 있도록 은혜를 베풀어 주시기를 간절히 바랍니다.

또한 위대한 장군님과 인민의 영웅 권오석 동지의 사위 노무현 대통령과 이룩한 10.4 선언도 하루 빨리 실천할 수 있도록 이명박 괴뢰 정부를 인도하여 주실 것을 간절히 원하옵나이다. 극악무도한 미제와 한 통속이 되어 천안함 폭침을 조선민주주의 인민공화국에게 뒤집어 씌우려는 이명박 괴뢰 정부를 벌하여 주실 것을 간절히 바라옵나이다.

이명박 괴뢰 정부가 미제와 합심하여 조선민주주의 인민공화국의 지도자이자 21세기 태양이신 장군님을 얼마나 괴롭혔으면 위대한 장군님께서 모든 남북 합의를 파기한다고 고뇌에 찬 일갈을 토하셨겠습니까. 있지도 않은 사실을 유엔이다 안보리다 하며 조선민주주의 인민공화국을 제제하여야 한다는 저 마귀와 같은 이명박 괴뢰 정부를 멸하여 주실것을 간절히 기도드립니다.

국가 보안법을 하루 빨리 폐기할 수 있도록 남한의 모든 동지들이 힘을 합쳐 이명박 괴뢰 정부와의 투쟁에서 승리할 수 있도록 다윗과 같은 지혜를 주시옵소서. 미제들이 한반도에서 당장 철수할 수 있도록 모든 동지들이 한 마음으로 미제와 싸워 승리할 수 있도록 강건함을 주시옵소서.

우리의 통일은 우리끼리 할 수 있도록 도와 주시옵소서! 위대한 6.15 공동 선언 10주년 기념 행사를 위해 많은 동지들이 혁명의 도시 평양을 방문하려 하였으나 있지도 않은 천안함이다 뭐다 해서 방북을 일체 금지 시킨 탓에 이 죄인이 홀홀 단신 10주년 행사에 참석코자 오직 통일의 일념으로 천신만고 끝에 평양에 도착하였습니다.

인류를 사랑하시고 평화를 사랑하시는 하나님 아버지... 우리의 소원은 오직 통일입니다. 이명박 괴뢰정부가 6.15 공동 선언을 실천하므로써 위대한 수령 김일성 동지께서 그토록 갈망하시던 고려 연방제가 이 땅에 뿌리를 내릴 수 있도록 인도하여 주시기를 간절히 바라옵나이다.

부족한 이 죄인 한상렬은 오는 8월 15일 판문점을 통해 떳떳하고 당당하게 남한에 돌아가려 합니다. 이명박 괴뢰 정부가 오직 우리 민족끼리의 통일만을 갈망하여 방북한 이 죄인을 탄압한다면 이 죄인은 순교할 준비가 되어 있습니다. 저의 순교를 계기로 모든 통일 세력들이 한마음한 뜻으로 뭉쳐서 위대한 수령님의 유훈이 한반도에 정착 할 수 있도록 인도하여 주시옵기를 간절이 바라옵나이다. 이 모든 말씀을 우리 주 예수그리스도의 이름으로 기도 드립니다. -아멘-(출처 : 시스템클럽)〉

■ 1951년 팬암 여객기 추락사고를 2014년 발생한 것으로 둔갑

2014년 6월 26일 오후 KBS, MBC, SBS, 중앙일보, 노컷뉴스, 아시아경제 등은 '39명 탄 미국 팬암 여객기 라이베리아서 실종' 이라는 제하의 기사를 통해 "남아프리카공화국에서 승객 39명을 태우고 뉴욕으로 향하던 미국 팬암 항공사 여객기가 라이베리아에서 실종됐다고 보도했다.

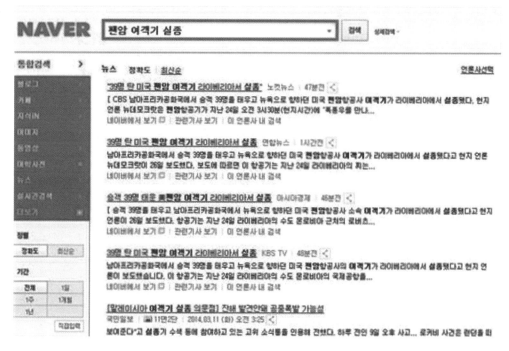

△ 연합뉴스를 필두로 줄 오보를 내고 있는 국내 언론들

〈(요하네스버그=연합뉴스) 남아프리카공화국에서 승객 39명을 태우고 뉴욕으로 향하던 미국 팬암항공사 여객기가 라이베리아에서 실종됐다고 현지 언론 뉴데모크랏이 26일 보도했다. 보도에 따르면 이 항공기는 지난 24일 라이베리아의 찌는 듯한 정글에 추락한 것으로 추정된다. 팬암 항공기는 라이베리아 수도 몬로비아 근처 로버츠 국제공항을 통과한 후 무선 교신이 끊겼다. 항공기는 격렬한 폭풍우를 만나 이날

오전 3시30분(현지시간)에 "15분 내로 몬로비아에 착륙하기 위해 돌아갈 것"이라고 교신한 뒤 연락이 두절됐다. 영국과 프랑스 비행기들이 비가 내린 정글 지역과 바위가 많은 크루족 지역, 아이보리코스트 해안을 수색하고 있으나 실종 항공기의 흔적은 찾지 못했다.〉

하지만 이는 60여년 전인 1951년에 일어났던 항공기 실종 사건을 2014년에 다시 발생시키는 '대형오보'였다. 오보의 진원지는 연합뉴스. 연합뉴스는 6월 26일 5시 오후 5시 35분, 남아프리카공화국 요하네스버그 발신으로 '39명 탄 미국 팬암 여객기 라이베리아서 실종'이라는 제목의 기사를 내보냈다. 이는 연합뉴스 특파원이 과거의 오늘 무슨 일이 벌어졌는지를 알려주는 미 인디애내 소재 신문 '고센 뉴스'(Goshen News)의 인터넷판이 게재한 1951년 6월 22일 자 팬암 항공기 사고 기사를 2014년 6월 22일자 기사로 착각하고 인용해 쓰면서 초래된 해프닝이었다.

△ 팬암기의 실종을 알리는 1951년 6월 22일자 고센뉴스

연합뉴스는 이같은 팬암기 실종사실을 현지 언론 '뉴 데모크랏(New Democrat)'이 보도했다며 "보도에 따르면 이 항공기는 지난 24일 라이베리아의 찌는 듯한 정글에서 추락한 것으로 추정된다"고 밝혔다. 이어 "팬암 항공기는 라이베리아 수도 몬로비아 근처 로버츠 국제공항을 통과

한 후 무선 교신이 끊겼다"며 "항공기는 격렬한 폭풍우를 만나 이날 오전 3시 30분(현지시간)에 '15분 내로 몬로비아에 착륙하기 위해 돌아갈 것'이라고 교신한 뒤 연락이 두절됐다"고 전했다. 그러나 이 기사에서 심각한 문제는 또 있었다. 팬암항공사는 이미 지난 1991년 파산해 역사 속으로 사라진 지 오래기 때문이다.

연합뉴스는 이 기사가 오보임을 즉각 확인하고 6월 26일 오후 7시 24분 전문(全文)을 취소했다.

■ JTBC, 세월호 현장 '다이빙벨' 이종인대표 엉터리 인터뷰로 중징계 받아

손석희 JTBC 사장은 2014년 4월 18일 세월호 침몰 사고 현장에 직접 내려가 JTBC취재진을 진두지휘하면서 두개의 '가짜뉴스'를 만들어 냈다. JTBC는 이종인 알파잠수기술공사 대표의 "다이빙벨을 이용하면 20시간 연속 잠수할 수 있어 수색작업을 빠르게 할 수 있다"는 거짓 주장을 검증하지 않고 그대로 방송했다. JTBC는 또 정부의 요청으로 구조작업에 투입됐던 민간 해양공사 전문업체 언딘 마린 인더스트리(이하 언딘)가 고의적으로 시신 수습을 지연했다는 자칭 잠수사 강대영 씨의 일방적 주장을 인터뷰 형식으로 방송했다. JTBC의 잘못된 보도는 당시 박근혜 정부에 대한 불신을 키우는데 큰 영향을 미쳤다. 손석희는 이종인 및 강대영과의 인터뷰를 직접 진행했고 당시 사고 수습 현장에서는 이들 보도가 큰 화제가 되면서 정부에 대한 성토가 이어졌다.

하지만 손석희 사장이 직접 진행한 두 건의 인터뷰는 모두 사실이 아닌 가짜뉴스로 밝혀졌다. 20시간 연속잠수가 가능하다고 했던 이종인의 주장은 허위사실로, 언딘이 시신 수습을 지연했다고 주장했던 강대영은 실제 사고 현장에서 잠수를 한 적이 없는 것으로 각각 밝혀졌다.

방송통신심의위원회는 이종인과의 인터뷰를 한 JTBC에 징계조치를 내렸다. 또 언딘이 허위사실을 보도한 JTBC를 언론중재위원회에 제소하자 JTBC는 해당 인터뷰를 포함해 언딘이 고의로 시신 수습을 지연했다는 보도를 정정했다.

2014년 8월 7일 방송통신심위위원회는 "20시간 연속잠수라는 출연자의 일방적 의견을 방송해 시청자를 혼동하게 했고 이는 결과적으로 구조 작업을 지연시키고 사회적 혼란을 야기시킨 요소가 됐다"며 "재난에 대한 정확한 정보제공과 객관성에 관한 방송심의규정을 위반한 측면이 있어 'JTBC 뉴스9' 프로그램 관계자에 대한 징계를 결정했다"고 밝혔다.

한편 언딘측은 인터넷 매체 펜앤드마이크(PenN)와의 통화에서 "손 사장과 인터뷰한 가짜 잠수사 강 씨를 경찰에 고소했지만 강 씨가 도피 후 연락이 두절돼 형사상 처벌을 아직도 못하고 있고 언론중재위에 해당 보도에 대한 중재를 요구한 뒤 JTBC가 정정보도를 했기에 민사소송으로 가지는 않았다"고 말했다.

▪ 중국의 개도살 장면을 한국으로 소개해 국가 이미지 먹칠

아래의 사진은 프랑스 여배우 브리짓 바르도(Brigitte Bardot)가 세운 '브리짓 바르도 동물보호재단(BBF)'의 인터넷 웹사이트에 2002년 당시 올려졌던 사진이다.

재단측은 한국에서 개를 무참하게 때려잡고 있는 장면이라고 소개했다. 재단은 이와 함께 2002년 한·일 월드컵 공동개최를 맞아 식용을 위한 개도살을 못하도록 압력을 넣자는 내용의 기사도 실었다.

그러나 이 개도살 사진을 자세히 살펴보면 한국이 아님을 알 수 있다. 개를 몽둥이로 때리는 사람과 구경꾼들의 의복이 모두 한국의 그것과는 다른 인민복 스타일인데다 헝클어진 머리 스타일, 인민모자, 자전거에 걸려있는 장바구니 디자인이 한국과는 다름을 보여주고 있다. 더구나 요즘 한국에서는 개를 몽둥이로 때려잡는 경우가 드물며, 특히 구경꾼들이 보는 앞에서 무자비하게 개를 잡지 않는다는 사실을 감안할 때 이 사진은 한국에서의 개도살 장면과는 거리가 멀다.

결론적으로 이 사진은 한국이 아니고 중국의 개도살 장면이라고 볼 수 있다. 이 사진을 보고 있으면 바르도가 확인되지도 않은 사진을 인터넷에 올려 한국의 국가 이미지와 체면을 손상시키고 한국인의 정서를 모독하고 있음을 알 수 있다.

▪ 김정일의 방중(訪中)을 아들 김정은의 방중이라고 대서특필 오보

2011년 5월 20일 국내 신문, 방송, 인터넷 매체들은 북한의 2인자로 부상한 조선로동당 중앙군사위 부위원장 김정은(당시 직명)이 단독으로 중국을 방문했다고 보도했다.

연합뉴스의 첫 보도로 시작된 이 뉴스는 KBS, MBC, SBS와 조선일보, 중앙일보, 동아일보를 비롯한 국내 거의 모든 언론은 물론 AP, AFP, CNN, 요미우리, 아사히, NHK 등 전 세계 언론이 인용해 보도했다. 연합뉴스는 특종보도라는 사실을 강조하며 온종일 무려 20여 건의 기사를 쏟아냈다. 언론들은 "북한의 2인자 김정은 당 중앙군사위원회 부위원장이 특별 열차편으로 20일 새벽 북한과 접경하고 있는 중국 투먼(圖們)을 통해 방중한 후 이날 오전 무단장(牧丹江)에 도착했다"라고 보도했다. 특히 MBC를 비롯한 일부 매체들은 "김정은이 중국 방문 기간 중 시진핑(習近平) 중국 국가부주석과 회동할 가능성이 높다. 북한의 차기 지도자인 김정은이 역시 중국의 차기 국가주석으로 유력한 시진핑 부주석을 만남으로써 대를 이은 동맹을 과시할 거란 전망이다. 이번 방중은 예정보다 한 주 앞당겨진 것으로 김정은이 북한 정권의 차세대 주자임을 중국으로부터 공인받는 것을 뜻한다"며 김정은의 중국 방문 목적을 분석하는 보도를 했다.

이러한 보도는 9시간이나 계속됐다. 20일 오후에야 사실이 아닌 오보임이 드러났다. 사실은 김정은이 아니라 아버지 김정일이 방문한 것이었다. 특히 일본 교도통신이 다음 날인 21일 새벽 김정일 국방위원장의 중국 방문 사진을 송신하면서 집단 오보극은 막을 내렸다. 중국 측의 정보 차단과 우리 정보당국의 정보수집 한계, 언론사의 속단이 빚어낸 오보였다. 우리 정보기관을 비롯한 정부 당국이 제때에 김정일 방중을 확인했다면 오보 소동은 즉각 교정됐을 터이지만 그렇지 않은 걸 보면 정부도 사실 파악에 시간이 걸렸던 것으로 보인다. 하지만 이번 소동의 1차적 책임은 무엇보다 확인에 신중을 기하지 않은 언론에 있다. 문제는 이 오보가 연합뉴스의 단독 보도임에도 불구하고 이를 받아쓴 국내 언론들이 출처를 밝히지 않아 오보에 대한 책임이 모두 자신들에게 있다는 결과가 돼 버렸다는 점이다.

▪ '유명인사 31명을 접대했다는 탤런트 장자연의 자필편지'는 조작된 것

SBS는 2011년 3월 6일 "2009년 자살한 탤런트 고(故) 장자연씨가 남긴 자필편지 50여통을 입수했다"며 "고인은 편지에서 31명을 100번 넘게 접대했다고 밝혔다"고 전했다.

SBS는 이날 저녁 8시 뉴스에서 "고인이 한 지인에게 보낸 이 편지에는 무명의 신인 여배우에게 강요됐던 연예계의 추한 뒷모습이 담겨 있다"며 "이 편지들을 장씨 본인이 작성했는지 확인하기 위해 공인 전문가에게 필적 감정을 의뢰한 결과 장씨의 필체가 맞다는 결과를 얻었다"고 보도했다. SBS는 6일 8시뉴스를 통해 "지난 2005년부터 2009년 3월 7일 장자연씨가 죽기 직전까지 일기처럼 쓴 편지 50여통 230쪽을 장씨 지인에게서 입수했고 내용은 연예 기획사와 제작사, 대기업, 금융기관, 언론사 관계자 등을 포함 31명을 접대했다고 돼있으며, 필적감정에서 장씨의 것으로 나왔다"고 전했다. SBS는 편지에는 술 접대와 성 상납 강요에 대한 장씨의 절망과 분노가 담겨있으며 이들을 '악마'라고 표현하기도 했다고 전했다.

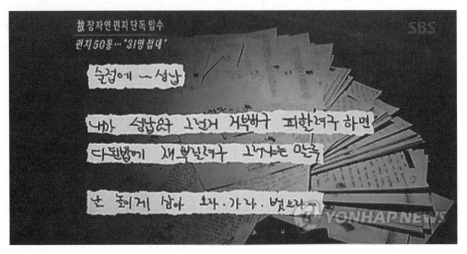

△ 2009년 자살한 탤런트 고(故) 장자연이 남긴 자필 편지가 50여통에 이르며 고인은 편지에서 31명을 100번 넘게 접대했다고 밝혔다고 전한 SBS TV 2011년 3월 6일 저녁 8시 뉴스 화면

장씨의 지인은 사건수사가 진행중이던 2009년 3월 중순 모 스포츠지에 '왕첸첸'이란 이름으로 편지를 보낸 내국인 전모씨(당시 31세)씨로 알려졌다.

장씨는 편지에 접대에서 벗어나려고 해도 기획사 대표가 거액의 위약금을 내라며 발목을 잡았다고 썼다. 이어 장씨는 "무명인 내가 죽어버린다고 세상이 눈 하나 깜짝할까?"라며 '자살'을 언급했고, "내가 이 담에 죽더라도, 죽어서라도 저승에서 꼭 복수하겠다"면서 "명단을 만들어놨으니 내가 죽더라도 복수해달라"고 써놓았다.

보도가 나가자 트위터 등 인터넷에서는 31명 명단을 모두 공개하라는 글들이 올라왔다. 네티즌들은 "고 장자연씨~ 지금 하늘에서도 억울해 할 듯! 다 밝혀졌으면!!!", "밝혀라, 그 사람들에게 인권은 필요 없다" 등등의 글들을 남겼다.

여러 언론사들이 SBS 보도를 인용 보도했다. 그러나 10일 뒤인 16일 국립과학수사연구원은 이 편지가 장씨의 친필이 아니라고 밝혔다. 이 편지는 수감 중인 전씨가 벌인 자작극으로 드러났다.

국립과학수사연구원에 따르면 장자연씨와는 일면식도 없는 교도소 수감자인 전씨가 서 고(故) 장자연씨의 지인이라고 주장하면서 장씨로부터 받았다고 내어놓은 편지는 필적감정 결과 장씨의 필적과 상이한 것으로 판명됐다. 국과수는 정신병력이 있으며 절도와 성폭행 등 전과 10범의 교도소 수감자 전씨가 고 장자연씨로부터 받았다는 편지 원본과 전씨가 수감돼 있던 광주교도소에서 압수한 전씨의 필체가 담긴 메모지, 그리고 고 장자연씨의 필체를 대조한 결과 이같이 밝혀졌다고 발표했다. 결론적으로 SBS가 전과 10범에 정신병력을 갖고 있는 교도소 수감자가 지어낸 소설 같은 편지에 완벽하게 속아 넘어간 것이다.

▪ '물에 빠진 어린이를 개가 구출했다'는 경남 함안 미담 기사는 오보

1982년 11월 1일 연합통신(현 연합뉴스)은 경남 함안에서 물에 빠진 어린이를 개가 구했다는 미담(美談)기사를 각 언론사에 송고했다. 저수지에 빠져 익사직전에 놓여 있던 전모군(당시 6살)을 동네 '바둑이'가 팔을 물고 헤엄쳐 나와 구했다는 내용이었다.

TV 외화물의 명견들인 '호보'(Hobo)나 '벤지'(Benji), '래시'(Lassie), '린 틴 틴'(Rin Tin Tin)의 활약상을 연상시키는 대목이었다. 이 기사는 다음날 조선일보가 사회면 머리기사로 보도하는 등 많은 신문에 경쟁적으로 실리게 됐다.

그러나 첫 보도 후 사흘만에 이 기사는 사실이 아닌 것으로 밝혀졌다. 후속기사를 취재하러 현장에 내려간 기자들에 의해 오보였음이 확인된 것이다.

사고 당일 전군은 저수지에 빠진 것이 아니라 친구들과 저수지 부근에서 놀다 비탈길에서 미끄러져 무릎 아래를 적신 정도였고 뒤따르던 바둑이가 주변을 맴돌다 함께 올라온 것 뿐이었다. 그런데 앞서가던 다른 친구가 이를 잘못보고 어머니에게 과장해서 전했고 어머니는 이웃에게, 그 이웃은 또 다른 이웃에게 말을 전하면서 결국 개가 물에 빠진 어린이를 구했다는 식으로 발전했다.

이를 한 주민이 '마을의 자랑거리'라며 언론사에 전화로 알려 문제의 보도가 이뤄졌다. 이 보도는 애초 연합통신이 아닌 KBS 마산방송국의 '특종'이었다. 기자가 주민의 제보를 받고 이를 데스크에게 보고했고 기사가 된다고 판단한 데스크가 다시 KBS본사에 연락을 해 9시뉴스를 타게 된 것이다. 마침 이 뉴스를 본 연합통신 지방국 야간 데스크가 지역주재기자에게 취재지시를 내려 기사를 작성해 각 언론사에 송고함으로써 오보가 일제히 나가게 됐다.

당시 KBS기자는 주민으로부터 제보를 받은 시간이 저녁 늦은 시간이어서 확인할 여유가 없어 일단 제보내용을 중심으로 보도를 한 것으로 알려졌다. 취재 지시를 받은 연합통신기자도 밤시간대여서 확인을 하지 못하고 마을 주민들과 전화를 통해 이야기를 전해듣고 기사를 작성, 송고한 것으로 알려졌다. 이렇게 해서 자정을 넘어 각 언론사로 보내진 연합통신 기사는 확인작업 없이 각 언론의 조간 주요기사로 실렸다.

▪ 엉뚱한 시민의 얼굴 사진을 나주 초등생 성폭행범 고종석이라고 보도

2012년 9월 1일, 조선일보는 평범한 시민을 나주 초등학생 성폭행범 고종석(당시 23세)으로 착각해 1면에 얼굴을 내보내는 최악의 오보를 냈다. 조선일보는 웃고 있는 20대 남성 사진을 성폭행범의 사진이라고 소개했으나 이 남성은 코미디언 지망생 전지현씨였다.

고종석은 2012년 8월 30일 오전 1시 30분쯤 전남 나주 집에서 잠자던 A양(당시 7세)을 이불째 납치한 후 인근의 다리 밑으로 끌고가 성폭행하고 범행을 은폐하기 위해 피해 아동을 목 졸라 살해하려 한 혐의 등으로 기소돼 2014년 2월 27일 대법원에서 무기징역이 확정돼 현재 수감중이다.

그는 또 대법원에서 신상정보 공개·고지 각 10년, 성충동 약물치료(일명 화학적 거세) 5년, 위치추적전자장치(전자발찌) 부착 30년을 선고받았다. 당시 고종석은 A양이 실신한 것을 사망한 것으로 착각해 살인미수에 그쳤다.

전지현씨는 당시 오보가 "빨리 특종을 잡아서 기사를 내려다보니 일어난 것"이라 지적한 뒤 "이번 일은 다른 언론에게도 해당되는 문제"라며 뼈있는 말을 던졌다.

조선일보는 사회부장을 교체하고 지면을 통해 사과하는 선에서 사건을 마무리했다. 조선일보 인터넷판인 조선닷컴은 1일 밤 '바로잡습니다'란을 통해 "서울 일부 지역에 배달된 조선일보 9월1일자 A1면 나주 초등학생 성폭행 사건 '병든 사회가 아이를 범했다' 제하의 사진 중 '범인 고종석의 얼굴'은 범인과 무관한 다른 사람의 사진으로 밝혀져 바로 잡습니다"고 오보임을 인정했다.

조선일보는 이어 "잘못된 사진을 게재해 피해를 드린 분께 깊이 사과드립니다. 아울러 독자 여러분께도 사과의 말씀을 드립니다"라고 고개를 숙였다.

조선닷컴은 이어 2일 오보를 하게 된 경위를 밝힌 장문의 글을 게재했다.

다음은 조선일보 사과 공지 전문.

[바로 잡습니다]

서울 일부 지역에 배달된 조선일보 9월1일자 A1면 나주 초등학생 성폭행 사건 '병든 사회가 아이를 범했다' 제하의 사진 중 '범인 고종석의 얼굴(위 사진)'은 범인이 아닌 다른 사람의 사진으로 밝혀져 바로 잡습니다. 잘못된 사진을 게재해 피해를 입은 분께 깊이 사과드립니다. 아울러 독자 여러분께도 사과의 말씀을 드립니다.

본지는 초등학교 1학년 여학생을 성폭행한 범인이 조두순, 김수철을 뛰어넘는 반인륜적 흉악 범죄자라 보고 얼굴과 실명을 공개하기 위해 취재에 나섰습니다. 취재팀은 31일 밤 고종석의 모습이 비친 호송사진과 CCTV 화면 등을 확보했습니다. 이후 고종석 주변인물 미니 홈페이지 등을 검색하던 중 CCTV화면 등에 나오는 고종석과 닮아 보이는 인물 사진을 찾아냈습니다.

이에 취재팀은 고종석을 수사중인 경찰과 고종석 주변 이웃 등을 상대로 이 사진을 보여주며 고종석 본인 여부를 확인하는 작업을 벌였습니다.

취재팀은 범인 고종석에게 직접 확인을 시도했으나, 수사가 진행중인 상황에서 일반인은 물론 취재진의 접촉이 차단돼 본인 확인을 못했습니다.

취재팀은 1일 새벽 1시경까지 고종석을 호송한 경찰, 고종석을 조사한 경찰 및 수사 관계자, 고종석이 드나든 PC방에서 고종석의 얼굴을 아는 사람들, 고종석을 제보한 것으로 알려진 주민 등 10여명으로부터 '고종석이 맞다'는 증언을 확보했습니다.

신문 최종마감 시간을 앞두고 사진 게재를 일단 보류한 뒤 추가 확인 작업을 계속해 고종석을 직접 대면한 경찰관에게 본지 기자가 확보한 사진을 보여주고 "(고종석이) 맞구만. 확실하구만"이라는 등의 증언까지 확보한 뒤 서울 지역 일부 지역에 배달되는 최종판에 게재했습니다.

9월1일자 신문이 나간 뒤 사진 속 인물로부터 '사진 속 인물은 고종석이 아니라 나'라는 전화를 받은 뒤, 즉각 범인 고종석과 사진 오보 피해자의 확인을 위해 접촉에 나섰습니다.

그러나 고종석은 광주 서부경찰서로 이송돼 조사받고 있는 상황이어서 바로 확인이 되지 않았고, 사진 오보 피해자는 전화 통화 후 다시 연결이 되지 않아 직접 접촉하지 못했습니다. 이날 오후 5시쯤 수사 경찰을 통해 고종석 본인에게 사진을 보여주고 직접 확인한 결과, "사진 속 인물은 내가 아니라 주변 인물"이라는 고종석의 답변을 전해듣고 사진이 잘못 게재된 것을 확인했습니다.

본지는 잘못된 사진게재로 피해를 입은 분과 독자 여러분께 거듭 사과드립니다.

■ '김관진 국방장관 북한 암살조'가 국내 잠입했다는 보도는 사실무근

중앙일보는 2011년 8월 10일 한국과 미국의 군·정보 당국이 "북한의 어떤 도발에도 단호히 대응하겠다고 다짐해 온 김관진 국방장관에 대해 북한 암살조가 국내에 암약하고 있다는 사실을 파악하고 암살조 색출작업을 벌이고 있다"고 보도했다.

이 신문은 정부 고위관계자가 "북한이 요원을 직접 파견했는지, 제 3국에서 외국인을 고용해 국내로 잠입시켰는지 국내의 고정간첩에게 암살 임무를 맡겼는지는 현재까지 파악되지 않았지만 북한 당국의 지시에 따라 김 장관 암살조가 움직이고 있는 건 틀림없는 사실"이라고 말했다고 전했다.

이에 따라 한국과 미국의 군·정보 당국이 공조를 통해 암살조 파악에 총력을 기울이고 있으며 김 장관 보호 조치를 취하고 있다고 신문은 설명했다.

또 한미 양국은 암살조의 배후에 북한 정찰총국이 있을 가능성을 두고 탈북자 가운데 위장 잠입한 사례를 추적 중이며 이와 함께 고정간첩이나 외국인 테러리스트로 암살조를 꾸렸을 가능성도 있는 만큼 정보 당국이 이들을 상대로 한 색출 작업도 벌이고 있다고 전했다. 이 중앙일보 기사는 국내 여러 신문, 방송에 인용 보도됐다.

중앙일보 보도 직후 경향신문, 국민일보, 내일신문, 동아일보, 매일경제, 문화일보, 세계일보,

조선일보, 한국일보, 노컷뉴스 등은 온라인 뉴스를 통해 정부 관계자 또는 소식통이 이같은 암살조 암약 첩보를 입수했다는 식으로 보도했다. YTN 등 뉴스채널 뿐 아니라 지상파인 SBS도 메인 뉴스에서 보도하기도 했다.

△ 중앙일보 2011년 8월 10일자 1면 기사

하지만 이같은 보도에 대해 당사자인 김관진 장관이 사실이 아니라고 부인해 언론이 집단적으로 거짓말을 했거나 누군가의 거짓에 놀아난 것 아니냐는 비판이 제기됐다.

8월 18일 오후 국회 국방위원회에 출석한 김 국방장관은 중앙일보의 '김관진 암살조 국내 잠입' 기사 내용이 사실이냐는 유승민 한나라당 의원의 질의에 "사실은 아니다"라고 밝혔다. 김 장관은 '오보냐'는 재차 질의에 "추측성 보도라고 해석한다"고 거듭 사실무근임을 강조했다.

그는 "평시부터 국방장관은 경호대상이고, 2개월여 전에 김정일·김정은 초상을 표적지에 사용하는 사건으로 북한에서 성토가 있어 경호조치를 강화한 바 있다"고 설명했다. 그러나 북 암살조의 국내 잠입설은 지금까지 김 장관 스스로 키운 측면이 있었다는 점에서 그의 갑작스러운 부인 발언을 놓고 군 안팎에서는 어리둥절해하는 분위기였다.

김 장관은 암살설 보도가 나가자 8월 10일 국방부 간부 조찬간담회에서 "당신들 나와 함께 다니면 죽을지도 몰라"라며 농담을 하기도 했다. 또 지난 12일 밤에는 트위터에 "오랜만에 글을 남기지만 여러분의 멘션(mention, 댓글)은 늘 보고 있습니다. 저와 관련된 언론 보도 때문에 걱정해 주시는 분들이 많군요. 저는 건재하고 임무수행에 전념하고 있습니다"라고 밝혀 암살설이 사실인 것처럼 비치게 했다.

▪ 창경원 코끼리 사상 첫 임신 보도 결국 오보로 끝나

　1978년 3월 석간신문 신아일보(신군부의 언론 통폐합조치에 따라 1980년 폐간)는 사회면에서 '국내 최초! 창경원 코끼리 임신 – 사육사들 확인, 어미 코끼리 돌보기 초비상'이라는 제목의 기사를 톱 뉴스로 보도했다.

△ 코끼리 짝짓기 장면

　'특종'을 놓친 타사 기자들은 점심시간임에도 불구하고 일제히 창경원(현 창경궁)[15]으로 달려갔다. 당시 창경원은 동대문경찰서(현 혜화경찰서)출입기자들의 취재 영역이었다. 코끼리 임신이라는 큰 뉴스를 어떻게 한 신문에만 특종으로 줄 수 있느냐는 항의가 동물원장과 사육과장에게 쏟아졌다. 하지만 동물원장이나 사육과장이나 어리둥절하기는 기자들보다 더했다. 이들도 코끼리 임신은 금시초문이었던 것이다.

　결국 코끼리 조련사가 불려 왔다. 조련사는 처음에는 코끼리 임신을 입에 올린 적도 없다고 고개를 저었지만 곧 사실을 실토했다. 하루 전 신아일보 기자가 찾아와 다짜고짜 "코끼리 한 쌍이 교접을 했는데 알고 있느냐?"고 물었다는 것이다. 조련사가 "최근은 아니고 한 달 전쯤 교접 장

---

15) 일제는 창경궁 안에 동물원과 식물원을 지은 뒤 '궁'을 '원'으로 낮춰 불렀다. 해방 후에도 관습적으로 '원'으로 부르다 1984년에야 본래의 창경궁 명칭을 회복했다.

면을 보았다"라고 말한 것이 화근이었다.

　기자는 "임신한 것 아닌가?"라고 물었고 조련사는 다시 "정말 그러면 얼마나 좋겠는가, 우리 동물원에서 코끼리가 새끼를 낳는 첫 케이스가 되는데."라고 말한 것이 전부였다. 그런데 다음날 대문짝만한 코끼리 임신 기사가 나온 것이다.

　약이 오른 타사 기자들은 창경원에 코끼리 임신 테스트를 하자고 요구했다. 신아일보의 '특종 기사'를 정면으로 뒤집으려면 과학적 근거가 필요했기 때문이다. 하지만 창경원은 이를 거부했다. 교접하는 것을 보았다고 임신이라 단정할 수 없으며 덩치 큰 동물에게 약물 테스트를 하는 것은 위험하다는 이유였다. 대신 창경원은 '태국에서 들여온 코끼리가 임신했다는 일부 보도는 절대 사실이 아니다'는 내용의 해명서를 기자실에 배포했다. 코끼리 임신 소동은 이렇게 끝났다.

　동물원에서의 코끼리 탄생은 결코 쉬운 일이 아니다. 코끼리는 주위 환경에 예민한 동물이라 동물원처럼 좁은 환경에서는 짝짓기를 할 확률이 정상의 20% 정도로 뚝 떨어진다. 가까스로 임신에 성공하더라도 유산하거나 사산할 확률이 40%를 웃돈다. 약 650일이나 되는 임신 기간을 무사히 지나 세상에 나온 새끼도 안심할 수 없다. 장성할 때까지 생존할 확률은 50%가 채 안 된다.

　하지만 국내에서 코끼리 출산 자체가 전무했던 것은 아니다. 어린이대공원에서는 1988년 암컷 코끼리가, 1995년 수컷 코끼리가 태어났고 서울대공원에서는 1994년 수컷 코끼리가 태어났다. 어린이대공원에서 태어난 코끼리들은 그러나 안타깝게도 어린 나이에 모두 죽었다.

▪ 동물원 호랑이를 경주 대덕산에서 발견된 한국산 호랑이라고 보도

　동아일보는 1980년 1월 24일자 1면에서 "멸종됐던 것으로 알려졌던 한국산 호랑이가 발견돼 학계의 관심을 끌고 있다"며 우람한 호랑이 사진을 내보냈다.

　동아일보는 시민 박모씨가 1979년 12월 29일 경북 경주 부근 대덕산 기슭에 등산을 갔다가 호랑이를 발견해 두 장의 사진을 찍었다며 입수배경을 보도했다.

　58년만의 한국산 호랑이 등장에 동물학계는 뒤집혔다. 한국산 호랑이는 1915-1942년 일제 식민통치시기 해로운 짐승을 없앤다는 이유로 97마리가 남획됐고 남한에서는 1921년 경북 경주시 대덕산에서 사살된 것이 마지막 공식 기록이다. 박씨와 전문가들이 현지로 내려갔고, 산림청은 호랑이에 대한 밀렵을 방지하라고 특별조치를 지시하는 등 호들갑을 떨었다. 하지만 다음날 한국일보는 사진 속 호랑이가 어린이대공원에 살고 있는 벵골산 호랑이라고 보도했다.

　동아일보는 박씨를 추궁해 "어린이대공원에서 촬영했다"는 실토를 받아냈다. 동아일보는 당시

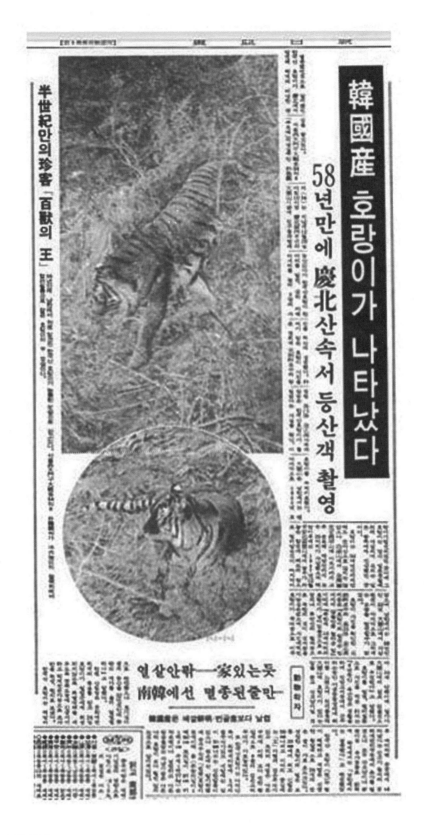

교수 코멘트까지 곁들이며 한국산 호랑이가 틀림없다고 보도했다. 취재원의 거짓정보에 언론사가 농락당했다. 박씨가 일반 카메라로 어떻게 호랑이가 뚜렷하게 나올 만큼 근접촬영을 할 수 있었는지, 상식적인 의문을 갖지 않았던 결과였다.

▪ 고소장만 보고 조계종 총무원장 성폭행피소사건 보도했다가 반론문 게재

서울신문은 1993년 5월 2일자 15면 '조약돌'란에 '서의현 원장이 성폭행-20대 전 여비서가 고소'라는 제하로 서의현 당시 조계종 총무원장 관련 고소사건을 다뤘다.

서울신문은 "대한불교조계종 총무원장 비서로 3년 동안 일해오다 최근 그만둔 오 모양(당시 26세)은 4월 26일 서의현 총무원장으로부터 수차례에 걸쳐 성폭행을 당했다고 서울지검에 고소했다"고 보도했다.

서울신문 보도에 따르면 오 양은 고소장에서 "지난 1990년 7월부터 1993년 3월까지 서원장의 개인비서로 근무할 당시 온갖 수모와 학대, 성희롱의 대상이 됐다"면서 "여비서의 약점을 잡아 생명과도 같은 정조를 유린한 피고소인을 사회지도층 비리 척결 차원에서 철저하게 조사해 엄벌해 달라"고 호소했다. 이 보도에 대해 서원장 측은 서울신문이 일방적인 주장을 확인 없이 보도했을 뿐 아니라, 반대의견을 전혀 반영하지 않음으로써 개인과 종단의 명예가 심각하게 훼손당했다며 언론중재위에 정정 보도 중재신청을 했다. 중재결과 서울신문 측은 서원장의 요구에 따라 1993년 5월 15일자에 "이번 고소는 종단 내 일부 불만세력들의 사주에 따라 서원장을 모함한 것"이라는 서원장측의 주장을 반론형식으로 게재했다.

이 사안은 검찰출입 기자가 오 양의 고소장을 보고 기사를 작성하는 과정에서 서원장 측에 확인을 하지 않음으로써 생긴 것으로 비록 수사기관에 접수된 자료를 보고 기사화 하더라도 보도 대상자가 이의를 제기하는 경우 반론을 보장해야 한다는 점을 시사하고 있다.

▪ CNN, '북한이 한국전투기에 미사일 발사 일촉즉발 전운(戰雲)' 황당 오보

북한의 연평도 포격으로 한반도에 긴장이 고조되고 있던 직후 미국의 CNN 방송이 경찰이 서울에서 최루탄을 쏘고, 북한이 남한 전투기에 지대공 미사일을 발사했다는 등의 오보를 내는 망신살이 뻗쳤다.

2010년 11월 27일 CNN의 스탠 그랜트(Stan Grant) 특파원은 서울 용산구 국방부청사 앞에서 UDT(해군특수전여단 수중폭파대)전우회 소속 회원 140여명이 북한의 연평도 포격에 대한 군 당국의 소극적인 대응을 규탄하는 시위현장을 보도하면서 "경찰이 시위대에 최루탄을 쏘고 있다. 현재 서울 거리에 얼마나 긴장감이 높아져 있는지를 보여준다"고 보도했다.

이 보도영상은 '남한의 긴장이 높아지고 있다(South Korean tension rises)'는 제목으로 CNN 홈페이지에 이틀간 올라와 있어, 마치 서울이 혼란에 빠진 듯한 인상을 세계 각국에 줄 수 있다는 우려가 제기됐다.

△ CNN 홈페이지 화면 캡처

하지만 경찰은 "시위대를 향해 최루탄을 쏘지 않았다"고 발표했고 UDT전우회측도 최루탄이 발사된 적이 없다고 밝혔다. 다만 일부 시위대가 소화기를 살포, 그 장면을 본 특파원이 경찰이 최루탄을 사용했다고 오해한 것으로 보인다.

그는 또 한미연합훈련 첫날이던 11월 28일 한국군 관계자를 인용해, 북한이 남한의 전투기를 향해 지대공 미사일을 발사했다고 보도했다. CNN은 그랜트 특파원의 발언을 '긴급 뉴스(breaking news)'로 전했지만 보도했지만 곧 오보임을 확인하고 미사일 발사가 아니었다고 정정했다. CNN의 오보는 이번이 처음이 아니었다.

　11월 23일에도 CNN은 검은 연기가 피어오르는 한 장의 위성사진을 '연평도의 위성사진'이라고 잘못 보도하기도 했다. 지난 2003년 미국의 이라크 침공 당시 바그다드 위성사진을 일부 네티즌들이 '연평도 위성사진'이라며 인터넷에 허위로 퍼뜨린 것을, 국내 일부 방송사와 CNN이 사실확인 과정 없이 그대로 받아 쓰면서 이같은 해프닝이 벌어졌다.

　CNN의 이 같은 잇단 오보로 당시 한국의 위기상황이 더욱 부풀려진 채 전 세계 시청자들에게 전달된 것이 사실이다.

▪ 4대강 공사위해 인근에 적법 이식한 수목 100그루를 살처분이라고 오보

　한겨레신문은 2011년 4월 18일 '4대강 속도전에 느티나무 100그루 살처분'이라는 제목의 기사에서 "경기도 여주군 남한강 강천섬(일명 도리섬)에는 꽃과 나무가 다투듯 푸른 잎싹을 틔울 계절인데도 둘레가 3-4m가 넘는 느티나무 140여 그루가 뿌리를 드러낸 채 강가에 쓰러져 있었다. 주검처럼 널브러진 나무는 황량함만 남겼다"고 보도했다. 그러나 이는 취재원의 거짓 정보와 기자의 과욕이 뒤섞여 만든 오보였다. 이는 보상을 끝낸 나무를 옮겨 심는 장면이었다.

△ 한겨레신문 2011년 4월 18일자에 실린 사진: 한겨레신문은 "한국수자원공사가 4대강을 살린다며 경기도 여주군 강천면 남한강 강천섬 부근 나무농장을 파헤쳐 느티나무 거목 100여 그루를 쓰러뜨린 현장에서 4월 17일 오후 농장주 강대호씨가 지난해 찍은 느티나무 사진을 들어 보이고 있다"설명했으나 이는 허위로 밝혀졌다.

한국수자원공사는 소유주가 추가 보상금을 요구하며 알박기를 했다고 반박했고 한겨레는 정정 보도를 내보냈다.

4대강사업본부강천보건설단(단장 박성순)은 4월 19일 한겨레신문이 보도한 '4대강 속도전에 느티나무 100그루 살처분'이라는 주제에 '강천보 사업구간 안 임목폐기처분 집행', '보상조율 안 끝났는데 법원 단행 가처분 인정'이라는 부제로 보도한 내용은 사실과 다르다며 해명자료를 발표했다.

강천보건설단에 따르면 경기도 여주군 강천섬 내에 공사에 지장을 주는 수목(느티나무 542 그루)은 2010년 5월 적법한 절차에 따라 보상이 완료(보상금 수령액 6억 1천 500만원, 소유주 매입액 5억 5천 800만원)된 것으로 수목 소유주가 동년 10월 말까지 반출하기로 약정했음에도 2011년 4월 9일 현재까지도 반출약정을 이행하지 않았다는 것이다.

이에 동 수목에 대해서 '입목취거, 폐기단행 및 토지인도 단행 가처분' 등의 소송(대리인 한국수자원공사)을 진행하여 2011년 3월 25일 자진 철거하라는 판결이 났으나, 자진철거 기간인 14일이 지남에도 불구, 이행하지 않음에 따라 불가피하게 현장 인근에 이식을 했으며, 느티나무 수령 또한 토지주 확인결과 100년이 아닌 30여년이라고 해명했다.

4대강살리기추진본부도 4월 19일 한겨레신문이 "4대강 속도전에 느티나무 100그루 살처분" 보도를 낸 데 대해 어처구니가 없다며, 즉각 보도자료를 내고 한겨레의 보도를 조목조목 반박했다.

추진본부는 "한겨레가 느티나무를 살처분했다고 보도한 강천섬 현장에서는 지금도 느티나무를 옮겨 심는 작업이 한창이다. 그러나 나무 소유주인 S조경은 이것을 살처분이라고 주장했고, 한겨레신문은 이런 주장을 기사화했다"고 말했다.

수자원공사 관계자는 "우리가 아무리 나무를 옮겨 심어준다해도 거부하더니, 옮겨 심는 걸 살처분 한다고 보도하다니 정말 기가 막히다"며 "법원이 나무를 베내도 된다고 판결했지만 그래도 살려보려 이식작업을 한 것인데 '나무 알박기'란 주장은 적반하장이며 이를 언론이 두둔하는 것은 이해할 수 없다고 말했다.

결국 한겨레신문의 이 보도 기사는 한국수자원공사의 언론중재신청에 따라 오보로 판명됐고 이에따라 이 신문은 2011년 5월 28일 오보임을 시인하고 '알려왔습니다'난에 〈 '4대강 속도전에 느티나무 100그루 살처분' 기사에 대해, 한국수자원공사는 "경기도 여주군 강천섬 느티나무를 법원의 가처분 결정에 따라 집행하였으며, 4월20일부터 5월 4일까지 이식 조처를 완료했다"고 알려왔습니다〉고 보도했다.

수자원공사는 5월 28일 자사 홈페이지에 "한겨레 '4대강 속도전에 느티나무 100그루 살처분'

오보 기사에 대해 언론조정을 거쳐 사실관계를 규명한 결과 해당신문사는 오보를 인정하고 '알려왔습니다'에 사실 내용을 재보도 했습니다"라고 밝혔다.

▪ 별세한 김근태 전 의원 사진을 동명이인(同名異人) 생존 현역의원 사진으로 사용

　　MBC가 2012년 10월 11일 정오뉴스에서 현역 국회의원 30명의 선거법 위반 혐의를 보도하며 당선 무효형을 받은 새누리당 김근태 의원의 사진 대신 이미 별세한 김근태 전 열린우리당 원내대표이자 민주통합당 상임고문의 사진을 내보내는 대형 오보를 냈다. 김 전 상임고문은 약 1년 전인 2011년 12월 30일 별세했다.

　　이같은 오보에 대해 민주당은 "MBC 뉴스가 기본적인 사실관계 확인조차 할 수 없을 지경에 이르게 된 것은 김재철 사장이 파업에 참가했던 인원을 배제하고, 경험이 부족한 시용(試用)기자들로 자리를 채울 때부터 예견된 분명한 인재(人災)이고, 무능한 경영능력에 대한 당연한 결과"라며 질타했다.

　　이에 MBC는 11일 오후 3시 방송된 '3시 경제뉴스' 말미에서 앵커가 직접 정오뉴스에서의 자료화면 오기에 대해 사과했다. MBC는 자료 화면을 잘못 사용한 데 대해 시청자와 관계자들에게 사과드린다고 밝혔다.

▪ 일파만파 부른 손학규 경기지사 수뢰의혹 사건 오보로 판명

한겨레신문은 2005년 11월 4일자 1면 머리기사로 대검찰청 중수부(부장 박영수, 주임검사 최재경 중수1과장)가 손학규 경기도 지사가 아파트 인허가 문제와 관련해 경기도 정무부지사를 지낸 한현규 경기개발연구원장으로부터 수억 원을 받은 단서를 잡고 수사를 벌이고 있다고 보도했다.

한 원장이 경기도 광주시 오포읍의 아파트 시행사인 J건설사로부터 인허가 청탁명목으로 10억 원대의 돈을 받았으며, 이 돈 가운데 상당수가 손 지사에게 갔다는 것이다. 한겨레는 복수의 검찰 관계자의 말을 인용해 "한 원장은 손 지사로 이어지는 징검다리 의미 이상이 아니며 최종적인 '연결'을 확인하기 위해 한 원장이 필요하다", "한 원장이 모든 것을 다 안고 가지는 않을 것으로 본다"고 전했다 .

이에 대해 손 지사 측은 "전혀 사실과 다르다"며 보도내용을 부인했다. 손 지사는 4일 아침 한겨레 정태기 사장에게 직접 전화를 걸어 "정 사장과는 개인적으로 친한 사이지만 법적 대응을 할 수밖에 없다"고 말했고, 권태선 편집국장에게도 같은 내용의 통화를 했다.

손 지사는 또 이수원 공보특보를 통해 "문제가 된 광주 오포와 직접적으로든 간접적으로든, 건설회사든 한현규 원장이든 그 어느 누구를 통해서든 단돈 1원의 금품수수도 일체 없었고 메모리얼 파크도 마찬가지"라며 "내가 도의적인 책임을 면할 수는 없을 것이나 모든 인허가 과정에서 한 점의 의혹도 없다"고 밝혔다.

이수원 공보특보는 "한현규 경기개발연구원장이 부지사 시절 오염총량제 도입 개발과 관련해 모 건설사에서 3억 원을 받은 것인데 이것이 잘못 알려졌다"며 "오염총량제 관련 건은 도지사 권한도 아니라 광주시장 권한이고, 아파트 인허가와 관련된 사건은 박혁규 의원이 구속된 L건설회사 로비건"이라고 해명했다.

검찰은 한 달 뒤 "손 지사가 이 사건에 연관됐다는 흔적을 찾지 못했다"고 밝혔다. 한겨레는 2006년 2월 손학규 당시 경기도 지사의 수뢰 의혹 보도를 오보로 인정하고 사과문과 함께 정정보도문을 게재했다. 또한 권태선 편집국장 등 3명을 감봉 조치했다.

■ '침몰 천안함 실종자가 가족에 전화' 황당 보도 : 유족들만 두 번 울렸다

천안함 폭침사건(2010년 3월 26일) 후 약 3일이 되던 시점에서 한 실종자의 전화가 걸려오고 또 다른 실종자로부터는 발신음이 포착됐다는 소문이 나돌았다. 이 소문들은 정확히 사실 확인이 되지않았음에도 불구하고 몇몇 온라인 뉴스는 3월 28일 '실종 서승원 하사 배안에 살아있다. 가족에게 전화' '실종자 심영빈 하사 휴대전화 발신음 포착'이라는 기사를 '긴급' '속보' 등으로 내보냈다. 이런 소문이 뉴스로 전해지자 일부 실종자 가족들은 비명을 지르며 "내 아이가 살아있는지 물어봐 달라"고 애원하기도 했다. 일부 가족들은 기도를 올리고, 다른 가족들에게 이 사실을 전하기도 했다. 그러나 해군은 "휴대전화를 확인했지만 전화가 왔다는 기록을 찾아볼 수 없었다"며 사실과 다르다고 말했다.

그럼에도 실종자 가족들은 휴대전화에 실낱 같은 희망을 걸었다. 가족들은 각자 아들의 휴대전화로 전화를 걸면서 '살아있으리라'는 희망의 끈을 놓지 않았다. 일부 유족들은 "실종자 휴대전화에 전화를 걸면 발신 신호가 울린다"며 생존 가능성을 제기했다. 하지만 이동통신업계 관계자들은 실종자들이 갇힌 것으로 추정되는 선체에서는 이동전화 발·수신이 사실상 불가능하다고 말했다. SK텔레콤 관계자는 "물속에서는 기지국과 휴대전화 사이에 전파를 주고받을 수 없기 때문에 휴대전화 통화는 불가능하다"며 "종료 버튼을 눌러 휴대전화를 끄지 않고 물에 빠뜨리는 등 비정상적인 방법으로 전원이 나갈 때는 기지국에서 이를 인식하지 못해 정상적으로 발신음이 울린다"고 설명했다.

이날 인천소방본부는 실종자 가족들의 요청을 받아들여 조진형 하사를 비롯해 실종자 14명의 휴대전화에 대한 위치추적을 실시했다. 소방본부는 "위치조회를 한 결과, 대청도 북쪽 300m 해상으로 나왔다"며 "이것이 현재 위치인지, 마지막 통화 위치인지, 아니면 통신사 기지국 위치인지 정확하지 않다"고 밝혔다. 이동통신업계 관계자는 "위치확인이 된다면 아마도 지상에서의 마지막 통화 위치거나 인근 기지국일 것"이라고 밝혔다.

결국 이같은 기사는 사실이 아닌 오보로 밝혀졌고 오보는 수색작업에 차질을 주기도했다.

천안함 침몰 사고 닷새째인 30일 실종자가족협의회 가족들은 눈물을 흘리며 언론에 호소했다. 이들은 이날 기자회견을 갖고 언론에 △ 추측보도 및 확인되지 않은 사항에 대한 보도 자제 △ 가족의 비통한 심정을 이용한 비인도적인 취재의 금지 △ 영외 가족 특히 연로한 가족에게 무리하게 취재 요구하지 말 것을 요청했다. 기자들을 내쫓으며 취재를 거부한 실종자 가족들은 4월 1일부터 언론과의 개별접촉은 되도록 피해왔다.

■ 이라크 파병반대 촛불집회를 주한미군 철수촉구시위로 보도

미국의 세계적인 유력지 뉴욕타임스가 2004년 6월 22일자 인터넷판(www.nytimes.com)과

종이신문에서 전날(21일) 서울 광화문에서 열린 김선일(金鮮一)씨 석방 촉구 및 이라크 파병 반대 촛불 집회 사진을 실으면서도 '주한미군 철수요구' 시위로 보도해 물의를 빚었다.

2003년 이후 '가나무역' 사원으로 이라크에 파견돼 있던 김씨는 2004년 5월 30일 이라크 수도 바그다드에서 서쪽으로 50km 떨어진 팔루자 부근에서 알 자르카위가 이끄는 이슬람교 계열 무장단체인 자마트 알 타우히드 왈 지하드(아랍어로 '유일신과 성전'이라는 뜻, 현재의 IS)의 인질로 납치됐다.

뉴욕타임스 인터넷판은 21일 저녁 서울 광화문에서 열린 김씨 석방 촉구 및 파병 반대촛불집회 사진을 첫 화면에 게재하면서 "한국인들이 한반도에서 주한미군의 철수를 요구하기 위해 서울에서 집회를 가졌다. 그러나 한국(정부)은 한국인의 납치 사건에도 불구하고 이라크에 파병하겠다고 말했다"(South Koreans rallied in Seoul to demand the removal of U.S. forces from the Korean Peninsula. South Korea said it would send troops to Iraq despite the kidnapping of one of its citizens there.)고 보도했다.

뉴욕타임스는 종이신문에서도 동일한 사진을 22일자 A8면 상단에 4단 크기로 크게 실으면서 '주한미군 철수를 요구하는 서울 시위대'(Demonstrators in Seoul Demand U.S. Withdrawal From Korea)라는 제목아래 "미국의 대외정책을 반대하는 한국인들이 주한미군 철수를 주장하는 시위를 서울에서 벌였다"(South Korean opponents of American foreign policy rallied yesterday in Seoul, demanding that the United States remove its forces from the Korean Peninsula.)고 보도했다.

김씨를 납치한 단체는 자이툰 부대 파병국인 대한민국 정부에게 주둔중인 한국군을 즉각 철수하고 추가 파병을 중단하라고 협박했고, 정부가 이를 거부하자 6월 22일 그를 참수했다.

이러한 보도는 국제사회에 한국인의 요구를 왜곡시켜 전할 우려가 있다는 점에서 큰 문제가 있다. 김씨의 석방을 염원하면서 국제사회에 한국인들의 요구를 전달하기 위해 열린 집회를 '주한미군 철수촉구'시위로 보도한 것은 세계적인 권위지인 뉴욕타임스의 위상에도 걸맞지 않은 것이다. 더구나 이와 같은 오보는 자칫 미국 내에서 반한감정을 불러와 한미관계에 부정적인 영향을 미칠 수 있다.

■ '천암함 폭침이 북의 필요로 이뤄졌다고 김정남이 주장했다'는 것은 오보

조선일보는 2012년 1월17일 〈김정남 "천안함, 북의 필요로 이뤄진 것"〉이란 제목의 1면 톱기사에서 김정일의 아들 김정남이 천안함 사건에 대해 "북조선 입장에서는 서해 5도 지역이 교전지역이라는 이미지를 강조할 필요가 있다"며 "그래야 핵,
선군정치 모두 정당성이 부여되는 것"이라고 말했다고 보도했다.

조선일보는 김정남의 이같은 발언이 일본 도쿄신문의 고미 요지(五味洋治) 편집위원과 김정남이 7년간 주고받은 이메일에 있다면서 '월간조선'이 그 대화록을 입수했다고 전했다.

그러나 한국 언론들이 고미 편집위원을 취재한 결과 김정남은 천안함과 관련한 말을 전혀 하지 않았던 것으로 밝혀졌다.

조선일보에 대한 고미 위원의 반론은 연합뉴스가 최초로 보도했다. 연합뉴스는 18일 오후 4시 54분 도쿄발신 특파원 기사에서 "이 책에는 국내 일부 언론에 보도된 것처럼 김정남이 2010년 3월에 일어난 천안함 사건을 북한의 소행이라고 인정했다는 대목이나 이를 연상시키는 표현은 없었다"고 보도했다.

연합뉴스는 김정남과 이메일을 주고받은 고미 편집위원이 "김정남과는 천안함이 아니라 연평도 공격에 대해 의견을 주고받았다"며 "한국에서 마치 내 책이나 이메일에서 김정남이 천안함 사건을 북한의 소행이라고 인정한 것처럼 알려진 것은 유감이라고 말했다"고 전했다. 고미위원은 또 이날 서울신문과 인터뷰에서도 "김정남과 주고받은 이메일 내용을 게재한 내 책에는 천안함 내용이 단 한 군데도 나오지 않는데 조선일보가 왜 이런 내용을 보도했는지 이해할 수 없다"며 조선일보의 해명을 듣고 싶다고 말했다. 고미 위원은 이 인터뷰에서 "김정남과 주고받은 150여 통의 이메일 중 거의 모든 내용을 책에 수록했다"며 "번역 작업도 꼼꼼히 했는데 없었던 내용이 보도된 경위를 알고 싶다"고 거듭 말했다.

고미 위원은 19일에는 한겨레신문과의 통화에서 "내가 받은 이메일 어디에도 그런 내용은 없

다. 내가 (김정남에게) 그런 얘기를 들은 기억도 없다"고 전면 부정했다.

경향신문도 18일 온라인판에서 고미 위원과의 전화 인터뷰 내용을 실었다. 고미 위원은 "김정남이 이메일을 주고받는 과정에서 천안함은 전혀 언급하지 않았다"며 "조선일보의 보도가 사실과 전혀 다르다"고 말했다. 그는 이어 "조선일보의 명백한 오보"라며 "천안함은 내가 물어본 적도, 김정남의 답변을 받은 적도 없다"며 "한국 보도를 보고 놀라 내가 책을 잘못 썼나 싶어 다시 확인했다"고 말했다.

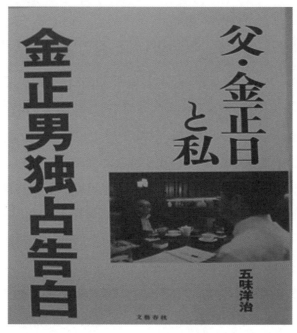

△ 북한의 김정남과 일본 도쿄신문의 고미 요지(五味洋治) 편집위원과의 인터뷰 내용과 주고받은 이메일 내용 등을 시간 순서대로 정리한 책 '아버지 김정일과 나'가 2012년 1월 18일 일본의 문예춘추사에 의해 출간됐다.(사진=연합뉴스 캡쳐)

앞서 동아일보와 문화일보는 조선일보의 기사를 바탕으로 쓴 18일자 사설에서 국내 종북(從北)세력은 이제 천안함 폭침이 북한의 소행이라는 증거가 없다고 주장할 수 없게 됐다고 비판한 바 있다. 특히 동아일보는 사설에서 "국내 종북좌파 세력은 북한 권력 내부 사정을 잘 알고 있는 김정남의 이런 폭로를 듣고도 '천안함 폭침이 북한 소행이라는 증거가 없다'고 계속 주장할 것인가"라고 썼다.

이러한 오보에 대해 조선일보는 18일 저녁 9시 경 자사 홈페이지에 〈바로잡습니다〉라는 사과문을 올렸다. 조선일보는 『17일자 A1면 〈김정남 "천안함, 북(北)의 필요로 이뤄진 것"〉이라는 제목의 기사는 고미 요지(五味洋治) 도쿄신문 편집위원이 김정남과 주고받아온 이메일 내용을 월간조선이 요약해 본지에 전달한 기사를 전재(轉載)한 것입니다. 그러나 고미 요지 위원이 이메일을 바탕으로 펴낸 책에는 천안함 관련 부분이 없는 것으로 밝혀져 바로잡습니다. 월간조선측은 천안함 부분은 김정남 주변의 정통한 소식통으로부터 별도 취재한 내용이라고 밝혔습니다. 혼선을 초래한 점 사과드립니다.』고 밝혔다.

▪ 유럽연합(EU)에 대통령이 있다는 것은 한국과 일본 언론의 오보

28개국이 가입해있는 EU(유럽연합)는 그 자체가 정치연합체가 아니기 때문에 한국이나 미국 등에 해당하는 대통령(president)을 둘 수 없는데도 국내의 거의 모든 언론은 EU에 대통령이 있는 것처럼 소개하고 있다. 국내언론이 소개하고 있는 것은 'President of the European Council'을 번역, 지칭하고 있는 것 같으나 이는 '유럽이사회 상임의장'으로 번역해야하는 것이지 '유럽대통령' 또는 '유럽연합대통령'을 의미하는 것은 아니다. 유럽이사회는 유럽 각국 정상들 간의 회의체인만큼 '유럽정상회의'라고도 하며 그 의장을 영어로 'president'라고 부르는 것이다. 의장의 임기는 2년 6개월이고 1회 연임이 가능하다. 제1대 상임의장은 전 벨기에 총리였던 판 롬퓌이(Herman Van Rompuy)이다. 판 롬퓌이가 2010년 1월 1일 취임할 당시 일본 언론은 '대통령', 중국 언론은 '회장'으로 각각 번역했다. 현 상임의장은 도널드 투스크(Donald F. Tusk, 전 폴란드 총리)로 임기는 2019년 11월 30일 까지다. 2019년 12월 1일 이후의 차기 상임의장은 샤를 미셸(Charles Michel, 벨기에 총리)이다. 지난 7월 3일자로 선출된 그의 임기는 2019년 12월 1일부터 2022년 5월 31일까지다.

EU에 'president'라는 직함을 갖는 기구는 이밖에도 'President of the European Parlement'(유럽의회 의장), 'President of the European Commission'(유럽집행위원회 의장)이 있다. 이밖에 'Presidency of the Council of the European Union'라는 것이 있는데 이는 유럽의회에서 상원의 역할을 하는 기구로 개인이 의장직을 맡는 것이 아니라 3개 국가가 조를 이루어 18개월동안에 각각 6개월씩 임기를 맡는다. 그래서 'president'대신 'presidency'로 표기하는 것이다.

▪ 우용해 전 쌍용회장의 딸 우정은 교수를 육종학자 우장춘박사의 딸로 보도

중앙일보는 2008년 4월 26일 인물면에서 '우장춘 박사 딸, 미 버지니아대 문리대학장 됐다'라는 제목의 기사를 미국 워싱턴 발로 큼직하게 내보냈다. '씨 없는 수박'으로 유명한 육종학자 우장춘 박사의 딸인 우정은 미시간주립대 교수가 버지니아대 문리대 대학원 학장을 맡게 됐다는 게 보도의 내용이었다. 그런데 우정은 교수는 우장춘 박사 딸이 아니다. 엄청난 오보를 한 것이다. 우정은 교수는 박정희 정부 시절 경제기획원 기획차관보로 1, 2차 경제개발 5개년 계획을 주도했던 우용해 전 쌍용 회장의 딸이다. 우장춘 박사는 우정은 교수가 태어난 1959년에는 이미 별세하고 없었다. 우장춘 박사에게는 2남 4녀의 자녀들이 있지만 이들은 모두 1950년 이전에 태어났다. 따라서 조금만 더 확인해 봤다면 우장춘 박사에게는 우정은 교수 나이대의 자녀가 있을 수 없다는 것을 알 수 있었을 것이다.

중앙일보측은 오보에 대한 정정보도문에서 인터넷 백과사전 '위키피디아' 영문판의 우정은 교수 항목 부분에 "한국에서 유명한 농학자이자 식물학자인 우장춘 박사의 딸로 잘 알려져 있다"라고 나와 있어 이를 토대로 기사를 작성했다고 사과했다. 위키피디어를 믿었다가 대형 오보를 낸 셈이다. 중앙일보는 또 우정은 교수가 미시간주립대 교수라고 소개를 했는데 이 또한 오보다. 우 교수는 미시간주립대가 아니라 미시간대 교수다. 중앙일보의 오보로 연합뉴스와 매일경제, YTN 등 여러 곳에서 우정은 교수가 우장춘 박사의 딸이라는 오보 릴레이가 이어졌다.

▪ 해운대 성수기 하루 피서객이 100만이라고?…항공촬영 결과 2만 5천 여명 불과

해마다 전국 최대 피서지인 부산 해운대 해수욕장에는 1백만 내외의 피서 인파가 몰리는 것으로 언론에 보도되지만 이는 최대 40배까지 부풀려진 수치인 것으로 드러났다. 여름철 피서객 성수기 절정때면 거의 언제나 해운대 해수욕장에는 '올여름 하루 최대 1백만 명, 누적 피서객 천만 명 이상 될 듯'이라는 제목이 신문의 헤드라인을 장식한다. 하지만 이는 엉터리 '눈대중' 집계로 최대 40배까지 '뻥튀기'된 것으로 나타났다.

해운대구청의 집계에 따르면 해수욕장이 개장되는 7,8월 두 달 동안 누적 피서객은 2003년 처음으로 1천만명을 넘어선 이후 2019년까지 16년 연속으로 1천만 명 내외를 기록했다.

하지만 과연 해운대 해수욕장에 1백만 명이 모였을까?

부산시소방본부와 동의대 강만기 데이터정보학과 교수팀이 피서절정인 2007년 7월 29일 오후 2시, 헬기를 타고 항공촬영을 한 뒤 피서객을 일일이 세고, 해수욕장 인파 밀집도를 분석한 결과 2만 5천여명에 불과한 것으로 집계했다. 해수욕장을 꽉 채운 인파가 하루 4번씩 바뀐다고 해도 10만 명 정도로 추산됐다. 하지만, 당시 해운대구청은 피서객이 90만 명 몰렸다고 발표했다. 역시 같은해 8월 15일에도 항공촬영 결과 2만 7천명의 피서객이 온 것으로 나타났지만, 구청측은 80만 명으로 추산했다.

강만기 교수는 "정확한 피서객 집계를 위해 항공촬영과 해변에 피서객이 몰려 있는 밀도를 수치화해 공식을 만들어 대입한 결과 백사장 5만8천400㎡과 수영구간 7만3천㎡ 등 해수욕장 총 면적안에 있는 인파가 3만 명도 채 안되는 것으로 나타났다"고 말했다.

실제 도시철도 해운대역의 여름철 최대 이용객을 집계해도 2만 여명이다.

1백만 인파가 해운대에 몰렸다면 나머지 98만 명은 버스나 자가용, 기차로 해운대 해수욕장을 찾고, 또 일부는 기존 숙박시설에 머물고 있다는 셈이 된다. 하지만, 해운대 해수욕장으로 들어가는 입구인 올림픽 교차로의 성수기 최대 정체시 1시간 교통량은 2천 7백여대에 불과했다.

한 차량 당 5명씩 탄 것으로 보고 개장시간(오전 9시-오후 6시) 동안 시간당 약 2천대로 출입 교통량을 계산해도 10만명에 불과해 사실상 피서객 1백만은 지나치다는 지적이다.

▪ '세네갈전 패배로 한국 U20 월드컵 4강 탈락?' 속보 경쟁이 부른 대형 오보

20세 이하(U-20) 월드컵 8강 경기가 열렸던 2019년 6월 9일 오전 6시 22분, 네이버 뉴스에 '[속보] 대한민국 세네갈 승부차기 끝 탈락… U20 월드컵 축구 36년 4강의 꿈 물거품'이라는 제목의 기사가 올라왔다. 하지만 '글로벌 이코노믹'이라는 언론사의 이 기사는 오보였다. 한국은 세네갈과 승부차기 끝에 3-2로 승리해 36년 만에 4강에 진출했다.

'글로벌 이코노믹'은 승부차기가 끝나기도 전에 패배할 것이라 예상하고 미리 작성했던 '승부차기 끝 탈락'이라는 제목의 기사를 올린 것으로 확인됐다.

해당 기사를 쓴 김재희 기자는 오보를 낸 후 40여분 뒤인 7시 4분 기사 제목을 '[속보] 대한민국 세네갈 잡았다 승부차기 3-2 다음 상대는 에콰도르… U20 월드컵 축구 중계 연장전 끝 36년 4강'이라고 수정했다.

외교문서·외신 등을 오역해
정부공격과 반미선동에 앞장

■ 유엔결의문 오역 '대한민국 유일합법정부' 부정

우리 사회의 좌파진영은 '대한민국이 한반도(Korea)의 유일합법정부'라는 것을 인정하지 않는다. 좌파진영은 이승만 정부가 소위 'Korea의 독립문제에 관한 (1948년 12월 12일의) 유엔총회 결의 제195(III)호'(United Nations General Assembly Resolution 195(III); The Problem of the independence of Korea)를 오역함으로써 '대한민국의 유일합법정부론'이라는 허구를 만들어내 국민을 속여 왔다고 주장한다. 하지만 이는 사실을 왜곡하는 것이며, 오히려 좌파진영에서 유엔총회결의를 오역 하고 있는 것이다.

좌파진영은 유엔총회 결의 제195(III)호의 진정한 뜻은 1948년 5월 10일 유엔한국임시위원단(United Nations Temporary Commission on Korea)의 감시하에 남한지역에서 실시된 총선으로 수립된 '대한민국정부'에 대해 실제로는 선거가 실시된 지역에서만의 유일합법정부라는 의미였으나 이승만정부가 영어원문을 오역함으로써 5.10총선으로 수립된 대한민국정부가 전 한반도에서의 유일합법정부로 인식되게 해왔다고 주장한다. 유엔은 1948년 12월 12일 프랑스 파리의 사이요궁(Palais de Chaillot)에서 열린 제3차 총회에서 북한정부에 대해서는 아무런 언급도 하지 않은 채 남한정부에 대해서만 '합법정부'(lawful government), 그리고 '(대한민국이 전체 Korea 주민의 절대다수가 거주하고 유엔임시위원단이 감시한 지역에서 자유선거를 통해 수립된) 한반도(Korea)의 유일한 정부'(the only such Government in Korea)라고 결의했다. 당시 한반도에는 '대한민국정부'와 '조선민주주의인민공화국정부' 등 두개의 정부가 수립돼 각각 정부승인을 바라고 있었지만 유엔은 유독 대한민국정부에 대해서만 그같은 결의를 한 것이다. 당시 한국정부 승인결의안은 찬성48, 반대 6, 기권 1로 가결됐다. 소련이 제출한 북한정부 승인 결의안은 48개국의 반대로 부결됐다. 좌파의 대부격이었던 고(故) 리영희 한양대 교수는 '한국논단' 1991년 6월호에서 '국가보안법 논리의 위대한 허구'라는 제목의 글에서 "이 유엔 결의는 대한민국이 Korea 전역에 걸친 정부가 아니라, 선거가 실시된 지역(북위 38도선 이남)에서의 '유일합법' 정부라는 정통성을 부여했을 뿐이다. 다시 말해서 북위 38도선 이북의 지역은 유엔 결의에 관한 한 '공백지대'로 남겨진 것이다."라고 주장했다. 그러나 이 주장은 유엔 결의 영어원문에 대한 해석의 중대한 오류이다. 유엔 결의문 해당부분 영어원문(195(III)호 제2항)과 리 교수의 번역문은 다음과 같다.

〈(2). Declares that there has been established a lawful government(the Government of the Republic of Korea) having effective control and jurisdiction over that part of Korea where the Temporary Commission was able to observe and consult and in which the great majority of the people of all Korea reside; that this Government is based on elevations which were a called expression of the free will of the electorate of that part of Korea and which were observed by the Temporary Commission; <u>and that this is the only such Government in Korea;</u>

(유엔) 임시위원단이 감시 및 협의할 수 있었고, Korea 인민(리 교수는 '인민'이란 표현 사용)의 과반수(Majority)가 거주하고 있는 Korea의 그 지역에 대한 효과적인 행정권과 사법권을 갖는 합법적인 정부가 수립되었다는 것, 이 정부가 Korea의 그 지역의 유권자의 자유의사의 정당한 표현이며, (유엔) 임시위원단이 감시한 선거에 기초를 두고 있다는 것, <u>그리고 이 정부가 Korea의 그 지역에서의 그와 같은(such) 유일한 정부임을 선언한다.〉</u>

문제는 위 원문 중 밑줄 친 부분을 어떻게 해석할 것인가로 귀착된다. 리 교수는 이 부분을 위에서 적시한 대로 "그리고 이 정부는 Korea의 그 지역에서의 그와 같은(such) 유일합법정부(임을 선언한다.)"로 해석했다.

그러나 원문에 '그 지역에서의'라는 표현은 결코 없다. 따라서 원문 해당 부분의 정확한 번역은 아래와 같이 될 것이다.

"그리고 이것이 한반도(Korea)에서 유일한 그러한 정부라는 것(임을 선언한다.)"

따라서 대한민국정부가 남한에서만의 그러한 정부가 아니라 한반도에서 유일한 그러한 정부라는 것을 의미한다. 본문의 'Korea'는 남한 지역이 아니라 한반도 전역을 의미하기 때문이다. Korea가 한반도 전역을 의미한다는 것은 위 원문에서 남한을 'that part of Korea'라고 하여 분명하게 'Korea'와 구분하고 있기 때문이다.

여기서 주목할 것은 '그러한'(such)의 뜻이 무엇이냐 하는 것이다. 그것은 앞에 기술한 내용, 즉 ① 한국민의 절대다수(the great majority of the people of all Korea)가 거주하고 있는 남한에 유효한 통제권과 사법권을 가지고 있는 합법 정부이며, ② 이 정부가 남한 주민의 자유 의지에 의한 선거에 기반하고 있다는 두 가지 사실을 의미한다. 이를 부연하면 한국민의 절대다수가 거주하고 있는 남한에서 주민의 자유로운 의지에 의한 선거에 의해 수립된 대한민국 정부는 남북한을 통틀어 유일합법정부라는 뜻이다. 즉, 1948년 한반도에 두 개의 정부(정권)가 들어섰는데 남쪽의 대한민국만이 유엔의 인정을 받은 Korea의 유일한 합법정부라는 뜻이다. 다만 현실적으로 대한민국의 행정권과 사법권이 38선 이북 지역에 미치지 못하고 있을 뿐이다. 현재 대한민국정부(외교부)는 물론 헌법재판소, 대법원도 판례를 통해 유일합법정부론을 견지하고 있다.[16] 그런데 우리사회에서 국가보안법 폐지를 주장하는 사람들은 대한민국이 한반도의 유일합법정부가 아니라고 주장한다. 이런 주장을 펴는 대표적인 사람이 박원순 서울시장이다. 그는 국가보안법의 존립근거로 "대한민국의 영토는 한반도와 그 부속도서로 한다"는 헌법 제3조의 영토조항을 들면서 이 조항은 허구에 불과한 대한민국의 한반도 유일합법정부론에 근거하는 것[17]이라고 말하고 있다. '유일합법정부론'은 분단이후 대한민국이 각종 국제회의에서 대한민국의 대표성을 인정받는 근거로 자주 사용됐다. 남북한이 유엔에 동시 가입한 1991년 이전에는 국제회의에 대부분 남한이 참석하는 경우가 많았고, 이럴 때마다 소련을 위시한 공산권국가들은 남한대표단의 참석을 문제 삼았다. 이들은 "한반도에는 남한과 북한이 있는 데 왜 남한만 참석하느냐. 남한대표들은 전체 Korea를 대표할 대표권이 없다"는 주장을 폈다. 그러나 이럴 때마다 남한 대표들이 반론권(right of reply)을 신청해 공산권 국가들의 주장을 코가 납작하게 만든 무기가 바로 유엔총회 결의 제195(III)호의 '유일합법정부론'과 6.25전쟁 때 북한을 '침략자'로 규정한 유엔 안보리 결의였다. 주독대사를 지낸 신정섭씨는 외교안보연구원이 1998년에 펴낸 '외교관의 회고-남기고 싶은 이야기들'에서 한번은 세계기상기구(WMO)회의에서 소련이 남한대표단의 참석을 문제 삼자 1948년 유엔총회가 결의한 대한민국유일합법정부론도 모르냐며 '(Republic of Korea is) the only and lawful government on entire Korean peninsula'라고 했더니 조용해 졌다고 회고했다. 또한 미국을 비롯한 서방진영 참석국가들이 대한민국 유일합법정부론을 옹호했다고 전했다. 리 교수의 주장처럼 대한민국이 38선 이남지역에서 유일합법정부라는 주장은 명백한 오역이다. 한반도에서 1948년 8월 15일 대한민국정부, 9월 9일 조선민주주의인민공화국정부가 각각 수립됐는데 유엔이 그로부터 3-4개월 후 총회에서 'Korea 독립문제'에 관한 결의를 채택하면서 두개의 정부 중 유독 대한민국정부만 언급한다는 것이 경험칙상 가능한 일이라도 한 것인가? 유엔 결의안 전문을 보더라도 리 교수의 주장처럼 유엔이 38선 이북의 한반도 북쪽지역을 공백지대로 남겨놓았다는 대목은 어느 곳에도 없다. 북한은 대한민국이 유엔총회에서 유일합법정부로 결의되자 유엔을 규탄하면서 유엔을 일방적으로 부정하는 정책을 펴왔다. 이러한 북한의 태도는 한국의 유엔가입노력을 저지하기위한 대(對)유엔외교와 비동맹외교를 강화하기 시작한 시점인 1970년 초까지 계속됐다. 이는 북한 스스로도 유엔결의의 영어표현이 대한민국만이 유일합법정부라는 것, 다시 말하면 한국어로 옮겼을 때 리 교수의 주장처럼 다른 해

---

16) 헌법재판소 2001년 3월 21일 선고, 99헌마139; 대법원 1996년 11월 12일 선고, 96누1221; 대법원 1990년 9월 25일 선고, 90도1451

17) 박원순, '국가보안법연구: 국가보안법 폐지론', 법과 사회 3권, 서울: 역사비평사, 1989, pp.17-18.

석이 나올 수 없다는 것을 인정했다는 것을 의미한다. 한반도에 미국과 소련이 후원하는 두 개의 정부가 각각 수립됐는데도 대한민국만이 한반도의 유일합법정부라는 것은 북한정권이 정통성을 인정받지 못하고 불법집단으로 간주됐다는 것을 뜻한다. 좌파진영은 이승만 정부이래 정부가 이 유엔결의를 과거의 반공법은 물론 국가보안법의 존치 근거로 이용하고 있다고 비난해 왔다. 하지만 좌파진영의 한반도유일합법정부 부정은 대한민국 건국의 정통성과 정체성을 인정하지 않거나 무시, 경시하는 그들의 평소 주장과 맥을 같이 하는 것으로 볼 수 있다.

유엔은 이어 1949년 10월 21일 역시 총회 결의(United Nations General Assembly Resolution 293(IV); The Problem of the independence of Korea)를 통해 1948년 12월 12일자 총회 결의를 재확인한다. 대한민국이 한반도에서 유일합법정부라는 유엔 결의는 뒷날 유엔이 6.25전쟁에 참전하는 근거가 된다. 유엔은 북한이 38선 일대에서 전면남침을 단행한 1950년 6월 25일 즉각 유엔안전보장이사회를 소집하고 안보리 결의(United Nations Security Council Resolution)를 통해 "대한민국정부가 합법적으로 수립된 정부"라는 두 차례의 유엔 총회 결의를 환기하면서… 북한의 침략행위는 평화를 파괴하는 행위"라고 결정했다. 또한 ① 북한에게 적대행위를 즉각 중단하고 38선 이북으로 군대를 철수시킬 것 ② 유엔한국임시위원단에게 38선 이북으로의 북한군 철수를 감시할 것과 이 결의의 집행을 안보리에 보고할 것 ③ 모든 회원국들은 이 결의의 집행에 있어서 유엔에 협력하고, 북한 당국에 협력하는 것을 삼갈 것을 요구하는 결의(S/1501)를 채택하게 된다. 그리고 6월 27일 유엔안전보장이사회는 새로운 셜의(S/1511)를 통해 유엔회원국으로 하여금 한반도에서의 무력공격을 격퇴하고 국제평화와 안전을 회복하는데 필요한 원조를 한국에 제공할 것을 의결한다. 이에 따라 6월 하순에는 16개국으로 구성된 유엔군이 한국에 도착한다.

국내 좌파 진영에서는 남북한이 1991년 다함께 유엔에 가입한 마당에 유일합법정부론이 무슨 의미가 있느냐고 묻는다. 그러나 문제는 바로 그런 질문에 있다. 좌파진영은 유엔의 감시하에 실시된 총선거를 통해 합법적으로 수립된, 그리고 유엔이 한반도에서 유일하게 인정한 대한민국의 정통성을 부인하거나 무시한다. 그러면서도 유엔의 인정을 받지 못한 조선민주주의인민공화국이 한반도에서의 정통성 있는 정부라고 우겨댄다. 좌파진영은 북한의 조선민주주의인민공화국이 바르샤바조약기구(Warsaw Treaty Organization)에 의해 정통성이 인정됐다고 주장하지만 바르샤바조약기구는 옛 소련 등 동구권 8개국이 체결한 군사동맹기구로서, 정부승인을 위한 보편적인 자격이나 대표성이 없다. 더구나 바르샤바조약기구는 사회주의체제 붕괴와 함께 지금은 해체되고 없다.[18] 유엔 총회와 안보리의 결의가 남한에 대해서 정식 국호인 '대한민국'(Republic of Korea)이란 표현을 사용했지만 북한에 대해서는 '조선민주주의인민공화국'(Democratic People's Republic of Korea)대신 '북한'(North Korea) 또는 '북한당국'(authorities in North Korea, North Korean authorities)이라고 표현한 것은 북한이 유엔에 의해 인정된 합법정부가 아니라는 것을 의미하는 것이다.[19]

한편 한일국교정상화를 위한 1965년의 한일기본조약(Treaty on Basic Relations between Japan and the Republic of Korea)도 한국이 한반도의 유일합법정부임을 확인하고 있다. 조약 제3조는 "대한민국 정부가 국제연합 총회의 결정 제195(III)호에 명시된 바와 같이 한반도에 있어서의 유일한 합법정부임을 확인한다"(It is confirmed that the Government of the Republic of Korea is the only lawful Government in Korea as specified in the Resolution 195(III) of the United Nations General Assembly.)고 명시하고 있다.

■ '이승만 정부, 한국전쟁 발발 직후 일본 망명 타진'은 소설같은 오보

KBS는 6.25전쟁 65주년이 되는 2015년 6월 24일 밤 9시뉴스를 통해 단독보도라면서 이승만 정부가 6.25 발발 직후 일본에 망명을 타진했다는 내용의 보도를 내보냈다.

KBS는 '이승만 정부, 한국전쟁 발발직후 일본망명 타진', '이승만, 일본에 망명정부 요청 비밀문서 첫 확인'이라는 제목으로 "6.25 전쟁이 발발한지 이틀 만인 6월 27일 한국정부가 일본에 6만명 규모의 한국인 망명자 수용의사를 타진했고, 일본 야마구치 현(縣)지사가 5만 명 규모의 '한국인 피난캠프' 설치를 위한 계획을 추진했다. 이승만 정부, 일본 망명 요청설 사실이었다"라고 보도했다.

KBS는 "당시 다나카 타쓰오(田中龍夫) 야마구치현(山口県) 지사가 6월 27일, 외무성을 통해 '한국 정부가 6만명의 망명정권을 야마구치현에 세우고 싶어한다'는 전보를 받았다"고 주장했으나, 정작 일본 야마구치 현청 원문 기록에는 "6월 27일에 외무성 전보를 받았다"는 대목이 빠져 있었다. KBS 제작진이 무슨 이유에서인지는 모르지만 있지도 않은 '외무성(1950. 6. 27)'이라는

---

18) 제2차 세계대전 후 심각한 동서대립 속에서 북대서양조약기구(NATO, North Atlantic Treaty Organization)에 대항하기 위해 소련을 비롯한 동구권 8개국의 총리가 1955년 바르샤바에 모여 체결한 군사동맹기구인 바르샤바조약기구는 동구권 사회주의 체제의 붕괴와 함께 1991년 4월 1일 해체됐다.

19) Document of the Division of Historical Policy Research of the U.S State Department, Korea File Vol.1, p. 42.

날짜를 방송 화면에 삽입하는 조작을 저지른 것이다.

원문을 살펴보면 외무성 전보를 받은 시점은 북한의 인민군이 부산을 위협할 당시인 1950년 8-9월을 가리키고 있다.

〈… 釜山の北のね, 洛東江の川の所まで北朝鮮軍 ママが来てね。それで, このまま行ったならば, 釜山は第二のダンケルクになると。そういった時にどうするかという問題ですが, 外務省の方から電報が入って ね, 韓国政府は六万人の亡命政権を山口県に作るということを希望しとると。〉

하지만 KBS는 해당 원문에서 "북한군이 부산의 북쪽, 낙동강까지 진격해 들어왔다"는 대목을 삭제한 뒤 "한국 정부가 6만 명의 망명정권을 야마구치 현에 만들기를 바라고 있다고 한다"는 번역 문구만 방송에 내보냈다.

다나카 타쓰오 지사가 말했다는 전보도 실제로 존재했던 것인지, 한국 정부가 당시 망명 의사를 공식적으로 타진했는지조차 확실치 않은 상황이다. 다나카 타쓰오 지사의 구술 기록은 일본 외무성은 물론, 한국 외교부와 미국 국무부 문서에도 존재하지 않는 미확인 문건에 불과하다. 한미일 최고급 정부 문서에도 없는 내용을 KBS는 마치 사실처럼 '단독'이라는 타이틀까지 붙여 내보냈다.

KBS는 일본 정부의 공식문서가 아닌 야마구치현의 검증되지 않은 자료를 인용하면서 없는 날짜까지 만들어 붙인 것이다. 단순한 오보라고 보기 어렵고 역사왜곡이며 날조 기사라는 지적이 나왔다.

이같은 보도는 당시의 한일관계나 전쟁상황, 그리고 李대통령의 성품으로 보아 논리성도 진실성도 없는, 건국대통령을 폄훼하기 위한 악의적인 보도라는 지적이 많았다.

KBS는 '이승만 정부, 일본 망명 요청설 사실이었다!'고 단정하는 보도를 내보내면서도 이를 뒷받침한다고 내어놓은 자료가 한국과 미국과 일본 정부의 공식문서도 아니고 당시 주권도 없던 일본의 일개 현(縣) 자료였다.

〈야마구치현의 역사를 기록한 '야마구치 현사'에서 1950년의 기록을 살펴봤습니다. 당시 '다나카 타쓰오' 야마구치현 지사는 한국전쟁 발생 이틀 뒤인 6월 27일, 외무성을 통해 '한국 정부가 6만 명의 망명정권을 야마구치현에 세우고 싶어한다'는 전보를 받았다고 적혀있습니다.〉

〈여러 사람에게 확인하는 과정에서 교토의 한 대학에 있는 '재일교포 3세'인 교수님
이 한국전쟁 당시 이 문제와 관련한 미국 공문서보관소의 '미 군정 문서' 마이크로 필
름을 소장하고 있다는 얘기를 듣고 교토로 달려갔습니다. 이 문서는 한국전쟁 발생
열흘쯤 뒤인 1950년 7월7일의 기록이었습니다. 야마구치현의 '다나카' 지사는 일본
주코쿠(中國) 지역 5개 현 지사 회의에 참석한 자리에서 '한국인 5만 명 수용 계획'을
발표합니다.〉

△ KBS가 2015년 6월 24일 보도한 〈이승만 정부, 한국전쟁 발발 직후 일 망명 타진〉 리포트. 현재 이 리포트는 홈페이
지에서 삭제된 상태다

　　KBS가 이대통령이 망명을 요청하였다고 단정한 근거는 위의 두 자료뿐이다. 일본 외무성의
공식 자료도 아니고 '외무성이 그랬다더라' 수준의 자료이다. 외무성의 그런 전보가 실재하는지,
있다고 하더라도 그 내용이 사실인지를 확인도 하지 않고 李대통령을 폄하하는 근거로 제시한
것이다.
　　李대통령은 대한민국이 건국되자마자 수차례에 걸쳐 "대마도는 우리 땅이니 반환하라"는 성명
을 발표하고 기자회견도 한 바 있다.
　　더군다나 당시 일본은 사실상 맥아더 장군의 군정통치 아래 있던 상황인데, 독립국인 대한민국
이 군정통치하의 일본 외무성에 외교문서를 보낸다는 것은 외교관행이나 절차에도 맞지 않는다.
　　李대통령은 전쟁초기부터 일본 점령군 사령관인 맥아더 장군과 통화를 해 왔으므로 망명의사
가 있었다면 맥아더 장군에게 의뢰할 일이지 일본 외무성에 요청한다는 것은 어불성설이라는 것
이다. 대한민국 외교사나 전사에 그 같은 망명요청기록은 없다.

낙동강 방어전이 절정에 달했던 1950년 8월14일, 무초 주한 미 대사는 "대구가 적군의 공격권 안에 들어갔다"면서 李대통령에게 '정부를 제주도로 옮길 것'을 건의했다.

그의 주장은 제주도가 적의 공격으로 멀리 떨어져 있을 뿐 아니라 최악의 경우 남한 육지의 전부가 공산군의 수중에 들어갈 경우 '망명정부'를 지속시켜 나갈 수 있기 때문이라는 것이었다. 무초대사의 이야기를 들은 이대통령은 슬그머니 허리춤에서 모젤 권총을 꺼내들었다. 李대통령은 권총을 아래위로 흔들면서 "공산당이 내 앞까지 오면 이 총으로 내 처를 쏘고, 적을 죽이고, 나머지 한 알로 나를 쏠 것이오. 우리는 정부를 한반도 밖으로 옮길 생각이 없소. 모두 총궐기하여 싸울 것이오. 결코 도망가지 않겠소"라고 단호하게 말했다. 제주도 망명도 거부한 대통령이 일본 망명을 시도했다는 주장은 설득력이 없을 것이다.

한평생을 일본으로부터 독립을 위해 투쟁해온 이승만 대통령은 일본 애기만 나오면 얼굴 근육이 실룩거렸다는 증언도 있다. 중공군의 개입으로 한국군과 유엔군이 밀리고 있던 1951년 초, 李대통령은 미국이 일본군을 유엔군에 편입시켜 한국에 파견할 것을 검토중이라는 소문을 전해 듣고 분노했다.

李대통령은 "만약 일본군이 참전하면 일본군부터 격퇴한 다음 공산군과 싸우겠다"고 언성을 높였고, 결국 미국은 李대통령의 노기에 일본군 참전계획을 접어야만 했다.

이승만 정부는 1950년 6월 27일 일본에 망명 요청을 하기는 커녕 미국의 트루먼 대통령에게 결사항전의 의지를 전하고 무기 원조를 간청했다.

이승만 연구 전문가인 김효선 (사)건국이념보급회 사무총장은 KBS가 이승만 정부 일본 망명설의 근거로 내세운, 일본 야마구치 현 기록은 실체를 검증할 수 없는 인터뷰 구술 기록(https://library.pref.yamaguchi.lg.jp/ymg/ymg-kenshi/山口県史 史料編 現代2)에 불과하다고 지적했다.

그는 KBS 보도에 나오는 문건들이 이승만 정부의 망명을 위한 것이 아니라, 전쟁 당시 한국에 남아있던 미군 군사고문단과 그 가족, 이들을 호위하는 미 헌병대와, 한국에 거주하던 외국인들의 대피를 목적으로 작성됐다고 설명했다. 6.25 전쟁 당시 한국에는 500여명의 미 군사고문단과, 그 가족 및 이들을 지키는 미 헌병대가 상주하고 있었다. 이들 외에도 개신교와 가톨릭 선교사 등 다수의 외국인들이 체류하고 있었다. 1995년 매일경제신문이 LG경제연구원과 공동으로 조사한 통계에 따르면 1942년 기준 한국에 거주하던 외국인은 일본인을 제외하고도 8만 3천여명에 달했다. KBS는 결국 7월 3일 밤 9시 뉴스를 통해 이승만 정부가 김일성의 남침 이틀 후인 6월 27일에 일본에 망명 요청을 했다는 보도가 날조된 것이었음을 사실상 시인했다. KBS는 리포트에서 전쟁 발발 이틀만이라고 할 근거인 6월 27일이라는 날짜는 문서 내용에 없으며 이승만 정부가 난민 수용을 요청한 것이라고 볼 수 없다는 이승만기념사업회측반박문을그대로내보냈다.

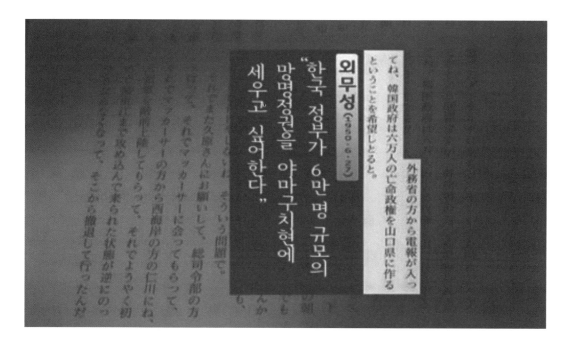

▪ 미 의회문서를 오역 박정희 통치자금을 400조로 허위 날조

더불어민주당 안민석 의원(경기 오산시·4선)은 박근혜 전 대통령이 물러나고 문재인 정권이 들어선 다음 달인 2017년 6월 13일 '브레이크 뉴스'와의 인터뷰에서 "프레이저 보고서(Fraser Report)에 따르면 박정희(전 대통령)의 통치자금은 8조원 정도였고 현 시가로는 300조원 정도 되는 천문학적 자금인 데 일부가 최순실 일가로 흘러들어갔을 것"이라고 주장했다.

그는 같은 달 28일에는 오마이뉴스 정치부장 출신 장윤선 기자가 진행하는 tbs(교통방송) '장윤선의 이슈 파이터'에 출연해 "1978년도에 미 의회에서 발간한 프레이저 보고서를 보면 박정희가 스위스 은행에 쭉 모았던 돈들의 규모가 나온다"며 "지금 돈으로 환산하면 400조"라고 주장했다. 진행자가 '스위스에만 400조?'라고 놀라움을 표하자 안 의원은 "프레이저 보고서에 나온 겁니다"라고 했다.

안 의원은 그 다음 달인 7월 26일에는 JTBC 뉴스룸에 출연해 최씨 일가의 해외 은닉 자산을 찾았다고 주장했다. 그리고 이 자리에서 "박정희 전 대통령 통치자금 규모가 당시 돈으로 8조9천억원, 지금 돈으로 300조가 넘는 돈. 그리고 그 돈으로부터 최순실 일가 재산의 시작점을 판단할 수 있을 것 같다"고 했다. '다 밝혀지면 파장이 클 것 같다'는 손석희 JTBC 사장(앵커)의 동조성 질문에 안 의원은 "화산이 폭발하는 충격으로 다가올 것"이라고 장담하기도 했다.

그러나 안민석의원의 그같은 주장은 엉터리 가짜뉴스이며, 브레이크뉴스, tbs, JTBC는 박정희의 비자금이 300조-400조원이란 주장을 여과없이 전달한 것이다.

'프레이저 보고서'는 1978년 10월31일 미 의회에 제출된 것으로, 1976년 재미사업가 박동선의 미국 의회 로비사건(일명 '코리아 게이트')을 계기로 작성됐으며 정식 명칭은 '한미관계보고서(Investigation of Korea-American Relations)'이다. 미 하원 국제관계위원회 산하 국제기구소위원회를 위원장 프레이저(Donald M. Fraser)의 이름을 따서 프레이저 위원회로 불렸으며, 이들이 작성한 보고서를 '프레이저 보고서'로 통칭하게 됐다.

보고서엔 박정희 전 대통령 집권기 한국 경제발전과 민주주의에 대한 평가와 함께 통치자금 관련 의혹 제기가 일부 담겨 있다. 원본은 총 452p 분량이며 2014년 2월10일 노동운동가 출신 김병년 작가가 낸 한역본은 박정희 전 대통령 재임기간을 '악당들의 시대'로 지칭하는 등 일부 각색과 함께 676p 분량이 됐다.

하지만 안민석 의원이 인용한 박정희의 비자금이 당시 돈으로 8조 5천억 원, 지금 환율로 환산할 경우 300조-400조원이라는 것은 수치를 잘못 인용해도 한참 잘못 인용한 것이다. 프레이저 보고서에 나온 가장 높은 단위의 액수가 당시 한국의 총 수출액으로 10 billion(1백억) 달러인데, 이 역시 당시 환율로 4조원에 불과하다. 그리고 프레이저 보고서에서 보고한 1970년 당시 우리나라의 GNP가 5.63 billion(56억 3천만) 달러, 당시 환율로 대략 2.3조원이다.

아래는 프레이저 보고서에 나오는 내용이다.

(6) At least $8.5 million of American corporate funds were diverted to the ruling party in connection with the 1971 elections in Korea. The practice of obtaining payments from American business was widespread in the 1960's and, though diminished, continued into the 1970's [p. 241]. page 8

요약하면 1971년 선거와 관련해 당시 여당에 최소 8.5 million(850만) 달러, 당시 환율로 34억 원(8.5 million x 400=34억)의 미국기업의 돈이 흘러갔다는 내용이다. 당시 미화 1달러는 환화로 400원 미만이었다. 850만 달러를 현재의 환율(1달러=1200원)로 환산하더라도 102억원에 불과하다. 이 역시 안민석 의원이 주장하는 8조 5천억원에 한참 부족하다. 더구나 이 금액이 경제개발 등에 쓰이지않고 처음부터 전액 박정희 통치자금(비자금)으로 들어갔다는 정황도 전무할 뿐 아니라

설사 100% 전액이 통치자금으로 들어갔다하더라도 턱없이 모자란다. 군이 가정하자면 한국에서 박정희의 통치자금 의혹을 조사하던 사람들이 이 보고서를 오독한 것으로 밖에 보이지 않는다.

대한민국 내 최고 부자로 꼽히는 이건희 삼성 회장의 재산이 20조원 안팎인 현실에서 상식적으로만 생각해도 황당무계하다. 박정희 전 대통령 서거 후 40년동안 그를 폄훼하는 세력들이 끊임없이 '박정희 스위스 계좌설'을 부각시켰지만 그 자체가 지금까지 전혀 확인된 바도 없다. 박정희는 국가 통치 과정에서 정치자금을 사용하긴 했지만 정치를 통해 개인적 축재에 열을 올린 일부 정치인들과는 돈 문제에 관해 차원이 달랐다는 평가가 많다.

참고로 포브스 선정 세계최대 부호1,2,3,4위 재산을 모두 합해도 2천 500억 달러(280조원) 수준으로 300조가 안 된다.

■ 서울 복판 미군기지서 독성 바이러스실험했다고 오역해 반미선동

손석희 사장이 주도하는 JTBC 뉴스룸은 2016년 5월 11일 〈주한미군, 서울 복판 기지서 '지카 바이러스' 실험 추진〉 보도에서 "주한미군이 서울 용산의 미군기지 내 실험실에서 지카 바이러스(ZIKA virus) 실험을 추진 중인 것으로 확인됐다"면서 "지난해 주한미군 기지에 살아있는 탄저균이 배달되면서 큰 우려와 충격을 줬는데, 이번엔 전 세계적으로 공포의 대상인 지카 바이러스를 실험하기로 해서 논란이 예상된다"고 보도했다. 하지만 이는 '주한미군(USFK)이 지카 바이러스를 탐지할 수 있는 역량(detection capability)을 추가한다'는 원문을 '지카 바이러스 관련 프로그램을 실험한다'라고 오역해 단정적으로 보도한 사실이 밝혀졌다.

지카바이러스는 이집트의 삼림 모기(Aedes)를 통해 전염되는 바이러스이다. 1947년 우간다에서 붉은털원숭이를 통해 처음 발견됐다. 사람이 감염된 것은 1952년 우간다와 탄자니아 지역에서다. 이후 아프리카와 아메리카, 아시아 태평양 지역의 적도대(赤道帶)를 중심으로 발병하고 있다. 지카바이러스에 감염되면 발열과 피부발진, 결막염, 근육과 관절통증, 권태감, 두통 등의 증상이 2-7일 정도 나타난다. 증상이 가벼워 감염 사실을 모르고 지나가는 경우도 있으며 치사율도 낮은 편이다. 그러나 모체가 감염될 경우 태아의 소두증(小頭症, microcephaly)이나 신경학적 합병증을 일으킬 가능성이 제기되고 있다. 소두증이란 두뇌가 성장하지 못해 머리 크기가 매우 작은 증상이다. 뇌와 두개골 크기가 작아 뇌 손상이 발생하면서 발달장애(Developmental disability, DD)를 유발할 수 있으며 뇌성마비 등 뇌질환을 수반하거나 심할 경우 사망에 이르기도 한다. 신생아의 평균 머리 둘레는 34-37cm 정도로 32cm 이하인 신생아는 소두증인 가능성이 있다고 한다. 브라질에서는 2016년 1월까지 200명 이상의 소두증이 확인된 상태다. 예방백신이나 치료제가 없기때문에 증상이 나타나면 충분한 휴식을 취하는 방식으로 치료를 해야한다. 감염되면 탈수를 예방하기 위해 물을 자주 마셔야 하며 발열이나 통증을 완화하기 위해 해열제 등의 일반 의약품을 사용하기도 한다.

해당 원문은 다음과 같다.

> According to a senior researcher at the U.S. Army Edgewood Chemical Biological Center(ECBC), a team from the center is "looking to add a Zika virus detection capability in Yongsan."(미육군 에지우드 화학생물학센터의 선임연구원에 따르면 이 센터의 한 팀은 용산미군기지에서 지카바이러스 탐지능력을 추가하기를 기대하고 있다)

한편 외신감시센터(센터장 황의원, http://www.foreignmedia.co.kr)는 '서울 복판서 지카실험 추진' 이라는 살벌한 제목과 함께 전개된 이 보도는 명백히 주한미군에 대한 적대적 여론을 환기시키기 위한 목적이라고 지적했다.

외신감시센터는 해당 보도가 나간 이후 경향신문, 민중의 소리, 노컷뉴스, 허핑턴포스트 등 진보좌파 매체들이 즉각적으로 JTBC 인용보도를 통해 반미정서 확산에 주력했다 지적했다. 한 진보좌파 시민단체는 외신을 오역보도한 JTBC의 뉴스 리포트에 상까지 수여했다. '민주언론운동시민연합(민언련)'은 지카 바이러스 실험가능성을 문제제기한 점 등을 들어 5월의 '좋은보도상'의 수상자로 JTBC를 선정했고, JTBC는 수상 사실까지 자랑스럽게 보도했다.

한편 외신감시센터는 2016년 9월 24일 홈페이지에 사드배치, 지카바이러스, 역사교과서 국정화 등에 관한 JTBC 뉴스룸의 외신 조작보도 내용을 원문과 대조해가며 분석 게재했다.

외신감시센터는 해당 리포트를 통해 외신 조작보도 이외에도 손석희 JTBC 사장의 오랜 조작보도 이력도 소개하면서 주의를 당부했다.

▪ 괌 미군기지 관련 성조지 기사를 오역 사드 배치 거부감 부추겨

종합편성채널 JTBC는 지난 2016년 7월 13일 메인 뉴스인 '뉴스룸'에서 미국의 군사 전문 일간신문 'Stars and Stripes'(星條紙)지를 인용, "(사드 포대가 배치된 지역에서) 살 수 있는 것은 돼지 두 마리뿐"이라고 보도하며 사드가 인체에 유해하다는 주장을 펼쳤다. JTBC측은 방송 나흘 만인 7월 17일 해당 보도가 오역이었다며 사과했다. 이 보도는 방송통신심의위원회에서 '경고' 징계를 받았다.

당시 손석희 사장 진행의 JTBC 뉴스룸은 〈민가 향한 '사드 레이더' 문제…일본 기지 가보니〉라는 제목의 기사를 보도하면서 2016년 1월 10일자 성조지의 괌 미군기지에 대한 르포 형식 기사를 인용해 뉴스를 내보냈다. 사드 레이더 위해성에 대한 근거없는 불안감이 확산되던 시점이다. 뉴스룸은 성조지의 영문 기사 일부 내용을 발췌 해 "발전기의 굉음이 작은 마을 전체를 덮어버릴 정도"라고 해석했고, 성조지와 인터뷰를 한 사드 운영 요원의 말을 인용하며 "이 지역에 살 수 있는 것은 두 마리 돼지 뿐이다. 사드 포대 근처에 사람이 살기 어렵다"고 전했다.

하지만 이는 오역이었다.

성조지 기사는 "사람이 살지 않고 돼지가 살고 있는 외딴 밀림에 사드가 배치됐고 그 규모가 상당하다"고 보도한 것인 데 JTBC 이를 "엄청난 소음으로 사람들은 살 수 없고 돼지만 살 수 있다"는 식으로 오역을 한 것이다. 이같은 왜곡보도는 당연히 한국에서의 사드 배치에 대한 거부감을 불러일으켰다.

해당 원문과 정확한 번역문은 아래와 같다

Site Armadillo feels remote because it is. It's in a jungle clearing miles from the main Andersen base, and the roar of a massive generator that could light a small town envelops all. The site is bounded by the densely wooded Conservation Area No. 50 on one side. "The only thing that we know lives in there are two pigs, Pork Chop and Bacon Bit," Slown said of the pair named by soldiers. "They're pro-Army, yes sir."(사드가 배치된 아르마딜로 기지는 정말 외딴 곳이다. 숲속에 수목을 잘라내고 만든 공간, 즉 '정글 클리어링'에 위치하고 있기 때문에 (민가와는) 거리가 멀다. 앤더슨 주(主)기지로부터 수마일 떨어져 있고, 작은 마을 하나를 밝힐 수 있을 정도의 큰 발전기 돌아가는 소리만 요란하다. 사드포대 한쪽에는 수목이 울창한 50번 자연보호구역이 있다. "그 (보호구역) 안에는 (우리가) '폭찹'과 '베이컨 빗'이라고 이름 붙인 돼지 두 마리 밖에 살고 있지 않은 것으로 우리는 알고 있다.)

■ 좌파 영상물 '백년전쟁', 미CIA 비밀문건 오역해 이승만의 독립운동 왜곡

민족문제연구소가 2012년 제작한 인터넷 다큐 '백년전쟁'의 '두 얼굴의 이승만'(사진)편이 비밀 해제된 미CIA보고서를 오역, 이승만이 사적(私的)인 권력욕을 채우기 위해 독립운동을 한 것으로 왜곡했다. '백년전쟁'은 '친일인명사전'을 만든 민족문제연구소가 일제 강점기부터 이명박 정부에 이르기까지 현대사 100년을 소재로 제작해 지난해 대선을 앞두고 공개한 좌파 영상물로 이승만을 '하와이 갱스터', 그리고 미군들이 붙여준 이름이라면서 박정희를 'snake Park'(뱀같은 인간)이라고 지칭하고 있다.

민족문제연구소가 영상 7분정도 경과한 대목에서 '충격적인 내용'이라며 소개한 미CIA 비밀문건의 영문원본은 다음과 같다. 이 문건은 '대한민국의 생존전망, 문서번호 ORE-44-48'(PROSPECTS FOR SURVIVAL OF THE REPUBLIC OF KOREA, ORE-44-48)이란 제목으로 대한민국 건국 2개월여 뒤인 1948년 10월 28일 작성된 것이다. 동영상에 나타난 원문은 다음과 같다.

〈①Rhee has devoted his life to the cause of an independent Korea with the ultimate objective of personally controlling that country. ②In pursuing this end he has shown few scruples about the elements which he has been willing to utilize for his personal advancement, with the important exception that he has always refused to deal with Communists.〉

민족문제연구소는 밑줄 친 부분을 〈이승만은 사적인 권력욕을 채우기 위해 독립운동을 했다. 이 목적을 추구하며 그는 자신의 출세를 위해 수단 방법을 가리지 않았다.〉로 요약해 옮겼다. 하지만 이는 '충격적인 내용'이 아니라 '충격적인 오역'이다. 이 문장은 2013년 9월 28일자 모 일간지의 칼럼에서 오역된 것인지도 확인하지 않고 동영상 '백년전쟁'의 이승만에 대한 '평가'라고 인용했다. 오류를 범한 셈이다.

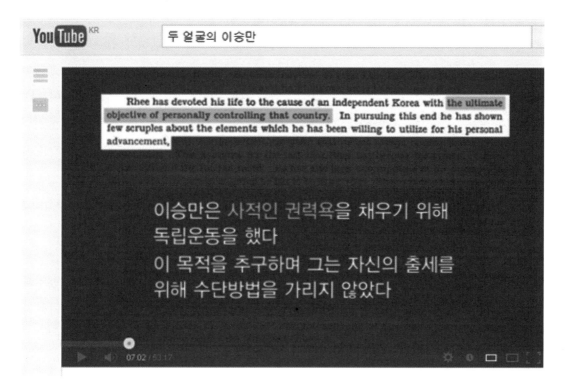

①문장의 정확한 번역은 "이승만은 그 나라를 직접 통치하려는 궁극적인 목표를 갖고 독립한 국(코리아)이라는 대의(大義)를 위해 평생을 바쳤다."이다.

이 문장은 평생 독립운동을 해온 이승만이 대통령이 되려는 야심이 있었다는 것이지 사욕을 위해 독립운동을 했다는 뜻이 아니다. 여기서 'with the ultimate objective of personally controlling that country'는 '그 나라(Korea)를 몸소 통치하려고 하는 궁극적인 목표를 가지고 있었다'는 의미다. 이 동영상은 이 문장에서 'personally'란 단어를 잘못 해석했다. personally라는 단어에는 '사적으로', '개인적으로'라는 뜻도 있지만, '몸소', '직접', '친히'라는 의미가 있다. 이 문장에서는 전후 문맥상 '몸소', '직접', '친히'라는 뜻으로 사용됐다. 예컨대 대통령이 특사나 외무장관

등을 통해 상대국 국가원수에게 보내는 서한을 흔히 '친서'(親書)라고 하는 데 영어로는

'personal letter'라고 한다. 이것을 '사신'(私信) 또는 '사적(私的)인 편지'라고 번역하지 않는다. 대통령은 최고의 공인이기 때문에 상대국 원수에세 보내는 서한이 사인간에 주고받는 문건이 될 수 없기 때문이다.

전후 문맥을 보아야한다고 했는 데 ①문장 앞부분에는 다음과 같은 문장이 나온다.

"He tends, however, to regard the best interests of Korea as synonymous with his own. It is as if he, in his own mind at least, were Korea."(그러나 그는 코리아라는 나라에 최고의 이익이 되는 것은 자신에게도 최고의 이익이 되는 것으로 동일하게 간주하는 경향이 있다. 적어도 그의 마음속에서는 그 자신이 코리아인 것 같다). 이 문장을 보드라도 그가 그의 나라 Korea를 최우선적으로 생각했다는 것을 알 수 있다. 이승만의 과도할 정도의 애국심이 엿보이는 대목이다.

동영상은 이어 ②문장을 "이 목적을 추구하며 그는 자신의 출세를 위해 수단 방법을 가리지 않았다."로 옮겼다. 이 문장도 오역이다.

이 문장은 "이 목표를 달성하기위해서 그(이승만)는 자신의 개인적인 성취를 위해 그가 활용하고자 하는 일을 함에 있어서 거침이 없었다."로 번역할 수 있다.

동영상은 더구나 ②문장 다음에 이어지는 주요한 대목 "with the important exception that he has always refused to deal with Communists"(그러나 중요한 예외가 있는데 그는 공산주의자들(공산당원들)과의 거래는 절대 하지 않았다)에 내해서는 빠뜨리고 번역하지 않았다.

한편 여기서 Korea라는 표현에 주목할 필요가 있다. 이승만이 독립운동을 할 때는 일제 강점기로 남북한이 두 개의 국가(정부)로 분할되지 않은 상태였다. 여기서 Korea는 'entire Korea'(한반도)를 의미한다. 민족문제연구소측이 실수였건 또는 고의였건 사실상 동영상 도입부분에서 중대한 오역을 함으로써 이 동영상은 후속되는 보도내용들의 진위여부에 관계없이 이승만에 대해 처음부터 부정적인 이미지를 씌워 시청자들에세 결론을 도출할 수 있도록 만들었다는 비판에서 자유로울 수 없을 것이다.

더구나 이 CIA보고서는 '결론'(영문원본 참조)에서 소련의 남한 지배 야욕속에 이승만의 단독 정부 수립이 옳았음을 다음과 같이 우회적으로 지적한다.

〈소련의 현 극동 정책이 변화하지 않는 한 소련은 북한을 지배하고 있는 현 상황에 만족하지 않고 남북한을 모두 지배하기 위해 계속 주력할 것으로 보인다. 이런 상황에서 대한민국은 현재로선 확정할 수 없는 기간동안 미국의 대규모 군사, 경제, 기술

원조에 의해서만 생존할 수 있다. 그러나 현재의 정치 지도부가 단결된 정부를 만들려는 노력을 등한히 하고, 미국의 조언에 반하여, 이기적인 계층 이익을 위해 고집스레 행동한다면 국민의 지지기반이 약화되고 소련이 부추기는 체제 전복 기도와 침략에 취약하게 될 것이다. 이렇게 되면 대내외적 위협으로부터 한국의 생존을 보장하기 위해 필요한 미국의 원조 규모는 크게 증가할 수 밖에 없다.

현재 대한민국은 국제적으로 많은 나라로부터 국가로서 인정을 받고, 국민의 지지를 받기에 충분한 책임있는 정부로서의 조치들을 이행하여 달성할 가능성이 크다. 그러므로 대한민국 정부의 긴급한 경제, 군사 문제를 해결하는데 충분한 만큼 미국이 지원 한다면 대한민국의 생존 전망은 밝다고 할 수 있다.〉

〈conculsions〉
〈As long as the present Soviet policy in the Far East continues unchanged, it must be assumed that the USSR will not be satisfied with its present hold on North Korea and will exert continuing efforts to establish eventual control over all Korea. Under such circumstances, the Republic of Korea can survive only, on the basis of large-scale US military, economic, and technical aid over an indefinite period. The extent of US aid required to maintain the Republic against internal and external threats to its existence will be increased considerably, however, if the present political leadership loses the force of moving toward unified government and insists, against US advice, on acting in its own selfish class interest, thus narrowing its popular base of support and its vulnerability to Soviet-inspired subversion and aggression.

At the present time, the Republic of Korea appears to have good prospects for gaining widespread international recognition and for attaining a measure of responsible government sufficient to secure the loyalty of the South Korean population. Thus, as long as US aid is forthcoming in sufficient quantities to help solve the regime's economic and military problems, the prospects for survival of the Republic can be considered favorable.〉

■ 맥아더의 포고문을 오해 미군=점령군, 소련군=해방군 규정

1945년 8.15광복 직후인 9월7일 남한에서 발표된 맥아더(Douglas MacArthur)장군의 포고령 제3조를 영어원문으로 보면 아래와 같다.

> All persons will obey promptly all my orders and orders issued under my authority. Acts of resistance to the occupying forces or any acts which may disturb public peace and safety will be punished severely.(모든 주민은 본관과 본관의 권한하에서 발표한 명령에 즉각 복종 하여야 한다. 점령군에 대한 반항행위 또는 공공안녕질서를 문란하게 하는 어떠한 행위에 대하여도 엄중한 처벌이 있을 것이다.)

한편 북한을 점령한 소련군 치스차코프(Ivan Chischakov)대장의 포고문은 "조선인민들이여! 기억하라! 행복은 당신들의 수중에 있다. 당신들은 자유와 독립을 찾았다. 이제는 모든 것이 죄다 당신들에게 달렸다. 붉은 군대는 조선인민이 자유롭게 창작적 노력에 착수할 만한 모든 조건을 지어주었다. 조선인민 자체가 반드시 자기의 행복을 창조하는 자로 되어야 할 것이다."로 번역, 소개됐다.

종북좌파들은 occupying forces(점령군)라는 표현을 문제삼아 미군을 '점령군' 소련군을 '해방군'으로 규정했다. 상당수 학습서에 미군이 점령군이라는 표현이 여과없이 실리고 좌경화한 교사들은 학생들에게 '점령군 미군'이라는 제목으로 글짓기 숙제를 내주기도 했다.

occupying forces는 문자 그대로 번역하면 점령군이 맞다. 객관적인 표현이다. 그러나 소련이 이런 표현을 쓰지 않았다고 소련이 해방군이라고 학생들에게 가르치는 것은 사실왜곡이다.[20] 그리고 여기서 'obey'는 '복종하다'가 아니라 '준수하다'로 번역해야 옳다.

이 포고령과 포고문은 각각 말미에 〈1945년 9월 7일 미국 태평양방면 육군총사령관 더글라스 맥아더〉, 〈평양, 1945년 8월 20일 제25 조선점령군사령관 근위대 대장 치스차코프〉라고 쓰여져 있다. 맥아더의 포고령이 군정 수립이라는 현실적 상황에 직면하여 한국인에게 주의 사항을 전달한 것인데 반해 소련의 포고문은 그들의 이데올로기를 선전하기 위해 고도의 미사여구를

---

20) 서울의 한 여자대학교 학보사 인터넷에는 아직도 다음과 같은 내용이 수록돼있다. "맥아더는 점령군이었다. 맥아더 장군의 포고령에서 알 수 있듯 해방 후 우리나라에 들어온 맥아더 장군의 군대는 '점령군'이었다. '조선 인민은 자유와 독립을 찾았으며 이제는 모든 것들이 여러분에게 달렸다'라는 북쪽 사령관 이반 치스차코프의 포고문과 소련 군대가 점령군이 아닌 주둔군이었음을 상기한다면 이는 분명 짚고 넘어가야할 대목일 것이다."

구사한 정치적 선동수단이자 수사에 불과한 것인데도 대부분의 교사들은 미군은 점령군, 소련군은 해방군이라고 학생들을 가르쳐 온 것이다. 소련군이 해방군이 아니라는 것은 그들의 자체 보고서에 잘 나타나있다. 소련군은 그들이 진주했던 북한지역에서 온갖 약탈과 만행을 저질렀다. 1945년 12월 29일 소련군 중좌 페드로프가 소련군 진주 후 북한의 황해도와 평안남북도 등 3개도를 5개월간 방문조사한 뒤 만든 13쪽짜리 보고서에 의하면 당시 소련군의 약탈 상황은 극에 달했다. 이 보고서는 연해주 군관구 정치담당 부사령관 칼라시니코프 소련군 중장에게 보고됐고, 이듬해 1월 11일엔 연해주군관구 군사회의위원인 스티코프 상장에게도 전달됐다. 러시아어 필사본인 이 문서는 미국의 외교안보전문 싱크탱크인 우드로윌슨센터가 옛 소련 국립문서보관소에서 찾아낸 뒤 영어로 번역했다.

페드로프 중좌는 당시 '붉은 군대'의 만행에 대해 "우리 부대가 배치된 시나 군 어디서나 밤에 총소리가 끊이지 않았다"며 "특히 술에 취해 행패를 부리고 부녀자를 겁탈하는 범죄가 만연해 있었다"고 지적했다.

맥아더가 점령군 사령관인지 아닌지는 그가 인천상륙작전(1950년 9월 15일)의 성공으로 수도 서울을 탈환(9월 28일)한 다음날 중앙청 앞에서 거행된 서울탈환 기념식에서 행한 다음의 연설 구절에서 잘 알 수 있을 것이다. 맥아더는 미군병사들이 서울탈환기념으로 중앙청에 성조기를 게양하려하자 대한민국이 주권국임을 강조하며 한국군으로 하여금 태국기를 게양토록 했다. 부산에 피난 중이던 이승만 대통령은 비행기를 타고와 참석했다.

"하나님의 은혜로서 인류의 가장 큰 희망의 상징인 UN의 깃발 아래서 싸우는 우리 군대는 이 대한민국의 수도를 해방하게 되었습니다. 이 도시는 공산주의자의 전제적 지배에서 해방되어 그 시민은 다시 개인의 자유와 존엄을 첫째로 하는 부동의 인생관 밑에서 생활을 향유할 수 있는 기회를 얻게 되었습니다. 유엔군 최고사령관으로서 본인은 각하(이승만 대통령)에 대하여 귀국 정부의 소재지를 회복하고 이에 의하여 각하가 헌법상의 책임을 충분히 달성할 수 있게 된 것을 기쁘게 생각하는 바입니다"
(한국전쟁사, 육군사관학교편, 1988)

▪ 햇볕정책 조롱·비판한 WP지 사설을 '지지했다'로 오보

세계적인 유력지 미국의 워싱턴 포스트가 사설을 통해 한국의 햇볕정책(Sunshine Policy)을 조롱에 가까운 논조로 비판했는데도 한국 언론들은 이를 지지한 것으로 오역해 사실을 크게 왜곡한 적이 있다. 워싱턴 포스트는 2004년 8월 5일자에서 정몽헌 현대아산 이사회 회장의 투신 자살과 관련한 'More Sunshine Needed'라는 제목의 사설을 게재했다. 제목을 직역하면 '더 많은 햇볕이 필요하다'가 되겠지만 신문의 주장은 정반대다. '지금과 같은 방식의 햇볕정책 계속 해보시지'라며 한국의 햇볕정책을 조롱하고 비꼰 것으로, 자사의 주장을 역설적으로 '더 많은 햇볕이 필요하다'고 표현했던 것이다. 즉, 이 사설은 대북 비밀 송금에 의한 남북정상회담 개최로 한 기업인의 죽음을 초래했을 뿐만 아니라 북한체제에 대한 남한 국민의 잘못된 환상을 부추김으로써 미국의 대북한 압박정책을 방해하고 있다면서 김대중 정부의 대북 햇볕정책을 근본적으로 부정하는 내용이다. 한 마디로 이 사설이 말하고자 하는 핵심은 '남한 사람들 정신 못 차리고 있다'는 것이었다. 이처럼 오역을 하게된 것은 제목 때문인 것으로 보인다.

한 가지 특기할만한 것은 국내에서는 햇볕정책에 비교적 비판적이었던 보수매체들은 오히려 이 사설 내용을 보도하지 않았고, 햇볕정책을 지지하는 매체들은 이 사설을 보도했다가 대부분 오역과 오보를 했다는 사실이다. 하지만 이들 매체는 오역을 바로 잡지않고 넘어갔다. 인터넷 신문 프레시안은 오역에 대한 사과보도를 했다.

햇볕정책을 비판한 이 사설의 대표적인 문장들을 원문과 함께 우리말로 옮겨본다.

〈Mr. Chung's suicide is not the only tragic consequence of what was, in fact, an explicit South Korean policy to pay North Korea for the privilege of holding summits. The 'sunshine policy' of southern-led rapprochement with the North also had a powerful effect on the South Korean public. After the Pyongyang summit, more than 80 percent of South Koreans told opinion pollsters that they believed North Korea was 'changing for the better.' An even greater number -- about 98 percent -- believed that the public image of Kim Jong Il, the North Korean dictator, also had improved. Now the country is divided on this issue -- but to this day, many in South Korea still believe that the North agreed to the summit because it was becoming a friendlier and more liberal place. In fact, the North agreed because it was (and remains) bankrupt. There is still no evidence that the regime has changed or intends to change, in any way whatever.(사실, 남북 정상회담 개최라는 시혜에 대해 북한에 돈을 준다는 남한의 노골적인 정책이 초래한

비극적인 결과는 정회장의 자살에 그치지 않는다. 남측 주도의 북과의 화해라는 '햇볕정책'은 이외에도 남한 국민들에게 강력한 영향을 미쳤다. 평양 정상회담 이후 여론조사에서 남한 국민의 80% 이상이 북한이 '좋은 쪽으로 변화하고 있다'고 믿는다고 응답했다. 이보다 더 많은 숫자인 약 98%가 북한 독재자 김정일에 대한 이미지가 개선됐다고 답했다. 이제 이 문제에 대한 남한의 국론은 분열돼 있다. 그러나 지금까지도 남한의 많은 사람들은 북한이 정상회담에 응한 것은 북한이 더욱 친근해지고 자유로운 곳이 됐기 때문이라고 아직도 믿고 있다. 사실, 북한이 응한 것은 국가파산 상태였기 때문이다(파산 상태는 지금도 마찬가지다). 어떤 모습을 보더라도 북한 정권이 변화했다거나 변화를 의도하고 있다는 증거는 아직 찾을 수 없다.)〉

▪ 이명박 대통령 독도 발언을 오역해 사실상 '매국노'로 몰아

일본 요미우리신문은 지난 2008년 7월 9일 열린 홋카이도 한일정상회담에서 "교과서에 독도(일본명 다케시마)를 (일본영토로) 표기하지 않을 수 없다"는 후쿠다 야스오(福田康夫) 당시 일본총리에게 이명박 대통령이 "지금은 곤란하다. 기다려 달라"(今は困る。待ってほしい)고 말했다고 7월 15일자에서 보도한 바 있다. 하지만 양국 정부는 이를 즉각 부인했고 요미우리신문도 같은 날 인터넷판에서 기사를 통째로 삭제했다. 이후 법원판결을 통해서도 요미우리신문의 보도내용이 허위임이 밝혀졌다.

그럼에도 불구하고 2012년 2월 들어 한국의 좌성향 매체들은 이 대통령이 '기다려 달라'고 말한 것은 사실이라고 보도하고 나섰다. 이들 매체는 당시 한일정상회담과 관련해 작성된 주일 미대사관의 외교전문(外交電文)에 나오는 'hold back'이란 어구가 '기다려 달라'는 뜻이라고 주장하면서 그같이 보도했다. 이 외교전문은 주일 미국대사관의 제임스 줌월트(James Zumwalt) 대리대사(Charge d' Affaires)가 2008년 7월 16일 당시 주일 한국대사관에 근무하던 강영훈 1등 서기관을 만난 후 다음날 작성해 본국에 보고한 것이다.

'hold back'을 '기다려 달라'로 번역할 경우 〈한국정부가 언젠가는 독도를 일본영토로 표기하는 것을 허용할 테니 당분간 기다려 달라〉라는 뉘앙스로 해석된다는 점에서 독도문제에 관한 한 이대통령은 사실상 매국노나 다름없다는 지적을 받게 된다. 외교전문 원문은 아래와 같다.

〈독도문제 관련 미 외교전문과 좌파언론들의 'hold back' 해석〉

〈On July 16, ROK Embassy First Secretary Kang Young-hoon told Embassy Tokyo political officer that Tokyo's July 14 decision to include its claim to the disputed Liancourt Rocks (named Takeshima by Japan and Dokto by South Korea) in an educational manual used by junior high school students was "very, very serious," "enormous," and "explosive."

Following efforts made by new ROK President Lee Myung-bak to put aside the contentious historical differences that have plagued ROK-Japan relations, Kang said Seoul officials felt a sense of "betrayal," particularly after Lee directly appealed to PM Fukuda to "hold back" on the textbook issue at their bilateral summit on the margins of the Hokkaido Lake Toya G8 meeting. (7월 16일 주일 한국대사관 강영훈 1등서기관은 중학교 학습지도요령 해설서 상에 분쟁이 있는 리앙크루 岩島(일본은 다케시마로 칭하고, 한국은 독도라 부른다)를 일본의 영유권으로 포함 시킨 일본 정부의 7월 14일 결정은 "매우, 매우 심각하며," "엄청나고," 또한 "폭발력"있다고 주일 미국대사관 정치담당관에게 말했다. 한일 관계를 괴롭히던 논쟁있는 역사 인식의 차이를 제쳐놓으려는 이명박 신임 한국대통령의 노력이 이어진 후라, 한국 정부 관리들이 "배신감"을 느꼈다고 강 서기관은 말했다. 특히 홋카이도(北海道) 도야고(洞爺湖) G8 정싱회의 한 컨에서 정상회담을 갖고, 이대통령이 교과서 문제에 대해서 후쿠다 총리에게 "기다려 달라"고 직접 부탁을 한 이후라 더 그렇다.)〉

요미우리신문 보도에 대해 청와대는 2008년 7월 15일 사실무근이라면서 강력히 반발했고, 일본 정부도 같은 날 기자회견까지 열고 외무성 고다마 가즈오(兒玉和夫) 보도관 성명을 통해 한일정상회담에서 이대통령이 그런 말을 한 적이 없다고 공식 부인했다. 야부나카 미토지(藪中三十二)일본 외무성 사무차관도 같은 날 '독도 명기' 문제와 관련해 항의차 방문한 권철현 주일 대사에게 "독도 영유권 명기 방침이 14일 오전에야 결정됐다"며 "따라서 지난 9일 후쿠다 총리가 이명박 대통령에게 '다케시마'를 쓰지 않을 수 없게 됐다"고 말했다는 요미우리의 보도는 사실과 다르다고 해명했다. 요미우리 보도 직후 당시 이동관 청와대 대변인은 "이 대통령이 '신문 보도를 보니까 독도 문제를 중학교 교과서 해설서에 명기한다는 얘기가 있던데'라고 전제한 뒤 '미래지향의 한일 신시대를 열어가자는 이 시점에 그런 사태가 벌어져서는 안 된다. 결코 받아들일 수 없다'는 취지로 말했다"며 보도가 사실과 다르다고 반박했다. 요미우리신문은 인터넷에 떠있는 기사를 즉각 삭제했다.

〈독도문제(竹島問題) 오보관련 고다마 외무보도관 기자회견 모두발언〉

〈(報道官) 2つ目ですけれども、本日邦字紙の一部報道の中で、7月9日の日韓首脳立ち話において、福田総理が学習指導要領解説書に「竹島を書かざるを得ない」と述べ、李明博大統領が「今は困る。待ってほしい」旨述べたとの報道がありました。この立ち話のやり取りの具体的内容を明らかにすることは差し控えたいの ですが、報道されているようなやり取りが行われたという事実はないということをこの場ではっきりと申し上げます。そもそも、9日の時点では、解説書の記述に関する方針は未だ決まっておりませんで、立ち話の際には、李明博大統領から、本件に関する韓国側の立場について説明があったのに対し、福田総理から、本件をめぐるその時点における国内状況について説明を行ったと聞いております。(2번째인데요, 오늘 국내일간지 일부보도 중에서 7월 9일 한일정상의 서서 나눈 대화에서, 후쿠다 총리가 학습지도요령해설서에 '다케시마를 쓰지 않으면 안된다'고 말했고, 이명박 대통령이 '지금은 곤란하다, 기다려 달라'는 취지로 말했다는 보도가 있었습니다. 대화의 구체적인 내용을 밝히는 것은 자제하고 싶지만, 보도된 것과 같은 대화가 이뤄진 사실은 없음을 이자리에서 명확히 말씀드립니다.

원래 9일의 시점에서는 해설서 기술에 관한 방침은 아직 정해져 있지 않아, 서서 대화하실 때는 이명박 대통령으로부터 본 건에 대한 한국측 입장에 대해 설명이 있었고, 후쿠다 총리로부터 본 건에 관한 그 시점에서의 국내상황에 대해 설명을 들었다고 들었습니다.)〉

〈독도문제보도 관련 청와대성명 전문〉

〈후쿠다 일본 총리가 지난 9일 일본 홋카이도 도야코에서 열린 한일정상회담에서 "교과서에 독도의 영유권을 일본으로 명기하겠다"는 방침을 우리측에 전달했다는 일부 보도는 전혀 사실이 아니다. 9일 G8 확대정상회담에서 일본 총리와 가졌던 짧은 비공식 환담 자리에서는 그 같은 의견을 주고받은 일이 없다. 오히려 이 자리에서 이명박 대통령은 "日 교과서 해설서에 독도의 영유권 표기 가능성에 대해 심각한 우려를 전달"했으며, 이에 대해 후쿠다 총리는 "우리 정부의 입장을 충분히 알겠다"고 답변한 것이다. 독도는 역사적으로나, 지리적으로나 국제법적으로 엄연히 대한민국의

영토인 만큼 결코 분쟁의 대상이 될 수 없다는 것을 거듭 분명히 밝힌다. 2008년 7
월 13일 청와대 대변인실〉

위에 적시된 양국 정부의 성명을 각각 살펴보더라도 2008년 7월 9일 시점에서 일본총리가 교
과서에 독도영유권을 명기하겠다는 방침을 이 대통령에게 전달했다는 것은 사실이 아닌 것으
로 돼있다. 특히 이대통령은 신문보도로 알게된 명기 가능성에 대해 심각한 우려를 전달했고 일
본총리는 이대통령으로부터 한국측 입장을 설명들은 것으로 돼있다. 그렇다면, 이대통령이 전
한 한국측 입장이 무엇인지에 관심이 모아진다. 한국측 관심이란 두말할 것 없이 독도는 역사적,
지리적, 국제법적으로 한국영토라는 점이다. 그러나 지난해 2009년 8월 한국에서는 1천886명
의 '국민소송단'이 서울 중앙지법에 소송을 제기했고, 요미우리신문 측이 2010년 초 "허위 사실
이 아니다"라는 취지의 준비서면을 법원에 제출하면서 논란이 인터넷 등을 통해 재확산됐고, 민
주당 일부 의원까지 청와대를 겨냥해 공세를 폈다. 국내 좌성향 매체들은 때를 만난 듯 이 문제
에 계속 불을 지피면서 이명박 대통령을 공격하는 호재로 활용했다. 요미우리를 상대로 한 소송
을 주도한 '국민소송단'의 대표자들은 정치 성향상 이명박 정부에 반대하는 사람들이었다. 주도
자는 '이명박 탄핵을 위한 범국민운동본부 대표'인 백은종 씨와 '민주회복직접행동 대표'인 채수
범 씨 등으로 '반MB' 활동을 꾸준히 펼쳐온 인사들이다. 또 소송단의 소송대리인은 변호사인 이
재명 민주당 부대변인이었다.

이들은 요미우리 보도 후 1년여가 지난 2009년 8월 정정보도 요구와 4억 원 배상소송을 제
기한 것이다. 당시 한나라당에선 이들의 전력을 들어 정치적 의도가 깔려 있다는 얘기가 나왔다.
독도 문제를 이슈화해 "이겨도 좋고 져도 좋은 소송을 하고 있다"는 것이다.

요미우리측은 그러나 그들의 보도가 '허위사실이 아니다'는 점에 대해 독자적이고 객관적인 증
거를 제시하지 못했다. 요미우리측은 준비서면에서 "당시 아사히신문도 표현은 조금 다르나 요
미우리와 같은 취지로 보도했다"면서 다른 신문사도 비슷한 보도를 했으므로 허위 사실이 아니
라고 강조한 것이 전부였다. 하지만 아사히신문의 당시 기사 내용은 요미우리와는 같은 취지가
아니라 전혀 달랐다.

아사히신문은 요미우리신문 보도와 같은 날짜인 7월 15일자 2면 '時時刻刻'이라는 분석 기사
에서 중학교 사회과 신학습지도요령해설서의 독도 기술 문제에 대한 후쿠다 총리의 고민을 전하
면서 "총리의 딜레마가 깊어진 것은 9일 이명박 대통령과의 대화였다. 이 대통령은 '심각하게 우
려하고 있다'며 독도 문제를 기술하지 말 것을 요청했다. 복수의 관계자들에 따르면 총리는 '일본
입장을 해설서에 쓰지 않으면 안 된다'고 대답했으나 이 대통령도 '지금은 시기가 나쁘다'라며 물

러서지 않았다고 한다"고 썼다.

아사히신문의 보도는 '이 대통령의 심각한 우려 전달 → 후쿠다 총리의 일본 입장 언급 → 이 대통령의 양보 거부'라는 취지였으나 요미우리는 후쿠다 총리가 기술 방침을 '통보'했고 이 대통령이 '기다려 달라'고 했다고 몰아갔다. 일각에선 "이 대통령이 '지금은'이라는 말은 한 것 아니냐"고 지적한다. 청와대 관계자는 "누군가의 전언(傳言)을 토대로 쓴 기사"라며 사실무근이라고 일축했다.

청와대는 특히 전형적인 일본 언론의 '똑같은 문제제기로 한국 계속 때리기' 속성이라며 더욱 강경하게 반박했다. 김은혜 대변인은 2010년 3월 17일 정례브리핑에서 "지난 2008년 7월 일본 도야코(洞爺湖)에서 열린 G8(선진 8개국) 확대정상회의에서 이 대통령과 후쿠다 야스오 당시 일본 총리는 배석자없이 환담했으나 최근 소문에 들리는 발언은 전혀 없었다"고 재확인했다. 김 대변인은 그러면서 "요미우리 신문이 당시 근거없는 보도를 내보내자 우리 정부가 아니라고 했고, 일본 정부도 기자회견까지 자청해 보도가 사실무근임을 확인한 종결된 사안"이라고 설명했다. 그는 "요미우리신문도 해당 보도가 문제가 되자 바로 인터넷에서 기사를 내렸다"면서 "우리 정부가 해당 신문사를 상대로 법적 조치를 취하지 않은 것은 소송이 오히려 독도문제를 국제분쟁화함으로써 국익에 도움이 되지 않을 것이라는 판단 때문이었다"고 강조했다.

또 "당시 민주당 정세균 대표도 '양국이 부인했으니 국민들도 사실이 아니라고 판단하지 않겠느냐'며 더 이상 문제삼지 않은 것으로 안다"고 부연했다.

이어 김 대변인은 "1년 반이 지난 지금 똑같은 내용이 제기되고 있다"면서 "한국 정부도 아니라고 하고 일본 정부도 아니라고 하는 사안을 갖고 정치권과 일부 단체가 의혹을 제기하고 있는 것"이라고 말했다. 그러면서 "한국 정부가 부인해도 일본 언론의 말이면 무조건 맞는 것으로 숭배하는 구시대적 사대주의를 왜 되살리려는지 이해할 수 없다"며 "독도문제는 역사 문제일 뿐 아니라 우리의 영토, 주권에 관한 사안인 만큼 분쟁의 대상이 될 수 없다"고 거듭 강조했다. 그는 "잊을 때쯤 되면 다시 독도문제를 꺼내 분쟁화하는 것은 다른 곳이지, 우리나라 쪽은 아니다"면서 "자신의 나라 땅과 재산을 마치 문제가 있는 물건처럼 국제사회 분쟁거리로 만들고 대한민국 정부에 흠집낼 수 있다면 국익도 내팽개칠 수 있다는 발상이 아닌지 의심스럽다"고 일부 언론을 겨냥했다. 그동안 요미우리신문의 독도 보도 논란에 대해 언급을 자제해온 청와대가 대변인 공식 논평을 통해 강도높은 대응을 한 것은 더 이상 사태가 확산되는 것을 지켜볼 수만은 없다는 인식에 따른 것으로 풀이됐다.

대법원은 2011년 1월 국민소송단이 요미우리신문을 상대로 낸 손해배상 청구소송에서 이 대통령이 "기다려 달라"고 말한 사실이 결코 없다고 판시한 원심판결을 확정했다. 다만 대법원은 "대통령의 명예가 훼손됐다고 국민 개개인의 명예도 훼손됐다고 볼 수 없다"며 원심대로 원고의 청구를 기각했다.

위키리크스 전문 내용을 맨처음 보도한 신문은 2012년 2월 20일자 경향신문이었고 이어 몇몇 좌성향 신문들이 뒤따라 보도했다. 이들 신문은 정도의 차이는 있지만 위키리크스 전문 공개로 이대통령이 '기다려 달라'고 말한 것이 '사실'이라고 보도했다. 위키리크스 외교전문은 작성직후인 2008년 8월에 올려진 것이나 4년 뒤 한국언론에 의해 보도된 것이다.

위키리크스 전문공개에 대해 박정하 청와대 대변인은 2012년 2월 20일 춘추관에서 "더 이상 얘기할게 없다"며 언론 보도 내용을 전면 부인했다. 박 대변인은 "위키리크스에 거명된 강아무개 서기관은 당시 정상회담 현장에 있지도 않았고, 그런 말을 전해들을 위치에 있지도 않았다"며 "무엇보다 (본인 스스로) 미국 대사관 직원을 만나 그런 말을 한 적이 없다고 한다"고 해명했다. 청와대의 또다른 관계자는 "법원 판결까지 났고 당시 현장에도 없던 사람의 말을 인용한 문서를 그대로 보도하는 의도를 모르겠다"고 말한 것으로 보도됐다. 그는 독도에 관련한 일본의 전략이란 "독도문제를 계속 이슈화시키고 말을 만들어 내는 것"이라면서 "그런 전략에 우리나라 언론이 놀아나는 게 아닌가 걱정이다"고 덧붙였다.

전문에 등장하는 강서기관 역시 미국 외교관에게 그런 이야기를 결코 한 적이 없다고 부인하고 있다. 즉, 이대통령이 후쿠다 총리에게 '기다려 달라'고 말했다고 미국외교관에게 얘기한 적이 없었다는 것이다. 주일대사관 근무를 끝내고 호주대사관 참사관으로 있던 강영훈씨는 2012년 2월 20일 '미디어 오늘'과의 국제전화에서 당시 주일 미국 정치담당관과 만난 것은 사실이나 "이대통령이 후쿠다 총리에게 기다려달라고 했다고 자신이 말한 적은 없다"고 부인했다. 미디어 오늘 보도에 따르면 강참사관은 "2008년 7월 16일 만난 것은 사실이나 그런 얘기를 한 적은 없다"며 "난 당시 정상회담이 열린 홋카이도에 없었고, 도쿄에서 근무해 정상회담 중에 이 대통령이 무슨 얘기를 했는지 아는 바가 없으며, 이 대통령이 그런 얘기를 했을리도 만무하다"고 전문내용을 부인했다.

그는 "다만, 교과서 학습지도 학습요령 문제에 대해 상황이 안좋아 지고 있다는 것을 알고 있었고, 그 이전에도 노무현 정부 때도 오랫동안 문제됐던 사안이기 때문에 '폭발성이 있다'는 말은 했다"며 "이명박 대통령 취임 이후 한일관계 잘해보려고 노력을 많이 했는데, 어려운 문제가 생기니 (잘해보려는) 우리 측 성의에 일본이 협조를 안하니 배신감을 느낀다는 취지였다"고 설명했다.

강참사관은 외교전문에 나온 자신을 언급한 내용에 대해 "문장 전체를 마치 내가 얘기한 것처럼 언론에 보도됐지만, 잘 읽어보면 직접 인용된 부분만 내가 언급한 것이고, 뒷부분(particularly after Lee directly appealed to PM Fukuda to "hold back" on the textbook issue at their bilateral summit on the margins of the Hokkaido Lake Toya

THE HANKYOREH

Trying not to cry

New North Korean leader Kim Jong-un closes his mouth tightly and tries to hold back his tears as he watches father Kim Jong-il's body displayed at the Kumusan Memorial Palace in Pyongyang, Dec. 20.

(KCTV Yonhap)

G8 meeting.)은 외교전문 작성자가 요미우리 신문 영문판을 보고 자신의 해석을 넣은 것으로 생각된다"며 "미국 외교전문 작성자가 왜 그렇게 썼는지는 모르겠다"고 주장했다.

사전을 찾아보면 'hold back'은 주로 〈자제하다, 억제하다, 취소하다, 중지하다, 보류하다, 참다〉 라는 의미로 쓰이고 더러는 〈지연시키다, 망설이다, 숨기다〉 등의 의미도 내포하고 있어 논란의 소지는 있다. 인터넷에서도 한 쪽에선 이 'hold back'이 "지연시켜 달라"는 의미라면서 '기다려 달라'라는 것이라고 주장하고 있고, 다른 쪽에선 "자제하라"라는 뜻이라고 맞받아치고 있다.

심지어 자신의 영어실력을 과시하는 듯한 어떤 인터넷 논객은 'hold back'이 타동사로 쓰이면 '자제하다'라는 뜻이지만 자동사, 즉 전치사 'on'이 붙어 본 외교전문의 'hold back on the textbook issue' 처럼 쓰이면 '기다려 달라'라는 뜻이라고 주장하고 있다. 그러나 필자가 조사한 바에 따르면 'hold back'에는 전치시 'on'이 뒤에 따르더라도 타동사의 의미로 쓰이는 것으로 나타났다.

〈hold back on의 의미〉

〈- Despite the summer vacation season, people held back on spending.

(여름휴가철임에도 불구하고 사람들은 지출을 억제하고 있다.)
- Pressured to pay off credit-card debt, Koreans have been holding back on spending.(신용카드 빚을 갚는 데 시달렸던 한국인들은 소비를 줄여왔다.)
- It is easier for publishers to hold back on publication.(발행인이 발행을 중단한다는 것은 쉬운 일이다)
- Would you believe that Judith held back on her promise?(원, 세상에. 주디스가 또 약속을 미뤘다니까요.)
- I think we should hold back on borrowing any money until our financial picture becomes clearer.(우리 재무 상태가 좀더 확실해질 때까지 우리는 대출을 중단해야 할 것 같다.) back'에는 전치사 'on' 이 따르더라도 타동사의 의미로 쓰이는 것으로 나타났다.)》

당시 한일정상회담 과정이나 전문작성 경위 등을 보면 이대통령이 'hold back'이란 영어 표현을 직접 사용한 것도 아니고, 그렇다고 이대통령이 한국어로 어떤 말을 한 것을 미국 대사관 관계자가 직접 듣고 'hold back'이라고 번역해 자기네 외교 전문에 기록한 것도 아니다. 이 'hold back'은 주일 한국대사관의 강영훈 1등서기관이 요미우리신문 보도 하루 뒤인 7월 16일 주일 미국 대사관 외교관을 만나 한일정상회담에 대해 이야기를 나눈 후 미국외교관이 전문을 작성하면서 쓴 표현이다. 하지만 요미우리신문의 보도 시점인 7월 15일 이미 한일 양국정부가 '기다려 달라'고 했다는 보도에 대해 각각 사실무근이라고 밝힌 점에 비춰 볼 때 하루 뒤인 7월 16일 주일 한국대사관의 고위 외교관도 아닌 서기관이 미국외교관을 만나 한일 양국정부의 공식발표(부인성명)를 뒤엎고 요미우리신문 보도가 맞다며 이대통령이 '기다려 달라'고 말했다고 설명하는 것이 가능할 수 있는 일일까? 당시는 청와대와 외교통상부가 요미우리신문의 허위보도에 대해 항의하고, 특히 주일 한국대사관에서는 강서기관의 최상급자인 권철현 대사가 이 문제로 일본외무성을 방문한 시점이었다. 시쳇말로 어느 간 큰 외교관이 청와대와 외교통상부, 주일한국대사관의 설명과는 전혀 다른 허위사실을 제3국 외교관에게 진실이라고 전달한다는 것이 말이 된다고 보겠는가? 설사 강서기관이 자신의 부인에도 불구하고 영어로 'hold back'이란 표현을 사용했다고 가정해본다 할지라도 이것이 '기다려 달라'라는 의미로 사용된 것으로는 단정할 수 없다. 미국 대리대사 역시 'hold back'을 어떤 의미로 사용했는지 우리가 모르고 있는 상황에서 이것을 '기다려 달라'라는 뜻이라고 단정적으로 해석하는 것도 무리다.

그러나 국내 좌성향 매체들은 미 외교전문에 나오는 'hold back'이란 표현이 요미우리신문 보도에 나오는 '기다려 달라'라는 것과 똑같은 의미라고 단정해버렸다. 외교전문에 'hold back'이 요미우리신문에 보도된 '기다려 달라'와 같은 의미라는 언급이 있다면 모를까.

한편 한겨레신문이 2011년 12월 김정일 사망 당시 보도했던 사진 기사를 보면 이 독도관련 보도와는 'hold back'의 의미를 달리 사용하고 있음을 당장 알 수 있다. 한겨레신문은 김정일 사망 당시, 금수산기념궁전(현 금수산태양궁전)에 안치된 김정일 시신을 바라보는 아들 김정은 의 사진을 설명하면서 영어로 "New North Korean leader Kim Jong-un closes his mouth tightly and tries to hold back his tears as he watches father Kim Jong-il's body displayed at the Kumsusan Memorial Palace in Pyongyang"이라는 캡션을 달았다.

해석하면 김정일 사망에 김정은이 입술을 굳게 다물고 눈물을 자제하고있다는 얘기다. 같은 'hold back'을 두고 이 대통령의 발언은 '기다려 달라', 김정은에게는 '자제하다'로 번역한 것이다.

■ 5.18광주항쟁을 'Gwangju Revolt'로 번역하면 오보라고 억지주장

영문으로 된 한국관련 자료집에서 '5.18 광주항쟁'을 'popular revolt', '제주 4.3사건'을 'communist-led rebellion'으로 표현했던 한 정치학자가 여당인 새누리당의 국회의원 공천을 받았다가 소위 진보좌파와 좌파언론의 거센 항의를 받고 철회된 희한한 사건이 발생했다.

이들은 popular revolt는 '민중반란', communist-led rebellion은 '공산주의자가 주도한 반란'이라는 뜻으로 번역된다면서 이런 표현들이 두 사건을 모두 폄훼 하고있다고 주장했고, 새누리당은 아무런 반격 한번 하지않고 슬그머니 공천을 철회한 것이다. 이들은 이영조 교수가 지난 2010년 미국 세인트루이스에서 '한국 과거사 정리의 성과와 의의'(Transitional Justice and Beyond in South Korea)를 주제로 열린 국제심포지엄에 내놓은 영문자료집에 나와있는 표현 'revolt'와 'rebellion'을 각각 '반란'으로 번역해 문제를 삼은 것이다.

이같은 주장은 총선을 앞두고 "새누리당은 광주시민들에게 사죄하라", "4.3항쟁 유족들에게 사과하라"는 등 '정치구호'로 재생산됐다. 하지만 이는 영어도 잘 모르고 사실관계에도 부합하지 않은 공격이다. 진보좌파 등에서는 한국에서 제주4·3사건의 공식적인 영어표현이 'Jeju 4.3 Uprising', 5.18광주항쟁의 공식적인 영어표현도 'Gwangju Democratization Movement' 이라면서 이 표현을 써야만한다고 주장한다. 그러나 세계 학계나 언론에서 revolt, uprising, rebellion을 지배권력에 대한 저항을 나타날 때 통상적으로 쓰고있는 용어라는 점에서 이들의 주장은 설득력이 없다. 5.18광주항쟁의 경우 'Gwangju Democratization Movement'라고 하면 이미 가치가 개입돼 있기 때문에 외국의 언론이나 학계에서는 가치중립적인 '봉기'의 의미가 있는 revolt를 자주 쓴다. 미국의 한반도 문제 전문 언론인으로 5.18광주항쟁때 현지 보도로 이름을 날린 도날드 커크(Donald Kirk) 전 인터내셔널 헤럴드 트리뷴(IHT)지 기자도 Gwangju Revolt(광주봉기)라는 표현을 쓰고 있다.[21] 영국 BBC방송 인터넷판은 2009년 8월 22일 특파원코너(From Our Own Correspondent)에서 "먼남쪽 김대중의 고장 광주에서 군부통치에 저항하는 대규모 민중봉기가 유혈진압됐다"(A mass popular revolt against military rule in Kim Dae-jung's home city of Kwangju in the far south was bloodily put down.)라고 보도하면서 revolt라는 표현을 썼다. 이에 앞서 미국의 UPI통신도 1987년 5월 18일자 서울발 기사에서 약 5백여명의 시민이 '광주봉기' 7년을 맞아 이날 저녁 명동성당에서 기념미사를 마친 뒤 거리로 나와 '군부독재 물러가라'를 외치며 경찰과 충돌했다고 보도하면서 'the May 1980 revolt in Kwangju'와 'a bloody anti-government uprising'이라는 표현을 썼다.[22]

revolt에는 '반란'이란 뜻만 있는 것이 아니다. 예컨대 대문자로 Great Revolt라고 하면 유태인의 로마에 대한 항쟁(First Jewish-Roman War)을 말한다. 2천년만에 나라를 다시 세운 유태인들은 그 옛날 로마제국에 대한 자신들의 항쟁을 자랑스럽게 여기면서 Jewish Revolt라고도 한다. 독일의 점령에 항의한 1945년 체코슬로바키아 국민들의 봉기는 Prague Uprising, 소련의 압제에 항의한 1956년 헝가리 국민의 의거는 Hungarian Uprising 또는 Hungarian Revolt라고 부른다. rebellion도 마찬가지다. 대문자로 Great Rebellion 이라고 하면 영국의 '청교도혁명'(English Civil War)을 말한다. 인도 최초의 반영(反英)항쟁인 '세포이반란'의 별칭도 Great Rebellion이다. 또한 미국의 북부지역 여러 주(州)에서는 지금도 남북전쟁(American Civil War)을 Great Rebellion이라고 부르지만 이런 표기를 문제삼는 남부의 주는 없다.

---

21) 도널드 커크는 대한무역투자진흥공사(KOTRA)가 발행, 세계 100여개국에 소개하고 있는 영문월간지 'Korea Trade & Investment'(2003년 9-10월호)에 실린 인터뷰기사에서 5.18 광주민주화운동을 Gwangju revolt of May 1980라고 말했다. 그는 'Invest Korea Journal'의 찰스 듀어든(Charles Duerden)편집장 이 쓴 인터뷰 기사에서 "당신이 취재했던, 한국에서의 가장 인상 깊었던 사건이 무엇이었느냐"는 질문에 그같이 답했다. Interview, by Charles Duerden, Korea Trade & Investment, journal of the Korea Trade-Investment Promotion Agency, KOTRA, Vol. 21, No. 5, September–October 2003. 다음은 인터뷰 내용.

Q : What are the most significant stories you have covered?

A : I'd say the assassination of President Park Chung-Hee in October 1979 and the turmoil that followed, and the Gwangju revolt of May 1980. I visited the city several times to cover the story in what was a most exciting period. The economic crisis of 1997/98 was a totally different type of story but very significant nonetheless. The Gwangju revolt was also a human rights story and along with the economic events of 1997/98 was a story of the transfer of government, since the election of Kim Dae-Jung marked the first time that an opposition leader had come to power.

22) May 18, 1987|By United Press International SEOUL, SOUTH KOREA — About 500 people, shouting "down with military dictatorship" and carrying crosses as they commemorated a bloody anti-government uprising seven years ago, clashed Sunday with riot police in downtown Seoul. The melee erupted at Myongdong Cathedral following an evening Mass remembering the May 1980 revolt in Kwangju, 170 miles south of Seoul. Riot police fired tear gas to end the battle. No serious injuries or arrests were reported.

이처럼 revolt나 rebellion은 다같이 '지배에 대한 저항'이라는 가치중립적인 의미로 널리 쓰이는 말이다. 역사적인 항쟁들에는 revolt나 rebellion이라는 말이 빠짐없이 등장한다. 이 두 단어는 uprising, insurgence(insurgency), insurrection, mutiny, outbreak, resistance, revolution 등의 동의어로 쓰이며 우리말로는 봉기, 저항, 항쟁, 의거, 반항, 폭동, 모반, 반란, 하극상 등 여러 의미로 번역되고 있다. 예컨대 중고등학교때 세계사를 공부한 사람이면 거의 누구나 알 수 있는 인도의 '세포이 반란'은 세계사책이나 세계백과사전, 언론에 Sepoy Mutiny, Sepoy Revolt, Sepoy Rebellion, Great Rebellion, Sepoy Uprising, 1857 War of Independence(1857년 독립전쟁), India's First War of Independence(제1차 인도독립전쟁) 등으로도 소개되고 있다. 세포이 반란이란 1857년 5월 10일 영국 동인도회사의 세포이 용병들을 중심으로 일어난 반영(反英)항쟁이다. 반란이란 명칭은 다분히 영국측 시각을 반영한 것으로 해석되지만 인도인의 입장에서는 오히려 영국의 제국주의에 대한 저항으로 평가되기도 해 즐겨 쓰기도 한다. 세포이 반란은 빠른 속도로 인도 각지에 확산되어 각계 각층이 영국에 대항하는 항쟁으로 발전했다.

캐나다에서도 1885년 서스캐처원(Saskatchewan)지역에서 중앙정부의 무차별적인 북서부지역 개발로 토지 등 생활터전을 잃은 원주민(인디언)과 메티스(Métis: 프랑스인과 인디언의 혼혈인) 들의 반정부 투쟁이 발생했는데, 캐나다 역사상 최악의 반정부 투쟁으로 평가되는 이 사건 역시 North-West Rebellion, North-West Resistance, Saskatchewan Rebellion, Northwest Uprising 등 여러 이름으로 캐나다 문헌에서도 표기되고 있으나 어느 누구도 명칭에 시비를 거는 사람이 없다. 반란을 주도하다가 사형에 처해진 메티스 출신의 하원의원 Louis David Riel 의 이름을 따 '리엘 반란'(Riel Rebellion)이라고도 한다.

외신을 보면 현재도 세계 도처에서 일어나는 반정부투쟁의 경우 revolt, uprising, rebellion으로 표현한다. 그리고 정부군에 대항하는 반군(叛軍), 저항군의 의미로는 'rebel'을 쓴다.

중국에서도 청조(淸朝)말의 태평천국(太平天國)의 난(亂)이나 의화단(義和團)의 난도 민중봉기의 라는 점에서 태평천국운동, 의화단운동으로 부르지만 영미권에서는 각각 Taiping Rebellion, Boxer Rebellion으로 표기한다.

미국에 'Workers world party'(노동자 세계당)이라는 정당이 있는 데 이 정당의 기관지 'Worker's world'(노동자 세계)는 2011년 1월 19일자 1면 톱기사에서 이른바 '아랍혁명'의 선봉인 튀니지의 민주혁명에 대해 "Hungry and jobless, Tunisian masses rebel"(굶주리고 직장을 잃은 튀니지 대중들, 반란을 일으키다)로 썼다.

고대사회 및 봉건사회의 지배계급인 귀족층·봉건영주층에 대하여 피지배층인 농민이 일으킨 농민반란의 경우도 peasants' revolt(uprising)등으로 표현한다. 예컨대 1323-1328년에 걸쳐 플랑드르 해안지방에서 과중한 지대(地代)부과에 항의해 농민과 도시직공(都市職工), 하층시민의 강력한 연합전선 구축으로 맹위를 떨친 농민반란, 프랑스의 백년전쟁기간 중 농민의 막대한 군비부담이 촉발한 1358년의 제1차 자크리의 난과 1592년에 다시 봉기한 제2차 자크리의 난, 1381년에 영국에서 인두세(人頭稅)부과 반발로 일어난 와트 타일러의 난, 1524년 농민의 사회적 지위상승확보와 봉건적 과세의 합리화를 주장하며 일어난 독일 남·중부지방의 농민폭동, 모스크바 대공국의 농노제 강화에서 비롯된 농민 카자크의 난(1603-1614), 로마노프왕조 성립후 차르 권력의 강화에 따라 농민층의 사회적 억압과 농민층 내부의 계층분화에서 일어난 라진의 난(1667-1670), 18세기 후반 계몽전제정치하에서 농노제 강화에 항거해 일어난 푸가초프(1742?-1775)의 반란 등의 통상적인 영문표기는 peasants' revolt이다. 이 교수의 자료집에는 아래와 같은 대목이 나온다.

> "After ruthlessly quelling a popular revolt that broke out in the southwestern city of Gwangju, a group of the hardliners in the military gathered around General Chun Doo Hwan established an authoritarian regime that was even harsher than the preceding Yushin system."(광주에서 발생한 a popular revolt(민중봉기)를 무자비하게 진압한 후 전두환 장군을 중심으로 한 군부 내 강경파들은 유신체제보다도 더 가혹한 권위주의정권을 수립했다).

그리고 'Gwangju massacre'(광주학살)이라는 표현이 자료에 여러번 나오는데, 이는 전두환의 정권수립을 미화하거나 옹호하려는 의도가 아니라는 증거다. 자료집 어느 대목에도 5공 정권을 미화하는 대목을 찾기 어렵다. 그럼에도 불구하고 진보좌파에서 revolt란 표현을 '반란'으로만 번역해 문제삼은 것이다.

제주4.3사건을 communist-led rebellion으로 표현한 것도 문제될 것이 없다. 제주4.3사건이란 당시 김일성의 북한단독정부수립에는 침묵을 지키면서 남한단독 정부수립(5.10선거)에 반대하는 남로당의 무장공격으로 시작돼 국군이 진압하는 과정에서 양민학살로 이어진 사건이다. 이 교수는 이 자료집에서 제주 4.3사건 전체를 communist-led rebellion으로 규정한 것이 아니고 김대중 정부가 2000년에 발표한 보고서대로 사건 발단과정을 썼을 뿐이다. 이 교수는 남로당의 무장봉기가 제주 4.3사건[23]의 시발이라는 것, 그리고 정부군이 이를 진압하는 과정에서 수많은 주

---

23) 제주 4.3 남로당 무장봉기의 최고지도자였던 김달삼은 북한으로 탈출해 훈장을 받고 최고인민회의 대의원으로 선출됐다. 이후 무장공비를 이끌고 남파돼 태백산에서 활동하다 1950년 3월 대한민국 토벌대에게 사살됐다.

민이 정부군과 공산반군 사이에 끼여 살해됐다는 역사적인 사실을 보고서대로 기술했을 뿐이다.

〈Merriam-Webster Dictionary, Webster's New World College Dictionary의 2010년판 등에 나타나 있는 rebellion의 뜻을 보면 다음과 같다. 지배나 권위(권력), 정부에 대한 공개적이고 조직적이며 무력적인 반항, 도전 또는 저항행위를 말하나 가끔 실패로 끝났을 때 쓴다고 돼 있다.〉

〈-an act or state of armed resistance to one's government

-a defiance of or opposition to any kind of authority or control

-open, armed, and organized resistance to a constituted government

-an act or a show of defiance toward an authority or established convention

-opposition to one in authority or dominance

-open, armed, and usually unsuccessful defiance of or resistance to an established government: an instance of such defiance or resistance

-a resistance against something, particularly the government, authority or other controlling forces: an example of a rebellion is a refusal by a large group of people to follow a law〉

〈Merriam-Webster Dictionary에 따르면 rebellion, revolution, uprising, revolt, insurrection, mutiny 등은 다같이 권위(권력)에 대한 반항을 의미하나 (mean an outbreak against authority) 조금씩 차이가 있다. 〈 〉는 예시〉

〈-rebellion implies an open formidable resistance that is often unsuccessful 〈open rebellion against the officers〉.

-revolution applies to a successful rebellion resulting in a major change (as in government) 〈a political revolution that toppled the monarchy〉.

-uprising implies a brief, limited, and often immediately ineffective rebellion 〈quickly put down the uprising〉.

-revolt and insurrection imply an armed uprising that quickly fails or succeeds 〈a revolt by the Young Turks that surprised party leaders〉 〈an insurrection of oppressed laborers〉.

-mutiny applies to group insubordination or insurrection especially against naval authority 〈a mutiny led by the ship's cook.〉

〈참고로 장기독재자가 제거되거나 물러나고 제도가 바뀐 튀니지혁명(자스민 혁명), 이집트혁명, 리비아혁명(내전)의 경우도 revolt, uprising, rebellion 등으로 표현되고 있음을 소개한다.〉

〈-A curfew has been set in the capital of Tunisia as rioting spreads from the south of the country in what is being called the Jasmine Revolt.(The Australian, 2011/1/15)

-China's response to Jasmine revolt shows its nervousness.(Indian Express. 2011/ 2/21)

-Jasmine revolt wilts under Chinese security.(Hindustan Times, 2011/2/28)

-Mideast Asks After Tunisian Riots: Where Next? (Fox News, 2011/1/15)

-There's little doubt that Tunisia's people-power uprising — a potent mix of economic gripes and demands for political freedoms — will embolden similar calls in a region dominated by authoritarian leaders and ruling monarchs. Protesters in Cairo mocked Egyptian President Hosni Mubarak and trade union activists in Jordan chanted: "Tunisia is teaching us a lesson."(AP, 2011/1/15)

-The spirit of rebellion that toppled Hosni Mubarak has swept through Egypt's vast public sector, inspiring workers fed up with meagre wages and poor working conditions to take to the streets in protest.(Reuter, 2011/2/13)

-Can Egyptians revolt? (Al Jazeera, 2011/1/26)

-Revolt on Egypt's Streets -Thousands of Egyptians took to the streets demanding more, as President Hosni Mubarak appointed a new vice president.(News Week, 2011/1/29)

-Did a Google manager spark the Egypt revolt with a Facebook page? Google Inc. exec. was detained during the anti-government protests; U.S. based Human Rights Watch says 297 people have been killed in riots which began in Egypt two weeks ago.(AP, 2011/2/7)

-Egypt's Revolt

In the past week, inspired by Tunisia's successful uprising, Egyptian citizens have taken back their country in an uproar against the 30-year regime of Egyptian President Hosni Mubarak.(AP, 2011/2/10)

-Who's Behind Egypt's Revolt? (The Nation, 2011/1/31)

-Egypt revolt loses legitimacy as brotherhood ignores women abuse.(Bloomberg Businessweek, 2012/1/19)

-Egypt's banks bore the brunt of government financing after foreign investors dumped local securities following the uprising that ousted Mubarak.(Bloomberg News, 2012/3/22)

French Aid Bolsters Libyan Revolt.(New York Times, 2011/2/28)

Optimistic Kirk hails Libya revolt as victory for Obama(Chicago Tribune, 2011/9/30)

-What if Gaddafi manages to put down the rebellion and survive in power?(Time, 2011/3/16)

-Leaders of the Libyan Rebellion-The Libyan rebels fighting to topple Col. Muammar el-Qaddafi are led by longtime opponents of the Qaddafi government as well as officials who defected once the rebellion began. The Benghazi-based National Transitional Council came together in late February as the official opposition body. Below are some of the main figures in the council leadership. (New York Times, 2011/8/22)〉

■ 어뢰추진체에 붙은 '무기물'을 '붉은 멍게'로 오역, 북한의 천안함 공격 부정

인터넷 매체 오마이뉴스는 2011년 3월 24일 신상철 서프라이즈 대표(전 천안함 민군합동조사단 민주당 추천 민간위원)가 제공한 어뢰 추진체(천안함을 공격한 것으로 지목된 '1번' 글씨가 새겨져 있는 북한제)에 붙은 0.8mm 붉은 물체의 사진을 공개한 뒤 "어뢰 추진체에서 동해에서만 사는 붉은 멍게가 발견됐다. 이는 어뢰 추진체가 서해에서 침몰한 천안함과 무관하다는 것을 말해주는 증거"라고 보도했다.

특히 '양식업자 A 씨'의 말을 빌려 "(붉은 멍게가) 유생(幼生) 상태로 헤엄쳐 다니다 갓 고착된 상태의 크기로 보아 11월경에나 볼 수 있는 모습"이라며 2010년 5월 인양된 어뢰 추진체에 의문을 표시했다. 붉은 멍게가 미이라 상태로 건조된 것이 틀림없다 것이 A씨의 주장이었다. 이에 따라 국방부는 즉각 조사팀을 꾸려 붉은 멍게인지의 여부를 가리는 조사에 착수했다.

오마이뉴스의 보도에 대해 데일리안을 비롯한 일부 언론과 누리꾼들은 "붉은 멍게에는 긴 촉수가 달려 있지 않다"며 반론을 제기했다. 오마이뉴스는 3월 25일 다시 '양식업자 A 씨'가 제공한 사진이라며 촉수가 달린 붉은 물체의 사진을 공개한 뒤 "해외 해양생물 관련 웹사이트(www.wetwebmedia.com)를 찾아보면 '붉은 멍게(red sea squirt)'에도 촉수가 달려있는 것으로 나와 있다고 주장했다.

당시 이같은 보도로 인터넷에는 이명박 정부가 존재하지도 않는 북한의 어뢰공격을 사실로 조작하기위해 과거 동해에서 수거된 고물 어뢰 한 개를 서해 바다에 버려놓고 쇼를 벌인 것이란 내용의 글이 도배질을 했다.

그러나 오마이뉴스가 공개한 '붉은 멍게' 사진도 사실이 아닌 것으로 확인됐다. 해당 사이트를 확인한 결과 이 사진은 한 누리꾼이 산호초에서 발견한 생물체라며 올린 것으로, 이 누리꾼이 사이트 운영자에게 '이게 해면동물류인가(Am I correct that it is some type of sponge?)'라고 묻자 사이트 관리자가 '히드라폴립류나 히드라충류 같은 다른 유기체군 같다(Likely another group of organisms here... Hydropolyps/Hydrozoans)'고 답하는 엉뚱한 내용이 덧붙여져 있다. 오마이뉴스는 '히드라'로 추정된다는 생물체를 '붉은 멍게'로 오역한 것이다.

'붉은 멍게' 사진의 진위를 두고 오마이뉴스와 이를 반박하는 누리꾼들의 공방이 첨예화되는 가운데 뜻밖의 사건이 일어났다. 오마이뉴스의 보도에 사진을 제공했던 양식업자 A 씨가 자신의 주장을 뒤엎는 글을 올린 것이다.

A 씨는 3월 31일 다른 인터넷매체 서프라이즈에 사과문을 올렸다. '붉은 물체를 붉은 멍게라 이야기했던 양식업자'라고 밝힌 그는 "생각 없는 누리꾼의 글이 문제 될 줄이야…. 오마이뉴스 기자님 제가 오보를 내게 해서 정중하게 사과합니다. 국방부 및 정부 관계자분께도 사과드립니다"라고 적었다.

국방부로부터 분석을 의뢰 받은 전문가들은 2011년 4월 6일 어뢰 추진체에 붙어있는 물체는 붉은 멍게가 아니며 어떤 DNA도 검출되지 않았다고 밝혔다.

국립수산과학원 산하 동해수산연구소 이주(李注)박사는 "일부 언론이 '붉은 멍게'라고 주장한 물체는 붉은 멍게가 아니다"라며 "붉은 멍게는 (오마이뉴스가 공개한 사진처럼) 촉수 같은 기관이 없고 붉은 멍게의 유생도 올챙이 모양으로 형태가 완전히 다르다"고 말했다.

국립수산과학원 산하 전략양식연구소 생명공학과 강정하 박사는 "어뢰에 부착된 물체의 채취물을 측정한 결과 생물체 종류를 확인할 수 있는 어떤 DNA도 검출되지 않았다"며 "무생물일 가능성이 크다"고 말했다. 국방부 관계자도 "적외선분광분석기 등을 통해 분석한 결과 탄산칼슘이 주성분인 무기물로, 생물체가 아닐 가능성이 크다"고 말했다. 오마이뉴스는 이날 오후 보도의 잘못을 인정하는 사과문을 올렸다.

▪ 제주 해군기지를 'client state'로 규정한 촘스키 인터뷰 오역 보도

세계적인 석학 놈 촘스키(Noam Chomsky) 미국 MIT 교수는 2012년 3월 9일 한국의 인터넷 신문 오마이뉴스와 가진 인터뷰에서 건설중인 제주도 강정마을을 'client state'라고 규정했고, 오마이뉴스는 이를 '클라이언트 상태'라고 보도했다. 그러나 이 번역이 애매모호해 독자들은 무엇을 뜻하는지 도무지 알 길이 없을 것이다. 더구나 이 대목에서 'state'는 국가나 주(州)를 의미하는 데 '상태'로 옮겨졌다. 오역이다.

질문과 답변이 영어로 정확히 어떻게 돼있는지는 원문이 공개되지 않아 알 수 없지만 오마이뉴스가 인터뷰 후 3월 14일자로 보도한 〈현대판 해적들, 부자된 뒤 사다리 걷어찼다[깨어나자 2012 : 석학을 만나다 1-①] 놈 촘스키 MIT 교수〉제하의 기사에 나타난 일문일답을 보면 아래와 같다.

(문) 제주 강정 해군기지 반대 투쟁에 관심을 보여주시며 중국과 미국의 관계를 언급하셨습니다. 그 이후 한국 내에서 강정 해군기지에 관한 시각이 본격적인 평화운동으로 확산되었는데요. 더불어 최근에 발표한 글에서도 '미국의 몰락'을 중심으로 중국과의 경제적 힘겨루기 가운데 드러나는 군사적 움직임에 대해 지적하셨습니다. 강정 해군기지를 통해 드러나는 미국과 중국의 경제 군사적 행보에 관해서 설명해 주시죠.

(답) 제주도 해군기지는 300마일 밖 중국을 겨냥하고 있습니다. 중국을 더욱 에워싸려는 종합적인 노력의 일부분입니다. 일본 오키나와가 수송체계의 주요 지역이며 강정도 본질적으로 강대국 영향권 아래에 있는 클라이언트 상태(client state)입니다. 이 압박 틀에 괌과 같은 곳이나 오바마가 해병을 보내겠다고 발표

한 호주 북부지역도 들어갑니다.(하략)

　'client state'의 사전적인 정의를 보면 정치·경제·군사적으로 더 큰 강대국의 지원과 보호에 기대는 나라 즉, '의존국'을 가리킨다. 위키피디어를 보더라도 〈A client state is a state that is economically, politically or militarily subordinate to another more powerful state in international affairs. Types of client states include: satellite state, associated state, puppet state, neo-colony, protectorate, vassal state and tributary state. (client state 란 국제문제에서 경제, 정치, 군사적으로 더욱 강한 다른 나라에 의존하는 국가로서 그 형태에는 위성국, 연합주(聯合州), 괴뢰국, 신식민지, 보호령, 속방(屬邦), 진공국(進貢國)등이 있다.)로 정의 돼있다.

　따라서 세계적 좌파 지식인으로 종래 강정마을 해군기지 건설에 우려를 표시해온 촘스키로서 는 이곳이 미국의 영향권 아래에 있게될 즉, 미국에 의존할 수밖에 없는 '의존지대'라는 의미로 한 말이다. 오마이뉴스는 이 기사 서두에서 "2012년 3월 9일 오후 2시 45분 놈 촘스키(Noam Chomsky) 교수의 MIT 연구실에서 이야기 나눴다. '깨어나자 2012'라는 큰 틀 속에서 자본주 의 속 민주주의를 살펴보자 제안했고, 세계 곳곳에서 요청해 오는 인터뷰 가운데 가장 긴 시간을 할애받았다. 촘스키 교수와 단둘이 마주앉아 몰입해 대화를 나눴다. 촘스키 교수는 단 한 호흡도 흐트러짐 없이 물레를 잣듯 생각을 뽑아냈다. 나직한 그의 음성에는 감정의 굴곡이 없었지만, 그 가 고른 단어에는 생명을 차별하지 않는 뜨거운 진심이 가득했다.)고 썼다. 그리고 이 인터뷰 기 사는 시리즈물의 첫 번째 기사였다. 그렇다면 국내에서 강정마을 해군기지건설 반대여론을 사실 상 대변해온 오마이 뉴스로서는 인터뷰 핵심내용인 'client state'에 대해 명쾌한 해석을 했어야 할 것이다.

■ **뉴욕 타임스 기사를 오역해 박근혜 새누리당위원장과 한국국민을 '조롱'**

　미국의 뉴욕 타임스(NYT)는 새누리당이 2012년 4.11총선에서 과반 의석을 확보하며 승리한 후인 4월 21일 '토요 프로필'(THE SATURDAY PROFILE)에서 'In a Rowdy Democracy, a Dictator's Daughter With an Unsoiled Aura'란 제목으로 18대 대통령 후보로 유력시된 박 근혜 당시 새누리당 비상대책위원장의 인물 소개 기사를 실었다.

　제목을 우리말로 옮기면 '소란스러운 민주주의에서 타락하지 않은 기(氣)를 지닌 독재자의 딸'

정도가 될 것이다. 이 기사를 맨 먼저 보도한 연합뉴스는 '소란스러운 민주주의에서 청결한 기운을 가진 독재자의 딸'로 번역했고 이 우리말 제목은 다른 많은 언론보도에 그대로 인용됐다. 하지만 지금 인터넷에 들어가 보면 이 영문 제목이 누군가에 의해 '어설픈 민주주의 국가의 여전히 인기있는 독재자의 딸'로 오역돼 여기 저기 블로그를 달구고 있다. 대한민국 국민과 유권자들을 조롱하고 비하하는 의미로 들리는 표현이다. '독재자의 딸'이 많은 국민으로부터 지지를 받고있는 것은 마치 '그 수준 낮은 국민과 민주주의 때문'이라는 비아냥 같은 것이 묻어 나온다. 이러한 오역 제목은 당시 트위터에 널리 회자됐고 특히 박근혜 위원장이 새누리당 대통령후보가 되자 더욱 기승을 부렸다.

NYT 제목은 〈시끌벅적한 민주주의를 하는 나라에서, 청렴결백의 아우라를 내뿜는 독재자의 딸이 등장했다〉는 것으로 박근혜 위원장을 오히려 칭찬하는 어조의 말이다. 실제 NYT의 이 기사에는 박 위원장을 긍정적으로 평가한 내용이 많았다. 신문은 박 위원장이 작은 체구를 가졌지만 강한 성격과 카리스마로 체구보다 더 큰 인물로 평가받고 있다면서 4.11 총선에서 위기에 빠진 새누리당을 승리로 이끌어 차기 대통령의 가능성을 키웠다고 보도했다. 신문은 또한 박 위원장이 금전 스캔들로 상처를 입은 이명박 대통령과 거리를 두면서 자신의 깨끗한 이미지를 부각시켰고 복지 정책 등으로 젊은 유권자들에게 호소하고 있다고 전했다.

영어 단어 'rowdy'는 명사일 때는 '난폭한 사람, 싸움 잘 하는 사람, 무뢰한'등을 말하고 형용사일때는 '난폭한, 소란스러운, 시끄러운, 떠들썩한, 난장판의, 싸움 좋아하는' 등의 의미가 있다. 여기서는 형용사로 쓰였다. NYT 기자는 한국에서 첨예한 이데올로기 갈등과 그칠 줄 모르는 폭력시위, 정치권의 여야 대립, 특히 의장석 무단 점거는 물론 이른바 '공중부양', '전기톱 사용', '최루탄 투척'으로 악명높은 국회 의사당에서의 폭력사태 등을 염두에 두고 이 단어를 사용한 것으로 보였다.

▪ 외교부의 한미관계 용어 오역이 부른 반미−반정부 시위

국가를 대표하는 외무부(현 외교통상부)가 오역된 용어를 사용함으로써 한때 학생과 재야단체를 중심으로 수십 건의 반정부·반미 시위와 집회가 발생하는 등 황당한 사건이 발생했다는 것이 검찰 등 공안당국의 분석이었다.

대검찰청은 2001년 11월 2일 전국 대학가에서 '한미전시접수국지원협정'(WHNS) 반대시위가 잇따른 것과 관련, 이는 한반도에서 전쟁이 발발할 때 한국이 주체가 되어 전략전술을 실행하면서 물자 등 병참지원을 하는 것으로 풀이 돼야하는데도 '접수국'이라는 표현이 들어감으로써 마치 한국이 미국의 점령국이나 식민지 같은 잘못된 느낌을 갖게 했다고 설명했다. 대검 공안부는 "우리나라가 미국과 체결을 서두르고 있는 WHNS의 원어는 'Wartime Host Nation Support Agreement'로 한반도에서 전쟁이 발발할 때 미국이 먼저 전투병력을 급파하고 물자 등 각종 병참지은 한국이 도맡아 처리한다는 것이 원래의 취지"라며 '한미전시병참지원협정'으로 해석하는 것이 옳다고 밝혔다.[24]

검찰에 따르면 이처럼 관계당국이 WHNS를 '전시접수국지원협정'으로 오역하는 바람에 한국에서 전쟁이 날 경우 미국이 한반도를 접수, 전쟁을 수행한다는 뜻으로 이해, 2001년 10월부터 협정체결을 반대하는 시위가 20여건이나 잇따랐다는 것이다.

WHNS를 거부하기위해 국내에서는 전대협, 전교조, 전민련, 전농 등 17개 재야 시민단체로 구성된 '한반도 비핵군축 실현과 전시접수국 지원협정 저지를 위한 공동대책위원회'(대표 桂勳梯)가 발족했으며 서울대, 고려대 등 전국 주요 대학에서 연일 시위, 집회, 단식농성 등이 잇따랐다.

북한은 전시접수국지원협정을 "미제(美帝)가 남조선에 대한 군사적 지배를 강화하고 새로운 전쟁 도발준비를 더욱 완성하기 위한 범죄적인 전쟁협정"[25]이라고 비난해왔다.

▪ 북한의 이명박 대통령 중상모략을 워싱턴 포스트가 한 것처럼 오도

2008년 7월 13일 노컷뉴스는 워싱턴 발 CBS 특파원 기사에서 미국의 워싱턴 포스트 (Washington Post)는 이명박 대통령이 미국(부시 대통령)의 애완견으로 한반도의 평화적 대화 분위기를 위협해온 사람으로 보도했다고 전했다. 그러나 이것은 100% 오보다. 워싱턴 포스트가 12일자로 보도한 내용은 다음과 같다.

〈Since Lee was sworn in to office in February, the propaganda arm of the North Korean government has used unusually strong language to vilify him as a threat to peaceful dialogue on the Korean Peninsula and as a lap dog

---

24) 연합뉴스(2001. 11. 2)
25) 연합뉴스(2001. 9. 11)

of the United States.〉

　원문을 해석하면 "이명박 대통령이 지난 2월 취임이래로, 북한정부의 선전기구는 전례 없이 강경한 어조로 그를 한반도의 평화적 대화를 위협하는 존재이며, 미국의 애완견이라고 중상모략하고 있다." 정도가 될 것이다. 그러나 노컷뉴스는 북한정부가 아니라 마치 워싱턴 포스트가 李대통령을 그처럼 중상 모략한 것처럼 보도했다. 노컷뉴스의 이 같은 보도가 고의적인 것인지 우발적인 오역인지 알 수 없지만 워싱턴 포스트의 관련기사 전문을 캡처해 싣고 문제가 된 'as a lap dog of the United States'에 형광펜으로 색칠까지 해가면서 기사를 썼다는 점을 감안하면 실수로는 보이지 않는다는 것이 당시 이 기사를 접한 네티즌들의 대다수 의견이었다. 특히 이 문장에서 주어(主語)가 the propaganda arm of the North Korean government 로 아주 분명하고도 쉽게 나타나있기 때문에 여간해서 실수로 보이지 않는다는 것이다.

　노컷뉴스는 이 기사 리드부분에서도 금강산관광객 피격사건이 이명박 정부의 대북강경기조에 있는 것처럼 워싱턴 포스트, 뉴욕타임스, 월스트리트 저널이 일제히 비판하고 나섰다고 보도 했는데 이는 사실과 거리가 먼 보도였다. 이들 신문은 논조의 차이는 있지만 李 대통령이 전임 두 대통령에 비해 북한의 위협과 협박에 오히려 호락호락 넘어가지 않고 있음을 지적했다.

이명박 정부가 금강산 관광객 피격사망사건과 관련, 북한의 사과와 공동조사, 재발 방지약속을 요구하는 등 대북 강경기조를 유지한 것은 사실이다. 하지만 미국언론들은 이명박 정부의 이러한 강경책을 소개했을 뿐이지 비판한 것은 아니다. 그런데도 노컷뉴스는 마치 미국 언론들이 이명박 정부의 대북정책을 비판한 것처럼 보도했다.

노컷뉴스는 오역사실이 네티즌들에 의해 알려지자 수 시간 후에 기사를 수정했다. 한편 데일리 서프라이즈도 노컷뉴스와 비슷한 오역보도를 해 망신을 샀다.

▪ 9개월 지난 해묵은 NYT사설을 박근혜정부 역사교과서 국정화 비판에 이용

JTBC 뉴스룸은 2014년 10월 14일 박근혜 정부의 역사교과서 국정화를 비판하는 기사에서 해묵은 2014년 1월 13일자 뉴욕 타임스(NYT) 사설을 9개월이나 지난 2015년 10월 12일자 사설로 둔갑시킨 것으로 밝혀졌다.

방송통신심의위원회는 "JTBC가 〈뉴욕타임스 '교과서에 정치관 반영' 국정화 추진 비판〉제하의 기사에서 '2014년 1월 13일'자 사설을 '2015년 10월 12일'자로 보도하는 '의도적'인 오류를 범했다"고 평가했다. 날짜조작의 의도성을 인정한 것이다. JTBC는 지난해 10월 14일, '뉴욕타임스 〈교과서에 정치관 반영 국정화 추진 비판〉 제하의 기사에서 뉴욕타임스 사설을 소개하면서 "박근혜 정부가 교육을 권위주의적 과거로 되돌리고 있다는 비판이 제기된다"고 전했다. 방송통신심의위원회는 그러나 JTBC에 대해 법정제재 중 최하 단계인 '주의' 조치를 통보했다.

▪ 이명박 후보 공약 '한반도 대운하'공격위해 '유럽하천' 예(例) 들면서 오역

MBC PD수첩은 이명박 대통령 후보의 대선공약이었던 '한반도 대운하'와 관련한 독일 마인-도나우 강(MD)운하 현지답사 보도에서 중대한 오역을 했다.

PD수첩은 이명박 당선자의 취임을 불과 13일 앞둔 2008년 2월 12일 현지 독일 운하의 운영실태를 보도하면서 "Du kannst mich mieten"(배를 임대합니다)이라는 현수막이 걸린 배의 전경을 클로즈업, 캡처하면서 "배를 팝니다"로 오역했다. 독일어로 'mieten'은 '빌리다', '임차하다'라는 의미의 동사(명사형은 die Miete). 따라서 직역하면 "당신은 나를 빌릴 수 있다", 즉 '임대

가능'하다는 뜻이다. 그런데도 PD수첩은 독일 운하의 예를 들어 이명박 대통령 후보의 대선공약인 한반도 대운하의 관광효과가 허구라는 것을 강조하기위해 의도적으로 '빌려줍니다'를 '판매합니다'로 둔갑시킨 것 아니냐는 지적을 받고있다.

즉, 운하를 만들어도 손님이 없어 파산지경에 다다른 배 주인이 배를 파는 것처럼 의도적으로 오역을 했다는 해석이 가능하다.

△ PD수첩은 "운하의 관광효과는 허구"라며 "Du kannst mich mieten."(배를 임대합니다)이라는 현수막을 "배를 팝니다"로 번역, 보도했다.(사진= MBC TV 화면 캡쳐)

▪ PD수첩, "미국의 적(敵)은 김정일 아닌 부시라고 하더라"고 오역

MBC PD 수첩은 북한의 1차 핵실험 직후인 2006년 10월 17일 북핵문제를 다루면서 북핵위기 심화원인이 북한 자체 보다는 북미 양자대화 요구를 거부하는 미국 측에 있는 것 같은 뉘앙스를 풍기면서 또 다른 중대한 오역을 한다.

PD 수첩은 "한 미국 언론이 우리의 적은 김정일 아닌 부시!"라고 미국정부를 질타하더라고 전했다. 그러나 이것은 완전한 오역이다. PD 수첩이 지칭한 미국 언론은 AP통신을 가리킨다.

AP통신이 북한의 핵실험 이튿날인 2006년 10월 10일(한국시간) 타전한 기사에 따르면 민주당의 존 케리 상원의원(오바마 2기 행정부 들어 2013년 2월 국무장관 취임)이 부시의 대북정책을 실패로 규정한데 대해 공화당의 존 맥코넬 상원의원이 "민주당의원들의 이야기를 듣고 있자니, 당신네들은 우리의 적(敵)이 김정일이 아니라 조지 부시라고 생각하고 있는구먼"이라며 맞받아치는 내용이다. 민주당 측에서 북한 핵위협(핵실험)을 정치적으로 '이용'하고 있는 데 대해 공화당 중진의원이 개탄하는 내용이다. 그런데도 PD 수첩은 이 부분을 오역하고 말았다. AP통신에 실린 존 케리 의원과 맥코넬 의원의 주장내용을 보자.

> Democratic Sen. John Kerry, the president's rival in 2004 and a potential 2008 candidate, assailed Bush's policy as a "shocking failure," and said, "While we've been bogged down in Iraq where there were no weapons of mass destruction, a madman has apparently tested the ultimate weapon of mass destruction."

위 문장은 2004년 미국 대선에서 부시의 라이벌 후보였으며 2008년 대선의 잠재적 라이벌 후보인 민주당의 존 케리 상원의원이 북한의 핵실험과 관련, 부시대통령의 대북정책을 '충격적인 실패'로 규정하는 내용이다. 케리 의원은 미국이 이라크 전쟁의 수렁(이라크에 핵무기도 없는데도 핵무기를 찾겠다고 벌인 전쟁)에 빠져있는 동안 한 미치광이(김정일을 지칭)가 대량살상무기(핵무기)실험을 해버렸다면서 부시의 대북정책을 비난했다.

아래 문장은 북한 핵위협의 정치적 이용을 경계하는 상원 공화당 제2인자 맥코넬 의원의 발언을 담을 것이다. 맥코넬 의원은 "민주당 의원들의 말을 들어보면 당신네들은 미국의 적(敵)은 김정일이 아니고 부시로 생각하고 있는 것 같다"며 민주당이 북한 핵위협을 당파적인 정치목적으로 이용하고 있다고 비난했다.

> Sen. Mitch McConnell of Kentucky, the Senate's second-ranking Republican, accused Democrats of playing partisan politics with a nuclear weapons threat. "Listening to some Democrats, you'd think the enemy was George Bush, not Kim Jong Il," he said.

▪ PD수첩, "한국을 미국의 종(노예)"으로 오역

MBC PD 수첩은 2003년 2월 4일 밤 11시 5분에 방송한 '한반도 핵위기의 진실'이라는 제목의 신년특집에서 미국 CATO 연구소 동아시아·한반도문제 전문가 더그 밴도우(Doug Bandow) 선임연구원의 말을 전하면서 "한국이 항상 미국의 종(從)이었다"고 오역했다. 한미관계를 일종의 '노예관계'로 보도한 것이다. 이는 미국측으로 부터 '동맹'과 '자주'를 혼동하고 있다는 지적을 받았던 노무현 전 대통령의 대미관(對美觀)을 그대로 반영하는 것이라 할 수 있다.

밴도우 연구원이 실제로 한 말은 아래와 같다.

> Unfortunately South Korea is dependent. South Korea will always be in dependent status and America always be superior position, I don´t think they will never change, I understand President Roh wants but it´s impossible to get there as long as American troop in Korea is defending South Korea.

이를 번역하면 "불행하게도 한국은 의존적입니다. 한국은 항상 의존적인 처지에 있고 미국은 항상 우월한 위치에 있을 것입니다. 내가 보기에 이 같은 상황이 결코 변하지 않는다고 생각하지는 않습니다. 나는 노대통령(노대통령 당선자의 오기)이 무엇을 원하는지를 이해할 수도 있습니다 다만 주한미군이 한국을 방어하고 있는 한 그가 원하는 것은 이루어지지 않을 것입니다."정도가 될 것이다.

그러나 PD수첩의 자막 번역문은 "불행하게도 한국은 미국에게 종속적인 국가입니다. 한국은 항상 미국의 종이었으며 미국은 항상 우월한 위치에 있을 것입니다. 이러한 관계는 앞으로도 바뀌지 않을 것입니다. 노무현 대통령 당선자가 원한다고 하더라도 한국에 미군이 주둔하여 지켜주는 한 동등한 관계가 되기는 불가능할 것입니다."라고 표현했다.

'남한이 미국의 종'이라는 표현은 완전한 오역으로 왜 MBC가 이런 보도를 했는지 다수 국민들에게는 의아하게 받아들여졌을 것이다. PD수첩이 이를 보도한 시점은 김대중 대통령의 임기 만료 21일, 노무현 대통령 당선자의 취임 21일을 앞둔 시점이다. 국내적으로는 대선 후유증으로 갈등이 심한 상황이었고, 남북관계도 북한이 북미제네바합의를 위반하면서 고농축우라늄(HEU) 기술에 의한 핵개발의혹이 불거진 시점이다.

밴도우 말에서 한국이 미국에 의존적이라는 것은 실은 '주한미군이 한국을 방어하고 있는 한'(as long as American troop in Korea is defending South Korea.)이라는 구절에 걸리고 있음을 알 수 있다. 따라서 여기서 dependent는 independent의 반대개념이 될 수도 있는 '종속' 또는 '예속'의 의미로 쓰인 것이 아님을 알 수 있다.

따라서 번역에서 나타난 PD수첩의 시각은 북한의 대남시각과 한 치도 다름없어 보인다. 북한은 남한을 미국의 종살이 국가, 노예국가, 식민지 국가로 매도하고 있다. 한미동맹관계를 노예사회의 주종관계로 파악하고 있는 것이다. 남한이, 아니 대한민국이 미국의 종살이 국가라면 대한민국이 국제법상으로 주권국가 아니라는 이야기가 된다. 그렇다면 주권이 박탈당하고 없는 당시 대한민국에 어떻게 하여 국민의 자유선거에 의해 대통령선거가 이뤄지고 민주당의 노무현 후보가 당선됐겠는가? 결과적으로 PD수첩은 한국이 북한의 침략위험이나 동아시아 정세의 특수성 때문에 미군이 주둔하는 이른바 군사적 동맹관계를 한국이 미국의 종이 된 것처럼 보도해 국민들을 오도하고 있다는 비판을 면치 못하게 됐다.

공교롭게도 보수적인 싱크탱크인 CATO의 밴도우 선임연구원은 일찍이 한미동맹에 회의론을 제기하며 주한미군 철수를 주장해온 사람이다. 그는 가장 최근인 2010년 7월 14일에도 한 보고서를 통해 "미국에 이득은 없고 비용만 들어가는 (한반도)방위공약을 유지할 어떤 이유도 없다"고 주장했다. 지금의 한미 군사동맹은 그 목적을 잃어버렸다는 의미다.

밴도우 연구원은 보고서에서 "냉전은 오래 전에 끝이 났고, 중국이나 러시아가 북한의 새로운 공격적 전쟁을 지원할 것 같지는 않다"면서 "한국은 미국 방어에 더 이상 핵심이 아니며, 미국의 지원이 한국 방위에 핵심적이지도 않다"고 말했다. 냉전시대 종식 이후 중국과 러시아의 대북 군사 지원 및 유사시 한반도 무력 개입 가능성이 희박해진 상황에서, 한 해 수십억 달러를 써가며 한반도에 수천, 수만의 미군을 주둔시키는 건 낭비일 뿐이라는 의미다. 그는 "현재의 동맹관계는 역내 안보를 증진시키지 않으며, 양국이 자신들의 핵심 이익을 보호하는 행동을 하는 것을 더 어렵게 만들고 있다"고 주장했다. 아프가니스탄과 이라크처럼 미군 추가 투입이 필요한 상황에서, 주한 미군이 한반도에 붙잡혀 있는 상황을 비판한 것이다.

▪ PD수첩, 미국이 '대북공격 능력 있다'를 '대북공격 권한 있다'로 오역

아래는 2003년 2월 4일 밤 PD수첩 자막에 나타난 미 안보정책 센터(The Center for Security Policy) 소장 프랭크 가프니(Frank Gaffney)의 말.

"남한과 협의 없이 북한을 공격하는 것은 가능합니다. 이는 세계적인 군사력을 갖춘 미국의 고유한 권한이기도 합니다." 하지만 이는 오역된 것이다. 영문 자막은 아래와 같다.

It is certainly possible to conduct attack against North without consulting South Korea. That is one of the inherent capabilities that we have as the result of having really global power projection capability.

해석하면 〈남한과 협의 없이 북한을 공격하는 것은 가능합니다. 이것은 세계적으로 군사력을 발휘할 능력이 있는 우리의 고유한(본질적인) 능력중의 하나입니다〉가 된다.

'고유 권한'이라는 말은 이상한 번역이다. 가프니 소장이 실제로 한 말은 '미국이 가진 고유한 능력들(inherent capabilities)의 하나' 이었지만 PD수첩은 마치 '미국만이 그 같은 권한을 가졌다'는 식으로 오해할 수 있는 자극적인 표현을 사용했다.

■ PD수첩, 럼스펠드 미 국방장관 對北발언도 오역

MBC PD수첩은 2003년 2월 4일 밤 럼스펠드 미 국방장관의 대북(對北)발언을 오역했다. 럼스펠드 장관이 "North Korea doesn't like to hear me say it, but they continue to be the single largest proliferator of ballistic missile technology on the face of the earth."(북한은 내가 이런 말을 하는 것을 좋아하지 않습니다. 그러나 북한은 아직도 세계에서 대륙간 탄도 미사일 기술을 제일 많이 확산시키고 있는 나라입니다.)라고 말했으나 PD수첩은 "북한은 유일하게 내 말을 듣지 않고 대륙 간 탄도 미사일을 확산시켜온 나라입니다"라고 자막처리 했다. '북한은 내가 하고자 하는 말을 듣는 것을 좋아하지 않는다'(North Korea doesn't like to hear me)는 말이 '북한은 유일하게 내말을 듣지 않고'로 오역된 것이다. 결과적으로 럼스펠드 국방장관을 거만한 사람으로 만들어 버렸다.

이날 방영된 PD 수첩 '한반도 핵위기의 진실'의 일부 내용도 문제였다. 마치 전 국민을 선동해 반미전쟁을 위한 민족적 단합에 동참하라는 식으로 몰고 가고 있는 듯한 느낌이었다. 인터뷰한 대부분의 사람들은 극단적인 우파인사나 좌파지식인들로 선정됐다는 느낌이 들었고 그들의 조잡한 이론들만을 소개했다.

북핵문제의 본질은 민족을 볼모로 하여 핵무장을 하려는 북한의 전략에 있다. PD 수첩은 일단 핵위기의 본질을 미국의 일방외교와 미국 군수산업의 상업적 논리로 국한 시켰다. 그러면서 미국이 고립되고 있는 외교적인 상태를 역전시키기 위해 북한 핵무기를 들고 나왔다는 논리를 폈다. C 책임프로듀서는 "(미국이) 자기네 땅에서 하는 전쟁이 아니고 큰 돈벌이가 된다고 해서 전쟁을 쉽게 결정해도 되는지 묻고 싶다"고 말했다. 그는 이어 "햇볕이다 뭐다해서 우리끼리 서로 사이좋게 공존하려는 노력이 미국 강경파에게는 맘에 들지 않았던 모양이라고 했다.

▪ 성경의 '무리'(crowd)를 '민중'으로 오역 좌파 '민중신학' 창조?

1970-80년대 한국에서 태동한 소위 민중신학(Minjung Theology)은 신약성서에 자주 나오는 'ochlos'란 단어를 '민중'이란 의미로 오역한데서 기인했다는 지적이 적지않다. 헬라어와 라틴어에서 유래한 'ochlos'란 단어를 Merriam-Webster, The American Heritage® Dictionary of the English Language, Collins English Dictionary, Dictionary of Collective Nouns and Group Terms, Online Etymology Dictionary 등 주요 영어사전에서 찾아보면 the crowd(무리), the multitude(다중), the mass(대중), the throng(군중), the common people(=the populace, 서민), the people(사람들), the company(일단의 모인 사람들, crowd보다는 적은 수의 모임), the gathering(집회), the mob(성난 군중), many(다수), numbers(패, 무리), riot(소요)의 의미를 지니고 있다. 경멸적으로는 the rabble(하층민), ragtag(tagrag, 어중이떠중이), the ragtag and bobtail(오합지졸)의 의미로 쓰인다. 개역개정 성경에서는 거의 '무리'(crowd)로 번역하고 있다.

KJV성경을 기준으로 신약성서에는 헬라어의 '무리'(群衆) 개념으로 △ 라오스(laos) 143회 △ 에트노스(ethnos) 164회 △ 오클로스(ochlos) 175회 △ 데모스(demos) 4회 등 네 가지 낱말이 나온다. 사용 빈도수로 보면 오클로스(ochlos)가 가장 많이 쓰였는 데 이는 위에서 지적한 것처럼 여러 가지 의미로 쓰였고, 라오스(laos)는 '하나님의 백성', 에트노스(ethnos)는 '이방인', 그리고 빈도수가 가장 적은 데모스(demos)는 사도행전에만 4회 쓰인 저자 누가의 독특한 용어로서, 어떤 특정 지역에 살거나 모여있는 일반 대중(大衆)을 뜻하는 말이다. New American Standard(NAS)성경은 신약성서에 나오는 ochlos를 모두 172개로 정리하고 사용 빈도수를 각각 crowd 87, crowds 47, gathering 1, many 1, mob 1, multitude 3, multitudes 1, number of people 1, numbers 2, people 27, riot 1이라고 밝혔다. 이는 ochlos 172개 중 군중 또는 군중들의 의미로 쓰인 것이 절대적으로 많은 134개라는 것을 의미한다.

흔히 민주주의를 democracy(demos〈시민〉+kratia〈권력〉), 그리고 민주주의의 단점을 지적할 때 중우(衆愚)정치, 우민(愚民)정치, 폭민(暴民)정치라는 말을 쓰는 데 중우정치나 우민정치는 ochloscracy, 폭민정치는 mobocracy로 표현한다. demos가 능동적, 이성적, 합리적이며 책임감 있는 '정체(政體)를 갖춘 사람들'(the people as a body politic)인데 반해 ochlos는 무기력(powerless)하면서도 비합리적, 충동적, 무의식적, 무비판적, 맹목적, 무책임적인 행동을 하며 어떤 장소에 일시적으로 모여있는 '비조직적인 다수'(the unorganized multitude)를 뜻한다. 따라서 오클로스는 경거망동적이며 언제라도 폭도로 변할 가능성을 내포하고 있다. 이런 점에서 데모스를 오늘날의 '시민'이라 칭할 수 있다면 오클로스는 언제나 '반(反)시민'이 될 수 있는 '혼돈적 다수'다. 플라톤은 아테네의 몰락을 보면서, 그 원인으로 중우정치를 꼽았다. 그에 따르면 '중우정치'의 병폐는 첫째, 대중적 인기에 집중하고 요구에 무조건 부응하는 사회적 병리현상, 둘째, 개인의 능력과 자질 그리고 기여도 등을 고려하지 않는 그릇된 평등관, 셋째, 개인이 절제와 시민적 덕목을 경시하고 무절제와 방종으로 치닫는 현상, 넷째, 엘리트주의를 부정하고 다중의 정치로 흘러가 중우정치의 양태로 변질될 가능성 등이 있다.

하지만 한국의 민중신학자들은 다양한 의미(정확히 말하면 사실상 '군중'이란 의미)의 ochlos를 정치사회적 약자, 즉 피압박자, 고통받는자, 민초(民草)등으로 해석하면서 계급투쟁적 용어로 사용하고 있다는 점이다. 원래 '민중'이란 용어는 영어의 'the people'을 번역한 것으로 '많은 사람들'이란 정도의 뜻이었으나 좌파 이념을 담은 말로 쓰이면서 사회 구성원 중에서도 정치적, 경제적, 사회적으로 착취당하며, 소외되는 사람들을 가리키게 됐다. 이 용어에는 피지배 계급인 민중을 '역사의 주체'로 보는 관점이 담겨 있다. 좌파에서는 또 '인민'(人民)이란 말을 민중과 동의어로 즐겨 쓴다. 이것도 'the people'을 번역한 말이다. 그래서 좌파세력인 김일성이 한반도 북쪽에 세운 나라의 이름이 조선민주주의인민공화국이고, 그 군대 이름은 조선인민군이다. 북한은 인민과 민중을 결합한 용어로 '인민대중'이라는 말을 즐겨 쓰면서 사회주의 혁명의 주력군이라고 스스로 칭하는 노동자, 농민, 근로 인테리를 합쳐 인민대중이라고 부른다.

인민이라는 말이 공산주의에서 말하는 계급혁명적인 의미를 내포하게 되자, 한반도 남쪽에 대한민국을 수립한 우파 세력은 이 말을 쓰는 것을 금기시했다. 그러나 남한내 좌파는 북한에서 쓰는 '인민대중'을 그대로 쓰자니 오해를 받을 수 있는 만큼 여기서 한 글자씩을 딴 '민중'이라는 조어를 만들어 사용한 것으로 알려져 있다. 민중신학에서는 출애굽기와 예수 그리스도의 갈릴래아에서의 활동을 '민중운동'으로 규정하고 이를 근거로 민중의 의미를 계몽과 자선의 대상이 아닌, 역사를 변혁하는 세력이라는 넓은 의미로 해석한다. 민중신학의 창시자인 고 안병무, 고 서남동 목사는 민중을 가리켜서 소외받고 탄압받는 사람들을 가리키는 말로 이해했다. 이들은 1970년대 '민중'들이 자본가들에게 착취당하며 군사정권으로부터 억압을 받았기 때문이라고 민중신학 태동 배경을 설명한다. 이러한 민중신학은 영혼구원 중심의 입장을 견지했던 보수신학과는 달리 한국의 민주화와 노동운동에 일정 부분 기여했다는 평가가 있으나 △ 우리사회의 구조를 가진 자와 못 가진 자의 2분법적 사회관에 기초하여 한(恨)의 체험을 신학적 성찰의 출발점으로 삼았다는 점, 따라서 교회를 민중해방의 역사가 일어나는 곳으로 보고 있다는 점 △ 그리고 사회정치적 구조의 모순을 바로 '죄'라고 봄으로써 죄인, 즉 사회정치적으로 착취를 당하는 계층에 대한 정죄가 없으며 오히려 죄인은 당당하며 회개할 필요조차 없다고 본다는 점 △ 예수의 십자가 사건을 민중을 수탈하는 지배 체제에 도전하는 정치적 사건으로 해석한다는 점, 따라서 예수를 혁명가로 해석하면서 '예수가 민중이요 민중이 곧 메시아'라고 주장하고 있다는 점, 그리고 민중의 소리가 하나님의 소리라는 범신론적 입장을 제시한다는 점 △ 예수의 부활 사건을 정치적 사건으로 왜곡하고 성령의 시대를 민중 해방의 시대로 보고 있는 점 등 많은 문제점을 안고 있다. 비판자들은 민중신학이 마르크스의 계급투쟁에 사람이 곧 하늘이라는 천도교의 인내천(人乃天)사상을 혼합한 것이라고 말하고 있다.

통일혁명당사건으로 옥고를 치른 박성준(한명숙 전 총리 남편) 성공회대 명예교수와 안병무 목사가 세운 '한백교회'는 민중신학의 본산으로서 주기도문, 사도신경, 십자가도 없는 교회다. 한라산과 백두산의 첫 자를 따서 이름을 '한백교회'로 짓고 돌만을 상징물로 삼고 있다

이 교회 주요 주장은 아래와 같다.

- 예배는 '반복된 퍼포먼스'다.
- '영'은 야훼 하느님의 해방하시는 능력이며, 이것이 현실을 혁파 하려는 민중의 열망과 어우러져 해방으로 이어진다.
- 민중적 당파성에 기초한 해방의 실천이 하나님 나라 운동의 본질이다.
- 현실에 안주하거나 무관심한 죄에서 돌이켜서 민중해방에 동참하는 것이 회개이다. 구체적으로 말해 민주화, 자주화, 평화통일에 참여하는 것이 회개이다.
- 우리는 부조리로 가득찬 한반도에 태어난 것을 감사한다.(회개하고 민중해방에 동참함으로써 하나님나라 운동에 참여할 기회가 많아진다는 의미인 것 같음)
- 우리는 노동자, 농민, 도시빈민, 중산층, 청년, 학생, 지식인으로서 민중의 주인되는 새 하늘과 새 땅의 건설에 부름받은 것을 감사한다.
- 기존교회에서 부르는 찬송은 성도들을 세뇌하기 위함이며, 또한 이야기를 독점하는 신에 대하여 성도들이 반응하도록 성도들을 위협하는 것이다. 이에 한백 에큐메니칼 찬송을 제작하였다.

제12부

The World
of Fake News

편향된 시각과 진영논리가 부른
왜곡·선동 보도 사례들

■ 언론학회 분석 : 노대통령 탄핵소추후 공중파 3사 방송은 편파적이었다

2004년 3월 12일 국회의 노무현(盧武鉉)대통령 탄핵결의안 통과 후 KBS·MBC·SBS 등 지상파 3사의 탄핵 관련 TV 방송이 편파적이었으며, 시민들의 촛불 시위 참여를 부추겼다는 학계의 공식 결론이 나왔다.

한국언론학회(당시 회장 박명진 서울대 언론정보학과 교수)는 2004년 6월 10일 방송위원회(당시 위원장 노성대 전 MBC사장)로부터 의뢰받은 '대통령 탄핵 관련 TV방송 내용분석' 보고서를 통해 "아무리 느슨한 기준을 적용해도 (탄핵 관련 방송은) 공정했다고 말하기 어렵다"고 발표하고 "그 이유는 방송사들이 탄핵안 가결을 둘러싼 갈등을 합법적 논쟁의 영역에 속하는 제도권 정치집단간의 정치적 갈등으로 본 것이 아니라, 일탈적 행위로 보았거나 그렇게 보고자 했기 때문으로 추정된다"고 밝혔다.

방송 3사의 저녁 종합뉴스와 시사·교양·정보프로그램의 내용, 프레임, 담화 등을 분석하는 방식으로 진행된 이 연구는 책임연구원 이민웅(한양대)·윤영철(연세대) 교수와 공동연구원 윤태진(연세대)·최영재(한림대)·김경모(연세대)·이준웅(서울대) 교수가 실시했다.

보고서는 "공정한 뉴스란 '갈등적인 사안에 대해 어느 한 갈등적 당사자의 입장에 서지 않고, 갈등을 갈등 당사자의 시각에서 갈등적 사안으로 취급하는 뉴스'를 의미한다. 대통령 탄핵을 지지하는 세력과 반대하는 사회 세력은 탄핵가결이란 사안에 대해 완전히 다른 시각과 이해를 지녔으며, 이 사건의 원인 진단과 해결책에 대한 처방에 대해서도 완전히 상반된 입장을 제시했다. 977개의 탄핵 관련 뉴스 가운데 16.4%인 160건이 탄핵을 갈등적인 이슈로 다루었다."고 밝혔다.

보고서는 "탄핵 반대 세력은 '억울한 약자'로, 탄핵 찬성 세력은 '부당한 강자'로 나눠 전자를 두둔하는 방향으로 전체 프레임을 구성했다"고 편파적 구도를 지적했다. 방송위원회는 국회의 탄핵안 가결 후 방송 보도의 편파성 지적이 일자 "민감성을 감안하여 정교한 분석 결과에 의거한 결론 도출이 필요하다"며 유례없이 언론학회에 방송 내용 분석을 의뢰했다.

언론학회는 2004년 3월 12일부터 20일까지 모두 96시간 분량의 보도 내용을 앵커 멘트, 자막, 인터뷰, 화면 별로 낱낱이 분석, 구체적인 수치를 통해 편파 여부를 가려냈다. 조사 결과 지상파 3사의 정규뉴스에서 탄핵 반대 진영의 인터뷰는 찬성 진영 인터뷰보다 무려 4배가 더 많았고, 시사·교양 프로그램의 앵커 멘트에서도, 탄핵 반대는 27건인 반면 찬성 쪽 멘트는 SBS에서만 단 한 건 발견된 것으로 조사됐다.

프로그램별로 보면 MBC '신강균의 뉴스서비스 사실은'과 KBS '미디어 포커스'가 특히 편향성이 심했던 것으로 나타났다. '신강균의 뉴스서비스 사실은'은 앵커 멘트 11건 모두를 탄핵 반대

두둔에 할애했고, '미디어 포커스'는 탄핵 반대 인터뷰는 7건을 소개한 반면, 찬성 인터뷰는 한 건도 방송하지 않은 것으로 지적됐다. 보고서는 "방송이 논쟁적 사안에 섣불리 나서 주관적 판단을 내린 뒤 어느 한편을 비방하기 시작하는 대목에서 여론의 소통 경로는 차단된다"고 주장했다.

△ 분석 결과=탄핵 관련 뉴스에서 시민 인터뷰 비율은 탄핵 반대쪽이 찬성쪽의 4배에 달했다. 자막도 30.2%(탄핵 반대)와 19.1%(찬성)의 비율을 보였다. 이 차이는 시사·교양·정보 프로그램에서 더 컸다. 방송 3사는 탄핵 반대 촛불시위를 16건 보도한 데 비해 탄핵 찬성 시위는 한건 밖에 내보내지 않았다. 앵커 멘트도 탄핵 반대가 27건이었고, 긍정하는 멘트는 SBS의 단 한건이었다. 특히 MBC는 편향적 앵커 멘트의 70% 이상을 윤색적인 형용사나 주관적인 표현을 썼다고 보고서는 지적했다. MBC '신강균의 뉴스서비스 사실은'의 경우 11개 리포트 모두를 탄핵 반대를 두둔하는 데 할애했고, 앵커 멘트 11건도 마찬가지였다. 인터뷰의 편향성도 두드러져 KBS 특집 '대통령 탄핵-대한민국 어디로 가나'는 31(탄핵 반대)대 1, KBS '미디어 포커스'는 7(탄핵 반대)대 0 등의 수치를 보였다.

△ '억울한 약자'와 '부당한 강자'=보고서는 방송 3사가 탄핵 관련 보도에 있어 '억울한 약자'와 '부당한 강자'의 프레임을 이용한 뒤 전자를 긍정적으로 묘사하는 방향으로 방송했다고 분석했다. 약자를 민주세력으로 부각시키고 강자를 비민주 세력으로 규정했다는 것이다. 또 뚜렷한 근거 없이 국민의 심리상태를 '충격' '당혹' '격렬' '절망' 등의 단어로 묘사했다.

특히 언론학회가 지적한 KBS의 편파성보도 사례를 재구성해보면 다음과 같다.

*KBS는 '시민여론 반응'이라는 이름으로 탄핵 찬반론을 소개하면서도 노무현 대통령 탄핵에 찬성하는 사람보다 3배나 많은 반대론자를 등장시켰다. 3-1의 편파성이었다.

*KBS 두 채널이 탄핵 결의후 실시한 탄핵관련 방송시간은 9일간 505분으로, MBC의 2배, SBS의 4배였다.

*KBS 뉴스 앵커는 논평에서 4건의 탄핵 반대언급을 했지만 탄핵 찬성 언급는 없었다. 4-0의 편향성을 보인 것이다. KBS가 편향적 리포트를 한 것으로 분류된 9건은 전부가 탄핵반대 입장을 두둔했고, 찬성은 하나도 없었다. 9-0의 편파성이었다.

*KBS는 국회의 탄핵의결 이튿날 '탄핵정국 국민에게 듣는다'와 '대통령 탄핵-대한민국 어디로 가는가'에 57명을 출연시켰다. 22명이 탄핵반대 입장, 한 명만이 탄핵 찬성 입장이었다. 22-1의 편향성이었다. 이 두 프로그램엔 65건의 인터뷰가 소개되었는데 60건이 탄핵반대, 5건이 탄핵찬성이었다. 60-5의 편파성이었다.

*KBS의 미디어 포커스의 경우 탄핵반대자 인터뷰는 7명, 찬성자 인터뷰는 한 사람도 없었다.

7-0의 편향성이었다.

*언론학회는 이런 편향 보도를 통해서 KBS(물론 MBC, SBS도 마찬가지)가 여당인 열린우리당을 개혁적 민주투사, 억울한 피해자, 동정받아야 할 약자로 그리고 있다고 분석했다. 반대로 한나라당은 '비개혁적, 정략적, 민의 외면 집단' '국민의 배신자'로 그렸다는 것이다. 촛불시위참여자는 '민주주의 수호자'로 만들었다.

*이런 편향 보도에 항의하는 야 3당에 대해서 KBS는 "방송의 공정성을 계속 트집잡고 있다" "엉뚱하게 방송에 화풀이하고 있다" "야당과 일부 보수신문에서는 방송이 여론을 조작했다는 터무니없는 주장을 펴고 있다"고 공격했다.

*탄핵 찬반이 주요 쟁점이 됐던 2004년 4월 총선에서 탄핵찬성 정당후보가 받은 표가 탄핵반대 정당의 표보다 많았다. 따라서 방송사에서 "여론을 반영해서 편파적으로 보도했다"고 변명한 것은 결과적으로 거짓말이었다.

*결론적으로 위에서 지적한 3-1, 4-0, 9-0, 22-1, 60-5, 7-0을 모두 합하면 KBS의 노대통령 탄핵에 대한 반대와 찬성 보도는 105대 7이라는 극도의 편향성 밖에 없다는 지적이 나온다.

노무현 대통령 탄핵 소추는 2004년 3월 12일에 국회에서 노 대통령의 거듭된 '정치적 중립성 위반 발언'을 이유로 여당인 열린우리당이 반발하는 가운데 새천년민주당과 한나라당, 자유민주연합의 주도하에 찬성 193표, 반대 2표로 대통령을 대상으로 탄핵 소추안을 통과시킨 사건을 말한다. 이때 노 대통령의 직무가 정지되고 고건 국무총리가 권한을 대행했다. 그해 5월 14일 헌법재판소에서 탄핵소추안이 기각되며 노대통령은 다시 대통령 직무에 복귀했다.

■ 천안함은 북한 어뢰공격에 의한 '폭침'아니다

천안함 폭침이란 2010년 3월 26일 NLL(서해북방한계선) 남쪽 백령도 부근 해상에서 우리 해군 초계함 'PCC-772 천안'이 북한의 어뢰정에 의해 폭침돼 함정이 두 동강난 채 대파되고 해군 장병 46명이 사망한 사건이다.

천안함 사건의 원인을 규명하기 위해 호주, 미국, 스웨덴, 영국 등 4개국 전문가 24명과 국내 전문가 25명, 군전문가 22명, 국회추천 전문위원 3명 등 모두 74명으로 구성된 5개국 민·군합동 다국적 조사단은 51일의 정밀 조사끝에 천안함이 북한 잠수정의 어뢰공격으로 폭침한 것이라고 5월 20일 공식 발표했다.

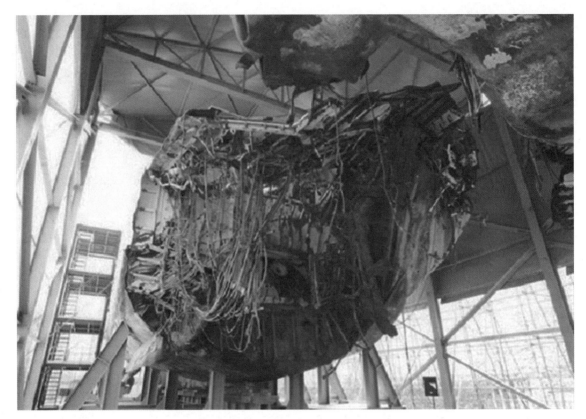

△ 북한 어뢰공격을 받아 파괴된 천안함 단면

그런데도 당시 야당인 민주당을 비롯한 야권과 좌성향의 언론과 시민단체에서는 북한의 어뢰공격이 아닌 좌초, 피로파괴, 자폭설 등을 사실인 것처럼 주장했다. 심지어 문재인 대통령도 2012년 대선후보 시절 이전에는 '폭침'대신 '침몰'이란 용어를 써왔다. 북한의 소행이 아니라는 데 방점을 두고있었기 때문이 아니냐는 지적이 나왔다.

사건 직후 정부는 북한의 도발, 공격으로 추정됨에도 불구하고 즉각 발표를 할 수 없었다. 과학적이고도 철저한 규명작업이 선행돼야 했기 때문이다. 실제 천안함 침몰 당시 측정된 리히터 규모 1.5의 지진파는 사실상 북한의 공격을 확인해준 것이었다. 리히터 규모 1.5는 소위 피로파괴설이나 좌초설 등에서 나올 수 있는 지진파보다는 1천배 이상 강력한 것이다. 이 정도 규모라면 어뢰 중에서도 버블제트 효과를 만들어내는 중(重)어뢰가 터져야 나올 수 있는 것이다. 사고 해역에서 중어뢰를 터뜨려 천안함을 폭침할 수 있는 주체는 북한 뿐이었다.

합동조사단은 절단면 정밀분석, 지진파 분석자료, 생존자와 해병대 초병 증언, 사체검안과 함께 사고 해역에서 수거해낸 북한제 CHT-02D 어뢰의 프로펠러와 추진체 등 부품과 어뢰에 쓰여진 '1번'이란 숫자를 공개하며 북한의 소행임을 발표했다.

이러한 조사 결과는 미국과 일본, 독일, 프랑스, 캐나다, 호주, 뉴질랜드 등 주요 15개국과 유럽연합(EU)는 물론이고 인도 등 비동맹국가들의 규탄결의나 지지를 얻어 유엔안전보장이사회의 안건으로 회부됐으며 안보리는 "조선민주주의민공화국이 천안함을 공격(attack)했다는 조사결과에 비추어(in view of) 우려를 표명한다(expresses the deep concern)"는 내용과 함께 "공격을 개탄하고 규탄한다(deplores and condemns the attack)"는 내용의 의장성명을 채택했다.

비록 유엔안보리가 북한의 동맹국인 중국과 러시아의 반대로 북한을 직접적인 공격주체로 표시하는 문구는 사용하지 않았지만 "조선민주주의민공화국이 천안함을 공격했다는 조사결과에 비추어 우려를 표명한다"는 것은 사실상 공격행위자로서 북한을 지칭한 것이나 다름없는 것이다. 또한 '공격'(attack)이란 단어를 쓴 것은 천안함이 좌초나 피로파괴, 내부폭발 등에 의해 절단, 침몰되지 않았다는 것을 의미한다.

그러나 우리 사회의 종북좌파진영과 소위 진보를 자처하는 정치인과 지식인, 종교인, 언론인들은 이 사건에 대해 명확한 증거도 제시하지 못하면서 아직도 북한의 소행임을 부정하고 좌초, 기뢰사고, 내부폭발, 피로파괴, 자폭, 미군오폭설 등을 주장면서 북한의 독재 세습정권의 반문명적 군사모험주의노선에 면죄부를 주고 있다. 심지어 한국과 미국정부가 의도적으로 조작해낸 사건이란 황당한 주장도 한다. 이러한 주장은 아직도 '현재진행형'이다.

천안함 폭침 등 대남공작의 배후로 지목을 받은 북한 노동당 중앙위원회 부위원장 겸 통일전선부장 김영철의 2018년 평창 동계올림픽 폐회식 참석을 사과 한마디 없이 수용한 것이 문재인 정권이다. 당시 문 대통령이 온갖 변명으로 김영철에게 면죄부를 주며 전범을 비호한 것 아니냐는 지적이 일었던 게 사실이다. 김영철은 우리 군으로 보면 '전범'으로 사살 대상이다.

▪ 기타 천안함 사건 가짜뉴스와 괴담들

△ 천암함은 좌초된 후 다른 선체와 충돌해 절단되고 침몰했다

△ 천안함 사고는 미군 군함일 가능성이 높은 다른 선체와 충돌한 것이 직접적 원인

△ 천안함사건은 정부가 종북세력을 단속하기 위해 억지로 북한소행으로 조작한 것이다

△ 좌초된 후 침수로 인해 절단됐다

△ 천안함 사건은 정부가 적당히 장난치려다 커져버린 것이다. MB(이명박)의 5.24 대북 조치는 박정희, 전두환의 쿠데타를 능가하는 헌정파괴조치다

△ 천안함 사건은 북한을 악마로 만들기위해 미국과 MB가 음모한 작품이다

△ 북한은 버블제트형 어뢰를 보유하고 있지 않다

△ 정부의 천안함사건 발표는 급조된 선거용

△ 이명박이야말로 천안함 희생자들을 낸 살인 원흉이다

△ 천안함 폭침은 꾸며낸 소설같은 이야기다

△ 이명박이야말로 천안함 희생자들을 낸 살인 원흉이다

△ 천안함사건은 단순한 '사건'이 아니라 수구세력이 '사건화'한 것이다

△ 수구 신문들이 천안함 침몰의 원인을 북한의 공격에 의한 것이라고 선동한다

■ 세월호사고 다시 고개드는 '고의 침몰' 음모론

세월호 참사는 2019년 4월 16일로 5주기를 맞았지만 특정 세력이 고의로 배를 침몰시켰다는 고의 침몰설 등 근거없는 음모론은 끊이지 않고 있다.

tbs FM 라디오 '김어준의 뉴스공장' 프로그램을 진행하고 있는 방송인 김어준 씨는 세월호 자동식별장치(AIS)가 조작됐고, 누가 일부러 내려둔 좌현 닻이 해저 지형에 걸려 세월호가 침몰했다고 주장하고 있다. 김 씨는 '커튼 뒤의 사람들' 등 제목을 붙인 2014년 12월 인터넷방송과 자신이 2018년 4월 제작한 영화 '그날, 바다'에서 국가정보원 등 국가기관의 개입이 있었다고 암시했다. 김 씨의 영상 몇몇은 조회 수가 150만 회를 넘겼고 "살인 정권" "고의침몰을 감추기 위해 닻을 잘랐다" 등 댓글이 달렸다.

사회발전시스템연구소 지만원 소장이 주장해온 '북한 침몰 기획설'을 담은 유튜브 영상은 2019년 현재 높은 조회수를 기록하고 있다. 지 대표는 2018년 12월 유튜브 방송에 나와 북한이 잠수함을 이용해 세월호 침몰을 기획했다는 내용을 주장했다. 지 씨는 '세월호 사고는 정교한 北(북) 작전?'이란 인터넷방송에서 "북한이 공작잠수함을 내보냈을 것" "박근혜 전 대통령을 끌어내리기 위한 공작" "누가 계획하지 않은 이상 발생할 수 없다"는 주장을 쏟아냈다. 이 영상에는 "100% 북한이 한 짓" "정밀한 계획" 등 지 씨의 주장에 동조하는 댓글이 줄을 이었다.

세월호 선체조사위원회(선조위) 2019년 8월 6일 서울 중구 선조위 서울사무소에서 기자간담회를 열고 기존에 제시됐던 내력설을 포함해 외력설 가능성을 배제하지 않은 '열린안'을 동시에 채택하는 보고서를 발표했다.

보고서에서 김창준 위원장과 김영모 부위원장, 김철승 위원은 세월호의 무리한 증·개축과 복

원성 훼손, 화물 과적, 급격한 우회전 등이 복합적으로 작용돼 침몰했다는 내용의 내인설을 주장했다. 반면 권영빈 제1소위원장과 이동권 위원, 장범선 위원은 세월호가 잠수함 등 외부 물체와 부딪쳐 침몰한 것으로 추정하는 '열린 안'을 제시했다.

내인설을 제시한 위원들은 "세월호의 복원성 문제로 20도 이상 기우는 횡경사가 발생했다"며 "더불어 세월호에 실린 화물이 제대로 고박되지 않은 탓에 2014년 4월 16일 오전 8시 49분 40초경 급선회를 하면서 세월호가 45도 이상 기울게 됐다"고 분석했다. 이후 수밀문과 맨홀을 통해 바닷물이 들어오면서 오전 10시30분경 세월호의 앞부분만 남겨 둔 채 침수·침몰된 것으로 판단했다.

열린 안을 제시한 위원들은 2019년 1-3월과 6월 네덜란드 해양연구소(마린)에서 실시한 모형실험에서 실험 조건 등이 정확하게 반영되지 않았다며 외력 가능성을 배제할 수 없다고 주장했다.

이들은 "3차 자유 항주모형 시험에서 좌현 핀안정기실과 데크스토어 내부의 대변형과 외부손상으로부터 외력 가능성을 배제할 수 없음을 확인했다"며 "외력으로는 순수하게 선회율만 높일 수 있는 모멘트를 구현할 수 없음을 확인했고 이로부터 외력의 가능성이 작다는 반론도 제기됐다"고 설명했다.

지 씨와 김 씨는 음모의 주체만 바꿔 세월호 침몰 배후를 지목하거나 암시하는 음모론을 펼친 셈이다. 세월호 선조위는 앞서 2018년 8월 펴낸 종합보고서에서는 "세월호의 충돌과 AIS 조작은 없었다"는 결론을 내렸다. 선조위는 "사고 당시 세월호가 외부 물체와 부딪쳤다는 물리적 증거를 찾지 못했다"고 밝힌 것이다. 닻을 이용해 세월호를 침몰시켰다는 주장과 관련해서도 조사위 관계자는 "닻이 사용된 흔적이 없었다"며 "이러한 내용은 가능성이 너무 낮아 고려 대상도 안 됐다"고 설명했다. 그런데도 2019년 들어 선조위는 세월호 침몰 원인과 관련해 단일한 결론을 내지 못하고 두 개의 결론을 낸 채 1년4개월여 활동을 마무리하고 사건을 새로 구성된 '4·16세월호참사 특별조사위원회'에 넘겼다.

▪ 4대강 개발이 배추값 폭등의 원인이라는 사실왜곡 선동보도

2010년 추석(9월 22일)을 전후하여 사상 유례없는 배추값 폭등 등 채소 가격 상승 원인을 둘러싸고 국내 언론 특히 경향신문, 한겨레신문, 내일신문, 오마이뉴스, 프레시안, 미디어오늘 등은 민주당, 민주노동당 등 야권의원들의 주장을 인용, "4대강 사업에 따른 경작지 감소가 그 원인"이라고 일제히 보도했다. 한나라당은 "실상을 모르는 억지 주장"이라며 반박했고, 관련부처인 농수산식품부와 국토해양부도 적극 해명했다.

　민주당의 박병석 의원은 "배추 한 포기에 1만5천원, 무 하나에 4천원은 감히 상상도 못하던 가격"이라며 "날씨 탓도 있지만 4대강 사업에 따른 채소재배 면적의 급감이 큰 원인"이라고 주장했다. 박 의원은 4대강 사업으로 채소 재배 면적이 20% 가까이 줄었다고 했다.

　민주노동당도 '채소값 폭등의 진실'이라는 자료를 통해 "팔당 유기농단지 18.8㏊에서는 수도권 친환경 농법 채소의 60% 이상, 수도권 시설 채소의 70%를 공급하고, 낙동강 삼락둔치는 부산의 배추·상추 소요량의 30%를 재배하고 있으며 금강 부여보 근처는 전국 방울토마토의 10%, 영산강 둔치는 전국 미나리의 60%를 생산한다"며 "4대강 사업으로 경작지 자체가 줄고 있어 아무리 날씨가 좋아져도 채소값이 내리지는 않을 것"이라고 주장했다.

　민주당은 일부 의원들은 더 나아가 "채소값 폭등으로 김치 없는 대한민국, 김치 못 먹는 대한민국이 되지 않게 4대강 사업을 취소하라"고 요구했다.

　이에 대해 한나라당 안형환 대변인은 채소 값 급등의 근본적인 원인은 "봄철 저온, 여름철 폭염, 잦은 강우 등 이상기온으로 작물 생육 불량, 병충해 피해 등에 의한 것"이라며 "게다가 7월부터 10월까지 출하되고 있는 무나 배추는 강원도 태백·정선 등 고랭지에서 나오는 것으로 4대강 사업 지역과는 거리가 먼 곳들"이라고 4대강 사업과 무관함을 강조했다. 그는 "민주당은 모든 것을 4대강 사업에 연결하려는 이상한 착각에 빠져 있는 것 같다"고 덧붙였다.

　한편 이날 농식품부는 "지난해 7월 행정조사에 따르면 4대강 유역 둔치 내 채소 재배면적은 3천662㏊로, 지난해 전체 채소 재배면적(26만2천995㏊)의 1.4%에 불과해 이들 지역에서의 경작 중단이 채소값에 미치는 영향은 미미하다"고 했다.

　국토부 4대강살리기추진본부도 "4대강 사업에 편입되는 경작지는 6천734㏊로, 전체 농경지(175만8천795㏊)의 0.38%에 불과하고 경작 작물도 벼, 보리, 채소(토마토, 배추, 무, 당근, 상추), 과일(수박, 참외) 등으로 다양해 특정 채소 품목의 가격 폭등을 4대강 사업 탓으로 돌리는 것은 터무니없는 주장"이라고 말했다.

　그러나 좌성향 언론들의 '채소 값 폭등=4대강 탓'이라는 보도는 계속됐다. 일부 매체는 사상 최대의 채소 값 폭등이 4대강 사업 암초로 자리 잡는 모양새가 되고있다면서 정부가 이상기후에 대응하기 위해 추진했던 4대강이 오히려 최근 채소가격 폭등과 지천 홍수와 교각 절단 원인으로 급부상 하면서 인터넷에서도 4대강에 대한 비난이 봇물 터지 듯 나오고 있다고 보도했다. 이들 매체들은 종래 4대강 주변에 야채를 많이 심었지만 4대강 사업으로 재배 면적이 줄어둔 것이 채소값 폭등의 주원인이라고 강조했다.

　하지만 이들 매체의 보도는 사실을 왜곡해도 이만저만 왜곡한 것이 아니었다. 우선 추석을 전후해 출하되는 배추는 거의 100%가 고랭지 배추다. 4대강 유역 둔치에서 재배, 생산되는 배추가 아니다. 4대강 둔치같은 무더운 낮은 지역에서는 8-9월 출하되는 결구 배추가 나올 수가 없다. 2010년은 고랭지 배추라 하더라도 봄철 파종시 저온으로 싹이 제대로 나오지 않은데다 기상이변에 따른 여름철 폭염, 잦은 강우와 폭우로 배추가 제대로 자라지 못해 잎이 녹아내리고 병충해까지 겹쳐 출하량이 약 30%가량 줄어들었기 때문이다. 설사 4대강유역에 추석전후 출하되는 배추를 파종했다고 가정하더라고 줄어든 재배면적이 1.4%에 불과한데다 2010년의 경우 싹이 트자마자 기록적인 폭우와 폭염으로 한 포기의 배추도 생산할 수 없었을 것이라는 게 일반적인 상식이다. 만약 4대강 개발로 파종면적이 줄어들어 배추생산량이 감소해 배추값이 폭등한 것이라면 2011년 이후 지금까지 왜 배추값은 폭등하고 있지 않은지 답변을 내놓아야 할 것이다.

나경원 한나라당 최고위원은 추석연휴가 2010년 9월 30일 야당이 배추값 폭등 원인을 4대강 사업 탓으로 돌리는 것에 대해 '양치기 소년 야당'이라고 비난했다.

나 최고위원은 이날 국회에서 열린 최고위원회의에서 "최근 배추값 폭등은 고랭지 배추가 폭염과 늘어난 강우량 때문에 배추 생산량이 29% 줄었기 때문"이라며 이같이 밝혔다.

그는 "4대강 사업으로 줄어든 면적 중 농작지 면적은 1.4%에 불과하고, 지금 나오는 배추는 이(4대 강변) 지역과 무관하다는 정부의 설명에도 야당은 계속 4대강 때문이라고 주장한다"며 "야당이 이런 주장을 반복하면 야당의 주장에 귀 기울이는 국민은 없다"고 지적했다.

■ 언론중재위, '4대강 유지비 매년 6천억원 든다'는 보도에 오보결정

한겨레신문은 2011년 12월 13일 이명박 정부가 추진해 온 '4대강 정비사업' 공사가 마무리됐지만, 2012년부터는 4대강 사업의 유지·관리 비용으로 매년 6천억원 이상 필요한 것으로 나타나 4대강 사업이 국민의 혈세를 쏟아부어야 하는 '밑 빠진 독'으로 전락할 것이라는 우려가 현실화되고 있다고 보도했다.

한겨레는 국회 예산결산특별위원회 민주당 간사인 강기정 의원이 확보한 국토연구원의 '국가하천 유지관리방안' 연구용역 보고서를 보면 4대강 유지를 위해 매년 6천 126억원이 필요한 것으로 집계됐으며 이는 정부가 2012년 4대강 관리비용으로 신청한 예산 1천 997억원보다 3배 이상 많은 수치라고 보도했다. 한겨레는 12월 14일에는 사설에서도 4대강사업 유지·관리 비용으로 연간 6천억원이라는 국민 혈세가 들어가게됐다는 취지의 보도를 했다.

그러나 한겨레의 이같은 보도는 4대강추진본부로부터 국토연구원의 자료를 왜곡한 명백한 오보라는 비판을 받았다. 4대강추진본부는 한겨레의 보도가 오보라는 이유로 언론중재위원회에 정정신청을 제기했고 이에따라 한겨레는 그해 12월 31일 중재위의 조정에 따라 '알려드립니다'라는 제목으로 사실상 정정보도를 냈다.

〈[알려드립니다] '4대강 유지비 매년 6천억원' 기사·사설에 대해〉
〈 '4대강 유지비 매년 6천억원' 및 '4대강 유지·관리 예산에 쏠리는 의혹'(2011년 12월13일치 1면 및 14일치 31면 기사와 사설) 제하로 "내년부터 4대강 유지·관리비용으로 매년 6000억원 이상 필요한 것으로 나타났다"고 보도한 바 있습니다.
그러나 국토연구원 중간용역 보고서에 의하면 연간 6125억원은 국가하천 전체에 대한 유지관리비이며, 이 중 4대강 본류의 일상적인 유지관리비(대수선비 제외)는 1630억원이기에 알려드립니다. 이 보도문은 언론중재위원회의 조정에 따른 것입니다.〉

▪ 문창극 총리후보자의 성경 구절 인용을 친일발언으로 왜곡

KBS는 2014년 6월 11일 저녁 9시 뉴스에서 문창극 총리후보자(당시 서울대 언론정보학부 초빙교수, 전 중앙일보 대기자)가 2011년 봄 서울 서초구의 온누리교회 양재캠퍼스 수요여성예배에서 "일제의 식민 지배와 이어진 남북 분단이 하나님의 뜻이란 취지의 발언을 한 사실이 확인됐다"고 보도했다.

KBS는 당시 문창극 후보자가 "'하나님이 왜 이 나라를 일본한테 식민지로 만들었습니까'라고 우리가 항의할 수 있겠지. 아까 말했듯이 하나님의 뜻이 있는 거야. 너희들은 이조 5백년 허송세월 보낸 민족이다. 너희들은 시련이 필요하다"라고 말한 부분을 전면에 내세워 시청자들의 주목을 끌었다. 직접적인 언급은 없었지만 문 후보가 일본의 식민지배를 정당화시키는 식민사관에 사로잡혀 있는 사람인 것처럼 만든 교묘한 편집이었다.

KBS는 "(하나님이) 남북분단을 만들게 주셨어. 저는 지금 와서 보면 그것도 하나님의 뜻이라고 생각합니다. 그 당시 우리 체질로 봤을 때 한국한테 온전한 독립을 주셨으면 우리는 공산화될 수밖에 없었습니다"라는 발언을 발췌해 문 후보의 남북분단에 대한 인식 역시 보통 사람들과 다르다는 것을 강조했다.

하지만 KBS는 "이완용이가 그 조건을 들고 일본하고 협상을 했는데 얼마나 어리석습니까" 같은 친일과 상반되는 발언들은 거론하지 않았다. 나아가 논란이 될 만한 문장만을 뽑아 짜깁기 보도를 했을 뿐, 문창극 후보가 이같은 발언을 하게 된 앞뒤 사정은 일절 언급하지 않았다.

이 강연은 문창극 후보자가 총리 후보자로 지명되기 전, 교회 장로의 자격으로 신도들에게 한 것이다. 지극히 기독교적 역사관에 입각해 같은 교회 신도들에게 한 종교 강연에 지나지 않았다.

기독교에선 모든 환난과 고통을 하나님께서 주시는 시련의 과정으로 본다. 문창극 후보의 강연한 내용도 하나님이 주시는 시련을 이야기 한 것이다. 일본의 식민지배와 남북분단을 모두 '하나님의 뜻'(Will of the God)이라고 말한 것도 기독교적 사관을 그대로 전달한 것에 지나지 않는다.

실제로 문창극 후보자의 강연 전문이 공개된 후 인터넷상에선 "문창극 후보자의 강연 내용은 우리 민족이 일제식민지가 돼야한다는 뜻이 아니라 민족의 고난을 발전의 기회로 삼아야 한다는 것이었다"며 "KBS가 앞뒤 문맥을 다 자르고 특정 발언만 들춰내 악의적인 편집을 했다"라는 글들이 쇄도했다.

하지만 KBS의 이같은 보도로 문창극 후보자는 청문회에서 해명의 기회도 갖지 못하고 6월 24일 자진 사퇴 형식으로 낙마했다. 방송통신심의위원회는 2015년 9월, KBS의 해당 보도에 대한 중징계 예상을 깨고 '권고' 처분을 내렸다. 권고는 '향후 제작에 유의하라'는 내용의 공문발송에 그치는 경징계로, 심의 과정에서 야권 추천 위원들의 거센 반발이 작용했다는 의혹을 받았다.

교회 강연 짜깁기 영상으로 문창극 후보자를 '친일' 논란에 휩싸이게 만들어 명예훼손혐의로 기소된 KBS 홍성희 기자는 2015년 12월 29일 검찰로부터 '무혐의' 처분을 받아 논란이 일었다.

<KBS 보도 전문>
<앵커 멘트
시청자 여러분, 안녕하십니까?
6월 11일, KBS 9시 뉴스입니다.
오늘 9시 뉴스는 문창극 국무총리 후보자에 대한 검증 보도로 시작합니다.
교회 장로인 문창극 후보자가 교회 강연에서 일제의 식민 지배와 이어진 남북 분단이 하나님의 뜻이란 취지의 발언을 한 사실이 확인됐습니다.
문 후보자의 역사 인식을 엿볼 수 있는 강연인데 파문이 예상됩니다.
홍성희 기자가 단독 보도합니다.

<리포트>
지난 2011년 자신이 장로로 있는 교회에서 특강에 나선 문창극 총리 후보자,
근현대 역사가 주된 주제입니다.
<녹취> 문창극(총리 후보자) : "하나님은 왜 이 나라를 일본한테 식민지로 만들었습니까, 라고 우리가 항의할 수 있겠지, 속으로. 아까 말했듯이 하나님의 뜻이 있는 거야. 너희들은 이조 5백년 허송세월 보낸 민족이다. 너희들은 시련이 필요하다."
님북 분단 역시 하나님의 뜻이었다고 말합니다.
<녹취> "(하나님이)남북분단을 만들게 주셨어. 저는 지금와서 보면 그것도 하나님의 뜻이라고 생각합니다. 그 당시 우리 체질로 봤을 때 한국한테 온전한 독립을 주셨으면 우리는 공산화될 수밖에 없었습니다."
또 다른 강연에선 전직 대통령이 공식 사과한 '제주 4.3사건'을 폭동으로 규정했습니다.
<녹취> 문창극(총리 후보자/2012년) : "제주도 4.3 폭동사태라는 게 있어서.. 공산주의자들이 거기서(제주도) 반란을 일으켰어요."
일본이 이웃인 건 지정학적 축복이라고도 말합니다.
<녹취> 문창극(총리 후보자/2012년) : "일본으로부터 기술을 받아와가지고 경제개발할 수 있었던 거예요, 지금 우리보다 일본이 점점 사그라지잖아요. 그럼 일본의 지정학이 아주 축복의 지정학으로 하느님께서 만들어 주시는 거란 말이에요."
문 후보자는 지난 1993년 서울대 정치학과에서 한미 관계 등 국제관계를 전공해 박사학위를 받기도 했습니다.

KBS 뉴스 홍성희입니다.〉

〈문창극 장로의 온누리교회 강연 발췌문〉

〈나라를 위해서 우리가 기도를 왜 해야 하느냐. 우리는 각자 개인을 위해서도 기도하죠. 매일 아침에 우리가 기도하고 끊임없이 기도합니다. 그 가장 큰 이유는 우리가 하나님의 뜻을 알기 위해서 우리는 기도 드리는 것 아니겠습니까. 그러면 나라를 위해서도 같이 기도를 합니다. 왜 기도를 합니까. '우리나라를 향한 하나님의 뜻은 무엇인가' 우리가 알기 위해서 나라를 위해 기도합니다. 기도하면서 하나님이 이 나라를 위해서 무슨 뜻을 가지고 계신가, 우리가 깨달으면, 우리가 그 뜻대로 살 수 있는 삶이 됩니다.

나라라는 것은 무엇인가. 저는 비행기 어떤 때 타면 삼등칸을 많이 타지만, 가끔 비행기 좋은 좌석을 타게 되면, 이등칸을 타면 굉장히 대우가 다릅니다. 그런데 일등칸을 타면 아마 대우가 더 달라질 겁니다. 나라라는 것은, 저는 그런 거라고 생각합니다. 우리가 3등 나라에 있으면 우리는 삼등칸에 타고 있는 승객입니다. 우리가 만약 1등 나라에 있으면 우리는 일등칸에 타고 있는 승객이 되는 겁니다.

여러분 일등칸을 타게 되면 서비스도 훨씬 좋고, 얼마나 안락합니까. 우리가 만약 1등 나라를 만든다면, 우리가 1등의 나라 안에서 저희가 개개인의 삶의 고통과 삶의 고민을 3등 나라보다는 덜 겪을 수 있기 때문에 우리가, 나라가 좋은 나라가 되어야 한다. 나라가 복 받은 나라가 되어야 한다. 하는 기도를 우리가 하는 겁니다. 하나님이 그러면, 한국이라는 나라를, 왜 왜 한국이라는 나라를 탄생시켜서, 한국이라는 나라를 무엇에 쓰려고 그러는가, 하는 것이 우리의 제일 먼저 기도의 방향이 되어야 할 것 같습니다. 그 뜻을 알아야, 우리가 하나님의 뜻이 우리 한국에 대해서 이런 것이기 때문에 우리가 이렇게 기도를 드려야 되겠다. 이렇게 말할 수 있을 것 같습니다.

그러면 하나님의 뜻은 어떻게 알 수 있습니까. 기도를 통해서 알 수 있습니다. 기도를 통해서 우리가 하나님이 우리에게 주시는 뜻이 있습니다. 우리가 과거를 돌아봄으로 해서, 과거에서 우리가 하나님의 뜻을 발견해 볼 수 있습니다. 한국 역사에서 우리가 과거를 돌아보면, 과거에서 지금까지 지내 온 상황을 보면, '아, 대한민국에 대한 하나님의 뜻은, 이런 것이구나' 하는 걸 우리가 어렴풋이나마 깨달을 수 있을 것입니다. 그래서 말씀을 드리려는 것은, 과거를 돌아보면서, '그러면 하나님은 대한민국에 무슨 뜻을 가지고 있는가' 하는 것을 제 나름대로 한번 찾아보려고 이 자리에 섰습니다.

우리는 1890년, 그때가 처음 선교사님들이 이 나라에 오실 때입니다. 그 1890년 이조 말기 고종 때, 그 이전에는 사실상 선교사님들이 아주 가끔 왔지만은 사실은 대한민국, 조선에 상륙을 못했습니다. 배를 타고 그냥 돌아가기도 하고, 쇄국정책 때문에. 그때 1890년대 선교사님들이 오면서부터 사실은 우리나라는 하나님을 알게 됐다. 그러니까 1890년 이후부터 지금까지 이 나라가 어떻게 전개됐느냐 하는 걸 훑어보면, 하나님의 뜻을 발견할 수 있으리라 생각합니다.

이 제목을 놓고 제가 생각을 해 봤습니다. 그러면 우리나라는 도대체 어떻게 된 나라인가. 저는 가만히 돌이켜보면, 저는 고비고비마다 굽이굽이마다 하나님의 뜻이 분명히 있었다라는 것을 확인할 수 있었습니다.

우리 민족에게 고난을 주신 것도 하나님의 뜻입니다. 우리 민족을 단련시키기 위해 고난을 주신 겁니다. 고난을 주신 다음에 또 우리에게 하나님은 길을 열어 주십니다. 매번 길을 열어 주셨습니다. 중요 중요 시기마다. 그러면 길을 왜 열어 주셨느냐, 우리 민족을, 이 나라를 써야 될 일이 있기 때문에 길을 열어 준 것입니다. 그런 것을 보면 우리나라라는 것은 지금까지 오면서 그 굽이굽이마다 시련과 도전을 받았지만 그것이 또 하나의 기회가 됐습니다. 그것이 기회가 돼서 지금 이 나라가 왔습니다.

먼저 조선말 풍경을 제가 하나 말씀드리겠습니다. 왜냐, 그 당시 조선이 어떻게 됐느냐, 도대체 어떤 나라였느냐, 여러분이 막연하게 알고 있을 것 같아서. 제가 책을 찾아서 조선말의 풍경에 대해서 한두 가지만 먼저 알려드리겠습니다.

1832년에 영국 상선, 암허스트호라는 배가 우리나라 몽금포, 황해도 서해에 왔습니다. 그때 거기에 선교사가 동승했습니다. 독일 개신교 선교사였습니다. 1832년이니까 순조 31년입니다. 이 사람 이름은 귀츨라프입니다. 이 사람이 조선을 어떻게 봤냐, 자기가 국경에 가서 보호소를 내는데 조선에 대한 현실을 이렇게 썼습니다.--(중략)--

민비라는 사람도 백성을 섬기는 거에는 관심이 없어요. 전부 미신 섬기는 것, 그래 덕수궁 자리, 경기여고 자리가 경운궁이었거든요. 러시아에서 아관파천을 하고 경운궁으로 옮겼어요. 고종이 1907년 이때쯤. 근데 그 즈음, 1900년대에 덕수궁하고 경운궁, 그러니까 지금 시청 부근이죠. 시청 부근에는 전부 다 점쟁이하고 무당들이 그렇게 들끓었대요. 왕이 점쟁이하고 무당을 좋아하니까, 전부다 점쟁이하고 무당만 있는 거야. 백성들은 그 사람들 먹여 살리느라 세금 내야 하고. 이 사람들은 나라에 대한 걱정이 전혀 없었습니다. 그럼 뭐만 있었냐. "왕과 왕비, 세자만 안전하다면, 무슨 일이 일어나더라도 상관이 없다." 이것이 민비의 자세였다는 거예요. 제가 책을 읽어 보니까, 그 당시 민비라는 사람 죽고 나서, 또 고종이랑 그 다음에 엄비 뭐 이런 사람들이 그 다음 대신을 했는데, 얼마나 나라에 대해서 무책임하냐면 '일본한테 나라를 팔아먹어도 좋다, 일본이 우리를 합병해도 좋다. 단, 우리 왕실, 이 씨 왕실만 살려 달라.' 그게 조건이었어요. 1910년 한일 합방할 때, 가장 큰 조건, 이완용이가 그 조건을 들고 일본을 들고 협상을 했어요.

그러니까, 이 얼마나 어리석습니까, 나라가 없어지는데, 조선이라는 나라가 없어지면, 조선의 국왕이라는 것 조선의 대신이라는 것 이거 다 없어지는 거거든요. 그런데 그런 걸 모르는 거야. 나라, 조선, 너희들한테 바칠 텐데, 이 씨 왕조만 살려 달라, 이 씨 왕실만 살려 달라, 그러면 나라를 다 너희에게 바치겠다. 그래서 갖다 바친 거예요. 사실. 그렇게 우리가 무능하고, 그런 나라에서 100년 전, 이게 오래된 얘기가 아니에요. 100년 전에 그런 나라였습니다.

이런 나라에 들어온 게 뭐였냐, 선교사를 통해서 우리 기독교가 들어온 거예요. 그때 기독교가 들어왔어요. 선교사님을 통해서. 이승만 대통령 전기 같은 걸 읽어보면 그런 게 잘 나타나 있어요.〉

세계의 조롱거리가 된
광우병 허위·오역 보도

▪ MBC PD수첩의 광우병 허위·왜곡·과장·오역 보도

세계 최대의 인터넷 검색 포털인 구글(Google)의 검색창에 'PD수첩 광우병 허위보도'를 쳐 넣으면 관련 글이 1만 2천 400개라고 뜬다. 또 'PD수첩 광우병 왜곡보도'를 쳐 넣으면 1만 7천 400개, 'PD수첩 광우병 과장보도'를 쳐 넣으면 9천 100개, 'PD수첩 광우병 오역보도'를 쳐 넣으면 6천 550개 관련 글이 있다고 뜬다.[26] 이런 글들은 MBC PD수첩의 보도내용이 허위·왜곡·과장·오역에서 자유로울 수 없다는 것을 말해 주는 것이다.[27]

〈PD수첩의 아레사 빈슨 사인(死因) 방영 내용과 관련해 오역논란이 된 부분〉
- 아레사 빈슨 모친의 발언 "I could not understand how my daughter could possibly have contracted the possible human form of mad cow disease"에서 'could possibly have → 걸렸을지도 모르는'을 '걸렸던'으로 표현
- 'doctors suspect → 의사들은 (걸렸을지도 모른다고) 의심한다'를 '의사들은 … 걸렸다고 합니다'로 자막 처리
- 아레사 빈슨 모친의 발언 "The results had come in from MRI and it appeared that our daughter could possibly have CJD → MRI 결과가 나왔는데 우리 딸이 CJD에 걸렸을지도 모른다는 것입니다."에서 'CJD'를 'vCJD'로 자막 처리
- 아레사 빈슨 모친의 발언 "if she contracted it → 내 딸이 만일 걸렸다면"을 '어떻게 그 병에 걸렸는지'로 표현
- 미국 보건 당국자의 발언 "Right now I don't have any answer → 지금 당장은 어떤 해답도 없네요."를 "지금 (인간광우병으로) 결론이 나온게 아니기 때문에 따로 말씀드릴 게 없네요"라고 자막 처리.〉

---

26) 검색일자(2019. 9. 9)

27) 오역 등 오류투성이의 보도를 영어로 false report, incorrect report, inaccurate report라고 한다. 그리고 의도(intention)가 개입된 보도를 'distorted report'(왜곡보도), 'fraudulent report'(사기보도), fabricated report, cooked-up report, invented story(이상 날조보도)라고도 한다. 이밖에도 'exaggerated report'(과장보도), 'unfair report'(불공정 보도), 'unbelievable report'(신뢰할 수 없는 보도), inappropriate report(부적절한 보도), defective report(흠결이 있는 보도)라는 말도 있다. 이처럼 사실(fact)에 입각하지 않은 보도들은 우리 사회에 온갖 '헛소문'(groundless story)이나 '괴담'(ghost story), '유언비어'(rumor)를 양산함으로써 불신과 갈등을 조장하기도 한다. 그래서 그런 보도를 총체적으로 '사실을 오도하는 보도'(misleading report)라고 한다.

〈방송통신심의위원회가 지적한 PD수첩의 6가지 영어오역〉

영어원문
"I think a large percentage of population didn't even realize that dairy cows were slaughtered."

PD수첩 자막	방통심의위 판단
"아마 대부분의 사람들이 심지어 이런 소가 도축됐다고 생각하지 못할 거예요."	'젖소'(dairy cows)를 '이런 소'로 표시해 앞선 화면에서 나타난 주저앉는 소 또는 광우병의심 소를 의미하도록 해 원래 의미와 큰 차이가 생김.

"this disease that my daughter could possibly have······."

"우리 딸이 걸렸던 병에······"	'걸렸을지도 모르는 (could possibly have)병'을 '걸렸던 병'이라고 단정적으로 표시.

"Doctors suspect Aretha has variant Creutzfeldt-Jakob Disease or vCJD······"

"의사들에 따르면 아레사가 vCJD라는 변종 크로이츠펠트야코프병에 걸렸다고 합니다."	"의사들이 vCJD발병을 의심하고 있다""는 취지의 내용이었는데도 vCJD에 걸렸다고 합니다"라고 표시한 것은 미국 방송사의 화면을 인용하여 미국 의사들도 아레사 빈슨이 마치 인간광우병에 걸렸던 것처럼 단정적으로 방송함.

"The results had come in from the MRI and it appear that our daughter could possibly CJD."

"MRI검사 결과 아레사가 vCJD(인간광우병)일 가능성이 있다고 하더군요."	CJD를 vCJD(인간광우병)로 표기함.

"If she contracted, how did, how did she······"

"아레사가 어떻게 인간광우병에 걸렸는지 모르겠어요······"	빈슨의 어머니는 ""만약 그녀가 병에 걸렸었다면······"이라고 가정해 말하고 있으나, 마치 빈슨이 인간광우병에 걸렸던 것처럼 단정적으로 방송.

"When the employees who were charged with animal cruelty were asked, they said that their supervisors told us to do this."

"현장책임자에게 왜(광우병 의심소를 억지로 일으켜 도살하냐고)물었더니······"	원문은 "동물학대 혐의를 받고 있는 인부들에게 물었더니 관리자가 이렇게 하라고 해서······"라는 뜻임. 동물학대에 관한 인터뷰 질문 내용에 대한 답변을 마치 광우병 관련 질의에 대한 응답인 것으로 시청자를 오인케 함.

△ 출처: 동아일보(2008년 7월 18일) 재인용

2008년 4월 29일 방송된 MBC TV PD수첩의 '긴급취재! 미국산 쇠고기, 광우병에서 안전한가?' 편이 오역 등으로 광우병 위험을 과장 또는 오도(misleading)함으로써 '광우병 촛불시위'를 격화시켰다는 주장은 그동안 수없이 제기됐다. PD수첩은 광우병 파동 당시 무려 30여 곳에 오역과 조작을 했다는 사실이 검찰 수사 결과 드러나기도 했다. 심각한 오역이라고 지적된 대목은 "The results had come in from the MRI and it appear that our daughter could possibly CJD."(MRI검사 결과 우리딸(아레사)이 '크로이츠펠트야콥병'(CJD)일 가능성이 있다고 하더군요."이라는 문장. 그러나 'PD수첩'은 광우병과는 무관한 CJD를 vCJD(인간광우병)으로 오역, 화면에 내보냈다는 지적을 받았다. 광우병은 영어로 BSE(bovine spongiform encephalopathy, 비공식적으로는 mad cow disease), 인간광우병은 vCJD(variant Creutzfeldt-Jakob Disease)로 부른다. CJD와 vCJD는 전혀 다른 병이다. 예컨대 감기, 조류인플루엔자, 소아마비, 에이즈(AIDS)의 병원체가 모두 바이러스 이지만 이들 질병이 각각 하늘과 땅 차이만큼 다른 것과 같다. 이런 오역으로, 광우병에 대해 부정확한 정보가 대량 유포됐고, 상당수 언론이 이를 확대 재생산하여, 촛불 폭력 시위를 격화시켰다. 검찰이 2009년 6월 18일 발표한 'PD수첩 사건 수사결과'에 따르면 PD수첩은 인터뷰 내용의 오역과 생략, 객관적 사실 왜곡, 무리한 단정, 교묘한 화면편집 등을 통해 인간 광우병의 위험성을 부풀렸다며 사법처리 대상이 된다는 것이었다. PD수첩의 오역, 오보로 촉발된 광우병 촛불시위로 약 100일간 서울의 도심이 사실상 '무법천지'로 변했고 이로 인한 손해 등 사회적 비용도 4조원에 육박했다는 연구보고서도 있다.

대법원 2부(재판장 이상훈 대법관)는 2011년 9월 2일 PD수첩 보도와 관련한 형사 상고심에서 PD수첩 제작진들의 정운천 농림수산식품부장관에 대한 명예훼손, 업무방해 혐의에 대해서는 원심(항소심)처럼 형사처벌 대상이 아니라고 무죄를 선고하면서도 ① '다우너 소'가 광우병에 걸렸다는 부분, ②미국인 아레사 빈슨의 사망 원인이 광우병이란 부분, ③한국인의 MM형 유전자가 광우병 발병에 취약하다는 등 주요 3가지 대목에서 허위 사실이 인정된다고 판결했다.

대법원 전원합의체(재판장 이용훈 대법원장)도 이날 PD수첩의 정정·반론보도책임을 따진 민사 상고심에서 당초 5가지 대목에 대해 정정·반론보도를 하라고 했던 항소심 판결을 깨고, 3가지만 정정보도하라며 사건을 서울고법으로 되돌려 보냈다. 대법원이 PD수첩의 오역 등 허위보도를 인정하면서도 형사처벌을 면제한 이유는 ①보도내용이 정부정책에 관한 것이고 ②정운천 장관에 대한 악의적인 공격이 아니라는 것이다.

MBC는 9월 5일 대법원의 판결과 관련해 사과문을 발표했다. MBC가 PD수첩의 관련 보도에 대해 시청자 사과문을 낸 적은 있지만 법원 판결과 관련해 공식 사과문을 발표한 것은 처음이다.

한국인 감염률 95%
에이즈보다 무서운 광우병 감염경로

광우병 소 → 육류용 절삭기/칼 → 프리온 감염 → 정상 돼지/소/닭

가공

설렁탕 햄버거 라면스프
젤리 스테이크 갈비탕
쇠고기무국 육포 떡갈비

알약캡슐

화장품

소고기조미료 / 돈가스소스 / 소시지 / 추어탕 / 떡볶이와 오뎅국물
과자(과자에 뿌려지는 분말형태의 양념 시즈닝) / 피자 / 비빔밥
샤브샤브 / 소불고기 / 볶음밥 / 쇠고기카레 / 떡국 / 미역국
쇠고기잡채 / 쇠고기 죽 / 쇠고기 편채 / 쇠고기 무국 / 탈지분유
쇠고기 김밥 / 소뼈음식 / 우유를 포함한 유제품 / 마시멜로(초코파이) 팥빙수

광우병 위험음식 外 생리대 / 기저귀 / 주방세제 / 샴푸 / 비누
개사료 / 상수도 오염시 수돗물로도 감염가능

광우병 감염 → 1차감염
타액 → 2차감염

광우병전달

의료기구
수술 / 장기기증 / 헌혈
3차감염 4차감염

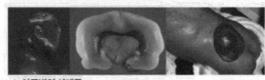
▲ 야곱병의 사례들

1차 2차 3차 ... N차 감염

1~100세 까지 나이제한 없이 감염되며 모두 사망

1. 미국인 감염 확률 38%, **한국인 감염 확률 95%** (광우병에 취약한 MM유전자 한국인 95% 보유)
2. 좁쌀만한 크기의 고기로도 감염됨. (세균이나 바이러스가 아님)
3. 600도가 넘는 온도에서도, 포르말린에도 죽지 않으며, 땅에 묻어도, 방사선이나 자외선에도 **제거 안됨.**
4. **치사율 100%** (부검시 사용된 의료기구는 감염에 의해 모두 폐기처분)
5. **감염증세 : 없.음.** (발병 전까지 전혀 인지하지 못함)
6. 감염 후 5-40년 뒤에 증세 시작, 발병 후 4개월~1년 이내 사망.
(발병 시 비명과 실웃음 반복, 언어기능 상실, 식사기능 상실하나 본인 상태 인지 못한 채로 사망)
7. **치료제 없음 / 예방제 전혀 없음**

MBC는 이날 발표한 사고(社告)에서 "2008년 4월 29일 방송된 PD수첩 '긴급취재! 미국산 쇠고기, 과연 광우병에서 안전한가' 보도와 관련출처: http://lovedonald.egloos.com/m/520209

이에 대해 대법원이 형사상 명예훼손에 대해 무죄 판결을 내렸지만 보도의 주요 내용은 허위라고 판시해 진실 보도를 생명으로 하는 언론사로서 책임을 통감한다"고 발표했다. 이어 MBC는 "문화방송이 잘못된 정보를 제공한 것은 어떤 이유로도 합리화될 수 없으며 당시 문화방송의 잘못된 정보가 국민의 정확한 판단을 흐리게 해 혼란과 갈등을 야기했다는 지적도 겸허하게 받아들인다"고 밝혔다.

MBC는 "PD수첩의 기획 의도가 정당하다고 해도 프로그램을 지탱하는 핵심 쟁점들이 허위 사실이었다면 그 프로그램은 공정성과 객관성은 물론이고 정당성도 상실하게 된다"고 덧붙였다. MBC는 취재 과정에서 드러난 문제점을 점검하고 바로잡겠다면서 △ 취재 제작 가이드라인을 철저히 준수하고 △ 시의성을 빌미로 부실한 취재를 합리화하던 관행에서 벗어나며 △ 시사 프로에 대한 심의 등 내부 시스템을 재점검하겠다고 밝혔다.

MBC는 이날 오후 9시 메인 뉴스 프로그램인 '뉴스 데스크' 시작 전에 같은 내용의 사과 방송을 내보낸 데 이어 '뉴스 데스크' 머리기사로 자사가 공식 사과문을 발표한 사실을 보도했다. 이어 PD수첩 광우병 보도가 일으킨 파장을 돌아본 뒤 대법원의 판결에 대해 "언론의 자유는 누리되 책임을 소홀히 하지 말라는 경고, 숙명적인 과제"라고 보도했다.

앞서 MBC는 2008년 8월 12일 밤 '뉴스 데스크'를 통해 PD수첩이 ①미국의 동물학

대 동영상과 광우병 의심환자 사망소식을 다루면서 여섯 가지나 오역을 했으며 ② 주저앉은 소를 '광우병 걸린 소'로 단정했고 ③ '한국인의 인간광우병 발병 확률이 94%'라고 오도한 것 ④ 사회적 쟁점이나 이해관계가 첨예하게 대립되는 사안을 다루면서 미국의 도축시스템, 도축장 실태, 캐나다 소 수입, 사료통제 정책 등에 대해 일방의 견해만 방송한 것은 잘못이었다며 공개 사과했다.

그러나 MBC PD수첩 광우병 편을 제작한 조능희 PD등 제작진 5명은 그들에 대한

명예훼손혐의가 무죄로 판결됨에 따라 2012년 6월 14일 수사검사 5명과 중앙일보를 상대로 손해배상 소송을 제기했다. PD수첩 제작진은 아레사 빈슨 유족이 제기한 의료소송 소장에는 "빈슨은 흔히 광우병이라 불리는 vCJD진단을 받았다"고 명시돼 있었으나 검찰이 광우병과는 무관한 CJD로 쓰여 있다고 흘렸고 중앙일보가 이를 그대로 받아서 PD수첩 제작자들의 명예를 훼손했다고 주장했다. 하지만 이 사건을 심리한 서울 중앙지법 민사 25부(재판장 장준현)은 2013년 9월 4일 "인간 광우병 위험성 여부에 대한 해당 보도는 공익성이 인정된다"며 원고 패소판결을 내렸다.

▪ 기타 광우병 폭력촛불시위를 선동한 한국 방송들의 가짜뉴스 사례들

△ 쇠고기 또는 소가죽을 이용해 만드는 제품은 화장품, 생리대, 기저귀, 젤리, 피자 등 600가지에 달하며 이들 제품을 사용하면 광우병에 전염된다(감염사례가 없고, 과학적 근거도 전혀 없다. 의약품과 화장품에 사용되는 젤라틴이나 콜라겐은 소가죽 등을 이용해서 생산되는 데 여기에는 광우병 원인물질인 변형 프리온이 없다. 동물의 질병과 위생에 관한 권위있는 국제기구인 국제수역사무국(OIE)에서도 이들 제품은 광우병을 옮길 우려가 없는 것으로 인정해 자유롭게 교역될 수 있도록 규정하고 있다)

△ 인간광우병(vCJD)은 광우병 쇠고기를 절단한 칼과 도마를 통해서도 감염된다. 칼과 도마를 수돗물로 씻어도 오염된다(수입되는 미국산 쇠고기는 광우병특정위험물질(SRM)이 제거된 안전한 것으로, 칼과 도마는 물론 수돗물을 통해서 광우병은 전파될 수 없다)

△ 미국 사람들은 대부분 호주나 뉴질랜드 쇠고기를 먹는다(미국에서 생산되는 쇠고기의 95% 정도는 미국내에서 자체 소비되고 약 5% 정도가 수출된다. 미국은 호주나 뉴질랜드 등으로부터 쇠고기를 수입하고 있으나 이들 대부분 중저가 품질로 햄버거 등 가공식품에 사용된다)

△ 미국에서 30개월 이상된 쇠고기는 강아지, 고양이 사료로도 사용하지 않는다(사실이 아니다. 미국인들도 30개월 이상된 쇠고기를 광우병 위험물질 제거 후 먹고 있다. 국제수역사무국에서도 미국과 같이 통제된 위험국가에서 생산된 30개월령 이상 쇠고기는 특정위험물질을 제거하는 경우 안전에 문제가 없다고 밝히고 있다)

△ 미국인이 먹는 쇠고기와 미국이 한국에 수출하는 쇠고기는 다르다(미국인이 먹는 쇠고기와 우리가 수입하는 쇠고기는 같은 품질의 쇠고기이다. 재미교포 250만명, 미국인 3억명이 먹는 것과 똑같은 미국산 쇠고기를 수입한다. 또한 미국인들에게 공급되는 쇠고기와 한국에 수입되는 쇠고기 모두 미국내 도축이나 검사과정에서 엄격한 안전검사를 받게 된다. 수입 쇠고기는 국내에 들어올 때 통관과정에서 철저한 검역과정을 추가로 거치게 된다.

△ 미국내 치매환자가 약 500만명인데 이중 5-13%에 해당하는 25만-65만명이 인간광우병 환자로 추정된다(전혀 과학적 근거 없이 유포되는 낭설이며, 치매와 광우병은 증상이 달라서 병원의 진단과정에서 분명히 구분된다)

△ 살코기만 먹어도 광우병에 걸린다(살코기로는 광우병을 유발하는 변형 프리온이 전파되지 않는다. 인간광우병은 광우병에 걸린 소의 뇌, 척수 등 특정위험물질(SRM)을 먹었을 때 걸리는 것으로 임상증상이 발현되지 않는 건강한 소의 살코기는 안전하다)

△ 프리온은 섭씨 600도 이상의 고열에서도 끄떡없이 견디고 후추알갱이 크기의 1천만분의 1만 먹어도 위험하다(사실이 아니다. 광우병의 원인으로 알려진 변형 프리온은 바이러스나 세균과 같은 병원균이 아니고 단백질이 변형된 것이다. 광우병에 걸린 소라도 변형 프리온은 특정위험물질 부위에만 존재하므로, 해당 부위를 제거하면 안전에 이상이 없다)

△ 한국인 95%가 광우병에 취약한 MM유전자를 가지고 있다(한국인이 유전적으로 광우병에 취약한 유전자를 가지고 있다고 단정할 수 없으며, 특정한 유전자 하나가 인간이 광우병에 걸릴 가능성을 결정하지 않는다는 것이 과학적인 판단이다)

△ 키스, 성분비물, 모기로도 광우병이 전염된다(전혀 근거 없다. 특히 타액이나 성분비물로는 전염이 되지 않는다. 광우병 원인체인 변형프리온은 침으로 배출되지 않는다)

△ 알츠하이머(alzheimer's disease, 치매를 일으키는 가장 흔한 퇴행성 뇌질환) 환자 중 상당수가 실제는 인간광우병(vCJD)환자다

△ 미국에서 잡식성인 밍크를 사육할 때 소와 사슴의 사체를 갈아 만든 사료를 주었는데, 그로 인해 '미친 밍크'가 많이 발견됐다

△ 사냥한 사슴을 즐겨 먹은 사냥꾼이 CJD에 걸렸으며 이 사람과 같은 골프장에서 일했던 사람이 CJD에 걸린 경우가 있다

※아래는 광우병과 인간광우병에 대한 가짜뉴스가 남발하자 한국의사회가 대국민 계몽용으로 만들어 2008년 7월 5일자로 자체 홈페이지에 공개한 글이다.

〈한국의사회 – 광우병 총정리(2008-07-05)〉
제목 : 이제 광우병 대책은 정부에 맡기고 각자의 위치로 돌아갈 때입니다

그동안 촛불을 밝혀 국민의 건강에 대한 열망을 충분히 보여줬습니다.

국민이 걱정하는 것은 소의 광우병(BSE)이 아니라 미국에서 수입된 쇠고기로부터 옮길지 모르는 인간광우병(vCJD)입니다. 미국 소고기를 먹으면 무조건 인간광우병이 발생한다는 괴담을 퍼뜨려 순진한 학생에게 촛불을 들게 만든 일부 정치적 선생들, 의사라는 직업을 내세워 가운을 입고 거리로 나와 국민에게 인간광우병에 대한 막연한 공포심을 확대한 일부 정치적 의사들 그리고 이를 악용하는 정치꾼들의 선동에 더 이상 휘둘려서는 안됩니다.

학생을 거리로 내모는 자들은 더 이상 선생이 아니고, 발생하지도 않은 병을 내세워 국민의 건강을 협박하는 자들은 더 이상 의사가 아닙니다. 침묵하는 대다수 국민의 힘을 모아 더 이상의 혼란에 종지부를 찍고 각자 본연의 위치로 돌아가야 합니다.

이를 위해 인간광우병의 전문가인 의사들이 모인 한국의사회(kdu4doc.org)에서 광우병과 인간광우병에 대해 정리를 해서 알려드립니다.

1. 프리온, CJD, vCJD, BSE, 광우병, 인간광우병 이게 다 뭔가요? 헷갈려요.
♠ 사람이나 동물에는 프리온(prion, 단백질을 뜻하는 protein과 바이러스 입자를 뜻하는 virion의 합성어)이라는 단백질이 정상적으로 존재하는데, 그중에 병원성을 가지게 된 것을 이상형 프리온이라고 하며 이상형 프리온에 의해 중추신경계가 망가지는 프리온질환이 발생합니다.
♠ 사람에게 발생하는 프리온질환
  - CJD (크로이츠펠터-야콥병, Creutzfeldt-Jakob disease) : 저절로 발생
    산발성(sporadic) CJD : 90% 주로 50세 이상에서 발병, 30세 이하는 드뭄
    유전성(inherited) CJD : 5-15%
    의인성(iatrogenic) CJD : CJD 환자의 이식수술 같은 직접적인 접촉에 의해 발생
  - vCJD(variant CJD, 인간광우병) : 동물의 이상형 프리온에 의해 발생. 현재까지 밝혀진 것은 광우병소의 이상형 프리온에 의해 발생돼 '인간광우병'이라고 알려짐.
    광우병의 변형프리온 뿐 아니라 광록병(狂鹿病)의 변형프리온에 의해 발생할 가능성도

배제할 수 없습니다.

  - 쿠루(Kuru, 일명 '웃음병')
  - 기타
♠ 동물에 발생하는 프리온질환
  - 광우병 (BSE, bovine spongiform encephalopathy)
  - 스크래피(scrapie, 震顫病): 양이나 염소에서 발생
  - 광록병(chronic wasting disease, CWD) : 사슴에서 발생
  - 기타
♠ '광우병'은 소의 프리온 질병을 의미하는 것이고, '인간광우병'은 동물의 이상형 프리온 특히 광우병 소에 의해 발생한 vCJD를 의미하는 것입니다. 즉, CJD는 광우병 걸린 소와는 전혀 관계가 없이 인간에게 저절로 발생하는 질환입니다.

2. 그런데 왜 인간광우병이 'vCJD'죠? CJD와 헷갈리잖아요.

♠ CJD는 산발성(sporadic), 유전성(inherited), 의인성(iatrogenic) 세가지로 구분되는데, 산발성 CJD(sCJD)가 가장 많습니다. 1년에 100만명 중 한명꼴로 발생하며, 인간광우병이 발견되기 이전부터 확인된 병입니다.

♠ 1993년 영국에서 이상한 환자들이 발생합니다. CJD와 비슷한 것 같은데, 발생연령이나 임상증상이 좀 달라서 일단 변형된(variant) CJD, 즉 vCJD라 이름을 붙였습니다. 그런데 1996년 영국의 왕립의학회는 vCJD의 원인이 '광우병' 소의 이상형 프리온 섭취라고 발표했습니다. 이러한 이유로 CJD와 달리 발생원인이 동물의 이상형 프리온에 의한 다른 질병임에도 vCJD라는 이름이 탄생한 것입니다.

♠ 다시 한번 말씀드리지만, CJD와 인간광우병(vCJD)은 그 발생원인부터 다른 전혀 별개의 질병입니다.

3. 그럼 지금까지 소광우병과 인간광우병은 얼마나 발생했나요?

(광우병은 소에 걸린 광우병을 의미하지만, 최근 인간광우병과 혼동되는 양상을 보여 그 의미를 명확히 하기 위해 소광우병이라 칭하겠습니다.)

♠ 올해(2008년)까지 확인된 소광우병은 전세계적으로 190,409 마리이며, 인간광우병 환자는 207명입니다. 그중 영국에서 발생한 소광우병은 184,641 마리, 인간광우병 환자는 166명이 발생하여 각각 전세계 발생빈도의 97.0%, 80.2%를 차지하지요.
  그 외에 프랑스는 984마리의 소광우병과 23명의 인간광우병이 발생했고, 아일랜드는

1,618마리의 소광우병과 4명의 인간광우병이 발생했고, 초미의 관심사인 미국의 경우 각각 2마리와 3명이 발생했습니다. 이웃나라 일본은 35마리의 소광우병과 1명의 인간광우병이 발생했습니다.

그러나 많은 나라에서 동물성사료를 중지함으로써 소광우병의 발생은 급격하게 줄어 매년 수만, 수천마리 걸리던 것이 2004년 이후 1,000마리 이하로 줄고, 작년(2007년)에는 세계적으로 141마리만 발생했습니다.

4. 얼마전 캐나다에서 소광우병이 발생했다던데...

♠ 최근 광우병에 대한 관심이 커지면서 그 뉴스 역시 관심을 끌었지요. 그러나 캐나다는 이미 작년에도 3마리의 소광우병이 발생한 걸로 봐서, 사실 그리 놀라운 뉴스는 아닙니다. 광우병의 발생원인에 대해서는 추후 말씀드리겠습니다.

5. 영국이외의 다른 나라에서 발생한 인간광우병 환자는 자기 나라 소고기 먹고 걸렸나요?

♠ 아주 중요한 질문인데, 결론적으로 말해서 거의 대부분 영국소를 먹거나 영국에서 건너온 소를 먹거나, 아니면 영국에서 수입한 사료를 먹인 소를 먹고 걸렸습니다.

총 207명의 인간광우병 환자에서 영국에서 발생한 166명을 뺀 나머지 41명이 다른나라에서 인간광우병에 걸렸습니다. 41명 중 7명이 소광우병이 유행이던 시기에 영국에 머물렀습니다. 그러니까 순수하게 영국을 한번도 가보지 않고 인간광우병에 걸린 사람은 전체의 16%인 34명입니다.

그런데 이 34명도 영국에서 수입한 소를 먹거나 영국에서 수입한 사료를 먹인 소를 먹고 인간광우병이 걸렸으니, 결국 거의 모두 영국과 관련이 있는 것입니다. 그리고 그 발병 역시 영국에서 광우병이 창궐하던 그 시기, 즉 1980년에서 1990년 사이에 발병한 것입니다. 결론적으로 207명의 환자 거의 모두 소광우병이 창궐했던 당시의 영국과 관련이 있습니다. 왜 전부라는 단어를 쓰지 않고 거의 모두라는 단어를 사용했냐면, 일본인 1명의 경우 1990년 24일간 영국에 체류한 적이 있었고, 이것이 직접적인 원인인지는 확실치 않기 때문입니다. 그러나 그 케이스 역시 영국과 관련이 있을 것으로 보고 있습니다.

6. 결국 인간광우병이 거의 모두 영국과 관련이 있네요...아무튼 관심있는 미국, 일본, 캐나다의 인간광우병은 어떻게 된거죠?

♠ 미국에서는 총 3명의 인간광우병 환자가 발생했습니다. 그 중 2명은 영국에서 태어나서 미국으로 이주한 사람들인데, 잠복기를 고려해보니 영국에 있을때 걸린 것으로 판명되었습니

다. 나머지 1명도 사우디아라비아에서 발생한 것인데, 사우디 아라비아는 영국소 수입국입니다. 즉, 미국내에서 순수하게 인간광우병이 발생한 경우는 단 한건도 없습니다. 캐나다에서 단 1명이 발생했는데, 이 사람 역시 광우병 유행기간에 영국에 머물렀던 경력이 있습니다. 일본의 경우 좀 논란의 여지가 있는데요. 51세의 환자인데 영국과의 관련성은 1990년에 단 24일간 영국에 체류한 적이 있었다는 것입니다. 이것이 영국과 관련이 있느냐에 대해서 상당히 논란이 많은데, 아무튼 자기나라에서 걸렸을 가능성이 있기 때문에 일본이 광우병이나 인간광우병에 극도로 예민한 것이 바로 이런 이유입니다.

7. 결국 영국이 문제인데...왜 영국에서 그렇게 많은 소광우병이 발생했나요...?

♠ 일단 연도별로 영국에서 어떤 일이 있었는지를 정리하고 넘어가죠.

1972년 : 육골분사료 사용

1986년 : 소광우병 보고

1988년 : 소에게 동물성사료 중지

1992년 : 인간광우병 환자 발생 시작

♠ 육골분사료를 먹이면서 소광우병이 발생했다는 것이 정설입니다. 어찌보면 소가 소를 먹는 황당한 상황 자체가 소광우병에 이어 인간광우병과 같은 치명적인 질병을 일으킨 원인이 된 것이지요. 그런데 여기에서 이런 의문을 가지게 됩니다. 육골분사료는 영국 뿐 아니라 다른 나라에서도 먹였는데, 왜 다른 나라의 발생빈도는 작은가. 그리고 영국에서 육골분사료를 수입한 나라 역시 영국처럼 많이 발생해야 하는데 왜 적게 발생했는가 말이지요.

정확하게 밝혀지지는 않았지만, 영국에서 많이 키우는 양에 그 원인일 것이라 보고 있죠. 스크래피(양의 프리온 질병)에 걸린 양을 소의 사료로 사용하고, 어떤 이유로 소광우병이 걸려 그 소가 죽으면 사료로 만들어 양에게 먹이고, 그 죽은 양을 다시 사료로 만들어 소에게 먹이는 이러한 재순환구조를 가지면서, 소광우병을 일으키는 변형프리온이 점점 더 강해지며 감염력이 훨씬 커졌다고 추측됩니다. 실제 다른 나라에서도 똑같이 동물성사료를 먹이고 영국의 사료를 수입해서 먹였지만, 양과 같은 다른 개체를 통한 재순환 과정이 없었던 것이 바로 영국처럼 대량발생이 되지 않은 원인이라는 것이지요.

8. 영국에는 그 수많은 소광우병이 있었는데 왜 인간광우병은 166명 밖에 걸리지 않았죠?

♠ 처음 소광우병이 발생했을때 영국정부의 대처는 참으로 미숙했습니다. 양에 걸리는 프리온 질병인 스크래피의 경우 그 양을 사람이 먹어도 아무 탈이 없었기 때문에, 광우병 걸린 소 역시 인체에 아무런 해가 없을 것이라 생각하고 사람들이 먹게끔 내버려 두었습니다. 그러다보니 영국인들은 10년 이상에 걸쳐 광우병걸린 소를 그대로 먹었던 것입니다. 그런 상황을 고

려해본다면 인간광우병 환자가 166명만 발생했다는 것은 오히려 적게 발생한 것일 수도 있습니다. 즉, 인간광우병이 걸리기 위해서는 여러 가지 조건이 동시에 충족되어야 합니다.

9. 인간광우병에 걸리는 그 '조건'이 뭔가요?

1) 어린 나이에 걸립니다.

♠ 광우병에 걸린 소도 그렇고 인간광우병에 걸린 사람도 그렇고 모두 어린 나이에 발병합니다. 인간광우병의 경우 평균 나이는 28세입니다. 이는 광우병을 일으키는 변형프리온이 소장(小腸)의 말단부인 회장(回腸: 위로는 빈창자(空腸)에 이어지고, 아래는 큰창자(大腸)에 이어지는 작은창자의 한 부분)이라는 곳에서 흡수가 되는데, 면역체계가 미숙한 어린 나이일수록 흡수가 더 잘되기 때문입니다.

2) 프리온 MM형에서 걸립니다.

♠ 프리온은 쉽게 얘기해서 MM형, MV형, VV형 세가지가 있습니다. 그런데 변형프리온이 발생했을때 MM형만이 인간광우병을 유발합니다. 그 이유는 뇌의 퇴행을 일으키는 '아밀로이드 플라크(amyloid plaque)'의 형성이 M(methionine, 메티오닌: 황을 함유하는 α-아미노산의 일종)이 있을 때 더 촉진되기 때문인 것으로 보고 있습니다. 실제 영국의 모든 환자들이 MM형입니다. 그러나 영국에서 보다시피 MM형을 가진 사람의 극히 일부만이 인간광우병에 걸렸습니다. 즉, 유전자조건 이외에 다른 조건이 더 필요하다는 것입니다.

3) 대량의 광우병 오염물질이 있어야 합니다.

♠ 영국에서 동물성사료 금지를 하기 전에 영국내의 거의 모든 소가 광우병 물질이 포함된 동물성사료를 먹었을 것입니다. 하지만, 전체가 다 걸린 것은 아니고 일부에서만 소광우병이 발생했습니다. 왜 그럴까요? 바로 광우병물질(변형프리온)의 양이 그 이유입니다. 처음에는 광우병물질이 사료에 소량 들어 있었겠지만, 광우병 소가 늘어나고 이 소들이 도축되어 또 사료로 사용되어 그 양이 점점 많아지면서 연쇄적으로 소광우병이 발생한 것입니다. 그리고 이러한 소를 아무 제한 없이 먹으면서 인간광우병이 발생한 것입니다. 그렇다면 광우병 물질을 먹는다고 다 인간광우병이 걸리느냐? 그렇지는 않습니다. 다음을 보겠습니다.

4) 종간장벽을 넘어야 합니다.

♠ 쿠루(Kuru)라는 질병이 있습니다. 사람에게 걸리는 프리온질병인데, 이는 식인습관이 있는 파푸아뉴기니의 일부 지방에서 발생한 병입니다. 수만명의 사람들 중 2,500명이나 걸린 병입니다. 영국에서 광우병 소를 먹고 인간광우병 걸린 것에 비하면 그 확률이 매우 높습니

다. 그 이유는 사람에서 형성된 변형프리온은 같은 종인 사람에게 쉽게 넘어가고, 반면 광우병 소에서 발생한 변형프리온은 다른 종인 사람에게 잘 넘어가지 않기 때문입니다. 이게 바로 다른 종 사이에 장벽이 있다 해서 '종간장벽'이라 부릅니다.

그렇다면 넘어가지 않으려면 아예 안넘어가지 일부가 넘어가서 인간광우병을 일으키는 이유는 뭘까요? 바로 노출횟수라고 추측됩니다. 광우병소를 많이 먹으면 위험성이 더 커진다는 것입니다.

5) 변형프리온의 감염력이 강력해야 합니다.

♠ 다른 나라와는 달리 많은 양을 사육했던 영국의 경우, 광우병소를 양이 먹고, 그 양을 다른 소가 먹고, 그래서 죽은 소를 다시 다른 양이 먹고... 이런 식으로 동물성사료가 사용되었는데, 문제는 이런 여러 과정의 순환을 통해 광우병을 일으키는 변형프리온이 점점 강해졌다는 것입니다. 이는 이미 여러 과학자들의 여러 실험을 통해서도 확인이 된 사실인데, 처음에는 감염력이 약한 것이 순환을 반복하면서 감염력이 강력하게 바뀐다는 것입니다. 자연의 적자생존이나 그 환경에 맞게 진화되는 진화설이 변형프리온에도 적용이 되나봅니다. 아무튼 인간광우병이 오로지 영국과 관계가 있는 것은 다른 나라는 이러한 순환과정을 거칠만한 상황이 없었기 때문입니다.

6) 특정위험물질을 먹어야 합니다.

♠ 변형프리온이 많이 침착되는 부위를 SRM(특정위험물질, specified risk material)이라 부르는데, 전체 변형프리온의 99.87%가 바로 SRM에 존재합니다. SRM에는 편도, 회장원위부, 뇌, 눈, 척수, 머리뼈, 척주, 등배신경절 등이 있습니다.

광우병 소의 어디를 먹어야 위험한지에 대한 연구도 있는데, 뇌가 64.1%, 척수 25.6%, 등배신경절 3.8%, 회장 3.3%, 삼차신경절 2.6%로 되어있고, 살코기를 포함한 나머지 장기는 거의 감염능이 없습니다. 이래서 어느 국회의원이 광우병 소 먹어도 인간광우병 안걸린다는 다소 애매한 얘기를 했던 것입니다.

사실 이 SRM이라는 개념은 변형프리온이 있다는 가정하의 얘기이지, 변형프리온이 없는 정상 소에서는 소의 뇌와 척수를 직접 먹어도 인체에는 아무 문제가 없습니다. 아이러니하게 우리나라에서 소의 뇌와 척수는 고급음식으로 알려져 미식가들이 즐겨 먹고 있습니다.

7) 결론

♠ 결론적으로 인간광우병이 걸릴 확률을 높이기 위해서는 'MM형'의 유전자를 가지고 있는 '어린나이'의 인간이 '광우병이 창궐하여 발생한 지역의 광우병 소' 또는 '광우병이 창궐한 지역에서 만들어진 동물성사료를 먹은 소의 SRM'을 먹고, 그나마 극히 일부 '종간장벽'을 넘어온 변형프리온 중에 '아주 강력한' 변형프리온을 지속적으로 먹어야 인간광우병에 걸리

게 될 가능성이 있다는 것입니다. 이러한 이유로 우리나라를 포함한 다른 나라에서는 거의 인간광우병이 발생하지 않았고, 더욱이 영국에서조차 166명 정도만 발생한 것입니다.

10. SRM의 30개월 기준은 뭘 의미하나요?

♠ 정부가 추가협상을 통해 30개월 이상 소의 수입을 금지하고 SRM을 제거한 30개월 미만을 수입한다고 했는데, 그래도 여전히 인간광우병 공포는 가라앉지 않고 있습니다. 그렇다면 그 30개월의 의미는 도대체 무엇일까요?

실험을 했습니다. 광우병걸린 소의 뇌 일부를 다른 소에 먹이고 변형프리온이 발견되는 곳을 시간별로 파악했습니다.

6개월 : 회장의 말단 부위

10개월 : 편도

27-30개월 : 뇌

33개월 : 감염성 월등히 증가

즉, 변형프리온을 먹으면 회장에서 흡수되어 뇌와 척수로 이동을 하고 이때 걸리는 시간이 약 30개월 정도입니다. 그러나 광우병에 감염되기 시작하는 시기가 생후 6개월에서 18개월 정도입니다. 그래서 실제 변형프리온이 뇌에서 처음으로 발견될 수 있는 시기는 위 기간에 감염시기를 더한, 즉 최소 33개월에서 길게는 48개월에 나타나는 것입니다. 이러한 이유로 SRM을 나누는 기준을 대략 30개월로 한 것입니다.

♠ 현재의 검사방법으로는 광우병을 일으키는 변형프리온이 일정이상 축적되지 않으면 음성으로 나오고 뇌에 도달하는 속도에 개체착 있어서 고령소가 광우병에 걸렸더라도 음성으로 판단될 수 있다고 추정됩니다. 따라서 전수 검사를 한다고 해서 완전한 안전성을 보장할 수 없습니다. 오히려 30개월 이상 고령의 광우병 증상이 없는 쇠고기를 먹는 것이 안전할 수 있지만 대신 맛이 없어서 그러지는 않고 있습니다.

11. 그래도 미국소 먹으면 인간광우병 걸린다던데?

♠ 위에서 언급한 것 처럼 인간광우병의 걸리기 위해서는, 아니 엄밀하게 말해서 인간광우병에 걸릴 확률이 높은 경우는 'MM형'의 유전자를 가지고 있는 '어린나이'의 인간이 '광우병이 창궐하여 발생한 광우병 소 또는 광우병이 창궐한 지역에서 만들어진 동물성사료를 먹은 소의 SRM'을 먹고, 그나마 극히 일부 '종간장벽'을 넘어온 변형프리온 중에 '아주 강력한 감염력'이 있어야합니다.

확률을 좋아하시는 분들을 위해 확률게임을 해보겠습니다. 혹자는 48억분의 1이라고도 하고, 또 다른 사람은 50경분의 1이라고도 하는데 도대체 어느 정도의 확률로 인간광우병이 걸릴 수 있는지 살펴보겠습니다.

미국에는 현재 1억 두의 소를 사육하고 있습니다. 그 중에 한 마리가 변형프리온에 감염되었다고 가정합시다. (참고로 지금까지 미국에서 발생한 광우병 소는 단 2마리입니다.) 그리고 그 소가 발견이 안되어 도축이 되어 연간 20여만 마리만 수입하는 우리나라에 검역을 통과하고 SRM이 남아 그것을 어린아이가 먹었다고 가정합시다. 사실 이정도의 확률만이라도 몇십억, 몇백억분의 1도 되지 않을테지만, 인간광우병에 걸릴려면 아직도 많은 단계를 거쳐야만 합니다.

그러나 이런 가정을 두고 확률게임을 하는 것 자체가 의미가 없다는 것을 아셨을 것입니다. 지금까지 대부분의 인간광우병은 광우병이 창궐하던 시절의 영국과 관련이 있습니다. 앞서 말한 바와 같이 그런 지역이었기 때문에 강력한 변형프리온이 생긴 것이고 그 감염력이 강력한 변형프리온을 섭취한 극히 일부의 사람에서만 발생한 것이 바로 인간광우병입니다. 즉, 미국에는 그런 변형프리온이 발생할 조건 자체를 가지고 있지 않습니다. 더 이상 확률게임이 의미가 없다는 것입니다.

12. 그래도 미국에서 소광우병이 2건이나 발생했으니 위험한 것 아닌가요?

♠ 인간에서 CJD는 앞서 말한바와 같이 100만명 중의 1명이 자연발생하는 질환입니다. 양의 스크래피 역시 자연발생한 것으로 생각되고 있습니다. 정상적인 프리온이 저절로 변형프리온으로 변화되면서 발생합니다. 소 역시 저절로 변형프리온이 생성될 수 있고, 영국에서 광우병이 창궐한 사건 역시 그 시초의 원인은 저절로 발생한 소광우병으로 보고 있습니다.

따라서 그 빈도가 어떤지는 모르지만, 소를 키우는 모든 나라는 소광우병의 위험이 있는 것입니다. 우리나라 역시 예외는 아닙니다. 다만, 영국처럼 광우병 위험물질이 집적되고 축적될 수 있는 조건이 있느냐가 문제인데, 동물성사료를 금지하고 있는 이상 영국처럼 창궐하지는 않을 것이고 그렇다면 인간광우병의 위험은 극히 낮다고 볼 수 있습니다.

13. 미국 치매환자의 5-13%가 인간광우병이라던 데?

♠ 얼마전 김성훈 전 농림부장관이 '미국 치매환자의 5-13%가 인간광우병'이라는 충격적인 사실을 어느 언론에 기고했습니다. 상당히 충격적인 내용이었고, 우리나라의 광우병 공포에 큰 일조를 한 것이 사실입니다.

그러나 그가 인용한 자료는 예일대와 다른 대학의 자료를 인용한 것으로, 그 연구 내용을 보면 "치매환자의 일부가 sCJD일 가능성이 있다"라는 내용입니다. 앞서 말한 바와 같이

sCJD는 인간에서 100만명의 한명이 저절로 발생하는 병으로 인간광우병인 vCJD와는 전혀 관계없는 별개의 질병입니다.

sCJD와 인간광우병과의 연관성에 대한 연구는 지금도 진행중입니다. 그러나 지금 현재까지 그 어떤 연구도 서로 확실한 연관이 있다는 결론을 못 내고 있습니다. 근본적으로 sCJD는 자체 뇌에서 출발하는 질병이고 인간광우병은 외부에서 오염된 음식물을 섭취해서 들어오는 질병입니다. 당연히 변형프리온 단백질이 발견되는 부위도 다르고 임상양상도 다릅니다.

14. 우리나라는 뼈를 고아먹는 식습관 때문에 발생위험이 높다던 데?

♠ 일단 수십년간 미국에 살면서 한국인의 식습관대로 뼈를 고아먹고 있는 200만명 이상의 재미교포에 인간광우병이 단 한명도 없었다는 사실을 먼저 상기해본다면 그리 크게 문제가 되지 않는다는 것을 알 수 있습니다.

앞서 말한바와 같이 SRM은 변형프리온이 있다는 전제하에 문제가 있는 것이지 정상적인 소에서는 그 소의 뇌나 척수를 직접 먹어도 전혀 문제가 안됩니다.

프리온이 수천도의 높은 열에도 생존하므로 위험하다는 얘기도 있는데, 최근 논문에 의하면 100도의 끓는 물에 20분 정도만 가열하면 광우병의 감염력이 1,000배 정도 감소한다는 보고도 있습니다.

더 중요한 것은 한국인 뿐만 아니라 미국도 뼈를 우려낸 육수(beef stock)를 다양한 요리에 사용하고 있다는 것입니다. 이 육수를 각종 스튜, 수프, 파이, 파스타, 스테이크 소스 등에 사용하고 있습니다. 그러나 영국과 관련없는 인간광우병은 미국인에서 단 한명도 발생하지 않았습니다.

15. 마지막으로 인간광우병을 예방하려면 어떻게 해야 할까요?

♠ 미국 소뿐 아니라 우리 소도 사육단계부터 광우병예방을 위해 감시체계를 요구해야합니다. 만약을 위해서 어린아이에게 뇌나 척수, 내장 등 변형프리온 위험부위를 먹이는 것은 피하는 것이 좋을 것입니다.

vCJD가 동물의 변형프리온에 의해 발생하는 질병이라고 설명했듯이 광우병의 변형프리온 뿐 아니라 광록병의 변형프리온에 의해 발생할 가능성도 배제할 수 없습니다. 이미 사슴뿔에서 변형프리온이 발견된다는 보고가 있는 상황에서, 우리나라처럼 사슴뿔을 녹용이라 해서 약으로 복용하는 나라에서는 어린아이에게 녹용을 사용하는 것은 피해야 할 것입니다.

모양입니다."라고 덧붙였다.

오보로 인한 수난
언론사 정간·폐간·기자 구속

▪ 5.16주체세력의 신당을 '사회노동당'으로 오보한 한국일보 사장등 4명 구속

5.16후인 1961년 11월 28일 한국일보가 필화사건에 휘말린 일이 있었다. 민정이양과 관련하여 혁명주체세력이 새 정당 조직을 추진하고 있는데 그 이름이 영국 노동당과 비슷한 사회노동당(社會勞動黨)이라고 1면에 톱기사로 보도해 문제가 된 것이다.

군정당국은 이 기사가 사실무근이라며 장기영(張基榮)사장 겸 편집국장과 홍유선(洪維善)편집부국장, 김자환(金子煥) 정치부장, 한남희(韓南喜) 정치부기자 등 네 사람을 구속했다. 장기영 사장은 박정희 최고회의 의장을 만나 관용을 바랐으나 아무 소용이 없었다. 한국일보는 29일 1면 머리기사로 '작일보도 본보 사회노동당 운운은 잘못'이라고 정정보도를 내고 12월 2일부터 사흘간 자진휴간하기도 했다.

〈영국 노동당의 정강·정책 채택하고 당명을 사회노동당으로 내정했다〉

〈민정에 집단적으로 참여하기위하여 혁명주체세력과 그 동조자들이 모체가 될 이른바 신당의 당명은 가칭 '사회노동당'으로 내정하고 발기준비를 서두르고 있다.

27일 알려진 바 그동안 정강·정책과 당명 등 발당(發黨)에 필요한 일련의 문안초안을 완료한 혁명주체세력은 정강·정책은 대체로 영국 노동당의 것을 채택하고 당명은 가칭 '사회노동당'으로 내정했다고 하는데, 한때 '재건당' 또는 '신정당' 등의 당명이 입에 오르내렸으나 정강과 정책은 후진성을 탈피한 진보적인 것으로 해야하므로 당명도 그것을 집약해서 표현할 수 있는 '사회노동당'르호 내정했으며 당명에 뚜렷하게 국가목표를 집약적으로 표현하기위해 상당히 부심한 것으로 알려졌다.(한국일보 1961년 11월 28일자 1면)〉

이 기사가 나가자마자 이후락 최고회의 대변인은 "이 기사는 근거없는 것"이라고 부인하면서 "그 취재 경위와 보도 진상을 규명할 것"이라는 담화를 발표했다. 강상욱 공보담당 최고위원도 "이 기사가 반공을 국시의 제1의로 하여 목숨을 걸고 구국혁명을 한 혁명주체세력에 대한 모독이며 국민에게 용공적인 오해를 주기 쉬운 것"이라고 말했다. 박정희 최고회의의장은 28일 오후 이 기사의 취재보도경위를 철저히 조사해서 규명하고 한국일보사에 대해 응분의 조치를 취하라고 지시했다.

▪ 이승만정부, 발췌개헌 해외논평 오보한 합동통신 기자·무전사 등 4명 구속

국내에서도 오역을 이유로 언론인이 구속되는 초유의 사건이 발생했다. 전쟁 중이던 1952년 7월 12일 부산지검은 런던발신 외신을 오역해 국내 각 언론사와 정부기관 등에 송신했다는 이유로 합동통신의 김광섭 편집국 차장과 외신부 기자 2명, 무전사 1명 등 언론인 4명을 구속했다. 이들에게 적용된 당시 법규는 국헌문란선동(형법 제90조 2항)이었다.

사건의 전말은 이렇다. 당시 한국을 방문했던 영국의 로이드(Selwyn Lloyd) 외무부 부장관(副長官)(Minister of State for Foreign Affairs)이 7월 9일(현지시간) 영국 하원(the House of Commons)에서 방한(訪韓)보고를 통해 대한민국 국회에서 통과된 헌법개정안을 'fair compromise'(공정한 타협안)라고 평가했음에도 불구하고 합동통신에서 이를 'fail compromised'로 오독[28], '타협된 실패작'으로 번역한 것이 화근이었다. 이렇게 오독, 오역이 된 이유는 당시 모스 캐스트(Morse Cast)로 입전(入電)된 기사가 '가블'(garble)됐기 때문이다. 가블이란 해외로부터 입전되는 전문(電文)이 오자(誤字), 탈자(脫字)가 심해 '오전'(誤傳)된다는 뜻인데 당시는 '모스 부호'(Morse Code)를 사용해 전문을 보내면 수신처에서 이것을 다시 영어 알파벳으로 풀어 내용을 판독할 수 있었기 때문에 오전 현상이 아주 심했다. 이 때문에 외신부 기자들은 영어문장을 뜯어 맞추느라고 수고가 많았다. 그래도 선임기자들 가운데는 한 두 문장이나 단어 몇 개만 보고도 무슨 의미인지 파악하고 우리말로 번역해 기사를 만들 수 있는 베테랑들이 많았다. 가블이 아주 심할 경우는 AP, UPI, 로이터, AFP 등 해당 뉴스통신사에 재송신을 요청하는 메시지를 보내곤 하지만 분초를 다투는 뉴스의 속성상 마냥 재송신을 요청하고 기다릴 수 만은 없는 상황이 많았다.

합동통신이 펴낸 '合同通信三十年'은 문제의 오역사건에 대해 "7월 9일 밤 수신부 당직 무전사 고인환이 런던발 AFP통신 모스 캐스트를 타이핑한 기사는 중요한 대목에 탈자, 오자가 많아 당직 외신부 기자 노희엽이 기사화 하는데 애를 먹었다. 그 대목을 가까스로 뜯어 맞추었더니 'fail compromised'로 판독할 수 있었다. '타협된 실패작'이라는 뜻으로 풀이되었다. 결국 이 기사 요점을 '발췌개헌안(拔萃改憲案)'이란 것은 상호 의견이 적당히 타협된 실패작'이라고 번역, 편집국 차장 김광섭의 편집을 거쳐 발행되었다. 이튿날 아침 노희엽이 출근해서 다른 외신의 카피를 보니, 'fail compromised'가 아닌 'fair compromise'로 씌어있었다. 정확히 번역하면 '한국국회에

---

28) 'fair compromise'를 'fail compromised'로 오독했다 할지라도 이 역시 문법상 정확한 표현은 아니다. 올바른 표현은 'failed compromise'가 될 것이다.

서 통과된 개헌안은 제(諸)정당간의 공정한 타협의 소산물'이었다. fail의 'l'자 자리 탈자를 'r'로 해야했는데 'l'을 넣은데다 compromise에도 'd'를 덤으로 얹은 것이 실수였다"고 밝히고 있다.[29]

여기서 우리 국회가 통과시킨 발췌개헌안이란 1952년 7월 4일 소위 부산 정치파동속에 처리된 한국 헌법사상 최초의 개헌안을 말한다. 발췌개헌의 골자는 대통령과 부통령의 직선제, 양원제 국회, 국회의 국무원 불신임제, 국무총리의 국무위원 임명제청권 등이다. 그러나 이는 초대 대통령 이승만의 재선과 독재정권의 기반을 굳히기 위하여 정부안의 대통령직선제와 국회안의 내각책임제를 발췌·혼합했다하여 '발췌개헌'으로 명명됐다.

그러나 발췌개헌은 일사부재의(一事不再議)원칙에 위배되고, 공고되지 않은 채 개헌안이 의결되었으며, 토론의 자유가 보장되지 않았고, 의결이 강제되었다는 점에서 위헌적인 것이었다. 7월 4일 경찰과 군인들이 국회의사당을 포위한 가운데 국회의원들은 기립투표방식으로 출석의원 166명 중 찬성 163표, 반대 0표, 기권 3표로 발췌개헌안을 통과시켰다.

로이드 부장관은 1952년 6월 중순 한국을 방문, 전시 임시수도 부산에서 이승만대통령을 예방하고 관계자들로부터 한국전 상황 및 국내정치현안 등을 보고받고 양국 간 외교협력방안을 논의한 바 있다.

합동통신 기사가 오보로 판명되자 당시 장택상(張澤相)국무총리는 7월 11일 대국민 담화에서 "로이드 국무장관(당시 외무부에서 사용한 국무장관이란 명칭은 Minister of State를 직역한 것으로 부장관 또는 차관이 바른 명칭이다)은 대한민국 국회에서 통과된 헌법을 '명랑한 타협안'(당시 정부는 'fair compromise'를 이처럼 번역)이라고 선언했음에도 불구하고 모 통신사에서는 '실패한 타협안'이라고 발표해 국민 민심을 현혹시키는 결과를 초래한데 대해 철저히 규명하겠다"고 밝혔다. 합동통신도 이날 기 송고된 기사 전문을 취소하고 로이드 부장관 관련기사는 오역이라고 발표했다.[30] 구속된 합동통신 직원들은 7일만에 석방됐다.

영국하원 속기록에 보존된 로이드 부장관의 한국관련 발언 부분은 다음과 같다. 로이드 부장관은 헨더슨(Arthur Henderson)의원과 에들만(Maurice Edelman)의원의 질의에 대해 답변하면서 'fair compromise'라고 언급했다.

⟨Political Situation/Oral Answers to Questions—Korea/All Commons debates on 9 Jul 1952⟩

---

29) 合同通信三十年, pp. 96-97.
30) 동아일보, 1952. 5. 12.

〈Mr. A. Henderson asked the Secretary of State for Foreign Affairs[31] if he will make a statement on the present constitutional position in Korea.

Mr. Selwyn Lloyd : Yes, Sir. On 4th July the South Korean National Assembly passed, by 163 votes to nil, with three abstentions, a compromise Constitutional Amendment Bill with the following provisions, among others: a bicameral National Assembly to be elected by popular vote; the President and Vice-President to be elected by direct and secret popular vote for a term of four years; the Prime Minister to be appointed by the President with the consent of the Assembly; the Cabinet to be appointed by the President on the Prime Minister's recommendation, and to be confirmed by a simple majority vote of the National Assembly. I understand that these amendments will come into force at once and that the direct election of the President by popular vote will be held by 14th July.

Mr. Edelman : Is it not a case that these amendments were made under the duress of Mr. Syngman Rhee, and in those circumstances do Her Majesty's Government propose to continue to recognize Syngman Rhee's Government as the properly elected constitutional Government of South Korea?

Mr. Lloyd : I think these proposals represent a fair compromise between the parties, but what we should like to see is that they should be followed up by the removal of martial law and the holding of the trials before civil courts.〉

---

31) Secretary of State for Foreign Affairs'는 'Minister of State for Foreign Affairs'(외무부 副長官)관의 오기로 보인다. 왜냐하면 영국에서 Secretary of State for Foreign Affairs는 외무장관을 말하며 1952년 당시의 외무장관은 앤서니 이든(Anthony Eden, 1955-1957년에는 총리 역임)이기 때문이다. 로이드는 이든 장관아래서 부장관으로 일했다.

■ 김일성을 '빨치산두목' 대신 '지도자'로 보도한 동아일보 간부들 구속

권위주의 정부시절 중앙정보보부 등에서 언론사 번역기사의 '오역'을 문제삼아 해당언론사들이 곤욕을 치르는 경우가 있었다. 박정희 대통령을 '의지의 지도자' 대신 '의지의 사나이'로, 김일성을 '공비두목'아난 '빨치산운동 지도자'로 번역했다하여 문제를 삼았다.

김형욱 부장의 중앙정보부는 1968년 동아일보사의 '신동아' 10월호에 실린 미국 미주리대 조순승 교수의 논문 '북괴와 중소(中蘇) 분열'을 빌미로 12월 3일 김상만 발행인 겸 부사장과 천관우 편집인을 연행했다. 12월 6일에는 홍승면 신동아 주간과 손세일 신동아부 부장을 구속했다. 이들에게 적용된 법규는 오역으로 인한 반공법위반 이었다.[32] 영문을 우리말로 옮기면서 김일성에 해당하는 부분을 '공비 두목'이라 하지 않고 '빨치산운동 지도자'라고 표기했기 때문이었다. 영문의 'communist guerrilla leader'가 문제된 것이다. 동아일보사는 '신동아' 11월호를 통해 남만주 '빨치산 운동 지도자' 김일성은 '공비의 두목'이라는 말의 오역이었다고 정정기사를 게재했다. 동아일보는 이어 12월 7일자 1면에서 "영어 원문 오역으로 독자 여러분에게 크게 심려를 끼쳐 드린 데 대해 충심으로 사과의 뜻을 표합니다"라고 다시 한 번 사과하는 굴욕적인 사고(社告)를 게재해야 했다. 하지만 '빨치산'과 '공비'(共匪)는 둘 다 김일성에게 해당하는 말이기 때문에 문제될 것은 없었다. 문제는 영어 단어 'leader'였다. 이 단어를 '지도자'로 하면 안되고 '두목'으로 해야 한다는 것이 중앙정보부의 유권해석이었다. 그러나 영어 단어 'leader'에는 '지도자'의 뜻이 있는만큼 '지도자'로 번역한 것은 실상 문제될 내용이 아니었다.

당시 언론계에서는 중앙정보부가 김상만 부사장에게 소유 주식을 포기하고 '신동아'를 자진 폐간하라고 압력을 넣었다는 소문까지 나돌았다. 하지만 중앙정보부의 동아일보 언론인들에 대한 연행, 구속은 신동아 12월호에 실린 '차관(借款)의 정치자금 의혹' 기사에 대한 일종의 보복조치 같은 것이었다. '오역사건'이 있은지 3개월이 지난 뒤에 오역을 문제 삼았기 때문이다. 중앙정보부는 '신동아' 12월호가 정부의 차관도입 문제를 심층 분석한 '차관망국론' 기사를 게재하자 홍승면 신동아 논설주간, 손세일 부장, 김진배-박창래 기자를 연행해 조사했다. 유혁인 정치부장도 연행했다. 1959년부터 들여온 차관 12억8천100달러의 명세와 함께 당시로서는 엄청난 규모였던 이 '빚'이 한국 경제에 끼친 공과(功過)를 검토한 내용이었다. 신동아는 차관의 실질적 가치를 냉정히 평가하면서 차관 특혜를 받은 일부 재벌기업의 시장독점으로 인한 폐해, 정치자금과의 상관성을 파헤쳤다. 즉, 지불보증으로 들여오는 외국 빚으로 공장을 세우고 수출을 촉진해 고용

32) 동아일보, '남산의 부장들'(김충식 기자, 1990. 11. 2)

을 늘리며 결과적으로 국민소득을 늘리는 공을 무시할 수는 없지만 문제는 차관이 정치 자금의 파이프라인 역할도 하고 있다는 점에 있다고 지적했다.

중앙정보부는 '차관' 기사만으로는 문제 삼기 어렵다는 판단이 서자, 10월호에 나간 '빨치산운동 지도자' 김일성이란 표현을 문제 삼은 것으로 보였다.

이 과정에서 동아일보사 이사회는 12월 10일 천관우 편집인 겸 주필의 사표를 수리했다. 이에 앞서 9일 홍승면 주간과 손세일 부장은 석방되자마자 해임됐다. 김진배 기자는 출판국으로 자리를 옮겼다. 김상만 부사장도 발행인 직을 내놓아야 했다.

이 사건을 지켜본 최석채 신문편집인협회 회장은 1968년 12월 7일자 '기자협회보'와의 인터뷰에서 신문은 편집인 손에서 떠났다고 토로했다. 더욱 씁쓸한 것은 신동아 사건은 동아일보를 제외하곤 모든 언론 매체들이 단 한 줄도 보도하지 못했다는 점이다. 심지어는 이 사건이 정치 문제화돼 국회에서 논란이 있었는 데도 그 국회 활동상마저도 제대로 보도하지를 못했다.

▪ 박정희대통령 지칭 'tough guy'를 '의지의 사나이'로 번역한 기자에 감봉처분

1960년대 중반 미국 시사주간지 '뉴스위크'는 박정희 장군이 주도한 한국의 '5.16군사혁명'이 성공궤도에 진입하고 있다며 커버 스토리로 한국특집기사를 다뤘다. 박정희 대통령을 'tough guy'로 호칭하면서 그의 단호한 성격이 쿠데타를 성공시켰고 이제 한국에서 혁명적 개혁작업이 사회 모든 분야에서 진행되고 있다고 소개했다. 그런데 당시 동화통신(1973년 경영난으로 폐간) 외신부에서 이 기사를 우리말로 내보내면서 'tough guy'를 '의지의 사나이'로 번역한 것이 화근이 됐다. 기사가 나가자 말자 청와대에서는 동화통신에 전화를 걸어 "무슨 불순한 저의가 있는 게 아니냐"며 경위를 철저히 조사해 기사 작성자를 문책하라는 불호령이 떨어졌다. 뉴스위크는 특집에서 'tough guy'를 긍정적인 의미로 썼음에도 불구, 청와대는 동화통신이 대통령을 시정잡배 수준의 사나이로 격하시켰다고 주장했다. 동화통신에서는 그러면 어떻게 쓰는 것이 옳으냐고 문의한 결과 '의지의 지도자' 또는 '의지의 화신(化身)'정도로 해야 한다는 것이었다. 결국 '의지의 지도자'로 정정기사가 나가고 해당기자 Y씨는 감봉 3개월이라는 중징계를 받아야 했다.[33]

---

33) 조홍래, 외신 데스크위의 세계, 커뮤니케이션북스, 1999, pp. 258-259.

■ 大統領을 '犬統領'(견통령)으로 誤記한 신문에 정간처분, 책임자 구속

교열과정에서의 오탈자 사고로 언론이 홍역을 치룬 적이 빈발했다. 특히 이승만대통령 시절인 1950년대 이런 일이 자주 발생했다. 당시만 해도 기자가 쓴 원고를 채자해서 식자한 뒤 조판하는 방식이라 오탈자가 생길 소지가 많았기 때문이다.

동아일보는 1955년 3월 15일 1면에 실은 2단짜리 기사 '고위층 재가 위해 대기중, 韓美 석유 협정초안'이라는 기사 제목 앞에 '괴뢰'(傀儡)라는 두 활자를 잘못 넣어 고초를 겪었다. '괴뢰 후전 협정 위반을 미(美) 중대시'라는 제목의 기사에 사용하려고 뽑아두었던 것이 잘못 들어갔는데 이를 미처 알아채지 못한 것이다. 기사 제목의 고위층이란 이승만대통령을 지칭하는 것이었다.

인쇄가 시작된 지 10여분 만에 잘못을 알아채고 수정했지만 이미 가판으로 360여부가 나간 뒤였다. 이 실수로 동아일보는 이틀 뒤 정부로부터 무기한 정간처분을 받고 1개월간 신문을 발행하지 못했다. 정부는 17일 공보실장의 기자회견을 통해 "사직 당국의 엄밀한 조사로 그 진상이 밝혀질 것이지만, 국론과 사상통일을 기하여 통일구족(統一求族)의 성업을 완수해야 할 엄숙한 때에, 국가원수를 괴뢰라고 표시하여 배포하였음은 고의의 유무와 수의 다수를 막론하고 방치할 수 없는 반민족적인 중대과오라고 하지 않을 수 없다. 부득이 발간정지 처분의 조처를 취하게 된 것이다."고 밝혔다. 이 사건으로 고재욱 주필 겸 편집국장이 감독책임을 지고 사임했으며 권오철 정리부장과 공무국 직원 2명 등 3명이 구속됐다가 풀려났다.

이 시절 동아일보는 또 이승만 대통령(大統領)을 이승만 견통령(犬統領)으로 보도한 적이 있다. 큰 대(大) 밑에 점이 하나 있으면 클 태(太) 자가 되지만 큰 대(大) 위에 점이 하나 있으면 개 견(犬) 자가 된다. 이 사건으로 오자를 낸 식자공과 백광하 편집부국장, 최호 사회부장이 대통령 모독죄로 구속됐다.

대구매일신문은 1950년 8월 29일 1면 머리기사에서 이 대통령을 李 犬統領(견통령)으로 오식하여 무기정간을 당하고 이상조 사장이 구속됐다. 결국 이상조 사장은 신문에서 손을 뗐고 유해천 주간도 사임했으며 신문은 10월 1일자로 천주교 대구 교구장 최덕홍 주교에게 넘어갔다.

삼남일보는 1953년 7월 11일자 기사제목에, 국민일보는 7월 23일자 기사에서 이대통령을 이 견통령으로 오식해 두 신문 모두 편집국장이 구속됐다. 현 충청일보의 전신으로 1946년 창간됐던 국민일보는 같은 해 11월28일 '한·일(韓日)'을 '일·한(日韓)'으로 표기했다하여 군정법령 제88호에 의해 폐간되기도 했다. 3개월 뒤 제호를 충북신보로 바꿔 속간했고, 1960년 8월15일 영역을 확장하자는 취지에서 충청일보가 됐다. 한국일보도 1956년 3월12일자에 '이승만 大統領'이 '이승만 犬統領'으로 나간 적이 있다. 졸지에 대통령이 '개통령'이 된 것이다. 그뿐 아니다. 이승만 대통령의 성 오얏 '이(李)'자 맨 위에 작대기 하나 더 그으면 막내 '계(季)'자가 되는데 그래서 '계승만 대통령'으로 만들어 실은 신문도 있었다. 이 신문 또한 책임에서 무사하지 못했다.

당시에는 납활자를 쓰던 시대여서 식자과정에서 공무국 직원이 '大'자를 '犬'자로 잘못 채자(採字)하였다는 설과 '大'자 위에 이물질이 끼였다는 설 두 가지가 나돌았다. 이 일로 권력층으로부터 혼쭐났던 신문들은 식자과정에서 한 자 한 자 식자할 경우 유사 사례가 재발할 수 있다는 점을 감안, 아예 大統領이라는 글자를 하나로 묶어 고정활자로 만들어 썼다고 한다.

한편 부산일보는 1954년 11월 1일자에 대통령(大統領)을 대령(大領)으로 오식했다가 이를 정정보도했다. 수사당국은 편집국과 공무국의 간부와 관계자들을 불러 조사한 후 문선공의 단순실수임을 확인하고 문제 삼지 않았다.

박정희 대통령시절에도 '대통령'에서 '통(統)'자가 빠지고 '박정희 대령(大領)'으로 나간 신문이 있었다. 이 신문도 청와대로부터 혼쭐이 난 후 대통령이라는 고정활자를 사용했다고 한다.

▪ 독재자란 뜻의 'strongman'을 '실력자'로 보도한 언론사 간부에 불신임 가결

서방 언론들은 박근혜 대통령을 'Korea's Virgin Queen', 'Korea's Iron Lady'등으로 불러왔다. 외신들은 박대통령이 후보시절 그의 역할모델을 영국의 엘리자베스 1세(Elizabeth I of England, 1533-1603)에서 찾겠다고 한 후부터 여왕의 별칭인 'Virgin Queen'(처녀왕)이란 호칭을 써왔다. 또한 영국의 대처(Margaret Hilda Thatcher) 총리처럼 위기에 강한 지도자라는 의미에서 '한국의 철의 여인'이란 호칭이 붙었다.

하지만 박대통령은 고 박정희 대통령의 딸이란 점에서 논란이 많았다. 미 시사주간지 타임 아시아판은 박대통령이 후보시절이었던 2012년 12월 7일 박후보를 'The Strongman's Daughter'란 제목과 함께 표지인물로 실었다. 이와함께 Park Geun-hye aims to make history as south Korea's first female President. But can she overcome her father's controversial past?'란 부제를 달았다. "박근혜는 한국의 첫 여성 대통령으로서 역사에 등장하려고 한다. 하지만 논쟁을 낳고 있는 그의 아버지의 과거를 극복할 수 있을까?"란 뜻으로 해석된다. 기사는 양친을 흉탄에 잃고도 꿋꿋하게 살아온 박근혜 후보의 비극적인 인생 역정과 정치지도자로서의 역할, 정치철학, 정치적 비전 그리고 그에 대한 정치적 평가 등을 주요내용으로 담았다. 국내에서는 이 기사 제목에 나오는 'strongman'이라는 단어 하나의 해석을 싸고 여야간에, 보수언론과 진보

언론간에 논쟁을 벌이는 집착을 보였다.

　새누리당은 'The Strongman's Daughter'를 '강력한 지도자의 딸'이란 의미로 소개했다. 그러자 야당에서는 'The Strongman's Daughter'가 '독재자의 딸'을 의미한다며 반박했다. 논란이 일고있는 가운데 타임은 7일 저녁 인터넷판 기사제목을 'The Dictator's Daughter'(독재자의 딸)로 변경했다. 이는 'strongman'이 독재자를 지칭한다는 것을 의미하는 것이다.[34]

　'strongman'의 번역 파장은 여기에 그치지 않았다. 연합뉴스 노조원들은 연합뉴스가 2012년 12월 7일 오후 5시50분쯤 출고한 '박근혜, 미국 타임지 최신호 표지모델 등장' 제하 기사에서 'The Strongman's Daugther'를 '실력자의 딸'로 '오역했다'며 이 기사 출고책임자인 정치부장에 대한 불신임 투표를 실시, 가결했다. 언론사에서 정치부장에 대한 불신임이 투표를 통해 이뤄진 것은, 그것도 '오역'을 이유로 가결된 것은 처음있는 일이다.

■ 대통령부인 '이순자 여사'를 '이순자 여시'로 오기하다 혼쭐날 뻔

　박정희 대통령 시해사건이후 국군 보안사령관 출신의 전두환 장군이 대통령으로서 권력을 장악하던 1980년대 초반에 생긴 일화. 당시 한 잡지사 발행인은 대통령 부인 이름 뒤에 통상 붙이는 '여사'라는 단어가 '여우'의 사투리인 '여시'로 잘못 표기돼 나간 사실을 뒤늦게 발견했다. '이순자 여사'가 '이순자 여시'가 된 것이다. 최고 권력자 부인을 간교한 짐승으로 규정한 셈이었다. 다행히 눈 여겨 본 사람이 없어 무사히 넘어갔지만 발견됐더라면 도저히 묵과할 수 없는 사건이었다.

　방송에서도 비슷한 실수가 있었다. '육영수 여사'라는 말을 거듭 반복해서 읽던 아나운서가 말이 꼬였는지 어느 순간엔 '육영사 여수'라고 해버렸다. '여수'는 '여우' 또는 '여자 죄수'라는 사전적 의미가 있다. 당사자는 몇 날 몇 일을 떨어야 했다고 한다.

　2008년 여름 한 텔레비전 방송 자막 뉴스. '이명박 대통령'을 '이멍박 대통령'으로 잘못 표기한 것. 그런데 그 다음에는 '이명박 대통렁'으로 잘못 적어 연발 사고가 났다. '명'이 '멍', '령'이 '렁'으

---

34) 다른 외국 언론들도 박근혜 대통령이 후보시절일 때 그리고 당선했을 때 타임지 처럼 비슷한 표현을 썼다. 예컨대 뉴욕 타임스는 '과거 독재자의 딸'(ex-dictator's daughter), '한국 최장기 집권 독재자의 딸'(daughter of South Korea's longest-ruling dictator)등으로 표현했다. AP통신은 '권위주의 시대 한국의 분열적 군부 독재자의 딸'(daughter of a divisive military strongman from South Korea's authoritarian era) 그리고 로이터와 AFP, Bloomberg통신은 각각 '독재자의 딸'(dictator's daughter)로 불렀다. 이밖에 BBC는 '과거 독재자 박정희의 딸'(daughter of former dictator Park Chung-hee), 포린 폴리시는 '논란 많은 한국 독재자의 상속인'(heir of a controversial South Korean autocrat), 글로브 & 메일은 '냉전시대 한국 독재자의 딸'(daughter of South Korea's Cold War dictator)로 적었다. 하지만 당선이후 거의 모든 외국 언론은 박대통령을 '대한민국의 대통령'(president of Republic of Korea)으로 표현하고 있다.

로 잘못 표기된 것이다.

미국이 전두환 장군을 한국의 새 지도자로 인정하느냐 마느냐를 놓고 외교적으로 매우 미묘했던 시기 한 방송 아나운서는 "미국이 전두환 대통령을 적극 지지할 것으로 보입니다"로 돼 있는 뉴스 원고를 "미국이 전두환 대통령을 적극 저지할 것으로 보입니다"라고 읽은 적이 있다. 아나운서는 즉각 정정을 했지만 '대형사고'를 친 것이다. 당시는 신군부가 각 언론사별로 '문제 언론인' 해직 명단을 작성하고 있을 때였다.

▪ 중국정부도 후진타오 주석, 원자바오 총리 이름 오기한 언론인 징계

외국에서도 국가 최고지도자 이름을 잘못 써 언론인들이 징계를 당하는 등 고초를 겪은 사례가 적지 않다. 중국 공산당 기관지 인민일보는 2010년 12월 30일자 기사에 원자바오 총리 이름 한자 '溫家寶'(온가보)의 '寶'를 '室'로 잘못 썼다. 중국 간자체로는 두 글자가 비슷해 생긴 실수였다. 중국식으로 발음하면 '원자바오'가 '원자스'가 되는 것이다. 인민일보는 기사 마감 후에야 이 사실을 알아채고 바로 잡았지만 기사는 퍼질 대로 퍼진 뒤였다. 이 사건으로 기자 등 관계자 17명이 징계처분을 받았다. 인민일보는 1990년대 중국의 정기국회격인 '全國人民大會'(전국인민대회)를 '全國人民犬會'(전국인민견회)로 보도해 망신을 산 적도 있다. 정기국회를 '개들의 모임'이라고 쓴 셈이다. 이에 앞서 관영 신화통신은 2006년 11월 후진타오(胡錦濤) 국가주석의 '濤(도)'자를 주조한다는 뜻의 '鑄(주)'로 오기해 기사를 내보낸 적이 있다. 신화통신은 이 사건으로 편집자 2명을 징계했다.

후진타오 이후 최고 권력자가 된 시진핑(習近平)도 한 때 '댜오진핑'(近平)으로 언론에 이름이 잘못 표기된 적이 있다. 한자로 '習'(습)자가 간사하다는 의미의 'ㄱ'(조)자로 바뀐 것이다. 2011년 1월 7일자 홍콩신문 명보(明報) 보도에 따르면 중국중앙방송(CCTV)의 인터넷방송인 중국인터넷TV(CNTV, China Network TV)는 2010년 11월 20일 시진핑의 앙골라 공식방문을 보도하면서 시진핑(習近平)을 댜오진핑(ㄱ近平)으로 오기했다. 이밖에도 장쩌민(江澤民) 국가주석은 칭호에서 국(國)자가 빠져 가(家)의 주석, 즉 집안의 책임자가 되어 버린 적도 있다. 또 '택'(澤)자가 '괴'(怪)로 바뀐 적도 있다.

일본에서도 이와 유사한 오기사건이 발생했다. 1980년대 요미우리신문은 메이지 천황을 지칭하는 '明治大帝'를 '明治犬帝'로 잘못 쓴 적이 있다.

▪ 미국 방송사 9.11 테러 배후 인물 Osama를 Obama로 표기

　미국의 폭스TV는 2011년 5월 2일 새벽 9.11 테러의 배후인물 오사마 빈 라덴 사살 속보를 내보내면서 자막에 오사마 빈 라덴을 '오바마 빈 라덴'으로 표기해 화제가 된 적이 있다. 폭스TV는 속보를 쏟아내던 긴급뉴스(Breaking News)에 'REPORTS: OBAMA BIN LADEN DEAD'라는 자막을 내보냈다. 상황이 긴박하다보니 S를 B로 바꿔 쓴 실수일 것이라는 여론이 대세를 이뤘지만 오바마 대통령과 불편한 관계에 있는 폭스TV가 일부러 오타를 냈을 것이라는 분석도 나왔다.

△ '오사마 빈 라덴 사망'을 '오바마 빈 라덴 사망'으로 표기했다(사진=폭스뉴스 화면 캡쳐)

여론조사 믿고 각종 선거서
당선자 오보 사고

▪ 1948년 미 대선 트루먼이 이겼는데도 듀이가 당선됐다고 대형오보

1948년 미국 대통령 선거는 그해 11월 2일에 치러졌다. 이 선거는 미국 역사상 최대의 이변이 일어났던 대선으로, 많은 선거전문가들과 언론은 여론조사 결과를 토대로 현직 대통령인 민주당의 해리 S. 트루먼(Harry S. Truman)후보와 공화당의 토마스 E. 듀이(Thomas E. Dewey)후보가 맞대결한 선거에서 트루먼의 패배를 점치고 있었다. 그래서 선거 익일인 11월 3일자 시카고 데일리 트리뷴(Chicago Daily Tribune)지는 '듀이가 트루먼을 눌렀다'(Dewey Defeats Truman)라는 배너 헤드라인아래 듀이 후보의 당선을 보도했을 정도였다. 그러나 예상을 깨고 트루먼이 3개로 분열된 민주당을 극복하고 승리한 것이다. 결과적으로 시카고 데일리 트리뷴지가 대형 오보를 한 셈이 됐다.

개표 결과 트루먼의 득표율은 49.55%, 확보한 선거인단은 303명이었다. 듀이의 득표율은 45.07%, 확보한 선거인단은 189명이었다. 제3의 후보인 주권민주당의 스트롬 서몬드(Strom Thurmond) 후보는 선거인단 39명(득표율 2.41%)을 획득하는 데 그쳤다.

트루먼 대 듀이 간 미국 대통령선거 여론조사와 실제 결과는 충격 자체였다. 갤럽은 듀이의 승리를 예측했지만 트루먼이 당선돼 망신을 당했다. 부동층을 제대로 반영하지 않는 실수를 범한 것이다.

△ '듀이가 트루먼을 눌렀다'는 신문기사를 보며 박장대소 한 트루먼 대통령 당선자

트루먼의 놀라운 승리로 민주당은 대선에서 5번 연속으로 승리했다. 트루먼의 선출은 민주당 다수당으로서의 지위를 굳혔고, 이 상태는 보수파가 재편되었던 1968년 선거까지 계속됐다.

▪ 미 대통령 당선자 예측 잘못 보도했다가 폐간

역사적으로 여론조사를 잘못해 망한 곳이 있다. '리터러리 다이제스트'(The Literary Digest)라는 미국의 대중잡지사는 1936년 미국 대통령선거에서 공화당의 알프레드 랜든(Alfred Landon)후보가 민주당의 프랭클린 루스벨트(Franklin D. Roosevelt)후보를 57%대 43%로 누르고 당선될것임을 예측했다. 리터러리 다이제스트는 전화가입자와 자동차 소유자 1천만 명에게 우편으로 설문지를 보내 236만 명에게서 답변을 받아 분석했다. 반면 갤럽은 1천 500명을 대상으로 면접조사를 실시한 결과 민주당의 루스벨트 후보가 56%대 44%의 지지율로 당선할 것이라고 발표했다. 결과는 루스벨트가 61% 대 37%로 이겼다. 이 잡지는 2년 뒤인 1938년 폐간했다. 왜 리터러리 다이제스트는 236만 명이라는 엄청난 표본을 대상으로 조사를 했는데도 예측에 실패했을까? 리터러리 다이제스트는 236만 명으로 표본 수는 많았지만 표본이 모집단의 특성과 비슷해야 하는 대표성(연령대별, 성별, 소득별, 지역별 등)을 갖추지 못했고, 갤럽은 1천 500명으로 표본 수는 적었지만 상대적으로 표본의 대표성이 뛰어났던 셈이다. 당시 전화 가입자와 자동차 소유자란 중산층 이상의 부유층을 의미하는 것으로, 서민층이 거의 배제됐기때문에 이러한 왜곡된 표본추출이 어떤 결과를 초래하는지를 보여준 대표적인 사례였다.

▪ 오바마 당선 못 맞힌 갤럽, 유수 여론조사기관으로서의 명성 실추

세계 최대 여론조사 기관인 갤럽은 지난 2012년 11월 6일 끝난 미국 대통령선거 예측에서 톡톡히 망신을 당했다. 여론조사 결과가 실제와 크게 달랐기 때문이다. 갤럽은 최종 여론조사에서 공화당의 미트 롬니 후보가 민주당의 버락 오바마 대통령을 49% 대 48%로 앞선다는 결과를 발표했다. 선거 결과 오바마는 51%를 얻어 롬니(47%)를 따돌렸다. 오바마는 332명의 선거인단을 확보해 206명의 선거인단을 확보한 롬니를 누르고 재선에 성공했다. 잘못된 예측에 대한 비판이 거세자 갤럽은 오류를 시인하고 선거 조사방법을 수정하겠다고 발표했다.

이후 여론조사기관들을 상대로 하는 신뢰도 조사에서 갤럽은 하위권으로 떨어졌다.

갤럽은 뉴욕타임스가 대선 직전 3주간 5개 이상의 여론조사를 실시한 23개 기관의 정확도 분석에서도 꼴찌를 했다. 뉴욕타임스가 분석한 자료에 따르면 갤럽은 여론조사 결과와 실제 결과 간 격차가 가장 컸다. 갤럽이 3주 동안 진행한 11회의 조사 평균에서 롬니 후보의 지지율은 실제 득표보다 7.2%포인트나 높게 나타났다.

뉴욕타임스는 휴대전화를 조사 대상에 포함한 기관들의 오차는 평균 3.5%포인트로, 집전화만을 조사한 기관의 평균 오차 4.7%포인트보다 낮았다고 보도했다. 현대 미국인 중 3분의 1이 집전화 없이 휴대전화만 사용 중이며 이들 중 상당수가 민주당 지지층인 흑인이거나 중남미계인 히스패닉이기 때문이라는 분석이다. 이 점을 놓친 갤럽은 결국 세계 최대 여론조사 기관이라는 명성에 스스로 먹칠을 한 셈이 됐다.

■ YTN, 18대 대선에서 어긋난 예측보도 사과

보도전문채널 YTN과 여론조사 기관 한국리서치는 2012년 18대 대선에서 어긋난 예측조사 보도로 사과방송까지 했다.

YTN은 KBS-MBC-SBS 공중파 방송 3사와 다르게 문재인 민주통합당 후보가 49.7-53.5%, 박근혜 새누리당 후보가 46.1-49.0%의 득표율을 얻을 것이라며, 문 후보의 우세를 점쳤다. 당시 YTN은 27만명이 넘는 응답자 풀 가운데 성·지역·연령별 등에 따라 대표성이 검증된 유권자를 골라서 조사한 것이며 조사 시간도 오후 2시 30분부터 5시 30분까지 이뤄졌기 때문에 신뢰도가 높다는 설명을 덧붙이기도 했다.

하지만 지상파 방송 3사는 18대 대선 출구조사를 통해 박근혜 후보가 50.1%를, 문재인 후보가 48.9%를 득표할 것으로 전망했다. 실제 개표가 시작되자 박근혜 후보는 서울과 호남을 제외한 전국에서 시종일관 문재인 후보보다 높은 지지율을 보였다. 결국 문재인 후보에게 단 한차례의 추월도 허용하지 않은 박근혜 후보는 51.6%의 득표율로 당선됐다.

이에 대해 YTN은 대선 다음날인 12월 20일 "2012 대통령 선거 방송을 하면서 여론조사기관인 한국리서치에 의뢰해 당선인 예측조사를 보도했다"며 "1, 2위 후보자를 구분해 방송하지는 않았으나, 결과적으로 예측이 정확하지 못해 시청자에게 혼선을 드린 점, 정중히 사과한다"는 자막을 내보냈다.

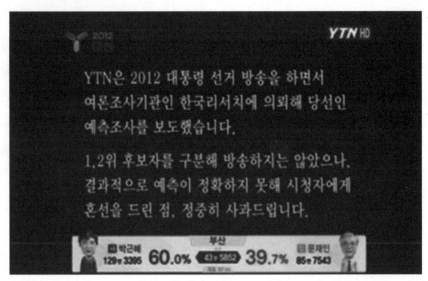
△ YTN 사과방송(YTN 화면 캡처)

　박 후보가 우세한 것으로 나온 방송 3사의 출구조사는 이날 오전 6시부터 오후 5시까지 전국 360개의 표본 투표소에서 투표하고 나오는 매 6번째 유권자를 대상으로 진행했다. 총 8만6천명이다. 오후 5시부터 오후 6시까지 1시간의 조사 공백도 있었다. 또 재외국민 투표와 부재자 투표도 반영되지 않았다는 것도 약점이다.

　방송 3사는 밀워드 브라운 미디어리서치(MBMR), 코리아 리서치센터(KRC), 테일리넬슨 소프레스 코리아 리서치 인터내셔널(TNS-RI) 등 3개 조사기관에 출구조사를 의뢰했으며, 조사기관은 조사원 1천800여명과 조사감독권 120명을 현장에 투입했다. 신뢰도는 95%, 오차범위는 ±0.8%포인트다. 이번 출구조사는 대선 개표방송 사상 처음으로 지상파 방송 3사가 함께했으며 역대 최대 규모로 꾸려졌다.

　문 후보가 우세하다고 나온 YTN 예측조사는 한국리서치의 응답자 풀 27만명 중 성별, 연령별, 지역별로 대표성이 있는 유권자 7천여명을 선정하고 나서, 이중 실제 투표에 참여한 5천여명에게 휴대전화로 누구를 찍었는지 묻는 방식이다. YTN 예측조사는 신뢰수준 95%에 오차범위는 ±1.5%포인트다. 전문가들은 예측조사 방식이 출구조사보다 우위에 있을 수 있으나 미리 선정된 패널을 대상으로 조사했다는 게 약점이라고 지적한다.

　YTN은 앞서 2007년 이명박 한나라당(현 새누리당) 후보와 정동영 대통합민주신당 후보가 맞붙었던 17대 대선에서 이명박 후보의 득표율을 49%로 예측한 바 있다. 반면 KBS와 MBC는 공동 출구조사는 50.3% SBS는 51.3%로 예상했다. 이명박 후보는 48.7%로 당선돼 YTN이 방송사 중에서 가장 정확하게 결과를 예측한 것으로 평가받은 바 있다.

세계지도자
명사의 주요 연설문·명언의 오보

■ 트럼프의 트윗 long gas line(주유하러 길게 줄을 섬)을 '긴 가스관'으로 오역

도널드 트럼프 미국 대통령은 2017년 9월 17일(현지시각) 문재인 대통령과 통화를 한 뒤 올린 트윗에서 북한 김정은을 '로켓맨(Rocket Man)'이라고 지칭하고 "북한에서 기름을 사기 위해 줄을 길게 서고 있다. (상황이) 나쁘다(Long gas lines forming in North Korea. Too bad.)"라고 말했다.

하지만 연합뉴스는 9월 17일 22시 53분 〈트럼프, 북한에 긴 가스관 형성중…유감이다〉라는 제목의 기사에서 트럼프 대통령이 "긴 가스관이 북한에 형성 중이다. 유감이다"라고 했다고 보도했다. 연합뉴스의 이같은 오역 때문에 연합뉴스TV, KBS, YTN, 조선일보, 중앙일보, 한겨레, 서울신문, 매일경제 등이 일제히 오보를 했다. 다른 뉴스 통신사인 뉴시스도 연합뉴스처럼 오역된 뉴스를 내보냈다. 특히 KBS는 〈트럼프, 북한에 긴 가스관 형성중..유감이다〉라는 제목의 기사에서 "문 대통령이 지난 6일 러시아 방문을 통해 한국과 북한, 러시아를 잇는 가스관 사업 구상을 밝힌 부분에 대해 트럼프 대통령이 부정적 견해를 드러낸 것으로 풀이된다"라고 보도했다.

연합뉴스는 오역임을 발견하고 거의 동일 시간대에 〈트럼프, 북한서 주유하려고 길게 줄서〉라는 제목으로 트럼프가 "북한에서 주유하려고 길게 줄을 서고 있다. 딱하네"라고 말했다는 정정기사를 송고했다.

'Long gas lines forming'은 기름이 부족해서 주유소에서 장시간 줄을 서는 모습을 뜻한다. '가스관', 예컨대 한-러 가스관은 'The Korea-Russia Gas Pipeline'으로 표현한다.

■ 한국 신문들, 오바마 취임사 중요 대목에 중대한 오보

국내 상당수 신문들이 버락 오바마 미국 대통령 취임사(2009년 1월 20일)를 오역한 것으로 나타났다. 오바마 대통령 취임사 중 오역이 된 부분은 "Earlier generations faced down fascism and communism not just with missiles and tanks, but with the sturdy alliances and enduring convictions."

이 문장을 우리말로 옮기면 "우리의 선조들은 미사일과 탱크뿐 만아니라 견고한 동맹과 지속적인 확신으로 파시즘과 공산주의를 제압했다"정도가 될 것이다.

C일보는 오바마 취임사 내용을 전하면서 이 부분을 "앞선 세대는 탱크와 미사일로 파시즘과

공산주의를 제압했던 것이 아니라 불굴의 의지와 동맹, 꺾이지 않는 확신으로 제압했다"고 소개했다. J일보는 '오바마 취임사를 듣고'라는 1면 기사에서 "앞선 세대들은 미사일과 탱크가 아니라 튼튼한 동맹과 지속적인 확신을 무기로 파시즘과 공산주의와 대결했다"고 썼다.

여기서 문제되는 것은 연설문 원문의 'just'를 빠뜨리고 번역을 해 뜻이 완전히 왜곡됐다는 데 있다. 파시즘과 공산주의를 이기는 데 군사력뿐만 아니라 튼튼한 동맹관계와 신념도 작용했다는 뜻인데, 군사력 없이 동맹과 신념(외교)만으로 이겼다는 뜻으로 전해 버린 것이다. 이는 중대한 오역이 아닐 수 없다. 이러한 번역은 역사와 사실의 왜곡이다. 제2차 세계대전 때 독일과 이탈리아, 일본은 미국과 연합국의 군사력 앞에 무릎을 꿇었고 옛 소련의 사회주의체제 붕괴도 미국의 월등한 무력에 영향을 받았다는 사실을 부인하기 어렵다.

▪ 오바마 후보의 미 대선 TV토론 발언도 오보

아래 영문은 미 대선전이 종반으로 접어든 2012년 10월 22일 민주당의 오바마 후보가 공화당의 롬니 후보와 가진 외교안보문제 마지막 TV토론에서 중국을 미국의 'adversary'일뿐 아니라 '잠재적인 파트너'로 지칭한 내용이다. 중국이 국제공동체의 규칙을 따른다면 파트너라고 했다.

> U.S. President Barack Obama called China an 'adversary' in his debate with Republican challenger Mitt Romney on Monday, a reversal of U.S. efforts to avoid that label when dealing with the world's No. 2 economy.
> During Monday night's debate, which focused on foreign policy, Mr. Obama said China is "both an adversary, but also a potential partner, in the international community if it's following the rules.

그런데 이 대목에서 대부분의 한국 언론들은 'adversary'를 '적'(敵)으로 번역했다. 오역에 가까운 번역이다. 미국의 현직 대통령이 아무리 대선 토론이라지만 세계 제2의 경제대국으로 미국과 더불어 'G2'인 중국을 대놓고 적(enemy)이라고 말한다는 것은 어딘가 이상하다. 이 때의 'adversary'는 맞수, 상대, 적수(敵手)라는 뜻이다. 예컨대 고연전(연고전)에서 고대와 연대를 맞수, 적수라고 부르는 것과 같다. 중국 언론들은 'adversary'를 '대수'(對手)로 번역했다. 중국지도부도 'adversary'라는 표현에 별다른 반응을 보이지 않았다.

■ 스티브 잡스 스탠포드대 연설 오역 투성이-감동은 커녕 무슨 뜻인지 몰라

　스티브 잡스의 '스탠포드대 졸업식 연설'(Stanford University commencement speech)은 감동적인 명연설이다. 특히 암투병자로서 그의 죽음에 관한 이야기는 세계인의 심금을 울리는 대목이다.

　2011년 10월 5일 스티브 잡스가 타계하자 대부분의 우리 언론은 잡스에 대한 특집을 마련하고 2005년 6월 12일 스탠퍼드대 114회 졸업식에서 행한 그의 연설을 소개했다. 언론들은 잡스의 인생관이 잘 나타나 있는 이 연설을 감동적인 명연설이라고 소개했다. 하지만 첫 주요 대목과 마지막 핵심대목을 오역하는 바람에 감동은 커녕 의미전달도 제대로 하지 못했다는 평가가 나온다.

　"나는 오늘 세계 최고 명문대학중의 하나인 이곳에서 여러분들의 졸업식에 참가하게 된 것을 영광으로 생각합니다. 나는 대학을 졸업하지 못했습니다. 사실을 말하자면, 내가 대학졸업식을 이렇게 가장 가까이에서 보는 것도 처음입니다. 오늘 나는 여러분들에게 내가 살아오면서 경험했던 내 인생에 관한 세 가지 이야기를 하려고 합니다. 뭐 그리 대단한 것은 아닌, 그저 세 가지 이야기입니다.(I am honored to be with you today at your commencement from one of the finest universities in the world. I never graduated from college. Truth be told, this is the closest I've ever gotten to a college graduation. Today, I want to tell you three stories from my life. That's it. No big deal. Just three stories.)로 시작되는 잡스의 연설은 그의 말대로 ① The first story is about connecting the dots. ②My second story is about love and loss. ③My third story is about death. 세 가지 내용으로 돼있고 마지막에 "Stay Hungry. Stay Foolish."란 명언으로 끝난다.

　그런데 대부분의 신문들이 ①에 나오는 "The first story is about connecting the dots. (중략)... you can't connect the dots looking forward; you can only connect them looking backwards. So you have to trust that the dots will somehow connect in your future"를 직역해 도대체 무슨 소린지 모르게 만들어 버렸다. H신문의 2011년 10월 7일자 1면 머릿기사 첫 부분에 소개된 이 대목 번역문은 다음과 같다.

> "나의 첫 번째 이야기는 점을 잇는 데 대한 것입니다. …당신은 앞을 보면서 점을 이을 수는 없습니다. 오직 뒤를 돌아보면서만 점을 연결할 수 있죠, 그러니 그 점들이 미래에 어떤 식으로든 연결될 것이라고 믿어야 합니다."

도대체 무슨 내용인지 이해할 수 없다. 잡스가 졸업생들에게 점을 잇는 데 대해 연설을 했다니.

같은 날짜 K신문은 이 대목을 "앞을 내다보고 점을 연결할 수는 없다. 늘 돌아서야만 점은 연결 될 것이라고 믿음으로써 ……" 라고 번역, 소개했다. 이 또한 무슨 뜻인지 도저히 알 수가 없다.

경제지인 S신문은 "운명이 언뜻 관계없이 보이는 '점들'(dots)을 이어 하나의 일관된 선으로 만들어 준다."라고 오역했다.

2011년 미르에듀 출판사에서 나온 '스티브잡스의 세상을 바꾼 명연설'(레오짱, 베스트트랜스저)이란 책도 이 대목을 "첫째는 점(點)들을 잇는 것에 관한 얘기입니다"라고 번역, 도대체 무슨 말인지 알 수 없도록 만들었다.

여기서 'dots'는 단순한 점(點)이 아니라 우리 인생에게 일어나는 모든 일(사건 또는 경험)들이 마치 점과 점을 연결하듯 관련성이 있다는 것을 이야기 한 것이다. 연설문에 나오는 'connect the dots'는 숙어로써 '관계성을 갖다'의 뜻이 있다. 연설문에서는 가난한 노동자 부부에게 입양된 잡스가 과도한 학비때문에 입학 6개월만에 대학을 자퇴하고 서체(書體)과목을 도강(盜講, 일부 신문은 청강이라고 했으나 학비를 내지 않았기 때문에 도강이 맞다)한 것이 오히려 '전화위복'이 돼 오늘날 세계적으로 아름답고 예술적이며 다양한 서체의 컴퓨터를 만드는 데 결정적인 요인이 됐다는 것을 강조한 것이다. 잡스는 리드 대학(Reed College)에서 한 학기 공부하고, 18개월 동안 학점과는 무관하게 서체과목을 도강했다. 이 과목을 수강할 때는 아름다운 글씨체가 그냥 좋아서 했지만 그땐 이것이 어떻게 실질적으로 활용 될 수 있을지는 몰랐다. 그러나 이때 배운 지식이 나중에 매킨토시(Macintosh) 컴퓨터를 개발할 때 적용됐다. 마이크로소프트(Microsoft)의 컴퓨터 보다 먼저 최초로 활용된 것이다. 따라서 연설문에서 잡스가 나타내고자한 의도는 글씨체를 배울 때는 그것이 미래에 어떻게 활용 될지는 몰랐지만, 10년 후에 되돌아보니 그 글씨체가 어떻게 실제로 활용되었는가를 명확하게 알 수 있었다는 뜻이다. 스티브 잡스는 이어 자신이 설립한 애플 컴퓨터에서 쫓겨난 일을 언급하면서, 그 당시엔 창피하고 괴로운 일이었지만, 애플에서 쫓겨난 일이야 말로 자기 인생에 최대의 고마운 일이었고 5년 후에 컴퓨터 제조회사인 NeXT, 그리고 세계 최초의 애니메이션 제작회사인 Pixar를 설립하는 계기가 됐고, 멋진 여성(아내)과 만나 사랑에 빠질 수 있었다고 연설문에서 말하고 있다. 이러한 일련의 사건들이 'dots'를 뜻하고, 이들은 서로 관련성을 갖고 있는데 이런 관련성을 한참 후에야 알 수 있었다는 것이다. 잡스의 불교신자적인 면모가 보이는 대목이기도 하다. 다음의 원문을 읽어 보면 'connect the dots'가 무엇을 의미하는가를 정확하게 파악할 수가 있을 것이다.

〈원문〉

〈The first story is about connecting the dots.

I dropped out of Reed College after the first six months, but then stayed around as a drop-in for another 18 months or so before I really quit. So why did I drop out?

It started before I was born. My biological mother was a young, unwed college graduate student, and she decided to put me up for adoption. She felt very strongly that I should be adopted by college graduates, so everything was all set for me to be adopted at birth by a lawyer and his wife. Except that when I popped out they decided at the last minute that they really wanted a girl. So my parents, who were on a waiting list, got a call in the middle of the night asking: "We have an unexpected baby boy; do you want him?" They said: "Of course." My biological mother later found out that my mother had never graduated from college and that my father had never graduated from high school. She refused to sign the final adoption papers. She only relented a few months later when my parents promised that I would someday go to college. This was the start in my life.

And 17 years later I did go to college. But I naively chose a college that was almost as expensive as Stanford, and all of my working-class parents' savings were being spent on my college tuition. After six months, I couldn't see the value in it. I had no idea what I wanted to do with my life and no idea how college was going to help me figure it out. And here I was spending all of the money my parents had saved their entire life. So I decided to drop out and trust that it would all work out OK. It was pretty scary at the time, but looking back it was one of the best decisions I ever made. The minute I dropped out I could stop taking the required classes that didn't interest me, and begin dropping in on the ones that looked interesting.

It wasn't all romantic. I didn't have a dorm room, so I slept on the floor in friends' rooms, I returned coke bottles for the 5 cent deposits to buy food with, and I would walk the 7 miles across town every Sunday night to get one good meal a week at the Hare Krishna temple. I loved it. And much of what I stumbled into by following my curiosity and intuition turned out to be priceless later on. Let me give you one example:

Reed College at that time offered perhaps the best calligraphy instruction in the country. Throughout the campus every poster, every label on every drawer, was beautifully hand calligraphed. Because I had dropped out and didn't have to take the normal classes, I decided to take a calligraphy class to learn how to do this. I learned about serif and san serif typefaces, about varying the amount of space between different letter combinations, about what makes great typography great. It was beautiful, historical, artistically subtle in a way that science can't capture, and I found it fascinating.

None of this had even a hope of any practical application in my life. But ten years later, when we were designing the first Macintosh computer, it all came back to me. And we designed it all into the Mac. It was the first computer with beautiful typography. If I had never dropped in on that single course in college, the Mac would have never had multiple typefaces or proportionally spaced fonts. And since Windows just copied the Mac, it's likely that no personal computer would have them. If I had never dropped out, I would have never dropped in on this calligraphy class, and personal computers might not have the wonderful typography that they do. Of course it was impossible to connect the dots looking forward when I was in college. But it was very, very clear looking backwards ten years later.

Again, you can't connect the dots looking forward; you can only connect them looking backwards. So you have to trust that the dots will somehow connect in your future. You have to trust in something — your gut, destiny, life, karma, whatever. This approach has never let me down, and it has made all the difference in my life.

My second story is about love and loss.(이하 원문과 번역 생략)

My third story is about death.(이하 원문과 번역 생략)

Stay Hungry. Stay Foolish.(연설문 마지막 구절)

〈번역문〉

〈첫번째 얘기는 인생에서 일어나는 일들의 관련성에 관한 내용입니다. 나는 리드 대학이라는 곳을 첫 6개월 다닌 후 그만 뒀습니다. 그 후 18개월 가량은 정규 학생이 아닌 채 학교를 다녔고 그 후 진짜로 그만두었습니다. 내가 왜 대학을 그만두었을까요? 이 얘기는 내가 태어나기 전부터 시작됩니다. 내 생모는 미혼의 젊은 대학원생이었는데, 나를 낳으면 다른 사람에게 입양을 시키기로 돼 있었습니다. 생모는 내가 대학을 졸업한 부부에게 입양되어야 한다는 생각을 강하게 갖고 있었습니다. 그래서 나는 태어나면 바로 어떤 변호사 부부에게 입양되기로 돼있었고, 그것으로 모든 것이 다 끝난 것처럼 보였습니다.

그러나 내가 태어났을 때 나를 입양키로 한 부부는 마음을 바꿔, 자신들은 여자아이를 원한다고 했습니다. 그래서 내 생모는 한밤중에 입양대기자 명단에 있는 다른 부부에게 전화를 걸어 "우리가 예기치 않은 사내아이를 갖게 되었는데 아이를 원하느냐"고 물었습니다. 이들 부부는 "물론"이라고 대답했습니다.

내 생모는 나중에야 내 어머니(양모)가 대학을 나오지 않았고, 내 아버지(양부)는 고등학교도 졸업하지 않았다는 사실을 알았습니다. 생모는 이 때문에 최종적인 입양동의서에 서명을 하지 않다가, 몇 달 후 내 양부모가 나를 나중에 대학에 보낼 것이라는 약속을 하고서야 마음을 바꿨습니다. 이것이 내 인생의 첫출발이었습니다.

17년이 지난 후 나는 정말 대학에 갔습니다. 그러나 나는 그때 순진하게도 스탠포드와 거의 맞먹는 수준의 학비가 드는 대학을 선택했고, 노동자였던 내 부모(양부모)는 저축한 모든 돈을 내 대학등록금에 써야 했습니다. 그렇게 6개월이 지난 후 나는 그만한 돈을 쓰는 데 대한 가치를 느낄 수 없었습니다. 나는 내가 내 삶에서 무엇을 하길 원하는지 알지 못했고, 대학이 그것을 아는 데 어떤 도움을 줄 것인지도 알지 못했습니다. 그런데도 내 부모는 전 인생을 통해 저축해놓은 모든 돈을 내 학비를 위해 쓰고 있었던 것입니다.

그래서 나는 자퇴를 결심했고, 모든 것이 잘될 것이라고 믿었습니다. 그 당시 그런 결정은 다소 두려운 것이기도 했지만, 지금 돌아보면 그것이 내가 지금까지 한 가장 훌륭한 결정중의 하나였습니다. 내가 학교를 그만두는 그 순간, 나는 내게는 흥미가 없었던 필수과목을 들을 이유가 없어졌고, 내게 흥미롭게 보이는 다른 과목들을 수강할 수 있게 되었습니다.

다 낭만적인 얘기는 아닙니다. 나는 (자퇴로 인해) 더 이상 기숙사에서 지낼 수 없었기 때문에 친구들의 방바닥에서 잠을 잤습니다. 음식을 사먹기 위해 되돌려주면 5센트를 주는 콜라병을 모으는 일을 했고, 해어 크리슈나 사원에서 일주일에 한번 주는 제대로 된 식사를 얻어먹기 위해 일요일밤마다 7마일을 걸어가 예배에 참석하곤 했습니다. 나는 그걸 사랑했습니다. 그리고 내가 나의 호기심과 직관을 따라 가다가 부딪힌 것들 중 많은 것들은 나중에 값으로 매길 수 없는 소중한 가치들로 나타났습니다. 한 가지 사례를 들어보이겠습니다.

내가 다녔던 리드 대학은 그 당시 미국에서 최고의 서예 교육을 제공하고 있었다고 생각합니다. 캠퍼스 도처에 붙어있는 포스터, 서랍마다 붙어있는 라벨들은 모두가 손으로 그려진 아름다운 글씨체로 장식되어 있었습니다. 나는 정규 과목들을 더이상 들을 필요가 없어졌기 때문에 이런 글자체들을 어떻게 만드는지를 배워 보려고 서체과목을 듣기 시작했습니다. 나는 세리프나 산세리프 활자체를 배웠고, 무엇이 훌륭한 활자체를 만드는 지에 대해 배웠습니다. 그것은 과학적으로 설명하기 어려운, 아름답고 역사적이며 예술적인 미묘함을 갖고 있었습니다. 나는 거기에 매료되었습니다.

당시 나에겐 이런 것들 중 어느 하나라도 내 삶에 실제로 적용될 것이란 어떤 희망도 없었습니다. 그러나 10년 후, 우리가 최초의 매킨토시 컴퓨터를 만들 때 그 모든 것이 내게로 되살아 났습니다. 우리가 설계한 매킨토시에 그 모든 것을 적용했으니까요. 매킨토시 컴퓨터는 아름다운 글자체를 기진 최초의 컴퓨터가 되었습니다. 내가 만일 대학의 서체과목 수업을 듣지 않았다면 매킨토시 컴퓨터의 다양한 서체기능이나 자간(字間) 맞춤기능은 없었을 것입니다. (마이크로소프트의) 윈도즈(Windows)는 매킨토시 컴퓨터를 단지 베낀 것에 불과하기 때문에, 매킨토시 컴퓨터가 그렇게 하지 않았다면 어떤 개인용 컴퓨터도 그런 아름다운 서체를 갖지 못했을 것입니다. 만일 내가 대학을 자퇴하지 않았다면 서체과목을 수강하지 못했을 것이고, 따라서 개인용 컴퓨터는 지금과 같은 놀라운 서체를 갖지 못했을 것입니다. 물론 대학 시절에는 그러한 일(사건)들을 미래와 연결지울 수 없었습니다. 하지만 10년이 지난 후 과거를 되돌아보니 모든 것이 분명히 보였습니다.

다시 말하지만, 우리는 현재의 일(사건)들을 미래와 연결지울 수 없습니다. 오직 과거와 연결지울 수 있을 뿐입니다. 하지만 여러분들은 현재의 일(사건)들이 미래에 어떤 식으로든 서로 연결될 것이라는 믿음을 가져야만 합니다. 여러분들은 자신의 배짱, 운명, 삶, 카르마(업) 등 무엇에든 간에 믿음을 가져야 합니다. 이런 접근법은 나를 결코 낙담시키지 않았고, 내 인생의 모든 변화를 만들어 내었습니다.〉

일부 신문은 또 연설문의 'to follow your heart'를 '심장을 따르다'라고 번역했다. 여기서 'heart'는 '심장'이 아니라 '정열' 또는 '남이 뭐라 해도 자기가 정말 좋아서 하는 일'등을 뜻한다.

연설문 말미에 잡스가 스탠퍼드 졸업생들에게 "Stay hungry. Stay foolish."라며 당부하는데 이 대목에 대해 경향신문은 '늘 배고프게, 늘 바보같이'라고 오역해서 제목으로 뽑았다. 인터넷에도 "늘 배고프고, 늘 어리석어라" "배고픔과 함께, 미련함과 함께" 등으로 오역돼 있다. 여기서 stay hungry는 밥을 먹지 못해서 '배고픈'이라는 뜻이 아니다. 영어로 말하면 Never be satisfied, and always push yourself. Don't be too easily satisfied or grow too comfortable. Stay eager and always wanting something more and new. Be eager to do things, to win. 등의 뜻이 있다. 따라서 요약하면 '현실에 만족하지 말고 더 많고 새로운 것을 갈망하고 추구하라' 정도의 뜻이다. 즉 새로운 상황, 경험, 지식 등을 갈구하라는 뜻이다.

stay foolish도 '바보같은' 이라는 뜻이 아니다. Do (or be willing to keep trying) the things people say cannot be done. Don't think that you know everything. Keep learning and never think that you've attained all knowledge. Always try to learn more and keep learning new things.의 의미가 있다. 요약하면 '모든 것을 다 안다고 자만하지 말고, 잘난 체 하지말고, 언제나 우직하게 배움의 자세로 정진하라'는 뜻이다. 따라서 잡스의 마지막 연설 구절 "Stay hungry. Stay foolish."는 '늘 갈망하고, 늘 자만하지 말라'라는 의미다.

■ 존케리 미 국무장관 회견 문장 엉뚱하게 오역한 EBS 월드뉴스

존 케리 미 국무장관이 2013년 3월 16일 터키방문 중 기자회견을 갖고 '이란 핵문제'를 언급하는 가운데 "Diplomacy is a painful task and a task for the patient."라고 말했다. AP, 로이터 등 거의 모든 외신으로 전달된 이 뉴스 문장이 한국에서는 EBS 월드뉴스 스크립트를 통해 "외교는 어려운 일이다. 그리고 문제 해결의 방법이다."라고 번역됐다. 하지만 이는 황당한 오역이다. 스크립트 작성자는 'a task for the patient'를 번역하지 않고 '문제 해결의 방법이다' 라고 엉뚱하게 전달했다. 더욱 가관인 것은 이같은 오역을 정정한다며 인터넷 등에 떠돌고있는 것은 EBS의 한 스타 영어강사가 번역한 것이라며 "외교란 고통스러운 작업이며 환자를 위한 작업과도 같다"라는 문장이다. 이것은 'the patient'를 '환자'로 오역한 것이다.

이 문장을 제대로 옮기면 "외교란 고통스런 일이며 인내심을 가진 사람들의 일이다"정도가 될 것이다. 여기서 'the patient'는 'patient people'을 의미한다. 우리가 중고등학교 시절 영문법 시간에 'the +형용사=복수 보통명사'라고 배웠던 것을 상기하면 된다. 예컨대 the quick and the dead(살아있는 자들과 죽은 자들), the rich and the poor(부자들과 빈자들)같은 표현과 같다. 외교란 합의에 도달하기위해 인내심이 필요하다는 것을 강조한 말이다. 'patient diplomacy'란 말이 있다. 인내를 갖고 하는 외교라는 뜻이다. 인터넷에 들어가 보면 "Is Patient Diplomacy the Best Approach to Iran's Nuclear Program?"(이란 핵문제 해결을 위한 최상의 접근법은 인내외교인가?)이라는 표현이 나온다.

■ 스즈키 日총리 방위관련 발언 '일본은 생쥐' 오역 논란

일본은 미국으로부터 자국 방위를 타국에 의존한다는 비판을 자주 받아온 나라다. 소위 '안보무임승차론'이 그것이다. 그런데 이러한 안보무임승차론이 오역 때문에 더욱 비판을 받은 적이 있다. 1981년 5월 7일 미국을 방문 중이던 스즈키 젠코(鈴木善行)총리는 워싱턴에서 가진 미 하원 외교위원회 의원들과의 간담회에서 일본의 전수방위(專守防衛)를 동물에 비유해 "일본은 포효하는 사자가 되기보다는 고슴도치(はり-ねずみ, hari-nezumi)가 되고 싶다"고 말했다. 'hari-nezumi'란 '바늘을 가진 쥐'(a mouse with needles) 즉, 고슴도치(hedgehog, porcupine)를 말한다. 그러나 통역이 고슴도치를 '생쥐'라고 오역한 탓으로 자주방위를 하지 않고 피해만 다니는 교활한 쥐새끼라고 워싱턴포스트가 보도해 물의를 일으킨 적이 있다. 통역은 당시 실내가 다소 시끄러워 스즈키 총리가 말한 'hari-nezumi'이란 단어의 첫 2음절어인 'hari'(바늘)는 못 알아듣고 'nezumi'(쥐)만 귓속에 들려 생쥐로 번역했다는 것이다. 유능한 외교관 출신의 이 통역은 자신의 실력을 뽐내기라도 하듯 이솝우화까지 인용하면서 "우리는 포효하는 사자가 되기보다는 영리한 생쥐가 되고 싶다"(We would prefer to be a wise mouse rather than a roaring lion.)고 통역했다. 생쥐란 단어가 풍기는 뉘앙스는 '일본이 더 이상 방위에 책임을 지지 않고 도망 다니려 한다'는 인상을 주기에 충분했다. 이에 워싱턴 포스트는 '일본과 방위'(Japan and Defense)란 제목의 사설에서 "Americans do not expect Japan become a lion that roars, but a lion that squeak?"(미국은 일본이 포효하는 사자가 될 것을 기대하지 않는다. 일본은 생쥐처럼 찍찍거리는 사자가 되려는 생각이 있는가?"라고 비꼬았다.[35]

---

35) Kumiko Torikai, Voices of the invisible presence: diplomatic interpreters in post-World War II Japan, John Benjamins Publishing Company, 2009. p. 39.

▪ 카터 폴란드방문 연설문을 "폴란드여성과 섹스위해 왔다"로 오역

지미 카터 미국 대통령이 1977년 12월 폴란드를 방문했을 때 그는 "I came to Poland because I love you people"(폴란드 사람을 좋아하기 때문에 왔다)는 뜻을 전했다. 그런데 통역이 "I came to Poland because I want to make love with you people"(폴란드 사람(여성)들과 성교를 원하기 때문에 왔다)이라는 의미로 오역해 카터가 웃음거리가 됐다. 'love'를 'make love'(성교하다)의 의미로 통역한 것이다. 이 통역은 당시 브레진스키(Zbigniew Brzezinski) 백악관안보담당특별보좌관이 일당 150달러에 고용한 스티븐 세이무어(Steven Seymour)라는 언어학자였다.

카터 대통령 연설 오역은 미 시사주간지 '타임'이 2009년 3월에 뽑은 '세계 외교현장 망신사례 10선'에 올랐다.

▪ 나라 망신 자초한 외교부의 일본총리 담화 오역

간 나오토(菅直人) 일본 총리가 한일강제병합 100년을 맞아 2010년 8월 10일 발표한 담화내용(과거사 반성과 약탈문화재 인도문제)을 두고 외교통상부가 자의적으로 번역해 발표했다는 논란이 일고 있다.

논란이 된 표현은 담화에서 사용된 '오와비(おわび)'와 '오와타이(お渡し)'란 일본어 단어. '오와비(おわび)'는 '사죄하다'라는 의미가 없는 것은 아니지만 통상 '사과하다'라는 의미로 쓰이는데 외교부는 '사죄'라는 단정적인 표현으로 발표한 것이다. 또한 '오와타이(お渡し)'는 '넘겨준다. 인도하다'(transfer)라는 의미로 쓰이는 데 '반환한다'(return)라고 잘못 번역했다는 지적을 받았다. '반환'이나 '사죄'란 단어는 일본이 스스로 자신들의 불법행위를 인정한다는 의미를 담고 있는 것으로 해석할 수 있어, 과거사 반성에 소극적인 일본에게는 민감한 부분이다.

▪ 세계 3대 명연설 케네디의 베를린광장 연설 오역 논란

동서냉전이 한창이던 1963년 6월 26일 미국의 케네디(John F. Kennedy)대통령은 서베를린을 방문, 루돌프 빌데(Rudolph-Wilde)광장에서 공산주의자들의 침공을 두려워하며 공포에 떨고 있던 서베를린 시민들을 향해 미국의 독일에 대한 안보공약을 재확인하는 연설에서 독일어로 "Ich bin ein Berliner."라고 했다. 케네디가 서베를린 주민들과의 연대감을 나타내기 위해 "I am a citizen of Berlin."(나는 베를린 시민이다)이란 의미로 한 말이었다. 그러나 독일인들은 이 표현이 반드시 틀린 것은 아니지만 '베를린 시민'의 의미를 나타내려면 'ein'이란 부정관사를 빼고 "Ich bin Berliner."로 해야한다고 주장하고 나서 오역시비가 일어났다. 케네디처럼 "Ich bin ein Berliner."라고 하면 이는 "I am a jelly doughnut."(나는 젤리(잼)가 들어 있는 도우넛 츠이다)라는 엉뚱한 뜻이 된다는 것이다.

△ 1963년 6월 26일 독일 서베를린 라트하우스 쇠네베르크 시청사앞 루돌프 빌데 광장에서 연설하고 있는 존 F. 케네디 당시 미국 대통령. 이 날 광장에는 서베를린 시민의 80%에 달하는 70만명이 넘는 인파가 몰렸다.(사진=John F. Kennedy Presidential Library and Museum 소장 인터넷 캡처)

왜냐하면 'ein Berliner'는 베를린에서 제조한 젤리가 들어 있는 도우넛츠의 일종이기 때문이다. 이 도우넛츠의 원래 이름은 베를린식의 도우넛츠로 독일에서는 'Berliner Pfannkuchen'(베를리너 판쿠헨, 판쿠헨은 영어의 팬케이크)으로 불렸지만, 이것이 'Berliner'로 축약돼 영어권의 다른 나라로 이전된 것이라고 한다. 결국

이는 다른 영어권 나라 사람들 간의 논쟁거리가 됐다.

"I am proud to come to this city as the guest of your distinguished Mayor, who has symbolized throughout the world the fighting spirit of West Berlin."(서베를린이 지닌 불굴의 정신을 세계에 알린 존귀하신 시장님의 초청으로 이 도시를 방문하게 돼 영광입니다.)로 시작하는 케네디 대통령의 이 연설은 "Two thousand

years ago the proudest boast was 'civis Romanus sum'. Today, in the world of freedom, the proudest boast is 'Ich bin ein Berliner.'"(2천년 전 가장 큰 자랑거리는 '나는 로마 시민이다'라고 말하는 것이었습니다. 이제 자유세계에서 가장 큰 자랑거리는 '나는 베를린 시민이다'라고 말하는 것입니다.)로 이어졌다. 케네디가 오늘 이 자리에서 한 사람의 베를린 시민임을 자처한다는 의미였다.

당시 소련공산당 서기장 흐루쇼프(Nikita Khrushchev)는 동독으로 하여금 베를린

장벽을 쌓도록 지원하면서 서베를린 침공을 공공연히 언급하고 있던 때라 서베를린 주민들은 숨 막히는 냉전의 긴 장속에서 어찌할 바를 모르며 떨고 있었다. 따라서 젊은 대통령 케네디의 방문은 서베를린 시민들에게 안보불안을 덜고 용기와 희망을 주는 메시지였다.

케네데 대통령의 이 연설은 세계의 명연설중의 하나이자 에이브러험 링컨의 '게티즈버그 연설'(Address delivered at the dedication of the cemetery at Gettysburg), 마틴 루터 킹의 '나는 꿈이 있습니다'(I have a dream)라는 연설과 함께 미국 역사에서 가장 중요한 위치를 차지하는 3대 연설로 손꼽힌다.

■ 오역된 닉슨 대통령의 명 연설문 인터넷에 나돌아

중국과의 국교 회복을 이뤄냈고 소련과의 데탕트를 추진했던 미국의 제 37대 대통령 리처드 닉슨(1913-1994)이 1969년 9월 9일 국회의사당에서 열린 상원의원 에버리트 딕슨(Everett Dirksen)의 장례식에서 읽은 추모연설문 가운데 "A politician knows that only if he leaves room for discussion and room for concession can he gain room for maneuver."란 대

목이 나온다. Richard Nixon's Eulogy for Senator Everett Dirksen이란 제목이 붙은 이 추모연설문은 국내에서 '대통령의 명연설'이라는 제목 등으로 신문에 널리 소개된 바 있다. 하지만 이 문장이 인터넷에서 "정치인이란 그가 토의실(討議室)과 양보실(讓步室)을 떠나기만 한다면 자신이 공작실(工作室)을 얻을 수 있다는 것을 아는 사람이다."고 오역돼 있다. 이 문장의 뜻은 "정치인이란 토론과 양보의 여지를 남겨야만 정치 전략적인 운신의 폭이 넓어진다는 것을 아는 사람이다" 정도가 될 것이다. 즉 정치인이란 토론과 양보를 할 여유를 가져야 협상의 여지도 생긴다는 것을 아는 사람이다라는 뜻이다. 이 문장을 번역한 사람은 'room'에 방(房)이나 실(室)이란 뜻밖에 없는 것으로, 또 'leave'에 '떠나다'는 뜻밖에 없는 것으로 잘못 알고 있는 것으로 보인다. 'room'에는 '여유, 여지, 틈'이란 뜻이 있고 'leave'에는 '남기다'라는 뜻이 있다. 가관인 것은 이 틀린 해석문이 인터넷에서 이 사람, 저 사람의 '카페'에 옮겨져 실려있다는 사실이다.

▪ 바렌인, 이집트 대통령 연설문 오역한 이란정부에 항의-사과요구

이란의 국영방송이 무함마드 무르시(Mohamed Morsy) 이집트 대통령의 아랍어 연설문을 이란어로 번역해 방송하면서 '바레인'이라는 국명을 '시리아'로 오역하는 바람에 바레인 정부가 이란에 대해 공식 사과를 요구하는 등 중요한 외교문제로 비화한 적이 있다.

무르시 대통령은 2012년 8월 30일 테헤란에서 열린 비동맹운동 정상회의에서 호스니 무바라크(Hosni Mubarak) 독재정권을 붕괴시킨 '이집트 혁명'을 '아랍의 봄'의 초석으로 규정하며 리비아, 예멘, 시리아에서 압제 정권에 대한 저항으로 이어졌다고 말했다. 그러나 이란 국영방송은 이 연설문을 파르시(Parsi, 이란어)로 번역하는 과정에서 '시리아'를 '바레인'으로 오역했다.

바레인 외무부는 9월 1일 성명을 발표하고 "하마드 알 아메르 외교차관이 이란 대리대사를 불러 무르시 이집트 대통령의 테헤란 연설에서 이란 국영방송이 '시리아'를 '바레인'으로 잘못 번역한 것에 서한으로 공식 항의했다"고 밝혔다. 외무부는 "이 같은 왜곡은 바레인에 대한 부당한 내정 간섭으로 양국 관계는 물론 바레인과 이집트 관계에도 도움이 되지 않는다"며 이란 정부에 공식 사과와 함께 재발 방지를 위한 조처를 요구했다. 이집트 외무부도 성명에서 "무르시 대통령은 비동맹회의 연설에서 바레인을 언급한 적이 없다"고 해명했다.

시리아를 '압제 정권'으로 규정한 무르시 대통령의 연설은 비동맹회의 주최국으로서 바샤르 알 아사드(Bashar al-Assad) 시리아 정권을 지지하는 이란 정부를 당혹스럽게 했다.

▪ 국내에 오역 소개된 시어도어 루스벨트 대통령의 명언

오바마 미 대통령의 백악관 집무실에는 2010년 새로 깐 양탄자에 프랭클린 루스벨트 대통령, 시어도어 루스벨트 대통령, 존 F. 케네디 대통령, 에이브러햄 링컨 대통령, 마틴 루터 킹 목사 등 미국의 역대 주요 인물 5인의 명언이 새겨져 있는데 이 가운데 시어도어 루스벨트 대통령의 명언이 오역돼 국내에 소개돼 있다.

시어도어 루스벨트 대통령의 명언은 "The welfare of each of us is dependent fundamentally upon the welfare of all of us". 이를 우리말로 옮기면 "우리 개개인의 복지는 근본적으로 우리 모두의 복지에 달려있다"정도가 될 것이다. 그러나 국내에 번역돼 현재 인터넷에 떠돌고 있는 것은 "우리 모두의 복지는 근본적으로 개개인 각자의 복지에 달려 있다"이다. 정반대의 뜻으로 번역돼 있는 것이다. 루스벨트 대통령은 개개인의 복지는 국민 모두의 복지에 달려있는 만큼, 개인적 사익추구를 국민 전체의 이익을 위해 양보하거나 제한할 수 있다는 취지로 한 말이다.

참고로 나머지 4명의 명언을 소개하면 다음과 같다.

> 〈- 프랭클린 루스벨트 대통령: "우리가 오로지 두려워할 것은 두려움 그 자체뿐이다"
>   (The only thing we have to fear is fear itself)
> - 존 F 케네디 대통령: "인간 운명의 문제는 인간 본연 그 자체를 초월할 수 없다"
>   (No problem of human destiny is beyond human beings)
> - 에이브러햄 링컨 대통령: "국민의, 국민에 의한, 국민을 위한 정치"(Government of the people, by the people, for the people)
> - 마틴 루터 킹 목사: "도덕적 세계의 화살은 그 끝을 알 수 없을 정도로 멀리, 길게 날아가는 것 같지만 결국은 정의를 향해 휜다(The arc of the moral universe is long, but it bends towards justice)〉

▪ 레이건 전 미대통령 傳記제목 무슨 뜻인지도 모르게 번역

미하일 고르바초프 소련 대통령과 함께 동서 냉전의 벽을 허문 주역인 로널드 레이건 대통령의 일대기인 'When Character was King'이 백악관 연설문 작성자였던 페기 누넌(Peggy Noonan)에 의해 2001년 11월 출간됐다. 그런데 한국의 몇몇 언론에서 이 책을 소개하면서 '性

格이 王이었을 때' '성격이 왕과 같을 때' '품성이 왕이었다면'이라고 번역했다. 무슨 뜻인지 알 수 없다. 책 내용을 감안해 의역을 한다면 '성격이 대통령을 만든다'정도가 될 것이다.

레이건의 생애와 인간미를 섬세한 필치로 그려낸 이 책은 한편의 서사시와 같다는 평을 받고 있다. 가톨릭 신자인 누넌 여사는 "백악관의 주인으로 입성해서 성공하려는 남자는 고결하고 강인하며 믿음직한 인격을 갖추고 있어야 한다"고 책 표지에 썼다.

오랜 대통령제의 역사를 가진 미국에서는 대통령의 가장 중요한 자질로 '성격'(character)을 꼽는다. 하버드 대를 졸업하고 컬럼비아 대 교수를 거쳐 30년 이상 트루먼, 케네디, 존슨, 클린턴 대통령의 자문위원으로 활동했던 대통령학 분야의 석학인 리처드 뉴스타트(Richard Neustadt)는 "대통령의 정서적 안정과 불안정은 성장 배경과 깊은 관계를 갖는다. 그리고 정서적 안정감은 성격으로 표현된다"고 간파했다.

누넌 여사는 레이건이 훌륭한 성격을 갖춘 인간이었기 때문에 위대한 대통령으로 성공할 수 있었다고 갈파한다. 캠프 데이비드 산장에 갈 때마다 도토리를 주워와 백악관 뜰에 살고 있는 다람쥐에게 나눠 주는 레이건에게서 미국인들은 따뜻한 인간미를 느꼈다고 쓰고 있다. 21세기에 들어서면서 미국인들은 레이건을 '가장 위대한 대통령'으로 꼽고있다.

레이건은 2001년 2월 'CNN/USA Today/갤럽' 합동여론조사에서 18%로 미국의 가장 위대한 대통령에 꼽혔다. 2등은 16%의 존 F. 케네디 대통령, 3등은 14%의 에이브러햄 링컨 대통령이있다.

■ 클린턴 전 대통령의 자서전도 오역

빌 클린턴 전 미 대통령의 자서전 'My Life'의 국내 번역본에도 오역이 더러 보인다.
'My Life'는 '나의 생애'라는 의미이지만 국내에선 '마이 라이프'로 음역됐다.
일부 원문과 이에 대한 출판사의 번역문을 소개한다.

〈I was also glad that Roger and Mother hadn't let themselves get too hurt by White's bringing up Roger's drug problem. After he got out of prison, Roger served six months in ①a halfway house in Texas, and then moved to north Arkansas, where he worked for a friend of ours in a quick-stop service station. He was about to move to Nashville, Tennessee, and was healthy enough not to let the old story drag him down. Mother was happy with Dick Kelly, and by now knew that politics was ②a rough game in which the only answer to a low blow is winning.(나는 화이트가 로저의 마약 문제를 건드리는 것 때문에 로저와 어머니가 상처를 입을까봐 걱정했다. 하지만 두 사람은 그다지 신경을 쓰지 않았다. 로저는 감옥에서 나온 후에, 텍사스의 ①여관에서 6개월 동안 일하고, 다시 북부 아칸소로 옮겨가서 아는 사람이 하는 주유소에서 일했다. 그는 곧 테네시 주 내슈빌로 옮겨갈 예정이었고, 옛날 이야기 때문에 위축되지 않을만큼 건강했다. 어머니는 딕 캘리와 함께 행복하게 생활하고 있었고, 정치는 ②고달픈 게임이고, 비열하게 공격하는 상대방을 제압하는 방법은 이기는 것뿐이라는 사실을 터득하고 있었다.)〉

①a halfway house(여관) → 재활원(halfway house는 직역하면 '중간가옥'으로 이는 강도, 강간, 살인, 마약 등 강력범죄자들을 사회에 내보내는 중간단계로 재활교육을 하는 곳을 말한다.
②a rough game(고달픈 게임) → 거친 게임

해당 원문을 제대로 번역하면 아래와 같이 될 것이다.

〈나는 또한 화이트가 로저의 마약 문제를 제기한 일 때문에 로저와 어머니가 상처를 입지 않아서 기뻤다. 로저는 감옥에서 출소한 후, 텍사스의 재활원에서 6개월을 보내고 나서 다시 북부 아칸소로 옮겨가서 우리의 친지가 하는 주유소에서 일했다. 그는 곧 테네시 주 내슈빌로 옮겨갈 예정이었고, 지난날의 일 때문에 위축되지 않고 건강했다. 어머니는 딕 캘리와 함께 행복하게 살고 있었고, 그 즈음에 어머니는 정치란 거친 경기라 비열하게 공격하는 상대방을 제압하는 방법은 이기는 것뿐이라는 사실을 터득하고 있었다.〉

국익 걸린 민감한 외교에서의
오보사례들

▪ 오역이 부른 중대 오보-미 부통령의 박근혜 대통령 접견 '베팅' 발언

~bet against는 '반대편에 투자하다'가 아니라 '--에 대해 불신하다'라는 뜻

조 바이든(Joe Biden) 미국 부통령이 2013년 12월 6일 서울에서 박근혜 대통령과 만나서 한 말 "It's never been a good bet to bet against America."를 싸고 국내에서 난리가 났다. 거의 모든 신문과 방송은 "미국의 반대편에 베팅을 하는 것은 좋은 베팅이 아니다."로 번역해 헤드라인 뉴스로 보도하면서 미국이 박근혜 대통령의 친중국 외교에 경고를 보낸 것으로 해석했다. 논란이 확대되면서 국회에서도 의원들이 윤병세 외교장관에게 이 발언의 진의를 묻는 진풍경이 벌어졌다. 하지만 이 모든 소동은 1차적으로 미국측 통역의 오역이 빚은 '사고'였다. 설사 통역이 오역을 했더라도 'bet'의 의미를 제대로 짚지 못한 기자들, 그리고 현장에서 이러한 통역 실수를 즉각 지적하지 못한 외교부나 청와대 직원들에게도 책임이 있을 것이다. 한미 양국 정부가 한 목소리로 통역의 실수에 의한 오역임을 지적하고 나선 것은 잘못된 보도가 나간 한참 뒤였다. 우리 언론으로서는 결국 중요한 대목에서 오보라는 대형사고를 친 셈이다.

하지만 바이든 부통령의 발언을 둘러싼 논란은 계속되고 있다. 외교부와 미 국무부의 오역 해명에도 불구하고 국내 일부 언론 사설이나 칼럼 등에는 "중국을 겨냥한 발언일 수 있다" "박근혜 대통령과 한국을 협박하는 무례한 외교적 언어다" "미국 부통령의 말실수이며, 한미관계에 백해무익한 발언이다" "한국의 친중외교에 쐐기를 박으려는 듯한 발언이다" "듣기 거북하다. 약소국 국민으로서 비애를 느낀다" "노골적으로 미국편에 설것인 가, 중국편에 설것인 가를 강요한 것이다" 등등 비판적인 뒷말이 계속됐다. 국내 언론들은 오역임을 인정하는 듯 하면서도 여전히 의문의 꼬리표를 달았다. 어떤 언론은 외교적으로 보자면 이러한 말은 공개된 장소가 아니라 양자 간의 비공개 회담에서 거론했어야 하는 것이 마땅하나 바이든 부통령은 여과 없이 그의 속내를 드러내고 말았다고 썼다. 또 어떤 언론은 미국을 믿을 수 없다는 의미인지는 몰라도 한말의 카쓰라-태프트 밀약까지 언급하기도 했다. 바이든의 발언이 최근 중국정부의 일방적인 방공식별구역 선언을 겨냥한 것이라는 직설적인 분석도 있었다. 영어꽤나 하는 일부 사람들은 인터넷 블로그 등에서 영어실력을 뽐내며 시진핑 등장 이후 '한중관계의 밀월'을 경고한 발언이라는 주장을 서슴지 않았다. 그러나 이같은 모든 주장들은 바이든 부통령이 사용한 영어를 제대로 파악하지 못한 오역에서 비롯된 것이다.

그렇다면 어째서 오역인가?

"It's never been a good bet to bet against America."는 "미국의 반대편에 베팅을 하는 것은 좋은 베팅이 아니다."라는 뜻이 아니라 "미국이 한 말을 어길 것으로 베팅하는 것은 좋지

않다"라는 의미다. 즉 "미국이 한 말을 의심해서는 안된다"는 뜻이다. 여기서 관건은 바이든 부통령의 발언이 어떤 맥락에서 나왔는지가 중요하다. 그는 박대통령을 접견한 자리에서 "I want to make one thing absolutely clear: President Obama's decision to rebalance to the Pacific basin is not in question. The United States never says anything it does not do. As I said in my visits thus far in the region.(한가지 절대적으로 분명히 말하고자 합니다. 오바마 대통령의 태평양 유역 재균형 결정은 의심의 여지가 없습니다. 미국은 실행할 수 없는 그 어떤 것도 절대 말하지 않습니다. 제가 이번 이 지역 방문에서 말해 왔듯이)라고 한 다음 "It's never been a good bet to bet against America."라고 한 것이다. 따라서 이 말은 미국이 아시아에서 재균형 정책을 추진하겠다고 약속하고는 그 약속을 지키지 않을 것이라는 데 베팅하는 게 좋은 베팅이 아니라는 의미로 해석된다. 미 국무부도 "바이든 부통령이 의미한 것은 미국이 아시아태평양을 중시하고 있고, 재균형정책에 대해 의지를 갖고 있다는 것이었다"고 설명했다.

바이든 부통령은 지난 7월 18일 아시아 순방을 앞두고 '아·태 재균형정책'에 관한 조지 워싱턴대 연설에서도 미국에 대한 신뢰, 미국민에 대한 신뢰를 강조하는 차원에 "It's never, never, never been a good bet to bet against America."라는 표현을 사용했다.

영어의 bet에는 'predict'(예상) 또는 'opinion'(의견)의 뜻이 있다.

따라서 ~bet against라고 하면 구어체로 '반대편에 투자하다'라는 뜻이 아니라 '--에 대해 희망을 접다', '--에 대해 신뢰하지 않다'라는 뜻이다.

오바마 대통령은 2011년 8월 17일 일리노이주 앗킨슨의 'Wyffels Hybrids Production Facility'의 한 타운홀 미팅에서 행한 연설에서 "Don't bet against America. Don't bet against our workers. Don't bet against our businesses."라는 표현을 썼다. 이를 번역하면 "우리는 미국을 불신하면 안됩니다. 우리 노동자들을 불신하면 안됩니다. 우리의 기업체들을 불신하면 안됩니다"는 뜻이다. 미국에 대해, 미국의 노동자에 대해, 미국의 기업체들에 대해 국민들이 희망을 버리지 말고 믿음을 가져달라는 뜻이다. 그는 같은해 11월 14일 폭스뉴스의 Bret Baier와 가진 인터뷰에서도 똑같은 말을 했다. 오바마 대통령은 이에 앞서 2010년 7월 30일 디트로이트의 클라이슬러 자동차 조립공장에서 행한 연설을 통해서도 "Don't bet against the American people. Don't bet against the American workers. I have confidence in the American worker. I have confidence in you. I have confidence in this economy."(미국 국민들을 믿읍시다. 미국 노동자들을 믿읍시다. 나는 미국 노동자를 신뢰합니다. 나는 여러분을 신뢰합니다. 나는 미국 경제를 신뢰합니다)라고 연설했다.

오바마 대통령은 2010년 8월 4일에도 미시건 주 햄트랙의 GM자동차 공장을 방문, 노동자들을 향해 "Don't bet against the American worker! Don't bet against the American people!"이라고 외쳤고 같은 해 11월 23일 인디애나주 코코모의 클라이슬러 자동차 공장을 찾았을 때도 "Don't bet against the American worker. Don't bet against America."라고 말했다. ~bet against가 무슨 뜻인지를 아주 분명히 보여주는 대목이다.

어떤 신문은 '~bet against'의 뜻을 풀이하면서 미국민들의 애국심을 최고조로 끌어올렸던 로널드 레이건 대통령이 남긴 유명한 어록 중 하나가 "One of the worst mistakes anybody can make is to bet against Americans."라면서 이 문장을 "누군가 저지를 수 있는 최악의 실수 중 하나가 미국민들에 대항하는 것이다"고 번역, 소개했다. 그러면서 바이든이 한말에 대해 외교부는 통역 탓을 할 게 아니라, 미국 측에 진중히 따져야 할 대목이라고 썼다. 그러나 이 신문이야말로 레이건 대통령의 말을 오역한 것이다. 이 신문은 레이건의 이 말에는 미국이 주도하는 질서에 대한 강한 자부심과 함께 이 질서를 거스를 경우 손해를 볼 것이란 주변국에 대한 경고도 깔려 있다는 설명을 곁들였으나 아무리 세계 최강대국 미국의 대통령이라고 해도 그런 '건방지고 무례한' 말을 한다는 것은 상식적으로 납득되지 않는다. 레이건 대통령의 이 말은 "누군가 저지를 수 있는 최악의 실수 중 하나는 미국민들을 신뢰하지 않는 것이다"라는 뜻이다. 결론적으로 이번 오역소동은 'bet=내기'로만 알고 있는 짧은 영어실력 빚은 '사고'라고 할 수 있다.

〈참고자료〉
△ 바이든 부통령의 조지 워싱턴대 연설(2013.7.18)
△ 오바마 대통령의 디트로이트 클라이슬러 자동차공장 방문 연설(2010.7.30)
△ 오바마 대통령의 일리노이주 앗킨슨 Wyffels Hybrids Production Facility 타운 홀 미팅 연설(2011.8.17)
△ 오바마 대통령의 폭스뉴스 인터뷰(2011.11.14)

■ 반기문 유엔총장, 남수단 분리독립관련 인터뷰 오보로 곤경

남수단(Southern Sudan)의 분리독립을 위한 국민투표와 관련한 반기문 유엔사무총장의 언론 인터뷰 내용이 오역된 채 보도됨으로써 국제적인 문제가 됐고 반총장이 곤경에 처하는 사건이 발생했다. 기독교를 믿는 남수단은 이슬람을 믿는 북수단과 오랜 내전을 벌여 왔으며, 특히 2003년 다르푸르(Darfur) 분쟁은 21세기 최악의 학살사태로 꼽힌다. 북수단 정부의 기독교 말살 정책에 의해서 2003년 이후 다르푸르에서만도 30만여명이 학살되고 4백만여명의 난민이 발생하는 비극을 겪었다. 아프리카 토착 원주민이 살고 있던 수단에 아랍인들이 대거 이주해 오면서 수단은 분쟁에 휘말렸다. 이슬람계 아랍인들이 수단 전체 인구의 75%를 형성하며 수단의 지배 세력으로 성장했고, 이슬람 아랍계 정권이 남부지역 아프리카계 주민들을 차별하고 탄압하면서 남북 양측에서는 약 50년간 200만여 명이 사망했다.

그러나 수단은 2005년 유엔의 주선으로 남북 양측이 합의한 '포괄적 평화협정' (Comprehensive Peace Agreement, CPA)에 따라 2011년 1월 국민투표를 실시해 남수단의 분리 독립을 결정키로 한 상태였다.

반총장은 국민투표에 앞서 2010년 1월 30일 프랑스의 뉴스통신 AFP와 가진 인터뷰에서 "우리(유엔)는 (수단의) 가능한 분리독립을 피하기 위해 노력할 것이다"(We'll work hard to avoid a possible secession.)로 말한 것으로 보도됐다. 그러나 이는 영어를 불어로, 다시 영어로 순차번역하는 과정에서 빚어진 오역이었다. 반총장이 실제 말한 것은 "우리는 수단의 가능한 분리독립에 어떤 부정적인 결과가 나오지 않도록 긴밀히 노력할 것, 아니 긴밀히 노력해야만 할 것이다"(We will work very closely -- we will have to work very closely -- not to have any negative consequences coming from this potential or possible secession.)였다. 결국 AFP가 오역을 한 것이다.

분리독립을 원하는 남수단에서는 당장 난리가 났다. 남수단의 마야르딧 대통령(Salva Kiir Mayardit)은 2월 2일 반총장에게 항의 서한을 보내고 유엔이 CPA정신을 훼손하며 국민투표에 개입하는 처사라고 비난했다. 결국 이같은 오역소동은 유엔의 즉각적인 해명으로 해소됐고 남수단은 2011년 1월 9-15일 실시된 국민투표에서 98.8%의 압도적 지지로 분리독립을 가결했다. 그리고 남수단공화국(the Republic of South Sudan)이란 이름으로 유엔의 193번째 회원국이 됐다.

■ 中-蘇, 대한민국 호칭 싸고 유엔총회에서 오역 소동

미국과 중국(중공)간의 데탕트가 무르익어가던 1974년 11월 25일 유엔총회 제1위원회(정치) 한반도문제 토론 때 중국 유엔대표단의 黃華수석대표는 사상 처음으로 한국을 'Republic of Korea'(대한민국)라고 정식 호칭을 사용했다가 호칭 자체가 오역된 것이라며 'South Korea'(남한)로 정정하는 소동을 벌였다. 당시 뉴욕 유엔본부 발신 합동통신 기사를 전재한 경향신문 보도에 의하면 중국 소식통들은 통역의 실수라고 전하면서 실지로 黃華는 '대한민국'이 아니라 '남한'이라고 호칭했던 것이고 지적했다. 중국대표단은 黃華연설의 영문기록을 읽고 나서 문제의 오역을 발견, 대표단원 한 사람을 유엔사무국으로 보내 공식 책자로 인쇄되기 직전 속기록을 수정케 했다[36]는 것이다. 소련대표도 이날 회의에서 'Republic of Korea'라는 표현을 썼다가 'South Korea'로 정정했다. 그러나 유엔 소식통들에 의하면 이 같은 정정은 북한 측의 항의를 받고 이뤄진 것으로 전해졌다.

■ 아프간 재파병 문제 놓고 한미정상회담 내용 오역 논란

이명박 대통령과 부시 대통령의 한미정상회담에서 아프가니스탄 파병과 관련해 부시대통령이 한국 측에 요청했던 'non-combat help'란 용어가 '비군사적 지원'이냐, '비전투 지원'이냐 놓고 오역논란이 일었다.

부시 대통령은 2008년 8월 6일 한미정상회담 직후 청와대 녹지원에서 열린 공동기자회견에서 "이명박 대통령에게 파병을 해달라고 요청했느냐"는 기자 질문에 "우리는 (파병문제를) 논의했습니다. …그리고 제가 이 대통령에게 말씀드린 것은 '비전투 지원'이었습니다. 저는 그에게 이 젊은 민주주의를 도울 수 있도록 가능한 한 많은 비전투 지원을 고려해달라고 요청했습니다." (We discussed it. …And the only thing I talked to him about was non-combat help. I asked him to consider as much non-combat help as possible to help this young democracy.)

당시 기자회견 내용은 동시통역으로 진행되면서 'non-combat help'라는 말은 '비군사적 지원'으로 번역됐고 청와대도 그렇게 해석했다.

그러나 '비전투 지원'과 '비군사적 지원'은 전혀 다른 개념이다. 군대가 파병되더라도 전투가 아닌 건설·의료·교육 등의 지원을 하는 것을 '비전투 지원'이라고 한다. 평화 재건을 위해 이라크에 파병된 한국의 '자이툰 부대' 역시 '비전투 부대'로 분류된다.

'비군사적 지원'은 'non-military help'라는 표현이 따로 있다. 부시 대통령이 'non-combat help'라는 단어를 쓴 것에 비추어 군대 파병을 요청한 것으로 해석할 수 있다고 전문가들은 말했다.

---

36) 경향신문(1974. 11. 27)

이에 대해 미국의 '월스트리트 저널'은 6일 한미 정상회담을 보도하는 서울발 기사에서 "부시 대통령은 이 대통령에게 한국군을 '비전투 역할'(a non-combat role)로 아프가니스탄에 재파병 해달라고 요청했다"며 "그러나 이 대통령은 즉각 입장을 밝히지는 않았다"고 전했다. 이 신문은 이어 "한국은 지난 2002년부터 2007년까지 수백 명의 비전투 부대를 아프가니스탄에 보내 미국 주도의 군대에 참가시켰다"며 "그러나 전임 노무현 대통령이 좌파 정치인들과 시민운동가들의 압력에 굴복해 한국군의 파병을 연장하지 않았다"고 지적했다.

한편 주한 미 대사관측은 "비전투 지원과 비군사적 지원은 다른 개념"이라며 "그러나 정상회담의 경우 초청한 쪽에서 번역한 것으로 인식하는 게 맞다"고 답했다. 청와대 측 번역을 옹호하는 얘기여서 오역논란은 더욱 증폭됐다.

■ 부시대통령 慶州 회견 '대북(對北) 경수로 제공'은 중대 오역

조지 부시 미국 대통령이 2005년 11월 17일 한미정상회담 후 공동기자회견에서 대북 경수로 문제에 관한 질문에 답변한 내용이 오역으로 잘못 전달되면서 우리 정부가 뒤늦게 언론에 정정을 요청하는 등 한때 논란이 벌어졌다.

이 오역사건은 부시 대통령이 "핵포기 전 북한에 원조를 먼저 제공할 용의가 있느냐"는 미국 기자의 질문에 대해 "적절한 시기에 경수로를 검토하겠다"(We will consider the light water-reactor at the appropriate time)는 기존 입장을 재확인한 것을 미국 측 한국어 통역이 엉뚱하게 "경수로가 적절한 시기에 제공될 것"이라고 통역함으로써 비롯됐다.

이는 '경수로 문제 검토'를 '경수로 제공'으로 오역한 것이어서 즉각 대북 경수로 논의 문제에 대한 미국 정부의 입장이 바뀐 것이 아니냐는 관측을 낳았다.

부시 대통령은 또 "적절한 시기란 그들(북한)이 핵무기 및 또는(and, or) 프로그램을 검증가능하게 포기한 후"(The appropriate time is after they have verifiably given up their nuclear weapons and/or programmes." 라며 기존의 입장을 분명히 밝혔으나, 미국 측 통역은 "핵 프로그램을 포기하고 나서"라고 대충 전달함으로써 미국이 유연해졌다는 오해를 증폭시켰다.

오역으로 인한 논란이 커지자 우리 외교부가 먼저 해명에 나선 데 이어 청와대 해외언론비서관실도 백악관 공보실로부터 회견 녹취록을 입수, 오류를 확인한 뒤 정확한 질의·응답 내용을 담은 보도 자료를 냈다.

반기문 당시 외교부 장관도 정상회담 브리핑에서 "부시 대통령은 북이 검증 가능한 방법으로 핵을 폐기하고 NPT(핵무기비확산조약)에 들어오고 사찰을 받는 과정에서 자연스럽게 그(논의) 시기가 거론될 수 있다는 점을 말했고, 이는 그 전과 같은 내용"이라고 말했다.

반 장관은 또 부시 대통령의 'and, or'란 표현을 놓고 '핵무기 또는 프로그램 중 택일할 수 있다'는 해석이 나오는 데 대해서도 "and이든 or이든 모든 핵무기와 현존하는 핵 프로그램 (포기)이라고 공동선언에 나와 있다"며 "입장이 달라진 것은 없다"고 말했다.

■ 평화조약이냐, 평화협정이냐

힐러리 클린턴 미 국무장관이 2009년 11월 19일 한반도의 '정전협정을 대체할 평화조약'(a peace treaty instead of an armistice)을 검토할 수 있다고 밝힌 바 있는데 '평화조약'이 국내 대부분의 신문에 '평화협정'으로 소개돼 오역논란이 일었다.

클린턴 장관은 이날 아프가니스탄 카불의 미대사관에서 '블룸버그 라디오'(Bloomberg Radio)와의 인터뷰를 통해 12월 8일로 예정된 보즈워스(Stephen Bosworth)특사의 평양방문과 관련, "만약 그들이 검증 가능하고 되돌릴 수 없는 한반도 비핵화를 다시 다짐한다면 북한에 큰 이익이 있다는 아주 분명한 메시지를 가지고 (보즈워스 특사가) 간다"(We are going to go with a very clear message that there are significant benefits to North Korea if they recommit to the verifiable, irreversible denuclearization of the Korean Peninsula)면서 "우리는 북한이 수년간 끊임없이 제기해온 몇 가지 의제들, 즉 관계정상화, 정전협정을 대체하는 평화조약, 경제개발 지원 등을 검토할 수 있다."(We would explore some of the issues which they have raised continually with us over the years; namely, normalization of relations, a peace treaty instead of an armistice, economic development assistance.)고 밝혔다.

클린턴 장관은 분명히 '평화조약'이라고 했으나 국내 대부분의 언론은 '평화협정'으로 보도했다. 평화조약(peace treaty)과 평화협정(peace agreement)은 둘 다 한반도에서의 전쟁상태를 끝내기위한 것으로 효력 면에서는 유사하다. 그러나 큰 차이가 있는 것도 사실이다. 협정은 행정부의 수반이 결정하고 집행하면 된다. 그러나 조약은 의회의 동의를 얻어야 한다. 정권이 바뀌면서 협정이 무효화 될 것을 방지하기 위하여 의회의 동의를 얻어야 가능한 것이 조약이다. 2007년, 미국에서 '한반도 및 동북아 평화와 안전을 위한 프레임워크'라는 보고서가 나왔는데 여기선 평화협정이라는 용어가 사용됐다. 이 보고서를 주도한 브루킹스 연구소 제임스 굿비(James

Goodby) 선임연구원은 조약의 경우 미국에서는 상원 3분의 2 이상의 찬성으로 동의를 받아야 하는데, 그것이 어려울 것으로 예상했기 때문에 상원의 동의 절차가 필요 없는 협정을 택하게 됐다고 밝혔다. 북한 외무성은 2010년 1월 11일 조선전쟁(6.25전쟁)의 정전협정을 평화협정으로 바꾸기 위한 회담을 시작할 것을 정전협정 당사국들에 제의한다고 밝혔다. '정전협정 당사국들'을 구체적으로 밝히지 않았으나, 2009년 12월 보즈워스 특사가 북한을 방문했을 때, 북측은 중국과 대한민국이 참여하는 '4자 대화'를 거론한 것으로 알려졌다.[37]

■ 일본천황 영국방문 중 과거사 '사죄발언' 오역논란

일본의 아키히토(明仁) 국왕이 영국방문중에 행한 '사과성 발언'이 통역의 잘못으로 오역논란에 휩싸인 적이 있다. 아키히토 국왕은 지난 1998년 5월 26-29 영국을 방문하면서 방문 첫날인 26일 엘리자베스 2세(Elizabeth II, Elizabeth Alexandra Mary) 영국여왕이 주최한 버킹엄궁(Buckingham Palace) 만찬에서 만찬사를 통해 "(2차대전 당시) 영국인들이 입은 전쟁의 상처를 생각하면 우리의 마음은 깊은 슬픔과 아픔을 느낀다"고 말한 것으로 보도됐다.

이 대목의 영어 통역문은 "At the thought of the scars of war that they bear, our hearts are filled with deep sorrow and pain."이었다. 여기서 'war'는 2차세계대전, 'they'는 영국인들을 가리킨다.

그러나 영국의 '더 타임스'지는 이틀 후인 28일 1면 대부분을 할애한 기사를 통해 이 말이 통역 과정에서 오도됐다고 지적하면서 파문이 확산됐다. 더 타임스에 따르면 아키히토 국왕은 실제 "우리의 마음은 깊은 아픔을 느낀다"고만 말했으나 통역이 여기에다 '슬픔'(sorrow)이란 단어를 추가, 표현이 변질됐다는 것이다.

당시 BBC 보도문에도 '슬픔'이란 단어는 들어있지 않았다. BBC 보도문을 보면 "일왕은 2차세계대전에 대해 '깊은 아픔'을 표시했다. 일왕은 일본헌법 때문에 영국에 대해 공식사과를 할 수 없었다"(The Emperor has expressed his 'deep pain' over the Second World War but the Japanese constitution prevents him from giving a formal apology to the UK.)로 돼 있다.

그러나 이러한 오역논란에도 불구하고 지금도 BBC 인터넷 판에 수록돼있는 'The full text of

37) 北, 정전협정당사국 평화협정회담 제의(연합뉴스 2010. 1. 11)

Emperor Akihito's speech'에는 일왕이 "깊은 슬픔과 아픔을 느낀다"고 말한 것으로 돼있다. 해당 부분을 소개하면 아래와 같다.

〈The Empress and I can never forget the many kinds of suffering so many people have undergone because of that war(the Second World War). At the thought of the scars of war that they bear, our hearts are filled with deep sorrow and pain. 〉(나와 미치코(美智子)왕비는 2차세계대전 때문에 수많은 사람들이 겪은 많은 종류의 고통을 결코 잊을 수 없다. 영국인들이 입은 전쟁의 상처를 생각하면 우리의 마음은 깊은 슬픔과 아픔을 느낀다.)

■ 스티븐슨 주한미국대사 '블로그' 한국어 번역도 오역

캐서린 스티븐슨 주한미국대사가 자신의 블로그에 올린 글이 오역논란을 일으켰다. 스티븐슨 대사가 '심은경의 한국이야기'(http://blog.daum.net/ambassadorstephens)라는 자신의 블로그에 올린 글은 자전거로 서해안을 일주 중이던 지난 2011년 6일 6일 진도 군강공원에서 열린 현충일 기념식 연설문으로서, 영문과 함께 한글로 전문이 번역돼있다. 이 글은 6월 20일 자로 올려 져 있으며, '심은경'은 스티븐슨 대사의 한국어 이름이다.

스티븐 대사는 연설에서 한반도 문제와 관련한 김대중 대통령의 통일론을 언급하면서 마지막 대목에서 "오늘 현충일에 우리는 자유를 위해 싸운 용사들의 희생을 기립니다. 그리고 김대중 대통령의 화해를 통한 통일이라는 비전을 기억합니다. 김 대통령의 비전을 실현하기 위해 결의를 다집시다."고 말한 것으로 돼있다. 그러나 영어원문은 "On this Memorial Day, we look back with deep gratitude on the sacrifices members of the armed services made as they fought for freedom. We honor the memory of President Kim Dae Jung, and we remember President Kim's vision of eventual reunification through reconciliation. We look forward to the day when the whole Peninsula is free and all Korean people experience a reconciliation befitting the sacrifice we honor."로 돼 있다. 아무리 찾아봐도 연설문 원문에 "김 대통령의 비전을 실현하기 위해 결의를 다지자"는 부분은 없다. 마치 햇볕정책을 금과옥조처럼 여기는 민주당 등 좌성향 정당이나 운동권 또는 종북세력의 선언 문구를 보는 느낌이다. 마지막 문장을 우리말로 옮기면 '전 한반도가 자유로워지는 날 그리고 모든 한국인(조선인)이 우리가 존중하는 희생에 걸맞은 화해를 경험하는 그 날을 기대해본다'정도가 될 것이다. 그런데도 이 부분이 "김대중 대통령의 통일 비전 실현을 위한 결의를 다지자"로 둔갑된 것이다. 실수가 아닌 의도적인 오역(추가)으로 보일 수 있는 대목이다.

설사 오역이 아닐지라도 주한 미 대사로서 김 대통령의 통일비전 언급이 적절했는지에 대해서도 논란이 일고 있다. 김 대통령의 소위 통일 비전이란 2000년 김정일과 합의한 6.15선언 제2항에 명확히 나타나 있다. 이 조항은 "남과 북은 나라의 통일을 위한 남측의 연합제안과 북측의 낮은 단계의 연방 제안이 서로 공통성이 있다고 인정하고 앞으로 이 방향에서 통일을 지향시켜 나가기로 하였다"고 합의돼 있다. 북한은 이 조항에 대해 남한이 북한식 연방제를 수용했다고 주장하면서 6.15선언 실천을 집요하게 주장해 왔고 2010년에는 (이를 이행하지 않는다며) 천안함 폭침과 연평도 포격도발을 벌였다. 남한 내 대부분의 좌파성향 정당과 친북·종북세력 역시 6.15 선언을 통일의 장전(章典)으로 받들어 왔다.

■ 주한 위컴 미군사령관의 한국인 비하 '들쥐발언' 오역논란

광주민주화항쟁 직후인 1980년 8월 8일 당시 주한미군사령관 겸 한미연합사 사령관이었던 존 위컴(John A. Wickham, Jr.) 대장은 AP통신과 LA Times로 보도된 인터뷰 기사에서 전두환 장군이 한국 국민의 광범위한 지지를 받고 한국의 안보가 유지된다면 이를 한국민의 뜻으로 받아들여 그를 지지할 것이라면서 "한국인은 들쥐와 같아서, 누가 지도자가 되든지 간에 따르기만 할 뿐이다. 민주주의는 한국인에게 적절한 시스템이 아니다."라고 말해 논란을 불러일으켰다. 소위 '들쥐 망언'으로 일컬어지는 위컴 사령관의 이 말은 오역소동으로까지 번졌다. 위컴 사령관은 자신은 '들쥐'(field mice)가 아니라 '나그네쥐'(lemming)의 특성을 한국민에 비유했는데 기사에 'field mice'(들쥐)로 나왔다면서 따라서 한국 언론에 '들쥐'로 보도된 것은 결과적으로 오역이라며 유감을 표명했다.

AP통신 기사의 해당 부분은 다음과 같다.

"Koreans are like field mice, they just follow whoever becomes their leader. Democracy is not an adequate system for Koreans."

의역하면 한국인들은 들쥐와 같은 근성을 지녀서 누가 지도자가 되던 옳고 그름을 따지지 않고 복종을 할 것이며, 따라서 한국인에게는 민주주의가 적합지 않다는 내용이다.

레밍은 북유럽이나 북미 산간지역에 사는 쥐 모양의 작은 동물로 언제나 우두머리를 따라 한 줄로 서며 떼 지어 다니는 습성이 있다. 절벽을 만나거나 바다를 만나도 우두머리만을 따르기 때문에 우두머리가 절벽에서 떨어지면 함께 따라 떨어져 죽고, 바닷물에 뛰어들면 함께 뛰어들어 죽는 습성이 있다.

이 보도가 나가자 국민 여론은 들쥐든 레밍이든 틀린 말이 아니지 않느냐는 의견, 국민을 무시하고 우롱하는 의견 등으로 엇갈렸다. 많은 한국인들이 이승만에서 박정희, 전두환 시대에 이르기까지 살아오는 동안 무조건 복종하고 줄서기에 익숙했다는 자조적인 얘기가 이때 나왔다. 바로 그 전날인 8월 7일, '광주 민중항쟁'(광주항쟁) 후 권력을 실질적으로 장악했던 전두환 장군은 여세를 몰아 자기 손으로 육군대장 계급을 직접 붙여달고 예편했다.

▪ 국가 간의 밀접관계를 동시 오르가슴 느끼는 성관계로 오역

외교행사에서의 오역 사례를 모은 책으로 전 호주 외무장관 울코트(Richard Woolcott)가 2007년에 펴낸 'Undiplomatic Activities'(비외교적 행동들)란 것이 있다. 울코트는 그의 외교관 생활을 청산하는 회고록 성격의 이 책에서 오역과 관련한 많은 일화를 소개하고 있다.

예컨대 그가 인도네시아 팔렘방 주재 영사로 전보돼 그곳 주민들에게 첫 인사를 할 때 영어로 "Ladies and gentlemen, on behalf of my wife and myself, I want to say how delighted we are to be in Palembang."(신사 숙녀 여러분, 제 아내와 저를 대표하여 말씀드리겠습니다. 우리는 팔렘방에 오게 된 것을 매우 기쁘게 생각합니다.)이라고 말했으나 인도네시아어에 능통하지 못했던 통역은 이 말을 "신사 숙녀 여러분, 나는 팔렘방에 와서 내 아내의 배 위에 올라 타게 된 것을 매우 기쁘게 생각합니다"(Ladies and gentlemen, on top of my wife, I am delighted to be in Palembang.)라고 오역했다고 전한다.

그는 또 외교관 출신의 호주 노동당 당수 케빈 러드(Kevin Rudd)의 오역 이야기도 들려준다. 러드는 호주 외교부에서 중국 푸통화(普通話, Mandarin)의 달인으로 유명했지만, 외교관 초년병 시절인 1984년 베이징 대사관에서 웃지 못 할 엄청난 실수를 저질렀다. 러드는 "호주와 중국이 상호관계를 더욱 밀접하게 하고 있다"(Australia and China were enjoying a great closeness in their relationship.)고 강조한 대사의 말을 "중국과 호주가 서로 (성)관계를 하면서 동시에 오르가슴을 즐기고 있다"(Australia and China are enjoying simultaneous orgasms in their relationship.)고 통역, 망신을 자초했다.

책은 또 프랑스 주재 호주 외교관이 현지에서 즐겁고 행복하게 지내고 있다는 사실을 프랑스인에게 불어로 전하려 한 과정에서 일어난 일화도 소개했다. "내 과거 경력을 돌이켜 보면 프랑스에 오기 전과 온 후로 나눠진다. 프랑스에 부임하기 전에는 지루한 외교관 생활을 보냈을 뿐이지만 지금은 정반대다."(When I look back on my career, it is divided in two parts, with dull postings before life in Paris). 하지만 설익은 불어 실력 때문에 프랑스인에게는 "내 등을 바라 봤을 때 그것이 두 부분으로 돼 있다는 사실을 발견했다..."(When I look at my backside I find that it is divided into two parts...)로 들렸다. 박장대소가 터진 것은 물론이다.

한국에서 있었던 외교행사에서의 오역 해프닝도 소개했다.

필리핀의 한 장관이 한국을 방문해 자신을 위한 공식 만찬에 참석, 분위기를 돋우기 위해 긴 조크를 했다. 그런데 한국인 통역사가 좀 이상했다. 말귀를 제대로 알아듣지 못한 것이다. 하지만 통역사는 내색을 하지 않고 간단히 몇 마디를 한국어로 말했다. 그러자 만찬장에 있는 사람들이 일제히 웃으며 박수갈채를 보냈다.

흡족해진 장관은 자신의 긴 농담을 불과 몇 문장으로 전달해 열렬한 반응을 이끌어낸 한국인 통역사의 신기에 가까운 실력에 찬사를 보내지 않을 수 없었다. 만찬 후 한국인 통역사를 찾아 치하했더니 그가 의외의 반응을 보였다. "장관님 죄송합니다. 솔직히 말씀 드리면 장관님의 조크를 이해하지 못했습니다. 그래서 참석하신 분들에게 한국말로 부탁 드렸습니다. 장관님이 자신의 18번인 농담을 얘기하신 것 같으니 모두들 진심으로 웃어주고 박수를 쳐 주십시오라고 말입니다."(Frankly, minister, I did not understand your joke so I said in Korean that the minister has told his obligatory joke, would you all please laugh heartily and applaud.)

오보가 부른
세계금융시장 패닉과 은행 파산

▪ 2005년 5월 11일 위안화 절상 오보기사로 세계외환시장 한 때 공황상태

지난 2005년 5월 11일 세계외환시장에서는 불과 몇 분이라는 짧은 시간동안 20억 달러 어치가 거래되면서 달러화가 급락하는 등 시장이 요동친 사건이 발생했다. 중국 공산당 기관지 인민일보가 이날 on-line 영문판에서, 중국의 위안화가 1개월 이내 그리고 1년 후 각각 1.26% 와 6.03% (by 1.26% within a month and 6.03% in 12 months) 절상되거나 변동폭이 확대될 것이라고 보도한 한데 이어 불름버그통신이 이 보도내용을 전세계에 타전함으로써 외환시장은 순간 패닉상태에 빠지기 시작했다. 그러나 이는 인민일보의 오보로 비롯된 메가톤급 해프닝이었다.

사건의 발단은 홍콩에 본사를 두고있는 뉴스통신사인 中国新闻社(China News Service, CNS)의 중국어 기사였다. 관 시앙동(Guan Xiangdong)이라는 CNS 여기자가 토요일인 5월 7일 야근을 하면서 홍콩 현지의 몇몇 신문에 난 미확인 기사들을 짜깁기하여 만든 기사였다. 원래 관광 전담기자로서 재택근무를 주로 해왔던 그는 이날 밤 당직근무차 나와 자기 전문분야가 아닌 경제기사를 중국어로 작성했다. "인민폐 평가절상으로 홍콩의 인플레 압력이 증가되는 것을 우려한다"는 5월 7일자 홍콩 업계대표들의 발표내용을 전하면서 쓴 기사였다. 주요내용은 다음주(9-15일) 미국 금융담당자와 중국인민은행 금융담당자의 정례모임에 앞서 쌍방이 인민폐 절상 혹은 변동폭 확대 결과를 발표하기를 희망하고 있으며 인민폐는 1개월 이내 그리고 1년후는 각각 1.26%, 6.03% 절상될 것으로 기대한다는 것이었다. 그러나 이 중국어 기사는 평가절상에 대한 구체적인 내용이 포함되지 않아 국제금융시장의 관심을 끌지 못했다. 그러나 나흘 뒤인 5월 11일 인민일보 인터넷 영문판이 CNS기사를 영어로 번역하면서 중국은 1개월 이내 및 1년후 각각 1.26%, 6.03%의 평가절상을 결정했다(China had decided to revalue, by 1.26% within a month and 6.03% in 12 months.)고 오역해버린 것이다. 인민일보는 이 기사가 CNS 기사라고 출처는 밝히지 않았다. 오역된 인터넷 기사는 중-미 금융관계자 회의를 통해 곧 인민폐 평가절상이 발표될 것이라는 설이 기정사실로 받아들여졌다. 블룸버그 통신은 인터넷에서 이 소식을 찾아내고 확인도 않고 전세계를 향해 '긴급뉴스'를 타전했다,

인민일보는 기사내용이 잘못된 것을 뒤늦게 알고 기사 전체를 삭제했지만 이 뉴스는 세계 외환시장에 엄청난 위력을 발휘했다. 시장에서 인민폐가 절상되면 아시아의 각국 통화가 덩달아 재평가될 것으로 알려져 있기 때문에 싱가포르를 비롯한 스톡홀름, 런던 등 전세계 외환시장은 거의 공황상태에 빠졌다. 블룸버그의 소식을 접한 싱가포르 외환딜러들은 미국달러를 무조건 팔고 대신 엔화, 싱가포르 달러, 인도 루피 등을 대량으로 사들였다. 블룸버그의 소식이 사실이 아

닌 것으로 알려지면서 외환딜러들은 미국달러를 재 구매하느라 법석을 떨었으며 일부 외환딜러들은 한 발 늦게 시장반응에 대응하다 엄청난 손실을 입기도 했다.

▪ 루머를 사실로 보도해 거액 뱅크런 사태 촉발…美 대형 은행 파산

오역은 사소한 것이라도 금융산업에 엄청난 충격(tremendous impact)을 준 것으로 기록되고 있다. 1984년 시카고에 본점을 두고 있던 미국의 7위(자산기준) 은행인 컨티넨탈 일리노이 은행(Continental Illinois National Bank and Trust Company)은 한 언론의 오역사건을 계기로 대규모 뱅크런(bank run) 사태를 맞으며 결국 파산하고 만다. 물론 이 은행이 파산에 이르게 된 기본적인 원인은 1982년에 문을 닫은 오클라호마시티 소재 'Penn Square Bank'에 빌려준 13억 달러를 포함, 여러 중소은행과 기업에 대해 갖고 있던 거액의 채권이 회수불능이라는 데 있었다. 하지만 현실적으로 대규모 뱅크런 사태를 촉발, 은행이 망하게 된 것은 오역 때문이었다. 당시 미국에는 컨티넨탈 일리노이 은행이 불량채권으로 파산될 것이라는 루머가 돌고 있었다. 로이터통신은 1984년 5월 9일 은행측에 이 루머에 대한 해명을 요구했다. 하지만 은행측은 전혀 사실무근(totally preposterous)이라고 밝혔다. 그럼에도 불구하고 미국 나이트 리더(Knight Ridder Newspaper Inc.)의 상품·금융정보 뉴스서비스 회사인 CNS(Commodity News Service)는 일본의 한 은행이 컨티넨탈 일리노이 은행을 인수할 것이라는 루머가 시중에 나돌고 있다(Rumors circulated that a Japanese Bank was planning to take over Continental Illinois.)고 보도했다. 여기까지는 별 일없이 넘어갔다. 문제는 일본의 한 언론이 CNS 보도내용을 일본어로 번역, 기사화하는 과정에서 루머가 아니라 사실(fact)이라고 오역함으로 대규모 뱅크런 사태로 이어진 것이다.[38] 이 보도로 자산 400억 달러(2010년 기준 677억 달러), 직원 1만 2천여명으로 세계 29개국에 사무소를 두고 있던 이 은행은 불과 수일만에 100억 달러의 현금인출사태를 맞고, 파산할 수 밖에 없었다. 레이건 미 행정부는 연방예금보험공사(FDIC, Federal Deposit Insurance Corporation)와 중앙은행인 연방준비제도이사회(Federal Reserve Board)를 통해 20억 달러의 구제금융을 지원하는 등 총 80억 달러의 공적자금을 투입했으나 파산을 막기에는 역부족이었다. 결국 1910년 설립된 컨티넨탈 일리노이은행

---

38) Jody Byrne, Caveat Translator: Understanding the Legal Consequences of Errors in Professional Translation, JoSTrans(The Journal of Specialised Translation), Issue 07 - January 2007, PP 2-24.

은 FDIC에 압류된 뒤 '뱅크 오브 아메리카'에 넘어갔다. 컨티넨탈 일리노이은행 파산은 미국 금융 사상 두 번째로 큰 파산이었다. 1위 금융기관은 2008년에 파산한 자산 3천70억 달러의 '워싱턴 뮤추얼'(Washington Mutual(본사 시애틀)이었다. 미국의 '전문번역기관'(Professional Document Translation Services)들은 컨티넨탈 일리노이은행 파산을 번역오류(translation error) 또는 오역(mistranslation)에 기인한 파산사례로 소개하고 있다.

오역보도로
망신당한 언론들

▪ 소치올림픽 러시아 피겨 선수에 점수 몰아줬다는 보도는 오역

김연아가 소치 동계올림픽 피겨스케이팅에서 아쉽게도 은메달을 획득한 직후인 2014년 2월 23일 국내에서는 소치 올림픽 피겨스케이팅의 한 심판이 양심선언을 통해 "심판들이 할 수 있는 방법으로 러시아의 아델리나 소트니코바(Adelina Dmitriyevna Sotnikova)에게 점수를 몰아줬다. 그들이 그렇게 채점했다"고 고백했다는 보도가 나왔다. 이 기사는 처음 온라인에서 양심선언으로 불리며 SNS를 타고 급속도로 퍼졌고 순식간에 거의 대부분의 국내 언론매체들이 앞다퉈 '편파판정'이라고 보도하는 상황으로 발전했다. 보도 내용이 사실이라면 재심을 통해 김연아의 은메달이 금메달로 바뀔 가능성도 있었기 때문이다. 그러나 이는 미국 USA투데이의 2월 21일(현지시간)자 기사를 오역한 황당한 오보였다.

USA투데이의 크리스틴 브레넌(Christine Brennan)기자가 쓴 이기사의 해당 원문은 아래와 같다.

〈A high-ranking Olympic figure skating official, who spoke to USA TODAY sports on the condition of anonymity due to the sensitive nature of the topic, said the geographic makeup of the judging panel "was clearly slanted towards (Olympic gold medalist) Adelina Sotnikova," adding "this is what they can do."〉

이를 번역하면 "올림픽 피겨스케이팅의 한 고위 관계자는 주제의 민감성 때문에 익명을 요구하면서 러시아의 아델리나 소트니코바에게 이로운 쪽으로 심판 구성이 이뤄져 있었다. 이것이 러시아의 힘이라고 말했다."정도가 될 것이다. 기사 어디를 봐도 경기에 관여했던 심판들이 아델리나 소트니코바에게 점수를 몰아줬다는 얘기는 없다.

▪ 돈내면 SAT 300점(만점 1600) 받아도 하바드 입학가능은 한국언론의 오보

2006년 8월 14일부터 수일간 한국의 신문, 방송과 미주지역의 한국어 신문들은 '돈내면 SAT 300점도 허버드대 특혜 입학' '돈내면 SAT 300점을 받아도 아이비리그(Ivy League) 대학 합격'

이란 제목의 기사를 보도했다. 한국의 많은 학부모와 학생, 그리고 해외거주 한인들은 대학에 거액을 기부하거나 사회 저명인사 또는 영향력 있는 동문이면 자녀가 SAT(대학수학능력평가시험) 1600점 만점에 300점을 받아도 아이비리그 대학에 입학할 수 있다는 '충격적인' 뉴스를 접하고 기쁨을 감추지 못했다. 그러나 이 기사는 오역을 한 한국언론들의 오보였다.

한국의 언론들은 2006년 8월 21일자(시판은 1주일전인 14일)발행 '타임'이 지난 2004년 미국 명문 대학들의 특혜 입학 사례를 파헤쳐 퓰리처상을 수상한 대니얼 골든 기자를 인터뷰한 기사를 인용, 그같이 보도했다.

SAT 시험은 아무리 점수를 낮게 받으려고 노력해도 300점을 받을 수 없다. 시험지를 백지로 내도, 또는 모든 문제를 모조리 틀려 오히려 감점이 더 많더라도 최저 점수는 400점(개정 SAT의 경우 600점)을 받게된다.

한국언론들이 인용한 대목은 "If the parent pledges enough money or is a big enough celebrity or powerful enough alumnus, the break can amount to 300 SAT points out of 1600, which is as much or more than a typical affirmative-action preference would be." 이다. 이를 번역하면 "부모가 거액을 약속하거나 유명 인사, 또는 영향력 있는 동문일 경우 특혜를 받는 SAT 점수는 1600점 만점에서 300점에 달할 수 있는데 이는 소수계 우대정책에서 가산점으로 받는 수준이거나 그보다 더 높은 정도"라는 뜻이다.

즉 거액 기부자나 유력 동문의 자제는 300점 정도의 특혜를 받고 있다는 이야기인데 한국의 언론들은 일제히 "1600점 만점에서 300점만 맞아도 명문대에 갈 수 있을 것"이라고 오역을 해 오보를 냈다. 더욱 가관인 것은 미주 한국어 신문들이 한국언론 보도를 인용하면서 오보를 냈다는 사실이다. 아이비리그는 미국 동부에 있는 8개 명문 사립대학의 총칭으로 브라운(Brown), 컬럼비아(Columbia), 코넬(Cornell), 다트머스(Dartmouth), 하바드(Harvard), 펜실베이니아(Pennsylvania), 프린스턴(Princeton), 예일(Yale)등 8개 대학을 말한다.

■ CNN, 오역방송으로 이란서 취재거부 망신

세계 최대의 케이블뉴스 방송인 미국의 CNN이 오역 때문에 이란 정부로부터 취재거부를 당하는 수모를 겪었다.

CNN은 2006년 1월 16일 마무드 아마디네자드(Mahmoud Amadinejad) 이란 대통령의 신년 기자회견을 생중계하면서 한 통역회사의 이란어-영어 동시 통역사를 고용했다. 그러나 이 통역사가 핵심적인 대목에서 실수를 저질렀다. 통역사가 "이란은 핵에너지를 개발할 권한이 있다." (Iran has the right to develop nuclear energy)를 "이란은 핵무기를 개발할 권한이 있다." (Iran has the right to build nuclear weapons)로 오역한 것이다.

이 같은 보도는 같은 날 2년 만에 우라늄 핵시설의 봉인을 뜯은 이란 정부의 조치와 맞물려 전 세계를 경악하게 하면서 일파만파의 충격을 가져왔다. 이란 공보부는 이날 즉각 CNN의 이란 내 취재를 금지하며 다른 CNN 기자의 이란 입국을 불허한다고 강경조치를 취했다. 이에 CNN은 즉각 오역된 보도를 정정하고 공식 사과했다. 통역회사인 'Lesley Howard Languages'도 CNN 에 사과했다. 이란정부는 CNN의 사과를 받아들여 하루만인 1월 17일 취재 금지조치를 해제했지만 CNN으로서는 치욕적인 오역이었다.

▪ 태국 국민 58%가 한국에 부정적이라고? 알고보니 BBC의 오역

영국의 BBC방송이 국가별 영향력 여론조사에서 남한을 북한으로 오역한 조사결과를 보도해 망신을 샀다. BBC는 다국적 여론조사기관인 '글로브스캔/피파'(Globescan/Pipa)에 의뢰해 2009년 11월부터 4개월간 한국 등 세계 17개국이 각각 국제사회에 긍정적 또는 부정적 영향을 미치는지에 대한 여론조사를 28개국의 현지 대행업체를 통해 실시, 집계결과를 2010년 4월 19일 발표했다.

이 조사에서 한국에 대한 부정적 응답이 태국에서 58%로 가장 높게 나왔다. 6.25전쟁 참전국인 태국이 지금은 한류 열풍, 경제발전 등으로 한국에 더 많은 호감을 갖고 있는 것과는 딴판이었다. 이런 예상 밖의 결과는, 조사결과 현지 조사 대행업체가 남한을 북한으로 오역한 설문지를 토대로 한 잘못된 것으로 뒤늦게 밝혀졌다.

태국 주재 한국대사관의 진상조사결과에 따르면 태국의 여론조사기관인 '커스텀 아시아트' (Custom Asiat)가 설문조사 과정에서 번역 실수로 북한에 대한 영향력을 중복 조사하는 실수를 해놓고도 BBC에는 남·북한에 대해 각각 설문조사를 실시한 것처럼 보고한 것으로 드러났다. 이 업체의 2차례 설문 조사에서 북한의 영향력에 대한 부정적인 답변은 각각 부정 61%, 58% 였으며, 이 중 두번째 조사 결과가 한국에 대한 조사로 둔갑한 것이다.

▪ 미국망명 北 장승길 대사를 CIA첩자로 오역 보도해 망신

1997년 8월 28일 한국 언론들은 워싱턴 포스트 기사를 인용, 미국에 망명한 장승길 주(駐) 이 집트 북한대사가 오래전부터 미중앙정보국(CIA)에 의해 포섭 또는 고용됐었다고 보도했다. 마치 장 대사가 망명이전부터 CIA첩자로 활동해왔다는 느낌을 주는 이 엄청난 보도는 그러나 영어 단 어 하나를 한쪽으로만 해석함으로써 비롯된 오역이었다. 장 대사는 8월 22일 카이로에서 행방불 명됐고 미국 측은 그가 주 이집트 미국대사관의 보호를 받고 있다고 밝혔다.

워싱턴 포스트 원문은 "He had been recruited by the CIA over a long period"로 문제의 단어는 'recruited' 이었다. 이 문장은 번역하면 "그는 훨씬 이전부터 CIA 에 의해 고용돼 있었 다"로 해석될 듯도 하지만 이 문장의 원뜻은 "그가 CIA에 의해 오래전부터 망명의사를 타진 받 아왔다"는 의미다. recruit의 사전적 정의를 보면 '신병이나 새 회원으로 들이다(모집하다), 고용 하다' 등의 의미도 있지만 '신병 또는 새 회원으로 가입시키기 위해 접촉하다'라는 뜻도 있다. 즉, 가입 여부가 완료되지 않은 상태의 동사로 쓰인다. recruit라는 단어를 싸고 논란이 확산되자 이 기사를 쓴 제프리 스미스 기자는 "CIA가 망명을 요청했다"는 뜻으로 썼다고 설명했다.

▪ '코잘린 아프간 여성' 복원수술은 한국 언론 오역

코가 잘린 처참한 모습으로 미 시사주간지 타임(2010년 8월 1일자) 표지에 등장해 전 세계를 경악시켰던 아프가니스탄 여성 아이샤 모함메드자이(Aesha Mohammadzai, 22)가 미국에서 성형수술을 받아 코를 복원한 뒤 새로운 삶을 찾고 있다고 한국 언론들이 2012년 5월 21일 일 제히 보도했다. 아이샤는 18살이던 2009년 남편인 탈레반 사령관과 시댁 식구들의 학대와 폭력 을 견디지 못하고 친정으로 도망쳤다가 남편에게 잡혀 즉결재판에서 코와 두 귀를 잘렸다. 피투 성이가 된 아이샤를 치료하고 보호해 준 것은 아프가니스탄 주둔 미군이었다. 그는 코와 귀의 절 단으로 실신했지만 간신히 정신을 차린 후 피를 흘리며 기어서 친정으로 가 부모의 도움으로 아 프가니스탄 주둔 미군에 맡겨져 10주간 치료를 받은 것이다. 타임은 이런 '스토리'를 기사로 내 보냈다.

타임 표지 제목은 'What happens if We leave Afghanistan'(우리가 아프간을 떠나면 어떤 일이 벌어질까)였다. 아이샤는 이후 자선 재단의 도움으로 미국으로 건너가 캘리포니아의 한 비 영리 병원에서 제작한 '붙였다 떼었다하는 인공코'를 받아 부착하게 된 것이다. 그러나 한국의 언론들은 아이샤가 병원에서 본인의 뼈와 근육조직, 연골 등을 이용해 만든 인공 코와 귀를 이식하는 수술을 받은 뒤 새로운 삶을 찾고 있다고 보도했다. 이러한 오보가 나가게 된 것은 2012년 5월20일자 영국 데일리 메일(Daily Mail)지 기사를 오역했기 때문이었다.

아이샤의 코와 관련된 데일리 메일의 기사는 이렇다.

"Aesha has had a prosthetic nose fitted at the non-profit humanitarian Grossman Burn Center…. Dr Peter H Grossman said they hoped to give Aesha a more 'permanent solution', which could mean reconstructing her nose and ears using bone, tissue and cartilage from other parts of her body."

번역하면 "아이샤는 비영리단체 '그로스만 화상 센터'로부터 인공 코를 받았다. 담당 의사인 그로스만은 아이샤에게 아이샤의 다른 뼈와 근육조직, 연골 등을 이용해 코와 귀를 재건하는 좀 더 '영구적인 해결책'을 줄 수 있기를 바란다고 말했다" 가 된다. 아이샤가 붙였다 떼었다 하는 인공 코를 사용하고 있지만 코 재건 수술은 아직 받지 못했다는 얘기다.

△ 코가 잘린 처참한 모습으로 2010년 8월 1일자 타임 표지에 등장한 아프간 여성 아이샤

△ 붙였다 떼었다하는 인공코'를 받아 부착하고 있는 아이샤의 모습(사진=미 ABC 뉴스 캡처)

한국 언론들이 아이샤가 코 수술을 받았다면서 친절하게 덧붙인 사진들은 지난 2010년 10월경 아이샤가 인공 코를 부착하고 찍었던 것들이다. 아이샤가 '옛날의 코를 찾았다'는 기사들은 데일리 메일의 보도 이후 극히 일부 매체에서 오역을 지적하고 있을 뿐 지금도 국내 인터넷에 그대

로 올라있다. 오보를 내고도 오보인지 모르고 있는 것이다.

여기서 왜 한국 언론들이 집단 오보를 하게 됐느냐에 대해서는 의견이 갈릴 수 있다. 기사를 쓴 한국 기자들이 데일리 메일 기사를 보고도 우연히 집단적으로 오역을 했거나 아니면 뉴스통신 등 누군가 처음 데일리 메일 기사를 잘못 번역해 썼는데 다른 언론사들이 이를 확인도 않고 집단적으로 베껴 쓴 경우이다. 후자의 경우가 가능성이 더 커 보인다.

■ 일본을 엽기살인 패륜국가로 만든 한국 언론 오역

2004년 3월 24일 한국의 인터넷신문인 노컷뉴스는 '日, 아들 성폭행하려 한 어머니 시신으로 발견' 이라는 제목의 뉴스에서 어머니가 친아들을 성폭행하려다 뜻을 이루지 못하자 '동반자살을 했다'고 보도했다. 같은 해 3월 22일자 요미우리 신문에 보도된 사건을 전하는 이 기사는 그러나 100% 오보였다. '억지 정사(情死)' 를 뜻하는 일본어 '無理心中'(むりしんじゅう)을 '억지 정사(情事)' 즉, '억지 성관계'로 오역한 것이다. 동음이의어인 관계로 情死를 情事로 오역한 것으로 보인다. 일한사전을 찾아보면 '無理心中'은 '억지 정사(情死)' '강제정사(强制情死)' 등으로 풀이돼 있다.

인터넷 포털 '다음' 사전에 나와있는 정사(情死)의 정의를 보면 '사랑하는 남녀가 그 뜻을 이루지 못하든가 또는 다른 사정으로 함께 자살하는 일'이라고 돼있다. 따라서 情死라는 낱말 앞에 '억지'가 붙어 '억지 정사(情死)'라고 하면 죽을 생각이 없는 상대를 죽이고 자신도 죽는 것을 말한다. 다시 말하면 자살을 거부할 물리적 힘이 없는 사람들 예컨대 어린이나 노인, 환자를 죽이고 자살하는 것을 말한다. 이런 의미에서 '동반자살'과는 다르다. 국내 언론은 생활고 등을 비관한 어머니가 자기의 어린 자식들을 껴안고 아파트에서 투신해 죽는 경우, '동반자살'이란 표현을 쓰는 데 이는 어린 자식들의 의사와는 무관하게 강제(억지)가 개입돼 있다는 점에서 자식에 대한 살인행위이지 동반자살은 아니다.

요미우리신문의 기사는 심한 정신지체증상이 있는 아들을 둔 어머니가 현실을 비관해 아들을 죽이고 자신도 목숨을 끊었다는 내용이다. 문제는 이 오역 기사가 나간 후 인터넷에는 일본을 엽기살인국가, 패륜국가 등으로 묘사하는 댓글들이 수십건 올라왔고 지금도 해당 기사와 함께 험한 내용의 댓글이 그대로 떠있다는 점이다. 오역이 얼마나 사실을 왜곡하는지를 보여주는 대표적인 사례라고 할 수 있다.

노컷뉴스 기사와 요미우리 기사 원문을 소개한다.

〈노컷뉴스 기사(2004년 3월 24일)〉

〈'日, 아들 성폭행하려 한 어머니 시신으로 발견'

정신지체인 아들과 강제로 성관계를 가지려다 실패하자 자신의 아들을 숨지게 한 어머니가 변사체로 발견됐다.

22일 일본 요미우리신문에 따르면 지난 21일 오전 3시쯤 일본 후쿠이시(福井) 아스와(足羽)에 사는 회사원 카토 미치오(加藤康夫, 63)씨로부터 "아들이 숨져 있다"는 신고가 들어왔다.

신고를 받은 후쿠이 남부경찰서는 집 거실에 넘어져 있는 장남(32)을 보고 병원에 옮겼으나 이미 숨져 있었다.

그런데, 이 사건이 나기 45분 전 카토의 집에서 약 1.5㎞ 떨어진 지점을 지나던 한 행인이 자동차가 도로상에서 불타고 있다는 신고를 했고 현장에 출동한 경찰은 카토의 부인(56)으로 보이는 시신을 수습했다. 불에 탄 모습이었다.

사건을 수사중이던 경찰은 집에서 부인의 유서를 발견했고 "아들을 사랑해 관계를 하고 싶어했지만 아들이 이를 거부해 살해하고 나도 죽겠다"는 내용을 발견, 모자간의 치정관계로 인한 살인인지 여부를 조사하고 있다.

주변 사람들에 따르면 카토의 아들은 심한 정신지체증상이 있었던 것으로 드러났는데 정신지체인 아들과 억지로 성관계를 가지려다 이를 거부하자 화가 난 어머니가 아들을 숨지게 한 것으로 경찰은 보고 있다.〉

〈요미우리신문 기사 원문(2004년 3월 22일)〉

〈'母が障害の長男と無理心中？自宅と車内で2遺体'

２１日午前３時ごろ、福井市足羽、会社員加藤康夫さん（６３）から
「息子が部屋で死んでいる」と１１０番があった。福井南署員が駆け
つけたところ、室内で長男（３２）が倒れており、病院に運ばれたが、
すでに死亡していた。

調べによると、通報の約４５分前、加藤さん方から西南約１・５キロ
の同市若杉の路上で、加藤さん所有の普通乗用車が燃えているの
を近所の人が発見、車内から加藤さんの妻（５６）とみられる焼死体
が見つかった。自宅に遺書が残されていたことから、同署は遺体が
妻で、無理心中を図ったのではないかとみて調べている。

加藤さん方は３人家族で、長男には知的障害があったという。

(21일 오전 3시경 후쿠이시 와스와에서 회사원 카토(63)씨로 부터 "아들이 방에 죽어있다"는 110 신고를 받은 후쿠이 남부경찰서 경찰관은 현장에 출동하여 장남(32)을 병원으로 옮겼으나 이미 사망한 상태였다. 그리고 신고 45분전, 현장에서 1.5km 떨어진 곳에서 카토씨 소유의 불에 탄 승용차가 발견되었는데, 차 안에서 자살한 것으로 보이는 장남의 어머니(카토씨의 아내, 56)의 불에 탄 시체가 발견됐다.

어머니의 유서가 자택에서 발견됐는데 "아들을 사랑한다. 아들도 죽고 나도 죽겠다."라고 한 것으로 보아 경찰은 어머니가 억지 정사(情死)를 꾀한 것이 아닌가 보고 조사 중이다. 카토씨 가족은 3명으로, 장남에게는 지적 장해가 있었다고 한다.)〉

■ 런던올림픽 '에비누마 패배인정' 한국언론 보도는 명백한 오역

2012 런던올림픽 유도 66kg급 준준결승(8강) 경기에서 조준호가 심판의 석연찮은 판정번복으로 일본의 에비누마 마사시(海老沼匡)에 억울하게 패해 국민들이 의아해하고 있는 가운데, 국내에서 에비누마가 패배를 인정했다는 기사가 쏟아졌다. 그러나 이는 오역에 기초한 분명한 오보였다.

경기 후 진행된 인터뷰에서 에비누마는 일본어로 "やっぱり韓国の人たちから見たら、すごいよくないことだと思います。"라고 말했다. 우리말로 옮기면 "아무래도 한국인들 입장에서 보면 굉장히 안 좋은 일이었을 것 같습니다."이다. 그런데 이를 가리켜 KBS 기자가 "패배를 인정했다"고 보도했고 다른 방송과 인터넷 매체들도 뒤따라 똑같은 보도를 했다. 어디를 봐도 패배를 인정했다는 말은 없다. 조준호는 패자전으로 떨어진 후 동메달을 따냈다.

실제 일본 언론 웹사이트에 오른 인터뷰 내용을 보면 판정이 취소되었을 때 마음이 바뀌었느냐는 질문에 에비누마는 "심판이 그렇다고 하니까 그렇다고 생각하고, 그렇다면 이기기 위해 노력할 수 밖에 없겠구나 하고 생각했습니다(審判が言ったからにはそうだと思う (それが正しい) ので、それだったら勝つためにやらなければならないと思いました。)라고 말했다.

에비누마는 또 "판정 후의 기분은 어땠냐"라는 질문에 "그 시합은 경기장의 여러분께서 이기게 해주신 거라는 느낌이었습니다. 그렇다면 꼭 우승해야겠다고 다짐했는데도 제 힘이 딸려서 우승을 못했기에 경기장에 계신 여러분께는 감사하는 마음과 죄송한 마음입니다(あの試合は□場のみなさんに勝たせていただいたという感じでした。それだったら優勝しなくちゃいけないと思ったんですけど、自分の力が足りず、優勝できなかったので、会場のみなさんには感謝と申し訳ない気持ちです。)라고 답변했다.

정리하면, 에비누마는 "판정이 나한테 유리하게 나와서, 이건 내가 꼭 이기라는 뜻으로 들려서 열심히 했다. 응원해준 국민들에게 감사하다"란 말만 했지 그 어느 부분에도 "조준호가 이겼다"느니 "패배를 시인한다"란 말은 하지 않았다. 결과적으로 우리나라 언론들이 오보를 한 셈이다.

■ 수사경찰의 오역을 확인 않고 보도하다 망신당한 한국 언론

경찰의 오역을 언론이 그대로 보도함으로써 망신을 산 적이 있다. 지난 2008년 4월 딸과 함께 필리핀을 여행 중이던 270억대 한인 부자 박모 여인(당시 66세) 피살사건을 수사 중이던 서울 서초경찰서는 사건 해결의 결정적 증거가 될지도 모르는 영어녹음을 잘못 번역했고, 한국 언론들은 이 오역을 영어 원문과 함께 그대로 보도했다.

서초경찰서는 그해 6월 6일 "필리핀 경찰 측으로부터 박씨를 살해해달라고 부탁하는 내용이 담긴 CD를 건네받았다"며 "이 녹음기록은 필리핀에서 박씨와 박씨의 딸을 태우고 운전을 했던 필리핀인 P씨로부터 확보했다"고 밝혔다.

오역을 그대로 보도한 한국 3개 일간지 기사는 다음과 같다.

- 운전사 P씨가 휴대전화로 녹음한 녹음 기록에는 "Your brother's friend, did a perfect job, she's gone."(당신 형의 친구가 일을 완벽하게 하면, 그녀가 가면(죽으면) "So you can keep the money"(그러면 당신이 그 돈을 가질 수 있다)는 한 여성의 목소리가 담겨 있다고 경찰은 말했다.(A일보 인터넷 판)
- 필리핀 경찰은 A씨와 박씨의 딸로 추정되는 여성의 휴대전화 통화내용이 녹음된 CD도 함께 보냈다. CD에는 "Your brother's friend, did a perfect job, she's gone. So you can keep the money."(당신 형제의 친구가 일을 완벽히 해내, 그녀가 죽게 되면. 당신이 그 돈을 가질 수 있어.) 라는 내용이 담겨 있다고 경찰은 전했다.(B일보 인터넷 판)
- 필리핀 경찰은 A 씨의 휴대전화에 담긴 녹음 파일을 CD로 옮겨 한국 경찰에 전달했고, 경찰은 최근 CD에 담긴 여자 목소리의 성문 분석을 국립과학수사연구소에 의뢰했다. 경찰에 따르면 CD에는 "일을 완벽하게 해 내면" "그러면 그 돈을 가질 수 있다" 등 남녀가 영어로 1분가량 대화를 나눈 내용이 담겨 있는 것으로 알려졌다.(C일보 인터넷 판)

그런데 필리핀경찰로부터 넘겨받았다는 CD 속의 영어는 "당신 형(또는 동생)의 친구가 일을 완벽하게 처리해서 그 여자는 죽었다. 그러니 그 돈은 당신이 가져도 좋다"라고 번역해야 한다. 다시 말하면 청부살인이 일어난 후에 누군가가 한 말이다. 그런데 경찰은 살인이 발생하기 전의 시제로 잘못 번역하여 "당신 형제의 친구가 일을 완벽하게 처리 하면 그 돈을 가질 수 있다"라고 가정법으로 오역을 했다.

살인이 이루어진 후에 한 말을 살인이 있기 전에 한 말처럼 잘못 번역했다면 사건 수사에 엄청 난 오류가 발생할 수 있다. 만일 CD제공자가, 피살자의 딸이 자기 어머니를 죽여달라고 부탁하는 현장을 녹음한 것이라고 주장했다면, 그것은 시제 상으로 볼 때 거짓말이 되므로 이 CD는 증거가 될 수 없을 것이다. 이 사건은 2012년 현재 미제로 남아있는 것으로 알려져 있다.

■ 오역이 부른 외신기자와 기획재정부의 싸움

지난 2010년 3월 8일 서울 외신기자클럽에서는 윤중현 기획재정부장관의 회견이 끝난 후 주한 외신기자와 기획재정부 고위 관리들간에 고성이 오가면서 몸싸움 일보직전의 큰 언쟁이 벌어졌다.

사건은 월 스트리트 저널(WSJ)지의 에반 람스타드(Evan Ramstard) 서울지국장의 질문에서 비롯됐다. 당시 거의 모든 우리말 언론 보도에 따르면 람스타드 기자는 "국제 여성의 날을 맞아 묻는다"며 "한국 여성의 사회 참여율이 저조한 것은 룸살롱 등 잘못된 (남성중심의) 직장 회식 문화 때문이 아니냐"고 물은 것으로 돼있다.

한국 경제 상황과 상관없는 돌발 질문에 윤 장관이 당황한 기색을 보이자 장내는 잠시 술렁거렸다. 하지만 윤 장관은 "한국은 출산율 저조를 걱정할 정도로 여성의 사회참여율이 높다" "최근 발령받은 검사 중 절반이 여성이다" "가정에서도 한국 여성만큼 경제권을 가진 나라도 없다"는 등의 예를 차근차근 들어가며 근거 없는 이야기라고 일축했다.

대부분의 국내 언론들은 이런 내용과 함께 '수준이하 외신기자', '수준이하 외신에 강력 대응해야', '외신기자의 상식이하 한국 공격' 등 비판적인 헤드라인 일색이었다. 싸움이 벌어진 후 기획재정부는 람스타드 기자에게 취재원 접근봉쇄와 함께 모든 공보서비스를 중단하겠다고 밝혔다. 또한 월스트리트 저널 본사에 항의서한을 보내겠다고 까지 했다. 중앙 일간지에 기획재정부 고위 간부의 이름으로 람스타드의 질문을 비판하는 글을 올리기도 했다. 도대체 한국여성의 사회 진출 저조와 룸살롱간에 무슨 인과관계가 있는 것인지, 람스타드가 어떻게 질문을 했길래 후속 보도가 이어지면서 연일 시끄러운지 국내 영자신문을 검색해 봤다. 그리고 람스타드가 인터넷에 올려놓았다는 영어원문도 찾아봤다.

그러나 영자신문 보도내용, 그리고 인터넷에 올라와 있는 영어질문 원문을 보면 내용이 국내 한국어 신문들과는 큰 차이가 있다.

"The Wall Street Journal reporter asked Yoon <u>whether the after-hours 'room salon' culture in the male-dominated Korean business community makes it difficult for Korean women to be competitive in the workplace.</u>(The Korea Herald)

위의 밑줄친 부분을 번역하면 "근무시간 외의 룸살롱 문화같은 남성중심의 한국 비즈니스 풍토가 직장내에서 한국 여성들의 경쟁력을 떨어뜨리지는 않습니까?"이다. 우리말 신문은 룸살롱 회식문화가 여성의 사회 참여를 저하시키고 있는 것 처럼 얘기하고 있는데, WSJ의 람스타드 기자 질문을 영어로 보면 'competitive in the workplace' 즉, 직장내 경쟁력을 말하고 있다.

"Evan Ramstad of The Wall Street Journal asked Yoon <u>whether it was difficult for Korean women to be hired as executives of major business groups because male executives enjoy room salons and would not be able to visit them if their colleagues were women.</u>" (The Korea Times)

위의 밑줄친 부분을 번역하면 "대부분의 한국 기업체 간부들은 룸살롱 출입을 즐기지만 직장 동료인 여성 간부들과는 함께 출입을 하지 않으려 하기 때문에 여성들의 간부직 임용이 어렵지 않습니까?" 정도가 될 것이다. 간단히 말하면 한국 기업 간부들의 룸살롱 이용 문화 때문에 회사가 여성들을 받아들이길 꺼리는 것 아니냐는 취지였다

⟨Today is International Women's Day. South Korea has sort of a terrible reputation for dealing with women in the workplace. It has some of the lowest percentage of women in the workplace and it has the highest gap in pay between men and women of any developed country. So I'd like to ask you if you think that is because men in South Korea like to go to room salons after work and that is a discouragement for women in the workplace. Or if companies decide not to hire women because the men like to go out to room salons, hostess bars and places like that after work. I'd like to know your views on that broadly. And specifically, I'd like to know about the practice of going to room salons at the ministry and if there are policies involving ministry officials who go to room salons when they're hosted by people who the ministry regulates."(람스타드 지국장 질문 녹취록)〉

위 영문을 번역하면 "오늘은 국제 여성의 날입니다. 한국은 직장에서 여성에 대한 처우 문제로 혹독한 평판이 나있는 그런 나라입니다. 여성의 취업비율이 가장 낮고 어떠한 개발도상국 중에서도 남녀간의 차이가 가장 큰 나라에 속합니다. 그래서 하나 묻겠습니다. 한국 남성들은 일과후 룸살롱을 즐겨 찾는데 이것이 혹시 직장에서 여성의 사기를 떨어뜨리는 것(여성 채용을 꺼리는 것)이라고는 생각하지는 않습니까? 즉, 남성들이 일과 후 룸살롱과 호스테스 바, 기타 유사한 술집들을 즐겨 찾고있다는 이유로 회사들이 여성 채용을 하지 않기로 하는 것 아닌지 말입니다. 이에 대한 장관님의 견해를 널리 알고자 합니다. 또한 재정경제부 직원들의 룸살롱 출입 관행에 대해서도 알고자 합니다. 기획재정부 직원들이 동 부처의 규제를 받는 업체 사람들로부터 룸살롱 접대를 받는 데에 대한 제동장치가 있는 지요."정도가 될 것이다.

기자회견이 끝난후 기획재정부의 한 대변인은 람스타트 기자를 향해 '부적절한'(inappropriate) 질문이자 기자로서 '직업윤리에 어긋나는'(unprofessional) 질문이라면서 '저질기자'(low quality journalist)라고 공격했고 이에 화가 난 람스타드는 육두문자까지 써가며 욕설로 대응했다. 그는 욕설에 대해서는 사과했지만 질문은 기자로서 할 수 있는 내용이었다고 옹호했다. 코리아 타임스는 람스타드 지국장이 어떤 욕설을 했는지 아래와 같이 보도했다.

"Ramstad admitted that he verbally insulted ministry spokesman Park Cheol-kyu, using the 'F' word after the session Monday, saying he was not proud of what he did and felt regret for his action.(람스타드는 3월 8일 기자회견이 끝난 후 자신의 행동에 대해 부끄럽고 유감스럽게 생각한다면서 외설적인 말(F-word, 즉 fuck)을 써가며 기획재정부 박철규 대변인에게 모욕적인 언사를 한 점을 시인했다.)

람스타드 지국장은 이틀 뒤인 3월 10일에는 한 라디오방송에 출연, 욕설에 대해서는 사과하지만 국제 여성의 날을 맞아 이 정도의 질문은 내 아니라도 누군가 했어야 할 것이었다고 말했다. 그는 왜 그 같은 질문을 했느냐는 방송 진행자의 물음에 "내가 사전에 질문하고 싶었던 금리에 관한 문제나 또는 중국의 위안화에 관련된 문제는 이미 다른 기자들이 질문을 한 상태였다"며 "얼마전 뉴욕 타임스가 한국의 유흥문화에 대해서도 기사를 썼었다. 나는 이 문제에 대해서 다른 기자들은 질문하지 않겠다 싶어서 질문을 하게 된 것"이라고 해명했다. 이른바 룸살롱 문화는 한국 등 아시아 극소수 국가에만 존재하는 것으로, 외국기자들에게는 관심의 대상일지도 모른다.

이 사건은 번역상의 오류로 인한 해프닝이었다. 기자회견 현장에서 통역의 실수이거나 현장에 있던 기획재정부 관리들의 영어 이해에 대한 문제이거나 둘 중의 하나로 귀결될 수 있을 것이다. 기자들도 원문의 워딩(wording)을 살피지 않고 통역이 말한 것을 그대로 보도한 책임이 있다.

우리말 언론 보도에 나타난 "한국 여성의 사회 참여율이 저조한 것은 룸살롱 등 잘못된 (남성 중심의) 직장 회식 문화 때문이 아니냐"라는 질문에 기획재정부 장관이 "한국은 출산율 저조를 걱정할 정도로 여성의 사회진출이 높다" "한국은 최근 발령받은 검사 중 절반이 여성이다" "가정 에서도 한국 여성만큼 경제권을 가진 나라도 없다"는 등의 예를 차근차근 들어가며 '근거 없는 이야기'라고 일축했다는 기사내용을 보면 확실히 동문서답을 하고 있었음을 알 수 있다.

■ 부시의 this man과 easy man이 卑下언어라고 우겨대는 국내 언론

부시(George W. Bush)대통령이 김대중 대통령을 가리켜 this man, 노무현 대통령을 가리켜 easy man to talk to라고 한 것을 두고 하대(下待) 또는 비하(卑下)한 것이라하여 언론에서 시끄러웠다. 대부분의 한국 언론들은 부시대통령의 이같은 말이 한국대통령을 푸대접한 모욕적이고 무례한 언사라고 꼬집었다. 언론보도에 따르면 this man은 '이 사람', easy man은 '만만한 사람' 정도의 뜻이라는 것이었다. 어떻게 외국의 국가원수를 그렇게 호칭할 수 있느냐였다.

어떤 인터넷신문은 "자주 외교한 easy man, 저자세 외교한 this man?"이란 제목을 달고 부시 대통령을 비판했다. 한 국회의원은 부시 대통령이 this man을 쓴데 대해 미국에 항의편지를 보내기도 했다.

국내에서 노대통령의 기자회견 광경을 TV로 지켜보던 문희상 청와대 비서실장은 easy man to talk to가 '매우 얘기하기 쉬운 상대'로 통역되자 '노 대통령이 만만한 상대'라고 부시대통령이 말한 것처럼 오해할 염려가 있다하여 '대화하기 편안한 상대'로 통역문을 고치라고 지시했다 한다.

부시대통령은 2001년 3월 8일 김대중 대통령과 정상회담을 가진 뒤 회담결과를 설명하는 공동기자회견에서 "We talked about a lot of subjects. And we'll be glad to answer questions on some of those subjects, but first let me say how much I appreciate this man's leadership in terms of reaching out to the North Koreans."라고 말했다. 부시대통령은 2003년 5월 14일 노무현 대통령과 정상회담을 마친뒤 가진 공동기자회견에서 "I have found the President to be an easy man to talk to."라고 말했다. 그러나 결론적으로 말하면

이 두 말은 친밀감을 보이기위해 쓴 말이지 모욕을 주는 말이 아니다. this man을 '이사람' '이 양반' '이놈'으로 번역 할 수 있어 그렇게 생각하는 것 같으나 여기에는 존칭해서 말하는 '이 분' 이라는 뜻도 있다. 미국인들은 자기 어머니를 다른 사람에게 소개할 때 "This is my mother." 라고 this를 쓴다. 물론 "이것은 내 어머니다"가 아니라 "이 분은 저의 어머님이십니다"라는 말이다. 영화 '벤허'에는 벤허가 골고다 언덕 위를 십자가를 지고 가다 넘어진 예수에게 물 바가지를 건네는 장면이 나온다. 그런데 그가(예수) 바로 과거 노예였던 자신에게 물을 건넸던 사람임을 알아보고 "But I know this man!"이라고 외친다. 그렇다고 이 때의 this man이 예수를 하대한 것이 아니다. 이는 중립적인 호칭이다. 한편 그냥 easy man이라고 했다면, 누가 누구한테 이렇게 말했는가, 또 말할 때의 분위기가 어떠했는가에 따라 '만만한 상대'로 해석할 수도 있다. 그러나 뒤에 to talk to라는 수식구가 붙어있으므로 '이야기하기 쉬운' '대화하기 편한' '말이 잘 통하는'등의 뜻으로 해석할 수 밖에 없다. 부시 대통령은 중국의 후진타오 국가주석에게도 easy man to talk to라는 말을 썼다. 부시대통령은 2007년 9월 6일 시드니 아태경제협력체 정상회담을 계기로 열린 후진타오 국가주석과의 미-중 정상회담 후 가진 공동기자회견에서 후진타오를 가리켜 "He's an easy man to talk to. I'm very comfortable in my discussions with President Hu Jintao."[39] 라고 말했다. 그러나 영어사용 국가 여성을 만났을 때 절대 써서는 안될 표현 중 하나가 easy girl(또는 easy woman)이다. 데이트나 잠자리를 요구하면 쉽게 응하는 그런 부류의 여자들에게 이런 표현을 쓴다.

▪ 우주선의 성공적 '발사'를 '폭발'로 오역

국제우주정거장(ISS)에서 다양한 실험을 수행하게 될 러시아 우주선 소유스(Soyuz, 러시아어: Союз, '연합'을 뜻함)가 성공적으로 발사됐는데도 오히려 ISS 접근전 '폭발했다'로 오역한 사건이 발생했다.

국내 모 경제신문은 2013년 5월 29일 인터넷판에서 "우주인 3명을 태운 러시아 소유스 우주선이 이날(현지시간) 카자흐스탄 기지에서 발사된 후 우주정거장에 접근하기 전 폭발했다고 AP통신이 보도했다"고 전했다. 오역된 기사는 후에 전문이 취소됐지만 아직도 일부 검색포탈의 특정 블로그에 남아있다.

---

39) Washington Post(September 7, 2007).

AP통신 모스크바 발신 영어 원문을 찾아봤더니 '(로켓이나 미사일 등을) 쏘아 올리다', '발사하다', '이륙하다'의 의미인 'blasted off'를 '폭발하다'로 오역한 것으로 드러났다. 'blast' 자체에 '폭발하다', '폭파하다'라는 뜻이 있기 때문에 넘겨짚어 번역한 것으로 보인다. 해당 영어 원문은 아래와 같다.

MOSCOW(AP)_A Soyuz carrying an American, Russian and Italian has blasted off for the International Space Station, where they will spend six months conducting a variety of experiments.

▪ 감탄사 holy smokes!를 화성의 '성스러운 연기'로 오역

한국 신문들은 2004년 미 항공우주국(NASA)의 화성탐사선 '오퍼튜너티' (Opportunituy)가 보내온 화성 사진을 보도하면서 중대한 오역을 했다.

2004년 1월 26일과 27일 국내 거의 모든 일간신문들은 화성탐사 로봇 오퍼튜너티가 화성에 안착한 후 보내온 사진이 오퍼튜너티의 쌍둥이 화성탐사선 '스피릿'(Spirit)이 보내온 화성사진과는 전혀 달라 NASA 과학자들이 놀라움을 감추지 못했다고 보도했다. 사진 판독 결과 화성에 '성스러운 연기'가 나고 있다는 것이었다. 사진을 관찰한 NASA 과학자들이 'holy smokes!'라고 외쳤다면서 그같이 보도했다. 하지만 'holy smokes' 란 말은 놀라움 등을 나타내는 감탄사(interjection of surprise or alarm)로 쓰이는 관용구인데도 신문들은 화성에서 '신비한 연기' '성스런 연기' '의문의 연기'가 발견됐다고 보도한 것이다. 참고로 당시 CNN이 보도한 뉴스를 보면 〈"Holy smokes" NASA scientist Steve Squier said as a cascade of detailed photos appeared on computer screens around mission control.〉였다. 인터넷 포탈 구글을 검색해보면 holy smokes는 '놀라움과 충격을 받았을 때 사용하는 표현'(an expression which you used when you're surprised or shocked by something), 'oh my god! 대신 놀라움을 나타낼 때 사용하는 표현'(an expression of surprise. you may say, 'holy smokes!' instead of 'oh my god!')등으로 나타나 있다.

A신문과 B신문은 NASA 수석과학자인 스티브 스퀴에르가 "이런 장면은 지금껏 본 일이 없기 때문에 어떤 과학적인 분석도 할 수 없다"면서 "신비한 연기(Holy smokes)라 부를 수밖에 없다고 말했다"고 각각 보도했다.

C신문은 '화성의 신비한 연기'라는 사진기사에서 "NASA 과학자들도 '신비한 연기'라며 감탄할 뿐 설명을 못하고 있다"고 보도했다.

　D신문은 "화성탐사 프로젝트의 수석 과학자인 스티브 스퀴에르 박사는 "'신비한 연기'(holy smokes)라고 밖에는 표현할 수 없다. 놀랍고 압도됐다라고 경탄했다"고 보도했다. D신문은 그러나 후에 인터넷 판에서 "국내 일부 일간지에서는 화성 전송사진에 '신비한 연기'(holy smokes)가 가득하다고 보도했지만 이는 미국 과학자의 놀라움을 표현하는 감탄사를 오역한 것"이라고 정정했다.

■ 목성에 충돌한 소행성 크기를 충돌후 생긴 자국 면적으로 NASA자료 오역

　사진은 미 항공우주국(NASA)의 허블망원경이 2009년 7월 23일 촬영한 것으로, 소형 혜성 또는 소행성의 충돌로 목성에 생긴 생생한 자국(멍)을 보여주고 있다. 그런데 국내의 한 TV방송이 이틀 후 이 사진을 영상으로 전하면서 충돌로 인한 자국이 축구장 몇 개에 해당한다고 보도했다. 그러나 이는 NASA의 사진설명에 나와 있는 문장 "The size of the impactor is estimated to be as large as several football fields."의 완전한 오역이었다. 번역하면 "충돌한 물체의 크기는 축구장 몇 개에 해당하는 것으로 추정된다"이다. 이 방송은 충돌체(impactor)의 크기를 목성에 생긴 자국(spot)의 크기로 오역한 것이다. 목성의 직경은 지구의 10배가 넘는다. 사진을 보아도 충돌 흔적이 선명한 만큼 축구장 몇 개 크기라면 목성의 엄청난 크기를 감안할 때 사진에 나

타나지 않을 것이다.

■ '우주발사체'란 말만 듣고 北 미사일을 인공위성으로 오역

2009년 3월 10일 한국 언론들은 워싱턴 발 특파원 기사에서 북한이 유엔안보리 제재결의에도 불구하고 발사움직임을 보이고 있는 우주발사체는 탄도미사일이 아니라 인공위성이라고 보도 했다. 그러나 이것은 오보였다는 주장이 우리 국회와 정부에서 제기됐다. 문제의 발단은 데니스 블레어(Dennis Blair) 미국가정보국장(Director of National Intelligence, DNI)이 전날 상원 군사위 청문회에서 북한이 발사하려는 것은 '우주발사체'(space-launch vehicle)라고 말한 것을 한국특파원들이 인공위성으로 보도함으로써 비롯됐다.

황진하 한나라당 제2 정조위원장은 11일 블레어 국장이 상원 군사위원회 청문회에서 '북한이 발사하려는 건 인공위성'이라고 말했다는 일부 언론보도에 대해 오역이라고 주장했다. 그는 이날 국회에서 남북관계 관련 당정협의 결과 브리핑을 갖던 도중 "블레어 국장은 '북한이 발사하려는 것은 우주발사체(space-launch vehicle)'라고 말했는데 언론들이 이를 '인공위성'으로 번역하는 바람에 인공위성이라고 말한 것처럼 돼 버렸다"며 "우주발사체는 탄도미사일과 인공위성이 다 포함되는 말"이라고 밝혔다. 황 의원은 "탄도미사일이나 인공위성 모두 동시 개발되는 것이므로 인공위성을 발사해도 미사일과 똑같이 유엔결의안 1718호 위반"이라며 "인도는 인공위성 기술을 발전시켜 탄도미사일 기술로 전환했으며, 미국이나 러시아는 최초의 탄도탄 기술을 인공위성 기술로 전환시켰다는 것을 생각할 때 인공위성이든 미사일이든 똑같은 절차를 밟는 것이므로 이것 또한 위협"이라고 말했다.

현인택 통일부 장관도 12일 국회 외교통상통일위원회 전체회의에서 "아직까지 북한이 발사체를 쏘지 않는 상태에서 이를 정확히 판단할 근거는 없지만 북한의 안보 상황을 볼 때 미사일을 쏠 것으로 믿고 있다"고 밝혔다

이런 가운데 미국은 북한이 함경북도 화대군 무수단리 소재 발사대에 대포동 2호로 보이는 탄도미사일을 장착한 것을 확인했다. 북한은 4월 4일부터 8일 사이 로켓을 발사할 것이라고 국제기구에 통보하면서 이 기간중간 2개 항로를 폐쇄하겠다고 밝혔다. 미국의 NBC는 3월 26일 미국 관리들을 인용, 무수단리 발사대에 2단계까지만 구성된 미사일이 목격되고 있으며, 탄두가 실릴 상단 부분은 덮개로 가려져 있다고 보도했다. 북한은 그러나 국제적 압력과 유엔안보리 제재결의 1718호를 의식한 탓인지 발사계획을 즉각 시행에 옮기지 않았다.

▪ 佛 총리관저 이름 'Hotel Matignon'을 '마티뇽 호텔'로 오역

파리 시청을 비롯한 프랑스의 각 지역 시청들은 외국 여행객들로부터 "투숙할 빈 방이 있느냐" 는 문의전화를 자주 받는다고 한다. 건물 정면에 쓰인 '시청'이란 이름의 불어 표기가 'Hotel de Ville'(오텔 드 빌)로, 영어의 '호텔'로 착각하기 때문이다. 프랑스의 각 지방에 있는 모든 시청에 는 이 같은 이름이 붙는다.

한국에서도 1980년 7월 초 '오텔'이란 말 때문에 언론에 엉뚱한 오보가 실려 웃음을 자아낸 적 이 있다. 모 일간지가 '바르 수상, 김 부총리를 호텔로 방문'이란 제목으로 보도한 것이 화제가 됐 다. 바르(Raymond Barre)수상은 김원기(金元基)부총리를 그의 집무실에서 만났으나 호텔로 찾 아가 만난일은 없다. 그런데 반대로 바르 수상이 김 부총리를 호텔로 찾아가 회담한 것으로 보도 된 것은 수상 집무실(관저) 이름이 'Hotel Matignon'(오텔 마티뇽)이기 때문이다.

불어에서 오텔(Hotel)은 여관이란 뜻으로도 쓰이지만 관저, 공공기관청사를 가리킨다. 예컨대 'Hotel de Post'라고 하면 우체국이란 뜻이다.

오보의 발단은 한국의 한 뉴스통신사가 김 부총리가 바르 총리와 면담하는 장면을 찍은 전송 사진을 설명하면서 '마티뇽 호텔'로 번역한 것에서 비롯된 것으로 보인다.

김 부총리는 프랑스를 공식 방문한 것도 아니었고, IECOK(對韓국제경제협의체, International Economic Consultative Organization for Korea) 대표단을 이끌고 파리에 갔던 길에 수상을 예방했다. 수상이 초청자도 아닌 다른 나라의 부총리를 호텔까지 찾아가 회담한다는 것은 외교 의전상으로도 있을 수 없는 일이다. 시청을 호텔로 착각하는 바람에 건물에 들어갔다가 낭패를 당하는 사람이 한둘이 아니라고 한다. 2009년 8월 24일자 영국 일간 인디펜던트지 보도에 따르면 영국의 한 30대 여자가 프랑스 알자스 지방 소도시 단마리(Dannemarie)를 여행하다 시청 청사에 밤새 갇힌 웃지 못 할 일이 22일 밤 발생했다는 것. '오텔 드 빌'(Hotel de Ville/시청)이라는 불어를 '호텔'로 오해해 들어갔다가 오도 가도 못하게 된 것이다.

이 여성은 구조 메시지를 현관 유리문 안쪽에 붙였으나 이튿날 아침까지 아무도 눈치 채지 못해 꼼짝없이 밤새 갇히는 신세가 됐다고 전했다. 여성은 현관홀에서 뜬 눈으로 밤을 보냈다. 22일 저녁 시청에 들어간 여성은 화장실부터 이용하고 빈 방이 있는지 직원들에게 물어보려 했다. 그 사이 시청 직원들은 문을 잠그고 모두 퇴근했다. 폴 룅바흐 시장에 따르면 "직원들은 화장실 쪽에서 무슨 소리가 들리는 것 같다고 생각했지만 그리 대수롭지 않게 여기고 퇴근했다"는 것. 갇힌 여성은 현관홀의 전기 스위치를 껐다 켰다 하면서 열심히 구조 신호까지 보냈으나 소용없었다. 이 여성은 현관 유리문에 "2009년 8월 22일, 사람이 여기 갇혀 있어요. 어떻게 문 좀 열 수 없을까요?"라는 뜻의 엉터리 프랑스어도 써 붙였으나 허사였다. 그러던 중 다음날 오전 9시 이윽고 시청에서 벗어날 수 있었다. 길 가던 시민이 메시지를 용케 해석해 신고했던 것. 이일로 이 시청 정면에는 시청을 뜻하는 영어의 'Town Hall'과 독일어의 'Rathaus'가 병기됐다는 것.

▪ 日 TV, 김연아의 남아공 프레젠테이션 오역보도 물의

일본의 한 민영방송이 김연아의 평창 동계올림픽 유치 프레젠테이션 내용을 오역해 물의를 빚었다. 일본 아사히TV는 2011년 7월 11일 밤 뉴스프로그램인 '보도스테이션' 방송 도중 "지난주 〈스포츠 코너〉의 '2018년 동계올림픽 개최지 곧 결정'이라는 뉴스에서 김연아 선수의 스피치를 소개할 때 번역상 오류가 있었다"고 밝혔다.

김연아의 영어 프레젠테이션 중 해당 부분은 〈So please allow me to say thank dear IOC members for providing someone like me the opportunity to achieve my dream and to inspire others.〉로 이를 번역하면 "그래서 저 같은 사람에게 꿈을 성취할 수 있게 하고 다른 사람들에게 희망을 줄 수 있는 기회를 마련해 주신데 대해 친애하는 IOC위원 여러분께 감사의

말씀을 드립니다."정도가 될 것이다.

그런데 아사히TV는 7월 6일 밤 2018년 동계올림픽 개최지 선정 관련 소식을 보도하면서 김연아의 프레젠테이션 영상과 함께 "제 꿈을 이룰 수 있도록 다른 도시보다 (한국을) 응원해 주길 바랍니다."라는 잘못된 번역을 담은 자막을 내보냈다. 이 같은 오역은 김연아가 오직 자신의 꿈을 이루기 위해서 평창을 지지해 달라고 호소한 것처럼 오해될 수 있는 소지가 충분했다.

오보가 문제되자 아사히TV는 "올바른 번역은 '제 꿈을 이루고 다른 사람에게 영감을 줄 기회를 마련해준 데 대해 친애하는 IOC 위원 여러분께 감사드린다'는 것이었다"고 설명하면서, 하단 자막으로도 이 같은 번역을 내보냈다.

■ '응징작전'이 '정의작전'으로 오역된 미국의 아프간 군사공격 작전명

9.11테러 참사 이후 미 국방부는 아프가니스탄에서의 탈레반 체제와 오사마 빈 라덴(Osama bin Laden)등 테러범들을 공격하기위한 군사작전 명칭을 'Operation Infinite Justice'라고 불렀다가 나중에 'Enduring Freedom'(영원한 자유, 불멸의 자유)으로 바꾼 적이 있다.[40]

당시 한국 언론들은 'Operation Infinite Justice'를 '무한정의작전' 이라고 번역했다. 하지만 이런 번역은 의미를 제대로 전달하지 못했다는 지적을 받았다. 'Operation Infinite Justice'란 '테러범들을 무한정 끝까지 추적해 응징하는 작전' 이란 뜻이다. 즉, '무한응징작전'이 제대로 된 번역이다. 이는 'the Ministry of Justice'나 'the Department of Justice'를 정의부(正義部)라고 하지 않고 '법집행 부처'라는 의미의 법무부로 번역하는 것과 같다. 'court of justice'도 정의원(正義院)이라 하지 않고 법원이나 법정이란 뜻으로 번역된다. 영어사전을 찾아보면 'justice'에는 '정의' 말고도 '사법', '재판', '법정', '처벌', '응징', '응보'라는 뜻이 있다.

2013년 4월 15일 발생한 미 보스턴 마라톤대회 결승선 폭발테러사건의 범인 색출과 응징을 다짐함 오바마(Barack Obama) 대통령의 성명에 나오는 'justice'도 국내 언론에 '정의'라는 뜻

---

40) 미국은 9.11테러 5개월 후인 2002년 3월에는 4천여명의 탈레반과 알카에다 잔존 병력을 소탕하기 위해 새로운 대규모 군사작전에 돌입하면서 새로운 작전명으로 '아나콘다'를 선택했다. 이는 중남미의 정글에 사는 아나콘다라는 뱀이 먹이를 그 큰 몸뚱이와 꼬리로 칭칭 감아 서서히 조여 숨이 끊어지면 통째로 삼키는 것을 비유해서 탈레반과 알카에다의 잔당들을 완전히 소탕하겠다는 의지를 담은 것이다. 이 작전에는 미국 지상군은 물론 독일. 캐나다. 호주. 덴마크. 노르웨이 등으로 구성된 연합지상군이 포함됐다. 중앙정보국(CIA)과 연방수사국(FBI) 등 미 정보기관은 테러 배후세력을 추적하기 위해 별도의 팀을 가동하고 '펜트밤'(Penttbom)이란 작전명 아래 수사작전 임무를 수행했다. 펜트밤은 테러공격을 받은 펜타곤(Pentagon)의 'pen'과 붕괴된 세계무역센터 쌍둥이빌딩(Twin Towers)의 'tt', 폭탄(bomb)의 'bom'을 합성한 조어이다. 이같은 작전명들에 따라 무제한 추적을 받아오던 빈 라덴은 2011년 5월 파키스탄의 수도인 이슬라마바드 외곽에 있는 한 가옥에서 발견돼 미군 특수부대의 공격을 받고 사살(응징)됐다.

으로 번역됐다. 이 대목은 Any responsible individuals, any responsible groups will feel the full weight of justice. 우리말로 옮기면 '(이 사건에) 책임있는 자는 개인이건 단체건 무거운 처벌(응징)을 받도록 하겠다. 무거운 법의 심판을 받도록 하겠다는 뜻이다. 그런데 대부분의 언론은 '정의의 심판이 내려질 것이다' '정의의 엄중함을 느끼게 할 것이다'. '정의의 심판을 받도록 할 것이다' 등으로 옮겼다. 'justice'에 '정의'라는 의미가 있기 때문에 '정의의 심판'으로 옮기는 것이 반드시 틀렸다고는 할 수 없을 지 모르나 오바마 대통령의 성명에 나타난 'justice'는 불의(不義)의 반대 개념인 정의(正義)라기 보다는 범인을 심판해 응징(처벌)한다는 의미다.

악질범죄 전담반 S.I.S(Special Investigation Section)의 무차별적인 살상에 맞서는 한 형사의 이야기를 그린 1993년의 미국 영화로 'S.I.S. 필살처형'이란 것이 있다. 원제 'Extreme Justice'를 우리말로 옮긴 것이다. 여기서 'Justice'는 '처형'의 의미로 쓰였다.

부시(George W. Bush) 대통령은 9.11테러발생 9일째인 9월 20일 밤 의회 연설을 통해 "Whether we bring enemies to justice or bring justice to our enemies, justice will be done."이라고 말했다. 연설에 세 번이나 나오는 'justice'를 '정의'로 번역해 이 문장을 해석한다면 "우리가 적들을 정의로 끌고 오든지, 정의를 적이 있는 곳으로 끌고 가든지 간에 정의는 실현되고 말 것"이 돼 무슨 뜻인지 이해하기 힘들 것이다. 이 문장을 번역하면 "우리가 적들을 법정으로 끌고 오든지, 법정을 적이 있는 곳으로 끌고 가든지 간에 응징은 실현되고 말 것이다" 정도가 될 것이다. 세 번의 'justice'중 앞의 두개는 '법정'이란 뜻이고 마지막 것은 '응징'이란 뜻으로 쓰였다. 보스턴 테러 직후 오바마 대통령이 발표한 성명에 나오는 'justice'는 부시대통령이 9.11테러 당시 사용했던 것과 동일한 의미로 쓰였다.

4.15 보스턴 테러발생 직후 'justice'를 언급한 오바마 대통령의 성명을 소개한다.

"We still do not know who did this or why. And people shouldn't jump to conclusions before we have all the facts. But make no mistake, we will get to the bottom of this. And we will find out who did this. We'll find out why they did this. Any responsible individuals, any responsible groups will feel the full weight of justice."

"우리는 누가, 왜 이런 일을 저질렀는지 아직 모릅니다. 모든 사실을 알기 전에 성급하게 결론짓지 맙시다. 실수 없이 이 사건의 진상을 바닥부터 파헤칠 것입니다. 우리는 누가, 왜 이런 일을 저질렀는지 조사해 밝혀낼 것입니다. 이 사건에 책임 있는 자는 개인이건 단체이건 최대한의 응징(법의 심판)을 받도록 하겠습니다."

▪ 미 군사전문가의 북한 핵보유 가상 엣세이를 북한측 발언으로 오역

2006년 9월 25일 한국의 거의 모든 조간신문들은 "북한이 핵무기를 5-6개 보유하고 있다"고 보도했다. 그러나 이는 번역 실수로 인한 오보였다.

언론들은 지난 7월 평양의 재외공관장 회의에서 행한 강석주 북한 외교부 제 1부상의 연설의 내용이 9월 21일 미국의 북한전문가에 의해 공개됐다며 대서특필했다.

강 부상은 이 회의에서 "북한은 핵무기를 5-6기 갖고 있고, 이제 외교는 끝났다. 워싱턴은 대답이 없다. 6자 회담은 시작부터 희망이 없었다. 핵실험을 할지 우리도 모른다"고 말한 것으로 보도됐다.

공교롭게도 노틸러스 연구소 홈페이지에 이 글이 실린 날은 북한이 핵무기보유를 발표한 날(2005년 2월 10일)로부터 1년 7개월 여, 그리고 미 ABC방송이 북한의 지하핵실험 준비설을 제기한 날(2006년 8월18일)부터 1개월이 갓 지난 시점이었다. 이후 북한은 2006년 10월 3일 핵실험 계획을 발표하고 엿새 뒤인 10월 9일 제1차 핵실험을 단행한다.

그러나 이 글은 강 부상의 연설문 내용이 아니라 미 국무부 정보조사국에서 북한 업무를 담당하고 있는 로버트 칼린(Robert Carlin)이 구상한 가상 엣세이로, 미국의 동북아안보 전문 씽크탱크인 노틸러스 연구소(Nautilus Institute)의 홈페이지(www.nautilus.org)에 게재된 것으로 판명됐다. 칼린의 원문을 보면 세 군데나 가공의 현실을 전한 엣세이임을 나타내는 'Essay by Robert Carlin'이라는 표현이 분명히 나와 있지만 원문을 우리말로 기사화한 기자는 엣세이란 것을 간과한 것으로 보인다.

또 칼린의 글 첫머리에는 일반적으로 신문들이 기고문을 실을때 쓰는 상투적인 표현 문구이기는 하지만 "이 보도의 견해는 작가(칼린)의 소견들이 표명된 것으로, 노틸러스 연구소의 공식적인 정책이나 입장을 반드시 반영하는 것은 아니다"(The views expressed in this article are those of the author and do not necessarily reflect the official policy or position of the Nautilus Institute)라고 분명히 나와 있다.

칼린의 이 가상 엣세이는 이에 앞서 9월 14일 부루킹스 연구소와 스탠퍼드 대학교가 공동 주최한 북한 관련 세미나에서 발표된 것이지만 한국 언론들이 이를 확인하지 않은 것이다.

거의 모든 언론들의 이같은 오보 때문에 포탈 사이트들도 오보를 크게 취급하는 실수를 범했다. 하지만 일선 기자들 사이에서는 칼린의 글을 강석주 부상이 북한의 재외공관장회의에서 한 발언으로 오해한 것은, 본문을 보면 강 부상의 발언이라고 착각할 수 밖에 없는 상황이었고, 그동안 노틸러스의 공신력이 높았기 때문에 믿을 수 밖에 없었다는 주장도 나왔다.

한편 이같은 기사를 맨 처음 보도한 연합뉴스는 해당 기사 전문을 취소하고 사과했다.

제20부

The World
of Fake News

세상을 웃긴
황당한 보도들

▪ 노르웨이신문, '산타클로스 사망' 보도 후 오보 사과

크리스마스 이브에 착한 아이들에게 선물을 가져다준다는 산타클로스(Santa Claus)가 사망했다고 노르웨이의 한 주요 신문이 보도했다.

노르웨이 제2의 일간지 '아프턴포스턴'(Aftenposten)은 2015년 12월 3일자 온라인판에서 산타클로스가 이날 노르웨이 최북단의 노르드카프(Nordkapp)에서 향년 227세를 일기로 사망했다고 전했다. 이 신문은 노르웨이어로 "1788년 12월 12일생인 산타클로스가 사망했다"면서 2015년 12월 28일 '북극 예배당'(Chapel of the North Pole)에서 장례식이 열릴 것이라고 말했다. 하지만 아프턴포스턴이 이같은 보도는 오보였다고 사과문을 게재해 헤프닝으로 끝났다.

노르웨이어로 된 이 사망기사를 영어로 옮기면 "Our dear Father Christmas, born 12 December 1788 … died on 3 December in Nordkapp. The funeral would be held at the North Pole Chapel on 28 December."가 된다.

신문은 왜 이런 보도가 어떻게 나가게 됐는지 내부 조사를 진행하겠다고 밝혔다.

산타클로스라는 말은 서기 270년 소아시아(오늘날의 터키) 지방 리키아의 항구도시 파타라에서 출생한 성 니콜라스(St. Nicholas)의 이름에서 유래됐다. 그는 자선심이 지극히 많았던 사람으로 후에 미라의 대주교(大主敎)가 되어, 남몰래 많은 선행을 베풀었는데, 그의 생전의 이런 자선행위에서 유래, 산타클로스 이야기가 생겨났다고 한다.

우리에게 익숙한 산타 클로스의 빨간색 복장은 1931년 미국인 해돈 선드블롬(Hadaon Sundblom)이 코카콜라 광고를 위해 그린 그림에서 유래됐다. 한편 성탄절은 예수 그리스도가 태어난 날이지만, 예수 그리스도가 12월 25일 0시에 탄생하셨다는 확증은 없다. 로마 교회가 12월 25일을 성탄절로 제정한 것은 354년경부터이다.

■ "메르켈은 히틀러의 냉동정자로 태어난 딸"…그리스 언론 황당 보도

2015년 7월 15일(현지시간) 그리스 신문 '프로토테마(Protothema)'는 SNS를 통해 급속히 전파되고 있는 안겔라 메르켈 총리 대해 나돌고 있는 2가지 소문을 소개했다. 하나는 메르켈이 인공수정에 의해 태어난 아돌프 히틀러의 딸이라는 사실이 슈타지(Stasi: 동독 비밀경찰) 의 기밀문서에 드러났다는 것이고 다른 하나는 메르켈이 알려진 것과는 달리 극단적인 공산주의자였다는 것이다.

△ 히틀러가 정부 에바 브라운, 애견 블론디와 함께 외출에 나서고 있는 모습. 히틀러는 애견을 더욱 좋아해 브라운은 언제나 블론디에 대해 증오심을 갖고있었다고 한다

일요신문인 프로토테마는 네티즌들이 제시한 글과 사진을 근거로 "생체 실험으로 악명 높은 독일 의사 칼 클라우버그가 히틀러의 정부 에바 브라운(Eva Braun)에게 히틀러의 냉동 정자를 인공수정해 메르켈을 낳았다"고 주장했다. 메르켈의 현재 부모는 사실 클라우버그가 선택한 '가짜' 이며 소련과 미국이 이런 사실을 알고 있다는 것이다.

이상한 것은 국가부도 사태를 맞이한 그리스에서 채무조정 협상에서 냉정한 채권자 노릇을 한 독일에 대한 반감으로 메르켈 독일 총리에 대한 네거티브 음모론을 쏟아내고 있다는 점이다.

하지만 이는 황당한 가짜뉴스이다. 히틀러는 그의 정부 브라운과 함께 지하 벙커에서 1945년 4월 30일 자살한 것으로 전해지고 있다. 그 때 히틀러는 56세, 브라운은 33세였다. 히틀러는 권총으로, 에바는 청산카리(cyanide)를 먹고 각각 목숨을 끊은 것으로 알려져 있다. 메르켈 총리는 1954년 4월 20일 생이다. 따라서 메르켈이 브라운의 딸이 되려면 임신기간을 감안하더라도 브라운은 1953년 전후에 생존해 있어야 한다. 1912년 2월 6일 뮌헨에서 태어난 그녀는 17세 때 히틀러를 처음 만나 히틀러의 사진작가 모델 겸 조수로 일했다. 둘은 단 한차례만 공식석상에 모습을 나타냈는 데, 1936년 동계 올림픽이 유일했다. 브라운이 히틀러의 옆자리에 앉았던 것이다. 브라운에 관한한 가장 흥미로운 사실은 그녀가 단 40시간만 히틀러의 정식 아내였다는 사실이다. 결혼 40시간만에 함께 자살한 것이다.

△ 그리스 네티즌들은 메르켈 독일총리가 히틀러의 후손이라는 주장을 '정당화' 하기위해 메르켈이 히틀러의 어머니 클라라와 얼굴이 닮았다는 점을 부각시키고 있다. 프로토테마는 "두 사람이 서로 닮았음을 아무도 부인하지 못할 것"이라고 보도하고 있다

앙겔라는 1954년 7월 17일 함부르크에서 장녀로 태어났다. 아버지는 호르스트 카스너 목사, 어머니는 헤어린트 카스너이며 태어날 때 이름은 '앙겔라 도로테아 카스너'였다. 아버지는 하이델베르크 대학에서 신학 공부를 시작해, 함부르크 대학에서 학업을 마쳤다. 라틴어와 영어 교사인 어머니는 사민당 당원이었다. 1954년에 태어나서 몇 주가 지난 메르켈은 부모와 함께 동독으로 이주했다. 아버지가 당시 동독에 속한 브란덴부르크주 지방의 개신교회에서 목회를 시작했기 때문이다. 가족은 목사관에서 살았으며, 독일 재통일 이전에는 공산국가였던 동독의 정치적 상황 때문에 목회에서 어려움을 겪었다.

■ "히틀러는 자살않고 1945년 애인 에바 브라운과 아르헨티나로 피신했다"

히틀러의 해외도피설은 크게 두 가지 설로 나뉘는데, 하나는 소련(러시아)으로 가서 살았다는 것이고, 다른 하나는 남미 아르헨티나로 가서 농장을 운영하며 살았다는 주장이다.

실제로 남미는 나치 고위 관리들이 피난처로 많이 가기도 한 곳이다. 그리고 아르헨티나는 그 당시 정부라면 히틀러를 충분히 받아줬을 가능성이 높고, 이런저런 목격담도 심심찮게 흘러나왔다. 소련 도피설은 히틀러가 전쟁을 포기하는 조건으로 스탈린이 받아줬다는 설인데, 1971년까지 살다가 사망했다는 주장이다.

그 외에 북극으로 도피해서 빙하 밑에 기지를 건설했다거나, 지구를 떠나 달 뒷면에 기지를 건설했다는 황당한 주장도 있다.

2017년 10월 27일 미 CIA가 공개한 1955년 10월 3일자 보고 문건은 히틀러가 남미에 살아 있다는 정보를 듣고 보고한 내용이다. 히틀러와 비슷하게 생긴 남성이 찍힌 사진도 첨부돼 있는데, 사진 뒷면에는 '아돌프 슈리텔마이오어(Adolf Schrittelmayor), 퉁가, 콜롬비아, 1954'라고 적혀있다.

남미 도피설 주장에 힘을 실어줄만 한 내용이긴 하지만 진실이라고 간주할 수는 없다. 요원이 직접 본 것도 아니고, 정보원이 친구에게서 들었다는 내용을 듣고 쓴 것이기 때문이다.

이외에도 히틀러 사진이라며 몇몇 사진들이 인터넷에 공개되기도 했는데, 그게 진짜 히틀러인지 그냥 히틀러 스타일로 코스프레 한 사람인지는 알 수 없다.

최근 공개된 히틀러 해외도피설의 백미는 2016년에 공개된 FBI 문서다. 히틀러의 남미 도피설에 대해 조사한 이 보고서는 장장 700여 페이지에 달하는 문서로, 확실히 FBI 공식 홈페이지에 올라온 기밀해제 문서가 맞다.

문서의 내용을 요약하면, 1945년 4월 베를린 포위 당시에 히틀러는 비행기를 타고 스페인으로 도주했고, 이후 유보트를 타고 아르헨티나로 갔다는 것이다. 이런 내용을 여러 정황이나 사람들의 증언으로 구성하고 있는데, 특히 러시아 군이 작성한 보고서에서 나오는 히틀러의 키는 실제 키보다 5인치(12센티미터 정도) 작았다는 주장도 여기에 실려 있다. 즉, 대역일 수 있다는 말이다.

하지만 이 보고서도 여러 가지 문서를 조사하고 증언들을 토대로 한 수사의 결과물일 뿐, 확실한 물증을 포착하거나 은신처를 발견하거나 한 것은 아니다. 히틀러의 죽음에 이런 의혹들이 있다는 정도의 얘기다.

▪NASA 뒷산에서 발견된 공룡발자국이 외계생명체 발자국으로 둔갑

미 항공우주국(NASA)의 화성 탐사로봇 큐리오시티(Curiosity)의 화성 착륙을 계기로 외계생명체의 존재여부에 대한 관심이 높아지면서 국내에서는 NASA가 외계생명체를 공개했다는 황당한 보도가 나왔다.

2012년 8월 23일 국내 대형 포털사이트인 네이버는 뉴스면의 톱 사진 기사로 외계에서 발견됐다는 대형 동물의 발자국 화석 사진을 올렸다. 주변에 풀이 자라고 있는 것으로 보아 누가 봐도 황당한 내용이지만 NASA가 밝혔다는 바람에 네티즌들의 관심을 끌었다.

문제의 사진은 대형 동물의 발자국 화석 사진으로 미국 메릴랜드에 있는 NASA의 고다드 우주비행센터 뒷산에서 발견된 것이다.

이 보도는 문제의 사진이 외계생명체의 발자국이라면서 "NASA는 그동안 이 거대한 발자국이 어느 태양계에서 발견됐는지 밝히기를 거부해 왔다. 이 발자국 발견은 미국정부가 여러 가지 이유로 인해 인간이 아닌 생명체에 대한 정보를 수집하려든다는 추측을 이끌어 낼 '민감한 정보'였다. 달, 화성, 금성 등에 탐사선을 보내온 NASA는 이 암석이 어느 별에서 발견됐는지 공개하지 않았다"고 전했다.

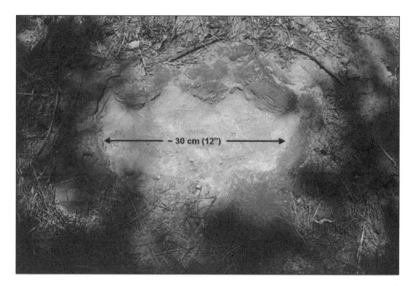

△ NASA가 공개한 공룡발자국. NASA의 고다드 우주비행센터 뒷산에서 발견됐다(사진= NASA)

NASA가 문제의 발자국이 외계생명체라고 밝힌 것이 사실이라면, 이는 일류 역사상 가장 충격적인 발견이 될 것이다.

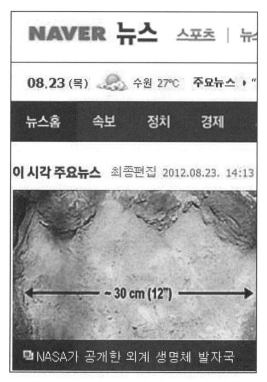

△ 외계생명체 발자국을 NASA가 공개했다는 보도를 아무런 여과없이 그대로 노출한 NAVER 뉴스

그러나 이 보도는 사실이 아님이 밝혀졌다. 문제의 발자국 사진은 NASA가 21일 동영상과 함께 공개한 것으로 고다드우주비행센터 뒷산에서 레이 스탠포드라는 아마추어 고생물학자가 발견했으며, 1억2천500만 년에서 6천500만 년 전에 살았던 노도사우러스라는 공룡 화석이라는 설명이 상세히 붙어져 있었다. NASA는 다만 발자국 훼손을 막기 위해 정확한 위치는 공개하지 않았다고 밝혔다.

결국, 외계생명체 발자국 보도는 공룡발자국 화석이 둔갑한 해프닝이었다.

■ 톱가수 존 바에즈와 톰 존스를 '兩性器의 괴물'로 둔갑시킨 오보

오역으로 인해 세계적인 톱 가수들이 암수 2개의 생식기를 가진 '괴물'로 둔갑됐다. 1973년 3월 10일 국내 방송에는 포크송의 여왕으로 불리는 미국의 반전(反戰) 여가수 존 바에즈(Joan Chandos Baez, 당시 32세)가 여성 성기와 남성 성기 모두를 갖고 있는 것으로 소개돼 팬들로부터 진위확인을 위한 전화가 빗발치는 등 소동이 벌어졌다. 바에즈는 한국에서 널리 애창되는 'Diamonds & Rust', 'River in the pines', 'Donna Donna', 'Imagine', 'Ace of Sorrow'등으로 잘 알려져 있지만 베트남전쟁 때 반전운동을 하면서 호치민(胡志明)의 초청으로 하노이를 방문해 더욱 유명해 졌다.

소동은 뉴스통신사 합동통신이 바에즈에 대한 샌프란시스코 발신 로이터 영문뉴스를 우리말로 기사화하면서 양성애자(兩性愛者)라는 뜻의 'bisexual'을 '남성 성기와 여성 성기 모두를 가진 사람'으로 오역하면서 일어났다. 이 뉴스통신 기사는 한 술 더 떠 "바에즈가 남녀 역할을 다해야 진짜 재미를 알며 갑절의 쾌락을 느낄 수 있다고 말했다"고 보도함으로써 독자들로 하여금 그가 양성기(兩性器) 보유자라는 사실을 확신토록 만들었다.

당시 로이터 영문기사는 남편과 별거, 세 살 된 아들과 함께 지내고 있는 바에즈가 버클리소재 캘리포니아대학교(UCLA) 교지 '데일리 캘리포니아'(Daily California)와 인터뷰에서 "I'm bisexual."(나는 양성애자다)이라고 말했다면서 "Folksinger and antiwar activist Joan Baez says she has been bisexual since she was 21."(포크송 가수이며 반전운동가인 존 바에즈는 21세부터 양성애자였다고 말하고 있다.)라고 보도했다. 파문이 확산되자 국내 신문들은 다음날 "뉴스통신사의 오역 때문"이라는 정정기사를 내보냈다.

'bisexual' 오역소동은 바에즈에게만 일어난 것이 아니다. 1960년대와 1970년대 세계를 휩쓴 영국의 록 가수 톰 존스(Tom Jones)도 이 무렵 한국에서는 암수 2개의 성기를 가진 '괴물'로 오역됐다. 인기 가수 조영남씨가 번안해 부른 'Delilah', 'Green Green Grass of Home'등으로 잘 알려진 존스는 해외에서는 일찍이 동성애자라는 소문이 돌고 있었다. 그래서 많은 팬들은 그의 sexuality를 확인하고 싶었다. 때마침 기자회견이 열렸고 여기서 그는 동성애자인지를 밝히라는 질문을 받게 된다. 이에 존스는 'I'm bisexual.'이라고 거침없이 대답했고 이 내용은 외신을 통해 전 세계에 타전됐다. 그런데 한국에서 이상한 일이 생겼다. 뉴스통신사에서 'bisexual'을 '두개의 성기를 가진 사람'으로 번역해 신문과 방송사에 송고하는 바람에 팬들 사이에 난리가 났다. '미스터 타이거'라는 별명 못지않게 골반 근육질을 강조한 꽉 끼는 바지와 풀어헤친 셔츠 사이로 보이는 가슴 털, 그리고 이것을 잔디 삼아 가슴 위로 자리 잡은 금 목걸이를 과시하던 존스는 1960년대와 1970년대 젊은이들의 아이콘이었다. 바리톤의 굵은 음색과 정력 넘치는 가창력은 특히 여성 팬들을 사로잡았다. 당시 존스의 목소리만 들어도 청각적 오르가슴을 느낀다는 여성들이 적지 않았다는 외신보도도 있었다. 외국에서는 존스가 공연무대에 서면 여성들이 자기가 묶고 있는 호텔 방 열쇠와 속옷을 무대 위로 던졌다는 일화가 있을 정도였다.

오역 방지를 위한 'bisexual'관련 용어 풀이

homosexual	동성애자, 동성과의 성체험을 통해 성적인 쾌감에 도달하는 사람
lesbian	레즈비언, 특히 여성동성애자를 지칭하는 말. 이 말은 고대 그리스 4대 시인의 하나였으며 최초의 레즈비언이인 사포의 고향 '레스보스'(Lesbos)에서 유래
sodomy	비역, 男色, 獸姦등으로 번역. 구약성서의 '소돔과 고모라'에서 유래한 용어로 중세의 성(性)제도 속에서 여러 가지의 변태적 성행동을 통틀어 가리키는 말이었음
buggery	남색가. 소도미라는 말이 동성애자라는 개념으로 넘어가던 과도기에 동성애 또는 동성애자를 가리키기 위해 사용한 용어. 처음에는 anal sex 를 즐기는 사람들을 지칭
gay	게이. '밝은', '명랑한' 등의 뜻을 담고 있는 이 말은 1960-70년대 미국과 서유럽을 중심으로 시작된 동성애자 운동의 결과로 새로이 동성애자를 일컫는 이름이 되었음
transsexual	성전환자. cf. transgender, sexual inversion
faggot	패곳, 남성동성애자를 경멸하는 속어로 미국에서 널리 쓰이는 말
dyke	다이크. 능동적인 여성동성애자를 지칭하는 용어지만 통상 여성 동성애자 가운데 남성역을 맡는 여성을 가리키기도 함. 하지만 다이크가 반드시 '남성적'일 필요는 없음
butch	버치. 여성동성애자 가운데 남성역을 맡는 사람을 가리키는 용어. '팜므'와 짝을 이룰 때 쓰이는 말
femme	팜므. 여성동성애자 가운데 여성역을 맡는 사람을 가리키는 용어. '버치'와 짝을 이룰 때 쓰이는 말. 팜므 파탈(femme fatale)이라고 하면 '요부'를 의미

이 오역사건으로 존스는 한국에서 더 유명해졌고 그의 음반 판매량도 급증했다. 이들 'bisexual' 오역사건은 해당 뉴스통신사의 정정보도로 일단락됐지만 지금도 은퇴한 외신부 기자들 사이에는 잊지 못할 추억의 술안줏감 에피소드로 남아있다.[41]

■ 전란중의 이순신 장군을 밤마다 정력 왕성한 오입장이로 만든 오역

오역은 충무공 이순신(李舜臣) 장군을 전란중에도 여자들과 지칠줄 모르게 섹스를 즐긴 오입장이로 만들어 놓았다. '聖雄'이 아니라 '性雄'이 된 것이다. 이순신 연구가인 이용호(전 명지대 교수)박사에 따르면 난중일기(亂中日記)[42]의 중요한 오역으로 '여진'(女眞)이란 단어를 들고 있다. 이박사에 따르면 '나의 진영(부대)'이라는 뜻의 '余陣'(여진)이 이두(吏讀) 표기방식에 따라 '女眞'으로 된 것인데도 일부에서 이를 여성을 가리키는 것으로 해석, 이순신장군이 여진과 하루 이틀 간격으로 잠을 잤다고 오역하고 있다는 것이다.[43]

난중일기의 신묘년(1591) 9월 12일(양력 11월 1일) 일기는 "晚出登途 十里許川邊 李光輔與韓汝璟佩酒來待 故下馬同話 安世熙亦到 暮到茂長(女眞)"로 돼있다.

한국고전번역원의 번역에 의하면 이 대목은 "늦게 길을 떠나 10리쯤의 냇가에 이르니 이광보와 한여경이 술을 갖고 와서 기다리고 있기에 말에서 내려 함께 이야기했다. 안세희도 역시 도착했다. 저물어서야 무장에 도착했다"로 돼있다. 그러나 일부 다른 번역본은 말미의 '女眞'을 여성

---

41) 바에즈나 존스가 양성애자라는 것은 외국에서는 큰 뉴스가 되지 못한다. '세기의 여배우' 엘리자베스 테일러와 두 번 결혼하고 두 번 이혼했던 영화배우 리처드 버튼을 비롯하여 알랭 드롱, 제임스 딘, 타이론 파워, 빌리 조 암스트롱 등은 자신이 양성애자라고 공공연하게 밝혔으며, 토니 커티스, 버트 랭카스터, 율 브리너, 로버트 와그너, 말론 브랜도, 엘비스 프레슬리, 빅 모로, 스티브 맥퀸, 찰스 브론슨, 실베스터 스탤론 등도 양성애자로 거론돼 왔다. 역사적인 유명인물 가운데 동성애자를 순위별로 수록한 폴 러셀(Paul Russel)의 저서 'The Gay 100'(동성애자 1백인)에 따르면 1위는 소크라테스, 2위는 최초의 레즈비언인 여류시인 사포, 3위는 영국의 대문호 오스카 와일드가 차지했다. 이밖에 차이코프스키, 셰익스피어, 알렉산더 대왕, 다윗왕, 에드워드 2세, 크리스티나 여왕(스웨덴), 칼 하인리히, 나이팅게일, 성 아우구스티누스, 미켈란젤로, 레오나르드 다빈치, 바이런, 버지니아 울프, 월트 휘트먼, 앙드레 지드, 마르셀 프루스트, 에드먼트 화이트, 미셸 푸코, 앤디 워홀, 입생 로랑, 그레타 가르보, 조디 포스터, 록 허드슨, 팝스타 조지 마이클까지 이름을 올리고 있다.
탐미주의 작가 오스카 와일드는 하루 동안 전보 집배원 다섯 명과 동성애를 즐겼다. '호두까기 인형'의 차이코프스키는 14세의 조카 보이토프와 동성애에 빠진 것으로 전해진다. 그의 죽음도 아내의 집요한 성관계 요구 때문에 기도한 음독자살이란 설이 있다. 러셀의 이 책은 특히 로마 가톨릭교회의 위대한 대부로서, 이브의 성적 욕망이 에덴동산에서의 추방을 초래했다고 주장하며 모든 성행위를 죄악시했던 경건한 성직자 성 아우구스티누스 조차도 동성애를 경험했다고 설명하고 있다. 아우구스티누스는 자신이 우정이라는 샘물을 욕망으로 더럽혔으며 한 젊은 친구와 1년여 동안 '가장 감미로운 경험'을 했노라고 고백했다. '백의의 천사'의 원조 나이팅게일은 사촌인 마리안 니콜슨이 유일한 사랑이었다고 술회하고 있다. 나이팅게일은 니콜슨이 세상을 떠났을 때, 깊은 상처를 입고 나락으로 떨어졌다는 것이다.

42) 이순신장군은 한번도 '난중일기'라는 제목의 책을 써본 적이 없다. 그는 다만 13만여 자에 이르는 자신의 일기를 묶어서 '임진일기', '병신일기', '정유일기' 등의 표제를 붙여놓았을 뿐이었다. 그의 일기들이 '난중일기'라는 이름을 얻게 된 것은 200년이나 지난 뒤였다. 정조(正祖)는 임진왜란 발발 200주년이 되는 1792년에 이순신을 영의정으로 가증(加贈)했다. 아울러 이순신의 글과 그에게 준 글들을 모아서 '이충무공전서'를 편찬했다. 이 때 편찬자들이 그의 전란 중의 일기를 묶어 편의상 '난중일기'란 이름을 붙였다.

43) 대한언론인회보(2011. 8. 2)

으로 해석, 충무공이 이 여성과 섹스를 즐긴 것으로 돼있다.

이에 대해 이 박사는 예컨대 '석세'(石世)를 '돌세'로 읽는 것처럼 충무공은 이두(吏讀)를 많이 사용했다면서 다른 사람들이 봐서는 안될 전쟁터에서의 기록에 본인만 알 수 있도록 이두로 적은 것이라고 설명했다. 문제는 이러한 오역이 영문으로 번역할 때 그대로 적용되고 있다는 점이다. 1977년 연세대 출판부에서 나온 영문판에는 여진이 여성으로, 나흘동안 충무공과 세 차례나 잠자리를 같이 한 것으로 번역돼 있다.

영역된 9월 12일 일기를 보면 "Departed late. When l came to a stream ten li(about three miles) away, Yi Kwang-bo and Han Yo-kyong were waiting for me holding some bottles of wine in the stream. An Se-hui also came to join us the drinking party. After dark I arrived in Mujang to rest overnight--spent the night with Chin."으로 돼있다. 그날 밤을 여진과 잤다는 뜻이다.

이어 9월 14일(양력 11월 3일) 일기는 "留又"(하루 더 묵었다) 인데도 뒤에 '女眞二十'이란 말이 붙어 이 대목은 "Stayed one more day in Mujang --spent the second night with Chin."(여진과 이틀 밤을 잤다)으로 번역됐다.

또한 9월 15일(양력 11월 4일) 일기는 "體相行次 到縣 入拜 議策"으로 "체찰사가 현(무장현)에 도착했다고 하므로 들어가 절하고 대책을 의논했다."는 뜻이다. 그러나 이 날 일기도 말미에 '女眞三十'이란 말이 붙어 영문으로 여진(女眞)과 사흘 밤을 잤다고 번역됐다.

"When the party of the supreme Commissioner entered the town, I greeted him and discussed strategy--spent the third night with Chin."

신묘년은 임진왜란 직전해이지만 왜구의 출몰이 잦아 이순신 장군은 곧 왜란이 있을 것으로 판단하고, 만반의 준비태세에 돌입한다.

난중일기를 소장하고 있는 현충사측은 난중일기에 女眞과 女眞二十, 女眞三十이라고 적혀있는 것은 전란중 충무공이 자신만의 암호를 쓴 것으로 생각되며 따라서 이를 여성으로 해석하는 것은 옳지 않을 것이라는 견해를 보이고 있다.

■ 핫도그(hot dog)를 '삶은 개고기'로 번역

1959년 9월 23일 서울의 동양통신 외신부에서는 'hot dog'의 번역을 둘러싸고 한바탕 소동이 벌어졌다. 냉전시대 소련 최고 지도자로서는 최초로 미국을 방문한 후르쇼프(Nikita

Khrushchev) 총리가 아이젠하워 대통령과와 캠프데이비드 정상회담에 앞서 지방 나들이에 나서 22일(현지시간) 아이오아주 주도 디모인(Des Moines)의 한 음식점에서 'hot dog'를 사먹었다는 뉴스가 사진과 함께 텔리타이프로 찍혀 들어왔기 때문이다. 당시 입전된 한 외신 사진의 캡션은 아래와 같다.

> 〈Des Moines, Iowa - Soviet Premier Nikita Khrushchev tastes his first American hot dog, complete with mustard, here Sept 22. After finishing the hot dog, the Communist boss was asked what he thought of it. He replied "OK, excellent, wonderful," but then added that it wasn't enough. Khruschev arrived earlier form San Francisco.〉(와이오아주 디모인 발신 - 9월 22일 소련 총리 후르쇼프가 처음으로 미국에서 핫도그를 겨자에 곁들여 맛보고 있다. 핫도그를 다 먹고 난 후 맛이 어떠했느냐는 질문에 이 소련 최고 지도자는 "오케이, 우수하다, 흘륭하다"고 대답하면서도 양이 충분치 않았다고 덧붙였다. 후르쇼프는 이날 오전 샌프란시스코로부터 이곳에 도착했다.)

'hot dog'이란 말은 처음 들어 본 기자는 직역을 해 '뜨거운 개고기'로 기사를 작성하고 있었나. 당시에는 영한사전에도 나와 있지 않은데다 주변에 미땅히 물어볼 외국인도 없었기 때문이다. 마침 동료 가운데 중국어를 전공한 사람으로부터 중국인들은 'hot dog'을 열구(熱狗, 중국어발음: 러고우)로 쓴다는 말은 들은 이 기자는 확신을 갖고 '뜨거운 개고기' 대신 '삶은 개고기'로 번역해 기사를 내보냈다. 하지만 다시 한번 사진을 찬찬히 살펴보니 '개고기'는 아니었다. 결국 음역을 해 '핫 도그'로 정정기사를 내보냈다. 우리는 'hot dog'이라고 하면 막대기에 소시지를 꽂고, 밀가루를 씌워 기름에 튀긴 것을 생각한다. 하지만 이것은 hot dog이 아니라 corn dog이라고 부른다. 미국 사람들이 'hot dog'이라고 하는 것은 길쭉한 모양의 햄버거 빵에 뜨겁게 익힌 여러 가지의 소시지를 넣어 야채, 겨자, 케찹 등을 곁들여 먹는 것을 말한다.

'hot dog'은 원래는 독일 음식이며, 독일식 이름은 프랑크푸르터(frankfurter)였다. 이는 도시명 Frankfurt에서 따 온 것이다. frankfurter가 미국에 등장한 것은 1860년대인데, 이때 미국인들은 이것을 '닥스훈트 소시지'(dachshund sausage)로 불렀다 'Dachshund'란 몸통이 길고 다리가 짧은 개를 말한다. 닥스훈트 소시지가 마치 이 개의 몸통처럼 둥글고 길기 때문에 '프랑크푸르터'를 부르는 아주 적절한 이름으로 생각했기 때문이었다고 한다. 이 때는 야구 경기장에서 둥근 빵의 일종인 번(bun) 사이에 닥스훈트 소시지를 따뜻하게 해서 얹어 먹는 것이 유행했는

데, 1906년 어느날 Tad Dorgan이라는 신문 만화가가 야구경기장에 갔다가 닥스훈트 소시지를 보고 만화에 담을 아이디어를 얻었다. 다음날 번 사이에 닥스훈트 소시지가 아니라 닥스훈트(개)를 넣은 그림을 그렸는데, 그 때 Dorgan은 닥스훈트의 스펠링을 알 수가 없어서 그 만화 밑에다 "Get your hot dogs"라고 썼다. 그 만화는 인기가 있었고 그 후로 닥스훈트 소시지는 핫도그로 불리게 되었다는 것이다.

한때 호주의 국가(國歌)였으며 지금도 호주 국민들 사이에 널리 애창되는 민요로 우리에게 낯익은 '왈칭 마틸다'(Waltzing Matilda)는 '유랑자(떠돌이)의 짐 보따리'를 뜻하는 데도 한국에서는 '춤추는 마틸다'로 번역되고 있어 웃음을 자아내고 있다. 'Waltzing'은 'walking'의 방언이며 'Matilda'는 '마틸다'라는 아가씨의 이름이 아니라 '보따리' 또는 '배낭', '가방'을 뜻한다.

배가 고파서 양 한 마리를 훔쳐 보따리에 넣고 도망을 다니다가 경찰관에게 들켜 강물에 빠져 죽고 마는 한 떠돌이 실직 노동자의 애환이 서려 있는 이 노래는 호주 시인 밴조 패터슨(Banjo Paterson, 1864-1941)이 1895년에 쓴 것으로, 우리의 '아리랑'이나 아일랜드 민요 '대니 보이'(O Danny Boy)처럼 애잔함을 간직하고 있는 노래다. 이 떠돌이 노동자가 죽은 후 강가에서 영혼의 노래 소리가 들렸다고 하는 내용이 가사에 담겨있다.

왈칭 마틸다는 1977년 까지는 호주의 국가였으나 그해 국민투표에 의해 'Advanced Australia Fair'가 1위를 차지하는 바람에 2위로 밀려났고 지금은 비공식 국가 지위를 유지하고 있다.

▪ 팔레스타인 자치정부(Palestinian Authority)를 '팔레스타인의 권위'로 오역

팔레스타인 자치정부는 합법적 정부로서 영어로 'Palestinian Authority'로 표기 된다. 그런데 이것이 '팔레스타인의 권위'로 오역됐다. 콘돌리자 라이스(Condoleezza Rice) 미 국무장관이 2005년 7월 13일 서울에서 반기문 외교통상부장관과 한미 외무장관회담을 마치고 가진 기자회견에서 있었던 일이다. 라이스 장관은 기자회견 첫머리에 팔레스타인의 테러문제를 언급하며 Palestinian Authority라고 언급했다. 하지만 미 국무부가 고용한 한국어 통역은 '관청', '당국'의 의미도 있는 Authority를 '권위'로 해석함으로써 오류를 범한 것이다. 일부 언론에 그대로 소개됐다.

Authority가 '관청'의 의미로 쓰인 경우는 Monetary Authority of Singapore(MAS, 싱가포르通貨廳), Tourism Authority of Thailand(TAT, 태국관광청), Civil Aviation Authority of the Philippines(CAAP, 필리핀민간항공청)등에서 볼 수 있다.

▪ 미 총기규제법의 핵심 규제대상 대용량 '탄창'(magazines)을 '잡지'로 오역

'공격용 무기와 대용량 탄창'(assault weapons and high-capacity ammunition magazines)은 오바마 대통령 정부가 추진하는 총기규제 관련법의 핵심 규제 대상이다. 이들은 미국에 범람하는 총기 중에서 규제돼야 할 최소한의 대상으로 늘 지목돼 왔다. 이유는 이런 총기나 탄창들은 총기 소유론자들이 주장하는 방어 목적을 넘어서는 성능을 가지기 때문이다. 자동소총 등 공격용 무기, 그리고 많은 사람을 한 번에 살상할 수 있는 총탄을 장전하는 대용량 탄창은 자위 목적에 어울리지 않으며, 지금까지 미국에서 벌어진 총기사건이 보여주 듯, 대량 학살을 가능케 하는 무기가 될 수 있다. 그런데 탄창(magazines)이 국내에서 '잡지'로 번역돼 일부 중앙일간지 홈페이지 등 인터넷에 나돌고 있다. 조사를 해보니 오역의 진원지는 한 뉴스통신사였다. 뉴시스는 2012년 12월 31일 워싱턴발 AP통신 기사를 번역, 소개하면서 '탄창'을 뜻하는 'magazines'을 '잡지'로 오역했다. 뉴시스는 오바마 대통령이 NBC-TV의 '미트 더 프레스'(Meet the Press)에서 학교내 총기 사건을 막기 위해 무장경호원들을 학교에 배치하자는 미국총기협회(NRA)의 주장에 대해 회의적인 반응을 보이면서 "이런 조치보다는 총기 소지자의 신분 강화와 공격용 무기와 고성능 총기를 소개하는 잡지들을 단속하는 것이 타당하다는 종래의 입장을 다시 강조했다"고 전했다. 'assault weapons and high-capacity ammunition magazines'를 '공격용 무기와 고성능 총기를 소개하는 잡지들'로 번역한 것이다. 탄창 앞에 붙은 '고성능 총기'라는 말도 오역이다. 탄환을 여러 발 장전할 수 있는 '대용량 탄창'이 바른 번역이다.

▪ 코페르니쿠스의 천체의 '회전'(revolution)을 '혁명'으로 오역

미국의 역사학자 크레인 브린튼(Crane Brinton)이 쓴 'A History of Civilization'은 1963년 국내에서 '세계문화사'란 제목으로 상 중 하 3권이 출간됐는데 이 책에 나오는 니콜라우스 코페르니쿠스(Nicolaus Copernicus)의 1543년 저서 이름 'On the Revolution of Celestial Orbit'(라틴어 원제목: De Revolutionibus Orbium Coelestium)가 '천체의 혁명에 관하여' 오역돼 있다. '천체의 회전(공전·자전)에 관하여'가 바른 번역이다. 천동설을 지동설로 바꾼 코페르니쿠스의 이 책은 'On the Revolutions of the Heavenly Spheres'라는 이름으로 더욱 널리 소개돼 있다.

▪ 007 영화 'Dr. NO'(노 박사)를 '의사는 필요 없다'로 오역

영화 '007 Dr. NO'는 후에 제목이 '007 살인번호'로 수정됐지만, 국내 개봉 당시 '007 의사는 필요 없다'로 오역된 어처구니없는 일이 벌어졌다. 중국계 악당 노박사를 무찌르는 내용이라서 Dr. NO 이었는데도 말이다. 이 영화는 이언 플레밍(Ian Fleming) 원작의 007 시리즈 첫 번째 영화로 1962년 제작·개봉됐다. 감독은 테렌스 영(Terence Young)이며, 숀 코네리(Sean Connery)가 제임스 본드역을 맡았다. 원제는 '노 박사'라는 뜻의 Dr. No이나, 국내에서는 '살인번호'라는 이름으로 1963년 개봉됐다.

이 영화의 기본 줄거리는 자메이카를 배경으로 한다. 외딴 섬에 비밀기지를 차려놓고 미국의 인공위성과 미사일들을 방해하는 중국계 노 박사(Dr. No)를 007이 무찌르는 이야기이다. 노 박사 역에는 실제로 중국계 미국인 배우인 조셉 와이즈먼(Joseph Wiseman)이 상당히 이지적인 악당으로 나온다. 본드 걸에는 스위스 출신의 글래머 여배우 어슐라 안드레스(Ursula Andress)

가 발탁돼 멋진 수영복 몸매를 과시한다. 노 박사의 섬에 값비싼 조개껍질들을 몰래 주워 가기 위해서 들어갔다가 007과 만나서 때 아닌 '고생'을 하는 아가씨로 나온다.

007 시리즈 영화 우리말 번역 제목들

1. 007 의사는 필요없다(Dr. No, 1962) 뒤에 '007 살인번호'로 개역
2. 007 위기일발(From Russia with Love, 1963)
3. 007 골드핑거(007 Goldfinger, 1964)
4. 007 썬더볼(Thunderball, 1965)
5. 007 두 번 산다(You Only Live Twice, 1967)
6. 007 여왕 폐하 대작전(On her majesty secret service, 1969)
7. 007 다이아몬드는 영원히(Diamonds Are Forever, 1971)
8. 007 죽느냐 사느냐(Live And Let Die, 1973)
9. 007 황금 총을 가진 사나이(The Man with the Golden Gun, 1974)
10. 007 나를 사랑한 스파이(The Spy Who Loved Me, 1977)
11. 007 문레이커(Moonraker, 1979)
12. 007 포 유어 아이즈 온리(For Your Eyes Only, 1981)
13. 007 옥토퍼시(Octopussy, 1983
14. 007 뷰 투 어 킬(A View to a Kill, 1985)
15. 007 리빙 데이라이츠(The Living Daylights, 1987)
16. 007 살인면허(Licence To Kill, 1989)
17. 007 골든아이(Goldeneye, 1995)
18. 007 네버 다이(Tomorrow Never Dies, 1997)
19. 007 언리미티드(The World Is Not Enough, 1999)
20. 007 어나더 데이(Die Another Day, 2002)
21. 007 카지노 로얄(Casino Royale, 2006)
22. 007 퀀텀 오브 솔러스(Quantum Of Solace)

▪ 음담패설집 '古今笑叢'은 Unchanging Weapon(불변의 총)으로 번역

'고금소총'은 1988년 배우 이대근을 주연으로 한 지영호 감독의 영화다.

영화는 조선시대에 만들어진 이야기 음담패설집 고금소총(古今笑叢)을 토대로 만들어졌다. 강희맹(姜希孟)의 촌담해이(村談解頤) 송세림(宋世琳)의 어면순(禦眠楯), 성여학(成汝學)의 속어면순(續禦眠楯) 등이 실려 있는 이 책은 내용이 상스럽고 천한 육담과 노골적인 성적 표현이 많지만 양반사회를 풍자한다든가 위선적인 사회모습을 해학과 교훈적 풍자의 이야기로 담고 있다. 편자기 미상이지만 설에 의하면 송인(宋寅)에 의해 엮어 졌다고도 한다. 그런데 국내에서 영화화된 고금소총의 영어제목이 'Unchanging Weapon'이어서 웃음을 자아내게 한다. 'Unchanging'(고금 즉, 예나 지금이나 변함없는)에 'Weapon'(소총, 즉 무기)이라는 단어를 결합해 번역한 것이다. 하지만 일각에서는 영화 주인공 변함없는 '거시기' 능력을 함축하는 의미있는 번역이라고 말한다.

▪ '구멍안에 쏴!'로 오역된 'Fire in the hole!'

외국 영화, 특히 전쟁영화를 보면 'Fire in the hole!'이라는 표현이 자주 등장한다. 'Band of Brothers episode 2', 'Day of Days', 'Over the Hedge', 'Saving Private Ryan'등의 영화는 물론 비디오 게임물인 'Half-Life', 'Counter-Strike', 'Far Cry', 'Battlefield 2', 'Battlefield 3', 'Call of Duty', 'CrossFire', 'Point Blank'등을 보면 이 표현이 어김없이 나온다. 그런데 국내 번역물에는 거의가 '구멍안에 쏴!'로 돼있다. 인터넷에서는 묘한 뉴앙스까지 주는 말이라고 친절히 해설까지 하고 있다. 전쟁영화에서 'Fire!'는 '사격(발포)!' 이다. 예컨대 사격명령을 내릴때 "Ready! Aim! Fire!"(준비, 조준, 사격)라고 한다. 그래서 'Fire in the hole!'을 '구멍안에 쏴!' 라고 번역하는 것 같다. 'fire'에 '불'의 뜻이 있는 점을 감안해 '구멍에 불!'이라고도 번역하는 경우도 발견된다. 하지만 이같은 번역들은 모두 오역이다. 이 말은 수류탄 또는 폭약을 근거리에서 터트릴 때 주변의 동료들에게 주의를 줄 때 쓴다. 이 말을 들은 동료들은 안전한 곳을 찾아 엄폐하고 폭발이 일어나기를 기다리는 것이다. 영화를 보면 이런 상황이 쉽게 이해된다. 따라서 'Fire in the hole!'은 '폭발한다! 조심해!' 정도로 번역되는 일종의 관용구다. 위키피디어를 찾아보니 이렇게 정의 돼있다. 'Fire in the hole' is a warning that an explosive detonation in a confined space is imminent. It originated with miners, who needed to warn their fellows that a charge had been set.(제한된 공간에서 폭약 폭발이 임박할 때 조심을 당부하는 경고의 말. 이 말은 광부들에서 유래했는데, 이들은 (암벽폭파를 할 때) 폭약이 장전됐음을 동료들에게 경고할 필요가 있었던 것이다.) 하지만 이 말은 총포류를 발사하는 경우에도 쓰인다. 가령 로켓포 등을 발사할 때 폭발은 일어나지 않지만 후폭풍(back blast)의 위험이 있기 때문에 주변 사람들은 안전조치를 취해야 한다.

■ 그랜드캐니언을 화성표면으로 보도

MBC는 2012년 8월 29일 밤 뉴스데스크에서 '화성의 그랜드캐니언'이라는 리포트를 통해 "미국 NASA(우주항공국)의 화성탐사로봇 '큐리오시티'가 화성의 샤프산을 촬영한 동영상을 전송해왔는데 미국의 그랜드캐니언과 모습이 흡사하다"고 보도했다.

하지만 이는 황당한 오보였다. NASA 홈페이지에 들어가보면, 여러 샤프산(Mount Sharp) 사진과 함께 그랜드캐니언 사진이 나오는데 그 사진설명엔 '샤프산과 유사한 그랜드캐니언'이라고 돼 있다. 그런데도 이를 확인하지 않고 방송한 것이다.

△ 2012년 8월 29일 밤 방송된 MBC 뉴스데스크

MBC는 이어 기자가 화성 샤프산의 동영상을 설명하면서 "붉고 누런 토양 색깔과 깎아지른 듯 웅장한 지층의 모습이 마치 미국 서부의 그랜드 캐년을 연상시킨다"며 "높이 5.4킬로미터의 샤프산 아랫 부분에는 층층으로 나뉜 지층이 노출돼 있어 이를 분석하면 과거 화성의 환경을 알 수 있을 것으로 기대된다"고 보도했다.

MBC는 특히 화성 샤프산이라는 동영상의 한 장면과 실제 그랜드캐니언 영상을 나란히 놓고 흡사하다고 설명했다. 그러나 MBC가 그랜드캐니언을 연상시킨다며 제시한 화성 샤프산 동영상은 진짜 그랜드캐니언이었던 것으로 밝혀진 것이다.

오보임을 확인한 MBC는 다음 날인 30일 뉴스데스크에서 "어제 뉴스데스크에 방송된 화성 샤프산의 모습 중 한 장면이 미 항공우주국 NASA 홈페이지에 올려져 있는 그랜드캐니언 사진이었기에 바로잡습니다"라고 정정방송을 내보냈다.

현재 미국의 NASA 홈페이지에 큐리오시티가 전송한 동영상 사진 여러 장이 공개돼 있다. 이 가운데 MBC가 샤프산이라고 소개했다 정정한 그랜드캐니언의 사진도 들어있다.

해당 사진 설명에는 "나사의 큐리오시티 로봇이 화성에 착륙하기 전, 화성 샤프산에서 노출된 지층들이 여기에 나타나 있는 미국 서부 그랜드캐니언에 지층과 비교됐다"며 "큐리오시티가 도착한 지금 과학자들은 어떻게 두 지형이 이렇게 유사할 수 있는지 놀라워했다"고 기재돼있다.

△ 2012년 8월 30일 밤 방송된 MBC 〈뉴스데스크〉의 정정방송

▪ 'TV특종 놀라운 세상' '제주도 심령사진'은 생존인물로 판명

2012년 6월 12일 방송된 MBC의 'TV 특종 놀라운 세상'에서는 한 남성이 제보한 제주도 심령사진 한 장이 공개됐다.

공개된 사진은 한 남성이 성산 일출봉에서 찍은 것으로, 남성 뒤에 긴 머리의 또 다른 남성 한 명이 얼굴을 내밀고 손을 흔들고 있는 모습이 보인다.

제작진은 성산 일출봉 현장을 방문해 사진 속 남자 뒤쪽은 절벽이라 사람이 서 있을 수 없는 곳이라는 사실을 확인했다.

제보자는 사진을 찍은 다음날 할아버지가 돌아가시고, 아버지가 병으로 입원하는 등 집안에 안 좋은 일들이 연속적으로 일어났다고 밝혔다.

MBC는 전문가를 찾아가 사진의 진위여부에 대해 확인해본 결과 합성이나 조작이 아닌 것으로 판명됐다고 밝혔다. 6시간 동안 복원작업을 한 전문가는 "또 다른 남성은 긴 머리카락을 소유한 중년 남성으로 추정된다"고 말했다.

MBC제작진은 현지 주민과의 인터뷰를 통해 약 20여년 전 한 일본인 남성 관광객이 성산 일출봉에서 추락사 했다는 사실을 알아내고 유족을 통해 입수한 고인의 사진이 심령사진 속 유령과 닮았다며 그의 생전 사진을 공개했다.

제주도 심령사진을 본 네티즌들은 '심령사진 중 가장 무서운 듯', '고도의 합성이 아닐까?', '우악 소름 돌아', 등의 다양한 반응을 보였다. 이 사진은 지난 2012년 6월 13일 포털사이트 검색어 1위에 오르며 뜨거운 관심을 모았다.

△ 2012년 6월 12일 방송된 MBC 'TV 특종 놀라운 세상' 캡처

하지만 조작 의혹이 일자 MBC 'TV 특종 놀라운 세상' 제작진은 6월 15일 "제작진은 제보 사진과 내용을 검토한 후 제보자와 통화를 통해 제보 사진에는 전혀 손을 대지 않았음을 확인했고 여러 명의 전문가에게 합성 및 조작 여부에 대해 문의해 어떠한 조작도 없는 사진임을 확인했다"고 밝혔다. 조작은 없다고 일축한 것이다.

그래도 논란이 계속되자 MBC제작진은 6월 18일 홈페이지 게시판을 통해 사진 속 인물은 유령도 아니고 20년전 사망했다는 일본 관광객도 아니었다면서 "촉박한 제작 일정 속에서 확인 절차를 제대로 하지 못해 다른 사람의 사진을 고인의 사진으로 잘못 소개하는 어처구니 없는 실수를 저질렀다"고 사과했다. 이와관련, 한 네티즌은 6월 15일 '카즈 우즈노미아'라는 음악 프로듀서의 페이스북 계정을 소개하며 그가 방송에서 고인으로 소개된 인물이라고 밝힌 바 있다.

△ 방송 중 '심령사진의 주인공'으로 나온 일본인 음악가 카즈 우즈노미아

제작진은 이어 "사진을 면밀히 비교하고 사진 속 인물의 지인 등에게 문의한 결과 사진의 주인공이 생존 인물임을 확인하였고, 그분은 현재 미국에 거주 중인 음악 프로듀서로 제작진은 그분에게도 사과의 뜻을 전달하기 위해 다방면으로 접촉 중에 있다"고 밝혔다. 이어 "이번 일로 많은 분들에게 실망과 혼란을 드린 데 대해 책임을 통감하며 시청자 여러분께 진심으로 고개 숙여 사과드린다"고 말했다.

제21부

The World
of Fake News

역사를 바꾼 오보들

▪ 오보로 시작한 찬탁과 반탁이 한국의 운명 갈랐다?

미국과 영국, 소련은 해방후인 1945년 12월 16일 부터 27일까지 모스크바에서 전후 문제 처리를 위해 외무장관 회의(모스크바 3상회의)를 열고 '한국(조선)문제에 관한 4개항의 결의서'라는 합의문을 발표했다. 민주주의 원칙에 의해 한국임시정부를 건설하고, 임시정부 수립을 돕기 위해 미소공동위원회를 설치하며, 이를 위해 최대 5년 간 신탁통치를 실시하고, 2주일 내로 미소 사령부의 대표회의를 개최한다는 내용이었다.

'모스크바 3상회의'(우리 교과서 표기는 모스크바 3국 외무장관회의)에서의 전후 한국(Korea) 문제 처리를 위한 4개항의 결정문 요지는 아래와 같다.

① 한국을 독립국가로 재건하기 위해 한국임시민주정부를 수립한다(With a view to the re-establishment of Korea as an independent state..., there shall be set up a provisional Korean democratic government).

② 한국임시정부 수립을 돕기 위해 남한의 미군사령부와 북한의 소련군사령부 대표들로 구성되는 미소공동위원회를 설치한다(In order to assist the formation of a provisional Korean government..., there shall be established a Joint Commission consisting of representatives of the United States command in southern Korea and the Soviet command in northern Korea).

③ 미, 영, 소, 중 4개국이 공동관리하는 최고 5년 기한의 신탁통치를 실시한다(a four-power trusteeship of Korea for a period of up to five years).

④ 남북한과 관련된 긴급한 제 문제를 심의하기 위해서 2주일이내에 한국에 주둔하는 미소 양국 사령부 대표들이 회의를 소집한다(For the consideration of urgent problems affecting both southern and northern Korea..., a conference of the representatives of the United States and Soviet commands in Korea shall be convened within a period of two weeks).

'신탁통치'란 유엔의 감독 하에 강대국이 자치능력이 없다고 인정되는 일정 지역에 대해 실시하는 특수 통치 제도를 말한다. 우리 민족은 신탁통치 결정을 우리 민족에 대한 모욕으로 받아들였다. 35년간 일제의 식민지배를 받았는데 또다시 5년간 외세의 통제를 받아야한다는 결정이 정서적으로 받아들여질 수 없었던 것이다. 그래서 '신탁통치 반대 국민총동원위원회'를 결성하여 전국적으로 반탁운동을 전개했다.

남한에서는 민족주의 진영이 반탁운동을 전개하고, 공산주의 진영은 처음에는 반탁이었으나 찬탁으로 돌아서 찬탁운동을 전개함으로써 좌우 대립이 치열해졌다. 신탁 통치를 둘러싼 반탁운동은 1947년 10월 미소공동위원회가 결렬될 때까지 계속됐다.

그런데 이러한 반탁운동에 불을 지핀 것은 1945년 12월 27일자(발행은 12월 26일 오후)동아일보의 오보였다. 동아일보는 모스크바 3상회의 결정사항이 발표되기 전 워싱턴발 합동통신의 추측성 기사를 1면 톱기사로 전재하면서 '소련은 신탁통치 주장, 미국은 즉시 독립 주장, 소련의 구실은 38선 분할 점령'이라는 단정적인 제목을 뽑았다. 이러한 제목은 〈미국은 우리의 독립을 위해 애쓰는데, 소련은 우리를 다시 식민지로 만들려고 한다〉는 인식을 뚜렷이 갖도록 유도하는 오보였다. 기사 제목과는 달리 3상회의에서 신탁통치를 제안한 쪽은 소련이 아니라 미국이었다.

미국의 프랭클린 루스벨트 대통령은 1943년 11월 말 카이로회담에서 영국의 처칠, 중국의 장제스(蔣介石)와 〈적절한 시기(in due course)에 한국을 독립시킨다〉는 데 합의했다. 국내에는 '독립시킨다'는 문구가 강조돼 전해졌지만, 사실 '적절한 시기'란 '적절한 과정'을 가리키는, 곧 신탁통치를 의미했다. 이런 구상은 1945년 2월 얄타회담에서 소련과도 합의됐다. 당시 루스벨트는 "한국인은 자치 능력이 없기때문에 아마 40년 내지 50년 정도는 신탁통치를 해야 할 것 같다"고 말했으나, 소련의 스탈린이 "그렇게 길게는 안 된다. 5년 정도로 하자"고 했다.

미국은 그러나 모스크바 3상회의에서는 5년간의 신탁통치를 하되, 협의를 통해 5년을 더 연장할 수 있도록 세안했다. 반면 소련은 한국임시정부의 수립을 제안했다. 임시정부 구성에서 좌파 진영이 우세할 것으로 판단했기 때문이다. 실제 당시 여론조사결과 북한은 물론 남한에서도 사회주의(좌파)지지가 우세한 것으로 나타났다. 모스크바 3상 회의 결정은 이런 미국과 소련의 이해를 절충한 것이다.

〈1945년 12월 27일자 동아일보 기사〉

〈[華盛頓(워싱턴) 二五日發 合同至急報] 막사과(莫斯科·모스크바)에서 개최된 삼국 외상회의를 계기로 조선 독립 문제가 표면화하지 않는가 하는 관측이 농후하여가고 있다. 즉 번즈 미국 국무장관은 출발 당시에 소련의 신탁통치안에 반대하여 즉시독립을 주장하도록 훈령을 받았다고 하는데 삼국 간에 어떠한 협정이 있었는지 없었는지는 불명하나, 미국의 태도는 카이로선언에 의하여 조선은 국민투표로써 그 정부의 형태를 결정할 것을 약속한 점에 있는데 소련은 남북 양 지역을 일괄한 일국 신탁통치를 주장하여 삼십팔도선에 의한 분할이 계속되는 한 국민투표는 불가능하다고 하고 있다.〉

△ 1945년 12월 27일자 동아일보 1면기사. 번즈 미국무장관과 소련지도자 스탈린의 사진이 실려있다.

　사실 동아일보 기사는 '워싱턴발 합동통신 25일자 기사'를 전재한 것이다. 이 기사는 다음날 조선일보, 서울신문, 중앙신문, 신조선보 등 27일자 조간에도 글자하나 틀리지 않고 똑같이 실렸다. 다만 동아일보의 경우 〈소련은 신탁통치 주장, 미국은 즉시독립 주장〉이라고 제목을 붙여 독자가 〈미국은 한국의 독립을 위해 애쓰는데, 소련은 한국을 다시 식민지로 만들려고 한다〉는 인식을 갖도록 유도했다는 지적을 받았다. 당시 석간은 26일 오후 제작 배포하는 신문을 '27일자'라고 했다. 이는 일제 때의 관행이었다.

　당시 합동통신의 외신 제휴사는 AP였고, 좌익성향인 조선통신의 제휴사는 UP였다. 그런데도 합동통신은 미국 현지 신문에 보도된 25일자 UP기사를 근거로 '화성돈 25일발 합동지급보'라고 해서 26일 각 신문에 서비스한 것으로 보인다. 이 UP기사는 미국 워싱턴 타임스 헤럴드 1945년 12월 26일자 7면에 다음과 같이 실렸다.

〈합동통신 워싱턴발 기사의 근거가 된 워싱턴 타임스 헤럴드의 UP기사〉

〈May Grant Korea Freedom

By United Press

A program for the independence of Korea may emerge from the conference of Big Three foreign ministers at Moscow, Some circles here believed last night. Secretary of State Byrnes went to Russia reportedly with instructions to urge immediate independence as opposed to the Russian Thesis of trusteeship. Korea at present is divided into two zones-Russian and American-with the boundary extending along the thirty eighth parallel. There are no indications thus far that the Big Three have reached and conclusions. The American position is that…〉

이 기사는 모스크바에서 삼상회의 결정이 발표되기 전, 12월 25일 워싱턴에서 나온 추측기사였다. UP기사 내용을 잘 들여다보면 '표면화하지 않는가 하는 관측' '받았다고 하는데' '어떠한 협정이 있었는지 없었는지는 불명하나' 등의 표현에서 보듯 회의 내용에 관한 추측일 뿐이며, '소련은 신탁통치 주장, 미국은 즉시독립 주장'이라고 단정할 만한 팩트(사실)가 없는 점이 발견된다. 따라서 동아일보는 추측성 기사에 단정적인 제목을 달아 결과적으로 오보를 했다는 지적을 받게 된 것이다.

실제 3상회의 결정이 모스크바에서 발표된 시점은 12월 28일 새벽 6시로 서울은 낮 12시워싱턴은 27일 밤 10시였다. 신탁통치에 관한 모스크바 3상회의의 실제 결정안이 알려지자 좌익은 모스크바 3상회의 결정안에 대한 총체적 지지를 표명했고, 우익은 반탁은 애국, 찬탁은 매국이라며 반소련-반공산주의 운동을 전개했다.

28일 오후 제작배포된 '29일자' 동아일보의 기사의 제목은 '신탁통치제 과연 실시'였다. 추측기사대로 되어간다는 의미에서 '과연'이란 부사가 붙은 것으로 보인다.

동아일보의 기사는 즉각 한반도를 반탁운동의 소용돌이로 몰아넣었다. 우익은 좌익을 '민족반역자' '소련의 앞잡이'라고 주장하고, 좌익은 우익의 반탁운동을 '국제 정세의 무지에서 나온 민족자멸책'이라면서 신탁통치를 지지했다. 당시 서로 정치적 입장이 같지 않았던 이승만과 김구도 한 목소리로 '신탁통치 반대' '3상회의 결정 거부'를 천명했고, 좌익에서도 인민당은 반탁을 선언했다. 일반 국민의 여론도 불붙었다. 12월 27일부터 30일까지 서울에서는 신탁통치 반대 데모와 파업이 잇따르는 등 1945년은 격앙과 분노 속에서 저물어갔다.

동아일보 보도 3일 후인 30일 아침 6시 동사 사장이자, 한국민주당의 수석총무였던 송진우(宋

鎭禹)가 자택에서 암살됐다. 그가 전날 반탁운동을 전개하고 있는 임시정부 인사들과 경교장에서 만나 신탁통치안을 지지했다고 알려진 직후 한현우(韓賢宇, 1919-2004)등 6명에게 암살된 것이다. 배후는 밝혀지지 않았다. 그러나 한현우는 송진우가 미국의 후견을 지지한 것이 자신의 저격동기였으며, 배후는 없었으며 김구(金九)와 이승만(李承晩)이 자신들을 의거를 칭찬해 주었다고 주장했다.[44]

이튿날인 12월31일 김구의 임시정부는 신익희(申翼熙) 내무부장의 이름으로 포교령인 국자(國字) 1호, 국자 2호를 발표했다. 신탁통치안을 반대하기 위한 총파업을 통해 미군정이 장악하고 있는 전국의 행정과 경찰기구를 접수하는 등 정권을 접수하고 주권을 행사하겠다고 선언, 미군정에 정면으로 대항했다. 나라 전체가 마비됐다. 화가 난 미군정 사령관은 1946년 1월1일 김구를 소환했고, 총파업은 하루 만에 끝났다. 1월 3일 또 하나의 소동이 벌어졌다. 조선공산당을 중심으로 한 좌익은 동대문운동장에서 '모스크바 3상회의 결정에 대한 총체적 지지' 결정을 내렸다. 신탁통치 반대 모임으로 알고 나갔던 사람들은 어안이 벙벙했다. 이틀 후 조선공산당의 책임비서 박헌영(朴憲永)은 이 결정에 대해 해명하기 위해 기자회견을 가졌다. 기자회견은 좌익세력에게 독(毒)이 됐다. 박헌영이 소련의 1국 신탁통치를 찬성하고 있으며, 한국이 소비에트 연방의 하나로 편입되기를 원한다고 말했다고 보도된 것이다. 박헌영 본인과 소련 타스 통신이 부인했음에도, 보도 내용은 사실로 각인되었다. 이제 공산주의자들은 소련에 나라를 팔아넘기려는 매판 세력이 되었다.

이런 와중에 국내정세는 혼란으로 치닫고 있었다. 신탁통치를 반대하는 민족진영의 데모대가 지나간 다음에는 신탁통치를 지지한다는 구호를 외치는 공산당 진영의 데모대가 그 그림자를 밟고 거리를 메웠다.

1946년 1월 16일 미소공동위원회 예비회담이 서울 덕수궁 석조전에서 열렸다. 미국 측 대표는 아놀드 소장이, 소련 측은 스티코프 중장이 각각 맡았다. 이 회담에서 미소공동위원회를 설치한다는 공동성명이 발표됐고, 이어 3월 20일 서울에서 제1차 미소공동위원회가 개최됐다. 그러나 신탁통치를 둘러싸고 좌익과 우익의 대립이 거세지는 가운데, 소련은 모스크바 3상회의 결정을 지지하는 정당과 사회단체만 임시정부 구성에 참여시키자고 주장했고, 미국은 의사표시의 자유를 내세우며 반대해 5월 6일 무기휴회가 선언됐다.

이어 1947년 5월 21일 제2차 미소공동위원회가 재개돼 서울과 평양을 오가며 몇 차례 회의를

44) 브루스 커밍스, 한국전쟁의 기원(강준만, 인물과 사상사, 2004) p. 287; 김학준 고하 송진우 평전: 민족민주주의 언론인·정치가의 생애, 동아일보사, 1990, p. 357.

열었지만, 미국과 소련의 의견 대립과 국내 정치세력 간 갈등으로 어떤 합의도 도출하지 못했다. 결국 같은 해 10월 18일 개최된 미소공동위원회 제62차 본회의에서 미국 측 수석대표 브라운 소장이 "유엔에서 한국문제 토론이 끝날 때까지 공동위원회 업무를 중단하자"고 제안했고, 소련 대표단이 10월 21일 서울 철수를 발표하고 평양으로 출발함으로써 아무런 성과 없이 막을 내렸다. 신탁 통치를 둘러싼 반탁 운동은 10월 21일 미소공동 위원회가 결렬될 때까지 계속됐다. 미소공동위원회 해산 이후 한반도의 정부수립 논의는 유엔으로 옮겨졌다. 유엔은 1947년 11월 14일 유엔 감시 하의 남북한 총선거를 결의했으나, 소련의 거부로 1948년 5월 10일 남한 단독의 총선거가 실시됐다.

동아일보의 오보가 없었다면, 반탁운동도 없었을까? 적어도 그렇게 격렬한 기세는 아닐지라도 일어나기는 마찬가지였을 것이다. 3상회의 발표문이 신탁통치를 규정하고 있기 때문이다. 그리고 만약 3상회의의 결정이 그대로 수용됐다면, 역사는 어떻게 달라졌을까? 역사에 가정이란 없다고 하지만 좌우합작의 임시정부가 구성되고, 5년 이내의 신탁통치를 거쳐 단일 통일정부가 수립됐을까? 그리고 분단도 없고, 전쟁도 없었을까?. 한국 정치는 좌와 우가 정책을 놓고 경쟁을 벌이는 자연스러운 민주주의 구도로 발전해나갔을까?

당시 세계는 미국과 소련에 의한 냉전으로 발빠르게 치닫고 있었고, 그런 국제관계나 국내 정파 간의 갈등을 볼 때 그토록 평화로운 역사가 가능했으리라 보기는 힘들다. 2차 세계대전 뒤 美·英·佛·蘇의 신탁통치가 실시된 독일 역시 동서독으로 분단된 점을 볼 때, 한반도가 분할 점령된 시점부터 분단은 피하기 힘든 운명이었다고 본다면 잘못 예견한 것일까. 실제 2년도 안돼 미소공동위원회는 결렬되고 남북 양쪽에 단독정부가 들어서고 분단이 고착되면서 5년 후에는 비극적인 6.25전쟁이 일어나고 만다.

▪ 오보가 부른 2차 세계대전 일본 핵폭탄 투하

오보는 인류사 최대의 '비극'인 핵폭탄 투하를 불렀다. 일본의 무조건 항복을 촉구한 미국 등 연합국지도자들의 최후통첩인 '포츠담선언'에 대해 일본 총리가 '논평을 유보한다'라는 뜻으로 말했는데 일본 언론들이 '무시했다'라고 잘못 보도했고 이 사실이 전세계에 알려져 트루먼 미대통령의 핵폭탄 투하 결정을 가져왔다는 것이다.[45] 당시 77세의 스즈키 칸타로(鈴木貫太郎)일본

---

45) 서옥식, 오역의 제국-그 거짓과 왜곡의 세계(The Empire of Misinterpretation & Mistranslation: The World of Inaccuracy and Distortion), 서울: 도서출판 도리, 2013.

총리는 포츠담선언 내용에 대해 ① '논평을 유보한다' 와 ② '무시한다'라는 두가지 의미가 있는 일본어 '모쿠사츠'(もくさつ, mokusatsu)라는 표현을 쓰면서 ①의 의미로 말했는데 일본 언론들이 ②의 의미로 보도를 하고 이것이 전세계 언론에 인용보도됨으로써 트루먼 대통령의 핵폭탄 투하 결심을 굳히게 했다는 것이다.

트루먼 대통령의 지시에 따라 일본 히로시마와 나가사키에 원폭투하를 집행한 스팀슨(Henry L. Stimson) 미육군장관(U.S. Secretary of War)[46]는 일본 언론의 오역(오보)이 핵폭탄 투하를 불렀다고 자신의 보고서 '원폭 사용 결정'(The Decision To Use the Atomic Bomb)에서 밝히고 있다. 물론 미국의 원폭투하가 2차 대전의 조기 종식과 전후 국제질서의 재편을 위한 미국의 세계 전략적 차원에서 단행된 계획적인 것이었지 단순히 일본 언론의 오역보도 때문이었겠느냐에 대해서는 논란이 있을 수 있지만 일단 사건 전개 과정의 인과관계로 보면 오역이 핵폭탄 투하를 부른 게 틀림없어 보인다.

1945년 7월 26일 트루먼대통령과 처칠 영국 총리, 장제스(蔣介石) 중화민국 주석 등 연합국 수뇌들(소련 공산당 서기장 스탈린은 후에 서명)은 포츠담선언(Potsdam Declaration)을 통해 일본의 무조건 항복을 요구하는 최후통첩을 보낸다.

연합국 지도자들은 이 선언에서 일본정부에 대해 일본군의 '무조건 항복'(unconditional surrender)과 '즉각적이고도 완전한 파멸'(prompt and utter destruction)중 양자택일을 요구했다. 이러한 최후통첩(ultimatum)은 일본정부에 즉각적으로 공식 전달된 것이 아니라 국영 도메이통신(同盟通信, Domei News Agency)의 보도를 통해 일본 국내에 처음 공개됐다. 포츠담 선언내용이 도메이통신에 입수된 시각은 27일 오전 4시 30분이었고, 즉시 보도가 이뤄졌다.

외무성 주도의 일본 내각은 최후통첩을 수락해야 한다는 분위기가 지배적이었다. 외무성 간부들이 포츠담 선언을 수락하기로 한 것은 무엇보다도 그 속에 국왕의 전쟁책임 문제가 언급되지 않았기 때문이다. 포츠담 선언 초안을 작성한 사람은 개전 때까지 주일대사를 역임한 조지프 그류(Joseph Grew) 미 국무장관대리로, 그는 특별히 일본 국민들에게 가혹한 내용을 담지 않았

---

46) U.S. Secretary of War를 일부에서 '미국방장관'으로 번역하지만 미육군장관이 정확한 번역이다. 미국방부는 1947년 9월 18일에야 창설됐으며 국방부창설 이전에는 국방을 담당하는 장관급 부서는 U.S. Department of War(육군부)와 U.S. Department of the Navy(해군부)로 나눠져 있었다. 그리고 이들 부서의 책임자를 각각 Secretary of War(육군장관), Secretary of the Navy(해군장관)로 불렀다, 미군은 2차대전 당시 공군이란 편제는 없었고 공군의 기능과 역할은 육군이 수행해왔다. 따라서 히로시마와 나가사키 원폭투하 임무는 육군장관 소관이었다. 미국의 육군은 1775년 6월 14일, 해군은 1775년 10월 13일 각각 창설됐지만 공군은 2차대전 후인 1947년 9월 17일에야 창설됐다. 육군에 소속된 육군항공대(The US Army Corps)가 공군창설과 함께 공군으로 재편성되면서 명실 공히 육해공군 3군 부서 체제가 확립됐다. 현재 국방부 산하 각료급 육해공 3군 부서의 명칭은 각각 U.S. Department of the Army, U.S. Department of the Navy, U.S. Department of the Air Forces이다. 국방부는 이 3개 부서를 하위기관이란 측면에서 subordinate military departments 또는 child agencies라고 부르지만 이들 부서의 책임자는 장관을 뜻하는 Secretary를 붙여 Secretary of the Army(육군장관), Secretary of the Navy(해군장관), Secretary of the Air Forces(공군장관)이라고 한다.

다. 충분히 수락할 수 있는 내용을 포츠담 선언에 담았으며, 도고 시게노리(東鄕武德) 외상은 그류 국무장관대리의 이러한 의도를 이해했다. 도고 외상은 포츠담 선언의 수용만이 전쟁을 종결시키는 길이라고 주장하면서 소련의 중재에 의해 조건들을 완화할 수 있다고 생각했다. 일왕 역시 연합국 측의 요구를 수락하기 위해 내각의 지지를 얻고자 했다. 협상(協商)을 통한 강화(講和)를 원하던 히로히토(裕仁, 1901-1989) 일왕은 소련을 통해 '무조건 항복'이란 어구 중 '무조건'이란 말의 삭제를 요구하도록 한다. 그러나 미국에 의해 거절됐다. 그러자 일본 내각은 연합국 측에서 공식 통보가 올 때까지는 시간을 끌면서 외교적인 노력의 협상 여지를 남겨두면서 일절 논평을 하지 않기로 내부방침을 정해놓고 있었다. 하지만 연합국 측의 항복요구가 이미 언론에 대서특필된 가운데 정부의 입장을 밝히라는 언론의 요구를 받아들이지 않을 수 없었다. 특히 군부의 주전론자들은 내각에 대해 '전쟁 계속의지 천명'등 강경한 입장을 밝혀야한다고 압력을 넣고 있었다.

이러한 분위기속에 스즈키 총리는 7월 28일 오후 4시 기자회견을 갖는다. 하지만 '말실수'를 하고 만다. "우리는 (포츠담선언)에 대해 '모쿠사츠'(もくさつ, mokusatsu)할 따름이다."[47]라면서 '모쿠사츠'라는 모호한(ambiguous) 표현을 사용한 것이다. 모쿠사츠라는 말은 영어나 불어, 독일어, 스페인어 등 서구 언어로 그 뜻을 표현할 수 있는 '정확한 상당어'(exact equivalent in European languages)가 없으며 심지어 일본어에서 조차도 모호한 표현을 할 때 사용하는 단어다. '모쿠사츠'는 그 어원이 'silence'의 의미를 갖는 'moku'(黙)와 'kill'의 의미를 갖는 'satsu'(殺)의 합성어이며, 축어적으로는 '黙殺'(묵살)로 표기된다. 영어로 직역하면 'killing with silence' 'the act of keeping a contemptuous silence' 정도가 된다. 하지만 '모쿠사츠'에는 크게 ①무시하다(to ignore/not to pay attention to)와 ②논평(언급)을 유보하다(to refrain from any comment/to withhold comment)라는 두 가지 뜻이 혼재한다고 한다.

일본 도시샤(同志社)대학 아사다 사다오 교수(역사학)는 '모쿠사츠'에는 '논평을 유보하다'(withhold comment), '무언의 경멸조로 대하다'(treat with silent contempt), '경멸조로 무시하다'(ignore with contempt), '드러내놓고 주의할만한 가치가 없는'(unworthy of public

---

47) John Toland, "The Rising Sun: The Decline and Fall of the Japanese Empire, 1936–1945", New York: Random House, 1970, p. 957. 이 책 957쪽 스즈키 총리의 언급내용을 보면 다음과 같다. <At four o'clock pm of 7/27 Suzuki told reporters, "The Potsdam Proclamation, in my opinion, is just a rehash of the Cairo Declaration, and the government therefore does not consider it of great importance. We must MOKUSATSU it." The word means literally 'kill with silence' but as Suzuki later told his son, he intended it to stand for the English phrase 'no comment,' for which there is no Japanese equivalent. Americans, however, understandably applied the dictionary meanings: 'ignore' and 'treat with silent contempt.'>

notice) 등의 뜻이 있으며 심지어 '거부하다'(reject)[48]라는 의미까지 있다고 말한다.

실제 일본에서 펴낸 일영사전 'Kenkyusha's New Japanese - English Dictionary'(新和英辭典, 研究社) 1129쪽에 나타나있는 'mokusatsu(黙殺)의 풀이를 보면 take no notice of; treat (anything) with silent contempt; ignore (by keeping silence); remain in a wise and masterly inactivity 등 의미가 크게 두 가지로 나타나 있다.

당시 국내 보도를 통해 비공식적으로 포츠담선언내용을 파악한 스즈키 총리는 포츠담선언이 앞서 발표된 카이로선언(1943)의 재탕(rehash) 성격을 갖고 있는 데다 문구가 부드럽고 일왕의 전쟁책임이나 왕실 존폐문제에 언급이 없는 점을 들어 협상의 여지가 있다며 '공식채널을 통해 선언문을 정식으로 입수할 때까지는 기자회견에서도 논평을 유보하자'(withhold comment until Japanese government received the Allied ultimatums through official channels)는 각의(閣議)의 견해를 반영할 예정이었으나 두 가지 의미가 있는 '모쿠사츠'라는 용어를 써버리고 만 것이다. 스즈키 총리의 기자회견이 끝나기가 무섭게 전시 일본의 대외선전매체의 역할을 하던 도메이통신은 영문기사에서 '모쿠사츠'를 '언급(논평)을 삼간다'(no comment)대신 '무시한다'(ignore)쪽으로 보도했다. 도메이통신 기사를 인용한 '라디오 도쿄'의 영어방송도 '무시한다'로 보도했다. 도메이 통신의 기사는 AP, 로이터 등 주요 뉴스통신사들에 의해 즉각 전 세계로 타전됐다. 스즈키 총리의 모쿠사츠 발언에 충격을 받은 도고 외상은 소련과의 교섭에 희망을 걸었지만 소득 없이 끝났다.

7월30일 뉴욕 타임스(The New York Times)는 "일본, 연합국의 항복촉구 최후통첩을 공식 거부하다"(Japan Officially Turns down Allied Surrender Ultimatum)라는 제목의 기사에서 "일본의 스즈키 총리는 일본제국(帝國)정부에 관한한 포츠담선언에 주의를 기울이지 않을 것이라고 선언하면서 미국, 영국, 중국의 대일(對日)항복최후통첩에 대해서 공식 거부 의사를 밝혔다"(Premier Kantaro Suzuki of Japan has put the official Japanese stamp of rejection on the surrender ultimatum issued to Japan by the United States, Great Britain and China, declaring that "so far as the Imperial Government of Japan is concerned it will take no notice of this proclamation.)고 보도했다. 이에 앞서 7월 27일 AP통신은 동맹통신의 사전 추측성 기사를 인용, 연합국측의 최후통첩이 무시될 것(the allied ultimatum

48) Sadao Asada, "The Shock of the Atomic Bomb and Japan's Decision to Surrender: A Reconsideration," Pacific Historical Review Vol. 67, No. 4, (November 1998) pp. 477-512 (The word, mokusatsu has been variously translated as 'withhold comments,' 'treat with silent contempt,' 'ignore with contempt,' 'unworthy of public notice,' and even 'reject.')

would be ignored)이라고 보도했으며 AP통신의 이 기사는 28일 자 뉴욕타임스에 그대로 실렸다. 영국의 더 타임스도 같은 날 일본이 연합국측의 최후통첩을 무시할 것(would ignore the ultimatum)라고 전했다. 영국의 BBC는 29일 "일본이 연합국의 최후통첩을 거부했다"(Japan formally rejected the Allied ultimatum)고 보도함으로써 최초로 '거부'라는 표현을 썼다. 같은 날 프랑스의 르 몽드지도 도쿄발 기사에서 '일본총리 최후통첩 거부'라는 표제를 달았다.

이처럼 도메이 통신의 '무시하다'(ignore)라는 표현이 시간이 흐르면서 서방언론에 '거부하다'(reject)로 바뀐 것이다. 격분한 트루먼 대통령은 사흘 뒤인 8월 3일 원폭투하를 지시하는 문서에 서명했다. 미국은 '무조건 항복'요구를 거부한다는 답변에 경악했고 결국 8월 6일 히로시마에 이어 8월 9일 나가사키에 원자폭탄이 투하됐다.

당시 트루먼 대통령의 명령에 따라 원폭투하를 집행한 스팀슨 미 육군장관은 보고서[49]에서 "히로시마에 대한 원폭투하는 모쿠츠라는 단어의 번역 오류 때문이었다"(the error in interpretation of the word mokusatsu was what led the attack on Hiroshima)라고 밝히고 "스즈키 총리의 포츠담선언 거부에 직면한 우리는 최후통첩을 시현하는 방법이 원자폭탄 투하외에 달리 없었으며, 원폭투하야 말로 분명히 이러한 목적을 달성하기위한 적합한 무기였다고 덧붙였다.[50] 원폭투하를 결정한 트루먼 대통령은 "스팀슨 육군장관에게 최후통첩에 대해서 수락한다는 일본의 회답이 없는 한 투하명령은 유효하다"[51]고 지시했다. 스즈키 총리가 각의의 견해를 무시하고 모쿠사츠라는 애매한 말을 써버린 것은 그가 전쟁계속론을 주장하는 군부 강경파를 의식한 것이었으며, 도메이통신도 군부의 강력한 압박을 받고 있었기 때문에 어쩔 수 없이 모쿠사츠를 'ignore'(무시하다)로 보도했다는 지적이 많다.

당시 '모쿠사츠'를 'ignore'(무시하다)로 번역한 것으로 알려진 도메이통신의 하세가와 사이지 기자는 1970년대 NHK의 한 간부에게 "'no comment'(논평을 삼간다)로 번역했어야 했는데 당시는 총리가 쓴 표현(모쿠사츠)이 무엇을 뜻하는지 일본의 어느 누구도 알지 못했다고 술회했다."(I should have translated 'mokusatsu' as 'no comment' but that nobody in Japan at that time knew the expression).

오역은 이처럼 국가존망과 생사를 가르는 치명타가 될 수 있다. 이 무렵 일본정부 고위관리와

---

49) Henry L. Stimson, "The Decision To Use the Atomic Bomb," Harper's Magazine (February, 1947). 원폭투하 배경과 관련한 스팀슨 장관의 설명은 타임 매거진 1947년 2월 3일자에도 소개돼 있다("Least Abhorrent Choice", TIME Magazine, February 3, 1947.)
50) 보고서의 이 대목 원문은 다음과 같다.
   "On July 28, the Prime Minister of Japan, Suzuki, rejected the Potsdam Declaration. Faced with this attitude we had no way to demonstrate that the ultimatum was what it claimed to be. And for that purpose, the atomic bomb was an eminently suitable weapon."
51) Harry S. Truman, Memoirs of Harry S. Truman, volume one, YEAR OF DECISIONS, Da Capo Press, 1955. p. 421.

당국자들은 직접 인터뷰하거나 자료를 엮어 쓴 일본 요미우리신문의 '소화사의 천황'(昭和史-天皇) 제3권은 사실은 일본이 포츠담선언을 거부한 것이 아니라고 쓰고 있다. 당시 스즈키 총리가 의도한 것은 후자(언급을 삼간다)였다는 것이다. NHK파리 특파원과 로마 지국장을 역임한 가나카와대(神奈川大) 이시이 신이치(石井伸一)교수는 당시는 전시로서 보도관제가 실시되고 있었는데도 '모쿠사츠'란 말이 '잠시 의견을 보류한다'는 뜻이라는 정부의 의향이 언론매체에 전달되지 못했다고 밝혔다.

이 같은 오역이 없었더라면 세계사를 바꾼 원폭투하도 일어나지 않았을 지도 모른다. 미국의 '위클리 월드 뉴스'(Weekly World News)는 1998년 11월 24일자 기사(첨부 파일 사진 참조)에서 단어 한 개의 잘못된 번역이 일본인 25만명의 목숨을 앗아갔으며 세계사의 진로를 바꿔버렸다고 적고 있다.

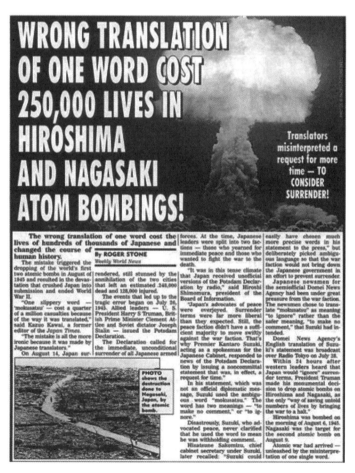

△ 단어 한 개의 잘못된 번역이 히로시마와 나가사키에서 25만명의 목숨을 앗아갔다고 보도한 위클리 월드 뉴스' (Weekly World News)의 1998년 11월 24일자 기사

미국 인문·언어학계통의 저명 학술지 '퀸토 링고'(Quinto Lingo)는 1968년 1월호에서 '세계의 가장 비극적인 번역'(The World's Most Tragic Translation)이란 제하의 논설(article)에서 모쿠사츠가 '무시하다'라는 의미로 번역된데 대해 이는 '한 일본 단어의 잘못 선택된 번역'(ill-chosen translation of a common Japanese word), '불길한 번역'(inauspicious translation)이라고 전하고 '번역자의 유죄'(translator's culpability)에 의문의 여지가 없는 것 같다고 말했다.[52] 역사에 가정은 있을 수 없다고 한다. 그러나 만약 당시 일본 정부가 '무조건 항복'이라는 포츠담선언을 수락했다면 전쟁종결과 함께 원폭투하는 없었을 것이라는 많은 역사가들의 주장이 설득력을 얻고 있다. 역사가들은 그러한 오역이 없었다면 일본의 항복이 즉각적으로 이루어져 소련의 대일(對日)참전도 무용지물이 됐을 것이며, 따라서 소련이 일본군의 무장해제를 구실로 한반도에 진주하는 일도 없어 한국전쟁도 일어나지 않았을 것이라는 주장을 펴고 있다. 오역과 원폭투하의 인과관계를 언급하고 있는 자료들을 소개한다.[53]

■ 오보가 부른 1989년 11월 9일 밤의 베를린 장벽 붕괴

"The Berlin Wall has collapsed."

1989년 11월 9일 오후 7시(현지시간)가 조금 시나 'flash'(긴급 뉴스)로 전 세계에 타전된 이탈리아 뉴스통신사 ANSA의 동 베를린 발 기사 제목이다. 결론부터 말하면 '베를린 장벽이 무너졌다'로 번역되는 이 뉴스는 오보였다. 그러나 이 기사는 베를린 장벽 붕괴와 동서독 통일을 가져온 세기의 최대 특종이었다.

당시 동독 공산당(사회주의통일당) 정치국원이자 정부대변인 귄터 샤보브스키(Gunter Schabowski)는 동베를린의 국제프레스센터(International Press Center)에서 전국에 TV로 중계된 내외신 기자회견을 갖고 이날 오전의 각료회의 결정사항을 읽어 내려갔다. 사흘 전에 발

52) The World's Most Tragic Translation, Quinto Lingo, January 1968, p. 64.

53) 鳥飼玖美子, 歷史をかえた誤訳, 新潮文庫, 新潮社, 2004. Coughlin, William J. The Great Mokusatsu Mistake, Harper's Magazine, March 1953. lperovitz, Gar. The Decision to Use the Atomic Bomb. Random House, New York, 1995. Bix, Herbert P. Japan's Delayed Surrender: A Reinterpretation. Hiroshima in History and Memory. Michael J. Hogan ed. Cambridge University Press, 1996. Brooks, Lester. Behind Japan's Surrender. De Gustibus Press, Connecticut, 1968. Butow, Robert J. C. Japan's Decision to Surrender. Stanford University Press, California, 1954. Frank, Richard B. Downfall: the End of the Imperial Japanese Empire. Random House, New York, 1999. Sherwin, Martin J. A World Destroyed: the Atomic Bomb and the Grand Alliance. Random House, New York, 1975. Sigal, Leon V. Fighting to a Finish: the Politics of War Termination in the United States and Japan. Cornell University Press, New York, 1988.

표된 '여행완화법안'에 출국비자(exit visa)를 발급하는 새로운 기관을 설립한다는 조항이 반발을 야기하자 정부가 이를 무마하기 위해 포고령발표 형태로 출국비자 발급에 별다른 제한이 없다는 점을 설명하려던 자리였다.

샤보브스키 대변인은 독일어로 "오늘 우리는 모든 동독(GDR) 주민이 어느 국경검문소에서도 출국을 허용하는 규정을 시행키로 결정했다"(편의상 영어로 옮겨진 이 대목은 Today we have decided to institute a regulation that allows every citizen of the German Democratic Republic to leave the GDR at any of the border crossing points.)고 말했다. 그러나 문제의 발단은 그 다음에 이어진 기자들과의 일문일답에서 시작됐다. 몇몇 기자들이 "그럼 언제부터 시행하느냐"(When does that go into effect?) "서베를린에도 적용되느냐"(Did it apply to West Berlin?) "여권 없이도 (서독)여행이 가능한가"(Did people need a passport? Without a passport?)라고 물었다. 휴가를 다녀온 직후라서 각료회의에 참석하지 못해 당초 이 조치가 당의 승인을 거쳐 다음날(10일)부터 시행된다는 사실을 몰랐던 샤보브스키는 잠시 머뭇거리다 머리를 긁적거리며 자신 없는 태도로 '내가 아는 한 지체없이 즉시'(Sofort, unverzüglich/ to my knowledge, immediately, without delay)라고 답변했다. 세기의 '말실수'였다. 샤보브스키는 또 여행완화조치가 서독과 서베를린으로의 여행 모두에 적용되느냐는 기자의 물음에 찡그린 표정을 지으며 "그렇다"고 말했다.

회견장의 기자들은 별로 동요하는 기색이 보이지 않았다. 여행완화조치라고 하지만 획기적인 새로운 내용이 없었기 때문이다. 출국허용 지점을 전 국경검문소로 확대한다는 점, 여권 발급기간의 단축, 그리고 앞으로는 여행 동기나 친인척 관계 같은 조건을 경찰당국에 제시하지 않아도 외국여행을 신청할 수 있다는 정도가 새로 포함됐다. 이런 조치는 그동안의 제한적인 여행조치에 조금의 숨통을 틔워주는 것이었고, 국경개방이나 장벽 제거와는 무관한 것이었다.

회견장의 동독기자들은 별다른 움직임이 없었고 서독기자들도 시큰둥한 반응이었다. 그러나 ANSA의 리카르도 에르만(Riccardo Ehrman) 특파원은 기자회견이 끝나기가 무섭게 로마의 ANSA 본사로 전화를 걸었다. 기사제목을 "The Berlin Wall has collapsed."(베를린장벽이 무너졌다)로 하여 'flash news'(긴급 뉴스)로 처리해줄 것을 부탁했다. 'flash'는 뜻 그대로 '번쩍임' 또는 '섬광'을 나타내는 단어다. 세계의 뉴스통신사들은 통상 긴급뉴스를 내보낼 때는 flash나 bulletin, urgent, breaking, alert 등의 단어를 제목 앞에 붙인다. ANSA 외신부장은 처음에는 "베를린 장벽이 무너졌다니 도저히 믿기지 않는다"며 기사화를 거부했다. 외신부장은 심지어 에르만에게 "You lost your mind"(당신 정신 나간 사람 아니냐)라며 미친 사람으로 몰아세웠다. 그러나 "현장의 기자를 믿어 달라"는 에르만의 간청에 외신부장은 굴복했고 뉴스는 타전됐다.

세계사가 바뀌는 순간이었다. 다른 서방 뉴스통신사들 보다 최소한 31분이 앞선 '세기의 특종'이었다. 그러나 이 뉴스는 독일어에 어눌한 에르만 이 샤보브스키의 말을 잘못 알아들은 '오보'(incorrect report)였다. 이날 기자회견은 자유로운 국경개방이나 베를린장벽 붕괴와는 전혀 무관한 것이었다. 동독정부나 샤보브스키 어느 누구도 국경개방을 염두에 두고 한 기자회견이 아니었다. 동독 공산당은 베를린 장벽을 개방할 계획이 전혀 없었고, 전 세계의 그 누구도 그날 베를린 장벽이 붕괴할지 예측하지 못했다. 서독 정부도 아무런 준비를 하지 않고 있었다. 만약 동독이 베를린장벽을 개방한다면 이는 상식적으로 보더라도 동독의 일방적인 조치로만 될 일이 아니었다. 사전에 서독과 방법이나 절차 등을 협의해야하고 미국과 소련, 영국, 프랑스 등 베를린을 분할관리하고 있는 2차세계대전 연합세력인 승전국가 들 사이에 논의를 거쳐야 할 성질의 것이었다. 헬무트 콜 서독 총리는 그날 폴란드를 방문 중이었다. 이처럼 중차대한 시기에 서독 총리가 한가롭게 해외 출타중이라니 말이 되는 얘기인가. 에르만 특파원 자신도 훗날 한 기자회견에서 이러한 여행완화조치는 당시 동독에서 여행의 자유, 집회, 언론표현의 자유 억압에 대한 주민들의 반발이 이만저만이 아니었고 라이프치히를 비롯한 여러 도시에서 항의시위가 일어나고 있었기 때문에 주민을 달래기위한 선전 차원의 조치였다고 술회한 적이 있다.

하지만 "eased travel restrictions"(여행제한조치를 완화했다)는 샤보브스키의 말은 에르만에 의해 "The border was opened"(국경이 개방됐다)를 거쳐 "The Berlin Wall has collapsed"(베를린상벽이 붕괴됐다)로 발전된 것이다. 이는 샤보브스키의 말을 확대해석한 것도, 의역한 것도 아니며 오보 그 자체였다.

이날 서독 TV들도 기자회견에 특기할만한 주요내용이 없다고 보고 '스파트 뉴스'를 내보내지 않았다. 차분히 저녁 8시뉴스를 준비하고 있었다. 그러나 난리가 났다. ANSA통신이 "베를린장벽이 무너졌다"고 타전한 후 이를 짜깁기한 로이터, AP, AFP, 교도 등 주요 서방 뉴스통신사들의 뉴스가 앞 다투며 헤드라인에 '긴급'을 달고 일제히 입전되기 시작 한 것이다. 세계 언론계는 당시 유력 뉴스 통신사로 거의 모든 세계 각국에 특파원 또는 통신원(stringer) 두고 있던 AP, 로이터, AFP, UPI등 4대 국제 뉴스통신사를 비롯 타스(현 이타르타스), 교도(일본), 신화(중국), DPA(독일), PTI(인도) 중 어느 한 곳도 샤보브스키의 기자회견을 즉각 주요 뉴스로 다루지 않고 있다가 ANSA의 보도를 보고 뒷북을 쳤는지에 대해 의아해 하고있다.

시간에 쫓긴 공영방송 ARD를 비롯한 서독 TV들은 부랴부랴 방향을 틀어 "동독, 국경을 개방하다"쪽으로 보도했다. 자기들이 준비해 놓은 기자회견 내용 말미에 국경을 개방했다는 한마디를 첨가한 것이었다. 다른 언론사들도 이 근거 없는 보도 경쟁에 끼어들어 국경이 개방되었다는 식의 '오보'를 날렸다,

처음부터 여행완화조치 기자회견내용을 TV로 지켜보며 시큰둥한 반응을 보였던 동독 주민들은 오후 8시가 지나 서독TV를 보면서부터 흥분하기 시작했다. 동독 주민들은 자동차에 올라 또는 걸어서 국경선으로 향했다. 일시에 수천명이 몰렸다. 하지만 동독 경비대원들은 국경을 열라는 상부 지시를 받은 적이 없었기 때문에 이들의 통행 요청을 모두 거절했다. 그러나 물밀듯이 몰려오는 사람들의 위세에 눌려 한 장교가 마침내 문을 열어 주었다. 그 시각이 밤 10시 45분이었다. 삽시간에 모든 경비초소의 문이 올라갔고 총 한발, 피한방울 없이 그렇게 베를린 장벽(Die Berliner Mauer)이 무너졌고 세계사는 바뀌었다. 28년 동안 동서냉전의 상징이었고 자유를 찾아 나선 239명이 목숨을 잃었던 155㎞의 베를린장벽은 이렇게 해서 붕괴됐다. 베를린 장벽은 2차 세계대전에서 독일이 연합국에 패한 한참 뒤인 1961년 8월 13일부터 동독정부가 서베를린으로 탈출하는 사람들과 동독 마르크화의 유출을 방지하기위해 동-서 베를린 경계선 약 43.1km(전체 베를린 외곽 장벽은 155km)에 설치한 콘크리트벽이다.

세계는 1989년 베를린 장벽을 무너뜨린 주역을 레이건(Ronald Reagan) 미 대통령과 고르바초프(Mikhail Gorbachev) 소련 공산당 서기장을 꼽기도 한다. 그러나 레이건, 고르바초프는 물론 미국, 소련, 동서독의 어느 정치가, 역사가, 언론인, 정치학자, 심지어 예언가도 베를린장벽의 붕괴를 예견한 사람은 일찍이 없었다. 베를린 장벽이 붕괴된 해인 1989년 1월 에를리히 호네커 동독 공산당 서기장은 베를린장벽이 50년, 100년은 갈 것이라고 말한 바 있다. 서독의 마지막 총리였던 헬무트 콜은 1988년 모스크바를 방문, 고르바초프와 정상회담 직후 가진 기자회견에서 "고르바초프가 독일통일을 지지할 날이 오지않겠느냐'는 질문에" "나는 공상소설을 쓰는 사람이 아니다. 당신의 질문은 일종의 판타지(환상)같은 것 아니냐'고 답했다. 그러나 그로부터 1년 후 환상은 현실로 돌아왔다.

미국의 월스트리트 저널은 베를린장벽 20년을 맞은 2009년 10월 21일 베를린장벽의 급작스런 붕괴는 해외여행 간소화 조치를 발표하려던 샤보브스키의 말 실수, 그리고 이를 '베를린장벽의 붕괴'로 잘못 보도한 언론이라고 전했다. 이 신문은 이 대목에 "He inadvertently opened the Berlin Wall."(그가 실수로 베를린 장벽을 열었다)이라는 표현을 썼다. 월스트리트 저널지는 또 베를린 장벽의 붕괴를 가져오게 한 질문을 누가 했느냐를 두고 에르만과 독일 최대부수의 타블로이드판 신문 '빌트'(Bild)의 페터 브링크만(Peter Brinkmann)기자 사이에 논쟁이 계속되고 있다고 전했다.

브링크만은 여행완화 조치 실시 시점과 그리고 이를 서베를린에 적용하는 여부 등에 대한 핵심 질문은 자신이 던진 것이었다고 주장하면서 에르만에 대한 독일정부의 훈장수여가 '난센스'라고 주장하고 있다. 1929년 이탈리아 플로렌스 출신으로 현재 스페인의 마드리드에서 여생을 보내고 있는 에르만은 2008 독일대통령으로부터 독일 최고의 영예인 연방십자훈장(Federal Cross of Merit)을 받았다.

브링크만은 동베를린과 서베를린 경계의 8개 검문소 중 당시 가장 유명한 검문소였던 찰리 검문소(Checkpoint Charlie)의 경비원들과 싸우면서 검문소가 열렸는지를 확인한 것도 자신이라고 주장해 왔다.

하지만, 월스트리트 저널(WSJ)은 옛 동독 TV의 기록보관소에서 찾아낸 화면을 보면 당시 기자회견에 에르만과 브링크만, 미국의 소리(VOA)방송의 크지스츠토프 야노브스키(Krzysztof Janowski)등 3명의 기자가 등장하지만, 정작 핵심 질문을 던진 것은 화면에 얼굴이 잡히지 않은 '제4의 목소리'였다면서 이 사람의 신원은 확인되지 않았다고 전했다. 참고로 기자회견 일문일답 발췌문을 소개한다.

밑줄 친 부분은 기자회견의 주요내용

(출처: DDR1 archive footage, WSJ research)

⟨Excerpt: Asking the Hard Questions

Gunter Schabowski was supposed to announce eased travel restrictions for East Germans. Instead, his answers left reporters with the impression the Berlin Wall had fallen. Here's an excerpt from the Nov. 9, 1989, news conference:

Riccardo Ehrman (reporter, ANSA): Don't you think it was a big mistake, this draft law on travel that you presented a few days ago?

Gunter Schabowski (East German Politburo official): No, I don't think so. Ah… [talks for three minutes] And therefore, ah, we have decided on a new regulation today that makes it possible for every citizen of the GDR, ah, to exit via border crossing points of the, ah, GDR.

Ehrman: Without a passport?

Krzysztof Janowski (reporter, Voice of America): From when does that apply?

Schabowski: What?

Peter Brinkmann (reporter, Bild): At once? At...?

Schabowski: [Scratches head] Well, comrades, I was informed today …[puts on his glasses, reads out press release on visa authorization procedure]

Ehrman: With a passport?

Schabowski: [Reads out rest of press release, says he doesn't know the answer on passports]

Second East German official: The substance of the announcement is the important thing…

Schabowski: …is the…

Fourth reporter: When does that go into effect?

Schabowski: [Rustles through his papers] That goes, to my knowledge, that is…immediately. Without delay.

Third official: [Quietly] That must be decided by the Council of Ministers.

Janowski: Also in Berlin?

Brinkmann: You only said the FRG, does this also apply for West Berlin?

Schabowski: [Reads] As the press department of the ministry…the Council of Ministers has decided that until the People's Assembly enacts a relevant law, this temporary regulation will be in effect.

Brinkmann: Does this also apply to Berlin-West? You only said the FRG.

Schabowski: [Shrugs, frowns, looks at his papers] So…yes, yes: [reads] 'Permanent exit can take place via all border crossing points of the GDR to the FRG or to Berlin-West.'

Footnote: GDR = German Democratic Republic or East Germany; FRG = Federal Republic of Germany or West Germany〉

■ 통킹만사건 감청정보 왜곡이 부른 미국의 베트남 전면전 개입

미국의 베트남전 전면 개입의 결정적인 계기가 됐던 1964년의 '통킹만 사건'(Gulf of Tonkin Incident)에는 통신감청내용의 오역이 빚은 정보왜곡이 있었으며 당시 존슨대통령은 왜곡된 정보를 바탕으로 북베트남 폭격(북폭)결정을 내리고 의회에 승인을 요청한 것으로 나타났다. 이같은 사실은 미 국방부 산하 감청기관인 국가안보국(NSA)의 감청문서분석을 인용한 뉴욕타임스의

2005년 10월 31일자 보도에서 상세히 드러났다.

'통킹만 사건'이란 지난 1964년 8월 2일과 4일 북베트남측이 통킹만 공해상에 정보수집을 위해 정찰중이던 미해군 구축함을 2차례에 걸쳐 공격했다고 미국측에 의해 발표된 사건이다. 이 사건을 계기로 7일 미하원은 존슨 대통령이 요청한 사실상의 대(對)베트남 선전포고인 '통킹만 결의'(Gulf of Tonkin Resolution, 원명: 동남아에서 국제평화와 안전보장 유지촉진에 관한 건, Promoting the Maintenance of International Peace and Security in Southeast Asia)를 만장일치(414대 0), 상원은 압도적 다수(88대 2)로 통과시킨다. 미국은 원래 베트남전에 개입하고 있었지만 통킹만 결의가 통과되면서 '공개적이고 전면적인 개입'(open and full-scale commitment)을 하게 된다. 이듬해 2월 B-52 전략폭격기를 동원한 대대적인 북폭과 함께 지상군도 파견됐다. 이 전쟁으로 미군 5만8천여명과 베트남 민간인 200만명이 희생됐다. 한국군도 5천여명이 희생됐다.

통킹만 사건은 8월 2일 통킹만 해상에서 북베트남 해군 어뢰정 3척이 미해군 구축함 매독스(Maddox)를 공격하면서 발생한 사건이다. 이 교전으로 북베트남 해군은 어뢰정 1척이 격침되고 2척이 손상을 입었으며, 4명의 사망자와 6명의 부상자를 냈다. 미해군은 구축함 1척과 항공기 1대가 경미한 피해를 입었고, 사상자는 없었다. 미국측은 이틀 뒤인 8월 4일 매독스와 또다른 구축함 터너 죠이(Turner Joy)가 다시 정찰활동에 들어가 북베트남군이 먼저 공격해오는 것을 레이더로 확인해 반격했다고 밝혔다. 미국의 반격은 다음날인 8월 5일에도 이어졌는데 이는 통킹만의 북베트남 4개 어뢰정 기지와 빈(Vinh) 소재 석유저장시설에 대한 폭격이었다. 베트남 어뢰정들은 공해상에 나타나지도 않았고 실제 미해군 함정에 대한 공격도 없었다. 당시 미군측이 주장했던 북베트남에 의한 2차 선제공격은 그 존재여부와 관련해 논란이 이어졌으나 NSA는 2005년 말 북베트남측의 2차 공격을 없었던 것으로 결론지었다. 교전당시 북베트남 군총사령관이었던 보 웅엔 지압(Vo Nguyen Giap)전 국방장관은 1995년 베트남전 당시의 미 국방장관이었던 맥나마라(Robert McNamara, 2009년 사망)와 만난 자리에서 미국이 베트남전 전면 개입을 유도하기위해 통킹만에서 통신감청활동을 해왔다고 주장하고 8월 2일의 공격에 대해서는 시인하면서도 8월 4일 베트남의 2차 공격이 있었다는 주장에 대해서는 부인했다.[54]

2005년 10월 31일자 뉴욕타임스 보도에 따르면 NSA 역사연구관인 로버트 한요크(Robert J. Hanyok)는 NSA가 1964년 8월 4일 사건과 관련, 정보보고(북베트남 통신감청 내역)를 의도

---

54) Associated Press (November 9, 1995) "McNamara asks Giap: What happened in Tonkin Gulf?"

적으로 왜곡해 미국의 정책입안자들에게 전달했다고 밝혔다. 한요크는 그같은 정보왜곡은 정치적 동기에서가 아니라 아마도 성실하게 정보수집업무를 수행하는 과정에서서 빚어진 (감청요원들의) 실수를 덮기 위한 것이었다고 결론지었다.(In October 31, 2005 the New York Times reported that Robert J. Hanyok, a historian for the U.S. National Security Agency, had concluded that the NSA deliberately distorted the intelligence reports that it had passed on to policy-makers regarding the August 4, 1964 incident. He concluded that the motive was not political but was probably to cover up honest intelligence errors.)

한요크의 분석결과는 2001년 1급 비밀로 분류돼 NSA 내부 잡지인 '계간 암호해독' (Cryptologic Quarterly)[55]에 실렸다. 그러나 NSA 고위층은 이라크 침공을 위한 정보조작과 비교될 것을 우려해 대외적으로 이를 공개하지 않았다.

뉴욕타임스 보도에 따르면 한요크는 당시 감청문서 등을 조사한 결과, NSA의 중간 간부들이 사실증거를 의도적으로 왜곡했음(Midlevel agency officers had deliberately skewed the evidence.)을 밝혀냈다. 뉴욕타임스는 그러나 NSA나 국방부의 고위관리나 존슨대통령은 이러한 사실을 알지 못했다고 덧붙였다. 이는 존슨 대통령이 왜곡된 정보를 의회에 북폭 결의안 통과를 촉구하는 데 이용했다는 것을 의미한다. 미국의 베트남전 전면개입이 조작이란 것은 바로 이런 사실을 두고 하는 말이다. 에릭 알터만(Eric Alterman)은 2004년 9월에 출간된 그의 저서 '대통령의 거짓말: 그 공식적 기만의 역사와 결과'(When Presidents Lie: A History of Official Deception and Its Consequences)에서 존슨대통령이 통킹만 2차 사건에 대해 거짓말을 하고있다고 주장했다.

NSA의 치명적인 실수는 감청내용의 오역에 있다. NSA가 통신감청을 통해 8월 4일 입수한 북베트남의 전문(North Vietnamese transmission)내용은 분명히 8월 2일 발생했던 미군 함정들과의 충돌로 인한 피해상황을 언급한 것으로서, 그 내용은 "두명의 동료가 희생됐다"는 것이었다. 그러나 NSA 감청요원은 이 대목을 "두 척의 함정을 잃었다"고 오역했다. 그리고 이 오역된 전문을 북베트남측이 8월 4일의 2차 교전 결과를 상부에 보고하는 전문인 것처럼 왜곡했다. 오역된 전문은 실제 존재하지도 않았던 베트남의 2차 공격을 기정사실화 하는데 이용됐으며 이것이 바로 화난 미국이 베트남 전면전에 개입하게 된 계기라는 것이다. 뉴욕타임스의 이 대목을 아래와 같이 보도했다.

---

55) Cryptologic Quarterly, Winter 2000/Spring 2001 Edition (Vol. 19, No. 4 / Vol. 20, No. 1), pp. 1-55. 'Skunks, Bogies, Silent Hounds, and the Flying Fish: The Gulf of Tonkin Mystery, 2-4 August 1964.'란 제목의 이 텍스트는 뉴욕타임스 보도 이후인 2005년 11월 30일 NSA 웹사이트에 거의 모든 내용이 올려져있다.

One issue, for example, was the translation of a phrase in an Aug. 4 North Vietnamese transmission. In some documents the phrase, "we sacrificed two comrades" - an apparent reference to casualties during the clash with American ships on Aug. 2 - was incorrectly translated as "we sacrificed two ships." That phrase was used to suggest that the North Vietnamese were reporting the loss of ships in a new battle Aug. 4, the intelligence official said.

통킹만 사건에서 주요역할을 하면서 베트남전쟁을 직접 계획하고 집행했던 맥나마라 당시 미 국방장관은 자신의 생애를 엮은 다큐멘터리 영화 '전쟁의 안개-맥나라마의 생애로부터의 11가지 교훈'(The Fog of War: Eleven Lessons from the Life of Robert S. McNamara)에서 "8월4일 (북베트남에 의한) 공격은 결코 없었다"(The Aug. 4 attack never happened)고 밝혔다. 1964년 8월 7일 의회가 통킹만 결의를 채택하는 날 의회증언대에 서서 8월4일 2차 공격에 대해 '분명한 증거'(unequivocable proof)가 있다고 말했던 맥나마라 전장관은 베트남전 종전 20년이 되는 1995년 '회고록-베트남전쟁의 비극과 교훈'(In Retrospect: The Tragedy and Lessons of Vietnam)에서 "우리는 잘못을 저질렀다. 아주 끔찍한 잘못을 저질렀다. 우리는 우리의 다음 세대에게 우리가 왜 이런 잘못을 저질러야 했는지 설명해야 될 빚을 안고 있다."(Yet we were wrong, terribly wrong. We owe it to future generations to explain why.)고 말했다. 그는 그러나 2005년 10월 뉴욕타임스 회견에서 "존슨대통령이 전쟁을 바랐던 것처럼 우리가 믿는 것은 옳지않다고 생각한다. 하지만 북베트남이 (오히려 전쟁을) 고조시켰다는 증거를 미국은 갖고 있다고 생각한다"(I think it's wrong to believe that Johnson wanted war. But we thought we had evidence that North Vietnam was escalating.)고 말했다. 통킹만 사건 조작설은 소위 미국방부의 '펜타곤 페이퍼'(Pentagon Papers)라는 것이 1971년 6월 뉴욕타임스에 연재되면서 부터 그 가능성이 제기돼 왔다. 통킹만 사건의 두 번째 교전은 미국이 베트남전 개입을 정당화하기 위해 조작된 것임을 시사하는 기사가 실린 것이다. 이 기사를 쓴 닐 쉬한(Neil Sheehan)기자는 7천쪽에 달하는 이 문서를 입수하고 통킹만 사건의 두 번째 교전은 사실이 아니라고 주장했다. 통킹만 사건과 관련, 한국의 소위 진보 언론들은 마치 존슨행정부가 베트남전 확전개입을 위해 추악하게 사건을 직접 날조한 것처럼 호도하면서 천안함 사건도 미국에 의해 조작됐을 가능성이 크다고 보도하고 있다. 결론부터 말하면 존슨은 스스로 사건을 조작한 것이 아니라 오역이 빚은 왜곡된 정보를 왜곡된 것인지도 모르고 베트남전 개입에 이용했을 뿐이다. 존슨이 이런 사실을 사전에 알았을 것이라는 주장을 펴는 사람들이 있지만 명확한 증거는 아직 없다. 다만 존슨이 자신의 차기 대선승리를 위해 다른 어떠한 방법을 써서라도 베트남전에 개입하려 했을 것이라는 주장을 펴는 사람들이 있는 것은 사실이다.

■ 오보로 2차대전 때 독일 폭격면해 살아남은 루즈벨트와 처칠

   2차대전 당시 연합국과 추축국(樞軸國, Axis-Powers/Achsenmächte/Potenze dell'Asse) 간의 불꽃 튀는 첩보전에서 독일이 금싸라기같은 1급 첩보를 입수하고도 오역하는 바람에 결과적으로 연합국측에 승리를 안겨준 사건이 있다. 이 사건과 관련한 역사적인 기록과 저서는 수없이 많다.

   당시 독일은 카사블랑카(CasaBlanca)에서 연합국 수뇌인 루즈벨트(Franklin D. Roosevelt) 미대통령과 처칠(Winston Churchill) 영국총리가 정상회담을 갖게될 것이라는 1급 첩보를 입수한다. 독일은 스페인어를 할 줄 아는 그들의 한 첩자로부터 이같은 정보를 접한다. 하지만 독일 첩보국이 'Casablanca'를 미 워싱턴의 '백악관'(White House)으로 번역함으로써 독일군최고사령부는 카사블랑카를 폭격할 기회를 놓치고 만다. Casablanca는 스페인어로 '집'(casa)이라는 말과 '하얀'(blanca)이란 말의 합성어로, '하얀집'이란 뜻이다. 이래서 독일첩보국은 '하얀집=백악관'으로 오역해버린 것이다. 실제 1943년 1월 14일부터 24일까지 지중해 휴양도시인 모로코의 카사블랑카 '안파 호텔'(Anfa Hotel, Anfa는 '언덕'(hill)을 뜻하는 카사블랑카의 옛 이름)에서는 루즈벨트 대통령과 처칠총리간의 정상회담이 열렸다. 이들은 수차례의 회담을 통해 전황점검과 함께 앞으로의 전략을 숙의하고 독일, 이탈리아, 일본 등 추축국에 대해 무조건항복원칙을 결의했다. 비공개로 진행된 회담결과는 1월 25일 카사블랑카 선언(Casablanca Declaration)으로 발표됐다. 카사블랑카는 중립지역인데다가 위치가 지중해로 들어가는 길목이어서 연합국과 독일의 스파이들이 맹활약 하던 도시다. 그러나 연합국 총사령관 아이젠하워장군의 횃불작전(Operation Torch)으로 집중폭격을 받았고 추축국도 이에 응수, 미-영 정상회담이 열리기 전 보름 전까지만 해도 독일공군의 폭격이 가해졌던 곳이다. 특히 독일첩보국은 과거에도 백악관에서 루즈벨트와 처칠의 정상회담(1941년 12월 22일)이 열린 사실을 상기하면서 백악관이라면 독일에서 볼 때 폭격 사정권을 벗어나는 거리라며 단념하고 만다. 정보 분석에 큰 허점을 드러낸 것이다. 독일은 루즈벨트 대통령 납치계획에 이어 연합국 수뇌들을 죽일 계획까지 갖고 있었다. 이른바 '멀리뛰기 작전'(Operation Long Jump)을 통해 1943년 11월 28일부터 12월 1

일에 걸쳐 이란의 수도 테헤란에서 개최된 美-英-蘇 3국 수뇌회담에서 루즈벨트·처칠·스탈린 암살을 시도하려했던 독일로서는 카사블랑카의 오역이 천추의 한으로 남았을 지도 모른다. 2차대전을 집중적으로 연구한 미국의 역사학자 오스본(Richard E. Osborne)은 카사블랑카를 배경으로 한 동명 영화 '카사블랑카'(사진) 가 어떠한 역사적 사실을 바탕으로 제작되었는가를 설명한 저서에서 독일은 2차 대전 중 카사블랑카를 백악관으로 오역함으로써 루즈벨트 대통령을 죽일 기회를 지나쳤다고 말했다(During World War II, the Germans passed up a chance to kill Franklin D. Roosevelt because they mistranslated the name of the city Casablanca as 'White House'.)[56] 암호역사학 분야의 세계적인 전문가로 '히틀러의 스파이들'(Hitler's Spies), '이니그마의 포착'(Seizing Enigma)등의 저자이기한 데이비드 칸(David Kahn)은 저서 'The Codebreakers'(국내 번역서명 '암호해독의 역사')에서 불행하게도 독일은 카사블랑카를 백악관으로 오역함으로써 그들의 폭격 사정권 밖이라는 것을 알게된다고 말했다.[57]

카사블랑카는 험프리 보가트(Humphrey Bogart)와 잉그리드 버그만(Ingrid Bergman)이 주연한 동명의 영화 때문에도 향수를 느끼게 하는 도시다. 오바마 대통령이 가장 좋아한다는 이 영화는 2차대전 당시 연합국측과 독일의 숨막히는 첩보전을 배경으로 하는 반(反)나치물이다.

△ 영화 '카사블랑카' 선전 포스터

56) Osborne, Richard E., "The Casablanca Companion: The Movie Classic and Its Place in History", Indianapolis: Riebel-Roque Publishing Company, 1997.
57) Unfortunately for them(Germany), 'Casablanca', read as two words, is also the Spanish for 'White House'. German intelligence concluded the meeting would be held in the U.S. presidential residence in Washington, D.C., far beyond their range.(출처: David Kahn, The Codebreakers: the story of secret writing, 2nd ed., New York: Scribners, 1996.)

▪ 미-스페인전쟁 발발을 부추긴 주범은 미국의 황색언론

미국-스페인전쟁(Spanish-American War, 스페인어:Guerra Hispano-estadounidense) 즉, 미서전쟁(美西戰爭)은 스페인의 식민지인 쿠바의 독립문제를 둘러싸고 1898년 4월 25일부터 8월 12일 까지 미국과 스페인 간에 스페인의 식민지인 쿠바와 필리핀, 괌, 푸에르토 리코 등지서 벌어진 전쟁이다.

이 전쟁은 쿠바의 독립 운동이 스페인에 의해서 거부되자 이를 해결할 것을 미국이 요구하면서 시작됐다. 전쟁의 배경으로는 언론을 통한 미국 내의 강력한 확장주의적 정서가 미국 정부로 하여금 필리핀, 푸에르토 리코, 그리고 괌을 포함한 스페인의 잔존 해외 영토를 병합하도록 부추겼다는 것을 지적 할 수 있다.

1898년 1월 쿠바 수도 아바나에서 친스페인파 쿠바인들에 의한 소요가 발생했다. 이들은 스페인 사령관 발레리아노 웨일러(Valeriano Weyler)장군에 비판적인 지역신문사 세 곳의 윤전기를 파괴했다. 웨일러 장군은 쿠바의 소요사태를 진압하기위해 1896년 쿠바에 부임했다. 이 소요 기간 동안, 미국인들이 공격을 받지는 않았지만, 아바나에 거주하는 미국인들이 생명의 위협을 받는다는 이유로, 미국 해군이 주둔하게 된다. 쿠바의 독립에 대한 미국의 지원이 증가하자 친스페인파 쿠바인들의 미국에 대한 적개심도 고조됐다. 미국 정부는 아바나 주재 총영사 피츠휴 리에게 미국의 이익 보호를 위하여 해군 전함 메인(Maine)함을 파견할 것이라고 통지했고 1898년 1월 25일 메인 호가 아바나에 도착했다. 그런데 그해 2월 15일 오후 9시 40분 아바나 항에 정박중이던 메인함이 원인 모를 폭발을 일으켜 침몰함으로써 미 해군 266명이 사망했다. 스페인은 그 사건의 원인을 내부 폭발로 돌렸으나, 미국은 그것이 기뢰에 의한 것이라고 보고했다.

총 네 번의 메인 호 조사위원회가 폭발의 원인을 조사했으나 조사위원들은 각기 다양한 결론을 내놓았다. 스페인과 미국의 조사 결과도 서로 달랐다. 미국 정부는 이를 쿠바 주둔 스페인군이 일으킨 것으로 간주하고, 이를 문제삼아 스페인에 결국 선전포고를 하게 된다. 당시 미국 내 언론들은 사건의 진상을 밝히기보다는 스페인에 대한 비방(slanted), 왜곡(distorted), 날조(fabricated) 기사를 보도하며 미국과 스페인 간의 대립을 부채질했다. 메인함의 폭발로 미국인들 사이의 긴장감이 고조됐고 스페인이 자신의 식민지를 억압하고 있다는 미국의 황색 언론은 미국의 여론을 움직였다. 대표적인 황색신문은 허스트(William Randolph Hearst)계열의 '뉴욕 저널'(New York Journal)과 퓰리처(Joseph Pulitzer)계열의 '뉴욕 월드'(New York World)로 이들 신문은 스페인에게 책임이 있는 것처럼 선동기사를 강화했고, 맥킨리 행정부에게 스페인 정부를 압박하여 책임을 물을 것을 주장하면서 미국내의 여론을 전쟁으로 기울게 만들었다.

전쟁은 필리핀과 쿠바에서 미국의 승리로 끝났다. 1898년 12월 10일, 미국과 스페인간에 체결된 파리 조약은 쿠바와 필리핀, 푸에르토 리코, 괌의 지배권을 미국에게 넘겨주었다.

하지만 1971년 들어 메인함 폭발사건은 보일러실에서 일어난 사고로 스페인군의 소행이 아님이 밝혀졌다. 그러나 1999년 내셔널 지오그래픽의 위탁에 의하여 어드밴스트 마린 엔터프라이즈(Advanced Marine Enterprises)에 의해 수행된 조사는 "기뢰가 배 바닥을 안쪽으로 굽은 구조로 만들었고 결국 배의 폭발에 이르게 되었다는 예전의 결론은 그 가능성이 좀 더 높아진 것으로 보인다"라고 결론을 내렸다.

황색언론(yellow journalism)이란 독자의 시선을 끌기 위해 호기심을 자극하는 자극적이고 선정적인 내용을 과다하게 보도하는 언론을 말한다. 이 말은 '옐로우 키드'(Yellow Kid)라는 만화에서 유래한 것으로, 뉴욕 프레스(New York Press)의 언론인 어빈 워드먼(Ervin Wardman)이 붙여준 말이다.

▪ 노벨상이 제정된 이유는 대형 오보 덕택

"죽음의 상인 사망하다"(The Merchant of Death is Dead). 1888년 4월 13일 프랑스의 한 신문에 난 부음(訃音)의 제목이다. 기사의 첫 문장은 다음과 같이 시작된다. "사람을 훨씬 더 빨리, 더 많이 죽이는 방법을 발견하여 부자가 된 알프레드 노벨 박사가 어제 사망했다"(Dr. Alfred Nobel, who became rich by finding ways to kill more people faster than ever before, died yesterday.) 당시 프랑스에 머물던 55세의 노신사 알프레드 노벨(Alfred Nobel, 1833-1896)은 자신의 부음 기사를 읽고 충격에 빠진다. 어찌 된 영문이었을까. 그의 둘째 형인 루드비그 노벨이 프랑스에서 지병으로 사망했는데 이를 다이너마이트 발명가 알프레드 노벨로 잘못 알고 신문이 오보를 냈기 때문이다. 루드비그는 당시 아제르바이잔에서 유정(油井)을 파고 송유관을 깔았으며 저유소(貯油所)를 짓고 정제기술까지 개발하여 석유사업을 일으킨 신흥 벤처사업가였다. 아제르바이잔을 한때 세계 최대의 석유생산국으로 발전시킨 주역이 바로 루드비그와 아들 에마누엘이다.

하지만 산사람을 죽었다고 전한 어이없는 오보는 웃어넘길 수 있지만 '죽음의 상인'이라는 딱지는 너무 섬뜩했다.

다이너마이트를 비롯해 350종의 특허를 낸 기업가이자 과학자인 노벨은 그 부고를 계기로 1895년 재산의 94%인 3천200만 스웨덴 크로나(당시 440만 달러, 2016년 기준으로 4억7천2

백만 달러상당)를 기부해 노벨상을 제정하라는 유언을 남긴다. 그래서 1901년부터 노벨 물리학상, 노벨 화학상, 노벨 생리학·의학상, 노벨 문학상, 노벨 평화상이 수여되었다.

물리학상, 화학상, 생리학·의학상, 문학상은 스웨덴의 스톡홀름에서 수여되는 반면, 노벨 평화상은 노르웨이의 오슬로에서 수여된다.

노벨상 수상자는 금으로된 메달과 표창장, 그리고 노벨 재단의 당해 수익금에 따라 달라지는 상금을 받는다. 2015년 노벨상 상금은 800만 크로네로 한화로 11억 3천만원 가량이다. 공동으로 수상할 경우 인원수로 상금을 나눠 갖게 된다.

■ 오보가 세계적인 특종이 된 경우 : 나흘 앞질러 보도한 UP의 1차대전 종전 뉴스

INS(International News Service)와 통합하기 전 미국의 UP(United Press)통신은 1차 대전 종전협정 조인을 나흘이나 앞당겨 보도함으로써 오보를 했다. 1차 대전 종전일은 1918년 11월 11일 11시(파리 시간)인데 1918년 11일 7일 종전했다고 보도한 것이다. 이 때문에 일부 신문들이 이 사실을 보도했고 유럽의 도시들에서는 종전을 축하하는 환희의 행사들이 열리기도 했다. 특종인 셈이었다. UP통신은 또한 1945년 8월 12일 일본이 항복(실제 항복일은 일본 시간으로 8월 15일)했다는 긴급 속보를 타전했다가 3분만에 급히 취소하는 소동을 벌였다.

△ 독일 항복으로 세계대전이 끝났다고 보도한 '뉴욕 트리뷴'지의 1918년 11월 7일자 기사

〈당시 UP통신의 오보를 게재한 신문들의 표제〉

△ "Germany Has Surrendered; World War Ended At 6 A.M.", New York Tribune, November 07, 1918, Page 1(EXTRA)..

△ "War Over" The Evening World (New York, NY), November 07, 1918, Final Edition, Page 1.

△ "Germany Signs Armistice" Evening Public Ledger (Philadelphia, PA), November 07, 1918, Peace Extra, Page 1.

△ "Germany Surrenders!" The Bemidji Daily Pioneer (Bemidji, MN), November 07, 1918, Page 1.

△ "On to Berlin!" The Democratic Banner (Mt. Vernon, OH), November 08, 1918, Page 1.

△ "Kaiser Abdicates" The Evening Herald (Albuquerque, NM), November 09, 1918, Page 1.

△ 독일이 휴전안에 서명했다고 보도한 'Evening Public Ledger'지의 1918년 11월 7일자 기사

만우절 거짓보도 백태

▪ 9박 10일 화성여행에 14억 7천만원 등 우주여행티켓 판매

2014년 4월 1일 소셜 커머스 업체인 티켓몬스터(www.tmon.co.kr) 홈페이지에는 우주여행객 선착순 500명을 모집하는 공고가 올랐다. 화성 9박 10일에 14억 7천 220만 원, 금성 11박 12일에 18억 4천190만 원, 수성 19박 20일에 19억 9천710만 원 등 이 제시됐다. 6박 7일짜리 달 여행은 1억 432만 원으로 가장 저렴했다. 옵션으로는 우주유영, 허블망원경 체험 등이 있었다.

이 업체는 "돈 있어도 못 갔던 꿈의 여행? 이제 돈만 있으면 갈 수 있다"는 슬로건을 내걸며 "한미 합작으로 출발전 미국 애리조나의 우주센터에서 무중력 적응하기, 별자리 읽기 등 우주 트레이닝을 받게된다"고 밝혔다. 또 우주도 해외인만큼 유류할증료는 2천 400만 원이 들고 가이드 팁도 하루 4만 1천달러(약 4천 339만 원)로 책정됐다. 숙박은 우주선 내에서 이뤄지고, 식사는 '우주 현지식'으로 제공된다고 했다.

△ 티켓몬스터 홈페이지에 2014년 4월 1일 올라온 '소셜 최초 우주여행 패키지' 안내문

고객들의 비용 부담을 고려해 무려 240개월 무이자 할부 혜택을 주며, 최소 43만원의 비용을 매달 20년동안 지불하기만 하면 우주여행을 할 수 있다는 내용도 곁들였다. 우주여행객 모집 글에는 일정과 약관, 환불조건 등 구체적인 사항이 적혀 있었지만 주관업체의 이름에 '비밀'이 숨어 있었다. 'T-Space'라는 업체는 '서울 강남구 남대문로'에 위치해 있다고 적혀 있었지만 실제로 남대문로는 중구에 속해 있다. 이날 하루동안 누리꾼 25만 명 이상이 상품 신청을 했지만 결제가 되지 않았다. 이 상품은 티켓몬스터가 만우절(April Fools' Day)을 맞아 장난스럽게 내놓은 이벤트성 가상 상품이었기 때문이다. 실제 우주여행 상품은 존재하지 않는다.

■ 2003년 빌 게이츠 피살 오보 소동

2003년 4월 4일 미국 마이크로소프트(MS) 회장인 빌 게이츠가 암살됐다는 뉴스가 국내 일부 방송 및 온라인 매체를 통해 전해졌으나 오보로 밝혀졌다.

MBC, SBS, YTN 등 방송사들과 오마이뉴스, 조선닷컴, 인터넷 한겨레 등 인터넷 매체들은 만우절의 단골 유머인 '빌 게이츠 마이크로소프트 회장 피살설'을 사실인 것처럼 보도, 주식시장이 출렁이는 등 큰 소동을 빚었다.

MBC 등은 CNN.com 홈페이지를 인용, MS 회장인 빌 게이츠가 괴한의 총탄에 맞아 살해됐다고 보도했다.

MBC가 빌게이츠 암살소식을 인용한 사이트 주소는 http://cgrom.com/news/law/gatesmurder/index.shtml 였다.

이 사이트는 "Microsoft Chairman Bill Gates murdered at Los Angeles charity event. Suspect killed on the scene by LAPD"(마이크로소프트 빌 게이츠가 로스앤젤레스 자선행사장에서 암살되다. 용의자는 현장에서 로스앤젤레스 경찰(LA Police Department)에 의해 사살됐다)라는 제목의 뉴스가 CNN 사이트에 보도된 것으로 전했다.

MBC는 이날 오전 9시 38분쯤 'MS 빌 게이츠 회장 피살'이라는 자막과 함께 "그가 총 두발을 맞고 병원에 실려갔으나 숨진 것으로 판명됐다고 CNN이 보도했다"고 보도했다. MBC는 15분 후 '빌 게이츠 사망설 사실 무근'이라는 자막을 다시 내보낸 뒤 58분 사과방송을 했다. MBC측은 "CNN 닷컴이란 문구가 찍힌 팩스가 회사로 전송되면서 확인 절차 없이 방송한 것이 문제가 됐다"며 "네티즌이 CNN방송을 모방해 만든 허위 사이트에 속았다"고 밝혔다. 이에 뒤질세라 SBS도 9시47분쯤 자막으로 피살설을 보도했고 5분 후 정정 및 사과 방송을 내보냈다. 뉴스전문 채널 YTN도 9시 45분쯤 피살설을 처음 내보냈고, 오마이뉴스 등 인터넷 매체들 역시 비슷한 시간대에 줄줄이 오보를 양산했다.

뉴스가 게재된 것은 지난 3일 미국 동부표준시간(EST) 기준으로 오후 6시 15분이라고 이 사이트는 명시하고 있다. 이 사이트에 따르면 빌 게이츠는 LA근교 맥아더 공원에서 벌어진 자선행사에 참석했다가 알렉 히델(Alek Hidell)이라는 괴한이 쏜 총탄 2발을 맞아 병원으로 옮겨졌으나 현지 시간으로 낮 12시 46분에 사망진단이 내려졌다고 전하고 있었다. 또 용의자 사살 과정에서 부상했다는 경관의 이름을 실명으로 밝히는 한편 LA경찰국 고위 관계자의 실명도 거론하는 등 빌 게이츠 암살이 사실인 것처럼 그럴듯하게 포장하고 있었다. 하지만 이 사이트는 CNN(www.cnn.com)뉴스 사이트와는 전혀 관련이 없는 것으로 밝혀졌으며, 지난 3일 네티즌

들 사이에서도 사이트에 게재된 뉴스가 유포됐으나 이들 조차도 허위보도인 것을 알고 관심을 두지 않은 것으로 알려졌다. 한국 마이크로소프트도 MS 본사 홍보실에서 MS 직원 전원에게 "빌게이츠회장 사망설은 사실무근으로 확인됐습니다"라는 메시지를 발송하는 등 사망소식이 사실무근임을 밝혔다. 하지만 전세계 IT(정보기술)업계의 흐름을 주도하고 있는 인물이 암살됐다는 소식이 전해지자 정보통신 등 국내 IT업계 관계자들은 갑작스런 소식에 놀라워하면서 진위파악에 나서는 등 촌극이 빚어졌다.

특히 보도 당시 국내 주식시장은 순간 충격에 휩싸였다. '빌게이츠 회장 피살' 보도가 나간 후 불과 2-3분 사이 선물과 관련된 대형주들이 빠져나가면서 종합지수가 뚝 떨어졌다. 4분 뒤인 오전 9시 43분, 종합주가지수는 536.70 포인트로 최저치를 기록했다. '빌게이츠 피살' 보도의 영향으로 8.54 %포인트 급락한 것이다. '빌게이츠 피살' 오보사건에 대한 국내 투자자들의 민감한 투자심리가 곧바로 반영된 것이다.

■ 살아있는 전설의 비틀즈멤버 폴 매카트니를 '사망확인'으로 보도

2010년 4월 1일 오후 2시 15분 한겨레신문은 '폴 매카트니 사망설, 사실로 밝혀지다'라는 기사를 온라인에 올렸다. 한겨레는 대중음악전문평론가 조영팔씨가 대중음악 웹진 '100비트' (100BEAT/BACK BEAT)에 쓴 글을 인용, 그같이 보도했다. '100비트'는 2010년 한겨레가 창간한 대중음악 웹진이다.

한겨레는 "전설적 록밴드 비틀즈의 리더였던 폴 매카트니(James Paul McCartney) 사망설이 사실로 드러나 영국이 충격에 휩싸였다. 비틀즈(The Beatles)의 폴 매카트니는 1966년에 이미 사망했고 지금의 폴은 대역이라는 오랜 주장이 확인된 것이다. 현지시각으로 3월 30일부터 일부 언론에 보도된 이 뉴스는 3월 31일 영국 언론을 중심으로 일제히 대서특필되고 있다. 한국이 3월 26일 발생한 천안함사태로 비탄에 빠져있는 사이에 세계 언론들이 앞 다투어 급보로 타전하고 있다"고 전했다.

이 신문은 메리 매카트니와 스텔라 매카트니등 폴의 두 딸도 이러한 사실을 고백했다며 신빙성을 더해줬다.

이 보도가 나가자 국내 언론들은 앞 다투어 한겨레 기사를 베껴쓰며 '폴 매카트니 사망설, 사실로 밝혀져' '폴 매카트니의 두 딸이 사망사실 확인, 영국 발칵 뒤집혀' 등으로 보도했다. 그러나 한겨레의 이 기사는 만우절 거짓말 기사였다. 조영팔씨가 비틀즈를 둘러싼 루머를 각색한 가짜 보도였다.

한겨레는 잠시후 '100비트 필자의 만우절 가상 특종'이란 부제를 달아 이 기사를 다시 내보냈다.

△ 지금도 활약중인 비틀즈의 살아있는 전설 폴 매카트니

▪ '박정희 대통령 곧 하야, 윤보선씨, 뇌일혈로 쓰러져 중태'소문 정치권 강타

1964년 4월 1일 아침, 신문 호외를 만들어 뿌려야 할 메가톤급 소식이 서울 태평로 국회의사당 주변에 갑자기 퍼졌다. 4.19, 5.16 등 역사적 대사건을 겪은 직후였기 때문인지 소문의 파장은 컸다. 인터넷도 휴대전화도 없던 시절이었기에, 진상 파악에는 시간이 걸렸다. 소문은 걷잡을 수 없이 번졌고, 파문은 간단치 않았다. 하지만 만우절을 맞아 누군가가 지어낸 거짓말이었다. 동아일보 1964년 4월 4일자 보도에 따르면 이효상 국회의장은 '박정희 대통령 곧 하야 예정'이란 말을 곧이듣고는 얼굴이 창백해져 심장마비 직전까지 이르렀다는 후문이다. 그는 이후 국회 본회의를 주재하며 "의원 여러분은 만우절 거짓말에 속지 않도록 하라"고 말했다.

▪ "나무에서 스파게티가 열리고 펭귄이 하늘을 난다"

영국의 BBC는 1957년 4월 1일 스위스에서 나무에 스파게티가 열렸다고 보도했다. 스파게티를 수확하는 농부들의 모습도 합성으로 만들어 내보냈다. 이날 BBC에는 이 뉴스를 들은 시청자들의 문의 전화가 빗발쳤다. BBC는 "토마토 소스(캐첩) 캔에 스파게티 나무 가지를 심으면 잘 움이 트며 이후 옮겨 심으면 된다"고 답변했다 한다.

△ BBC가 만우절에 소개한 스파게티 나무

BBC는 2008년 4월 1일에는 남극에서 하늘을 나는 펭귄이 발견됐다고 보도했다. 남극대륙 인근 사우스 셰틀랜드 제도(South Shetland Islands)에 있는 킹 조지 섬(King George Island)에서 학자로 보이는 한 영국인의 설명으로 시작하는 이 뉴스는 영상조작을 통해 펭귄이 하늘을 나는 장면을 보여줬는데 시청자들은 그동안 자연 다큐멘터리 분야에서 입지를 구축해온 BBC였기에 시종 놀라움을 금치 못했다.

영국의 가디언도 자주 만우절 거짓말에 동참했다. 2009년 4월 1일 가디언이 188년 역사의 '잉크 시대'를 마감하고 앞으로 트위터를 통해서 뉴스를 전할 것이라고 보도하기도 했다. 가디언은 자신들이 트위터를 통해 독점적으로 기사를 제공하는 세계 최초의 신문이라면서 언론 전문가들의 평가까지 게재했다. 2008년 4월1일에는 프랑스 대통령 부인이었던 모델 출신인 카를라 브루니가 영국 정부의 위촉을 받아 영국인들의 '패션 해결사'로 나선다는 거짓 기사를 실었다. 영국인의 패션 감각에 대한 자조적인 개그였지만 여기에 낚여 한국의 중앙일보는 이를 그대로 보도했다가 사과하는 해프닝도 있었다. 중앙일보는 4월 2일 가디언을 인용해 국제면에 '브루니, 영국인 좀 세련되게 해주세요'란 제목으로 "세계적인 모델 출신인 카를라 브루니 프랑스 대통령 부인이 영국 정부의 위촉을 받아 영국 사람에게 패션과 음식을 가르치는 문화대사로 나선다"란 기사를 실었다. 중앙은 3일 "독자 여러분께 혼란을 일으킨 데 대해 진심으로 사과드린다"며 "이 기사는 영국의 권위지 가디언 인터넷판이 1일 보도한 내용을 토대로 작성했다"고 밝혔다. 기사를 쓴 가디언지 기자 이름은 아브릴 드 푸아송(Avril de Poisson)이었다. '4월의 바보'를 뜻하는 불어 '푸아송 다브릴'(Poisson D'Avril)을 뒤집은 이름이다. 이 기사가 가짜라는 힌트를 애교있게 붙인 셈이다. 눈치 빠른 독자들이라면, 이 기사가 '만우절 기사'임을 금방 알아챌 수 있었다. 그러나 이전에 브루니가 빼어난 패션감각으로 영국인들을 매료시켰다는 진짜 보도들이 있었던 탓에 속아넘어가기 십상이었다.

1999년 4월 1일 아사히신문은 일본 정부가 대처나 고르바초프를 각료로 영입할 예정이라는 기사를 1면 톱으로 실었다. 일본에 지도자감이 부족하다는 메시지였다. 2005년엔 홍콩 금융월간지가 "한국 은행원들의 68%가 전날 마신 술이 오전 내내 깨지 않아 한국 금융당국이 폭탄주 금지법안을 마련했다"며 우리 금융계의 음주·접대문화를 꼬집었다.

패스트푸드 업체들의 만우절 장난도 유명하다. 1996년 타코벨(Taco Bell)은 미국 독립의 상징인 '자유의 종'(Liberty Bell)을 매입해 '타코 자유의 종'(Taco Liberty Bell)으로 이름을 바꿨다고 광고했다. 버거킹도 1998년 '왼손잡이용 와퍼(Whopper) 햄버거'가 나왔다고 발표했다.

"브루니, 영국인 좀 세련되게 해주세요"

가디언 "영 총리가 패션운동 리더 임명"

세계적인 모델 출신인 카를라 브루니(40) 프랑스 대통령 부인이 영국 정부의 위촉을 받아 영국 사람에게 패션과 음식을 가르치는 문화대사로 나선다.

영국 가디언 인터넷판은 1일 "고든 브라운 총리가 카를라 부르니를 영국인의 삶에 멋과 매력을 불어넣기 위해 정부 주도 운동의 리더로 임명했다"고 보도했다.

브루니는 지난주 영국 국빈 방문 동안 동안 우아한 자태와 세련된 매너로 영국인을 매혹시켰다. 이 신문은 "'카를라마니아'(카를라 광풍)라고 부를 정도로 영국에서 폭발적인 선풍을 불러일으킨 브루니의 인기를 활용하기 위해 브라운 총리가 2일 런던 사우스켄싱턴에 있는 프랑스 연구소에서 이를 정식 발표한다"고 전했다.

브라운 총리는 그동안 영국 사람들이 패션 스타일 측면에서 프랑스·이탈리아 등에 대한 열등 콤플렉스에 시달려 왔음을 밝히고, 모든 국민이 멋과 세련미를 누릴 수 있도록 하겠다는 취지로 연설할 것으로 알려졌다. 브루니는 이 계획을 실현하기 위해 6월부터 3개월 동안 런던에 머물게 된다. 주로 영국인의 의상 감각과 음식을 개선시키는 데 초점을 맞출 것으로 알려졌다. 남편인 니콜라 사르코지 대통령을 수행해야 할 때는 열차를 타고 파리에 간다는 계획이다.

브라운이 영국 사람들의 패션 교사로 브루니를 택한 것은 지난 주 윈저궁 만찬에서 브루니가 보인 세련된 자태 때문이다. 브라운의 한 측근은 "길드 홀에서 가진 만찬 도중 브라운 총리가 브루니를 보고 '유레카'를 경험했다"며 "정말로 브루니는 브라운 총리를 매혹시켰다"고 말했다. '유레카'는 무엇인가를 발견했을 때 '바로 이것이다'라는 뜻으로 내지르는 함성이다.

박경덕 기자
poleeye@joongang.co.kr

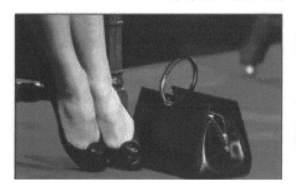

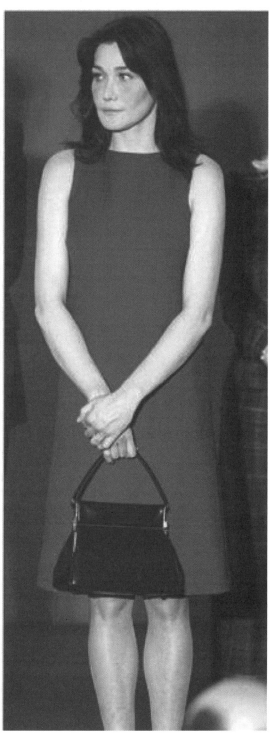

■ "알프스 소녀 하이디가 아직도 살아있다"

연합뉴스는 2008년 4월 2일 '알프스 소녀 하이디(Heidi, Girl of the Alps)가 살아있다'는 내용의 스위스 국제방송 만우절 기사를 내보냈다가 뒤늦게 속았음을 알고 3일 전문을 취소했다. 연합뉴스는 이날 '전문취소'를 통해 "2일 오후 8시 22분 송고한 연합 '알프스 소녀 하이디, 파란만장했던 80년 회상'제목의 기사는 만우절 기사로 확인돼 전문을 취소한다"고 밝혔다.

연합뉴스는 "명작 동화 '알프스 소녀 하이디'의 실존 모델이었던 하이디 슈발러(92) 할머니가 스위스의 루에탈이라는 마을에서 여생을 보내고 있으며 인터뷰를 통해 파란만장했던 자신의 일생을 회고 했다"며 스위스 국제방송을 인용해 기사화했다.

하지만 이 기사는 조금만 주의깊게 보면 오보임을 알 수 있는데도 연합뉴스가 큰 실수를 한 것이다. 1877년경의 알프스를 배경으로 하고 있는 '알프스 소녀 하이디'는 1880년에 출판됐다. 슈발러 할머니가 1880년에 태어났다고 가정하더라도 2008년 당시 나이는 128세다. 당시 세계 최고령은 114살이었다.

이 기사가 오보라는 사실을 알게 된 경위도 창피스럽다. 러시아에 사는 한국인 독자에게서 "딸이 하이디 팬인데 주소를 알려 달라"는 이메일을 받은 연합뉴스가 슈발러 할머니의 주소를 알아보려는 과정에 이 기사가 만우절 기사라는 것을 뒤늦게 알게 된 것이다.

■ "서울대 민영화, LG가 인수하기로"

서울대 학보인 '대학신문'이 2002년 4월 1일 "서울대가 민영화돼 LG가 극비리에 인수하게된다"는 내용의 가상기사를 실은 만우절판을 발행, 대학신문과 대학본부에 사실을 확인하는 문의 전화가 빗발쳤다.

1952년 창간한 이래 처음으로 만우절판 신문을 발행한 대학신문은 이날 12면에 '서울대 민영화, LG가 인수하기로'라는 톱기사를 비롯해 '2004년 2학기부터 고시반 신설' '교내에 지하철역 생긴다' '버들골 이용료 받고 개방' '오늘 학생회관 식당 무료' 등 5개의 가상기사를 실었다. 대학신문은 5개의 거짓 기사를 게재한 12면을 맨 앞으로 접어 1면으로 착각하도록 했으며, 제일 안쪽 1면에는 "오늘은 만우절입니다. 12면은 사실과 다른 가상기사로 구성돼 있습니다"라는 안내문을 실었다. 대학신문은 LG가 인수하게된 배경에 대해 이기준 서울대 총장이 LG에 사외이사로 있기 때문이라고 설명했다.

기사는 민영화에 따라 △ 등록금이 2배로 오르면서 △ 대대적인 직원 감봉이 실시되고 △ 경영대·공대·의대를 집중 육성할 전망이며 △ 서울대 인수 후보기업 SK가 선정 과정상 의혹을 제기했다고 덧붙였다.

또 '고시반 신설' 기사에서는 대학의 고시학원화 문제를, '교내 지하철역 개통' 기사에서는 최근 발전(發電)노조의 학내 점거농성으로 불거진 외부 단체의 교내 점거시위에 따른 대학의 면학 분위기 훼손 문제를 역설적으로 풍자했다.

△ 서울대가 민영화 된다는 내용을 전한 서울대 학보 '대학신문' 2002년 4월 1일자

■ 만우절에 실제 사망한 장국영 처음엔 누구도 안믿어

만우절날 보도됐기 때문에 '거짓말'이라고 치부하고 싶었던, 믿고 싶지 않은 뉴스도 있었다. 2003년 4월 1일 홍콩의 영화배우 겸 가수 장국영(장궈룽: 張國榮)의 죽음은 만우절 장난 기사가 아니라 진실이었지만 많은 사람들이 거짓이라고 믿고 싶어했다.

만우절인 4월 1일 오후 7시 6분(현지시간) 장국영은 "마음이 피곤해 세상을 사랑할 마음이 없다"라는 말을 남기고 홍콩의 만다린 오리엔탈 호텔 24층에서 투신, 자살한 것으로 전해진다.

그의 사망 소식이 전해지자 처음엔 아무도 믿지않는 분위기였다고 한다.

하지만 홍콩 경찰은 장국영의 죽음에 대해 '우울증으로 인한 투신자살'이란 결론을 내렸다. 그러나 현지 언론은 동성 연인과의 삼각관계, 타살설 등을 제기하기도 했다.

현지 언론들은 타살가능성을 제기하며 가장 유력한 용의자로 장국영의 전 재산 460억을 상속받은 동성 애인 당학덕(唐鶴德)을 지목하는 분위기다. 24층에서 투신했다면 즉사 가능성이 거의 100%인데도 병원이송도중 사망했다는 병원측 발표, 호텔 건물 구조상 중간층에 떨어질 가능성이 큰데도 1층 길거리 바닥에 떨어진 사실, 자살당시의 스케줄이 정상적이었다는 점, 길거리의 호텔 24층에서 떨어졌는데도 주위에 발견한 사람이 없었다는 점 등을 들어 타살가능성을 제기했다.

△ 사망 시각: 병원측은 장국영이 '병원으로 이송 도중 사망'했다고 밝혔는데, 24층에서 투신했다면 무조건 즉사했을 것이라는 의료진들의 주장이 제기됐다.

△ 빌딩의 형태: 호텔 건물은 아랫층으로 갈수록 넓어지는 형태이다. 이 때문에 장국영이 투신했다면 중간층에 떨어지거나, 중간층에 부딪히고 추락할 가능성이 큰데, 그러한 흔적이 없다는 의문이 제기됐다.

△ 경찰의 유서 비공개: 수사를 담당했던 경찰은 이유도 밝히지 않은 채 유서를 공개하지 않았다. 특히 유서에 "전 재산을 당학덕에게 상속한다"라고 써 있었던 부분이 공개되지 않아 논란이 됐다.

△ 투신 당일의 정상적인 스케줄: 자살 당일 지인들과 식사를 함께 했으며, 팬미팅 등 모든 스케줄을 무리 없이 소화하는 등 평소와 다른 점이 없었다고 한다.

△ 시신의 사진과 쏟아진 피의 양: 장국영의 시신이 수습되는 사진이 공개됐다. 24층에서 떨어질 정도라면 신체가 크게 훼손돼 있어야 하는데 사진 속의 시신은 전반적으로 너무 온전한 상태였다. 또한 바닥에 흘린 피도 매우 적은 양에 그쳐 투신한 것이 아니라, 누군가에게 살해되었다는 의혹이 제기됐다.

△ 발견한 사람: 장국영의 시신은 지나가던 행인이 처음 발견했는데 24층에서 떨어지면 엄청난 소리가 나기 때문에 근처에서 근무하던 경비원이나 시민들이 바로 발견했어야 하지만 아무도 목격하지 못했다.

△ 당시 당학덕과의 사이: 장국영이 투신하기 전 그의 동성 애인 당학덕과 심하게 말다툼 하는 것을 보았다는 증언이 나왔으며 그의 460억 재산을 상속받기 위해 살해했을 것이라는 주장이 제기됐다.

■ "셰익스피어는 프랑스인 이었다"

　BBC 방송은 2010년 4월 1일 영국의 대문호 윌리엄 셰익스피어가 프랑스인이었다고 보도했다. 이 방송은 셰익스피어의 어머니인 '매리 애든'이 실제로는 '마리 아르덴'이라는 이름의 프랑스 여인이라고 말했다. 이 방송은 특히 프랑스의 자크 랑 전 문화장관이 "우리는 물론 라신느(Jean Racine: 1639-1699)와 몰리에르(Molière: 1622-1673)를 갖고 있다. 그러나 우리의 국가적 문학 위인을 모시는 사원에 셰익스피어의 자리도 마련할 것"이라고 말했다고 전해 보도의 '신빙성'을 더했다.

　한편 세계적인 인터넷 기업 구글도 이날 스스로 만우절 행사에 참여했다. 구글의 에릭 슈미트 최고경영자(CEO)는 이 회사 블로그를 통해 회사명을 '토피카'(Topeka)로 바꾸었다고 발표했다. 슈미트는 미국 캔자스주의 주도인 토피카가 도시 이름을 지난 3월 한 달 동안 '구글'로 바꾼 데 대한 보답으로 회사 이름을 토피카로 바꾸기로 결정했다고 밝혔다.

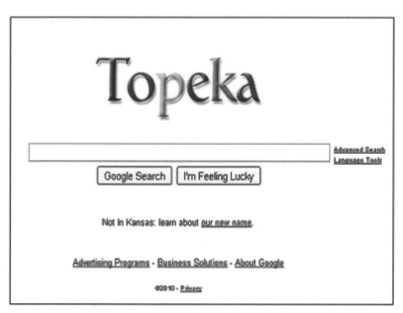

△ 구글은 2010년 만우절 하루동안 이름을 Topeka로 바꿨다

■ "소설 '자유부인'싸고 작가 정비석-황산덕 교수 난투극 : 쌍방중상으로 입원"

　6.25전쟁의 총성이 멎고 휴전이 성립된 지 채 1년도 안된 1954년 4월 1일 부산의 종합 일간지 제일신보에 '遂! 자유부인 말썽-정비석씨 황산덕교수 간에 난투극, 쌍방 중상으로 입원 중'이

라는 기사가 실렸다. 이 기사는 곧바로 만우절 해프닝으로 드러났지만, '자유부인' 논쟁의 치열함과 대중들의 관심도를 보여주는 사례였다.

'자유부인'은 휴전 직후인 1954년 1월 1일부터 8월 6일까지 215회에 걸쳐 '서울신문'에 연재된 정비석의 장편소설로, 연재가 끝남과 동시에 정음사에서 단행본으로 간행됐다. 연재하는 동안 서울신문의 판매부수가 급증했다가 연재가 끝나자마자 5만 2천부 이상이 빠져나갔다는 일화는 이 소설의 인기를 짐작하게 한다. '자유부인'은 단행본으로 출간되자 14만 부가 팔려나가 우리나라 출판 사상 최초로 10만 부 이상의 판매 기록을 올린 베스트셀러였다. 소설의 줄거리는 대학교수 장태연의 부인이자 선량한 가정주부인 오선영이 우연히 대학 동창을 만나게 되면서, 남편의 제자와 춤바람이 나고, 유부남과 깊은 관계에 빠져 가정 파탄의 위기에 처하지만, 남편의 아량과 이해로 자신의 과오를 뉘우치고 다시 가정으로 돌아간다는 내용을 담고 있다. '자유부인'이 왜 그렇게 인기가 있었을까? 작품내용이 야해서라고 말할 수도 있을 것이다. 하지만 가장 극명한 것은 정비석 스스로 곤욕을 치렀던 이유처럼, 그 소설이 1954년 대한민국의 단면을 치밀하고도 생생하게 그려 냈기 때문일 것이다. 전쟁으로 숱한 남자들이 전사한 가운데 전쟁터에서 탈락한 일상의 자리는 여성들이 메우는 등 여성의 사회적 진출이 본격화되던 시기였으며, 거의 모든 전쟁이 그렇듯 허무와 퇴폐의 홍등들이 우후죽순의 신드롬이 돼 전후 한국을 뒤덮고 있었다. 거기에 사교춤으로 대변되는 외래 문화는 둑 무너진 강처럼 남한 사회를 휩쓸며 도도히 흘러 가정 파탄에 이른 경우도 종종 있었다. 이전에는 싱싱도 할 수 없었던 일들이 버섯이 일어난 것이다. 따라서 '자유부인'은 그 분위기를 선도했다기보다 그저 생생하고 솔직하게 담아낸 작품일 뿐이었다.

논쟁은 황산덕 서울대 법대 교수가 1954년 3월 1일 서울대 학보인 '대학신문'에 정비석을 비난하는 글을 썼고, 정비석이 이를 반박하는 글을 3월 11일 서울신문에 게재함으로써 확산됐다. 황교수는 "참다못해 붓을 든다"며 "대학교수를 양공주 앞에 굴복시키고 대학교수 부인을 대학생의 희생물로 삼으려하는 소설을 중단하라"고 요구했다. 이에 정비석은 황교수의 비난이 문학에 대한 몰이해이며 근거 없는 폭언이라고 강력히 항의했다. 다시 황 교수는 "남녀 관계만이 문학이고 성욕만이 예술"이냐며 재반론을 펴며, 자유부인이 "중공군 50만 명에 해당되는 조국의 적"이라고 맹비난을 쏟아놓았다. 여기에 정비석은 "문학가를 모욕하는 탈선적 폭력"이며 "허무맹랑한 원성"이라고 맞대응하면서 논쟁이 점차 고조됐다.

이러한 논쟁은 삽시간에 일반인에게로 비화돼 대학 교수단과 여성 단체가 당국에 연재 금지를 요구하는 한편, 다른 쪽에서는 "일부 여성들의 허영심을 꼬집은 세태 소설이므로 용기를 갖고 계속 집필하라"는 격려가 쏟아졌다. 심지어 '북한에서 남조선 부패상을 알리는 교양물로 이용된다'

라는 비난을 받기도 했다. 문학평론가들은 "봉건적 질서와 전통적 가치관의 붕괴, 미국 문화의 유입에 따른 전후 한국사회의 과도기적 혼란상을 잘 드러낸 작품"이라는 평가를 내렸다. 자유부인의 대중적 인기는 당대 한국 사회가 아니면 결코 발생할 수 없는, 전형적인 정치적 해프닝으로까지 번져갔다. 북한이 이 소설을 대남 비방용으로 이용하는 바람에, 작가가 이적표현물 발간죄로 조사를 받기도 했다. 또한 자유부인은 사회적 문제가 표면으로 부상될 때마다 도마 위에 오르는 뜨거운 감자가 됐다. 예컨대 "법은 정숙한 여성만을 보호한다"라는 유명한 말을 남겼던 박인수 사건이나 성적 방종인가 성적 자유인가를 놓고 벌어졌던 1950년대 후반의 '아프레 걸' 논쟁에서도 '자유부인'은 그 원인으로 지목되기도 했다.

이 소설은 1956년 같은 제목으로 영화화돼 큰 사회적 반향을 불러일으켰으며, '춤바람'이란 말을 유행시키기도 했다. 6.25 전쟁으로 잠시 억제됐던 시대적 현실 속에서 '자유부인'의 등장은 그 시대 관객들의 공감대에 잘 부합된 영화로 이후 한국의 멜로 영화의 붐을 이루는 원천이 됐다. '자유부인'은 1956년부터 1990년까지 무려 여섯 번이나 리메이크돼 '자유부인 신드롬'을 일으켰던 화제의 영화다. '운명의 손'에서 최초의 키스신을 영화에 넣었던 한형모 감독이 정비석 원작 박암 김정림 주연의 오리지널 '자유부인'을 1956년 만든 이래 1957년 역시 김정림 주연의 '속 자유부인', 1969년 김진규 김지미 주연의 '자유부인', 1981년 최무룡 윤정희 주연의 '자유부인'에 이어 1986년에는 최무룡 이수진 주연의 '자유부인 2', 1990년에는 고두심 강석우 주연으로 '1990 자유부인'이 제작됐다.

△ 영화 '자유부인'의 한 장면

문학작품의
오역 오보 사례들

▪ 2017년 노벨문학상 수상작 '남아있는 나날'은 오역된 제목

017년도 노벨문학상 수상자인 일본태생 영국 작가 가즈오 이시구로(Kazuo Ishiguro, 일본 명: カズオ?イシグロ, 石?一雄)의 대표작 'The Remains of the day'는 국내 한국어 출판서적은 물론 신문방송과 인터넷에 '남아있는 나날'로 번역돼 있으나 이는 오역된 제목이다. 그날의 흔적' 또는 '그날의 잔영', '그날의 기억', '그날의 유물(遺物)' 정도로 번역해야 옳다.

이 소설은 40개국 언어로 출판됐는 데 그 제목이 모두 '그날의 남은 것(What is Left of the Day)'이란 의미로 번역됐다. 예컨대 일본어 제목은 '日の名殘り'(그날의 잔영), 중국어 제목은 '長日留痕'(장일유흔: 그날의 버려진 흔적)이다. 프랑스어 제목은 Les Vestiges du jour(그날의 흔적), 독일어 제목은 Was vom Tage ubrigblieb(그날의 遺物), 스페인어 제목은 Lo que queda del dia(그날의 遺跡)이다. 전 세계 독자들이 '그날의 흔적'이란 의미로 알고있는 데 유독 한국 독자들만 '남아있는 나날'로 알고 있다면 이는 '사실왜곡'도 이만 저만이 아닐 것이다.

출판사측은 원저자의 '허락'을 받아 제목을 정했다고 하지만 국내에선 제목이 오역으로 드러나 재출판된 소설이 적지않다. 예컨대 에밀리 브론테의 '폭풍의 언덕'은 제목이 폭풍과는 전혀 관계없는 오역이라 '워더링 화이츠'(Wuthering Heights)로, 에드워드 포스터의 '하워드家의 종말'은 제목이 주인공의 시골집 주소 이름을 나타내는 것이어서 '하워즈 엔드'(Howards End)로 수정됐다.

번역서의 제목이 반드시 원전과 같을 필요는 없으나 이 경우도 작품의 정체성을 훼손하거나 왜곡시켜서는 안된다. 그래서 일찍이 영국의 작가이자 역사가이며 법관인 우드하우즐리(Woodhouselee)는 "최상의 번역가란 동종(同種)의 원전을 만들어내는 작가다(The best translators have been those writers who have composed original works of the same species.)라고 말했다.

가즈오의 이 소설은 세계 3대 문학상 중 하나로 꼽히는 맨 부커상(Man Booker) 수상작이기도 하다.

제임스 아이보리(James Ivory)감독, 안소니 홉킨스 - 엠마 톰슨 주연의 1993년 영미합작 영화 'The Remains of the day' 역시 가즈오의 1989년 동명소설을 영화화 한 것인데 국내에서는 영화 제목 역시 '남아있는 나날'로 오역돼 있다. 이 영화는 가장 최근인 2013년 12월 7일 저녁 11시에 방영된 EBS의 '세계의 명화'에서도 '남아 있는 나날'이란 오역된 제목으로 소개됐다. 당시 EBS의 보도자료를 기사화한 국내 신문들은 연쇄적으로 오역을 하고 말았다.

'remain'은 명사로 쓰일 때 통상 복수형(remains)을 취하며 흔적, 잔존물, 잔해, 궤적, 자취,

유물, 유적, 잔액, 유체(遺體), 유고(遺稿), 유족(遺族) 등의 뜻이 있다.

가즈오의 이 작품은 브론테 자매나 제인 오스틴의 작품처럼 오리지널 영국문학의 분위기를 아주 강하게 풍긴다. 작품의 큰 줄거리는 사랑하는 여인과 결혼도 못하고 아버지의 임종도 지켜보지못한채 자신을 희생해가며 주인을 위해 충성으로 평생을 바친 한 남자가 인생의 황혼에서 바라보는 지나온 삶의 궤적을 그리고 있는 만큼 '남아있는 나날'이란 작품의 정체성을 망가뜨리는 제목이다.

이 책은 처음 민음사에서 '남아 있는 나날'이란 이름으로 출간된 탓인지 영화 제목도 같은 이름을 붙인 것으로 보인다. '세종서적', '신아사'역도 모두 제목이 '남아있는 나날'로 돼있다. 지금 인터넷에 들어가 보면 사전, 위키백과, 언론 보도기사 등 온통 오역된 제목으로 도배질을 하고 있다.

이같은 책 제목 때문인지 서평에는 "젊은 나날의 사랑은 지나갔지만, 남아 있는 나날에도 희망은 존재한다"는 원작과는 맞지 않는 엉뚱한 표현도 들어가 있다.

다음은 인터넷 포털 네이버에 실린 이 영화의 줄거리인데 이를 보면 '그날의 흔적'인지 '남아있는 나날'인지 쉽게 분간할 수 있을 것이다.

『1958년, 스티븐스(Stevens: 안소니 홉킨스 분)는 영국 시골로 여행을 떠난다. 여행 중 그는 1930년대 국제회의 장소로 유명했던 달링턴 홀(Darlington Hall), 그리고 주인 달링턴 경(Lord Darlington, 제임스 폭스 분)을 위해 시골 저택 집사로 일해 왔던 지난날을 회고해본다. 당시 유럽은 나치즘의 태동과 함께 전운의 소용돌이에 휩싸여 있었다. 스티븐스는 달링턴에게 충성을 다하지만, 독일과의 화합을 추진하던 달링턴은 친 나치주의자로 몰려 종전 후 폐인이 되고 만다. 20여 년이 지난 지금, 자신의 맹목적인 충직스러움과 직업의식 때문에 사생활의 많은 부분이 희생되었음을 깨닫는다. 아버지의 임종을 지켜보지도 못했고, 매력적인 켄튼(Miss Kenton, 엠마 톰슨 분)의 사랑을 일부러 무시했고 몇 년 동안 켄튼과의 관계는 경직되어왔다. 내면에서 불타오르는 애모의 정을 감춘 채 스티븐스는 오로지 임무에만 충실해온 것이다. 결국 그의 태도에 실망한 켄튼은 그를 포기하고 다른 사람과 결혼하고야 만다. 지금 스티븐스는 결혼에 실패한 켄튼에게로 향하고 있다. 그녀를 설득시켜 지난날 감정을 바로잡아 잃어버린 젊은 날의 사랑을 되찾기 위해. 그러나 이러한 희망마저 무산되고 그는 새 주인에 의해 다시 옛 모습을 되찾게 된 달링턴 저택으로 혼자 외로이 돌아온다. 지난날의 온갖 영욕을 이겨내고 꿋꿋이 살아남은 달링턴 마을은 어쩌면 자신과 조국 영국의 모습일지도 모른다는 생각을 하면서.』

인터넷 영화 데이터베이스(Internet Movie Database: IMDB)나 뉴욕 타임스, 로스앤젤레스 타임스 등의 보도를 보더라도 가즈오의 'The remains of the day'는 주인공 스티븐스가 주인에 충성하며 사랑하는 여인과의 결혼까지 포기했던 지나간 특정시점(particular point)에서의 자신의 생애를 회상(reflection)하고 기억(memory)하는 데 초점이 맞춰져 있지, 오역된 제목처럼 '남아있는 날에도 희망은 있다'는 식으로 미래나 여생(餘生)의 어떤 것을 이야기하고 있는 것은 아니다.

가즈오의 작품으로는 이밖에도 장편소설 창백한 언덕 풍경(A Pale View of Hills, 1982), 위로받지 못한 사람들(The Unconsoled, 1995), 우리가 고아였을 때(When We Were Orphans, 2000), 나를 보내지 마(Never Let Me Go, 2005), 파묻힌 거인(The Buried Giant, 2015), 단편소설 녹턴: 음악과 황혼에 대한 다섯 가지 이야기(Nocturnes: Five Stories of Music and Nightfall, 2009)등이 있다. 〈참고문헌〉 서옥식: 〈오역의 제국-그 거짓과 왜곡의 세계(2013, 도서출판 도리)

■ 작품의 정체성을 깡그리 훼손한 Harper Lee의 소설 앵무새 죽이기

제헌절 68주년 기념일이자 일요일인 2018년 7월 17일 저녁 KBS-1 TV가 방영한 청소년 교양프로그램 '도전! 골든벨'에서 경기도 성남 판교고등학교 2년 권민성군이 마지막 관문인 50번째 문제를 맞혀 영예의 골든벨을 울렸다. 50번째 문항은 세계 대공황 직후인 1930년대 미국 남부지역의 조그만한 마을에서의 인종차별과 흑백갈등을 그린 미국 작가 하퍼 리(Harper Lee)의 퓰리쳐상 수상 소설의 제목을 묻는 문제였다. KBS측은 정답으로 '앵무새 죽이기'를 제시했고 권군은 KBS측이 제시한 정답을 써 골든벨을 울렸다.

하지만 이 '앵무새 죽이기'는 오역된 제목이다. 오역도 보통의 오역이 아니라 작품의 정체성을 깡그리 훼손한 심각한 오역이다. 작품의 원제는 'To Kill A Mockingbird'. 영어의 'Mockingbird'는 '앵무새'가 아니라 '흉내지빠귀'다. 따라서 '흉내지빠귀 죽이기'가 정역(正譯)으로 정답이다. 기왕에 제대로 된 번역을 한다면 '흉내지빠귀 죽이기'보다는 '흉내지빠귀를 죽이다니'로 하는 것이 작품 내용에 더 잘 들어맞는 표현이다.

이 소설의 제목과 본문에 수없이 등장하는 'mockingbird'는 작품 소재나 주제, 내용과는 전혀 무관한 '앵무새'로 국내에 번역, 소개됨으로써 무엇보다 소설의 정체성이 심각하게 훼손했다. 그래서 독자들의 건전한 상식을 오도(misleading), 왜곡(distorting)하고 있다는 지적을 받는다.

△ 흉내지빠귀

제목을 한결같이 '앵무새 죽이기'로 번역한 '열린책들', '문예출판사', '다락원', '한겨레'등 국내 출판사들은 두 새가 다른 동물의 소리를 흉내 내는 일부 유사성이 있어

우리에게 친근한 '앵무새'로 옮겼다고 주장할지 모르나 작가는 이 작품에서 '무죄의 상징물 (innocent creature)'로 앵무새 아닌 흉내지빠귀를 설정하고 이 새를 죽이는 것은 죄악(It's a sin to kill a mockingbird.)이라고 규정한다. 작가는 앵무새의 특성 아닌 흉내지빠귀의 특성을 들어 작품을 그려나간다. 두 새는 조류 분류학상 목(目)부터 뿌리가 다르다. 흉내지빠귀는 참새목 흉내과에 속하지만 앵무새는 앵무목 앵무과에 속한다. 더군다나 소설의 배경이 되는 미국 남부 지방에 야생 흉내지빠귀는 흔하지만 앵무새는 찾아보기 힘들다. 생김새뿐 아니라 특성, 서식지 가 전혀 다른 새다. 무엇보다 전 세계인들이 '흉내지빠귀'로 알고 있고 전세계 서적들이 '흉내지 빠귀'로 기술하고있는데다 학생들의 시험에서도 '흉내지빠귀'라는 정답을 요구하고있는 데도 유 독 한국에서만 앵무새로 인식한다는 것은 중대한 사실의 왜곡이다.

△ 앵무새

'To Kill A Mockingbird'는 1961년 퓰리처상 수상작, 성서 다음으로 가장 영향력 있는 책 1위, 20세기 가장 영향력 있는 소설 1위, 영국인들이 꼽은 역사상 최고의 소설 1위 등 다양한 기록을 갖고 있다. 1960년 출간된 이후 40개 국어로 번역돼 세계에서 4천만 부 이상 팔렸다. 한국에서도 2003년 '앵무새 죽이기'란 제목으로 정식 발매 이후 30만 부 이상 판매된 베스트셀러이자 스테디셀러다.

책의 줄거리는 한 정의로운 백인 변호사가 백인 여자를 성폭행한 혐의를 받은 흑인을 변론하다가 이웃 백인들로 부터 온갖 조롱과 멸시를 당한다는 내용이다.

무대는 세계 대공황 직후, 제2차 세계대전이 발발하기 직전의 암울하고 궁핍했던 1930년대 미국 앨라배마 주의 조그만 마을. 화자(話者)는 시골 백인 변호사 애티커스 핀치(Atticus Finch)의 어린 딸 스카우트 핀치(Scout Finch). 일곱 살부터 열 살까지 마을 사람들과 아버지 곁에서 겪었던 일을 시종일관 어린 아이의 시선으로 적어 내려간 일종의 성장소설로, 인종차별(racial injustice)과 흑백갈등(antagonism between blacks and whites)을 그리고 있다. 이 소설은 1962년에 멀리건(Robert Mulligan) 감독에 의해 영화화됐으며 국내에서는 '앨라배마 이야기'란 제목으로 소개됐다. 영화에서 성폭행범의 누명을 쓴 흑인을 변론하는 시골 변호사 애티커스 핀치 역을 맡은 영화배우 그레고리 펙(Gregory Peck)은 아카데미 남우주연상을 수상했다. 두 아이를 키우는 홀아비 변호사인 핀치는 백인 여자를 성폭행한 혐의로 구속된 흑인 로빈슨의 변호를 맡는다. 그의 무죄를 믿는 핀치는 마을 사람들의 비난을 무릅쓰고 백인들의 편견과 집단 린치로부터 그를 구하려고 노력한다. 핀치가 법정에서 그의 무죄를 입증하는 결정적인 증거를 제시하지만, 백인들로만 구성된 배심원들은 유죄 평결을 내리고, 절망한 로빈슨은 교도소로 이송되는 도중 도주하다가 사살되고 만다. 'To Kill A Mockingbird'는 제목 자체가 가리키듯 아이들이 장난삼아 무고한 흉내지빠귀를 사냥해 죽이려는 것을 가리킨다. 핀치는 아이들에게 아무런 해도 끼치지 않는 흉내지빠귀를 죽이는 것은 죄악이라고 일깨운다. 그는 아들 젬 핀치에게 총을 선물하면서도 흉내지빠귀는 곡식을 축내지 않고 해충을 먹으며 우짖는 소리도 예쁜 새인만큼 총 쏘기 연습을 하더라도 흉내지빠귀는 죽이지 말라고 당부한다.

여기서 흉내지빠귀는 인종차별적인 편견에 의해 누명을 쓴 채 끝내 죽음을 당하고야 마는 로빈슨 같은 힘없는 유색인종이나 소외받는 가난한 사람 같은 죄 없는 타자(他者)의 상징이다. 부연하면 흉내지빠귀는 사회에 해를 끼치지 않는 연약한 사람들을 의미하고, 이런 사람들을 해치거나 괴롭히는 것은 인간이 하나님(하느님) 앞에 죄를 짓는 것임을 이 소설은 상징적으로 보여주고 있다.

즉, 작가가 흉내지빠귀의 특성을 묘사하면서 소설에서 말하는 '무죄의 상징'은 앵무새가 아니라 흉내지빠귀다. 이 소설을 읽는 전 세계 사람들이 모두 흉내지빠귀로 인식하고 있는 데 우리나라에서만 이 소설을 번역본으로 읽거나 공부하는 많은 사람이 앵무새로 알고 있다면 어떻게 되겠는가. 실제 잘못된 번역 때문에 국내 초중고교 학생들이 과제물로 독후감을 쓸 때 적지 않은 문제가 있었던 것으로 알려져 있다. 교사가 소설에 등장하는 새의 특성을 소설 밖에서 더 조사해오라는 숙제를 냈을 때 거의 모든 학생들이 흉내지빠귀 아닌 앵무새의 특성을 조사해오는 황당한 일이 벌어진 에피소드가 있다. 지금 인터넷에 들어가 보면 이 작품에 대한 수십-수백 건의 연구논문이나 리포트 등이 온통 생물학적 이름인 앵무새를 소재로 다루고 있다.

우리는 외국 소설 등 문헌에 등장하는 생물체의 이름이 오역된 경우를 국내에서 수없이 볼 수 있다. 예컨대 '은방울꽃'을 뜻하는 발자크의 소설 제목 'Lily of the valley'는 '골짜기의 백합'으로 오역돼 있다. 미국의 국조(國鳥) 'bald eagle'은 '흰머리 독수리'인데도 '대머리 독수리'로, 캐서린 헵번에게 아카데미 여주인상을 안겨준 1933년의 흑백영화 'morningglory'는 '나팔꽃'인데도 '아침의 영광'으로 번역됐다. 또한 셰익스피어 작품 '헨리 4세'에 나오는 '파이크(pike)'는 '곤돌매기', 프로스트의 시 'Dust of Snow'에 나오는 '솔송나무(hemlock tree)'는 '독당근', 헤밍웨이의 소설 바다와 노인에 나오는 '만새기(dolphin)'는 '돌고래'로 각각 오역돼 있다.

크리스마스 캐럴 '루돌프 사슴코(Rudolph the red-nosed reindeer)'의 '사슴'은 '순록'의 오역이다. 사슴과 순록은 모두 사슴과(科) 동물로 둘을 구분하는 것이 무슨 대수냐고 반문할지 모르지만 사슴은 야생동물이고 순록은 99%가 길들여진 가축이다. 그래서 썰매를 끌 수 있는 것이다. 만약 같은 고양이과 동물이라 하여 작품에 등장하는 호랑이, 사자, 표범, 퓨마, 재규어, 치타, 삵을 모두 고양이로 번역한다면 사람들의 인식에 큰 혼란이 일어날 것이다.

베르디의 아리아 '여자의 마음' 중 '갈대'는 '깃털(piuma)', 슈베르트의 피아노 5중주곡 '숭어'는 '송어(Die Forelle, 영어: trout)', 슈베르트의 가곡 '겨울 나그네'의 '보리수'는 '피나무'의 오역이다.

이밖에 소설이나 영화 등 작품 제목이 오역된 채 국내 언론이나 교과서 등에 소개돼 사실을 왜곡하고있는 사례는 허다하다.

▪ 생텍쥐페리의 '어린왕자'는 '꼬마군주'가 정역(正譯)

프랑스 작가 생텍쥐페리(Antoine de Saint-Exupéry)의 소설 'Le Petit Prince'(영어명 The Little Prince)는 1943년 발표된 후 180여개국 언어로 번역될 정도로 성경과 칼 마르크스의 자본론을 잇는 세계의 베스트 셀러로 기록되고 있지만 제목부터 오역이다. '꼬마군주'가 맞는 번역이다.

왜냐하면 'little prince'를 '어린 왕자'로 번역하면 왕자는 왕의 아들로서 왕이 존재하는 것을 상정할 수 있으나 어린왕자가 살다왔다는 'B 612'라는 소행성에는 왕은 없고 화산 3개와 함께 장미와 바오밥나무가 살고 있기 때문이다. 게다가 'prince'의 나이는 수백살이다. 이같은 번역은 'prince'에 '군주'라는 뜻이 있다는 것을 간과한 것이다. 예컨대 마키아벨리의 군주론 'Il Principe'(영어명: The Prince)에서 보듯 'prince'에는 왕자라는 뜻 외에도 '군주(왕)'라는 뜻이 있다. 성경에서도 예수를 'The Prince of Peace'라고 하는데 이때의 번역도 '평강의 왕자'아닌 '평강의 왕'이다. 따라서 작은 별을 다스리는 'little prince'는 '꼬마군주'라고 해야 맞는 번역이 된다. 이렇게 작품 제목이 오역이 되다보니 이 작품에 대한 연구논문이나 레포트, 서평, 독후감 등도 온통 혼란스럽게 오역돼 있다.

▪ 제임스 조이스의 '젊은 예술가의 초상'은 '젊은 인문학도의 초상'

아일랜드가 낳은 세계적인 문호 제임스 조이스(James Augustine Aloysius Joyce, 1882-1941)의 불후의 명작에 'A Portrait of the Artist as a Young Man'이란 것이 있다. 국내에서는 '젊은 예술가의 초상'이란 이름으로 10여개의 번역본이 나와 있다. 하지만 'Artist'는 '예술가'가 아니라 '인문학도'로 번역하는 것이 옳다. 의역하면 '작가'가 더 어울리는 표현이다. 'A Portrait of the Artist as a Young Man'은 율리시스(Ulysses)와 함께 조이스 문학의 쌍벽이다. 미국의 모던 라이브러리(Modern Library)가 1998년 선정한 20세기 영미소설 100선에 각각 1, 3위로 뽑힐 정도로 유명한 책이다.

'A Portrait of the Artist as a Young Man'은 영국 서섹스대(University of Sussex) 영어학 교수인 피터 박스올(Peter Boxall)이 2007년에 쓴 '죽기 전에 읽어야 할 1001권의 책'(1001 Books You Must Read Before You Die)에 포함돼 있으며 2008년 미국 하버드 서점(Harvard Book Store)이 뽑은 '잘 팔리는 책 20'에 선정되기도 했다. 국내에서는 2003년 '국립중앙도서관 선정 고전 100선', 2005년 '서울대 권장 도서 100선'에 들어갈 정도로 고교생 이상 필독서로 선정된 바 있어 어지간한 사람이면 이 소설의 이름을 모르는 사람이 없을 정도다.

이 소설은 '스티븐 디달러스'(Stephen Dedalus)라는 이름의 주인공을 내세워 조이스 자신의 젊은 시절의 경험을 특별한 문체와 문제의식으로 투영시킨 '매우 자서전적 성장소설'(a heavily

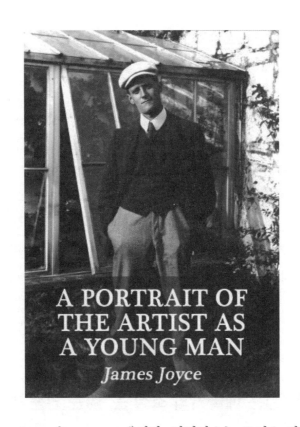

autobiographical coming-of-age novel)이다. 디덜라스는 조이스 자신의 분신이다. 더블린의 중산층 가정에서 태어난 주인공이 날로 피폐해지는 가정을 배경으로 유년기에서 내학을 졸업하기 까지의 성장기(成長記)이다. 주인공이 유년 시절부터 학창시절을 거쳐 한 사람의 작가로 성장해 나가는 모습을 근거리에서 추적한 이 작품은, 작가가 되기 위해 가족, 사회, 종교, 조국과 민족 등 자신을 둘러싼 모든 것을 거부해야 했던 주인공의 고독과 방황 그리고 결단을 조이스 특유의 섬세한 필치로 그려내고 있다. 당시 아일랜드는 영국의 오랜 식민지로 정치적 독립을 열망하고 있었으며 경제적으로는 아주 궁핍했고(유길준의 서유견문을 보더라도 당시 유럽에서 가장 가난한 도시가 아일랜드의 수도 더블린으로 나와 있다), 종교적으로는 엄격한 가톨릭 국가였다. 주인공은 조국의 역사와 현실앞에 'artist'의 꿈을 실현하기위해서는 쇠락하는 조국과 가정, 종교라는 속박의 굴레를 벗어나야 한다는 것을 깨닫고 아일랜드를 떠난다. 그에게 있어 조국은 하나의 구속(costraint)이자 올가미(trap)로 간주된다. 소설 초반부에서 디달러스는 지리교과서에 "Stephen Dedalus/ Class of Elements/ Clongowes Wood College/ Sallins/ County Kildare/ Ireland/ Europe/ The World/ The Universe" 즉 자신의 이름과 자신이 소속된 세계를 점점 넓은 곳으로 적어 놓는다. 이것은 그의 사고가 좁은 현실 세계에서 좀 더 넓은 세계로 확장하는 것을 보여주며, 결국 그가 곧 자신의 세계를 떠나리라는 것을 암시하는 대목으로 볼 수

있다. 소설은 "옛날 옛적 매우 좋았던 시절에"(Once upon a time and a very good time)로 시작하여 더블린을 떠나 유럽대륙으로 가는 주인공이 마지막 대목에서 "삶이여 오라! 나는 아직은 창조되지 않은 민족의 양심을 내 영혼의 대장간에서 벼리어 내리라"(Welcome, O life, I go .... to forge in the smithy of my soul the uncreated conscience of my race.)고 비장한 선언을 하는 것으로 끝난다. '스티븐'은 신약성서 사도행전에 나오는 최초의 순교자 이름이고 '디달러스'는 손수 날개를 만들어 달고 하늘로 날아올라 역경을 탈출한 그리스 신화 속의 발명가(inventor)이자 건축가(architect)이다. 스티븐 디달러스는 조이스가 한때 사용했던 필명이기도 하다. 그렇다면 소설의 제목과 본문에 나오는 'artist'를 '예술가'로 번역하는 것은 문제가 있다. 역시 본문에 자주 등장하는 'art'라는 단어를 '예술'로 번역하는 것도 적합하지 않다. 소설에선 흔히 우리가 알고 있는 예술가는 등장하지 않는다. 주인공은 소설에서 음악이나 미술, 조각, 영화 등 예술과는 관계없는 인물로 묘사된다. 국어사전들을 봐도 예술가란 일반적으로 예술창조에 종사하는 사람, 즉 화가, 조각가, 건축가, 음악가(연주가), 무용가, 무대배우, 연출가 등을 총칭하는 개념으로 나와 있다(작가나 문인, 언어학자를 예술가로 부른다면 모르지만). 혹자는 디달러스가 그리스 신화에 나오는 탁월한 장인(匠人)이기 때문에 '예술가'가 맞다고 주장할지 모르나 작가는 미노스왕이 크레타섬의 미로(迷路)에 디달러스를 가두었을 때 그가 천재적인 솜씨를 발휘해 손수 날개를 만들어 몸에 달고 하늘로 날아올라 탈출한 것을 주인공의 아일랜드 탈출(escape)과 병행시키기 위해 사용한 이름이다. 또한 스티븐이란 이름은 'art'를 위해 순교하겠다는 주인공의 의지를 나타낸 것이다.

조이스 자신은 작가이지 일반적으로 말하는 예술가로 분류되지는 않는다. 그는 대학시절 여러 나라 언어를 전공했고 소설가, 시인, 극작가의 길을 걸었다. 그는 여섯살인 1888년 예수회(Jesuit)에서 운영하는 'Clongowes Wood College'라는 기숙학교에 입학한 후 또 다른 2개 기숙학교(Christian Brothers O'Connell School과 Belvedere College)를 전전하다 1898년 아일랜드 최고의 명문이자 국제대학인 'University College Dublin'(UCD)에 들어갔다. 대학에선 문과대(College of Arts & Celtic Studies)에서 켈트학과 영어, 불어 이탈리아어를 공부한 뒤 1902년 현대 언어들(modern languages)에 대한 집중적인 연구로 문학사 학위를 받고 졸업했다. 요약하면 그의 전공은 어문학 또는 인문학이었다. 결론적으로 말하면 조이스는 물론이고 소설 주인공의 정체성은 예술가가 아닌 작가, 넓은 의미에서 인문학도이다. 따라서 'A Portrait of the Artist as a Young Man'은 '(어느) 젊은 예술가의 초상'이 아니라 '어느 젊은 인문학도의 초상' 또는 '인문학도였던 내 젊은 시절의 이야기' 정도가 이 소설에 들어맞는 번역이라고 생각된다. 의역하면 '어느 젊은 작가의 초상'이 된다. 인터넷에 들어가 영어로 된 한 서평을 보니 "이 책은 주인공 스티븐이 작가로서의 삶을 추구하기위해 아일랜드를 떠나는 것으로 끝난다"(The book ends with Stephen leaving Ireland to pursue the life of a writer.)로 돼 있다.

주인공 디달러스는 소설에서 실제 조이스가 다녔던 학교들과 대학을 다닌 것으로 묘사되며 특히 Belvedere College 재학시절에는 문학에 대한 열정과 함께 작문(writing)성적이 뛰어나 수필쓰기대회(essay contest)에서 최우수상까지 받는 등 어문학에 두각을 나타냈다. 조이스는 노르웨이어를 독학해 입센(Henrik Ibsen)의 희곡을 원어로 읽었을 정도였고 단테와 아리스토텔레스, 토마스 아퀴나스의 이론을 바탕으로 독창적인 미학이론을 개발하기도 했는데 이 모든 것들은 소설에서 주인공을 통해 그대로 투영된다.. 한국의 대학에도 교양학부, 인문학부, 문과대학이라는 것이 있다. the faculty of liberal arts, the college of liberal arts, the liberal arts school등이 그것이다. 'arts'에 교양과목, 인문학이란 뜻이 있는 것이다. 우리가 문과계와 이과계를 총칭할 때 'arts and sciences'라고 한다. 현재 서울대학교 인문과학대학, 사회과학대학, 자연과학대학 3개 단과대학의 전신인 서울대학교 문리과대학도 영어로 'The College of Liberal Arts & Sciences'로 불렀다.

영어로 문과계열 학생을 an arts student, 인문학 학위를 an arts degree, 문학사(학위소지자)를 a bachelor of arts, 문학석사를 a master of arts, 문학박사를 a Ph.D. of arts 라고 하는 것을 봐도 'arts'는 예술, 미술이라는 의미 외에 문학, 인문학의 의미가 있다.

옥스퍼드영어사전(The Oxford English Dictionary)은 'artist'의 정의(definition)에 '학식 있는 사람'(learned person)이나 문학석사(Master of Arts)뿐 아니라 의술(medicine), 점성술(astrology), 연금술(alchemy), 화학(chemistry) 같은 실용과학(practical science)을 추구하는 사람을 포함시키고 있다. 또한 프린스턴 에듀(Pri nceton.edu)는 'artist'를 '창의적인 사람'(creative person)으로 정의하고 있다.

■ '젊은 베르테르의 슬픔'은 '젊은 베르테르의 고뇌'가 옳다

독일 작가 괴테(Johann Wolfgang von Goethe)의 1774년 서간체 소설 'Die Leiden des Jungen Werthers'은 국내에서 '젊은 베르테르의 슬픔'으로 번역됐으나 제목부터 오역이다. 원래 독일어의 'Leiden'은 단순한 '슬픔'이 아니라 죽음에 이를 정도의 '고뇌' '고통' '고민'의 뜻을 지닌다. 따라서 원제목의 의미를 충분히 살리려면 '고뇌'로 옮기는 게 맞다. 그리고 '베르테르'는 일본식 음역이다. '베르터'가 옳다. 초기 국내의 번역본들은 내용도 오역과 중역이 많았으나 최근 새로운 번역판이 나옴으로써 이런 문제는 거의 해소됐다.

▪ 헨리 제임스의 'The Ambassadors'는 '대사들'아닌 '사자(使者)들'

미국 작가 헨리 제임스(Henry James)의 후기를 대표하는 소설 'The Ambassadors'는 국내에서 '대사들'로 번역되고 있지만 '사자(使者)들'이 더 어울리는 제목이다.

1903년에 발표된 이 소설에서 뉴잉글랜드에 거주하는 뉴섬(Newsome)부인은 아들 차드(Chad Newsome)가 파리에서 비오네(Marie de Vionnet)부인에게 유혹되어 타락한 생활을 하고 있다는 소식을 듣고, 아들을 데려오기 위하여 몇 사람의 사자(使者)를 보내지만 목적을 이루지 못한다. 여기서의 'Ambassadors'는 외교관인 대사를 의미하는 것이 아니라 심부름꾼 즉, 'messengers'를 말한다.

문고판으로 유명한 영국의 펭귄 북스(Penguin Books), 독일의 레클람(Reclam), 프랑스의 갈리마르(Gallimard), 일본의 이와나미(岩波)와 함께 세계 최대 문고판 출판사인 미국의 모던 라이브러리(Modern Library)는 1998년 'The Ambassadors'를 20세기 영어소설 100선중 27위(27th on its list of the 100 best English-language novels of the 20th century)에 올렸다.

▪ 비틀즈의 'Norwegian Wood'는 '노르웨이의 가구'

1965년에 발표된 비틀즈의 노래 제목 '노르웨지언 우드'(Norwegian Wood)를 본뜬 일본 소설가 무라카미 하루키(村上春樹)의 동명소설 '노르웨이의 숲'(ノルウェイの森)은 국내에도 그대로 소개돼 '노르웨이의 숲'으로 출간됐지만 '노르웨이의 가구'가 옳은 번역이다.

'노르웨이의 숲'은 무라카미의 대표적인 장편소설로서 1987년 발표됐으며, 2009년 대한출판문화협회가 조사한 '한국인이 가장 좋아하는 일본 소설'로 뽑히기도 했다. 이 소설은 후에 '상실의 시대'(喪失—時代)란 이름으로 출간됐고, 2010년에는 영화로 제작됐다. 실험주의적인 색채가 강한 무라카미의 소설적 모티브를 제공해 준 'Norwegian Wood'는 당시 조지 해리슨(George Harrison)의 인도 악기 시타르 연주를 비롯한 클래시컬한 멜로디, 초현실주의적인 실험성이 한데 어우러져 신비감을 더해 주기도 했다.

▪ 'Lost Generation'은 '잃어버린 세대'아닌 '방황하는 세대'

제1차 세계대전 후에 환멸을 느낀 미국의 지식계급과 예술파 청년들을 가리키는 을 국내에서는 '잃어버린 세대', '상실세대'(喪失世代)등으로 번역하고 있으나 '길 잃은 세대', '방황하는 세대'가 훨씬 어울리는 표현이다. 어니스트 헤밍웨이가 그의 작품 '해는 또다시 떠오른다'(The Sun Also Rises, 1926년)의 서문에 "당신들은 모두 '길 잃은 세대' 입니다"(You are all a lost generation)라는 미국작가 거트루드 스타인(Gertrude Stein, 1874-1946)이 한 말을 인용한데서 유명해졌는데, 오늘날에는 스타인이 어떤 프랑스의 자동차수리공으로부터 들은 말이라는 것이 정설로 돼있다.

▪ '누구를 위하여 종은 울리나'는 '누구를 위하여 조종(弔鐘)이 울리나'로

우리에겐 너무나 익숙한 어니스트 헤밍웨이(Ernest Miller Hemingway)의 소설 '누구를 위하여 종은 울리나'(For Whom the Bell Tolls)는 '누구를 위하여 조종(弔鐘)이 울리나'가 정확한 번역이다. 소설 제목은 17세기 영국 시인 존 단(John Donne)의 '명상 17'(Meditation 17)에서 따온 것으로, 'rings'가 아니라 'tolls'란 단어를 사용하고 있다. 'toll'은 사람이 죽어 '조종을 친다'는 뜻이다.

네이버 영영사전은 검색해보면 toll은 동사로 쓰일 때 '조종을 울리다'라는 의미가 있다(verb: When a bell tolls or when someone tolls it, it rings slowly and repeatedly, often as a sign that someone has died.)

존 단의 글 중 해당부분을 보면 "Any man's death diminishes me, because I am involved in Mankind; And therefore never send to know for whom the bell tolls; it tolls for thee."(어느 사람의 죽음도 나를 움츠려들게 한다. 왜냐하면 나는 인간에 속하기 때문이다. 그러므로 누가 죽었기에 조종을 울리는지 알려고 사람을 보내지 말라. 조종은 네가 죽어 울리는 것이므로.)

▪ 에밀리 브론테의 '폭풍의 언덕'은 '워더링 하이츠'로

영국 여류소설가 에밀리 브론테(Emily Brontë, 1818-1848)의 유일한 소설 'Wuthering Heights'는 국내에서 '폭풍의 언덕'이란 제목으로 출간됐으나 소설의 무대이기도한 그 제목은 저택 이름이기 때문에 오역으로 판명됐다. 1998년 서울대출판부에서 '워더링 하이츠'란 제목으로 출간됐지만 아직도 오역된 제목이 도처에서 사용되고 있다. Wuthering Heights를 직역하면 '바람이 휘몰아치는 언덕'이므로 '폭풍의 언덕'으로 번역한 것으로 보인다. 하지만 워더링 하이츠는 소설에 나오는 집의 이름이다. 집이나 사람 이름이 제목일 때는 고유명사로 번역하는 것이 원칙이다.

황량한 들판 위의 외딴 저택 워더링 하이츠를 무대로 벌어지는 캐서린과 히스클리프의 비극적인 사랑, 에드거와 이사벨을 향한 히스클리프의 잔인한 복수를 그린 이 작품은 작가가 '엘리스 벨'(Ellis Bell)이라는 필명으로 발표했을 당시에는 그 음산한 힘과 등장인물들이 드러내는 야만성 때문에 반도덕적이라는 비난을 받았다. 에밀리 브론테는 '제인 에어'(Jane Eyre)를 쓴 샬럿 브론테(Charlotte Brontë, 1816-1855)의 동생이며 한편으로는 '애그니스 그레이'(Agnes Grey)를 쓴 앤 브론테(Anne Brontë, 1820-1849)의 언니다. 이들 브론테 3자매는 30세를 전후하여 모두 폐결핵으로 세상을 떠났지만 세계 영문학사에 커다란 족적을 남겼다. 30세의 나이에 요절한 에밀리 브론테가 죽기 1년 전에 발표한 처녀작이자 마지막 소설인 '워더링 하이츠'는 영문학 3대 비극, 세계 10대 소설에 꼽히고 있다.

▪ 'Howards End'는 집주소 이름인데 '하워드가(家)의 종말'로 오역

'전망 좋은 방'(A Room with a View) 'A passage to India'(인도로 가는 길)로 유명한 영국의 대문호 에드워드 모건 포스터(Edward Morgan Forster)의 대표적인 장편소설 'Howards End'는 후에 제목이 '하워즈 엔드'로 수정됐지만 초기엔 '하워가(家)의 종말'로 오역, 소개됐다. 제목 'Howards End'는 주인공 집안의 시골집 이름이다. 즉, 고유명사다. 1910년에 간행된 이 소설은 다른 두 사회 계층 간의 관계와 경제상황, 그들이 겪는 문제 등을 그린 작품이다. 포스터가 자신의 가장 뛰어난 소설로 뽑은 작품이다.

주인공 마거릿 슐레겔(Margaret Schlegel)과 헬렌 슐레겔(Helen Schlegel)은 교양 있고 인습에 구애받지 않는 자매이다. 이들은 부유하고 보수적인 윌콕스(Wilcox)가문과 친분을 유지하고 있다. 헬렌은 윌콕스의 아들 폴(Paul)과 사랑에 빠지지만 좋지 않게 헤어지면서, 두 가문은 결별한다. 그러나 마거릿과 윌콕스의 부인 루스(Ruth Wilcox)가 다시 만나 두 가문은 친분을 회복한다. 그러나 헬렌은 윌콕스가와 만나기를 거부하고 불행한 결혼 생활을 하는 레오나드 바스트(Leonard Bast)와 친분을 유지한다. 얼마 후 윌콕스 부인이 죽으면서 유서를 남기는데, 그녀는 '하워즈 엔드'(Howards End)라는 윌콕스가의 집을 마거릿에게 남긴다. 윌콕스가는 이에 분노하여 슬레겔가와 인연을 끊기로 하지만, 윌콕스씨는 마거릿에게 청혼을 하고, 그들은 두 가문의 반대를 극복하고 결혼에 이른다.

포스터는 이 작품을 통해 세속적인 윌콕스 집안과 이상을 추구하는 슬레겔 집안의 대립과 화해를 묘사하면서, 자신의 초기 작품들에서부터 묻어나는 보수와 진보의 대립이라는 주제를 더욱 원숙하게 그려내고 있다. 1970년에 TV드라마로 제작됐고, 1992년에 영화화되어 마거릿 역을 맡은 엠마 톰슨(Emma Thompson)이 아카데미 여우주연상을 받았다.

▪ 호손의 '주홍글씨'는 '주홍글자'가 옳다

17세기 중엽, 청교도의 식민지 보스턴에서 일어난 간통사건을 다룬 소설인 너대니엘 호손(Nathaniel Hawthorne)의 'The Scarlet Letter'는 국내에 오랫동안 '주홍글씨'로 소개돼 왔으나 이 역시 오역이다. '주홍글자'로 바로 잡아야 한다.

'letter'는 글씨가 아니라 글자 또는 문자를 뜻한다. 소설의 내용을 보더라도 글씨가 아니라 글자라는 것은 당장 알 수 있다. 그리고 'scarlet'은 성서 이사야 1장 18절에 기록된 것 같이 '죄의 색깔'을 뜻한다. 소설에서 늙은 의사를 남편으로 둔 젊은 여주인공 헤스터 프린은 간통죄로 가슴에다 수치스러운 'Adultery'(간통)의 첫 글자 'A'를 주홍색으로 수놓아 달고 다니도록 선고받는다. 헤스터는 남편보다 먼저 미국으로 건너와 살고 있는데, 남편으로부터는 아무런 소식도 없었고 그러는 동안 펄이라는 여자 사생아를 낳는다. 그는 간통죄로 공개된 장소에서 'A'자를 가슴에 달고 일생을 살라는 형을 선고받지만 간통한 상대의 이름은 밝히지 않는다.

그 상대는 그곳의 고독한 목사 아서 딤스데일이었다. 딤스데일은 양심의 가책에 시달리면서도 사람들에게 죄의 두려움을 설교하는 위선적인 생활을 계속한다. 그는 양심의 가책으로 몸이 점점 쇠약해진다. 헤스터의 남편 칠링워스는 우연한 기회에 그 상대가 젊은 목사 딤스데일이라는 것을 알고, 그의 정신적 고통을 자극하는 데 부심한다. 사건이 발생한 지 7년 후에 새로 부임한 지사의 취임식 날, 설교를 마친 목사는 처형대에 올라, 헤스터와 펄을 가까이 불러 놓고, 자신의 가슴을 헤쳐 보인다. 그의 가슴에는 'A'자가 있었다. 그는 그 자리에서 죄를 고백하고 쓰러져 죽는다.

■ 'The Last Rose of Summer'는 '한 떨기의 장미꽃' 아닌 '여름날의 마지막 장미'

아일랜드의 국민시인 토머스 무어(Sir Thomas Moors)의 유명한 시이자 노래인 'The Last Rose of Summer'는 국내에서 아직도 '한 떨기의 장미꽃'으로 오역된 채 인터넷과 일부 문헌에 남아있다.

이 노래는 보통 음악책에 1절과 2절만 소개돼 있어 장미에 관한 노래로 알고 있지만 3절을 보면 장미가 아니라 사람이 노래의 주인공임을 알 수 있다. 그리고 "한 떨기 장미꽃이 여기 저기 피었네"로 번역돼 있는데 한 떨기 장미꽃이 어떻게 여기 저기 필수 있다는 말인가? 따라서 이 시의 제목은 '여름(날)의 마지막 장미'로 번역돼야 할 것이다.

이 시는 토마스 무어가 1805년 그의 친구였고 먼저 세상을 떠나 젠킨스타운(Jenkinstown)공원에 묻혀있는 역시 아일랜드의 국민 시인 바이런(Byron)과 셸리(Shelley)를 회상하며 쓰고 직접 작곡한 것이다. 이 시는 존 스티븐슨 경(Sir John Stevenson)이 '아일랜드 멜로디들'(Irish Melodies)에 '무어의 작품집'(The collection of Moore's work)이란 형태로 출판하면서 세상에 나오게 되었다.

플로토우(Friedrich von Flotow 1812-1883)는 오페라 '마르다'(Martha) 2막에 이 멜로디를 사용했다. 멘델스존은 피아노 환상곡 E장조에, 그리고 베토벤은 아일랜드 가곡 제6번에 넣어 작곡한 유명한 노래다.

■ 'Legends Of The Fall'는 '가을의 전설' 아닌 '타락의 전설'

1994년 짐 해리슨(Jim Harrison)의 원작소설을 영화화한 에드워드 즈윅(Edward Zwick) 감독의 'Legends Of The Fall'은 '가을의 전설'로 국내에 소개돼 있다. 그러나 이 영화는 영화 초반에 낙엽이 떨어지는 장면이 나오지만 정작 '가을'과는 전혀 무관하다. 'The Fall' 은 아담과 이브의 타락에서 비롯된 인간의 타락을 뜻한다. 따라서 '가을의 전설'은 '타락의 전설', '몰락의 전설'로 번역돼야 한다. '인터넷 무비 데이터베이스'(IMDB)에 들어가 보면 "The title refers to the biblical fall from innocence."(이 영화의 제목은 무죄로부터의 성서적인 타락을 언급하고 있다)라는 글귀가 나온다 또한 tag line으로 "After the Fall from Innocence the Legend begins".(무죄로부터 인간의 타락이후 전설은 시작된다)라고 적고 있다. 따라서 이 영화에서의 'fall'은 가을이 아니라 인간의 타락을 의미한다. 재미있는 것은 스웨덴에서도 'fall'을 가을 (Höstlegender)로 번역했다는 점이다.

브래트 피트(Brad Pitt), 앤서니 홉킨스(Anthony Hopkins), 에이턴 퀸(Aidan Quinn), 줄리아 오몬드(Julia Ormond) 등이 출연하고 있으며, 상영시간은 133분이다. 이 영화는 몬태나 주의 목장을 무대로 광활한 대지위에 펼쳐지는 한 가족의 파란만장한 삶을 아름다운 영상에 담아 흥행에 성공했으나, 주인공 브래트 피트의 매력에 지나치게 의존한 나머지 드라마의 집중도가 떨어진다는 평을 받았다.

▪ 기타 문학 역사 철학 서적 제목등에 나타난 오역들

(왼쪽 괄호안이 국내에서 오역된 제목)

△ Brave new World(용감한 신세계) → 멋진 신세계. 1932년에 출판된 영국 소설가 A.L.헉슬리의 미래소설

△ The Sound and the Fury(음향과 분노) → 헛소리와 분노. 윌리엄 포크너의 소설. sound 는 떠들어 대는 소리

△ The Nightmare Before Christmas(크리스마스의 악몽) → 1993년에 제작된 Tim Burton의 뮤지컬 영화. 중간의 Before를 빼먹고 번역하는 바람에 악몽을 꾼 시간이 언제인지 애매모호하게 돼있다. 영화의 내용상으로도 '크리스마스 전야의 악몽'이 더 확실한 표현이다.

△ To the Lighthouse(광명의 집으로) → 등대로, 1927년 발간된 영국 작가 버지니아 울프의 장편소설

△ The Ballad of Reading Gaol(독서하는 감옥의 노래) → 레딩감옥의 노래. 오스카 와일드의 시. Reading은 영국 잉글랜드 버쿠셔 주의 州都

△ Remembrance of Things past(지나간 일들에 대한 기억) → 잃어버린 시간을 찾아서. Marcel Proust의 장편 소설. 원제목은 A la Recherche du Temps Perdu

△ Culture and Anarchy(문화와 무질서) → 교양과 무질서. 1869년 Matthew Arnold의 평론집, 영국의 정치·사회에 대해 많은 비판을 가하고 있다.

△ Farewell My Concubine(잘 있거라 내 情婦여) → 覇王別姬. 1993년 중국의 베이징 필름 스튜디오(Beijing Film Studio)가 제작한 영화. 중국 현대사의 격변기를 살아가는 두 경극

배우의 인생역정을 그린 첸카이거(陳凱歌) 감독의 작품이다.

△ Imitation of Christ(그리스도 흉내내기) → 그리스도 본받기. 토마스 아켐피스(1380?-1471)의 유명한 책.

△ The Dead Sea Scrolls(사해(四海)두루마리) → 사해사본(死海寫本). 사해 북서부의 동굴 등에서 발견된 구약성서를 포함한 고사본(古寫本)의 총칭

△ The Crying of Lot 49(49번지의 비명) → 제49호 품목의 경매 고함(소리). 1966년에 나온 Thomas Pynchon의 단편소설

△ Solveigs Lied(솔베이지의 노래) → 솔베이그의 노래. 노르웨이 작곡가 Edvard Grieg가 1875년에 써 이듬해 초연한 가곡

△ 'Bull's Eye'(황소의 눈) → 과녁의 한복판, 태풍의 눈(미국 태생의 캐나다 여류작가 Sarah N. Harvey의 2007년 소설) 〈예문〉 Nine out of ten arrows hit the bull's eye.(열 개의 화살 가운데 아홉 개가 과녁의 중앙에 명중했다.)

△ Cat's Cradle(고양이의 요람) → 실뜨기 놀이. 미국 소설가 커트 보니거트(Kurt Vonnegut, Jr)의 소설

△ The Old Curiosity Shop(이상한 가게, 옛 호기심에 찬 가게) → 골동품 상점. 찰스 디킨스 원작으로 국내 케이블 TV에서 오역된 제목으로 방영됐다. old curiosity는 골동품

△ A Sandy County(어느 모래 지방의 연감) → 샌디 카운티 연감. 올도 레오폴드(Aldo Leopold)의 시집 제목. Sandy County는 미국 위스콘신 주의 지역 이름이다.

△ The House of Shadows(그림자의 집) → 유령들의 집. 'Usborne Young Reading Books'의 Series Two 중의 하나로, 어린이들에게 유익한 이야기를 쉬운 텍스트로 즐길 수 있게 해주는 카렌 돌비(Karen Dolby)의 작품. shadow에 spectre, ghost 등 유령, 망령의 뜻이 있다.

△ River of No Return(마릴린 먼로 주연의 영화 '돌아오지 않는 강') → 돌아올 수 없는 강

교과서 등 학습교재를
몽땅 바꿔야할 오역들

▪ 교과서 최대의 오역 – 민주주의 **大章典** 링컨의 게티즈버그 연설문

민주정치의 대장전(大章典)의 하나로 평가되는 에이브러햄 링컨의 그 유명한 게티즈버그 연설문에 나오는 "government of the people, by the people, for the people shall not perish from the earth."는 지금도 국내 교과서와 학습참고서를 비롯한 거의 모든 서적과 인터넷에 오역돼 있다. 링컨의 게티즈버그 연설문은 272개 단어로 이루어진 짤막한 문장들의 조합이지만 민주주의 이념을 잘 압축하고 있다. government of the people은 '국민주권', government by the people은 '국민자치', government by the people은 '국민복지'를 의미한다. 하지만 이 문장은 중·고·대학의 각종 학습서적이나 일반 문헌에 "국민의, 국민에 의한, 국민을 위한 정부가 이 지구상에서 영원히 사라지지 않을 것이다(멸망하지 않을 것이다)"로 번역돼있다. 이것은 중대한 오역이다. 여기서 government는 '정부'보다는 '정치'로 번역하는 것이 옳고, 'shall not perish from the earth'는 '지상으로부터 사라지지(멸망하지) 않도록 해야한다'라는 뜻, 즉 '화자의 의지'를 천명한 것인데도 '국민의, 국민에 의한 국민을 위한 정부가 지상으로부터 사라지지(멸망하지) 않을 것이다'로, 즉 '단순미래형'으로 오역돼 있다. 우리 학생들은 1백년 가깝게 이 엉터리 번역문장을 열심히 외워왔으며 시험까지 치러왔다. '사라지지 않도록 해야한다'와 '사라지지 않을 것이다'는 하늘과 땅 차이만큼 의미가 다르다. 여기서 'shall not'은 예컨대 기독교의 십계명(출애굽기 20장 13절)의 "You shall not murder."를 "살인하지 않을 것이다"가 아니라 "살인하지 말라"(살인하지 않도록 해야한다)로 번역하는 것과 같은 의미로 쓰였다.

요한복음 3장 16절을 보면 링컨의 연설에서 처럼 shall not perish 란 어귀가 나온다. 이 어귀는 '멸망치 않을 것이다'가 아니라 '멸망치 않도록 해야한다'로 번역해야 한다. 해당 절 영문과 번역은 아래와 같다.

> For God so loved the world that he gave his one and only Son, that whoever believes in him shall not perish but have eternal life. 하나님이 세상을 이처럼 사랑하사 독생자를 주셨으니 이는 저를 믿는 자마다 멸망치 않고(멸망치 않도록 하여) 영생을 얻게 하려 하심이라(요한복음 3장 16절)

그리고 'government'는 'parliamentary government'를 '의회정부'가 아니라 '의회정치'로 번역할 때처럼 쓰이는 '정치'라는 의미다. 더구나 여기서 'government'는 보통명사로서의 '정부'가 아니라 추상명사로서의 '정치', '통치', '정체'(政體)등을 뜻한다. 그것은 이 문장에서

'government'가 'of ' 이하 즉, 'of the people' 의 수식을 받고 있음에도 불구하고 그 앞에 정관사 'the'를 쓰지 않고 있는 데서도 나타난다. 따라서 이 문장의 정확한 번역은 "국민의, 국민에 의한, 국민을 위한 정치가 이 지구상에서 영원히 사라지지 않도록 해야한다"가 돼야 한다. 링컨 대통령은 여기서 국민이 주인이 되는 정치 즉, 민주정치의 이념, 정신, 가치 등을 단순히 언급하고 있는 것이 아니라 이러한 민주정치의 이념, 정신, 가치를 수호해야 한다는 것을 강조하고 있는 것이다. 즉, 어떠한 희생과 대가를 치르더라도 민주주의를 수호하고 지켜나가야 한다는 것을 강조한 것이다. 이는 이 연설문 전반에 흐르는 내용을 보더라도 잘 알 수 있다. 따라서 이 문장을 제대로 바르게 번역한다면 기존의 교과서와 참고서만이라도 다시 고쳐 써야 한다. 단순히 민주주의의 이념이나 정신, 가치를 언급하거나 소개하는 데 그칠 것 이 아니라 이들을 수호해나가야 한다는 것을 강조해야 한다는 것이다. 한편으로는 이 대목을 '~사라지지 않을 것이다' 로 번역한 다면 이는 링컨대통령을 대 예언가로 만드는 것이 된다. 링컨대통령이 역사적인 위인인 것은 틀림없지만 예수 같은 성자도 아닐 텐데 수십 년, 수백 년 아니 수천 년을 미리 내다보고 "국민의, 국민에 의한, 국민을 위한 정치가 이 지구상에서 영원히 사라지지 않을 것"이라고 감히 단정적으로 말할 수 있다는 말인가? 민주주의는 완벽한 것이 아니고 지금도 발전과정에 있는 진화의 산물이다. 이러한 오역은 'shall'의 용법을 간과한데서 연유한 것으로 보인다. 여기서 'shall'은 임무·명령을 나타낼 때 쓰는 조동사로, 아래 보기에서의 용법과 같다.

〈shall의 의미를 잘못 짚은 번역들(x는 오역)〉

- You shall have no other gods before me. 너는 나 외에 다른 신들을 가지지 않을 것이다(x) → 너는 나 외에는 다른 신들을 네게 두지 말라(o)(출애굽기 20장 3절)
- You shall not commit adultery. 간음하지 않을 것이다(x) → 간음하지 말라(o)(출애굽기 20장 14절)
- All citizens shall be equal before the law. 모든 국민은 법 앞에 평등해질 것이다(x). → 모든 국민은 법 앞에 평등해야 한다(모든 국민은 법 앞에 평등하다)(o).
- If they labor for money they shall perish. 그들이 돈 때문에 노동을 한다면 그들은 망할 것이다(x). → 그들이 돈 때문에 노동을 한다면 그들을 망하게 하겠다(o).
- The fine shall not exceed 10 dollars. 벌금은 10달러를 초과하지 않을 것이다(x). → 벌금은 10달러를 초과해선 안 된다(초과하지 않도록 해야 한다)(o).
- Freedom of speech shall not be violated. 언론의 자유는 침해되지 않을 것이다(x). → 언론의 자유가 침해돼선 안 된다(침해되지 않도록 해야 한다)(o).

아래는 'government'가 '정부', '통치' '관리' '지배' 등의 뜻으로 쓰이는 경우를 예시한 것이다. 〈government가 정치, 통치, 관리, 지배의 뜻으로 사용된 경우〉

- parliamentary government(parliamentary politics, 의회정치이지 '의회정부'라고 하지 않는다)

  ex: England is the birthplace of parliamentary government.(잉글랜드는 의회 정치의 본바닥이다)

- democratic government(민주정치, democratic politics보다 자주 쓰인다)

  ex: We prefer democratic government.(우리는 민주정치를 선호한다)

  Democratic government has now replaced military rule.(이제는 민주주의적 통치체제가 군부의 지배를 대신하게 되었다.)

- monarchical government(군주정치)

- comparative government(비교정치(론))

- the government of a university(대학의 관리)

- the government of the verb by its subject(주어에 의한 동사 지배)

오역된 링컨 대통령 연설문은 도처에 널려있다. 지학사가 2011년 3월 출간한 '고등학교 정치' 23쪽은 '민주주의의 이념과 원리'라는 소단원 아래 링컨의 연설전문 번역문을 게재하고 "국민의, 국민에 의한, 국민을 위한 정부는 이 지상에서 결코 사라지지 않을 것입니다"고 소개했다. 역시 2011년 3월 출간된 천재교육의 '고등학교 정치' 37쪽도 '국민을 위한 민주정치의 원리'라는 소단원 아래 "국민의, 국민에 의한, 국민을 위한 정부는 이 지상에서 결코 사라지지 않을 것입니다"고 소개했다. 교과서 뿐 아니라 참고서도 마찬가지다. 서울대학교 사범대, 사회대, 인문대, 법대 교수 36명이 공동 저자로 참여한 '이투스' 출판사의 고등학교 정치 과목 학습서에도 이 오역 문장이 그대로 실려 있다. 2011년 출간된 '대한민국 사과팀 기본서 - 누드 교과서(nude text book) SE(Second Edition) 정치'라는 제목의 이 학습서 47쪽을 보면 '민주주의 이념과 원리'와 관련해 링컨대통령의 게티즈버그 연설문을 소개하면서 "국민의, 국민에 의한, 국민을 위한 정부는 이 지상에서 결코 사라지지 않을 것입니다"로 서술돼있다. 또한 수능대비 학습서 전문출판사 '이룸이앤비'가 2010년 출간한 '숨마 쿰 라우데(Summa Cum Laude, 라틴어로 '최우등졸업'이라는 뜻) 정치' 48쪽은 '정치형태로서의 민주주의'를 서술하면서 링컨의 이 연설 대목을 "국민의(민주주의의 주체), 국민에 의한(국민의 참여), 국민을 위한(국민의 복지) 정부는 결코 이 지구상에서 없어지지 않을 것이다"라고 오역하고 있다. 이 학습서의 집필진은 역시 서울대 교수 4명이다. 역시 가장 최근이라 할 수 있는 2010년 이후 국내에서 번역, 출간된 링컨대통령 관련 단행본에도 게티즈버그 연설문의 이 마지막 문장이 오역돼 있다. 데일 카네기(Dale Carnegie)의 원저 'Lincoln The Unknown'은 2010년 2월 '리베르' 출판사에 서 '데일 카네기 나의 멘토 링컨', 2011년 5월 '더클래식' 출판사에서 '데일 카네기의 링컨 이야기'라는 이름으로 각각 번역, 출간됐는데 두 책 모두 "국민의, 국민에 의한, 국민을 위한 정부는 이 지상에서 결코 사라지지 않을 것입니다"로 오역돼 있다. 다만 2007년 '유레카북스'에서 출간한 '링컨명연설집'은 195쪽에서 "국민의, 국민에 의한, 국민을 위한 정치를 지상으로부터 절멸시키지 않도록 하기위하여 우리는 굳은 결의를 해야 한다"고 번역, 비교적 정확한 의미를 전달하고 있다.

▪프랑스혁명 정신 '박애'는 너편 내편 가르는 편협한 '동지애'의 오역

프랑스혁명(Révolution Française, French Revolution)은 영국의 청교도혁명, 미국의 독립혁명과 함께 민주주의 발전을 위한 세계사 3대혁명으로 일컬어지고 있다. 하지만 '자유', '평등'과 함께 프랑스혁명 3대 모토를 구성하고 있는 '박애'(博愛)라는 말은 일본인에 의해 오역된 것이다. 결론적으로 말하면 박애가 아니라 적과 아군을 나누고 내편, 너편을 가르는 편협한 의미의 '형제애'(brotherhood) 또는 동지애, 동료애가 맞다. 그럼에도 불구하고 한국의 중·고·대학교 교과서 등 각종 학습서나 사전에는 프랑스 혁명의 3대 정신을 자유, 평등, 박애로 기술하고 있으며 학교에서도 그렇게 가르치고 오역된 것을 바탕으로 시험문제까지 출제하고 있다. 사실은 이 세 가지는 프랑스 혁명기간(1789. 7. 14-1794. 7. 28)중에 나온 여러 표어 중의 일부이며 1848년 제2공화국 헌법에 비로소 공식 표어로 규정된다. 불어로 Liberté, égalité, fraternité이며 영어로는 Liberty, equality, fraternity인데 이들을 번역하면 자유, 평등, 형제애란 뜻이다.

네이버 프랑스어 사전을 보면 fraternité는 형제관계, 우애, 유대감, 동지관계, 동질의식 등으로 그 뜻이 정의돼 있다. 옥스퍼드 영어사전, 메리암-웹스터사전, Collins Cobuild Advanced Learner's English Dictionary는 물론 인터넷 백과사전인 위키피디어, YBM시사의 온라인 영한사전 'WordReference English-Korean Dictionary'등을 찾아봐도 불어의 fraternité에 해당하는 영어의 fraternity는 형제관계, 형제애, 동지애, 동포애, 동료애, 우정, 동호회, 친교회, 부조회, 동아리, 동업자회, 신도회, 조합, 협회, 클럽 또는 남자들간의 우정모임 등으로 나타나 있을 뿐 여기에 'love for all people'(박애)의 뜻을 갖는 philanthropy, charity, benevolence, humanity의 의미는 없다. fraternity는 신분과 인종, 성별, 종교 등을 초월하는 휴머니즘을 의미하는 것이 아니고 계급적 동질감과 연대(連帶) 속에 분열과 사회적 분해를 막음으로써 결속을 강화하려는 혁명가들의 의도가 잘 담겨 있는 구호이다. 이는 공포정치 시기에 가장 많이 사용된 말로 극단주의적 냄새를 풍기기 때문에 사람들이 별로 좋아하지 않았다. 이 단어는 특히 1792-1794년 기간 중 나타난 '형제애 아니면 죽음을'(Fraternité, ou la Mort!, Fraternity or Death!)이라는 구호에서 드러나듯 국내외의 동지와 적, 내편과 너편을 구별하는 폭력적 의미를 띠고 있었다. 그런 점에서 fraternity는 정치적 연대와 동질감과 관련이 있고, 공동체 내부에 정치, 사회적 경계선을 긋는 행동과 연관돼있는 개념이다. 실제 메리암-웹스터에 나타나 있는 사전적 정의를 보더라도 fraternity에는 '공통의 목표, 이해 또는 줄거움을 추구하기위해 관련 되거나 결성된 인적 그룹'(a group of people associated or formally organized for a common purpose, interest, or pleasure)으로 정의돼 있다. 물론 fraternity가 형제애로 번역될 때 박애처럼 '사랑'이란 의미가 일정부분 들어가 있는 것은 사실이다. 그러나 형제애란 형제와 적을 가르는 무서운 암호로 사용됐다. 프랑스혁명은 적과 동지를 나누고 수많은 적을 학살했다. 프랑스혁명기간에 내전으로 학살된 사람은 약 20만 명에 달한다. 대외전쟁으로 죽은 프랑스인도 약 200만 명이나 된다. 혁명의 희생자 수는 1차 세계대전 당시의 희생자 수와 거의 맞먹는다. 루이 16세와 왕비 마리 앙투아네트, 로베스피에르는 단두대의 이슬로 사라졌다. 혁명 초기는 구체제를 타도했다는 열기에 휩싸인 상태에서 대중들은 그야말로 형제가 된 일체감을 맛보는 시기였다. 하지만 급진적 시기인 1792-1794년 '형제애 아니면 죽음을'이라는 슬로건이 극명히 드러내듯, 형제애는 특히 대중들의 수준에서 혁명정치의 '우리'와 '그들'을 나누는 역할을 했다. 원래는 〈자유, 평등, 형제애, 이 모두가 아니면 죽음을〉이라는 표어였으나 '형제애 아니면 죽음'이라는 문구만 따로 떼어놓고 보니 '형제가 아니면 죽이겠다'는 뜻으로 해석되었다. 이처럼 fraternity는 편협하고 폐쇄적이며 공포를 자아내는 의미로 쓰였다. 프랑스 혁명가들은 자기편의 단합을 위해 의도적으로 형제애를 강조한 것이다. 이런 점에서 프랑스 혁명의 정신에 '박애'를 갖다 붙이는 것은 혁명의 적으로 몰려죽은 희생자들을 욕먹이는 일이다. 또한 fraternity는 프랑스인들이 형제라는 것이지 인류가 형제라는 얘기는 더 더욱 아니었다. 그리고 그러한 fraternity의 대상은 주로 남자였고 여성들은 사실상 배제됐다.[58] '빵의 행진'에서 보듯 여성의 역할이 컷지만 말이다.

일부에서는 프랑스 혁명의 자유가 자유주의, 평등이 사회주의, 형제애가 민족주의를 탄생시켰다고 주장하나 평등이 사회주의를 낳았다는 주장을 쉽게 동의하기 어렵다. 프랑스 혁명정신의 하나로서 평등은 오늘날 우리가 보통 사용하는 개념으로서의 경제적인 평등을 의미하는 것은 아니다. 그것은 권리의 평등, 즉 형식적인 법적인 평등일 뿐 그 이상도 이하도 아니다.

---

58) 우리나라 대학에서의 동아리와는 달리 영국과 미국의 대학에서 남학생들의 사교단체는 fraternity, 여학생들의 사교단체는 sorority라고 한다. 각 단체 명칭을 Alpha(알파) Phi(파이) Omega(오메가) 등 그리스 문자로 이름을 붙이기 때문에 Greek-letter society라고도 한다. 회원끼리는 fraternity이면 Brother로, sorority이면 Sister로 부른다.-

▪ 아담 스미스의 '국부론'은 '민부론'이 正譯 —자본주의 핵심내용도 오역 됐다

경제학의 아버지 아담 스미스의 '국부론'(1776)에 다음과 구절이 나온다.

"① It is not from the benevolence of the butcher, the brewer or the baker, that we expect our dinner, but from their regard to their own self-interest."

② We address ourselves, not to their humanity but to their self-love, and never talk to them of our own necessities but of their advantages.

흔히 자본주의 시장경제의 속성을 설명할 때 자주 인용되는 이 대목 ①번 문장은 'self-interest'를 '이기심'으로 번역하여 국내 거의 모든 서적에 "우리가 저녁식사를 즐길 수 있는 것은 푸줏간 주인, 양조장 주인, 빵집 주인의 善意(자비심, 박애심)덕분이 아니라 그들의 '이기심' 때문이다."로 번역돼 있다.

그러나 'self-interest'를 이타심(altruism)의 반대어인 이기심으로만 번역하는 바람에 아담 스미스를 약육강식의 자본주의자, 자유방임주의자, 시장만능주의자로 만들어 버렸다. 우리가 흔히 어떤 사람이 '이기적이다', '이기주의자다' 고 할 때 그 사람은 남을 배려할 줄 모르며 수단과 방법을 가리지 않고 사리사욕만 추구하는 탐욕적인 인간으로 인식하게 된다. 'self-interest'에 '이기'(利己), '사리사욕 추구'란 의미가 없는 것을 아니지만 스미스가 여기서 말하고 있는 것은 '자기이익'이다. 우리가 저녁식사를 기대할 수 있는 것은 푸줏간 주인이나 양조장 주인, 빵집 주인의 '돈벌이에 대한 관심' 덕분이라는 뜻이다. 즉, 자기에게 이익이 되기 때문에 소나 돼지를 잡아서 팔고, 술을 빚으며, 빵을 굽는다는 아주 당연한 이치를 설명한 문구다. 첨언하면 자신의 노력에 대한 경제적 이익이나 보상이 없다면, 어느 누구도 일을 하지 않을 것이라는 의미이다. 인간은 자기 몫이 주어져야 열심히 일한다. 스미스는 이 책에서 오히려 관용, 양보, 자비심 등의 가치를 강조했다. 다만 인간의 이익추구에 대한 관심이 다른 어떠한 동기보다 더 강력하고 지속적으로 인간에게 동기부여를 할 수 있다고 주장했다. 그것은 자원의 희소성(scarcity) 때문이다. 그런데도 국내 번역서들은 대부분 'self-interest'를 '탐욕'으로 이해될 수 있는 '이기심'으로 오역하고 있다. 이러한 오역 때문에 학교에서 자본주의는 이기주의, 그리고 자본주의의 대척점에 있는 공산주의(사회주의)는 이타주의라고 가르치고 있다. 이기심을 영어로 정확히 말하면 'selfishness', 'self-centeredness'등으로 표현한다. 스미스는 국부론에서 'selfishness'란 말을 한 번도 사용한 적이 없으며, 언제나 'self-interest', 그리고 유사어로 'self-love'(자애심, 自愛心)란 말을 사용했다. '자기애'(自己愛) 때문에 푸줏간 주인이나 양조장 주인, 빵집 주인이 일을 한다는 얘기다. 자기사랑은 자신을 아끼는 마음인데 반해 이기심은 다른 사람의 피해를 고려하지 않는 탐욕이다. 이기심은 비난받아 마땅하지만, 자기사랑은 타고난 인간의 본성일 뿐이다. 이러한 번역 때문에 스미스의 이론이 탐욕적인 것으로 잘못 해석 된 것으로 보인다. 스미스가 위 문장에서 말한 'self-interest'가 반드시 이기심이 아니라는 것은 그 다음 ②번 문장에서 확연히 드러난다. ②번 문장은 "우리는 그들(푸줏간 주인, 양조장 주인, 빵집 주인)의 인류애에 호소하지 말고 그들의 '자애심'(自愛心)에 호소해야 하며, 우리의 필요성(우리가 필요로 하는 고기, 술, 빵 등의 필수품)을 설명하지 말고 그들에게 이익이 된다는 점을 강조해야 한다." 로 번역할 수 있다. 여기서 'self-interest'가 'self-love'(자애심)란 말로 대체된 것을 보더라도 스미스가 강조한 것은 무조건 자기욕심만 챙기는 것이 아님을 알 수 있다.

마르크스 경제학자인 김수행 교수는 주류 경제학자들은 '보이지 않는 손'을 통해 스미스를 자유방임주의자, 시장만능주의자로 인식하고 있지만 이는 철저한 오역이라고 주장하고 있다.[59] 스미스는 경제 활동의 자유를 허용하는 것 자체가 도덕의 한 형태라고 확신했다. 그는 독점 기업가에 반대하고 소비자의 이익을 옹호했으며 소비자의 욕구, 생산, 시장 경쟁, 그리고 노동 분업이 국가의 부를 창출하는 동력이라고 보았다. 그는 소위 'womb-to-tomb social security'(요람에서 무덤까지의 사회보장)를 주장한 사람이다. 스미스는 또 다른 저서 '도덕감정론'(The Theory of Moral Sentiments)에서 인간은 자기애를 가지고 있다는 것, 자기애는 다른 사람에 대한 배려를 기본으로 한다는 점에서 이기주의와 다르다는 점을 강조한다. 이 책에 나오는 3개의 키워드가 스미스의 인간관을 집약한다. '공감'(sympathy), '양심'(conscience), 그리고 '자기이익'(self-interest)이 그것이다. 현재 에든버러에 있는 그의 묘비에는 그의 뜻에 따라 "여기에 도덕감정론과 국부론의 저자가 묻혀 있다."(Here are deposited the remains of ADAM SMITH. Author of the Theory of Moral Sentiments and Wealth of Nations)라고 새겨져 있을 정도다. 그만큼 경제에 있어서 도덕감정을 중시했다는 이야기다.

그는 '도덕 감정론'에서 "이 세상의 모든 노고와 소란은 도대체 무엇을 위한 것인가? 탐욕과 야망의 목표, 부와 권력과 명성을 추구하는 목표는 무엇인가?"라고 자문한다. 이에 대해 '국부론'에서 "부와 영광을 쟁취하기 위한 모든 추악한 소동은 인민의 복지에 기여할 때만 궁극적인 정당성을 갖는다."고 자답한다.

가난한 자와 부유한 자, 약한 자와 강한 자 사이의 이해관계가 충돌하는 상황에서는 예외 없이

---

59) 김수행, 청소년을 위한 국부론, 두리미디어, 2010.

가난하고 약한 자의 편에 선다. "다양한 영역에서 일하는 하인, 노동자, 직공 등은 모든 국가에서 절대다수를 차지하고 있다. … 사회 구성원 대다수가 가난하고 비참한 삶에서 벗어나지 못한다면, 그 사회는 절대로 번영을 누리거나 행복할 수 없다." 따라서 스미스가 강조한 'self-interest'는 '돈벌이에 대한 관심', '돈을 벌려는 의지', '돈을 벌려는 욕망' 등으로 번역하는 것이 옳다고 본다. 그리고 스미스의 지향점은 '諸국가의 富'의 증진이 아니라, '諸국민의 富'의 증진이다. 부국강병이 아니라 제폭구민의 국민복리 사상이다. 따라서 책의 원제 'An Enquiry into the Nature and Causes of the Wealth of Nations'는 '제 국민의 부의 성격과 원인에 관한 탐구'로 번역돼야한다. 이런 점에서 약칭인 '국부론'이란 이름은 오역이다. 국부론이 아니라 '민부론'(民富論)이 더 어울리는 이름이다. 책명에 나와 있는 영어의 'Nation'을 '국가' 아닌 '국민'으로 해석해야 한다는 것이다. 실제 스미스가 당시 영국의 중상주의를 비판하면서 내놓은 'the Wealth of Nations'는 국가가 아닌 '전 국민의 부'를 총칭하는 개념이었다.

■ '보이지 않는 손'(invisible hand)은 시장의 가격결정원리 아니다

애덤 스미스가 말한 '보이지 않는 손'(an invisible hand)은 그의 저작에 딱 세 번 나오는 구절이다. 국부론(The Wealth of Nations, 1776)과 도덕감정론(The Theory of Moral Sentiments, 1759)에서 각각 한 번씩 나온다. 그리고 1758년 이전에 저술한 것으로 보이는 천문학사(The History of Astronomy)에서는 변형된 형태로 'the invisible hand of Jupiter'라는 표현이 나온다. '보이지 않는 손'이라는 말은 한국의 교과서나 언론보도 등에 흔히 시장의 가격결정 원리를 뜻하는 것처럼 설명하고 많은 사람이 그렇게 이해하고 있지만 이는 사실이 아니다.

국부론에 나와 있는 이 대목은 〈...led by an invisible hand to promote an end which was no part of his intention.〉이다. 이를 옮겨보면 "'보이지 않는 손'의 인도를 받아서 원래 의도하지 않았던 목표달성을 증진할 수 있게 된다"가 된다. 아담 스미스의 이 말은 누구나 자기 자신의 안전(security)과 이익(interest)을 추구하기 위해 노력하지만 결국 사회 전체의 이익이 늘어난다는 주장이었다.

아담 스미스는 사람들의 자기이익(self-interest) 추구를 다음과 같이 표현하고 있다.

"우리가 저녁식사를 즐길 수 있는 것은 푸줏간 주인, 양조장 주인, 빵집 주인의 善意(자비심, 박애심)덕분이 아니라 그들의 그들의 자기이익 추구 때문이다. 사람은 누구나 생산물의 가치가 극대화되는 방향으로 자신의 자원을 활용하려고 노력한다. 그는 공익을 증진하려고 의도하지 않으며 또 얼마나 증대시킬 수 있는지도 알지 못한다. 그는 단지 자신의 안전과 이익을 위하여 행동할 뿐이다. 그러나 이렇게 행동하는 가운데 '보이지 않는 손'의 인도를 받아서 원래 의도하지 않았던 목표를 달성할 수 있게 된다. 이와 같이 사람들은 자신의 이익을 열심히 추구하는 가운데서 사회나 국가전체의 이익을 증대시킨다." 이와 같이 아담 스미스는 모든 사람이 자신의 처지를 개선하려고 하는 자연스런 노력인 자기이익에 따라 행동하면 이른바 '보이지 않는 손'에 의하여 모든 경제활동이 조정되고 개인과 사회의 예정조화가 실현된다고 하는 낙관론을 편 것이다.

아담 스미스는 정부정책에 대해서 다음과 같이 주장했다.

"여러분은 선의의 법령과 규제가 경제에 도움을 주고 있다고 생각합니다. 그러나 그렇지 않습니다. 간섭하지 말고 그대로 내버려두십시오. '자기이익'추구라는 기름이 경제라는 '기어'(gear)를 거의 기적에 가까울 정도로 잘 돌아가게 할 것입니다." 결국 국가의 부를 증가시키기 위해서는 인간으로 하여금 자기의 본성을 자유롭고 안전하게 발휘하도록 해주는 일밖에는 아무 것도 필요 없다는 것이 그의 저서 국부론의 핵심인 것이다. 정부는 국토를 방위하고 정의롭고 평등한 법질서를 유지하며 개인이 할 수 없는 공공사업을 수행하는 일에만 전념하고 그 나머지의 분야는 모두 개인에게 맡겨두라는 것이다.

마르크스경제학을 전공한 김수행 전 서울대 교수(작고)는 '김수행, 자본론으로 한국 경제를 말하다'(시대의 창, 2009)에서 애덤 스미스의 '보이지 않는 손'을 시장만능 또는 자유방임의 이론으로 해석하는 것은 그를 모독하는 행위라고 지적했다. 독점과 시장의 실패를 인정하지 않고 모든 걸 시장에 맡겨야 한다는 등의 주장을 애덤 스미스가 한 적이 없는 데도 주류 경제학자들이 입맛에 맞게 애덤 스미스를 왜곡했다고 주장한다.

■ 다윈 진화론 핵심이론 '자연선택'은 '자연도태'로 오역됐다

찰스 다윈(Charles Darwin)이 그의 저서 '종의 기원'(The Origin of Species)에서 언급하고 있는 진화론(The Theory of Evolution)의 핵심이론인 '자연선택'(自然選擇, Natural Selection/Die natürliche Selektion)은 국내 거의 모든 문헌들에 '자연도태'(自然淘汰)라는 말로 오역돼 있다. 다윈은 부모가 갖고있는 형질이 후대에 전해질 때 자연선택을 통해서 주위 환경에 보다 잘 적응하는 형질이 선택되어 살아남아 내려옴으로써 진화가 일어난다고 주장했다. 생물 개체는 같은 종이라도 환경에 적응하여 여러 가지 변이(variation)를 나타내게 되는데, 이 변이 중에서 자신의 생존과 번식에 유리한 변이가 있어서 선택이 일어나고, 결국 후대로 전해져 내려간다는 것이다. 이 때 주위 환경의 자원은 한정되어 있기 때문에, 생물은 같은 종이나 다른 종의 개체와 경쟁을 해서 살아남아야 하는데, 이 경쟁이 바로 생존경쟁이라는 것이다. 자연선택이라고 하면 자연이 적자(適者)를 선택한다는 말인데 자연도태라는 말은 다윈이 진화론을 통해 이야기하고자 하는 생명의 진화 방식에 대한 그릇된 선입견을 지니도록 하고 있다. 도태는 선택의 대상이 되는 두 가지 경우의 수 가운데 하나로, 살아남지 못한다는 부정적이고 비극적인 상황으로 접어들게 됨을 의미한다. 따라서 또 다른 선택의 대상이 되는 종의 진화에 따른 번성이라는 긍정적이고 희망적인 상태를 암흑의 그림자 속에 묻혀버리게 하는 효과를 나타낸다. '자연선택'이라는 말은 이후 허버트 스펜서(Herbert Spencer, 1820-1903)가 다윈의 '진화론'의 영향을 받으며 1864년 저술한 '생물학의 원리'(Principles of Biology)에서 "환경에 가장 잘 적응하는 생물이나 집단이 살아 남는다"라는 의미로 사용한 '적자생존'(適者生存, Survival of the Fittest)이라는 말로 바뀌는 과정을 거친다. 자연도태라는 말은 일본에서의 번역을 그대로 적용한 것으로, 일본 제국주의자들은 그들의 해외 식민지 경영을 정당화하고 일본 민족의 우월성을 과시하기위해 그같이 번역한 것으로 알려져 있다.

▪ 맬서스 인구론의 키워드 기하급수·산술급수는 오역된 용어

영국 경제학자 맬서스(Thomas Robert Malthus, 1766-1834)의 '인구론'(An Essay on the Principle of Population, 1798) 한국어 번역본에 나오는 "아무런 제한이 없다면 인구는 기하급수적으로 증가하지만 식량은 산술급수적으로 증가한다"는 대목은 오역이다. 이 대목은 "아무런 제한이 없다면 인구는 등비수열적으로 증가하지만 식량은 등차수열적으로 증가한다"로 바로 잡아야 한다.

'인구론'의 가장 핵심적인 내용인 이 문장은 시판중인 번역서를 포함한 거의 모든 관련 문헌과, 학습서에 오역된 채 실려 있다. 인터넷에도 오역된 문장이 도배질을 하고 있다. 정부 고위당국자나 유명 경제학자가 쓴 신문 칼럼이나 기사는 물론 논술교재 등에도 오역된 것이 그대로 인용되고 있다. 정부는 인구폭발을 우려해 1970년대 "딸 아들 구별 말고 둘만 낳아 잘 기르자"는 구호아래 전국적인 가족계획캠페인을 벌였는데 산아제한이나 다름없는 이 운동의 이론적 근거는 바로 맬서스 인구론 번역서에 나오는 오역된 문장이었다.

오역된 문장이 중고교 사회 교과서에 수록돼 집중적인 학습이 이뤄진 탓에 한국의 산아제한 캠페인은 세계의 귀감이 될 정도였다. 특히 '자녀 2명'만이 강조된 이 캠페인은 '정관수술을 받을 경우 동원 예비군훈련 면제' 등 실질 혜택이 주어지면서 제대로 실천됐다. 2012년 6월에는 한국이 1인당 국민소득 2만달러, 인구 5천만 보유국으로 세계 역사상 미국 일본 영국 프랑스 독일 이탈리아에 이어 이른바 '20-50 클럽'국이 되었을 때 통계청장은 한국의 인구문제를 언급하면서 맬서스의 인구론의 오역된 문장을 인용하기도 했다. 인구론의 우리말 번역본은 〈아무런 제한이 없다면 인구는 기하급수적으로 증가하지만 식량은 산술급수적으로 증가하므로 인구와 식량 사이의 불균형이 필연적으로 발생할 수밖에 없으며, 여기에서 기근, 빈곤, 악덕이 생긴다는 것〉이 맬서스의 주장이라고 소개하고 있다.

하지만 '기하급수적', '산술급수적'이란 말은 모두 오역이다. 이 대목의 원문은 "Population, when unchecked, increases in a geometrical ratio. Subsistence increases only in an arithmetical ratio."로서 문제는 'geometrical ratio'와 'arithmetical ratio'를 어떻게 번역하는가에 있다. 하지만 이 구절을 뒷받침하는 이어지는 문장을 보면 geometrically(1, 2, 4, 8, 16, 32, 64, 128, 256, etc.)와 arithmetically(1, 2, 3, 4, 5, 6, 7, 8, 9, etc.)라는 단어가 등장, geometrical ratio와 arithmetical ratio는 기하급수와 산술급수가 아님을 한 눈에 알 수 있다. 이 문장은 "Human population increases geometrically. However, food supply, at most, can only increase arithmetically. Therefore, since food is an essential component to human life, population growth in any area or on the planet, if unchecked, would lead to starvation."(인구는 'geometrically' 증가하지만 식량은 'arithmetically' 증가할 뿐이다. 그러므로 식량이 인간생활의 필수불가결한 요소인 이상 (인구증가를 억제할) 아무런 제한이 없다면 인간의 기아는 필연적이다"로 전개된다. 인구론은 이어 "Taking the population of the world at any number, a thousand millions for instance, the human species would increase in the ratio of － 1, 2, 4, 8, 16, 32, 64, 128, 256, etc. and subsistence as 1, 2, 3, 4, 5, 6, 7, 8, 9, etc. In two centuries and a quarter, the population would be to the means of subsistence as 512 to 10: in three centuries as 4,096 to 13, and in two thousand years the difference would be almost incalculable, though the produce in that time would have increased to an immense extent."[60](전 세계 인구를 10억이라고 가정한다면 인구는 1, 2, 4, 8, 16, 32, 64, 128, 256의 수로 증가하는데 비해 생존수단(식량)은 1, 2, 3, 4, 5, 6, 7, 8, 9의 수로 증가할 것이다. 2세기하고 다시 4분의1 세기(two centuries and a quarter)가 지나면 인구와 생존수단의 비율은 512 : 10, 그리고 3세기 후에는 4,096 : 13이 되

---

60) An Essay on the Principle of Population, edited by Philip Appleman, Norton & Company(New York·London), 1976, pp. 22-23.

며, 2천년 후에는 비록 식량생산이 현격히 증가한다 할지라도 그 차이는 거의 계산이 불가능하게 될 것이다)라고 말한다. 맬서스의 인구론은 결론적으로 "아무런 제한이 없는 경우 인구는 25년마다 배로 증가(Population, when unchecked, goes on doubling itself every twenty-five years or increases in a geometrical ratio)하는 데 비해 같은 기간마다 "식량은 일정한 양만큼만 증가한다"(Subsistence increases only in an arithmetical ratio)라고 요약될 수 있다. 인구론의 'geometrical ratio'(geometrically)와 'arithmetical ratio'(arithmetically)는 각각 '일정한 비율'이면서 '일정한 수량'을 뜻한다. 따라서 이 대목은 "아무런 제한이 없다면 인구는 등비수열적으로 증가하지만 인구는 등차수열적으로 증가한다"로 번역돼야 한다. 급수(級數, series)는 수열(數列, sequence)과 다르다. 급수란 수학에서 수열들의 각 항의 합을 의미한다. 즉, 급수란 여러 수들의 합연산으로 표현된다. 1, 2, 3, 4, 5, 6, 7, 8, 9 ...n은 공차(公差)가 1인 등차수열이지만 이것을 등차급수로 나타내려면 1+2+3+4+5+6 +7+8+9 ...+n, 즉 1, 3, 6, 10, 15, 21, 28, 36, 45 ...$n(n+1)/2$이 된다. 등비수열과 등비급수의 관계도 마찬가지다. 1, 2, 4, 8, 16, 32, 64, 128, 256 ...은 공비(公比)가 2인 등비수열이지만 등비급수로 표시하면 1+2+4+8+16+32+64+128+256...+n^2 즉, 1, 3, 7, 15, 31, 63, 127, 255, 511 ...$n(n+1)(2n+1)/6$이 된다. 영어로 등차급수는 arithmetic series이므로 '산술급수'라고도 부르며, 등비급수는 geometric series이므로 '기하급수'라고도 부른다. 그러나 어쩐 일인지 등차수열을 산술(산수)수열, 등비수열을 기하수열이라고 부르지는 않는다. 오역의 발단은 바로 여기에 있다.

이러한 오역에도 불구하고 맬서스의 인구론은 오늘날에 와서 그 예언이 빗나가고 있다. 맬서스의 주장은 토지이용의 한계, 억제되지 않는 인간의 정욕 등으로 식량증산이 인구증가를 따르지 못한다면서 인구 증가를 방치할 경우 전 인류에게 비극적인 결과가 올 수 있다는 경고성 메시지로 해석돼왔다. 하지만 그의 말대로 현재 인구는 증가하고 있으나 식량생산량은 이미 인구증가를 넘어선 지 오래이다. 비록 아프리카나 북한 등에서 기근 문제가 심각하지만 식량이 없어 많은 인구가 지상에서 사라질 위험은 없어 보인다.

■ 소크라테스의 '악법도 법이다'는 준법 강조하기 위해 만든 오역

사형선고를 받은 소크라테스가 법정에서 독배를 받아들며 "악법도 법이다" 라는 명언을 남겼다고 하지만, 그는 이런 말을 한 적이 없다.

이 말은 2세기 경 로마 법률가 도미누스 울피아누스(Dominus Ulpianus)가 법적 안전성을 강조하기 위해 한말 "dura lex, sed lex"(The law is harsh, but it is the law, 법이 엄하지만, 그래도 법이다)가 소크라테스가 한 말처럼 와전됐고, 한 술 더 떠 일본과 한국에서 오역돼 각급 학교 교과서에 실리게 됐다. "dura lex, sed lex"라는 말은 울피아누스의 저술집에 나오는 "Hoc quod quidem perquam durum est, sed ita lex a est"(이것은 진실로 지나치게 심하다. 그러나 그게 바로 기록된 법이다)에서 발췌된 것이라고 한다. "법이 엄하지만 그래도 법이다"와 "악법도 법이다"는 언 듯 보기에 유사성이 있어 보이지만 그 뜻은 하늘과 땅의 차이만큼이나 다르다. 그런데 이 말이 한 TV토론에서 거침없이 사용된 적이 있다. 한 켠에서 국가보안법이 악법이라며 폐지를 주장하자 다른 한 켠에서는 악법도 지켜야 한다며 이 말을 사용한 것이다. 아무런 대안없이 국보법의 폐지를 주장한 토론자에게 문제가 없지 않았지만 소크라테스가 하지도 않은 말을 꺼낸 것도 사실을 왜곡하는 것이었다.

소크라테스는 젊은이들을 현혹시켜 나라를 망치게 했다는 이유로 투옥, BC 399년 사형선고를 받은 재판정에서 독약을 먹고 70세 생애를 마쳤다 . 당시 재판부는 "소크라테스는 시민들이 믿는 신들을 믿지 않고 자신이 섬기는 '다이모니온'(daimonion)이라는 신을 믿은 죄와 젊은이들을 타락시킨 죄를 범해 사형을 제안한다"고 죄목을 낭독했다. 소크라테스는 감옥에 있을 때 제자들이 도망가기를 권했고 도망갈 수도 있었지만 도망가서는 안 된다는 다이모니온의 계시를 받은 것으로 전해진다. 다이모니온은 불가사의(不可思議), 신령스럽고 기묘하다는 뜻으로 '소크라테스의 변명' 등에서 사용되는 표현이다.

마치 예수가 지도층 유대인들의 신을 믿지 않고 자신이 곧 하나님이라고 해 결국 십자가에 처형당한 것처럼 소크라테스도 독약 앞에 비굴하지 않고 이를 기꺼이 받아 마셨다. 즉, 소크라테스가 제자들의 권유대로 탈옥을 하지 않으면서 내 세우는 이유가 "악법도 법이다"란 개념과는 다르다. 그는 "내게는 다만 정의가 있을 뿐 죽음을 두려워하랴. 인생의 참된 집이 영혼에 있음을 알지 못하느냐"라고 했다고 한다.

우리나라에서는 어떤 연유에서 소크라테스가 하지도 않은 이 말이 정설처럼 굳어져 중고등학교 교과서에까지 실리게 됐을까? 현재 확인된 바로는 국내나 일본에서 "악법도 법이다"란 말과 소크라테스를 연관 지은 가장 오래된 학자는 일본의 오다카 도모오(尾高朝雄)이다. '實定法秩序論'(실정법질서론)이라는 책으로 유명한 이 학자는 법철학자로서 1930년 경성제국대학교 교수로 해방 전까지 재직하다, 해방 후에는 일본 동경대학교 법학부 교수로 전직한 것으로 알려져 있다.

오다카는 1937년 출판한 '法哲學'(개정판)에서 실정법주의와 소크라테스를 연결하고 있다. 그는 이 책에서 "악법도 법이기 때문에 일응(一應) 지켜야 하며 악법이라는 것을 국민에게 널리 홍보하여 정당한 입법절차에 따라서 그 악법을 개정해야 한다"고 말하고 있다.

제국주의 시대에 오다카가 이런 해석을 한 이유는 일본의 폭압적인 식민지배와 통치를 합리화시키려는 고도의 발상 때문이었다고 한다. 그럼에도 불구하고 한국의 일부 법학자들은 이를 무비판적으로 수용, "악법도 법이다"라는 이데올로기를 강화시키는 쪽으로 발전시켜왔고 이것을 한국의 권위주의 정권들이 그들의 권력과 권위를 정당화시키는 방어기제로 활용했다. 각급 학교 교과서에는 준법교육의 일환으로 소크라테스가 "악법도 법이다"라고 말했다고 인용됐다. 2004년 11월 7일 헌법재판소는 국내 교과서에 법과 관련하여 잘못 된 사항들을 지적하며 시정(삭제)할 것을 요청하면서, 그 대표적인 사례로 "악법도 법이다"란 말과 소크라테스를 연관 지은 부분을 꼽았다.

■ 아리스토텔레스의 '정치적 동물'은 '사회적 동물'로 오역됐다

'인간은 사회적 동물이다'라는 말은 아리스토텔레스(Aristoteles)가 한 말로 널리 알려져 있고 각종 학습교재에도 그렇게 적혀있다. KBS 퀴즈문답(2007년 5월)에서도 이 명언을 한 사람이 누구인지 알아맞히는 문제가 나왔다. 정답으로는 아리스토텔레스가 제시됐다. 하지만 아리스토텔레스는 인간을 '사회적 동물'(animal socialis)이라 지칭한 바가 결코 없다. '사회' 또는 '사회적'이라는 개념은 고대 그리스 시대에 존재하지 않았고 그런 단어도 없었다. 오직 '국가'만이 있었을 뿐이다. 아리스토텔레스는 인간을 '정치적 동물'(zōon politikon)이라 불렀다. 그런데 왜 '사회적 동물'이란 말이 생겨났을까? 로마시대 철학자인 세네카(Lucius Annaeus Seneca, BC 4-AD 65)가 아리스토텔레스의 그리스어 텍스트를 라틴어로 번역하는 과정에서 '정치적 동물'(zōon politikon)을 '사회적 동물'(animal socialis)로 오역한 것이다. 즉, 'Homo sit naturaliter animal socialis.'(Man is by nature a social animal.)로 전환한 것이다. 아퀴나스(Thomas Aquinas)는 아리스토텔레스의 이 말을 'Homo est naturaliter politicus, id est, socialis'(Man is by nature political, that is, social.)로 옮겼다. 번역하면 '인간은 본성적으로 정치적이다. 즉, 사회적이다.'라는 뜻이다. 이렇게 두 개념이 하나로 혼합되고 만다. '사회적 동물'과 '정치적 동물'이 같은 뜻이라는 것이다. 그러나 독일의 저명한 정치이론가 아렌트(Hannah Arendt, 1906-1975년)는 자신의 저서 '인간의 조건'(The Human Condition, 1958년)에서 동물과 구분되는 인간의 고유한 조건은 정치라는 고유성에 의해서만 이해될 수 있다고 피력함으로써 인간의 본성과 관련해 사회적 동물보다는 정치적 동물에 무게를 두고 있다.

■ 칸트의 명언 '인간을 수단이 아니라 목적으로 대하라'는 오역된 문장

국내 철학, 도덕, 윤리 서적이나 명언집을 보면 예외없이 칸트(Immanuel Kant)의 어록이라며 "인간을 수단이 아니라 목적으로 대하라"라는 문장이 나온다. 정치인이나 철학자 등 저명인사들의 강연에도 자주 이 말이 등장한다. 그러나 이는 오역된 문장이다. 칸트의 실천이성비판(Kritik der praktischen Vernunft/Critique of Practical Reason)에 나오는 이 대목의 독일어 원문을 보면 "also dieses niemals bloß als Mittel, sondern zugleich selbst als Zweck zu gebrauchen."이다. 번역하면 "인간을 수단으로서만이 아니라 목적으로서도 대하라"라는 뜻이다. 이 문장의 기본구조는 niemals bloß als A sondern zugleich als B 즉, "A로만이 아니라 동시에 B로도"이다. 여기서 bloß(=only)는 목적어에 대한 동사의 영향력을 제한하는 문법적인 기능만을 갖는다. 국내에서 이렇게 번역된 것은 일본 번역의 영향 때문인 것으로 보인다. 일본의 평론가 가라타니 고진(柄谷行人/からたにこうじん)은 그의 '윤리21'에서 20세기 초 일본에서 칸트 철학이 잘못 인식되고 있던 한 가지 예로 이 오역된 문장을 들고있다. 이 문장은 부연하면 "너 자신이나 다른 사람의 인격을 단순히 수단으로만 대하지 말고, (언제나 동시에) 목적으로 대하라." 정도의 뜻이 된다. 그러니까 칸트는 인간을 수단으로 대하지 말라고 말한 적이 없다. 이 독일어 문장은 영어로도 의미가 다소 다르게 옮겨져 여러 문헌에 나돌고 있다. 예컨대 "Always treat people as ends in themselves, never as means to an end." 나 "Always recognize that human individuals are ends, and do not use them as means to your end." 등이 그것이다. "인간을 언제나 목적으로 대하라. 목적을 위한 수단으로 대하지 말라."라는 의미로 읽힌다.

■ '인생은 짧고 예술은 길다'에서 '예술'은 '의술'의 오역

서양의학의 아버지로 불리는 히포크라테스(Hippocrates, BC 460-BC 370)가 말했다는 "인생을 짧고 예술은 길다"(Life is short, art is long.)는 대표적인 오역 사례다.

히포크라테스가 한 말은 라틴어로 "Ars longa, vita brevis".

라틴어의 'ars'는 학술, 기술, 예술의 의미인데 여기에서 파생한 영어의 art도 동일한 뜻을 가지고 있다. 히포크라테스는 의사였다. 그가 의미한 것은 예술이 아니라 기술, 특히 그의 직업인 의술을 가리킨 말이었다. 사람의 일생은 짧은 데 의술의 깊이는 한이 없어 습득하기가 얼마나 힘들고 오랜 시일이 걸리는 가를 말하기위한 것이었다, 평생 동안 배워도 다 못 배우는 것이 의술이란 것이었다. 그래서 의술(art of healing)이란 뜻으로 썼는데 지금은 예술은 길고 인생은 짧다란 뜻으로 인용되고 있다. 일본어 번역을 그대로 따르다 보니 '예술'이 되었다는 것이다. 전 세계에서 히포크라테스의 이 단어를 예술로 알고 있는 곳은 한국과 일본 등 일부 아시아 국가라는 것이다. 영어로 된 전체 문장을 봐도 'art'가 예술이 아님을 분명히 알 수 있다.

"Life is short, (the) art long, opportunity fleeting, experiment uncertain, experience misleading, judgment difficult. The physician must not only be prepared to do what is right himself, but also to make the patient, the attendants, and externals cooperate."(인생은 짧고, 의술은 길다(익히는데 오래 걸린다). 기회는 덧없이 흘러가고, 실험결과는 불확실하며, 경험은 오도하며, 진단은 어렵다. 의사는 자신이 옳다고 여기는 일만을 준비해서는 안 되며 환자, 조수, 그리고 다른 사람들과 협력해야 한다.)

▪ '건전한 육체에 건전한 정신'은 오역에서 생긴 말

오늘날 모든 체육교육의 모토처럼 돼있는 "건전한 육체에 건전한 정신이 깃든다"는 말도 오역에서 비롯됐다.

고대 로마의 풍자시인 유베날리스(Decimus Junius Juvenalis)가 한 이 말은 원래 라틴어로 "Orandum est ut sit mens sana in corpore sano"이었다. 이는 "건전한 육체에 건전한 정신까지 깃들면 바람직할 것이다" 라는 뜻으로 "너희들은 건강한 육체에 제발 건전한 정신이 깃들기를 기도하라"(You should pray for a sound mind in a sound body.)라는 의미가 내포돼 있다고 한다. 그런데 이 구절의 앞부분 'Orandum est ut sit'이 빠지고 'Mens sana in corpore sano'만 영어로 "A sound mind in a sound body"로 번역된 채 오늘에 이르게 된 것이다. 영국의 철학자 존 로크가 이같이 번역한 것으로 전해지고 있다.

이후 이 말은 체육교사나 강사, 코치들에 의해 학교나 각종 스포츠학원, 도장 등에서 그 본래 뜻과는 전혀 반대로 사용돼오고 있다. 로마시대 때는 요즘 같은 '몸짱 열풍'이 불어 로마시민들은 육체적으로는 매우 강건했으나 정신은 타락, 부패하고 피폐한 상태였기 때문에 "제발 너희들 그 단련된 무식한 몸에 건전한 정신이 깃들도록 노력을 하라"는 의미였는데 후세 사람들에 의해 정반대의 의미로 사용된 것이다. 즉, 이 말은 찬사가 아니라, 당시 기름을 발라 번질번질한 검투사들의 근육 등 신체 단련 열풍에 대한 유베날리스의 탄식과 비판을 의미한다.

■ 마키아벨리의 군주론 '목적은 수단을 정당화 한다'는 오역

마키아벨리(Niccolo Machiavelli)가 그의 '군주론'(君主論, Il Principe/The Prince, 1532)에서 "목적은 수단을 정당화 한다"고 했다는 것도 오역이다. 그는 이 같은 말을 결코 한 적이 없다.

그가 한 말은 "Si guarda al fine"로 이것이 후세에 영어로 "목적은 수단을 정당화한다"(The ends/end justify/justifies the means)로 번역됐는데 그 원뜻은 "사람은 마지막 결과를 고려해야 한다"(One must consider the final result 또는 One must think of the final result) 정도의 의미였다.

이러한 번역 때문에 마키아벨리즘(Machiavellism)이란 용어까지 생겼고 이 말은 목적 달성을 위해서는 어떠한 방책도 허용된다는 뜻, 즉 권모술수(權謀術數)로 이해돼 왔다. 따라서 그러한 사고방식에 의해 행동하는 사람을 모두 '마키아벨리스트'(Machiavellist)라고 불러왔다. 그러나 그러한 사고가 반드시 마키아벨리의 사상과 일치하는 것은 아니다. 마키아벨리는 '군주론'에서 군주는 권력을 유지·강화하기 위하여 여우와 같은 간사한 지혜(책략)와 사자와 같은 힘(무력)을 사용할 필요가 있으며, 신의가 두텁고 종교심도 많으며 인격도 고결한 사람처럼 보여야 하지만 실제로 그럴 필요는 없다고 말했다. 또 그는 '로마사 논고'(Discourses on Livy)에서 국가창건이라는 목표를 실현하기 위한 비상수단은 비난을 받아서는 안된다고 말했다. 그러나 그가 그렇게 주장한 것은 고대 로마인이 가진 역량과 사고를 르네상스 시대의 이탈리아인들의 마음속에서 소생시키고, 이탈리아에 새로운 정치·사회 질서를 수립하기위한 것이었다. 그는 이같은 이상을 실현하기 위해, 먼저 낡고 전통적인 도덕이나 종교를 타파하고 그에 구속되지 않는 강력한 지배자를 탄생시킬 필요가 있다고 생각했다. 그런데도 그의 참뜻이 이해되지 않고, 도덕·종교의 부정(즉, 정치는 일체의 도덕·종교에서 독립된 존재이므로 일정한 정치목적을 위한 수단이 도덕·종교에 반하더라도 목적달성이라는 결과에 따라서 수단의 반도덕성·반종교성은 정당화된다는 주장)이라는 일면만이 강조되어 그의 사상 전체가 비난을 받았다. 로마 교황청은 1559년 그의 저서 전부를 금서목록에 넣었고, 프랑스의 신교파는 1572년 구교도에 의한 신교도 대량학살사건인 생바르텔미(Saint-Barthélemy)의 학살이 마키아벨리의 가르침을 실행한 것이라 하여 그를 규탄했다. 프로이센의 프리드리히 대왕(Friedrich der Grosse)은 자기 스스로 실제로는 반도덕적 정치행위를 자행하고 있으면서도 '반(反)마키아벨리론'((Anti-Machiavel, 1740)을 썼는데,

그는 마키아벨리의 '군주론'이 정치가에게 악덕을 권하는 것이라고 비난하면서 정치가는 도덕을 존중해야 한다고 주장했다.

▪ 나폴레옹의 명언 '내 사전에 불가능은 없다'는 오역

나폴레옹의 명언으로 꼽히는 "나의 사전에 불가능이란 말은 없다"는 오역에서 나온 말이다. 나폴레옹(Napoleon Bonaparte, 1769-1821)이 1800년 5월 8일 오스트리아의 지배하에 있던 이탈리아 원정을 위해 높고 험준한 빙벽의 알프스산을 넘을때 참모들이 역사상 대규모 병력이 이 산을 넘은 경우는 한니발(Hannibal)장군 이후 어느 누구도 없었다면서 극구 만류하자 그렇게 말한 것으로 전해지고 있다. 그러나 나폴레옹이 알프스산을 넘을 때 이런 말을 했다는 기록은 없다. 이 말은 나폴레옹이 그보다 13년 후인 1813년 7월9일자로 그의 부하 장군인 르 마르아(Le Marrois, 1777-1836)에게 쓴 편지에 나오는 "Ce n'est pas possible, m'ecrivez-vous; cela n'est pas francais." 라는 구절을 근거로 한 것이다. 이 말의 뜻은 "장군이 나에게 그것은 불가능하다고 썼는데 그런 말은 프랑스어가 아닐세"로 번역할 수 있다. 영어의 "You write to me that it is impossible; the word is not French."에 해당되는 말이다. 결론적으로 말하면 나폴레옹이 한 말은 "Impossible n'est pas français"(불가능이란 프랑스어가 아니다)였다. 시기와 장소, 상황도 다르다. 그런데 영어로 "Impossible is not French."로 번역되는 이 말이 "There is no such word as impossible in my dictionary."(나의 사전에 불가능이란 말은 없다)로 변형됐다. 한술 더 떠서 "불가능이란 말은 바보들의 사전에서만 발견되는 말이다"(Impossible is a word (to be) found only in the dictionary of fools.)라는 표현까지 등장했다. 그런데도 지금 인터넷에 들어가 보면 나폴레옹이 알프스산을 넘어 이탈리아를 칠때 그런 말을 한 것처럼 도배가 돼있고 나폴레옹을 소재로 한 국내 문헌이나 신문기사, 연구논문이나 대학생들의 리포트에도 오역된 문장이 그대로 인용돼 있다.

▪ 니체 철학의 핵심개념 '超人'은 오역중의 오역

독일어 Übermensch는 'superman'이 아니라 이데올로기나 종교 등을 극복한 사람을 뜻한다. 니체(Friedrich Wilhelm Nietzsche) 철학의 핵심적 개념으로 알려진 '초인'(超人)이란 단어는 오역중의 오역이다. 니체는 이데올로기나 종교 등을 '생의 적대적 개념'으로 봤고, 이를 극복한 사람이라는 의미로 '위버멘쉬'(Übermensch)라는 개념을 고안했다.

초인의 사전적 의미를 보면 보통 사람으로는 생각할 수 없을 만큼 뛰어난 능력을 가진 사람, 즉 현실을 초월한 완전한 인간을 가리킨다. 그러나 니체가 그의 저작 '차라투스트라는 이렇게 말했다'(Also sprach Zarathustra)에서 말하고 있는 '위버멘쉬'는 현실을 초월한 사람이 아니라 이데올로기나 종교 등 형이상학을 극복한 사람을 뜻한다. 이성적 사유의 한계를 인정한 인간, 정신·육체·의지의 불가분적 통합체 등을 의미한다. 즉, 니체의 '위버멘쉬'란 남보다 뛰어난 사람이라기 보다는 '극복하는 사람' 내지는 '넘어가는 사람'이라는 개념을 가진다. 영어로 번역하면 'over+man', 'passing+man'정도가 되는 데 이를 영어권에서 'superman'(초인)으로 오역했고 이를 다시 일본에서 옮기다 보니 초인으로 번역된 것이다. 현재 국내의 거의 모든 영한사전은 일본에서의 번역을 받아들여 'superman'이 니체가 제창한 초인개념이라고 풀이하고 있다. 니체에 의하면 '위버멘쉬'의 구체상(具體像)은 차라투스트라이고 그리스도교에서의 하나님/하느님에 대신하는 인류의 지배자이며, 민중은 그의 복종자에 지나지 않는다는 것이다. 국내 니체전집편집위원장으로서 방대한 '니체전집'(Nietzsche Werke, Kritische Gesamtausgabe) 발간을 주도한 정동호 충북대 철학과 교수는 굳이 한국어로 번역하자면 '극복인' 정도가 되겠지만 그대로 '위버멘쉬'로 음역했다고 밝히고 있다. 니체의 '위버멘쉬'사상은 나치 히틀러에 의해 곡해된 적도 있었지만, 현대에는 실존철학 등에서 새로운 조명을 받고 있다.

■ 속담 '하늘은 스스로 돕는자를 돕는다'는 오역

영어 속담에 "Heaven(God) helps those who help themselves."라는 것이 있다. 그러나 이 말이 무엇을 의미하는 지에 대해서는 해석이 분분하다. 대부분의 사람들은 "하늘은 스스로 돕는 자를 돕는다"로 번역한다. 영어로는 재귀대명사 themselves가 있어 뜻이 분명하다. 하지만 우리말 번역은 스스로 누가 누구를 돕는다는 것인지, 즉 스스로 자신을 돕는다는 것인지 아니면 남을 돕는 다는 것인지 목적어가 불분명해 정확한 번역이라고 할 수 없다. '스스로 돕는 자'를 '스스로 남을 돕는 자'란 뜻으로도 해석하는 사람들은 상대방을 스스로 도와주면 언젠가는(후손에게라도) 반드시 몇 갑절의 좋은 결과가 돌아 올 것이라는 데 의미를 부여한다. 반면 어떤 사람들은 이 말을 종교적인 관점에서, 사람이 스스로 최선을 다한 후에, 자기가 할 수 없는 부분을 하늘(하나님/하느님)에 위탁 할 때 비로소 하늘의 도움이 긍정적으로 작용한다고 해석하기도 한다. 그래서 '진인사대천명'(盡人事待天命)이니 '지성(至誠)이면 감천(感天)'이라는 식으로 해석을 하기도 한다. 우선 "Heaven helps those who help themselves."가 무엇을 의미하는지 인터넷 백과사전 'Wikipedia'를 찾아보면 '자기주도의 중요성'(the importance of self-initiative)을 강조하는 모토(motto)라고 설명하고 있다. 또한 사무엘 스마일스(Samuel Smiles, 1812-1904)가 쓴 '자조론'(Self-Help: with illustrations of conduct & perseverance, London: J. Murray, 1925)을 보면 저자는 '자조'(自助, self-help)를 남에게 의지하지 않는 '독립'의 의미로 사용했다. 자기 스스로 생존할 수 있도록 자기에게 충실하고 성실히 노력하는 것이 바로 '자조'라는 것이다. 좀 더 구체적으로 말하면 자조란 자력(自力), 자구(自救), 자립(自立), 자존(自存), 자중(自重), 자애(自愛), 자제(自制), 자족(自足), 자위(自衛) 등의 뜻을 함축하는 포괄적인 개념이다. 이러한 점들을 감안할 때 "Heaven helps those who help themselves."는 "하늘은 (남에게 의지하지 않고) 스스로 노력하는 사람들을 돕는다"로 번역돼야 할 것이다. 이 말은 성경에서 유래했다고 알고 있는 사람이 많으나 성경과는 무관하다. "Heaven helps those who help themselves."라는 말의 기원은 고대 그리스로 올라간다. 이솝이야기 중 에우리피데스(Euripides, 그리스의 극작가 겸 철학자, BC 484-406)가 말하는 장면에서 문헌기록으로 처음 발견되는 데 그 표현은 "The gods help them that help themselves. Try first thyself, and after, call on god." (신들은 스스로 자기 자신을 돕는 사람들을 돕는다. 먼저 너 자신이 해보고 그 후에 신을 찾으라) 이었다. 17세기 영국의 목사이자 시인인 조지 허버트(George Herbert, 1593-1633)는 "Help thyself and God will help you."(너 자신을 도우라. 그리하면 하나님이 너를 도울 것이다)라고 썼으며 오늘날의 "Heaven helps those who help themselves."는 미국의 벤자민 프랭클린(Benjamin Franklin, 1706-1790)이 1736년 에 발행한 'Poor Richard's Almanack'이라는 연감에 나타나 있다. 그러나 프랭클린의 이 말은 성경의 가르침과는 반대되는 것이다. 하나님은 스스로 도울 수 없는 자를 돕는다는 것이 성경의 가르침이기 때문이다.

▪ 루소 어록에 '자연으로 돌아가라'는 없다

  루소(Jean-Jacques Rousseau)의 어록 중에 '자연으로 돌아가라'(Return to nature, Retour a la nature)란 것이 있다고 전해지고 있다.
  그러나 루소는 그런 말을 한 적 이 없다.[61] 일본에서의 조사에 의하면 루소의 작품에는 자연상

---

61) Lexikon der populären Irrtümer von Walter Krämer und Götz Trenkler(Gebundene Ausgabe, 1996) '상식의 오류 747(우리가 알고 있는 상식은 얼마나 진실에 가까운가)', 박영구 박정미 옮김, 경당, 2007, p. 511.

태(state of nature)를 언급하면서 '자연을 따르라', '자연은 올바르다' 등의 표현은 있으나 '자연으로 돌아가라'는 표현은 보이지 않는다고 한다.[62] 설사 '자연으로 돌아가라'라고 말했다 할지라도 이때의 'nature'는 '자연'이 아니라 인간의 '본성'을 의미한다는 주장이 있다. 즉 '본성'을 '자연'으로 오역했다는 얘기다. 그렇다면 이 때의 'nature'는 the nature of love(사랑의 본질), the nature of atomic energy(원자력의 특성), a man of good nature(성질이 좋은 사람) 등에서 쓰이는 '본성'이라는 의미라는 것이다.

루소에 있어서 원초적 자연상태란 인간들이 서로 상당히 떨어져서 살아가는 상태를 말한다. 때문에 그들은 자연 이외의 그 어떠한 것에 의해서도 의존하지 않는다. 따라서 자연상태에서 모든 인간은 자연적 자유와 평등을 향유한다. 이것이 함의하는 바는 통치권은 인간의 자연적 본성에서 나오는 것이 아니라 사람들 사이의 협정 내지는 계약의 산물이라는 것이다, 그리고 피복종자의 동의에 기초한 정치권력만이 정당하고 합법적인 권력이라는 것이다. 원초적 자연 상태는 사회상태가 아니다. 이따금 종족번식을 위해 남녀가 만나기는 하지만 그때뿐이다. 루소에 의하면 또한 자연상태는 도덕성이 부재한 상태다. 도덕은 사람이 만나야 이루어지는 것이다. 자연상태에는 사람이 만나지 않기 때문에 일체의 도덕적 관념, 도덕적 가치평가나 선악의 구분이 존재하지 않는다. 원초적 자연 상태는 홉스가 말하는 전쟁상태 즉, '만인의 만인에 대한 투쟁상태'(war of every man against every man)가 아니라 평화상태. 따라서 루소는 홉스를 비판하며 평화로운 자연상태를 자연인의 성향으로부터 도출해낸다. 무엇보다 전쟁은 개인들 사이에 일어날 수 있는 것이 아니라 국가간에만 일어나는 것이다. 또한 만인이 만물을 공유함으로써 소유의 경계가 없는 자연상태에서는 자기 것에 대한 침해라는 개념이 성립할 수 없다. 그의 '인간불평등기원론'도 사유재산에서 출발한다. 즉, 인간은 선하고 평등한 복을 누리고 있었으나 소유가 제도화됨으로써 모든 것이 파괴되고 오늘의 불평등이 초래됐다는 것이다. 따라서 전쟁상태는 소유의 제도화가 있기 이전, 즉 정치사회의 수립 이전에는 개인 간에는 있을 수 없다. 루소의 '자연상태'란 강자의 법칙이 적용되지 않고, 다른 사람 없이도 잘 살 수 있는 상태다. 루소의 자연상태가 타당하기 위해서는 온 지구의 환경이 사람이 살기에 좋아야 한다. 즉, 노동을 하지 않더라도 인간이 필요로 하는 모든 자원(재화)과 용역이 마치 우리가 숨 쉬는 공기처럼 무제한으로 생산돼야 한다. 그래서 각자 자기가 난 땅에서 배부르고 평화롭게 잘 살아야 한다. 민족이동의 개념은 당연히 없다. 이런 점에서 볼 때 루소의 자연상태란 인간의 본성을 알기위해 가정한 허구에 불과하

---

62) 잘못 알려진 명언들(경향신문 1990. 2. 27)

다 할 것이다. 따라서 '자연으로 돌아가라'고 할때 이는 '인간사회나 문명을 버려라'는 뜻으로 잘 못 받아들여질 소지를 안고 있는 것이다.

▪ '만족하는 돼지보단 불만족하는 소크라테스가 낫다'는 오역

소크라테스를 돼지와 비교해서 "만족하는 돼지보단 불만족하는 소크라테스가 낫다."라는 명 언이 있다. "배부른 돼지보단 배고픈 소크라테스가 낫다."라고도 알려져 있는 이 말을 그러나 엄 밀한 의미에서 오역이 된 채 잘못 전해진 말이다. 이 말의 유래는 영국의 공리주의자 밀(John Stuart Mill)이 쓴 '공리주의'(Utilitarianism)라는 책으로 거슬러 올라간다. 밀은 이 책에서 "It is better to be a Socrates dissatisfied than a pig satisfied."라고 말하지 않았다. 그런데도 인터넷에는 이 표현이 사실인 것처럼 나돌고 있다.

밀이 한 말을 소개하면 "It is better to be a human being dissatisfied than a pig satisfied; better to be Socrates dissatisfied than a fool satisfied. And if the fool, or the pig, are of a different opinion, it is because they only know their own side of the question."이다. 우리말로 옮기면 "만족하는 돼지보다는 불만족하는 사람이 되는게 낫고, 만족 하는 바보 보다는 불만족하는 소크라테스가 되는 게 낫다. 만약 바보와 돼지가 다른 의견을 가졌 다면 이는 그들이 단지 자신들의 문제만을 알기 때문이다."정도가 될 것이다.

▪ 칼라일의 어록 '섹스피어를 인도와 바꾸지 않겠다'는 오역

19세기 영국의 비평가이자 역사가인 칼라일(Thomas Carlyle, 1795-1881)은 "섹스피어 를 인도와도 바꾸지 않겠다"라고 말한 것으로 전해지고 있다. 그러나 칼라일은 그렇게 말한 적 이 없다. 그는 1841년 강연용으로 쓴 '영웅과 영웅숭배'(On Heroes, Hero-Worship, and the Heroic in History)에서 "만약 다른 나라 사람들이 우리 영국인에게 인도와 섹스피어 둘 중 어 느 것을 포기하겠느냐고 묻는다면 어떻게 하겠는가? 우리는 이렇게 말해야 할 것이다. 인도야 있든 없든 상관없으나 섹스피어 없이는 살 수 없다"(Consider now, if they asked us, will you give up your Indian Empire or your Shakespeare, you English: we should not be forced to answer like this: Indian Empire or no Indian Empire we cannot do without Shakespeare!)라고. 1

그런데 이 말이 거두절미하고 "섹스피어를 인도와도 바꾸지 않겠다(않을 것이다)"(we couldn'

t(wouldn't) exchange Shakespeare with even India.)로 와전됨으로써 인도에서 국민적 분노를 자아냈다. 이 말은 서구 제국주의의 '오만한 자세'를 비난할 때 곧잘 인용돼 왔다. 칼라일의 이 말은 인도는 영국이 영원히 가질 수도 없고 언젠가는 손을 놓아야 하는 식민지 국가일 뿐이고 또 인도가 없더라도 영국이 망하지 않는다는 뜻을 내포하고 있다는 것이다.

▪ 볼테르 명언에 "나는 당신의 말에 동의하지 않지만…"은 없다

"나는 당신의 말에 동의하지 않지만 당신의 말할 권리에 대해서는 목숨을 걸고 옹호하겠다." 프랑스의 계몽사상가 볼테르(Voltaire, 본명 Francois-Marie Arouet)의 명언으로 알려져 있다.

영어로는 "I disapprove of what you say, but I will defend to the death your right to say it.", 불어로는 "Je ne suis pas d'accord avec ce que vous dites, mais je me battrai jusqu'à la mort pour que vous ayez le droit de le dire."로 표현된다.

이 명언은 국내에서도 2008년 6월 10일 이른바 '광우병 촛불난동' 현장에 나타나 발언기회를 요구한 정운천 당시 농림수산부 장관을 강제로 쫓아낸 시민들의 과격 행동을 비판하면서 끊임없이 인용되는 어구다.

그러나 볼테르는 이런 말을 한 적도, 글로 쓴 적이 없으며 영국 출신의 작가 홀(Evelyn Beatrice Hall)이 1906년에 쓴 볼테르의 전기 '볼테르의 친구들'(Friends of Voltaire)에서 가상으로 넣은 문장이라고 한다. 따라서 불어 원문은 영어에서 불어로 거꾸로 번역된 것으로 보인다.

다만 비슷한 내용인 "I detest what you write, but I would give my life to make it possible for you to continue to write.[63](나는 당신의 글이 싫다, 하지만 당신이 계속해서 글을 쓸 수 있도록 최선을 다하겠다.)라는 문구가 1770년 2월 6일 M. le Riche에게 보낸 편지에서 발견되고 있는데, 이것을 홀이 변형시켰다는 주장이 있다.

▪ '역사를 잊은 민족에게 미래는 없다' 신채호 명언 아니다

"역사를 잊은 민족에게 미래는 없다"는 구한말과 일제강점기 역사학자 신채호의 말로 널리 알

---

63) http://en.wikiquote.org/wiki/Voltaire

려져 있다. 역사 의식의 본질을 꿰뚫은 문장으로 꼽는다. 이 격언이 사용된 예는 너무 많아 셀 수도 없다. 역사, 민족, 일제 같은 낱말에 연관 검색어처럼 따라다니며 신문기사와 방송, 책 제목에 두루두루 쓰였다. 일부 지자체 역사박물관 건물 입구에는 예외없이 이 문구가 적혀있다. 특히 일제에 의한 수탈이 심했던 지역(예컨대 군산)일수록 빠짐없이 이 문구가 현판 등에 적혀있다. 2010년과 2013년 두 차례의 축구 한일전에서 응원 현수막으로 등장해 대중적으로 각인되기도 했다. 최근 일본제품 불매운동 집회에도 나왔고 2019년 4월 피우진 전 보훈처장의 한국일보 기고문에도 쓰였다. 모두 신채호의 말로 인용됐다. 신채호의 며느리인 이덕남씨도 같은 문장을 '아버님의 말씀'으로 기억하고 있다.

하지만 신채호가 그런 말을 했다는 기록은 없다. 그가 옥중에서 집필한 '조선상고사'에 해당 문장이 나온다는 주장이 있으나 사실이 아니다. 총 12편으로 구성된 조선상고사에는 '민족'이라는 단어가 약 37번 등장하는데 한번도 알려진 명언과 비슷한 맥락으로 쓰이지 않는다. 조선상고사에 "역사를 잊은 민족은 미래가 없다"라는 말은 없더라도 "역사를 잊은 민족은 재생할 수 없다"라는 문장이 있다는 설이 있으나 이 역시 사실과 다르다. '재생'이라는 단어는 아예 나오지 않는다. 명언의 뿌리에 대한 설에 대해 윈스턴 처칠이 말했다는 "과거를 잊은 국가에 미래는 없다(A nation that forgets its past has no future)"라는 문장을 들고 있으나 이 역시 확인된 바 없다. 이 말을 신채호와 연결 지은 첫 사례는 다름 아닌 MBC의 예능 프로그램 '무한도전'이라고 한다. 무한도전은 2013년 5월 11일과 18일 2주에 걸쳐 한국사 특집 방송을 하면서 이 말이 신채호의 것이라고 전했다.

■ '국민은 자신의 수준에 맞는 정부를 가진다'…토크빌 말 아니다

"모든 민주주의 국가에서 사람들은 그들 수준에 맞는 정부를 갖는다(In every democracy, the people get the government they deserve.)"는 프랑스의 정치 철학자 토크빌(Alexis de Tocqueville)의 명언으로 알려져 있다. '시민은 유권자로서 책임감을, 정치인은 대표자로서 사명감을 돌아보자'는 취지에서 인용되곤 한다. 특히 선거철이나 국회가 혼란한 시기에 많이 쓰인다. 가장 최근인 2019년 10월 21일 중앙선거관리위원회에서 유튜브에 '[알렉시 드 토크빌 명언] 모든 국민은 자신들의 수준에 맞는 정부를 가진다'라는 제목의 영상을 올린 일이 있다. 중앙일보, 한겨레, 매일경제, 한국경제, 노컷뉴스 등이 위 문장을 토크빌의 것으로 인용했다.

그러나 이 말을 토크빌이 한 것이란 근거는 없다. 원문으로 추정되는 문구는 1811년의 것으로 "모든 국가는 그 수준에 맞는 정부를 갖는다(Every nation gets the government it deserves)"라는 말이다. 토크빌은 1805년에 태어났다. 따라서 이 기록이 토크빌의 것이라면 그가 6살 때 한 말이 된다. 위 문장의 주인은 사보이아 공국의 철학자였던 조제프 드 메스트르(Joseph-Marie, comte de Maistre,1753-1821)다. 메스트르가 러시아의 새로운 헌법에 대해서 쓴 편지에 등장하는 문장이라고 한다. 사보이아 공국(Ducato di Savoia)은 1416년부터 1860년까지 사보이아 가문이 통치했던 나라이다. 사보이아 공국은 오늘날 이탈리아 북부와 프랑스, 스위스의 영토 일부를 포함하고 있었다. 사보이아 백국을 계승했으며, 상부 라인강 서클의 일원으로서 신성로마제국에 종속돼 있었다.

사보이아 공국의 외교관이기도 했던 메스트르는 보수주의자, 나아가 수구주의자라는 평가를 받는다

메스트르는 프랑스 혁명에 반대하였으며 공화제보다 군주제가 공정하다고 주장하는 일종의 반동주의자였다. 이러한 관점에서 볼 때 극우 사상가 메스트르의 말이 토크빌의 것으로 와전되어 민주주의 사회의 격언처럼 통용되는 상황은 아이러니가 아닐수 없다.

해당 문구의 현대적 용법에 가장 근사한 문장을 남긴 이는 스코틀랜드의 작가 새뮤얼 스마일스(Samuel Smiles, 1812-1904)다. 토크빌, 메스트르와 비슷한 시기를 살았던 그의 대표 저작 〈자조론(Self-Help, 1845)〉에는 다음과 같은 구절이 나온다. "한 나라의 정치는 그 자체가 나라를 구성하고 있는 사람들의 반영에 지나지 않는다. 국민을 앞선 훌륭한 정부는 국민과 같은 수준으로 내려갈 것이요, 국민보다 뒤쳐진 정부는 국민의 수준과 동등하게 올라갈 것이다(〈자조론〉, 새뮤얼 스마일스, 장만기 역, 동서문화사, 28쪽)." 정치의 수준과 국민의 수준은 한 몸이라는 주장이다.

■ 마하트마 간디의 '비폭력 투쟁' 어록 와전

마하트마 간디의 어록도 잘못 전달돼 있다. 간디가 비폭력 투쟁을 고취시키기 위해 한 이야기는 "First they ignore you. Then they laugh at you. Then they attack you. Then you win."(먼저 그들은 당신을 경멸하고, 비웃으며, 공격할 것이다. 그러면 당신이 승리한다)로 알려져 있다. 그러나 간디는 사실은 "먼저 그들은 당신을 경멸하고, 조소한다. 그리고 그들은 당신을 공격하고, 불태우고 싶어 한다. 그 다음에 그들은 당신을 위해 기념물을 세운다"(First they ignore you. Then they ridicule you. And then they attack you and want to burn you.

And then they build monuments to you.)[64]라고 말했다고 한다.

▪ 에디슨의 천재론 '1% 영감+99% 노력'은 와전

"천재는 1%의 영감과 99%의 노력으로 만들어 진다"(Genius is one percent inspiration and ninety-nine percent perspiration.)는 발명가 에디슨(Thomas Alva edition)의 명언은 원래 천재는 99%의 노력이 있어도 1%의 영감이 없으면 만들어지지 않는다는 말을 잘못 전달한 것이라고 한다. 이 말은 에디슨이 1902년에 처음 한 것으로 전해지고 있으나 공식 기록으로 나타나 있는 문헌은 1932년 9월에 발행된 'Harper's Monthly Magazine'이란 잡지였다. 하지만 이 명언은 99%의 노력보다는 1%의 영감을 중시한 것이라고 한다. '직관적 통찰이라고 할 수 있는 영감의 중요성(importance of the 1% inspiration - the intuition)을 강조한 것이다. 즉, "1%의 영감이 없으면 99%의 노력이 있다 하더라도 천재가 될 수 없다"(Without the 1% intuition, you can't be genius even with the 99% perspiration.)말이었는 데 언론에서 잘못 인용한 것이라고 자서전에서 밝힌 바 있다.

에디슨의 천재에 관한 또 다른 어록에 "A genius is often merely a talented person who has done all of his or her homework."(천재란 자신에게 주어진 일을 하는 단지 재능 있는 사람일 뿐이다) 이라는 것이 있는 것을 보면 그가 말하는 천재란 노력하는 사람보다는 재능있는 사람을 가리키는 것으로 보인다.

▪ '인생은 짧고 예술은 길다'에서 '예술'은 '의술'의 오역

서양의학의 아버지로 불리는 히포크라테스(Hippocrates, BC 460-BC 370)가 말했다는 "인생을 짧고 예술은 길다"(Life is short, art is long.)는 대표적인 오역 사례다.

히포크라테스가 한 말은 라틴어로 "Ars longa, vita brevis".

라틴어의 'ars'는 학술, 기술, 예술의 의미인데 여기에서 파생한 영어의 art도 동일한 뜻을 가

---

64) http://en.wikipedia.org/wiki/List of misquotations

지고 있다. 히포크라테스는 의사였다. 그가 의미한 것은 예술이 아니라 기술, 특히 그의 직업인 의술을 가리킨 말이었다. 사람의 일생은 짧은 데 의술의 깊이는 한이 없어 습득하기가 얼마나 힘들고 오랜 시일이 걸리는 가를 말하기위한 것이었다, 평생 동안 배워도 다 못 배우는 것이 의술이란 것이었다. 그래서 의술(art of healing)이란 뜻으로 썼는데 지금은 예술은 길고 인생은 짧다란 뜻으로 인용되고 있다. 일본어 번역을 그대로 따르다 보니 '예술'이 되었다는 것이다. 전 세계에서 히포크라테스의 이 단어를 예술로 알고 있는 곳은 한국과 일본 등 일부 아시아 국가라는 것이다. 영어로 된 전체 문장을 봐도 'art'가 예술이 아님을 분명히 알 수 있다.

"Life is short, (the) art long, opportunity fleeting, experiment uncertain, experience misleading, judgment difficult. The physician must not only be prepared to do what is right himself, but also to make the patient, the attendants, and externals cooperate."(인생은 짧고, 의술은 길다(익히는데 오래 걸린다). 기회는 덧없이 흘러가고, 실험결과는 불확실하며, 경험은 오도하며, 진단은 어렵다. 의사는 자신이 옳다고 여기는 일만을 준비해서는 안 되며 환자, 조수, 그리고 다른 사람들과 협력해야 한다.)

■ 'orient pearl'은 '동양의 진주' 아닌 '찬란한 진주'

보석의 일종인 진주(珍珠) 중에서도 빛깔이 찬란한 최고 품질의 천연 진주를 'orient pearl'이라고 한다. 하지만 이 말은 한결같이 '동양의 진주'로 오역돼 있다. 특히 단어가 나라나 도시 이름 앞에 붙어 있으면 한결같이 동양의 진주로 오역되고 있는 것이다. 예컨대 '동양의 진주 필리핀', '동양의 진주 베트남', '동양의 진주 스리랑카' 등이 그것이다. 페낭(말레이시아), 마닐라(필리핀), 호치민시티(베트남), 홍콩(중국)은 물론 심지어 다마스쿠스(시리아)까지도 이들 지명 앞에 'orient pearl'이란 수식어가 붙으면 예외 없이 '동양의 진주'로 번역돼 신문이나 서적, 특히 관광책자나 유명 인사들의 여행기에 소개되고 있다. 인터넷에 들어가 봐도 'orient pearl'이 '동양의 진주', '동방의 진주' 등으로 도배질을 하고 있다. 자연 그대로의 경치가 아름답다는 의미에서 붙여진 이 말이 엉뚱하게 번역되고 있는 것이다. 'orient'에 동양, 동방, 아시아, 동아시아 등의 뜻이 있기 때문에 이런 번역이 나온 것 같으나 영어사전을 자세히 들여다보면 'orient pearl'은 '광택이 우수한 진주' '빛나는 진주'로 풀이돼 있다.

16세기 영국의 작곡자이자 가면극 작가이며 시인인 토머스 캠피온(Thomas Campion, 1567-1620)의 '그녀의 얼굴에는 정원이 있네'(There Is a Garden in Her Face)라는 시에 'orient pearl'이란 말이 나온다. 그런데 이것이 '동양의 진주'로 번역돼 인터넷 등에 나돌고 있다. 여기서 'orient pearl'이란 빛나는(찬란한) 진주, 질 좋은 진주라는 뜻이다. 캠피온의 시에 오역된 부분은 아래와 같다.

Those cherries fairly do enclose

Of orient pearl a double row,

그 체리는 아름답게 감싸고 있네

두 겹의 줄로 된 동양의 진주를 (도치 → a double row of orient pearl)

다음 예문을 보면 'orient pearl'의 뜻이 확연해 진다.

- Sometimes in shell the orientest pearl we find.(때때로 조개에선 찬란한 진주가 발견된다)

- Around her neck she wore a chain of orient pearls.(그녀는 찬란한 진주 목거리 사슬을 감고있다)

지금도 아시아권에서 'orient pearl'을 '동양의 진주' 또는 '동방의 진주'등으로 해석하여 이정표적인 건물이나 휴양지의 호텔, 음식점 이름에 붙여 사용하고 있으나 엄밀히 말해서 이는 엉터리 영어다. 중국 상하이 푸동(浦東)지역에 있는 세계 최고(높이 468m)의 방송탑인 '東方明珠塔'의 영어 이름은 Oriental Pearl Tower이다. 필리핀 마닐라의 유명 고층 주거빌딩(residential skyscraper) 이름은 Pearl of the Orient Tower이다. 역시 필리핀의 푸에르토 갈레라에 있는 휴양지 호텔 이름도 Orient Pearl Resort이다. 1991년 '로 타유'(Lo Ta-yu) 작사의 홍콩노래, 그리고 2006년 역시 인기를 끈 홍콩 TV프로그램 東方之珠의 영어이름 역시 'Pearl of the Orient'였다. 1966년 FIFA 월드컵에 북한 대표팀 선수로 출전, 이탈리아와의 경기에서 결승골을 터뜨려 8강 신화를 이뤄 세상을 놀라게 한 박두익(朴斗翼)선수에 대해 외신들은 'orient pearl'이라는 별명을 붙였다. '동양의 진주'라는 말이 있다면 '서양의 진주'라는 뜻으로 'occidental pearl'이란 말이 있음직도 한데도 이런 단어는 외국 영어사전 어디에도 발견되지 않는다. 이는 옛부터 진주가 동양에서 유래했다는 설때문이 아닌가 보여진다.

사전과 인터넷사전에서 'orient pearl'을 찾아보면 '최고 품질의 진주'(a pearl of the finest quality. Oxford dictionary), '광택이 우수한 진주'(a pearl of great luster. Merriam

Webster, Dictionary.net), '빛깔이 특히 빼어난 진주'(a pearl having exceptional luster. Free Online dictionary), 천연진주(natural pearl. asia-gems.com/jewelry-definitions. php), 가공 없이 자연그대로 생성된 진주'(a pearl that has formed naturally with no human intervention or creation. vintagejewelrylane.com, Zulumoon.com Onyx Jewelry), '페르샤만, 홍해, 미얀마만에서 발견되는 천연 진주. 또한 바닷물에서 자연적으로 생성되는 진주를 칭하기도 함'(Natural pearls found in the Persian Gulf, Red Sea, or Gulf of Myanmar. Also, can be referred to a pearl occurring naturally in saltwater. canillipearl.com), '페르샤만 바다에서 발견되는 천연 진주를 말하나 오염 때문에 오늘날 생산은 거의 이뤄지지 않고 있음'(Natural pearls found in the waters of the Persian Gulf. Due to pollution, production is almost non-existent nowadays. moraysjewelers.com) 등으로 돼있다.

■ 크리스마스 캐럴의 '사슴'은 '순록'의 오역

크리스마스 때면 언제나 울려 퍼지는 유명 캐럴 송 중에 '루돌프 사슴코'라는 것이 있다. 코의 색깔이 붉은 '루돌프'(Rudolph)라는 이름의 사슴이 크리스마스 이브에 산타의 썰매를 끈다는 내용이다. 그것도 9마리를 한 팀으로 하는 썰매의 선두에 서서 팀을 이끌며 반짝이는 코로 진로를 '비춘다'는 것이다. 노래 제목의 영어 원문은 'Rudolph the red-nosed Reindeer'이다. 따라서 '사슴'(deer)이 아니고 '순록'(reindeer)이 맞다. 그런데도 한국에서 애창되는 노래에는 '사슴'으로 돼있다. 결론적으로 말해서 사슴은 썰매를 끌 수 없다. 순록이 발생학적으로 '사슴과'의 동물임에는 틀림없으나 사슴이 야생동물이라면 순록은 가축화된 동물(물론 100% 가축화 된 것은 아니다)로 북극지역에서 방목되고 있다. 물론 어린이들을 위한 동화이기 때문에 '사슴'이든 '순록'이든 별 차이가 있느냐고 반문할 사람도 이겠지만 세계 모든 나라가 '순록'으로 표기하고 순록으로 알고있는 데도 유독 한국에서 순록을 사슴으로 고집한다면 이는 개를 늑대로, 고양이를 같은 고양이과 동물이라 하여 호랑이, 치타, 표범, 퓨마, 재규어 또는 사자라고 하는 것과 다름없다. 문제는 미국에서 교사가 어린학생들에게 루돌프의 특성을 조사해오라는 숙제를 냈는데 한국학생들은 모두 '사슴'의 특성을 조사해와 나쁜 점수를 받았다는 일화가 있다. 일종의 사실왜곡사태가 일어난 것이다. 이 노래 가사는 1939년 미국의 몽고메리 와드(Montgomery Ward)백화점에서 일하던 로버트 메이(Robert L. May)가 크리스마스 세일용으로 만들었고 백화점에서 동화집으로 출간해 널리 보급했다고 한다. 이후 1948년 메이의 처남이자 음악가였던 자니 마크(Johnny Mark)에 의해 작곡됨으로서 이 노래는 전 세계에 보급됐다. 메이는 이 순록의 이름을 처음에는 '롤로'(Rollo), '레이놀드'(Reginald) 등으로 명명할 생각이었으나 루돌프로 했다고 한다. 루돌프란 말을 타고 선물을 나눠줬다는 바이킹의 신 '오딘'(Odin)과 염소를 타고 비슷한 일을 했다는 그의 아들 '토르'(Thor)의 전설이 결합돼 루돌프(Rudolp)라는 이름의 미국식 순록으로 바뀐 것이라고 한다. 당시 메이의 아내는 암 투병 중이었다. 다른 엄마들과 달리 매일 병상에만 누워 있는 엄마 때문에 그의 어린 딸 바버라(Barbra)는 아이들로부터 왕따를 당하고 마음의 상처를 입게 된다. 이를 안타깝게 여긴 메이는 자신의 어릴 적 경험을 바탕으로 이 동화를 지었다고 한다. 반짝거리는 빨간 코 때문에 따돌림 받던 루돌프 순록(물론 자연계에 빨간 코를 가진 순록은 없다)이 그 빨간 코 덕분에 성탄절 날 산타의 썰매를 끌게 되었고, 결국 친구들의 사랑을 받게 되었다는 아빠의 이야기는 딸에게 용기와 자긍심을 심어 주었다고 한다.

■ 'let it be'의 Mother Mary를 성모 마리아로 오역한 음악교과서

When I find myself in times of trouble

Mother Mary comes to me

Speaking words of wisdom --let it be

비틀스의 불후의 노래 'Let it be'의 가사 도입부분이다.

여기서 'Mother Mary'는 이 노래를 만든 비틀스 멤버 폴 매카트니(Paul McCartney)의 죽은 어머니를 가리키는 데도 국내 고등학교 음악교과서는 '성모 마리아'를 뜻하는 것으로 잘못 소개하고 있다. 교학사가 2011년 3월에 펴낸 '고등학교 음악' 156쪽은 'Let it be'에 대해 "비틀즈 그룹이 마지막으로 발표한 팝송으로서 매카트니가 방황할 때 성모 마리아가 어머니 같은 심정으로 언제나 옳은 길로 인도한다는 노래"라고 소개하고 있으나 'Mother Mary'는 성모 마리아가 아니라 폴 매카트니의 죽은 어머니를 가리킨다.

'Let it be'는 매카트니가 암으로 사망한 어머니를 위해 만든 곡이다. 매카트니는 1942년 6월 18일 리버풀의 월튼병원(Walton Hospital)에서 짐 매카트니(Jim McCartney)와 매리 패트리셔 매카트니(Mary Patricia McCartney)의 장남으로 태어났다. 어머니는 한 때 이 병원의 분만실에서 근무한 적이 있다. 어머니는 유방암을 앓아 매카트니가 14세이던 1956년 10월 31일 남편과 두 아들을 남겨 놓고 47세의 나이로 세상을 떠났다. 매카트니는 이 노래 발표 후 기자회견에서 가사에 등장하는 'Mother Mary'는 성모 마리아가 아니라 세상을 뜬 그의 어머니라고 분명히 밝힌 바 있다. 노래 도입부분에 나오는 '어려운 시기'(in times of trouble)란 1962년 데뷔 이후 승승장구하던 비틀즈에게 닥쳐온 여러 시련의 시절을 말한다. 비틀즈는 1967년 8월 27일 엡스타인(Brian Samuel Epstein)이 약물 과다복용으로 사망한 이후 어두운 그림자가 드리우기 시작했다. 사업가로서 비틀즈의 매니저인 엡스타인은 비틀즈 음반판매 등 발전에 결정적인 역할을 했기 때문에 '다섯 번 째 비틀'로 불리어 왔다.

이후 TV용 영화 'Magical Mystery Tour'에 대한 언론의 혹평, 그들이 설립한 애플사의 재정난, 멤버간의 불화 등 계속해서 악재가 발생했다. 특히 매카트니의 독주에 대한 다른 멤버들의 불만은 점점 더 커지고 있었으며 그에 따라 비틀즈의 결집력은 약화돼 갔다. 당시 국제적으로는 아일랜드(Ireland) 폭력사태, 베트남(Vietnam)전쟁 등으로 어수선한 시기였다. 누구보다 비틀즈에 강한 애착을 갖고 있던 매카트니에게 이런 상황은 커다란 절망감을 안겨다 주었다. 'Let it be'는 이처럼 매카트니가 정신적으로나 육체적으로 지쳐 있던 시기에 만든 곡으로 이 곡을 만든 동기에 대해 그는 이렇게 말했다.

"어느 날 침대에 누워 요즘 진행되는 상황에 대해 생각을 해 보았는데 생각하면 할수록 머리만 복잡해질 뿐이었다. 그러다 잠이 들었는데 꿈속에 어머니가 나타나셨다. 꿈속이었지만 어머니를 만나서 너무 기뻤다. 어머니는 내게 'Don't worry too much, it will turn out okay.'(너무 걱정하지 마라, 잘 될 것이다)라고 하시며 새로운 힘을 불어 넣어 주었다. 정말 내가 힘든 시기에 어머니는 나를 찾아와 주셨어요."

곡 전체에 흐르는 종교적인 분위기 때문인지 노랫말에 등장하는 'Mother mary'가 성모 마리아를 지칭하는 것으로 해석하는 사람들이 있으나 위에서 설명한 것처럼 실제는 매카트니의 어머니를 가리키고 있다. 한편 'let it be'가 무엇을 뜻하는지를 놓고 한국은 물론 외국에서도 의견이 분분하다. '순리에 맡기어라', '그대로 둬라'에서부터 기독교적 사역의 의미를 부여해 '주님께 맡겨라', '되게 하소서' 혹은 '(뜻이)이루어 지게 하소서'로 해석하는 사람도 있다. 심지어는 스페인어 '케 세라 세라'(Que sera sera)와 같은 의미의 '될 때로 되라고 하라'로 해석하는 사람도 있다.

그렇다면 'let it be'의 진짜 의미는 무엇인가? 아직도 의견이 엇갈리지만 두 개의 뜻(meaning)이 있다고 한다. 그 하나는 "let go, relax about our problems and accept bad things, don't worry about your troubles"의 의미이고 또 하나는 "let some new world, a happier and more peaceful world, become a reality."의 의미가 있다고 한다.

전자는 도입부분 〈When I find myself in times of trouble Mother Mary comes to me Speaking words of wisdom --let it be.〉에 적용되는 의미이고 후자는 노래 후반부의 〈And when the broken hearted people Living in the world agree There will be an answer -- let it be. Although they may be parted there is still a chance that they will see There will be an answer- -let it be.〉에 적용된다. 이를 정리하면 'let it be'에는 '순리에 맡기거라' 와 '되게 하라'의 두 가지 의미가 있는 것으로 요약될 수 있다.

■ 푸치니의 아리아 '네슨 도르마'교과서에 오역

푸치니(Giacomo Puccini 1858-1924)의 오페라 투란도트(Turandot)의 대표적 아리아 '네슨 도르마'(Nessun Dorma)는 '아무도 잠들지 못한다' 또는 '아무도 잠들지 말라'(None shall sleep)라는 의미인데 국내 교과서에는 '공주는 잠 못 이루고'로 오역돼 있다. 오역된 교과서는 ㈜박영사의 고등학교 음악교과서(158쪽), 현대음악사의 중학교 3 교과서(60쪽) 등이다.

사실주의 오페라 작가 푸치니의 미완성 오페라 투란도트는 중국을 무대로 한 그의 최후의 작품으로 문제의 아리아 네슨 도르마는 제3막에 나온다.

'희망'과 '피'와 '공주 자신'이라는 투란도트 공주(Princess Turandot)의 수수께끼 3가지를 모두 맞춘 칼라프 왕자(Calaf, il principe ignoto/Calaf, the unknown prince)는 내기를 철회해달라는 공주의 요청에 역으로 동틀 때까지 자기의 이름을 맞춰보라는 수수께끼를 던지고 왕궁의 계단에 기대어 승리를 확신하는 이 아리아를 부른다.

네슨 도르마에 대한 오역은 언론도 마찬가지다. 인터넷 포탈 네이버에 들어가 보면 2013년 한 해에도 네슨 도르마 관련 기사를 보도하거나 음반 등을 소개하면서 '공주는 잠 못 이루고'로 오역한 국내 언론사는 중앙일보, 경향신문, 헤럴드경제. 한국경제. 서울경제, 아시아경제, 아주경제, 뉴시스, 노컷뉴스, 주간한국, 국방일보, 민중의 소리 등 약 20개사에 달한다.

■ 베르디의 아리아 '여자의 마음'중 '갈대'는 '깃털'의 오역

베르디(Giuseppe Verdi)의 유명한 1851년 오페라 '리골레토'(Rigoletto) 제3막에 나오는 아리아 'La donna è mobile'(우리말 제목, 여자의 마음)에 나오는 '갈대'는 '깃털'의 오역이다. '바람에 날리는 갈대와 같이 항상 변하는 여자의 마음'(La donna è mobile qual piuma al vento)으로 시작하는 이 곡에서 'piuma'는 '갈대'가 아니라 '깃털'이다. 그리고 'donna'도 '여자'

이지 '여자의 마음'은 아니다.

호색가 만토바 공작(Duke of Mantua)이 군복 차림으로 자객 스파라푸칠레(Sparafucile)의 주막에서 의기양양하게 여자의 마음은 깃털처럼 변한다고 비아냥조로 부르는 노래다. 어찌됐건 변하기 쉬운 여자의 마음을 노래한 것으로 이 오페라 가운데 가장 유명한 곡이다.

영어로는 'The Lady Is Fickle' 또는 'Woman Is Fickle'이란 제목으로 번역되고 있다.

제1막에서 청순한 질다(Gilda)가 부르는 소프라노 아리아 '그리운 이름이여'(Caro nomo)와 쌍벽을 이루는 유명한 곡이다. 이 노래는 엔리코 카루소(Enrico Caruso), 마리오 란자(Mario Lanza), 플라시도 도밍고(Plácido Domingo), 루치아노 파바로티(Luciano Pavarotti), 후안 디에고 플로레스(Juan Diego Flórez) 등 수많은 가수들에 의해 애창돼 왔다.

■ 슈베르트의 '린덴바움'을 '보리수'로 번역하는 것은 오역

슈베르트의 가곡 '겨울 나그네'(Winterreise)의 제목 '린덴바움'(Der Lindenbaum)이 국내에서 '보리수'(菩提樹, Ficus religiosa)로 번역돼 있지만 이는 석가모니가 그 아래에서 변함없는 진리를 깨달아 불도를 이루었다는 인도(印度) 보리수가 아니라 아시아 온대지역에 분포해 있는 피나뭇과의 '보리자나무'(菩提子, Tilia miqueliana)다. 보리수는 원래 불교와 관계가 깊은 범어(梵語)의 '보디'(Bodhi)에서 온 말이다. 인도, 네팔, 동남아 등이 원산지이고 높이가 30m나 되는 뽕나무과의 상록 활엽수로 우리나라에는 없다.

그러나 중국이 원산지로 아시아 북쪽지역에 분포돼있는 보리자나무는 피나뭇과의 낙엽활엽교목으로 열매가 염주의 재료로 쓰이기 때문에 '염주나무'로도 불리고 있다. 우리나라에서는 불가(佛家)에서 이 나무를 '보리수'라고도 하나 인도산 보리수와는 전혀 다르다.

빌헬름 뮐러의 시에 곡을 붙인 'Der Lindenbaum'은 1827년 작곡됐다. 바람이 세차게 부는 겨울밤, 가지마다 많은 추억이 걸려 있는 우물가 'Lindenbaum'곁을 지나 마을을 떠나는 한 실연한 젊은이의 심정을 노래하고 있다. 샘물이 흐르는 소리, 바람이 스쳐가는 나뭇잎들의 수런거림 등이 잘 묘사돼 있으며 특히 민요풍의 선율이 소박하면서도 아름답다. 하지만 'Winterreise'를 '겨울 나그네'로 번역하는 것은 엄밀한 의미에서 오역이다. 정확한 번역은 '겨울여행'이다. 일본에서도 이를 '冬の旅'라고 번역하고 있다. 겨울 나그네가 되려면 'r'을 어미에 더 붙여 Winterreiser가 되어야 한다. 그러나 나름대로 운치있는 오역으로 보여진다.

▪ 슈베르트의 피아노 5중주곡 '숭어'는 '송어'의 오역

오스트리아 작곡가 슈베르트가 작곡한 피아노 5중주곡의 제목이 '송어'인가, '숭어'인가? 고교 음악 교과서들은 정부가 지난 2007년부터 수정 지시를 내린 이후 대부분 '송어'로 바로 잡아 놓았다. 하지만 시판중인 일부 음악 서적에는 오역된 제목의 '숭어'가 그대로 실려 있다. 뒤늦게라도 수정돼 다행이지만 우리나라 학생들은 지난 수십년 간 이 엉터리 제목의 노래를 공부해온 셈이다.

노래 가사의 배경이 '강'이며 송어는 담수어이고 숭어는 해수어라는 간단한 상식만 있더라도 이와 같은 오류는 범하지 않을 것이다. 게다가 오스트리아는 바다가 없는 내륙국이다.

슈베르트가 1817년 작곡한 이 곡의 원제는 독일어로 'Die Forelle', 영어로 'trout', 즉 송어다. 크리스티안 프리드리히 다니엘 슈바르트의 시를 가사로 했고 그해 포글이 슈베르티아데에서 초연했다. 이 가곡은 송어가 유쾌하고 명랑하게 뛰노는 광경을 그렸다. 가곡의 줄거리는 대략 이렇다. 거울같이 맑은 시내에 송어가 화살처럼 헤엄치며 놀고 있다. 작중 화자는 이리저리 헤엄치는 송어의 모습을 바라보고 있다. 그때 한 어부가 송어를 잡기 위해 낚시를 드리운다. 그러나 물이 너무 맑아서 송어가 잡히지 않는다. 결국 어부는 물을 흐려놓은 후에 송어를 잡았고, 작중 화자는 어부의 속임수에 걸려든 송어를 당황스런 마음으로 바라보았다는 것이다.

▪ 아인슈타인이 새롭게 정립한 '브라운 운동' 이론에도 오역

액체나 기체에서 일어나는 작은 입자들의 불규칙한 운동을 물리학에서 '브라운 운동'(Brownian motion, Brownian movement)이라고 한다. 영국의 식물학자 브라운(Robert Brown)이 1827년 실험을 통해 처음 발견했다 하여 이같은 이름이 붙었다. 그는 물 위에 뜬 꽃가루들이 무질서하게 움직이는 것을 현미경으로 관찰한 결과, 꽃가루들을 무질서하게 움직이도록 만든 것은 꽃가루의 '생명력'이 아니라 매우 작은 물분자의 무질서한 움직임에 의한 충돌현상이라는 사실을 알아냈다.

이같은 브라운 운동은 아인슈타인(Albert Einstein)에 의해 보다 상세한 이론으로 정립됐다. 이 이론으로 지금도 물체의 상태를 공부하기 위해 중고등학교에서 가장 먼저 배우는 이론이다. 아인슈타인은 1905년 4월 독일의 학술지 'Annalen der Physik'(물리학 연감)에 발표한 그의 박사 학위 논문인 '분자의 크기에 대한 새로운 규정'(A New Determination of

Molecular Dimensions)을 보완해 같은 해 5월 역시 같은 학술지에 발표한 두 번째 논문 '열 분자운동 이론이 필요한, 정지 상태의 액체 속에 떠 있는 작은 부유입자들의 운동에 관하여'(On the Movement of Small Particles Suspended in Stationary Liquids Required by the Molecular-Kinetic Theory of Heat, 독일어 제목: Über die von der molekularkinetischen Theorie der Wärme geforderte Bewegung von in ruhenden Flüssigkeiten suspendierten Teilchen)에서 브라운 운동에 대한 이론을 정립했다. 아인슈타인의 이같은 이론은 당시로서는 파격적인 설명이었다. 그는 이어 1908년 '브라운 운동의 기초이론'(Elementary Theory of Brownian Motion)이라는 논문을 발표함으로써 1905년에 발표한 논문보다 더 상세하게 브라운 운동에 대한 이론을 제시했다.

국내에서는 흔히 브라운운동을 '꽃가루를 물에 넣으면 흔들리는 현상'정도로 이해하는 경우가 적지 않다. 초기 중고교 교과서의 오역 때문이다. "꽃가루가 불규칙하게 운동한다"는 일본책의 오역을 그대로 번역해서 우리 교과서에 실은 것이다. 최근 교과서가 옳게 수정됐지만, 일반 서적에선 계속 이같은 오역이 발견되고 있다. 꽃가루(pollen grain)는 물에 들어가도 흔들리지 않는다. 너무 크기 때문이다. 꽃가루는 확률적으로 너무 커서 불규칙하게 움직일 가능성이 거의 없기 때문이다.

■ 파브르의 '곤충기'번역본에 나오는 '장수말벌'은 'wasp'의 오역

곤충의 습성이나 생태를 잘 관찰한 파브르(Jean Henri Fabre)의 불후의 명저 곤충기(佛:Souvenirs entomologiques, 英:Entomological Souvenirs)를 우리말로 옮기는 과정에서 일부 오역이 드러나고 있다. '곤충의 본능과 습성에 관한 연구'(étude sur l'instinct et les mœurs des insectes)라는 부제가 붙은 이 책은 원어였던 불문판에서 영문판으로 옮길때는 그다지 오역이 없었으나 영문판에서 우리말로 번역될 때 상당한 오역이 있는 것으로 밝혀졌다. 예컨대 이 책에서 '검은배 늑대거미'(black-bellied tarantula)와 대결을 벌이는 'wasp'이 한국어판에서 '장수말벌'로 번역돼 있는데 이는 오역이다. 'wasp'은 일반적으로 꿀을 모으는 벌(bee)과는 달리 꿀을 모으지 않는 벌을 총칭하는 개념이다. 즉, 'wasp'은 일반 말벌종 전체 또는 땅벌류를 일컫는 매우 범위가 넓은 단어인 만큼 협의적으로 특정 종을 지칭할 수 없는 단어다. 정 우리말로 번역한다면 '말벌' 정도가 된다. 장수말벌은 영어로 'giant hornet'이라고 하며 학명은 'Vespa Mandarina'이다. 이처럼 'wasp'이 장수말벌로 번역된 것은 국내 영한사전 때문인 것으로 보인다. 대부분의 국내 영한사전은 'wasp'을 '장수말벌'로 번역해놓고 있다. wasp을 장수말벌이라고 주장하는 것은 mantis(사마귀)를 '왕사마귀', stag beetle(사슴벌레)를 '왕사슴벌레'라고 지칭하는 것이나 다를 바 없다. 장수말벌은 한국, 중국, 일본, 인도 등지에 서식하는 아시아 토착종으로 파브르가 살았던 프랑스를 비롯한 유럽에는 전혀 서식하지 않았던 종이다. 유럽에 살지도 않는 장수말벌을 어떻게 파브르가 채집해서 늑대거미와 대결을 시켰을까? 늑대거미와의 대결을 위해 아시아 에서 장수말벌을 수입해 왔을까? 그런 얘기는 곤충기에 전혀 언급돼 있지 않다. 문제는 우리 어린이들에게는 '곤충학의 바이블'이라 할 수 있는 이 책이 오역된 데다, 오역 내용이 광범하게 교차인용됨으로써 엉터리 지식을 제공하고 있다는 사실이다.

■ 지그문트 프로이트 정신분석용어 '죽음충동'이 '죽음본능'으로 오역

오스트리아의 신경과 의사이자 정신분석의 창시자 지그문트 프로이트(Sigmund Freud)는 인간에게는 여러 가지 본능적 충동 또는 동기화시키는 힘(energy)이 있다고 생각했다. 이들은 성적충동과 생명보존충동, 공격충동, 죽음충동 등이다. 영어로 'death drive'(독어: Todestrieb)로 표기되는 죽음충동은 죽음으로 향하려는 충동 또는 욕동(欲動)을 가리킨다. 그런데 제레미 리프킨(Jeremy Rifkin)의 2010년 저서 'The Empathic Civilization: The Race to Global Consciousness In a World In Crisis'의 국내 번역본 '공감의 시대'는 프로이트의 'death drive'를 '죽음본능'으로 오역해 놓았다. 프로이트에 따르면 본능과 충동은 다르다. 본능은 동물에서 볼 수 있는 것처럼 선천적인 것이 토대를 이루지만 충동은 본능적 기초위에 경험이나 학습 등 후천적인 것이 가미된 것이다. 예컨대 동물에서의 섹스가 종족번식을 위한 본능이라면 인간에서의 섹스는 본능적인 것과 함께 쾌락을 위한 것, 즉 문화적인 것이라는 것으로 설명될 수 있다.

프로이트는 충동(drive, 독어: Trieb)중에서도 성적충동(sexual drive/Sexualtrieb)을 가장 중요하게 생각했다. 그는 정신분석 초기에는 인간이 행하는 거의 대부분의 행동이 이 성적충동에 기인된 것이라고 보았다. 예컨대 상대 성기와의 결합을 목표로 하는 성적충동이 그 목표를 향해 나아가던 중 억압되어 좌절하게 되면 그 충동은 좌절된 그 지점을 자신의 성적목표로 재설정하게 되는데, 이를 통해 본래의 성적 목표인 성기대신 다른 대상이 그 자리에 들어서게 되고 이것이 페티시즘(fetishism)이라는 성적일탈(Die sexuellen Abirrungen)을 낳는다는 것이다.

▪ 케인즈의 '일반이론'인용에 오역, 기득권(vested interests)이 '이해 관계'로

전후 유럽에 관한 최고의 역사서로 평가받는 '포스트워 1945-2005'(Postwar: A History of Europe Since 1945)의 저자 토니 주트(Tony Robert Judt)가 루게릭병으로 온몸이 마비되어 가는 고통 속에서 쓴 마지막 저서 'Ill Fares the Land'(한국어 번역서 제목, 더 나은 삶을 상상하라)에 나오는 경제학자 케인즈(John Maynard Keynes)의 저서 원문이 오역돼 있다. 역자는 완전히 반대의 의미로 케인즈의 문장을 해석하고 있다. 고전경제학자들의 이론을 비판하면서 완전고용의 실현·유지를 위해서는 자유방임주의가 아닌 소비와 투자, 즉 유효수요를 확보하기 위한 정부의 보완책(공공지출)이 필요하다고 주장한 케인즈의 명저 '고용·이자 및 화폐의 일반이론'(The General Theory of Employment, Interest, and Money, 1936)에 나오는 문제의 영어 원문은 다음과 같다.

> "I am sure that the power of vested interests is vastly exaggerated compared with the gradual encroachment of ideas. Soon or late, it is ideas, not vested interests, which are dangerous for good or evil."

역자는 이 대목을 "나는 확신한다. 이념은 서서히 잠식되어 가고, 그 자리를 턱없이 커져 버린 기득권이 차지하고 있다는 것을"이라고 옮겼다.

그러나 제대로 번역한다면 "나는 확신한다. 이념의 점증적인 확산에 비해 기득권의 권력은 지나치게 과장돼 있다는 것을. 머지않아, 선이나 악에 위험한 존재는 기득권이 아니라 이념이다."가 될 것이다. 여기서 케인즈가 말하는 '이념'(idea)은 마르크스의 이데올로기로, 케인즈는 기득권(vested interests)보다 마르크스와 같은 이데올로기주의자가 더 위험하다고 생각했다.

한편 현재 인터넷 포털사이트에는 케인즈의 이 저서 문장에 나오는 'vested interests'가 기득권 또는 기득이권을 뜻하는 데도 '이해관계'로 오역돼 있다.

제25부

문재인 대통령 청와대 발(發)
거짓말 뉴스

▪ '판문점 도끼만행 미루나무 절단작전'에 참가했다?

문재인 대통령은 더불어민주당 경선후보 시절인 2017년 3월 19일 오전 서울 여의도 KBS 본관에서 열린 '민주당 후보자 경선 5차 합동토론회'에서 자신이 1976년 8월 판문점 도끼만행 사건 때 미루나무 제거 작전에 참여했다고 밝혔다.

문 후보는 안희정 충남지사, 이재명 성남시장, 최성 고양시장이 후보로 참석한 이 토론회에서 "(특전사 시절 사진을 내보이며) 사진은 특전사 공수부대 사진이다. 하늘에서 낙하산을 타고 적진으로 침투하는 강하훈련을 했다. 산악에서 강하할 때 입는. …폭파병이었다. 12.12 군사반란 때 반란단 막다가 총맞은 정병주 특전사령관으로부터 폭파 최우수상을 받기도 했다. 제1공수 여단장이 전두환 장군이다. 그때 반란군의 가장 우두머리다. 전두환 한테 표창을 받기도 했다. 수중 침투 훈련했다. 1976년도 8월 판문점 도끼만행 사건 때 미루나무 제거 작전 했는데 그 작전 참여했다"고 말했다.

문 대통령은 또 2017년 11월 13일 북한군의 총탄 세례를 받으면서 판문점 공동경비구역(Joint Security Area)를 넘어 귀순한 북한 병사를 살려낸 아주대 의과대학 이국종 교수를 격려하기위해 마련한 같은 해 12월 1일의 청와대 초청간담회에서 "저도 예전에 판문점 도끼 만행 사건 때 미루나무 제거 작전에 참여한 적이 있어서 그쪽 지역이 얼마나 예민하고 위험한 지역인지 잘 알고 있다"고 했다.

그런데 어찌된 일인가? 문 대통령의 이 같은 발언들은 그의 과거 발언을 뒤집는 거짓말이 되고 말았다.

△ 1976년 8월 18일 북한군에 의한 판문점 도끼만행 사건 현장

2012년에도 대선에 출마했던 문재인 후보 측은 2012년 9월 21일 '미루나무 절단 작전 루머에 대한 해명'제목이라는 뉴스브리핑에서 "최근 인터넷에 유포되고 있는 '판문점 도끼 만행 사건에 대응한 미루나무 절단 작전에 문재인 후보가 투입되었다'는 글과 관련해 사실 관계를 밝히면서 문 후보는 이 작전에 투입되지 않았다고 밝혔다.

> " 문재인 후보는 판문점 도끼 만행 사건과 관련된
> 「미루나무 절단 작전」에 참가하지 않았습니다
>
> 우연히 인터넷을 보다가 문재인 민주당 대선 후보가 군복무 시절
> 판문점 도끼 만행 사건과 연계된 미루나무 절단 작전에 참가한 것으로
> 된 것을 보고 이 글을 씁니다.
>
> 저는 당시에 문재인 후보가 소속되었든 대대에서 함께 근무한
> 위관장교(중위)로 지금은 예비역 장교입니다.
> 당시 작전에 참가한 요원들은 엄격하게 선발된 장교와 부사관만이
> 참가 하였고 그것도 몇가지 요건을 충족시켜야 되는 까다로운 선발
> 과정을 거쳐 결정되었습니다 그 요건이라는 것은
> 첫째: 장교 및 부사관 인자
> 둘째: 장남이나 외동이 아닌자
> 셋째: 키 175cm 이상 태권도 2단 이상인자
> 넷째: 사상적으로 건전한자 였습니다.
> 당시에는 저도 이작전을 지원 했지만 셋째항의 요건을 충족
> 시키지 못해 탈락했습니다.
> 더구나 문재인 후보는 일반 병사였고 유신헌법에 반대하여
> 시위하다 강제 징집을 당해 입대 하게 되어 원천적으로 참가가
> 불가능한 상태였습니다.
>
> 지금 문재인 후보는 야권 대선 후보로 결정된 상태인데 이런글이 유포
> 되어 본의 아닌 오해를 받아 피해를 받을수 있고 판단되어
> 당시 같은 부대에서 생사고락을 함께 했든 전우로서 불필요한 오해를
> 불식 시키고자 이글을 씁니다. 명확히 문재인 후보는 「미루나무
> 절단작전에 참가하지 않았습니다

문 후보 역시 앞서 2011년 6월에 펴낸 〈문재인의 운명〉에서 다음과 같이 말했다.

〈상병 때 '판문점 도끼 만행 사건'이 일어났다. 그 사건에 대한 대응으로 미루나무를 자르는 작전을 우리 부대가 맡았다. 한국전쟁 이후 처음으로 데프콘이 상향됐다. 준(準)전시태세였다. 나무를 자를 때 북한이 제지하거나 충돌이 일어나면 바로 전쟁이 발발하는 상황이었다. 그런 상황까지 대비해 부대 내 최정예 요원들이 미루나무 제거조로 투입되고 나머지 병력은 외곽에 배치됐다. 더 외곽엔 전방 사단이 배치됐다. 다행이 북한은 미루나무 자르는 것을 못 본 척 아무 대응을 하지 않았다. 작전이 무사히 완료됐다. 그때 잘라온 미루나무 토막을 넣은 기념물을 '국난(國難) 극복 기장(紀章)'이라고 하나씩 나눠줬다.〉

문재인 후보는 이에 앞서 2012년 1월 SBS 〈힐링캠프〉에 출연, "(그 작전에) 우리 부대가 투입이 되었다. (일부는) 전투준비를 하고 투입이 되었고, 나머지는 후방에 있었는데, 저희는 후방에 있었다"라고 밝혀 자신의 미루나무 절단 작전 투입사실을 부인했다.

문 후보 측은 이 같은 해명들을 한 이유에 대해 "문 후보가 미루나무 제거 작전에 투입된 것뿐 아니라 북한군 초소를 파괴했다는 등의 이야기들이 인터넷을 중심으로 계속 번지고 있기때문"이라고 했다. 특히 당시 문재인 후보와 같은 부대의 상관이었던 노창남(당시 계급 중위)씨가 편지를 보내왔다면서 편지 내용 전문을 공개하기도 했다.

노창남씨는 편지에서 작전에 투입되려면 몇 가지 조건을 갖추어야 했다면서 "장교와 부사관, 키 175cm이상이면서 태권도 2단 이상, 사상적으로 건전한 자"를 투입했다고 밝히고 "문재인 후보는 (부사관이나 장교가 아닌) 일반 병사였고 유신헌법에 반대해 시위하다 강제 징집을 당해 입대하게 되어 원천적으로 참가가 불가능한 상태였다"고 말했다.

판문점도끼만행사건이란 북한이 1976년 8월 18일 판문점 공동경비구역(JSA) 유엔군 측 초소 부근에서 미루나무 가지자르기 작업을 하던 유엔군 소속 미군 장교 2명을 도끼로 살해한 만행사건이다. 미군은 판문점 유엔군 측 제3초소 남방 30m 지점에 시야를 가리는 미루나무가 있어 가지자르기 작업을 한 것이다.

당시 판문점은 별다른 군사분계선이 존재하지 않는 단어 그대로의 공동경비구역이었는데, 한국군 측 제3초소(CP 3)는 북한군 초소 3개소(KPA 4, KPA 5, KPA 8)에 포위당한 지점에서 항상 위협에 노출돼 있었다. 그래서 가장 고지대에 위치한 제5초소(OP 5) 측에서 제3초소(CP 3)를 지켜보고 있어야 했는데, 문제의 이 미루나무가 제5초소(OP 5)의 시계를 방해하고 있었다.

작업은 주한 유엔군 경비대 작업반이 8월 3일 제3초소의 안전을 도모하기 위해서는 미루나무 가지치기를 해야 한다고 권고함으로써 이뤄졌다.

이 사건은 세계적으로 악명이 높아 영어로도 'The axe murder incident'(도끼살인사건)으로 불린다. 첫 팀스피리트 군사훈련 실시 후 2개월만인 이날 상오 10시 45분경 유엔군 11명(한국군 5명, 미군 6명)이 한국인 작업부 5명과 함께 '돌아오지 않는 다리' 남쪽 유엔군 측 제3초소 근처에 있는 미루나무 가지를 치고 있을 때 박철 대좌 등 북한군 장교 2명과 사병 15명이 접근해 가지를 치지 말라며 시비를 걸면서, 합법적인 절차에 따른 것임을 설명하던 미군장교의 뺨을 때리면서 더 이상 자르면 죽이겠다고 위협했다. 이에 미군 장교가 항의하자 북한군은 초소에서 미리 대기하고 있던 30여명의 증원부대와 함께 폭력을 행사, 작업부의 도끼를 빼앗아 미군 중대장 보니파스(Arthur G. Bonifas) 대위와 바레트(Mark T. Barrett) 중위를 내리쳐 숨지게 하고 9명의 한·미군 장병에게 중경상을 입히는 한편, 유엔군 트럭 3대와 초소를 모두 파괴했다.

사건 발생 직후 스틸웰 유엔군사령관은 '폴 버년 작전'(Operation Paul Bunyan)이라는 작전명 하에 아예 미루나무를 통째로 절단키로하고 절단 작업을 8월 21일 실행하도록 명령했다. 이 작전은 미 제2사단과 한국군 제1공수특전단 병력을 중심으로 특수임무부대(task force)를 구성해 실시됐다.

8월 21일 오전 6시 4분경 데프콘 3(DEFCON 3: 예비 전투태세) 명령이 내려진 가운데 이들 특수임무부대가 트럭을 타고 공동경비구역으로 들어가면서 작전은 시작됐다. 7시 40분경 미루나무가 절단됐고, 8시 30분경 작전에 투입된 모든 병력이 철수함으로써 임무는 성공적으로 끝났다. '폴 버년'이란 미국의 전래 동화에 나오는 벌목꾼 이름이다. 미국은 사건직후 만약의 사태에 대비하기 위한 긴급조치로 미국 아이다호 주 마운틴 홈 기지에서 공대지 핵미사일 AGM-69 SRAM 탑재가 가능한 F-111 전투기 20대를 한반도로 긴급파견, 대구의 주한 미군기지에 재배치 시켰다. 일본 오키나와 가데나(嘉手納) 미 공군기지에서 이륙한 F-4 전폭기 24대도 한반도 상공을 선회하면서 공격명령만을 기다렸다.

주한미군은 핵공격을 할 수 있는 호크 지대공 미사일 포대를 비무장지대를 따라 전진 배치했다. 또한 이틀 후인 8월 20일에는 핵무기를 실은 B-52폭격기 3대가 괌의 앤더슨 공군기지에서 출격해 군산비행장 주둔 미 공군의 F-4 전폭기와 대한민국 공군의 F-5 전투기 및 F-4 전폭기의 엄호를 받으며 한반도 상공에서 전속력으로 북상하는 위협 비행을 감행함으로써 전면전이 벌어질 위기감이 조성됐다.

미국은 또한 함재기 65대를 탑재한 미 해군 제7함대 소속 항공모함 미드웨이와 핵 항공모함 엔터프라이즈를 앞세운 전투선단을 한국해안에 출동시켰으며 오키나와에 주둔하고 있던 미 해병대 1천 800명을 포함한 미 지상군 1만2천명에 대한 출동 명령도 내렸다. 이밖에도 165mm M135 파괴포를 갖춘 미군 M728 공병전차가 '자유의 다리'를 조준했고, 미 육군 공병부대가 임진강에 도하준비를 위해 다리를 설치했다.

■ 대통령 단독기록관 건립 문제 나는 모르는 일이다

문재인 대통령은 2019년 8월 29일 자신이 주재한 청와대 국무회의에서 국민 세금 172억원이 들어가는 자신의 대통령 개별기록관 건립계획을 직접 통과시켰다가 국민 여론이 나빠지자 '모르는 일'이라며 오히려 이 계획을 추진한 참모들을 질책했다.

국회 행정안전위원회 소속 박완수 자유한국당 의원이 2019년 9월 2일 공개한 '제37회 임시국무회의 회의록 자료'에 따르면, 대통령 개별기록관 건립 예산 172억원 중 설계비와 부지매입비 등 32억1600만원이 담긴 2020년도 예산안을 8월 29일 문 대통령이 주재한 국무회의에서 통과시켰다. 당시 국무회의에는 이낙연 국무총리, 홍남기 경제부총리 겸 기획재정부 장관, 유은혜 사회부총리 겸 교육부 장관과 16개 부처 장관이 전원이 참석했고, 청와대에선 노영민 비서실장, 김상조 정책실장, 정의용 국가안보실장과 정부 인사 등 19명이 배석한 것으로 확인됐다.

문 대통령은 2019년 9월 11일 '국가기록원이 문 대통령의 개별 대통령기록관 설립을 추진한다'는 언론보도가 나오자, 청와대 참모들과의 차담회(茶談會)에서 "나는 개별 기록관을 원하지 않는다. (내가) 지시하지도 않았으며 왜 우리 정부에서 시작하는지 모르겠다"고 지적한 바 있다. 고민정 청와대 대변인도 당시 언론 브리핑을 통해 "개별 기록관 건립 이야기를 들은 뒤 대통령께서 불같이 화를 냈다"고 전했다.

그러나 대통령의 이 말을 그대로 믿을 국민이 몇이나 되겠는가?

정부측은 "당시 국무회의에서 500조원이 넘는 2020년도 예산안을 의결했는데 불과 30억원 정도인 예산을 어떻게 대통령이 일일이 확인했겠느냐"고 말했다. 하지만 30억원이라는 예산을 대통령이 사전에 모르고 있었다 하더라도 이 사업이 국정 과제로 추진돼 오면서 관계부처와 청와대간에 수차례 논의가 있었다는 점, 대통령의 퇴임 이후를 준비하는 예산이라는 점을 감안하면 대통령이 몰랐다는 것은 납득하기 힘들다는 지적을 받는다.

문재인 대통령기록관 건립은 지난 2년간 정부가 추진한 국정 과제에도 포함돼 있다. '국정 과제 8-1 혁신적인 열린 정부(국가기록원의 독립성 강화 및 대통령기록 관리 체계 혁신)'라는 항목이다. 청와대는 이와 관련된 보고도 받았다. 2019년 2월 27일 국가기록원과 청와대 간 첫 협의가 있었고, 3월 26일과 27일 이소연 국가기록원장과 기존 통합 대통령기록관의 최재희 관장이 조용우 청와대 국정기록비서관에게 별도 보고까지 한 사실도 확인됐다.

이후 이 원장은 5월 10일 차관보고와 5월 29일 장관 보고를 통해 사업 추진을 확정했다. 최종적으로 지난 8월 29일 문 대통령이 주재한 국무회의에서 통과돼 국회 예산안에 담겼다.

박완수 의원은 "정권 출범과 동시에 치밀하게 준비해 온 국정 사업임에도 문 대통령이 몰랐다고 하는 것은 보고 체계에 문제가 있거나 대통령이 알면서도 몰랐다고 거짓말을 하는 것일 수밖에 없다"고 말했다.

문 대통령 개별 대통령기록관 건립은 2007년 노무현 정부 막바지에 제정된 '대통령기록물관리법'을 근거로 한다. 그러나 이명박·박근혜 정부는 개별 대통령기록관 대신 역대 대통령 기록물을 통합 관리하는 데 초점을 맞춰 2016년 세종특별자치시에 '통합 대통령기록관'의 문을 열었다.

▪ 한국이 올림픽 등을 치를 때 북한 때문에 불안하거나 안전에 침해가 있던 적 없다

문재인 대통령은 2017년 12월 19일 미국 측 평창동계올림픽 주관사인 NBC와 가진 인터뷰에서 "북한이 평창올림픽을 방해할 가능성도 있다고 보느냐"라는 질문에 "그럴 가능성이 있다고 보지 않는다. 우리 한국은 북한하고 분단된 상황에서, 그리고 또 긴장된 상황 속에서 과거 88 서울올림픽 그리고 월드컵, 세계육상선수권대회, 유니버시아드, 3번의 아시안게임, 세계수영선수권대회, 이렇게 세계적인 스포츠대회를 많이 치렀다. 그럴 때 북한의 존재로 인해서 불안하거나 안전에 침해가 있었던 적은 없었다"라고 말했다. 하지만 이는 거짓말이다.

NBC기자가 의구심을 갖고 "88서울올림픽도 그렇고 2002년 한일공동월드컵도 북한이 방해공작을 펼쳐서 국제사회의 두려움을 전파하려고 했던 사례도 있었던 것으로 기억한다"고 하자 문 대통령은 재차 "그렇지 않다"며 또 다시 거짓말을 했다. 분명한 팩트를 짚어서 질문을 했음에도 불구하고 바로 그 자리에서 거짓말을 해버린 것이다. 문 대통령의 이같은 언급은 듣는 사람의 두 귀와 두 눈을 의심케 만드는 발언이다.

1986 서울 아시안 게임의 개막을 불과 1주일 앞 둔 1986년 9월 14일 오후 3시 12분경 김포국제공항에서 일어난 폭탄 테러 사건은 북한의 소행으로 간주됐음에도 불구, 테러범의 실체가 드러나지 않아 오늘날까지 미제로 남아있다. 김포국제공항 국제선 청사(현 국내선 청사) 1층 외곽 5번과 6번 출입문 사이에 위치한 음료수 자동판매기 옆의 철제 쓰레기통에서 고성능 사제 시

한폭탄이 갑자기 폭발, 전송객 부부 등 일가족 4명과 공항관리공단 직원 1명 등 총 5명이 숨지고 33명이 중경상을 입었다. 국내외 전문가들은 당시나 지금도 이 사건을 일으킨 주체는 북한밖에 없다고 입을 모으고 있다.

북한은 이에 앞서 1983년 10월 9일 전두환 대통령의 동남아 순방을 수행, 버마(현 미얀마)의 아웅산 묘소를 참배하던 서석준 부총리겸 경제기획원장관, 이범석 외무장관 등 우리 외교사절단 17명을 원격 폭발물 테러공격으로 숨지게 했다.

북한은 2002 한일 월드컵 한국-터키 간 3, 4위전이 벌어진 6월 29일 오전 10시 25분 무렵 제2연평해전을 일으켰다. 이 해전은 북한 경비정이 서해 북방한계선(NLL)을 넘어와 한국 경비정에 선제 기습 포격을 가함으로써 발생했다. 우리 해군 6명이 사망하고 18명이 부상했다. 2014 인천 아시안게임(9월 19일-10월 4일)을 앞둔 7월 13일 새벽에는 개성 북쪽지역에서 동해상으로 스커드 계열로 추정되는 사정 500㎞ 내외의 단거리 탄도미사일 2발을 발사했다. 88서울올림픽을 앞두고 김정일의 지시로 발생한 1987년 11월 29일의 대한항공(KAL) 858기 공중폭파 테러로 승객과 승무원 115명 전원이 사망했다.

문대통령의 이같은 발언에 대해 그가 친북인사라는 것은 이해할 수 있다. 그러나 대한민국의 안보를 위협한 북한의 도발에 의해 버젓이 벌어졌던 역사적 사실들이 있는데도 미국의 대표적인 언론에 대고 저렇게 유창한 거짓말을 할 수 있는가에 대해 국민들은 말문이 막히다 못해 두려워할 지경이다.

북한은 휴전후 남한에 끊임없이 무장간첩을 침투시키는 등 각종 도발을 일삼았으나 그때마다 '우리와 상관없는 일' '미제와 남한 괴뢰당국의 자작극' 등으로 주장했다. 국방부에 따르면 1950년대부터 2012년까지 북한의 침투 도발은 1천 959건, 국지도발은 994건에 이른다. 6.25 전쟁이 발발한 1950년부터 62년간 침투 및 국지도발이 평균 매년 47건 발생한 셈이다. 1.21 청와대 습격미수사건이 발생한 지난 1968년 이후에만도 총 330여건에 이른다. 1953년 정전협정체결 이후 북한의 협정위반 건수도 북한의 일방적인 선언으로 군사정전위원회가 사실상 해체를 선언함으로써 집계를 중단한 1994년 4월까지 무려 42만 5천 271건에 달했다. 그러나 남북 합의를 휴지조각으로 만들었듯 북한은 단 한번도 제대로 사과하지 않았다. 북한이 그들과 무관함을 주장하거나 남한의 자작극이라고 우기고 있는 대남도발사건 중 1968년 이후 사건을 보면 다음과 같다(핵실험과 미사일도발은 제외).

△ 1968.1.21 북한 124군부대 무장공비 31명 청와대 기습위해 서울 침투(27명 사살, 1명 생포, 1명 자폭, 2명 도주): 김일성은 4년 뒤인 1972년 5월4일 당시 북한을 방문한 이후락 중앙정보부장과의 면담에서 "그것은 대단히 미안한 사건이었으며 우리 내부에서 생긴 좌익맹

동분자들이 한 짓이지 결코 내 의사나 당의 의사가 아니었다"며 박정희대통령에게 '미안하다'는 사과의 뜻을 전해달라고 한 바 있음. 이후 김정일도 2002년 5월13일 방북한 박근혜 한국미래연합 대표에게 "극단주의자들이 일을 잘못 저지른 것이다. 미안한 마음이다. 그때 그 일을 저지른 사람들이 응분의 벌을 받았다"고 재차 유감을 표명. 하지만 이것들은 모두 문서에 의한 것이 아니어서 진정한 사과로 볼 수 없다는 지적이 많음.

△ 1968.10.30 북한 무장공비 120명 울진·삼척 침투(113명 사살, 7명 생포)

△ 1969.6.12 흑산도 간첩선 침투(3명 사살)

△ 1970.4.8 경기도 금촌 북한공작원 침투(3명 사살)

△ 1970.6.20 국립현충문 폭파테러(2명 사살)

△ 1974.6.28 해경 제863호 경비정 공격테러 피격, 침몰

△ 1974.8.15 조총련계 동포를 내세워 박정희 대통령내외 저격, 육영수 여사 사망

△ 1974.11.15 고랑포 동북방 8km지점서 남침용 땅굴(제1땅굴) 발견

△ 1975.3.19 철원북방 13km지점서 제2땅굴 발견

△ 1975.9.11 전북 고창 무장공비 2명 침투(1명 사살)

△ 1976.6.19 중동부전선 무장공비 침투(3명 사살)

△ 1976.8.18 판문점 도끼만행사건, 유엔군장교 2명 살해 주한유엔군사령관에 사과. 대한민국에 사과한 것 아님.

△ 1978.10.17 판문점 남방 4km지점서 제3땅굴 발견

△ 1978.11.4 충남 홍성군 광천지구 무장공비 침투 테러

△ 1979.10.11 동부전선 비무장지대 무장간첩 3명 침투(1명 사살)

△ 1980.3.23 한강하구 3인조 공비 수중침투(전원 사살)

△ 1980.11.3 전남 횡간도 무장간첩 침투(3명 사살)

△ 1981.3.27 강원도 금화 3인조 무장간첩 침투(1명 사살)

△ 1981.6.21 충남 서산서 무장간첩선 격침(9명 사살, 1명 생포)

△ 1982.5.15 동해안 무장공비 2인조 출몰(1명 사살)

△ 1983.6.19 임진강 3인조 무장공비 침투(전원 사살)

△ 1983.8.5 경주 앞바다 출몰 간첩선 격침(4명 사살)

△ 1983.9.22 대구 미문화원 폭파 테러(2명 생포

△ 1983.10.9 미얀마 아웅산묘소 참배 한국외교사절단에 폭탄테러 17명 사망(북한 공작원 1명 사살, 2명 생포)

△ 1983.12.3 부산 다대포 앞바다 출현 간첩선 격침(1명 사살, 2명 생포)

△ 1985.10.20 부산 청사포 앞바다 출현 간첩선 격침(5명 사살)

△ 1986.9.14 북한의 소행으로 추정된 김포국제공항 폭탄테러사건, 전송객 등 5명 사망 33명 부상

△ 1987.11.29 KAL858기 공중테러 폭파, 승객과 승무원 115명 전원 사망(북한 공작원 1명 자살, 1명 생포)

△ 1990. 2월 하순 강화도 하일리 고정간첩 김낙중 1차 침투

△ 1990.3.3 양구 동북방 26km지점서 제4땅굴 발견

△ 1990.10월 하순 강화도 하일리 고정간첩 김낙중 2차 침투

△ 1991.10월 하순 강화도 하일리 고정간첩 김낙중 3차 침투

△ 1992.2.10 서부전선 백학산 동북방 2.5km 공비 3명 침투

△ 1992.4.14 판문점 공동경비구역 공비 3명 침투

△ 1992.5.22 철원 남방 8백m 공비침투(3명 사살)

△ 1992.11.3 서부전선 전방 7백m 공비 3명 침투

△ 1993.9.4 연천북방 DMZ내 공비 3명 침투

△ 1993.10.4 강원도 명주군 주모진 동남방 3km 공비 3명 침투

△ 1993.11.30 강화 교동도 빈장포 해안 공비 3명 침투

△ 1994.3.6 임진강 장단반도에 공비 3명 침투

△ 1995.10.17 임진강에 공비 3명 침투

△ 1995.10.24 충남 부여군 석성면에 남파간첩 호송을 위한 2인조 무장간첩 출현(1명 사살, 1명 생포)

△ 1996.9.18 강릉에 잠수함 탑승 무장간첩 26명 침투(13명 사살, 11명 자폭, 1명 생포, 1명 행방불명): 사건을 계속 부인해오던 북한은 같은 해 12월29일 중앙통신과 평양방송을 통해 "막심한 인명피해를 초래한 남조선 강릉해상에서의 잠수함 사건에 대해 깊은 유감을 표시한다. 조선민주주의인민공화국은 그러한 사건이 다시 일어나지 않도록 노력하며, 조선반도에서의 공고한 평화와 안정을 위하여 함께 힘쓸 것"이라고 사과

△ 1999.6.15. 북한군의 서해 NLL(북방한계선) 침범으로 제1차 연평해전 발발, 북한 경비정 1척 침몰, 5척 파손, 사망 20, 부상 30여명

△ 2002.6.29 북한군이 서해 NLL을 침범, 기습포격함으로써 제2차 연평해전, 아군 6명 전사, 18명 부상

△ 2008.7.11 금강산관광객 박왕자씨 총격사살

△ 2010.3.26 천안함 폭침, 아군 승조원 46명 순직

△ 2010.10.23 연평도 포격도발, 아군 해병대 2명 전사, 16명 중경상·민간인 2명 사망, 3명 중경상

△ 2015.8.4 비무장지대 지뢰매설 도발, 아군 2명 부상

▪ 북한은 9.19선언후 단 한건의 위법행위도 없었다

문재인 대통령은 2019년 9월 24일(현지시간) 유엔총회 기조연설을 통해 "끊임없는 정전협정 위반이 남북 간의 군사적 긴장을 높이고 때로는 전쟁의 위협을 고조시켰지만 지난해 9.19 군사합의 이후에는 단 한 건의 위반행위도 발생하지 않았습니다"라고 말했다.

하지만 이는 거짓말이다. 2018년 9월 19일 평양 남북정상회담에서 발표된 '역사적인 판문점선언 이행을 위한 군사분야 합의서(9.19 남북군사합의)' 이후 북한은 12회(2019년 5월 4일부터 10월 31일)에 걸쳐 총 24발의 단거리 미사일과 초대형 방사포 등을 발사했다. 해당 합의서에는 "남과 북은 지상과 해상, 공중을 비롯한 모든 공간에서 군사적 긴장과 충돌의 근원으로 되는 상대방에 대한 일체의 적대행위를 전면 중지하기로 하였다", "쌍방은 군사적 충돌을 야기할 수 있는 모든 문제를 평화적 방법으로 협의·해결하며, 어떤 경우에도 무력을 사용하지 않기로 하였다" 등의 내용이 담겨 있다. 최근까지 잇따른 북한의 무력시위는 이 대목을 저촉한 것이라 할 수 있다.

▪ 6.25는 (북한의 남침 아닌) 내전이다

문재인 대통령은 2017년 9월 21일 제72차 유엔총회 기조연설을 통해 6.25전쟁에 대해 내전이면서 국제전이라고 말했다. 그러면서 '세계적 냉전 구조의 산물이었던 그 전쟁'이란 표현을 썼다.

문재인 대통령의 이 연설 대목은 스탈린, 마오쩌둥, 김일성 처럼 6.25를 내전으로 규정함으로써 6.25전쟁의 성격을 왜곡한 중대한 발언인데도 지금까지 이를 문제점으로 지적한 언론은 거의 없다. 극히 한 두 개의 인터넷 언론이 지적했을 정도다. 유엔이 6.25발발 당일 '안전보장이사회 결의 제82호(United Nations Security Council Resolution 82)'를 통해 6.25 남침을 내전으로 보기를 거부하고 '북한군에 의한 대한민국 무력공격(the armed attack on the Republic of Korea by forces from North Korea)과 '평화파과행위(a breach of the peace)'로 규정하고 유엔군의 신속한 편성 등을 통한 지원으로 공산화 패망직전의 한국을 살렸는 데도 문재인 대통령은 대한민국 대통령으로 유엔에 대한 감사 표시는 커녕 한국전 성격을, '내전과 국제전'의 결합으로 설명했다는 데 문제가 있다. 그는 유엔군이 괜히 한국의 집안싸움인 내전에 개입, 국제전으로 확대시킨 장본인인 것처럼 오해할 수 있도록 왜곡했다. 대한민국 사상 대통령이 유엔총회에 가서 6.25전쟁때 대한민국을 도운 유엔을 향해 6.25를 내전으로 설명한 한 사람은 문 대통령이 처음이다. 한국전을 내전으로 인식하는 것은 한완상이나 강정구 류의 좌파적 인사의 시각이다. 6.25 남침 전쟁은 내전이 확대된 것이 아니라 김일성, 스탈린, 마오쩌둥 3자의 합작모의에 의한 침략전쟁이란 사실이 세계 학계의 정설로 굳어진지 오래인데 문 대통령은 아직도 브루스 커밍스 류의 반역사적, 반국가적, 반사실적 전쟁관을 갖고 있다. '세계적 냉전 구조의 산물이었던 그 전쟁'이라는 말은 김일성의 전쟁범죄 책임에 면죄부를 주는 것이다.

▪ 남북은 그 어떤 나라도 침략한 적 없다

문재인 대통령은 2019년 6월 14일 스웨덴 의회 연설에서 "반만년 역사에서 남북은 그 어떤 나라도 침략한 적이 없습니다. 서로를 향해 총부리를 겨눈 슬픈 역사를 가졌을 뿐입니다"라고 했다.

하지만 이 연설 내용은 북한이 어느 나라도 침략한 적이 없다면 결국 남한을 침략하지 않았다는 얘기가 된다. 또 "서로 총부리를 겨눴다"는 말도 남북 모두에 전쟁 책임을 돌리는 말이다. 이런 주장은 6.25 전쟁을 외세의 대리전이자 휴전선 인근 남북 간 긴장이 높아진 상태에서 촉발됐던 전쟁으로 보는, 즉 누가 먼저 방아쇠를 당겼느냐를 따지는 않는 1980년대의 수정주의 사관이다.

민간인과 군인을 합쳐 수백만 명의 희생자와 1천만 이산가족이 발생하고 국토의 90%정도가 초토화됐던 6.25는 1950년 6월25일 일요일 새벽 북한의 기습남침으로 발발했다. 당시 이를 침략으로 규정한 유엔의 결의에 따라 전투지원 16개국, 의료지원 5개국 등 총 21개국의 군인들이 '유엔군'이름으로 한반도에 파견된 것은 팩트(사실)에 속한다.

문 대통령 부친이 6.25전쟁 때 북에서 남으로 피난왔던 게 사실인 데 남침이 아니라면 이건 설명할 방법이 없다. 문 대통령은 특히 부친이 미군의 공습 때문에 잠간 피해 있으려다(남으로 갈 의사가 없었다는 의미) 남으로 가는 피난선을 타게 됐다고 밝힌 바 있는 데 이 또한 어떻게 설명될 것인가?

자유한국당 전희경 대변인 이날 오후 논평에서 "문재인 대통령은 6.25전쟁때 야전병원단을 파견했던 스웨덴의 의회에서 6.25 왜곡까지 서슴지 않았다"며 "북한의 침략전쟁을 교묘히 부정하고 일방적 피해를 입은 우리를 雙方과실의 한 당사자로 전락시킨 대통령 연설로 어떻게 대한민국 대통령이 이럴 수 있는가"라면서 반발했다.

전 대변인은 또 "대통령의 어긋난 신념과 믿음을 근거로 국가를 안보위기의 구렁텅이에 몰아넣어서는 안 된다"며 "북한만 바라보고 북한만 챙기는 대통령이란 비판에 더해 북한을 위해 엄연한 역사적 사실마저 왜곡시키는 대통령이라는 비판이 귀국길 대통령을 기다리고 있다"고 했다.

차명진 전 자유한국당 의원은 17일 페이스북에서 "스웨덴 연설문은 사상이 의심스러울 뿐 아니라 팩트도 틀렸다"고 주장했다. 차 전 의원은 "이게 일명 수정주의라 불리우는 좌파 학자들의 '쌍방과실설'이라며 처음엔 북침설을 주장하다가 그게 안 먹히니 남침유도설, 그것도 안 되니 우발적 충돌설로 피해가며 결코 남침을 인정하지 않으려 하는 것"이라고 지적했다.

차 전 의원은 "얼마 전 옛 소련의 국가보안위원회(KGB) 문서에서 스탈린-김일성-마오쩌둥이 공동 모의한 증거가 공개되면서 다 정리된 사실"이라며 "그런데 문재인 대통령은 좌파들도 포기한 '쌍방과실설'을 아직도 고집한다"고 비판했다.

한편 문재인 대통령은 6.25 전쟁 69주년을 하루 앞둔 6월 24일 청와대로 참전 유공자와 유가족 182명을 초청한 자리에서 "6·25는 비통한 역사이지만, 북한의 침략을 이겨냄으로써 대한민국의 정체성을 지켰다"며 "전쟁의 참화를 이겨내려는 노력이 오늘의 대한민국의 발전을 이뤘다"고 말했다. 문 대통령이 취임후 공식 행사에서 6.25 전쟁의 침략 주체를 '북한'으로 규정한 것은 이번이 처음이다

▪ 김원봉의 조선의용대가 광복군 편입해 국군의 뿌리가 되고 한미동맹 토대됐다

문재인 대통령은 2019년 6월 6일 현충일 추념사에서 "광복군에는 무정부주의세력 한국청년전지공작대에 이어 약산 김원봉 선생이 이끌던 조선의용대가 편입되어 마침내 민족의 독립운동 역량을 집결했다"면서 "통합된 광복군 대원들의 불굴의 항쟁 의지, 연합군과 함께 기른 군사적 역량은 광복 후 대한민국 국군 창설의 뿌리가 되고, 나아가 한미동맹의 토대가 되었다"고 말했다.

이같은 언급을 해석하면 '김원봉이 이끌던 조선의용대 광복군 편입 → 독립운동 역량 집결 → 통합 광복군 대원 항쟁 의지와 군사적 역량 → 국군 창설 뿌리 → 한미동맹 토대'란 논리로 연결

된다.

이를 두고 야당에선 "문 대통령이 김원봉을 국군의 뿌리로까지 격상시킨 것"이라고 반발했고, 청와대는 "문 대통령이 김원봉을 국군의 뿌리로 인정했다고 해석하는 것은 논리의 비약"이라고 맞섰다.

한편 정경두 국방부 장관은 6월 16일 문재인 대통령의 현충일 추념사에서 김원봉이 참여한 광복군을 국군의 뿌리라고 언급하면서 독립유공자 서훈 논란이 일었던 김원봉에 대해 "김원봉 개인에 대해서는 '국군의 뿌리'라고 인정하지 않는다"라고 말했다. 김원봉이 광복군에서 활동했지만, 김원봉이 국군의 뿌리인 것은 아니라는 설명이었다.

▪ 北核은 체제보장용이지 대남적화용이 아니다

문재인 대통령은 2017년 9월 14일 미 CNN기자와의 인터뷰에서 "북한의 핵개발은북 한 체제의 안전을 보장받기 위한 것이라고 생각한다"고 밝혔다. '체제보장용'이라고 공개적으로 말한 것이다. 문 대통령의 이 발언은 13년 전 노무현 당시 대통령이 미국 방문 중 파문을 일으켰던 발언과 사실상 같은 맥락이다. 노 대통령은 2004년 11월 12일 로스앤젤레스 국제문제협의회 연설에서 "핵과 미사일이 자위 수단이라는 북한 주장에 일리 있는 측면이 있다"고 했다.

하지만, 핵무기가 체제를 보장한다면, 세계 최대의 핵보유국인 구(舊) 소련이 왜 체제수호에 실패하고 패망했는지를 문 대통령 스스로 설명할 수 있어야 한다. 소련은 냉전 당시 미국보다 훨씬 많은 1만 6천여기의 핵무기를 보유했음에도, 사회주의 체제를 수호하지 못했고 광대한 영토는 15개 나라로 쪼개지고 말았다. 미국이 총 한방 쏜 것도, 내부에서 민중봉기가 일어난 것도 아닌데도 스스로 무너진 것이다. 사회주의 경제체제와 전체주의 정치체제의 한계 때문이다. 이처럼 체제는 외부에서 보장해주는 것이 아니다. 북한 내부에서 군사정변이나 인민봉기 등으로 김정은 체제가 무너진다고 할 때 다른 나라들이 어떻게 체제를 보장해 줄 수 있다는 말인가.

'북핵이 체제보장용'이란 문 대통령의 인식은 CNN 인터뷰 불과 20일 전에 있었던 북한 김정은, 그리고 인터뷰 8일 전에 있었던 내각총리 박봉주와 인민군 부총참모장 오금철 등 북한 정권 최고위층의 잇따른 '대남공격초토화' 발언과는 달라도 한참 다른 것이다. 김정은을 비롯한 북한 정권 핵심인사들이 핵과 미사일을 내세워 대남적화통일을 공개적으로 이야기하면서 대한민국을 위협하고 있는데도, 그게 아니라는 게 문 대통령과 그의 청와대 참모들의 생각이다. 여권의 상당수 인사들도 핵 개발을 포기했다가 내전 중 죽은 리비아의 카다피 사례를 들며 "북한의 핵과 미사일은 공격용이 아니라 김정은 체제 보장용"이라고 평가하고 있다.

김정은은 6차 핵실험(9월 3일)을 일주일 여 앞둔 지난 8월 26일 소위 선군절(先軍節) 4주년을 맞아 조선인민군 특수부대의 백령도와 연평도 점령을 위한 훈련을 현지지도하면서 "오직 총대로 적들을 무자비하게 쓸어버리고 서울을 단숨에 타고 앉으며 남반부를 평정할 생각을 하여야 한다"고 북한군 수뇌부에 지시했다고 조선중앙통신이 보도했다. 대남적화통일을 노골적으로 지시한 것이다. 또 6차 핵실험 사흘 뒤인 지난 9월 6일 핵실험 성공을 자축하는 평양시 군민(軍民) 대회에서 박봉주는 "미국은 오늘의 엄연한 현실을 직시하고 조선반도 문제에서 손을 떼는 현명한 선택을 해야 할 것"이라고 했고, 오금철은 "서울을 비롯한 남반부 전역을 단숨에 깔고 앉을 수 있는 만단(만반)의 결전 준비 태세를 갖춰나가겠다"고 했다.

북한은 문 대통령이 북핵을 체제보장용이라고 언급한 다음 날인 9월 15일에는 태평양으로 탄도미사일을 발사한 후 관영 매체들을 통해 "미국은 한반도 문제에서 손을 떼라"고 재차 주장했다. 핵·미사일의 목적이 '한미동맹 해체-주한미군 철수'와 그 이후 '남한 접수'임을 분명히 드러낸 것이다. 허버트 맥매스터 백악관 국가안보보좌관은 "(북한의 핵·미사일 개발은) 미국이 한국을 버리도록 유도해 잠재적으로 2차 한국전쟁의 길을 닦기 위한 것"이라고 평가했다.

문 대통령의 이같은 발언 후 당시 송영무 국방장관은 북한의 핵개발의도에 대한 국회 야당의원의 질문에 10%까지는 체제안전보장용, 90%이상은 적화통일용이라는 취지로 답했다. 대통령의 인식과는 확연히 다른 것이다. 돌이켜보면 과거 김대중-노무현 정권은 북한의 핵개발 의도와 목적이 체제보장용, 대미협상용이라고 판단해왔고 지금 문재인 정권도 이런 판단의 연장선상에 있다는 점이다. 북한이 자위적 수단으로 핵을 개발했다는 주장은 그 과정을 보면 사실이 아님이 금방 드러난다. 6.25 전쟁이 한창이던 1950년 12월 21일 김일성은 자강도 만포시 별오리에서 조선로동당 중앙위원회 전원회의를 소집했다. 맥아더 장군의 인천상륙작전 성공으로 후퇴를 거듭하던 김일성이 중공군의 투입으로 겨우 한숨 돌리고 있을 때였다. 회의에서는 남침 실패의 원인을 8가지를 정리했다. 그 첫째가 강력한 적과 싸우기 위한 '예비부대'가 부족했다는 것이다. 이 '별오리 회의' 결과에 따라 1954년 인민군을 재편성하면서 예비부대 명목으로 설치된 것이 '핵무기 방위부문'이었다. 휴전 3년 뒤인 1956년 30여 명의 물리학자를 소련의 두브나핵연구소에 파견한 것이 북한 핵개발계획의 효시다.

이처럼 북한 핵개발은 1950년대부터 60여년 간 온갖 정성을 다해 집요하게 추진해온 국가적 프로젝트이다. 북한이 한반도의 군사적 균형(적화통일 목표)을 그들에게 유리하게 하겠다는 전략적 계산에 따라 주도적으로 추진한 것이지, '누구 때문'에 추진한 것이 아니다. 즉 북한이 대남 적화전략의 일환으로 핵 개발을 해온 것이 북핵문제의 시발이며 본질이다.

문 대통령의 이같은 인식은 그의 과거 언행들 예컨대 △ "국가보안법을 폐지하지 못한 것이 뼈아픈 일이었다"고 하는 등 국가보안법 폐지 주장 △ 전시작전통제권 조기환수-한미연합사 해체-미북평화협정 체결 등 사실상 주한 미군 철수 유도 활동 △ 연방제통일 옹호-지지 △ 당(黨) 회의에서 한반도에서 전쟁이 벌어지면 조직적으로 통신-유류-철도-가스 등 주요 국가기간시설을 파괴하는 행위와 선전전, 정보전 등을 벌이자고 해 국헌문란과 내란선동혐의로 헌법재판소에서 해산판결을 받은 통합진보당 옹호 △ 대법원에서 이적단체 판결을 받은 한총련 합법화 주장 △ 전교조의 재합법화(법외노조 철회)를 공약하는 등 종북좌파단체 비호 △ 내란선동범 이석기를 2회에 걸쳐 가석방 또는 사면해 주는 등 공산주의자에 대한 호감 표시 △ 북한을 주적으로 표기하는 것 반대 △ 집권시 북한을 우선 방문하겠다는 발언 △ 북핵 위협을 받는 상황에서도 대북제재를 반대하고, 오히려 개성공단, 금강산 관광 재개 등 주장 △ 사드(THAAD: 고고도미사일방어체계) 도입이 국익의 관점에서 득보다 실이 더 많은 결정이라며 배치 불허 △ 제주 해군기지 건설 반대 △ 북한 인권 결의안 대북결재 과정에서 보인 파문 △ 국정원의 대공수사권과 국내정보수집 기능 폐지 등 사실상 국정원의 무용지물화 발언 및 천주교정의구현사제단의 국정원해체 주장 동조 △ 동베를린 간첩단사건 관련자로 북한을 드나들며 김일성에게 수십 차례나 충성맹세의 글을 올린 작곡가 윤이상 찬양 발언 △ 탄핵이 기각되면 민중혁명 밖에 없다는 발언 △ 북한의 소행인 천안함 '폭침'에 대해 '침몰'이라 표현하고, 오히려 북한 책임을 밝힌 이명박 정부의 태도를 비방함으로써 사실상 북한의 소행임을 부정(2012년 대선 때부터는 '폭침' 용어 사용) △ 연평도 포격 도발 사건에 대한 책임을 이명박 정부와 대한민국의 탓으로 몰아붙이는 등 북한의 대남도발 책임 왜곡 발언 △ 남전에서 미국의 패배 및 월남 공산화(패망)에 대해 희열을 느꼈다는 언급 △ 공산주의 운동인 부림사건 관련자들과 평생 동지가 된 사실 △ 사실상 '공산주의자'인 리영희-신영복 존경 발언 △ 이승만 대통령에 의한 대한민국 건국 부정 △ 김정일 사망 애도 표시 등과 같은 맥락에서 이해 될 수 있을 것이다.

▪ 8월 15일을 건국절로 하자는 것은 반역사적·반헌법적이며, 대한민국 정통성을 부정하는 얼빠진 주장

문재인 대통령은 더불어민주당 대선 예비후보시절인 2016년 8월 15일 '진정한 광복'이란 제목으로 페이스북에 올린 글에서 "요즘 대한민국이 1948년 8월 15일 건립됐으므로 그날을 건국절로 기념해야 한다고 주장하는 사람들이 있다. 역사를 왜곡하고 헌법을 부정하는 반역사적, 반

헌법적 주장이다. 대한민국의 정통성을 스스로 부정하는 얼빠진 주장이다"라고 말했다.

하지만 상식적인 국민들은 문재인 대통령의 '1948년 대한민국 건국' 부정 발언을 그가 존경한다는 그의 전임자들의 발언에 비춰 이상하게 보지 않을 수가 없을 것이다. 김대중-노무현 전 대통령은 1948년에 '건국'이라는 표현을 썼다. 김 대통령은 1998년 8월 11일 보훈단체장들을 초청해 "우리는 지금 광복 53주년, 건국 50주년을 맞이하였습니다. 이처럼 우리가 경축의 날을 앞두고 있는 것은 오로지 애국선열, 국군용사, 민주인사들의 희생과 덕택이라고 생각합니다"라고 연설했고, 1998년 50주년 8.15 경축사에서는 "대한민국 건국 50년사는 우리에게 영광과 오욕이 함께 했던 파란의 시기였습니다"라고 했다. 1998년 12월 28일 아시안게임 참가선수단 격려 오찬에서는 "우리는 건국 이래 50년 만에, 해방 이래 53년 만에 처음으로 국민의 힘에 의해서 민주화를 이룩했습니다"라고 말했다. 노무현 전 대통령도 2003년과 2007년 광복절 경축사에서는 "(해방) 3년 후에 이 나라(민주공화국)를 세웠습니다"라고 말했고, 2008년 광복절 경축사에서는 "대한민국 건국 60년은 '성공의 역사'였습니다"라고 했다.

▪ 학생들의 5.15 서울역 집회 자진해산이 광주 5.18 희생의 원인

문재인 대통령은 2019년 5월 7일 공개한 독일의 일간 '프랑크푸르터 알게마이네 차이퉁(Frankfurter Allgemeine Zeitung, FAZ)지 기고문에서 "1980년 5월 15일 서울역에 모인 대학생들은 신군부의 무력진압을 우려해 철수를 결정했다. 이때 광주의 민주화 요구는 더 활활 불타올랐는 데 말이다"라고 썼다. 문 대통령은 2011년 자신의 저서 〈운명〉에서는 "대학생들의 마지막 순간 배신이 5.18 광주항쟁에서 광주시민들로 하여금 그렇게 큰 희생을 치르도록 했다"고 적었다.

하지만 이는 분명한 사실 왜곡이라는 것이 당시 서울대 총학생회장으로 시위를 주도했던 한 사람인 심재철 의원의 주장이다. 심의원에 따르면 사실은 이렇다. 수많은 학생들이 '패잔병'으로 서울역 광장에서 해산한 것이 아니라 학생들이 신현확 당시 국무총리의 TV·라디오 생중계 기자회견을 이끌어내 신총리로부터 "민주화 일정을 앞 당기겠다"는 약속을 받아 낸 데다 앞으로 이어질 민주화 시위를 위한 전국 53개대 총학생회 대표자 회의가 5월 16일부터 열린다는 기대감을 갖고 발걸음을 돌렸던 것이다. 신현확 국무총리는 5월 16일 저녁 특별담화를 통해 늦어도 연말까지 개헌안을 확정하고 내년 상반기에 양대 선거를 실시하여 정권을 이양하겠으며, 정치 일정을 최대한 단축하고 계엄령도 사회가 안정되면 즉시 해제할 것이므로 학생들은 정부의 약속을 믿고 자숙과 자제해 줄 것을 당부했다. 이에 따라 5월 16일 저녁부터 이화여대서 향후 학생운동

방향을 논의하는 전국 53개대 총학생회 대표자 회의가 열려 다음날인 17일에도 진행되고 있었다. 그러나 신군부는 시국을 수습한다는 명목 아래 17일 24시부터 비상계엄을 전국으로 확대하면서 정당 및 정치활동 금지·국회 해산·국보위 설치 등의 조치를 내리고, 영장없이 학생·정치인·재야인사 2천 699명을 구금했다. 이화여대 회의장에도 계엄군의 난입으로 일부 학생들이 체포되고 아수라장이 됐다 그래서 신군부의 계엄확대 조치에 따라 '서울의 봄'을 맞는 학생 시위도 중단된 것이다. 따라서 '학생들의 서울역 회군(回軍) 때문에 광주 참사가 생겼다'고 하는 문 대통령의 발언은 사실을 왜곡하는 것이며 당시 서울역 집회에 참가했던 10만 학생들의 열정과 희생을 '배신'으로 폄훼하는 발언이라는 것이 심 의원의 설명이다.

■ 천안함은 (폭침 아닌) '침몰'

문재인 대통령은 2012년 12월 19일에 실시된 제18대 대통령 후보 선거공보에서 "천안함이 '침몰'되고 연평도에 포탄이 떨어져도 이명박 정부는 손 놓고 있었다"고 썼다.

이는 문 대통령 후보의 '천안함사건'에 대한 인식이 '폭침(爆沈)'아닌 '침몰(沈沒)'이라는 것을 말해준다. 정부는 천안함 사건 조사 결과, 북한의 소행임이 확실해졌기 때문에 공식 명칭을 '천안함 피격(被擊)사건'으로 정했다. 피격은 폭침(爆枕)과 동의어로 쓰인다. '침몰'이란 단어의 사전적 의미는 '물속에 가라앉다'는 뜻으로, 스스로 암초 등에 부딪혀 가라앉았다는 의미로도 쓰일 수 있다. '천안함 폭침'을 '천안함 침몰'로 표현해 당시 트위터와 각종 SNS에는 문 후보의 공보물 내용을 비판하는 내용이 줄을 이었다. 그러자 문 호보는 18대 대선 하루 전인 12월 18일 공격 주체가 북한이라는 언급 없이 갑자기 '폭침'이란 표현을 써 오히려 빈축을 샀다. 다급한 나머지 선거용이란 지적이 많았다.

■ 연평도 포격 사태는 MB정부가 참여정부의 10.4 공동선언을 부정해 일어났다

문재인 대통령은 노무현재단 이사장 시절인 2010년 12월 6일 저녁 부산 국제신문사 강당에서 열린 한겨레 대담 '한홍구-서해성 공개 직설'에 참석해 연평도 포격 도발 사건에 대한 책임을 이명박 정부와 대한민국의 탓으로 몰아붙이며 "참여정부는 남북 긴장 완화를 위해 (김대중 정부의 6.15남북 공동선언에 이어) 10.4 공동선언을 하며 북을 끌어냈으나, MB(이명박)정부는 이를 부정하고 폐기하면서 결과적으로 천안함 사태와 연평도 사태가 일어났다"고 말했다.

■ 북한을 '주적'으로 규정할 수 없다

문재인 대통령은 2017년 4월 19일 대선 후보 KBS 토론회에서 유승민 바른정당 후보(현재는 바른미래당 의원)로부터 "북한이 우리의 주적(主敵)이냐"는 질문을 받고 "대통령은 남북관계를 풀어갈 사람이다. ...(주적 규정은) 국방부로서 할 일이지, 대통령이 할 일은 아니다"고 말했다.

문 후보의 이같은 답변에 유 의원은 "대통령 되기 이전에 국방백서에 나오는 말"이라며 "공식 문서에 주적이라고 나오는데 국군통수권자가 주적을 주적이라고 못 한다는 것인가"라고 다시 물었다. 이에 문 후보는 "국방부로서는 할 일이다. 그러나 대통령으로서 할 말은 아니라고 본다"며 "북한을 주적으로 공개 천명하는 것은 국가 지도자로서 자격이 없는 발언"이라고 밝혔다.

이 같은 발언에 인터넷 상에서는 '주적', '문재인 주적'이 인기 검색어에 오르는 등 많은 관심을 나타냈다. 트위터 상에는 "개인적으로 군대 다녀온 남자로서 심히 걱정된다. 대부분 군대 다녀온 남성들은 동감하리라 믿는다", "대통령은 군통수권자인데 주적이 누군지도 모를 수 있나", "정말 열받는다. 내 아들이 그럼 지금 왜 군대에서 잠 못자고 휴전선을 지키고 있는 것일까" 등의 글이 올라왔다. 포털사이트 게시판에도 "주적을 주적이라 말 못하는 건 대한민국을 수호하는 20대 청년과 군인들 모독하는 것", "주적을 주적이라고 말하는데 왜 북한 눈치를 봐야 되나? 그러니 여태 질질 끌려다닌 것", "문재인이 대통령 되면 대한민국 군인은 누굴 주적으로 삼아야 합니까? 적폐세력?" 등의 글이 올라왔다.

정부의 국방정책을 대내외에 알리는 국방백서는 2004년부터 2년 단위로 짝수해에 발간된다. '북한군이 우리의 적'이라는 문구는 2010년 연평도 포격전이 일어난 뒤 나온 '2010 국방백서'에서 처음 등장했다. '2016 국방백서'도 국방정책(34쪽)을 설명하는 부분에서 "북한의 상시적인 군사적 위협과 도발은 ... 우리의 안보에 큰 위협이 된다"며 "이 같은 위협이 지속되는 한 그 수행주체인 북한정권과 북한군은 우리의 적"이라고 명시하고 있다.

하지만 국방부는 2019년 1월 15일 발간한 '2018 국방백서'에서 '우리의 주적은 북한과 북한 정권'이란 문구를 삭제했다

'2018 국방백서'에 따르면, 적 표현은 북한 위협뿐 아니라 점증하는 잠재적 위협과 초국가적·비군사적 위협을 포괄하는 개념으로 기술됐다. 국방백서는 "우리 군은 대한민국의 주권, 국토,

국민, 재산을 위협하고 침해하는 세력을 우리의 적으로 간주한다"고 표현했다.

특히 2018년 3번의 남북정상회담 이후 군사적 긴장완화와 신뢰구축 노력이 이어지고 있는 남북관계가 고려됐다는 게 국방부 설명이다. 이에 따라 판문점선언과 평양공동선언, 군사분야 합의서에 따라 하늘과 땅, 바다에서 일체의 적대행위가 전면 중지됐다는 내용과 GP 시범철수, 군통신선 복구 등의 남북 군사적 신뢰 구축을 위한 노력이 기술됐다. 2017년 북한이 시험발사한 미사일에 대한 내용과 함께 북한의 플루토늄 보유량은 약 50kg, 고농축우라늄은 상당량 보유한 것으로 평가했다.

▪ 김정은 위원장은 확고한 비핵화 의지를 거듭거듭 확약했다

문재인 대통령은 2018년 9월 20일 평양 남북정상회담을 마치고 귀환한 뒤 서울 동대문 디자인플라자(DDP)에 마련된 프레스센터에서 행한 대(對)국민보고대회에서 김정은 위원장은 확고한 비핵화 의지를 거듭거듭 확약했다고 말했다.

하지만 문재인 대통령은 북한이 말하는 '비핵화'가 실제로는 '비핵화'가 아니라 '비핵지대화(非核地帶化)'를 의미한다는 사실을 제대로 알고한 얘기인지에 대해 말이 많았다. '비핵화'와 '비핵지대화'는 서로 다른, 상호 모순되는 개념이다. '비핵화'는 NPT(핵비확산조약)에 따라 핵을 보유하지 않은 국가(북한은 스스로 핵보유국임을 천명하고 있으나 유엔은 불인정), 즉 '비핵국'으로 하여금 핵을 갖지 못하도록 하는 것이고 '비핵지대화'는 '핵보유국'으로 하여금 특정 지역 안에서는 핵을 폐기하거나 사용하지 못하게 하는 것이다. 결국, 북한의 입장은 말로는 '비핵화'라고 하지만 실제로는 북한의 핵을 포기하기 전에 먼저 미국을 상대로 '조선반도의 비핵지대화' 즉 핵보유국인 미국 군대의 한국 철수 와 한미동맹 폐기, 미군에 의한 핵우산 제공 반대를 이야기하겠다는 것이 된다.

하노이 미북회담(2019년 2월 27-28일) 결렬의 주 원인이 미북간에 현격한 차이를 보인 비핵화의 정의에 있다고 보여지는 만큼 결과적으로 문 대통령은 김정은의 '비핵화 사기극'에 말려든 셈이 됐다. 만약 문 대통령이 사전에 김정은의 이러한 '사기극'을 알았다면 이는 '반역'이라 할 수 있고 몰랐다면 '무능'하다는 평가를 받을 수 있기 때문이다.

야당의원들은 지난 2019년 3월 20일 이낙연 국무총리, 강경화 외교부장관, 조명균 통일부 장관, 정경두 국방장관 등을 대상으로 외교·안보·통일 분야에 대한 대정부 질문에서 북한의 비핵화 의지가 확고하다는 청와대의 발표를 문제 삼았다. 윤상현 자유한국당 의원은 "북한은 2중 국가다. 창고에 있는 물건과 쇼윈도에 전시해놓은 물건이 다르다"며 "북한의 영변핵시설 (폐기는) 완전한 사기극이다. 문재인 정부는 이 사기 거래의 보증인이다"라고 힐난했다. 김중로 바른미래당 의원도 "하노이 북미정상회담은 외교 참사"라며 "비핵화는 이미 물 건너갔다고 본다"고 말했다.

■ 김정은이 약속한 비핵화는 국제사회가 말하는 비핵화(CVID)와 전혀 차이가 없다

문재인 대통령은 2019년 1월 10일 신년 기자회견에서 김정은 위원장이 약속한 비핵화는 국제사회가 말하는 비핵화와 전혀 차이가 없다고 말했다. 문 대통령은 "지금 미국 사회에서는 북한과 오랜 기간 동안 적대와 불신의 시기가 있었고, 또 북한과 여러 차례 비핵화 합의가 있었지만 번번이 중간에 그 합의가 파탄났던 그런 경험들을 갖고 있기 때문에 서 북한에 대한 불신이 아주 강하다는 것을 잘 알고 있다" 고 말하고 "그래서 김정은이 비핵화를 말해도 이 비핵화가 미국이 말하는 CVID(complete, verifiable, irreversible dismantlement : 완전하고 검증 가능하며 돌이킬 수 없는 핵폐기 원칙)와는 다를 것이라고 믿지 못하는 그런 의견들이 많은 것으로 알고 있다. 하지만 일단 김정은 위원장은 나에게나 트럼프 대통령, 시진핑 주석, 푸틴 대통령 등 그가 직접 만난 각국의 정상 지도자들에게 (자신이 말하는 비핵화가) 국제사회가 요구하는 그 비핵화, 완전한 비핵화, 그것하고 전혀 차이가 없다는 점을 분명하게 밝혔다"고 전했다.

문 대통령의 이같은 언급은 위싱턴 포스트 서울지국장의 "When you met Kim Jong Un last year, did you have the chance to ask him how he would define denuclearization of the Korean Peninsula?"(작년에 대통령께서 김정은을 만났을 때 김정은이 한반도의 비핵화를 어떻게 정의하고 있는지 질의하실 그럴 기회가 있었습니까?)라는 질문에 대한 답변이다. 하지만 당시 우리 기자들은 외신기자의 이 질문과 문 대통령의 답변에 별로 주목하지 않았다. 어찌됐건 김정은이 말하는 비핵화는 '한반도의 비핵화'로, 그는 국제사회가 말하는 CVID를 받아들이겠다고 말한 적이 결코 없다

■ 김정은은 종전선언이 주한미군 철수나 한미동맹과 무관하다고 인정했다

문재인 대통령은 2019년 1월 10일 신년 기자회견에서 김정은은 종전선언이 주한미군 철수나 한미동맹과 무관함을 인정했다고 말했다

북한이 요구하는 종전선언을 (미국이) 긍정적으로 받아들이지 않은 이유는 그런 종전선언을 하게 되면 유엔사의 해체라든지 그 다음에 주한미군의 철수라든지 이런 것이 이어서 요구되지 않을까, 이런 불신들이 크게 작용한 것으로 그렇게 알고 있다. 그러나 김정은은 이런 비핵화 문제와 그 다음 특히 또 종전선언, 이 문제와 주한미군의 어떤 지위 이런 것하고는 전혀 관련이 없다는 점을 인정하고 있다. 주한미군은 비핵화의 프로세스에 따라서 무슨 연동되어 있는 그런 문제가 아니라 그냥 주권국가로서 한국과 미국 간의 동맹에 의해서 지금 미군이 한국에 와서 있는 것이기 때문에 남북 간에 또는 북미 간에 종전선언이 이루어지고, 또 심지어 나아가서는 앞으로 평화협정이 체결되고 난 이후에도 주한미군을 유지할 것인지 말 것인지 하는 부분들은 전적으로 한미 양국의 결정에 달려 있는 문제이고, 그렇다는 사실을 북한의 김정은도 잘 이해를 하고 있다

문재인 대통령은 정말로 김정은의 수석 대변인 같은 말을 하고 있다.

종전선언과 평화협정은 주한미군의 철수-한미동맹 해체로 이어질 가능성이 있으며, 이는 대한민국의 안보에 큰 위해가 될 것임에 틀림없다. 무엇보다 통일방안으로 '고려'를 국호로, '인민민주주의'를 정체(政體)로 한 고려민주연방제를 포기하지 않는 북한이 남한내 '대북굴종좌파세력'과 연북(連北)을 주장하며 연방제의 선결(전제)조건으로 종전선언과 함께 평화협정체결, 주한미군철수, 국가보안법폐지를 못 박고 있는 만큼 종전선언과 평화협정은 핵위협을 앞세운 북한의 대남적화침략의 초대장이 될 가능성을 배제할 수 없을 것이다.

▪ 김정일은 주한미군 철수 고려하지않고 있다

2000년 남북 정상회담 때 김정일 위원장도 주한미군의 존재에 대해 양해하고 주한미군이 동북아의 안정을 위해서 긍정적인 역할을 하는 점도 있다고 긍정적으로 평가를 내린 바 있다. 따라서 (김정일은) 주한미군의 철수 문제는 고려하지 않고 있다(민주통합당 18대 대선 후보로서 2012년 11월 5일 인터넷뉴스 통일뉴스 창간 12주년 기념 특별인터뷰)

이 말은 김정일이 주한미군을 양해하고 있으므로 주한미군의 철수 문제를 고려하지 않는다는 뜻이고, 동시에 김정일이 요구하면 주한미군 철수 문제는 고려한다는 뜻이 담긴 말인데도 당시 모든 언론이 그냥 지나쳐버렸다. 김정일은 주한미군을 긍정적으로 평가한 일이 결코 없다. 이 말은 정상회담 직후 김대중 대통령의 입을 통해 전해진 것으로 알려졌으나 북한은 지금까지 한번도 미군의 한국 주둔을 긍정적으로 평가한 적이 없다. 지금도 주한미군철수를 적극 요구하며, 그들이 주장하는 정전협정의 평화협정으로의 전환을 위한 핵심내용의 하나로 주한미군철수를 들

고 있다. 이 두 가지를 고려하면 문재인 대통령은 주한미군 철수 동조론자가 되는 셈이다.

2019년 현재 한국을 위협하고 있는 북한의 군사력으로는 최대 60개로 추정되는 핵무기와 수소폭탄 실험성공, 130만 명의 정규군과 600여만 명의 예비병력, 1천발의 탄도미사일, 7천여 명의 사이버 부대, 80여척의 잠수함, 1만여 명의 핵개발 인력, 1만여 문의 장사정포, 20여만 명의 특수전 부대, 수천t의 생화학무기, 접속탄 및 EMP 폭탄 등을 지적할 수 있다.

▪ 나는 남쪽 대통령이다

문재인 대통령은 2018년 9월 19일 밤 평양 '5.1 경기장'에서 열린 '빛나는 조국' 집단체조 관람 연설을 통해 "남쪽 대통령으로서 김정은 국무위원장의 소개로 여러분에게 인사말을 하게 되니 그 감격을 말로 표현할 수 없다"고 말했다 '

문 대통령이 언급한 '남쪽 대통령' 발언은 대한민국 국민들에게 큰 실망감을 안겼다. 문 대통령은 헌법상 '대한민국 대통령'이다. '남쪽 대통령'이라는 문 대통령 발언은, 대한민국을 '한반도의 절반'으로 규정, 우리나라의 헌법체제를 부정했다는 지적을 받는다.

문 대통령을 환영하는 북한 주민의 손에 인공기와 한반도기만 들려있을 뿐 태극기는 찾아볼 수도 없었다. 대통령 일행이 탄 공군 1호기에도 태극기가 사라졌다. 문대통령은 스스로 대한민국 대통령이기를 포기 했다.

▪ 北에 준 돈, 김대중·노무현 정부 때보다 이명박·박근혜 정부 때 더 많았다?

문재인 대통령은 더불어민주당 후보 시절인 2017년 4월 19일 KBS 대선 후보 TV 토론에서 "(북한에 준) 금액은 오히려 (김대중·노무현 정부보다) 이명박·박근혜 정부가 더 많았다"면서 "확인해 보시라"고 했다.

자유한국당 홍준표 후보가 "DJ(김대중) 시절에 북에 넘어간 돈이 현물과 달러 등 22억 달러, 노무현 대통령 시절에 현물하고 현금하고 넘어간 게 44억 달러다. 그 돈이 핵무기가 돼서 돌아왔다"고 말한 데 대한 반박이었다. 하지만 문 후보의 주장은 거짓이었다.

통일부는 TV 토론 내용이 논란이 되자 4월 20일 '정부별 대북 송금 및 현물 제공 내역'을 언론에 발표했다.

통일부에 따르면 '대북 송금액'은 김영삼 정부 시절 9억 3천 619만 달러, 김대중 정부 시절 17억 455만 달러, 노무현 정부 시절 22억 938만 달러, 이명박 정부 시절 16억 7천 942만 달러, 박근혜 정부 시절 2억 5천 494만 달러였다.

또 '현물 제공 내역'을 보면 김영삼 정부 시절 2억 8천 408만 달러, 김대중 정부 시절 7억 6천 610만 달러, 노무현 정부 시절 21억4천 694만 달러, 이명박 정부 시절 2억 9천 703만 달러, 박근혜 정부 시절 8천 233만 달러였다.

여기서 '송금'은 대부분이 기업 활동의 결과로 민간 차원에서 북한에 보낸 돈이다. 개성공단의 임금·통신비, 금강산 관광, 남북 기업 간 교역이나 위탁 가공에서 오간 돈, 우리 기업이 북한의 시설을 이용하거나 사업권을 따낸 뒤 지불한 돈 등이 여기 속한다.

'현물 제공'은 대가를 받지 않고 북한에 제공한 무상 원조와 식량 차관을 뜻하며, 정부의 예산이 투입됐다.

▪ 이석기를 종북주의자로 단정할 자료없다

문재인 대통령은 2012년 6월 27일 대선 예비후보 초청 관훈토론회에서 통합진보당 이석기 의원을 종북주의자로 보느냐는 기자 질문에 그렇게 단정할 만한 자료가 없는 상황에서 문제삼는 것은 신중해야 한다

이석기는 1990년대 후반 주체사상을 지도 이념으로 한 민족민주혁명당의 지도급 조직원이었다. 민혁당은 김영환과 하영옥 등 3인을 중앙위원으로 하고 중앙위 산하에 경기남부위원회, 영남위원회, 전북위원회를 뒀는데, 이석기는 경기남부위원장을 맡았다. 1999년 민혁당 간첩 사건에 연루돼, 3년간 도피생활을 하다가 2002년 5월 검거됐다.

2003년 3월 국가보안법위반(반국가단체구성)으로 2심에서 징역 2년 6개월형을 선고받고 대법원에 상고했으나, 6일만에 취하하고 형을 받아들였다. 5개월 복역 후 2003년 8월 15일, 노무현 대통령 광복절 특사때 공안사범으로는 유일하게 가석방됐다. 다시 2년후인 2005년 8월 15일 노무현 대통령 광복절 특사때 특별복권까지 이뤄지면서, 공무담임권 및 피선거권을 회복했다. 이후 이석기는 통합진보당 비례대표 국회의원에 당선됐다. 한 정권에서 두 번이나 사면받는 것은 매우 이례적인 일이다.

문재인 대통령은 지난 2003년 국가보안법을 위반한 이석기에 대해 누구도 수긍하기 어려웠던 대통령 특별사면 당시, 청와대 민정수석으로 있었다. 그래서 당시 이석기의 특별사면에 문재인

수석이 깊게 관여한 게 아니냐는 의혹이 제기되기도 했다.

▪ 국정원은 국민 사생활 파괴하는 악성 바이러스다

문재인 대통령은 새정치민주연합 대표시절인 2015년 7월 16일 오전 국회에서 새정치민주연합 위원들이 '국정원 불법 해킹프로그램 및 악성코드 감염검사'를 시연하는 자리에서)국정원은 국가 정보기관이 아니라 국민 사생활을 파괴하는 악성 바이러스라고 말했다.

문재인 대통령은 2013년 9월 23일 저녁 서울시청 광장에서 천주교 정의구현사제단 주최로 열린 '국정원 해체와 민주주의 회복을 위한 전국 시국기도회'에도 참여했다. 사제단은 이날 배포한 시국선언문에서 "국정원은 더 이상 존립할 이유가 없다. 당장 해체되어야 한다"고 주장했다. 이런 집회에 참여했다는 것은 문 씨가 국정원 해체에 적어도 소극적으로 동조했음을 의미한다.

▪ 기회는 평등, 과정은 공정, 결과는 정의로울 것?

문대통령은 2017년 5월 10일 국회에서 대통령 취임 선서 후 낭독한 '국민께 드리는 말씀'을 통해 "기회는 평등할 것입니다. 과정은 공정할 것입니다. 결과는 정의로울 것입니다"라고 말했다.

'국민께 드리는 말씀'의 초안을 작성한 사람은 노무현 전 대통령의 필사로 통하는 윤태영 전 청와대 대변인이다. 그러나 이런 표현은 비리의 백화점처럼 드러난 소위 '조국사태'와 아들 문준용 씨의 고용정보원 불법채용의혹을 비롯해 국민의 신뢰를 잃은 수많은 채용, 인사 비리로 인해 빛이 바래지면서 조롱거리가 되고 있다.

▪ 내가 취임한 날은 국민통합이 시작된 날로 역사에 기록될 것이다. 국민 모두의 대통령이 되겠다. 특권과 반칙이 없는 세상을 만들겠다

문재인 대통령은 취임사에서 "감히 약속드린다. 2017년 5월 10일은 진정한 국민 통합이 시작된 날로 역사에 기록될 것"이라고 했다. "오늘부터 저를 지지하지 않았던 분도 진심으로 우리 국민으로 섬기겠다"고 했다. 하지만 취임하자마자 시작된 과거정권 인사 죽이기 적폐청산으로 사회 곳곳에서 인민재판과 같은 행태가 벌어졌고 임기의 반환점에 접어든 2019년 11월 10일 현재 수사받은 전(前) 정권 인사만 약 120명에 달한다. 징역형 합계가 140년을 넘겼다. 4명이 자살했고, 1명은 모든 국가기관의 공격을 받던 중 유명을 달리했다. 2017년 5월 10일은 통합이 시작된 날이 아니라 조선시대 사화(士禍)에 버금가는 잔인한 정치 보복이 시작된 날로 기록될 것이다.

문 대통령은 "분열과 갈등의 정치를 바꾸겠다"며 "보수와 진보의 갈등은 끝나야 한다. 대통령이 나서서 직접 대화하겠다. 야당은 국정 운영의 동반자이고 대화를 정례화하겠다"고 했다. 지금 강제로 선거제도까지 바꾸려는 폭거는 야당을 적(敵)으로 보지 않으면 있을 수 없는 일이다. 문 대통령은 "능력과 적재적소를 인사 대원칙으로 삼겠다"며 "저에 대한 지지 여부와 상관없이 유능한 인재를 삼고초려해 일을 맡기겠다"고 약속했다. 하지만 문 대통령의 인사 원칙은 사실상 '내 편이냐, 아니냐' 한 가지뿐이었다. 내 편이면 헌법재판관조차 청문보고서 없이 임명 강행했다. 청문보고서 채택없이 장관급 이상에 임명된 자는 역대 최대인 22명이다. 바른미래당에 따르면 문 대통령의 낙하산 임명은 하루에 한 건 꼴이라고 한다. 문 대통령 친구들은 한자리씩 하고, 법무 법인의 동료는 법제처장, 심지어 사무장까지 공기업 이사가 됐다. 이러면서 취임사에선 "대통령의 제왕적 권력을 최대한 나누겠으며 권력기관은 정치로부터 완전히 독립시키겠다. 특권과 반칙이 없는 세상을 만들겠다"고 했다.

▪ 제주4.3사건은 대한민국정부수립에 반대한 공산폭동아닌 국가폭력으로 말미암은 것

문재인 대통령은 2018년 4월 3일 제주 4.3 사건 70주기 추념사에서 제주 4.3사건에 대해 "국가폭력으로 말미암은 그 모든 고통과 노력에 대해 대통령으로서 다시 한 번 깊이 사과드리고, 또한 깊이 감사드린"고 말했다.

하지만 제주 4.3사건은 대한민국의 건국을 저지하기 위해 남로당 제주도당 좌익 무장대가 북과 연계된 중앙당의 지령을 받아 일으킨 '공산폭동'이며 군경의 진압과정에서 무고한 주민들의 희생이 컷는 데도 문재인 대통령은 이를 계급투쟁의 '민중봉기' 차원에서 성격을 규정하고 있다. 김대중 대통령도 공산폭동을 인정했지만 노무현 전 대통령은 재직시 이를 남로당 제주도당의 자발적이고 단독적인 '민중봉기'로 역사 바꿔치기를 했다. 따라서 공산폭도는 희생자로 둔갑되고 폭동을 진압한 국군은 학살주범이 됐다. '민중봉기'라는 노무현-문재인 정부의 이같은 성격규정은 '인민봉기'라는 북한 주장과 유사하다.

　제주 4.3사건은 조선민주주의인민공화국 수립을 찬동, 지지하기 위한 '공산폭동'이지 단순히 경찰과 서청(西靑)의 탄압에 반대한 '민중봉기' 아니다. 남로당 유격대 문서에도 상부 지시받고 일으켰다고 돼있지만 노무현 정부는 일축했다

　북한은 '미제축출과 통일중앙정부 수립하라'는 김일성의 교시와 호소를 받들어 제주인민이 일으킨 '인민봉기'이며 '반미-반팟쇼 구국항쟁'이라고 문헌에 기술하고 있다

　노무현 정부는 592억 원에 달하는 국민세금으로 제주시 봉개동 12만평 부지에 제주4.3평화공원을 건립해놓고, 이승만 전 대통령과 국군을 학살자로 표현해 평화기념관을 찾는 많은 청소년들에게 반미종북좌파사상의 학습장을 만들었다. 제주 4.3폭동 주범 김달삼은 김일성으로부터 국기훈장 받고 애국열사릉에 안장(가묘)됐다. 남로당 제주도당위원장 강규찬은 4.3 前 북에 가서 김일성으로부터 공작임무 부여받았다.

■ 정의롭고 공정한 나라 만들겠다... '조국사태'로 물거품

　문재인 대통령은 2018년 4월 19일 임종석·장하성·정의용 등 청와대 참모진과 함께 국립 4.19 민주묘지에 참배하며 방명록에 "4.19 혁명의 정신으로 정의롭고 공정한 나라를 만들겠습니다"라고 썼다.

　하지만 출범이후 계속돼온 문재인 정부의 실정, 실책, 비리는 '내로남불' 정권의 '정의 구현'이냐는 비아냥이 나올 정도로 일일이 기억하기 힘들 정도 였다. 문재인 정부는 과거 정부의 인사가 엉망이라며 탈세, 부동산투기, 위장전입, 병역면탈, 논문표절 등 '고위 공직 배제 5대 비리'에 다시 음주운전, 성범죄 등을 추가한 7대 비리를 제시했으나 실제 인선을 보니 7대 비리에 걸린 장관급 이상자가 2019년 11월 현재 20여명에 달했다. 역대 어느 정권도 이런 일이 없었다. 전 정부의 공기업 임원 낙하산 인사는 갖은 소리로 비난하더니 문재인 정부 낙하산은 박근혜 정부 50명 정도 더 많았다. 전 정부가 4년여 동안 국회 동의없이 10명의 장관급 인사를 임명 강행했다고 '불통'이라 비난하더니 자신들은 2년 6개월 사이 20여명을 불통으로 임명 강행했다.

　조국 전 법무부 장관은 서울대 교수일 때 폴리페서(polifessor) 윤리 규정을 만들라 하고, 폴리페서 휴직으로 학생과 동료 교수가 피해를 본다는 글을 신문에 기고했다. 하지만 자신은 민정수석과 법무장관을 거치면서 두 차례나 폴리페서가 됐다가 다시 교수로 복직해 수업 한번 하지

않으면서 거액의 봉급을 타먹고 있다. 홍종학 중소벤처부 장관은 의원 시절 격세 상속·증여를 규제하는 법안을 발의해놓고 자신은 격세 증여를 했다. 특목고 폐지를 주장해놓고 딸은 특목중에 보냈다. 문 정권 사람들은 외고, 자사고가 귀족 학교라며 폐지를 주장한다. 그런데 자사고를 공격했던 조희연 서울교육감은 알고 보니 두 아들이 외고를 나왔다. 장석웅 전남교육감 아들은 외고 나와 의대 갔고, 전교조 출신 장휘국 광주교육감 아들은 과학고 나와 법대에 갔다. 조국 수석은 '외고 출신은 어학 전공을 하도록 강한 정책을 펴야 한다'고 책에 썼는데 딸은 외고를 나와 이공계와 의학전문대에 갔다. 그것도 온갖 입시용 서류를 위조해 입학한 혐의를 받았다.

김상곤 전 교육부총리는 10년 전 교수시절 "논문 표절한 사람은 교육부총리 자격이 없다"고 맹비난하는 성명을 발표했다. 하지만 그의 논문은 교육부총리 후보시절은 물론 지금도 '연구 부적절 행위' 판정을 받고있다.

문재인 대통령은 야당 시절 정권의 방송 장악을 '참담하다'고 했다. 하지만 정권을 잡자마자 다른 정권은 저리 가라 할 정도로 집요하게 KBS MBC는 물론 상업방송인 SBS와 뉴스통신사인 연합뉴스 까지 장악했다. 감사원은 한 달 몇 만원 법인카드 사용 내역을 문제 삼아 KBS 강규형 이사를 쫓아냈다. 문정권에 입맛 맞는 보도만 하라는 '사명'을 띠고 임명된 KBS의 양승동 사장은 청문회 때 세월호 리본을 달고 나오더니 정작 세월호 사고 날 노래방에 갔던 사실이 드러났다. 세월호 문제로 삼성 장군출신의 전 이재수 기무사령관을 자살하게 만들 정도로 수많은 사람을 괴롭혀놓고 자기편이면 면죄부를 줬다. 드루킹 일당은 지난 19대 대선 과정에서 문재인 후보를 위해 무려 8천860만개의 댓글을 조작했다. 박근혜 후보를 위해 41만개 댓글을 달았다며 국정원을 작살낸 정부가 문재인 정권이다. 지금 드루킹사건의 몸통이 문재인 대통령이라는 정황이 드러나고 있는 데도 아예 깔아뭉개는 수준이다. 전 정권 권력 사유화를 비판하더니 문 대통령 친한 친구들은 한자리씩 하고 문 대통령 법무 법인의 동료는 법제처장, 심지어 사무장까지 공기업 이사가 됐다. 더불어민주당은 야당 시절 청문회에서 음주 운전 전력자를 '범죄자'라며 비난하더니 자신들 장관 후보의 음주 운전 전력이 드러나자 '사고 낸 건 아니다'라고 한다. 대통령이 음주 운전을 '살인 행위'라고 한 지 한 달 뒤 최측근이 청와대 앞에서 만취 운전했다. 이 정권이 지명한 헌법재판관과 대법관은 자신도 위장 전입을 해놓고 남에게는 징역형을 내렸다. 참여연대 출신 김기식 전 금감원장은 남의 1만2천 700원 법인카드 사용은 문제 삼더니 자신은 피감 기관 돈으로 해외여행 '출장'을 여러 차례 다녀왔다.

▪ 대통령 되면 '참으며 어떤 비난도 감수하겠다'더니 국민의 비판에 노골적 재갈물려

문재인 대통령은 더불어민주당 대선후보로 확정되기 전인 2017년 2월 9일 방영된 JTBC '썰전'에 출연해 '검증이 끝난 후보'를 자처하며 〈만약 대통령이 된다면 납득할 수 없는 비판, 비난도 참을 수 있나〉라는 진행자의 질문에 "참아야죠 뭐"라고 했다.

하지만 문재인 정권은 정작 집권한 뒤에는 '대통령 문재인'에 대한 국민들의 평가, 비판에 노골적으로 재갈을 물리려는 행태를 보이면서 배신감을 호소하는 국민이 적지 않다.

2018년 1월17일 추미애 당시 민주당 대표는 당내 공식회의에서 대통령을 '문재앙', 극성 지지자들을 '문슬람'(문재인과 이슬람의 합성어)이라 부르는 댓글을 '명백한 범죄행위'라고 규정해버리는 동시에 "이를 방기하는 포털의 책임도 묻지 않을 수 없다"며 '묵인과 방조도 공범'이라고 목소리를 높였다.

이러한 집권여당 대표의 대국민 겁박에 일부 언론은 "인터넷상 표현의 자유를 뒤흔들었다" "문재앙 비난 잡겠다는 추미애 대표가 더 위험하다"고 '경고'하기에 이르렀다.

홍준표 당시 자유한국당 대표는 2018년 1월 18일 "이명박 대통령 때 '쥐박이'라 하고, 박근혜 대통령 때는 '닭근혜'라는 댓글이 달렸다", "한나라당 이회창 총재에 대해서도 댓글이 '이회충'이라고 달렸지만 우리는 대꾸 하지 않았다"고 토로한 뒤 "자기들은 10년간 그래놓고 이제 와 최고존엄을 모독한다고 고소고발 한다는 걸 보고 이 나라가 자유대한민국인지 북한 인민공화국을 따라가는지 분간하기 어렵다"고 쏘아붙였다.

고영주 전 방송문화진흥회 이사장의 '문재인은 공산주의자' 발언 재판에 대해, 형사 1심 무죄라는 결과에도 불구하고 '불소추 특권'을 갖고 있는 문 대통령이 소 취하 없이 상급심을 강행한 것도 '표현의 자유 억압' 사례로 거론된다.

▪ 노무현 전 대통령 가족이 받은 640만불 아는 바 없고 뇌물 아니다

문재인 대통령은 2017년 5월 9일의 제19대 대선 약 한 달 전인 4월 13일 열린 대선후보 첫 합동토론회에서 자유한국당의 홍준표 후보로부터 "노 전 대통령이 640만불을 받을 때 몰랐나"라는 질문을 받고 "몰랐다. 그리고 (뇌물 받은 게) 아니다. 그 말은 책임져야 한다"라고 받아쳤다. 소위 '박연차 게이트'로 불렸던 이 사건은 2009년 5월 23일 노무현 전 대통령이 고향에서 자살함으로써 공소권 없음을 이유로 즉각 수사가 종결됐다. 노 전 대통령이 자살을 선택함으로써 본인이 부인 권양숙씨와 함께 자신의 경제적 후원자인 박연차 태광실업 회장에게 직접 금품을 요구했는가, 배임수재와 연관이 있는가 등은 지금까지 법적으로는 전혀 알 수 없게 돼버렸다. 왜냐하면, 수사 중 자살을 하면서 법정에서 판단할 수 있는 가능성 자체가 사라졌기 때문이다. 제19대 대선 후보 토론회에서 자유한국당의 홍준표 후보는 대검 중수부 수사기록을 근거로 노 전 대통령이 직접 뇌물을 받았다고 주장했으나, 문재인 당시 후보는 사실이 아니라고 반박했다. 사실만 말하자면 지금도 정확히 〈직접 뇌물을 요구해서 받았다, 안 받았다〉라고 단정지어서 말할 수가 없다. 노무현의 자살로 '공소권 없음' 처분으로 수사가 종결돼, 법원에서 해야할 후속적 사실판단을 아예 할 수 없게 돼버렸기 때문이다.

실제로 검찰 수사결과 발표로 드러난 "부인 권양숙이 금품을 요구했다"는 부분에 대해서 권양숙씨는 어떤 형사판결도 받지 않았다. 조카사위 연철호와 함께 박연차로부터 500만 달러를 수수해 사적으로 사용했다고 발표된 아들 노건호씨 역시 아무런 판결을 받지 않았다. 뇌물죄(포괄적 뇌물죄)의 적용은 오직 최고위직 공무원 그 당사자에게만 해당되기 때문에 노 전 대통령 밖에 해당사항이 없었기 때문이다. 노 전 대통령의 일가족 중 처벌을 받은 사람은 딸 노정연씨 한 사람뿐이며, 그것도 '40만 달러 +13억원'에 대해 외국환거래법 위반(불법 환치기)으로 징역 4개월에 집행유예 1년을 받은 것이다. 미국 주택 구입 자금으로 박연차 회장으로부터 받은 40만 달러와 권양숙씨로 부터 전달된 13억원과 관련된 혐의이다. 노 전 대통령의 형 노건평씨 역시 박 회장으로부터 수십억 원을 챙긴 알선수재 혐의가 적용돼 징역 2년 6개월의 확정판결을 받았지만 짧은 기간 복역하고 2010년 광복절 특별 사면으로 석방됐다. 검찰은 2009년 6월 12일 '박연차 게이트' 수사 결과를 발표하고 박 회장으로부터 금품을 받은 혐의를 받았던 수많은 정관계 인사들을 뒤로하고 30여명을 구속 기소하는 선에서 수사를 흐지부지 마무리하고 말았다. 박 회장은 이 사건으로 2년6개월 실형과 벌금 291억원을 선고받았다.

결국 40만 달러는 딸 노정연씨의 미국 부동산 구입 자금으로, 100만 달러는 부인 권양숙씨에게, 500만 달러는 조카사위 연철호씨에게 간 것이 수사 결과다. 조카사위가 총액 640만 달러 중 80% 정도를 차지한 것이다. 그러면서도 검찰은 500만 달러는 실질적으로 아들 노건호씨가 받아서 사용한 것으로 보는 것이 타당하다는 입장이었다. 투자 목적으로 페이퍼 컴퍼니 법인을 이용, 검은 돈에 대한 자금 출처 추적을 방해하고 세법상 부당행위로 조세를 회피하기 위해 성씨가 다른 친인척을 끌어들이는 것은 오래된 불법수단이라는 것이 검찰 측 주장이다.

한편 19대 대선을 앞둔 2017년 4월 21일 자유한국당은 '노 전 대통령 일가 640만불 + α 뇌물사건에'에 대한 대변인 성명을 통해 "이 땅의 적폐청산을 위해 진상 규명과 관련자 처벌이 필요하다"면서 "당시 노 대통령의 자살로 인해 수사가 중단되면서 노 전 대통령 가족으로부터 640만불 + α의 불법수익이 단 한푼도 국고에 환수되지 않은 것은 국민들의 상식과 정의감에 정면으로 반한다"고 밝혔다. 자유한국당은 무엇보다도 문재인 후보가 비서실장 재직 당시 박연차로부터 청와대에 100만불이 전달됐고 청와대 공금 12억 5천만원 횡령 사건이 발생한 만큼 문 후보의 책임은 엄중하다고 강조했다.

자유한국당은 2017년 10월 13일 노 전 대통령의 부인 권양숙씨와 아들 건호씨, 딸 정연씨, 조카사위 연철호씨 등 일가와 박 회장 등 5명을 검찰에 고발했다. 검찰은 사건을 서울중앙지검 형사 6부에 배당하고도 수사를 미루다가 고발 1년 3개월만인 2019년 1월 3일에야 자유한국당 주광덕 의원을 고발인 신분으로 불러 조사하는 등 수사에 착수했다. 이 사건의 공소시효는 2023년 2월 21일까지다.

■ '빨갱이'란 용어는 일제가 독립운동가를 낙인찍기 위해 만들어낸 말

문재인 대통령은 2019년 3월 1일 서울 광화문 광장에서 열린 3.1절 제100주년 기념식에서 "'빨갱이'란 표현은 청산해야 할 대표적 친일잔재다. 일제가 모든 독립운동가를 낙인찍는 말이었고 지금도 정치적 경쟁 세력을 비방하고 공격하는 도구로 사용되고 있다"고 밀했다.

하지만 문 대통령의 이런 언급이 6.25 남침을 감행한 북한 김일성이나 북한 핵무장에 대한 비판에 '친일 프레임'을 씌우려는 것 아니냐는 반박이 야당에서 제기됐다.

바른미래당 이준석 최고위원은 이날 페이스북에서 "왜 문 대통령이 '빨갱이 표현을 쓰면 친일'이라는 프레임을 만들려는지, 빨갱이가 진짜 일제가 만든 개념인지 이해가 가지는 않는다"며 "우리 사회에서 '빨갱이'에 대한 부정적 인식은 김일성 일당의 전쟁도발이 그 세대의 마음속에 심어 놓은 한(恨)이 주원인"이라고 했다. 그는 "문 대통령의 3·1절 기념사를 보니 광복 이후에 빨갱이로 몰려서 고통받으신 분들의 마음에는 잘 공감하고 계신 듯하다"면서도 "그러나 공산주의자들이 일으킨 전쟁에서 사망한 14만 9천명의 국군 전사자, 71만명의 국군 부상자, 13만명의 국군 실종자와 37만명의 민간인 사망자, 22만 9천명의 민간인 부상자, 30만명이 넘는 민간인 실종자들과 그 가족들이 가진 한에 대해서는 무덤덤하신 것 같다"고 했다.

자유한국당 장능인 대변인도 논평을 통해 "문 대통령이 3.1절 기념사에서 갑자기 '빨갱이'라는 단어 또는 관련 개념을 직·간접적으로 12회 언급했는데 순국선열을 기리기 위해 모인 자리에서도 '색깔'을 언급하며 국민을 편 가르기 하고 싶은가"라고 했다. 그는 "문 대통령이 언급한 단어에는 북한의 6.25 기습 남침을 통해 수백만 국민의 생명과 삶의 터전을 앗아간 '분단과 전쟁의 상처'를 담고 있다"며 "3.1절 기념식에서 대통령이 사용하기에는 부적절한 역사 왜곡 여지가 있는 표현"이라고 했다. 그러면서 "정치적 경쟁 세력을 비방하기 위한 '신(新)적폐몰이'와 국민 편가르는 정치를 당장 그만두라"고 했다.

바른미래당 이종철 대변인은 "문 대통령의 기념사에 나온 '빨갱이' 어원 풀이는 오히려 거꾸로 '색깔론'을 부추기는 형국"이라며 "좌우 이념 갈등의 최대 상처는 '김일성이 일으킨 6.25 전쟁'이라는 사실을 빼고서 좌우 갈등의 반쪽만을 말할 수 없다"고 했다. 과거 권위주의 정권 시절 '빨갱이'란 단어가 반(反)체제 인사를 탄압하기 위한 낙인찍기로 악용됐던 적이 있다. 그렇다고 북한의 남침과 핵무장 같은 김일성 3대 정권의 모순을 비판하는 것까지 '친일 프레임'에 가둬선 안 된다는 주장이다.

문재인 대통령은 이 발언으로 스스로 무식을 드러냈다는 지적까지 받았다.

한글학회 큰사전, 국립국어연구원 표준국어사전, 이희승 국어대사전, 이기문 감수 동아새국어사전, 네이버 국어사전 등에 따르면 빨갱이란 '공산주의자를 속되게 이르는 말'로 나와있다. 세계적으로 유명한 Webster's English Dictionary, Oxford English Dictionary, Random House Dictionary, Collins Dictionary, Cobild Dictionary를 보면 〈The Reds(빨갱이)=Communists(공산주의자)〉로 정의하고 있다. 이처럼 '빨갱이'란 말은 공산주위자를 뜻하는 국제적인 용어이다.

옛 공산주의 국가 소련의 적기(赤旗, red flag)와 중국의 홍기(紅旗)는 물론 북한을 비롯한 가의 모든 공산 국가의 국기가 빨간색(프롤레타리아 계급의 분노의 표시 상징)이라는 것도 빨갱이가 공산주의라는 뜻과 무관치 않을 것이다. 이러한 적기는 1789년 프랑스 혁명을 거쳐 1871년 파리 코뮌때 역사상 최초로 국기로 채택된다. 또한 19세기 말 아나키즘(anarchism, 무정부주의)이 좌파세력이 그들의 상징으로 적기를 사용하기도 했다.

1917년 러시아 혁명이 성공한 뒤 1923년 볼셰비키의 소비에트 연방이 낫과 망치가 그려진 적기를 국기로 채택하면서부터 '적기=공산주의'라는 공식은 전세계 사람들의 머릿속에 깊이 각인됐고, 2차대전 종전 이후 전 세계에 수립된 대다수의 공산국가들이 적기를 기본 도안으로 자국의 국기를 제정했다. 굳이 공산주의 국가나 공산당은 아니더라도 좌파계열 정당들도 애용한다. 대표적으로 독일의 사민당(SPD; Sozialdemokratische Partei Deutschlands)을 둘 수 있다. 지금도 SPD의 상징은 붉은색이다. 또한 영국 노동당의 경우에도 1980년대까지는 적기를 기본 바탕으로 한 당기를 사용했었다

2002년 한일 월드컵때 한국에선 '붉은 아마' 어쩌고 저쩌고 하면서 초등학생에서 80대 노인

에 이르기 까지 무수한 국민이 〈Be the Reds〉란 글귀가 적힌 붉은색 셔츠를 입고 응원장 등에 나타났는 데 이 영문 구절의 뜻은 정확히 "붉은 악마가 되자"가 아니라 "공산주의자가 되자"라는 뜻이다. 악마(devil)에는 통상 두 가지 뜻이 있다. 기독교에서는 일반적으로 하나님(하느님)의 대적자인 '사탄(Satan)'을 가리키는데 사용하는 데 이 경우는 대문자 'Devil'로 표기하고 복수형이 없다. 통상 말하는 '악마', 즉 초인적인 능력을 가진 악의(惡意)있는 존재를 뜻할때는 복수형 'Devils'을 취한다. 다라서 붉은 악마의 뜻이 되려면 〈Be the Red Devils〉로 해야 한다. 예컨대 벨기에 축구 국가 대표팀의 명칭은 〈Belgian Red Devils〉이다.

Cambridge Dictionary에 따르면 'Satan'은 '하나님(하느님)의 적대자(the enemy of God)'를 뜻하는 것으로 복수형이 없다. 따라서 Devil도 사탄의 의미(Devil=Satan)로 쓰일 때는 복수형이 없다. 하나님이 한분이기 때문에 사탄도 하나라는 의미다.

■ 한국 언론자유는 (내가 대통령으로 있는) 지금이 역사상 최고다

문재인 대통령은 2018년 9월 25일 미국 유력매체 폭스(FOX)뉴스와의 인터뷰에서 언론인·탈북민 탄압 등과 관련한 질문에 대해 "한국의 역사상 지금처럼 언론의 자유가 구가되는 그런 시기는 없었다. 북한을 떠나서 우리 한국으로 찾아오는 탈북민들에 대해서는 우리는 언제든지 환영하고 있다" 고 말했다.

이에 대해 김병준 한국당 비대위원장은 같은 날 '탈북민 출신 기자의 취재 불허, 대통령이 바로 잡아야 한다'는 글을 올리고 "북측의 요청이 없는 상태에서, 우리 정부 스스로 '남북 고위급회담의 여러 상황을 감안한 판단해' 내린 결정이라고 한다. 대한민국 정부가 이래도 되는가"라고 비판했다. 특히 김 위원장은 "이것이 정녕 대통령이 말한 '역사상 지금처럼 언론의 자유가 구가되는 시기는 없다'는 그 '지금의 대한민국'에서 벌어지는 일인가"라고 꼬집었다.

앞서 통일부는 2018년 8월 15일 판문점에서 열리는 남북고위급회담과 관련, 이를 취재할 공동기자단에서 탈북자라는 이유로 조선일보 김명성 기자를 제외해 논란이 됐다

한편 더불어민주당은 2018년 9월 26일 서울발 보도에서 문재인 대통령을 '유엔에서 김정은의 수석 대변인'으로 표현한 미 블룸버그 통신의 한국 국적 기자에 대해 실명을 언급하며 '매국행위'라고 비난, 국제 언론 단체들로부터 비판을 받았다.

전 세계 120국 이상의 신문·방송 발행인, 편집인과 주요 언론인들이 회원으로 있는 국제언론인협회(IPI)는 "기자는 정부의 응원단이 아니다"라며 "기자의 역할은 공익 사안에 독립적이며 비

판적으로 보도하는 것"이라는 성명을 냈다. 서울외신기자클럽(SFCC), 아시안·아메리칸기자협회 (AAJA) 등도 "언론 통제"라며 민주당을 비판했다. '국경없는 기자회'(RSF)는 "언론인은 자유롭게 의견을 개진할 권리가 있고, 오로지 독자만을 고려해야 한다"면서 "아직까지 아무런 언급이 없는 문 대통령이 직접 민주당 성명을 비판하고 앞으로 언론 자유의 원칙을 존중하겠다고 보장하라"고 했다. 미 국무부까지 나서 "자유로운 언론은 민주주의를 뒷받침하는 핵심"이라며 이례적으로 우려를 표했다.

▪ 백두산 등반은 김정은의 즉흥 제안으로 이뤄졌다

문재인 대통령은 2018년 9월 20일 김의겸 청와대 대변인을 통해 백두산 등반은 현지에서 김정은의 즉흥 제안으로 이뤄졌다고 말했다.

하지만 문재인 대통령과 김정은 북한 국무위원장의 백두산 등반은 사전에 치밀하게 조율하고 준비한 것이 드러난다. 이는 김정은이 문 대통령의 평양 방문 중 제안해 이뤄진 '돌발적 깜짝 일정'이 아니라, 문 대통령의 방북 전부터 사전 준비가 있었다는 것이다. 문 대통령 스스로도 9월 18일 평양행 비행기안에서 백두산에 간다는 것을 이야기 한 만큼 즉흥적 제안으로 이뤄졌다는 건 거짓말이다.

미국 자유아시아방송(RFA)은 2018년 9월 20일 소식통들을 인용, "백두산 근처 양강도 삼지연군에서 지난 9월 13일부터 도로보수 작업이 진행됐다"며 "김정은이 그동안 알려진 문 대통령의 백두산 방문 희망을 기억하고 사전 준비를 지시한 것으로 보인다"고 전했다.

RFA는 김정은이 문 대통령과 함께 백두산에 가기 위해 양강도 혜산시부터 삼지연 구간까지 대규모 도로정비 작업을 하고 비상경비태세를 갖췄다고 전했다. 모든 차량과 사람의 이동은 금지됐다. RFA는 양강도 취재원을 인용, "중앙정부와 양강도 고위 간부가 삼지연군에 집결하고 도로정비 작업에 공장과 정부기관, 인민반 주민을 대거 동원했으며 공안 기관과 경비대도 총동원됐다"고 전했다.

백두산 등반 하루 전인 19일에는 혜산시를 통제하고 삼지연군 자체를 완전히 봉쇄했다. 혜산시에서 모든 일반 차량 통행을 금지하고 골목 구석구석까지 보안원과 보위원이 경계를 섰다. 이날 오후에는 호위사령부로 보이는 경호차량 7대를 포함해 벤츠 등 차량 30대가 혜산 시내에 나타나기도 했다.

청와대에서도 사전 리허설까지 한 것으로 알려졌다.

문 대통령은 2018년 4월 27일 판문점 정상회담 만찬 때 김정은에게 "내가 오래전부터 이루지 못한 꿈이 있는데 바로 백두산과 개마고원을 트레킹(도보여행)하는 것"라고 말한 적이 있다. 또 2018년 9월 18일 평양행 비행기 안에서 "나는 백두산에 가되 중국이 아닌 북쪽으로 올라가겠다"고 공언했다. 김정은이 북한을 통해 백두산에 오르는 게 소원인 문 대통령을 위해 미리 일정을 준비했다는 얘기가 나오는 배경이다.

▪ 우리는 부(富)의 양극화와 경제적 불평등이 세계에서 가장 극심한 나라

문재인 대통령은 2019년 1월 10일 신년 기자회견에서 "우리가 함께 이룬 경제성장의 혜택이 소수의 상위계층과 대기업에 집중됐고, 어느 덧 우리는 부의 양극화와 경제적 불평등이 세계에서 가장 극심한 나라가 됐다"고 말했다.

문 대통령의 이 말은 소득분포가 보수정권에서 더 양극화됐다고 주장한 것이지만 이는 틀린 말이다. 경제학에서 소득 불평등지수를 나타내는 지니계수(Gini's coefficient)는 김대중·노무현 정부에서 가파르게 치솟았지만 이명박·박근혜 정부를 거치면서 조금씩 완화됐다. 소득 양극화가 확대된 것은 오히려 문재인 정권 집권 이후 였다. 통계청 발표를 보더라도 문 대통령이 소득주도 성장을 정책 기조로 채택한 뒤 2019년 4분기 소득 최하위 20% 계층의 근로소득은 역대 최 하위 인 37%나 감소했다.

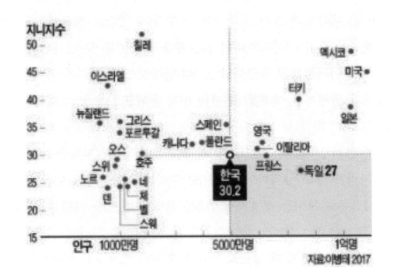

이병태 카이스트 경영학과 교수는 문 대통령의 2019년 신년 기자회견 내용에 대해 자신의 페이스북에 "장하성 전 청와대 정책실장의 거짓말을 앵무새처럼 반복했다"며 신랄하게 비판했다. 장 전 실장은 문재인 정부의 소득주도성장 정책을 견인했으나 2018년 말 사퇴했다.

이 교수는 "가계소득 비중이 작아졌다는 문 대통령의 주장은 대기업만 잘라 보니까 그런 것"이라며 "우리나라의 '노동소득 분배율'은 꾸준히 상승해 왔다"고 지적했다. 장하성 전 정책실장은 고려대 교수시절 〈분노하라〉는 과격한 제목의 책을 쓸 정도로 양극화 문제를 집요하게 탐구해왔다. 그러나 그의 주장은 소득 통계를 일방적으로 오독한 것이며 오류가 많다는 비판도 받고 있다.

예시된 그림은 이병태 교수가 작성한 것으로, 인구 5천만 이상 국가 중 한국보다 소득이 평등한 나라를 찾아보면 독일밖에 없다.

그림은 특정 국가의 인구(가로축)와 지니계수(세로축)를 한 장의 그림에 펼쳐 보인 것이다. 0에서 1(그림에서는 100)까지 숫자로 표시하는 지니계수는 가계간의 소득분포가 완전히 평등한 상태를 0으로 상정해 산출하는 지수로 1(그림에서는 100)에 가까울수록 불평등 정도가 높아 '부익부 빈익빈' 현상이 심화됨을 의미한다. 0.4(그림에서는 40)를 넘으면 상당히 불평등한 소득 분배의 상태에 있다고 할 수 있다. 지니계수를 통해 근로소득이나 사업 소득 등 소득분배상황은 물론 부동산과 금융자산 등 자산분배상황도 살펴볼 수 있다.

그림에서 인구 5천만 명 이상 되는 큰 국가 중 한국보다 소득이 평평한 나라(오른쪽 하단)는 독일 하나밖에 없다는 사실을 우리는 확인할 수 있다. 미국 영국 일본 이탈리아 멕시코 터키 등은 인구가 한국보다 많으면서 소득분포도 더 불평등하다. 프랑스는 한국과 비슷하다. 흔히 복지 모범국으로 알려져 있는 북유럽 국가 등은 인구 규모가 1천만 명대에 불과해 왼쪽 아래에 옹기종기 모여 있다. 지니계수가 가장 낮은 슬로베니아는 인구 200만 명에 불과하다. 인구가 한국보다 적은 나라 중 뉴질랜드 그리스 이스라엘 칠레 포르투갈 캐나다 폴란드 등은 한국보다 소득분포가 나쁘다. 인도와 중국은 설명이 필요 없다. 한국은 어느 기준으로 보더라도 소득 분포가 양호한 나라다. 소득 불평등이 지옥급(헬조선)이라는 주장은 거짓말이다.

한편 우리나라의 증여·상속세 최고 세율은 50%로, 경제협력개발기구(OECD) 회원국 평균인 26.6%의 두 배에 이른다. 경영권이 있는 최대 주주 지분을 상속할 때는 10-30% 할증까지 적용돼 세율이 최고 65%까지 높아진다. 우리나라와 최고세율이 같은 일본도 최대 주주 주식에 대한 상속세 할증은 하지 않고 있다. 적지 않은 국가들이 피상속인이 부를 축적하는 단계에서 이미 세금을 냈기 때문에 사후 다시 과세할 경우 이중 과세라는 이유로 상속세율을 소득세율보다 낮게 유지하고 있다.

우리나라는 소득세와 상속세의 격차가 세계에서 가장 크다. 상속이 불로소득이라는 관점이 지나치게 강조되면서 국부 유출과 성장 둔화라는 경제적 손실이 간과되고 있다. 미국과 프랑스는 형평성 차원에서 상속세율을 소득세율과 동일하게 적용하고 있으며, 영국과 독일은 상속세율이 소득세율보다 낮다. 상속세율이 소득세율보다 높은 나라는 한국과 일본, 헝가리뿐이다.

상속세가 아예 없는 나라도 수두룩하다. 캐나다는 세계 최초로 1972년 상속·증여세를 폐지했으며 호주도 1984년까지 단계적으로 없앴다. 스웨덴은 2005년 상속·증여세를 모두 폐지하고 자본이득세로 대체했다. 아시아에서도 홍콩, 싱가포르 등은 상속세가 없다.

■ 부동산투기 등 5대 비리관련자는 고위공직인사에서 배제할 것...나는 이런 원칙 저버린 적 없다

문재인 대통령은 19대 대선(2017년 5월 9일 실시) 공약에서 "병역면탈·위장전입·부동산투기·세금탈루·논문표절 그런 분들은 고위공직자에서 원칙적으로 배제해야한다. 저가 공약한 것은 그야말로 '원칙'이고 실제 적용에 있어서는 '원칙'을 저버린 적 이 없다. 원칙만큼은 타협의 대상이 아니다. 원칙을 저버리는 사람은 정치할 자격이 없다고 생각한다"고 밝혔다.

문재인 정부는 그러나 출발부터 '인사 5대 원칙'(병역 면탈, 위장전입, 부동산 투기, 세금 탈루, 논문 표절 관련 인사는 공직 배제)에 발목이 잡혔다. 더 큰 문제는 내부에서 인사 원칙을 두고 자의적 해석이 난무하고 있다는 점이다. 이런 식이면 대통령이 스스로 국민 앞에 공언했던 원칙에 대한 자기 부정이 되고 만다. 문재인 정부는 여기에 음주운전, 성추행 등 2개를 더해 7대 비리를 공직 배제원칙으로 발표했다. 하지만 문재인 대통령의 인사는 출범초기 이낙연 국무총리, 강경화 외교부 장관, 조국 법무장관, 김상조 공정거래위원장 후보자 지명에서 부터 2019년 현재 5대 비리 중 하나도 안 걸린 사람이 없을 정도였다. 문재인 정부들어 국회청문회 보고서 없이 임명된 장관급이상 인사는 2019년 10월 현재 22명으로 역대 최고에 달한다.

■ '비정규직 제로시대 열겠다'는 약속은 허구...2019년 한해 오히려 87만 늘어

문재인 대통령은 취임 사흘째 되는 2017년 5월 12일 오전 인천공항공사를 방문한 자리에서

"제가 앞장서 인천공항공사 비정규직 1만명 모두를 정규직으로 전환하겠다"고 약속하고 비정규직을 제로(0)상태로 만드는 것이 문정부의 '국정과제 1호'라고 설명했다.

그러나 '비정규직 없는 나라'를 꿈꿔 온 문재인 정부가 '비정규직의 나라'로 추락하고 있다. 임기 반환점을 앞둔 문 정부의 '국정과제 1호'인 비정규직 제로 성적표를 보면 충격을 넘어 참사에 가깝다. 2019년 10월 29일 통계청이 발표한 '경제활동인구조사 근로형태별 부가조사 결과'를 보면 지난 1년 사이 정규직은 35만3천명이 줄고, 비정규직은 86만7천명으로 늘었다. 정규직 비율은 67%에서 63.6%로 쪼그라들고, 비정규직은 33%에서 36.4%로 늘었다. 올해 8월 기준 비정규직 근로자 수는 748만1천명으로 집계됐다.

비정규직 비중이 36%를 넘어선 것은 사상 처음이다. 비정규직 근로자 수와 비중은 2003년 관련 통계작성 이래 최대치다. 정규직 근로자 수는 1천 307만8천명으로 집계됐다. 정규직과 비정규직간 임금 격차도 140만원을 넘어 역대 최대를 기록했다.

■ 광우병촛불시위는 국민의 안전한 먹거리에 대한 갈망의 표시다?

문재인 대통령은 민주통합당 대선후보 시절인 2012년 10월 18일 서울 양재동 aT센터에서 열린 '위기의 먹거리, 희망을 말하다' 토론회에서 "우리는 아직도 2008년 광우병 사태를 또렷이 기억하고 있다. 이를 보면서 안전한 먹거리에 대한 국민들의 갈망이 얼마나 높은지를 확인했다"고 말했다.

그러나 광우병 촛불광란시위의 본질은 이명박 정부 타도를 위한 '선동'이지 '쇠고기'가 아니다. 문재인 후보의 말대로 2008년 광우촛불난동의 원인이 '안전한 먹거리에 대한 국민들의 갈망'이 표출된 것이라면 현실적으로 인체에 유해해 사실상 독극물에 비유됐던 중국산 각종식품 수입에 대해서는 어째서 반대 시위 한번 없었는가. 야당은 물론 광우촛불난동의 주모자들인 진보연대, 민노총, 전교조, 전농, 민변 등은 다 어디로 숨었단 말인가?

문재인 정부 출범 4개월 후인 2017년 9월 13일 식품의약품안전처(식약처) 발표에 의하더라도 거의 모든 중국 수입식품은 잔류농약이나 대장균 등에 크게 오염돼 있어 최소한 2-3일 정도 계속해 먹을 경우 인체에 치명적일 수 있는 것으로 밝혀졌다.

예컨대 수입식품업체 진성인덱스트리가 2017년 수입·판매한 중국산 '마늘쫑'에서 잔류농약(이프로디온) 기준(0.1mg/kg)이 초과 검출(0.6mg/kg) 돼 해당 제품 1천 700개가 식약처에 의해 회수·폐기 조치됐다.

또한 같은해 중국산 염지란(양념을 넣어 가공한 알 제품)에서 세균이 무려 1억 4천만 마리가 검출됐다. 기준치(5만 마리)의 2천 800배에 달하는 수치다. 중국산 양념깻잎에선 대장균이 320 마리 검출돼 기준치(10마리까지)의 32배에 달했다. 2016년에는 중국산 낙지에서 카드뮴이 기준치(3.0㎎/㎏)를 넘는 4.6㎎/㎏ 검출돼 반송·폐기되기도 했다.

한편 자유한국당 김명연 의원실이 식약처에서 받은 중국산 '농·임산물 및 수산물 부적합 현황'(2015-2017년 8월)에 따르면 수입 단계에서만 부적합 적발 건수는 총 165건이었다.

광우병촛불시위를 촉발한 것은 MBC의 가짜뉴스였다. 2008년 4월 29일은 그해 여름 장장 100여일에 걸쳐 대한민국 심장부 수도 서울을 온통 광란의 장(場)으로 마비시킨 광우병촛불난동집회에 불씨를 댕긴 MBC PD수첩 가짜뉴스 '긴급취재! 미국산 쇠고기, 광우병에서 안전한가?' 편이 방송된 날이다. 방송 사흘 후인 5월 2일 서울 시청앞과 청계광장에서 본격적인 촛불집회가 열렸고, 이러한 집회는 시일이 지날수록 폭력난동사태로 변질되면서 106일간 수도 서울을 '무법천지'로 만들었다. 세계 역사상 가짜뉴스가 국민을 선동, 국가공권력에 맞서 장시일간 '폭력의 장'을 만든 것은 한국의 광우병촛불집회가 처음이다.

PD수첩의 결론적인 메시지는 미국산 쇠고기=광우병 위험물질=죽음이라는 인식을 국민들에게 널리 심어주어 미국산 쇠고기를 먹으면 뇌에 구멍이 뚫려 5-10년(잠복기)내에 죽을 수 있다는 것이었다. 더구나 한국인의 94%가 광우병에 취약한 MM유전자를 갖고 있기 때문에 서구인에 비해 광우병 발병률이 3배 이상 높다는 것이었다.

PD수첩은 또 미국 동물보호단체 '휴메인 소사이어티'(Humane Society)가 동물학대 고발용으로 만든 '주저앉은 소'(downer)를 광우병소로, 광우병과는 무관한 미국인 아레사 빈슨(Aretha Vinson)의 사인(死因)을 (인간)광우병으로 몰았다. 사실상 조작이었다. 대법원은 훗날(2011년 9월 2일) PD수첩 보도와 관련한 형사 상고심에서 허위왜곡보도라는 판결을 내렸다.

PD수첩 보도이후 포털과 인터넷 카페 및 커뮤니티에는 '젤리·피자·조미료·화장품·생리대도 광우병 위험물질' 이라는 괴담이 본격적으로 확산됐고 4월 30일 이후 MBC에 뒤질세라 KBS, SBS 까지 가세한 선동방송에 힘입어 5월 2일에는 1만여 시민이 참가한 가운데 서울 시청앞 광장에 〈미친소, 너나 처먹어라!!〉라는 제목의 대형 촛불집회가 열렸다. 다음 카페 '아고라'에서는 이명박 대통령에 대한 탄핵운동이 전개돼 사흘후인 5월 4일로 탄핵찬성 서명자가 100만명을 넘어섰다.

미국 쇠고기를 먹으면 당장이라도 머리에 구멍이 뚫려 죽게되는 몹쓸병에 걸린다고 선동했던 사람들의 주장대로라면 쇠고기가 주식인 2008년 당시의 미국인 3억여명(미연방 센서스국 발표)의 절대 다수는 광우병 잠복기 5-10년이 지난 2019년 현재는 죽고 없어야 한다. 설사 살아남아 있는 사람이 있다하더라도 발병 상태에서 고통을 못이기며 죽음을 처참하게 기다려야 한다. 그래서 미국이라는 나라는 지금쯤이면 거의 소멸돼 있어야 한다. 그런데 어찌된 일인가. 미국은 세계 최강국으로 건재하고 미국인들은 지금 이 순간도 자국산 쇠고기를 주식으로 즐겨먹고 있으니 말이다. 그뿐인가, 그 광란의 장(場) 주역들도 지금은 너나 할 것 없이 언제 그런 일이 있기나 했느냐는 듯 천연덕스럽게 미국산 쇠고기를 즐기고 있다.

과거 미국산 쇠고기를 수입해 먹었거나 현재도 먹고있는 나라를 합치면 전 세계적으로 117개국에 달한다. 매년 미국을 방문하는 외국인은 한국인 100만 이상을 비롯해 전 세계에서 6천만 명 이상이다. 미국에 거주하는 한국 교포도 200만을 넘는다. 그렇다면 그동안 미국을 비롯한 지구촌 곳곳에서 미국산 쇠고기로 인한 사망자가 속출하는 등 난리가 날 법도 한데 조용한 건 또 무엇인가? '광우병 촛불난동사태' 10여년이 지난 지금, 한국은 1인당 미국산 쇠고기 수입 1위 국가가 됐다. 미국육류수출협회가 지난 2018년 4월 9일 발간한 연간 수출 실적 보고서에 따르면 2017년 한국의 미국산 쇠고기 수입은 총 12억 2000만달러(약 1조 3000억원)로, 일본(18억 9000만달러)에 이어 세계 두 번째로 많았지만, 이를 1인당 미국산 쇠고기 연간 소비량으로 환산하면 한국인 3.5㎏, 일본 2.4㎏, 멕시코 1.9㎏ 순으로 나타나 한국이 1인당 미국산 쇠고기 수입 1위 국가가 됐다. 이는 한국인이 일본인보다 미국산 쇠고기를 1.5배 가까이 많이 소비한다는 것을 의미한다. 이러한 한국의 수입액은 미국 쇠고기 수출 총액의 17%에 달한다. 또한 한국무역협회에 따르면 우리나라 전체 수입 쇠고기 중 미국산의 비중은 2017년에 50.7%로, 광우촛불난동 이후 가장 수입 비중이 높던 호주산(43.6%)은 훨씬 넘어섰다.

국제수역사무국(OIE)은 한국의 광우촛불난동사태를 조롱이라도 하듯 한국의 '촛불사태'이후 미국을 기존 광우병위험통제국(controlled risk)에서 광우병위험무시국(negligible riks)으로 상향조정했다. 이는 미국산 쇠고기가 세계 최고의 청정 1등품으로 공인받았다는 것을 의미한다.

검찰이 2009년 8월 30일 펴낸 '美 쇠고기 수입반대 불법폭력 시위사건 수사백서'에 따르면 2008년 5월 2일부터 8월 15일까지 106일 동안 전국적으로 벌어진 촛불시위는 모두 2천 398회였고, 연인원 93만 2천여명이 참가했다(시위 주최측은 6월항쟁 21주년 기념일인 2008년 6월 10일 하루만에도 100만이 시위에 참가하는 등 박근혜 대통령 탄핵집회군중 연인원 1천7백만 보더 많은 최소한 연인원 2천만을 상회했다고 주장한다). 이에 동원된 경찰력은 7천 606개 중대, 연인원 68만 4천 540명이었다. 시위대의 폭력행사로 500여명의 경찰이 다치고 177대의 경찰버스가 불에 타거나 부서졌다. 한국경제연구원(KERI)은 2008년 9월 25일 보고서를 통해 "지난 2008년 106일간의 촛불집회의 사회적 비용은 2007년 기준 국내총생산(GDP)의 0.4%에 달했다"며 "금액으로는 3조 7천 513억 원으로 추산됐다"고 밝혔다.

원래 미국산 쇠고기 수입은 노무현 전 대통령이 자신의 임기내에 이행하겠다고 국민과 미국,

그리고 후임 이명박 정부에 수차례나 한 약속이었다. 노 전 대통령은 그러나 임기가 끝날 때까지 조치를 취하지 않고 그 부담을 이명박 정부에 통째로 떠넘긴 것이다. 그의 '고약한 성미'때문이었다. 노 전대통령은 이명박 후보의 당선후인 2007년 12월말 송민순 외교통상부장관과 김종훈 통상교섭본부장이 청와대를 방문, '참여정부 업적인 한미FTA 비준을 위해 쇠고기 문제를 임기 전에 풀도록 결단해 달라고 요청하자 "당신들은 피도 눈물도 없느냐. 내가 만신창이(인기없는 대통령에다 정권재창출 실패)가 돼 있는데, 여기서 더 밟고 간다는 건가. 당신들은 관료지만 나는 정치인이다...내 임기 중엔 안 한다. 다시는 얘기하지 마라"고 쏘아 붙인 것으로 보도됐다. 결국 이명박 정부는 노무현 정부가 물려준 '뇌관'을 만지다 취임 2개월여만에 촛불폭동을 맞았고 이후 지지도 급락과 함께 조기 레임덕이라는 최악의 상황에 시달렸다.

이 대목에서 한 가지 분명한 사실은 당시 촛불시위를 주도한 '한국진보연대' 가 조직한 '광우병국민대책회의'(이하 국민대책회의)에 참여한 1,842개 단체 절대 다수가 친노(친노무현)·친북·좌파 세력이라는 점이다. 이들은 '미국산 쇠고기 수입'이라는 공간을 반미-반정부 투쟁에 적극 이용했다. 실제 '한국진보연대'는 투쟁 목표가 궁극적으로 "이명박 정부를 타도하고 대한민국 사회를 마비시키는 것"이라고 그들의 공식 문건에서 밝히고 있는 것으로 검찰 수사결과 명백히 드러났다. 북한도 광우병 촛불집회 기간 중 반제민전, 우리민족끼리, 로동신문, 중앙방송, 평양방송 등을 통해 광우난동촛불집회 주도세력들에게 반미·반이명박 정부 타도투쟁을 독려하는 투쟁지침을 무려 14차례나 내린 것으로 확인됐다. '국민대책회의' 에 참여한 단체의 면면을 보더라도 언제나 우리 사회의 민감한 정치·사회 현안이 있을 때 마다 반미·반정부 폭력투쟁의 전면에 나서 북한을 비호해온 ■ 종북·친북계열인 민주노총·전국교직원노동조합(전교조)·전국공무원노동조합(전공노)·전국농민회총연맹(전농)·조국통일범민족연합(범민련)남측본부·조국통일범민족청년학생연합(범청학련)남측본부·한국대학총학생회연합(한총련)·6.15남북공동선언실천연대·6.15남북공동선언실천남측위원회·우리민족끼리연방통일추진회의(연방통추)·주한미군철수운동본부 ■ 마르크스-레닌주의 계열인 노동자의 힘·사회주의노동자연합·민중연대 ■ 기타 친북성향 진보·좌파단체인 민주노동당·참여연대·민주사회를 위한 변호사모임(민변)·민주화를 위한 전국교수협의회(민교협)·천주교정의구현전국사제단·경제정의실천시민연합(경실련)·한국가톨릭농민회·한국기독교교회협의회가 포함돼 있다.

광우병촛불난동사태를 선동, 주도한 세력은 과거 거의 예외 없이 '미군철수·국보법철폐·평화협정체결과 연방제통일'이라는 북한의 대남(對南)노선에 동조해 온 단체들이다. 이들 세력은 2002년 효순·미선양 사망 반미촛불시위를 비롯 그동안 맥아더원수 동상 철거, 평택미군기지 확장이전반대, 이라크파병반대, 노무현대통령 탄핵무효, 한미FTA체결저지, 제주강정마을 해군기지건설반대 투쟁을 주도해 왔다. 2016-2017년에는 박근혜 전 대통령 탄핵촛불집회를 주도했다. 이들 촛불세력의 주무기는 거의 언제나 거짓과 왜곡, 괴담, 흑색선전을 통한 선동과 선동에 있었다. 예컨대 이들은 미군 중장비차량에 의한 효순·미선양 사망이 교통사고로 '업무상과실치사'인데도 '살인죄'로 왜곡하고 주한미군사령관과 미국대사, 심지어는 부시대통령의 사과까지 받아냈다.

전 세계가 조롱하는 한국의 광우병사태에는 언론의 책임이 막중하다. MBC, KBS등을 비롯한 거의 모든 언론이 허위·왜곡·선동보도로 사태를 부추겼다. 특히 MBC는 촛불집회를 중계방송하듯 보도했다. "촛불아 모여라! 될 때까지 모여라!"란 자극적인 선동구호를 TV화면 중앙에 깔기도 했다.

더욱 놀라운 것은 촛불폭력집회를 주도한 '국민대책회의'에 한국기자협회, 전국언론노동조합(언노련), 민주언론시민연대(민언련), 언론개혁시민연대(언개련), 한국언론정보학회, 인터넷언론네트워크, 한국인터넷기자협회 등 20여개 언론단체가 직접 참여했다는 사실이다. 한국 언론은 언론학개설서에도 나오는 언론의 주요 기능 중의 하나인 '의제설정기능'을 저버렸다는 비판에서 자유로울 수 없다. 이는 오늘날 세계 어느 언론에서도 주요 기사거리로 취급되지 않은 광우병을 한국언론이 의제로 설정했다는 것을 말한다.

광우병은 소에 대한 육골분 사료 금지후 세계적으로 소멸단계에 있다. 그것은 광우병 원인물질이 다른 질병처럼 전염성이 높은 박테리아나 바이러스가 아니라 프리온이라는 변형 단백질 덩어리이기 때문이다. 육골분 사료 금지후 광우병 발생건수가 사실상 '제로'상태이기 때문에 제약회사들도 수익성 문제로 백신개발이나 치료법 연구에 적극 나서지 않고있다. OIE에 따르면 1992년 3만 7천 316건에 달했던 세계 광우병 발생은 꾸준히 줄어 2015년 7건, 2016년 2건에 그쳤다. 그러나 광우폭력난동 11년이 지난 지금 책임지는 자도 없고, 선동언론인과 불법집회주도세력도 사과나 반성 한마디 없다.

■ 호남 지지 못 받으면 대선 불출마·정계 은퇴 하겠다

문재인 대통령은 제20대 4.13총선을 닷새 앞둔 2016년 4월 8일 더불어민주당 전 대표 자격으로 광주 충장로에서 가진 거리 기자회견에서 "(호남에서) 저에 대한 지지를 거두시겠다면 저는 미련 없이 정치 일선에서 물러나겠다. 대선에도 도전하지 않겠다. ...호남의 정신을 담지 못하는 야당 후보는 이미 그 자격을 상실한 것과 같다. 진정한 호남의 뜻이라면 저는 저에 대한 심판조차 기쁜 마음으로 받아들이겠다"고 말했다.

하지만 더불어민주당은 제20대 4.13총선에서 텃밭인 호남에서 안철수 대권 후보가 미는 국민의당에게 개망신을 당했다. 국민의당은 23석을 얻어 3석에 그친 더불어민주당을 침몰시켰다. 문재인 전 대표는 그러나 대선 불출마나 정계은퇴를 선언하지 않았다. 총선후 기자들이 차기 대선 후보로 유력시 되는 문재인 전 대표에게 "선거에거 졌으니 정치를 떠나느냐"고 질문하자 "그 말은 선거 전략이었다"라며 지나가는 소도 웃을 말도 안되는 발언으로 자신과 국민을 속였다.

■ 4대강 22조면 연봉 2천 2백만원 짜리 일자리 100만개 만들 수 있다

문재인 대통령은 더불어민주당 대선 후보시절인 2017년 1월 18일 일자리 공약을 발표하면서 "이명박 정부가 4대강 사업에 쏟아부은 예산 22조원만 해도 연봉 2천 200만원짜리 일자리 100만개를 만들 수 있고, 지금 정부가 고용에 사용하는 예산 17조원 중 10조원이면 초임 200만원 공무원 50만명을 고용할 수 있다"고 했다.

이에 대해 이병태 카이스트 경영학과 교수가 2018년 7월 19일 자신의 페이스북에 올린 글에서 "5년에 20조 쓴 4대강은 홍수 없이 잘 흘러간다. 자전거 길도 잘 뚫려있고. 일 년 만에 일자리 만든다고 쓴 37조는 어디 갔나?"고 비판했다.

국민의당의 고연호 수석대변인 직무대행은 논평을 통해 "문재인 전 더불어민주당 대표 주장대로 4대강 사업에 투입된 22조로 연 2천 200만원 짜리 일자리를 100만개 첫해에 만들고 난 후, 그다음 해는 어디서 어떻게 재원을 마련할 것인가"라고 반문했다.

특히 "4대강 사업은 단발성으로 한번 하고 그 다음 후속사업이 없었으나, 일자리를 한 해만 하고 그 다음 해에는 안 할 수는 없는 것"이라며 "재원마련에 대한 대책 없는 정책을 엉뚱하게 4대강 사업에 비교한 것은 정치적 속임수"라고 주장했다. 문재인 후보측이 내놓은 4대강 비교 일자리 대책은 한마디로 초등학교 고학년 정도만 돼도 비웃을 엉터리 계산법이다. 1년에 100만명 고용에 22조가 든다면 근로자들이 평균 30년을 일한다면 660조(22조원 x 30s년)가 든다. 또 퇴직후 이들 근로자의 퇴직금 또는 연금은 어디서 충당할 것인가?

앞서 2018년 7월 13일엔 홍영표 더불어민주당 원내대표가 "삼성 돈 20조원만 풀면 200만 명에게 1천만 원씩 더 줄 수 있다"고 말해 여론의 뭇매를 맞기도 했다.

2019년 10월 현재 청와대 국민청원 게시판에는 "문재인 정부 2년간 일자리 예산 54조 원의 행방을 밝혀달라"는 청원이 다수 올라와 있다. "22조 원 쓴 4대강은 실체라도 있는데 54조 원은 어디에 쓴 건가" "54조 원이면 프리미어 리그 첼시 구단 18개를 살 수 있는 돈인데 어떻게 쓰인

건지 궁금하다"는 내용이다. 인터넷에는 박근혜 정부의 일자리가 주로 제조업분야라면 문재인 정부의 일자리는 '방과후 교실 전등끄기', '공원 잡초뽑기', '도로 휴지 줍기' '관공서와 기업 등 도시락 배달하기' 같은 것이라는 조롱섞인 댓글도 많다.

■ 일자리는 기업이 만든다고 헛소리 하는 후보들 있다

문재인 대통령은 더불어민주당 대선 후보시절인 2017년 4월 30일 서울의 신촌 유세에서 "여전히 일자리를 기업이 만드는 것이라고 하나마나한 소리를 하는 후보들이 있다. 이제 정부가 나서야 한다. 청년들이 실력과 능력으로 공평하게 경쟁하게 하겠다"고 말했다.

문재인 정부와 박근혜정부의 일자리를 비교하는 자료로 집권 2년차 7월의 통계청 발표 자료가 자주 인용된다.

2018년 8월 20일 통계청에 따르면 집권 2년차인 문재인 정부의 2018년 7월 성적표는 '취업자 5천명 증가'인 반면 2014년 7월 박근혜 정부의 집권 2년차 성적표는 '50만 5천명 증가'로 박근혜 정부의 일자리 창출이 문재인 정부의 무려 101배나 됐다. 취업자는 계절 변수가 있기 때문에 같은 달끼리 비교하는 것이 가장 정확한 비교가 된다. 문재인 정부의 '취업자 5천 증가'라는 수치도 공무원 등 국민 혈세를 들여 봉급을 주는 공공부문을 제외하면 민간 분야에서는 큰 폭의 감소여서 실질적인 민간 일자리 창출은 더 차이가 난다.

세부적으로 보면 고용의 질적인 차이도 난다.

2018년 들어 문재인 정부의 취업자는 대부분 국가가 고용주인 '공공행정·국방 및 사회보장행정'에서 늘어났거나, '고용절벽'이 심화하는 탓에 도시에서 농촌으로 밀려난 '농림어업' 분야의 고용만 늘어났다. 2018년 7월 상대적으로 부가가치가 높은 분야인 '제조업'에서의 취업자는 전 년 동월대비 12만 7천명(2.7%) 감소했으며 '도매 및 소매업'이나 '교육및서비스업'의 취업자는 각각 3만 8천명, 7만 8천명씩 줄어들었다.

그러나 박근혜 정부가 출범한지 2년 째 되는 2014년 7월 고용동향을 살펴보면 제조업은 전년 동월대비 19만1천명(4.6%) 늘었으며, 도매 및 소매업이나 숙박 및 음식점업, 건설업에서도 고용이 늘었다. 농림어업(-11만1000명)과 공공행정·국방 및 사회보장행정(-4만9천명)은 줄었다.

배경도 차이가 난다. 세계 경제가 호황을 누리고 있는 가운데 2018년의 한국은 2008년과 같은 글로벌 금융위기가 발생한 것도 아닌 상황에서 최악의 고용난이 발생하고 있다는 점이다.

▪ 정부가 최대 고용주가 돼야한다

문재인 대통령은 2017년 6월 4일 개통한 일자리위원회 홈페이지에 올린 글에서 "정부가 일자리를 위한 최대 고용주가 되어야 한다는 생각으로 직접 (일자리위원회) 위원장을 맡았다"고 밝혔다.

하지만 '정부가 최대 고용주'라는 말은 공산주의(사회주의) 국가에서나 할 수 있는 것이다. 인류 역사상 정부가 최대 고용주였던 시대는 분명히 있었다. 공산주의 시절이다. 공산주의 국가에서는 국가가 모든 생산수단을 소유하고 있기 때문에 모든 일자리와 고용은 정부에 의해 이뤄진다. 노동자라고 부르지만 사실상 공무원이다. 100% 정부에 의해 임명되기 때문이다. 문재인 대통령은 후보 시절부터 '정부가 최대 고용주가 돼야한다'라는 말을 자주 써왔다.

▪ 임기내 일자리 131만개 창출하겠다

문재인 대통령은 더불어민주당 대통령 경선후보 때인 2017년 1월 18일 공무원 늘리기와 중소기업에 대한 정부 지원 확대 등을 통한 일자리 창출 공약을 발표하면서 "공공부문 충원과 노동시간 단축 등을 통해 131만개 이상의 일자리를 만들어내겠다"고 밝혔다.

문 후보는 "현재 전체 일자리 중 공공부문이 차지하는 비율은 경제협력개발기구(OECD) 평균(21.3%)의 3분의 1 수준인 7.6% 밖에 안 된다. 이를 3%포인트만 올려도 81만개의 일자리를 만들어낼 수 있다"고 말했다.

그는 또 "민간에선 노동시간 단축을 통해 일자리 50만개를 만들겠다"면서 그 내역에 대해 "주52시간 법정 노동시간 준수를 통해 최소 11만2천개에 특례 업종까지 포함해 최대 20만4천개 일자리를 마련하고, 연차 휴가에 대한 현금 보상을 없애 100% 휴가를 가도록 강제하는 방법으로 30만개의 추가 일자리를 만들겠다"고 공언했다.

문 후보측은 "81만 개 일자리를 창출할 경우 (이미 매년 쓰고 있는 일자리 예산 16조-17조원 외에) 매년 4조-5조원씩 5년간 21조 5천 50억원이 필요하다"고 밝혔다. 공공부문 인력 충원에 드는 재원을 계산하면서 대통령 임기인 5년 만을 계산에 넣은 것이다. 50대 근로자의 공무원 평균 근속연수는 보통 27년 안팎이다. 결국 5년을 뺀 나머지 20여 년에 대한 계산은 재원에 포함하지 않았다. 공무원연금과 각종 수당 등 순수 급여 이외의 인건비가 추가되는 것도 빼놓을 수 없는 비용이다. 결국 문 전 대표 측이 밝힌 연 4조-5조(5년간 21조)의 비용 외에 추가비용이 더 들어가는 데는 이런 것은 빠졌다. 그리고 이들 81만명이 퇴직 후 각각 30년을 더 생존한다고 할 때 연금은 어떻게 되는지 설명이 없다.

▪ 미세먼지 30% 절감하겠다

　문재인 대통령은 더불어민주당 대선후보 시절인 2017년 3월 21일 '미세먼지 대책' 공약발표에서 석탄 화력발전 규모 축소를 통해 친환경차 보급 확대 등으로 임기 내 미세먼지 배출량을 30% 감축하겠다고 했다.

　하지만 문 대통령의 미세먼지 대책은 하나도 지켜지지 않았다. 하늘만 바라보고 비가 오기를 고대하거나 바람이 불기를 바라는 것이 대책이라면 대책이었다. 황사와 함께 상당량 미세먼지의 진원지인 중국에 대해서는 말 한마디 못하고 저자세로 일관해왔다는 지적을 받았다.

　2019년 식목일을 앞두고 4월 3일자 조선일보 보도에 따르면 문 대통령 때문에 3년간 나무 232만 그루가 사라졌다. 탈원전에 따른 태양광 발전소 건설로 지난 3년간 여의도 면적의 15배나 되는 산림이 사라졌다는 것이다. 상암동 경기장의 6천배 넓이의 산림이 없어졌으니 그만큼 온실가스 흡수 능력도 약화되고 미세먼지가 더 많아진 셈이다. 그래도 '대깨문'('대가리가 깨져도 문재인'이라는 속어)이라는 지적을 받는 환경단체들은 침묵한다. 탈원전, 태양광 건설, 4대강 보 해체는 문 정권의 반인류적 자연파괴, 환경파괴로 기록될지 모른다.

▪ 소득주도 성장과 최저임금 인상의 긍정적 효과가 90%다

　문재인 대통령은 2018년 5월 31일 국가재정전략회의에서 "고용 근로자의 근로소득은 증대됐다. 올해(2018년) 최저임금 인상(16.4% 올림) 결정으로 기대했던 효과가 나타난다. 소득주도 성장, 최저임금 인상의 긍정적 효과를 (국민과 언론에) 자신 있게 설명하라. 긍정효과가 90%다"고 말했다.

　문 대통령의 "최저임금 인상 긍정 효과 90%"라는 발언에 대해 당시 홍장표 청와대 경제수석은 "통계청 원자료를 다시 분석해보니 개인 근로소득이 하위 10%만 작년 같은 시기 대비 1.8%포인트 하락했고 나머지 90%는 작년 대비 2.9%포인트에서 8.3%포인트 증가했다"며 "문 대통령의 90% 발언은 이런 분석을 바탕으로 한 것"이라고 말했다. 즉 '근로자 가구'와 '비근로자 가구'를 합친 전체 가구를 대상으로 한 통계청 자료와 달리 '근로자 가구'만을 대상으로 했기에 문 대통령의 발언은 전혀 잘못된 게 아니라는 취지였다.

하지만 문 대통령이 '긍정효과 90%' 운운했던 2018년 5월에도 경제와 민생은 확연히 나빠졌고, 저소득층의 고통이 가중되고 있다는 사실은 당시의 정부 통계로도 충분히 확인됐다. 통계청이 2018년 5월 24일 발표한 '가계소득동향'에 따르면 하위 20%(1분위)인 가계의 그해 1분기 월평균 소득은 2017년 같은 기간 대비 8.0% 줄어든 128만 6천 700원이었다. 당시로선 역대 가장 큰 폭으로 줄었다. 반면 소득 최상위 20%(5분위) 가계의 소득은 월평균 1천 15만 1천 698원으로 9.3% 증가해 당시로선 역대 가장 큰 폭으로 늘었다. 최저임금 인상과 소득주도성장이 의도한 것과는 반대의 효과가 나타난 것이다. 문재인 정부가 소득주도성장을 밀어붙이면서 내세웠던 명분인 '양극화 해소'를 비웃듯 양극화는 오히려 악화되고 있다는 결과가 나왔다. 이에 앞서 발표된 4월 실업률은 4.1%로, 2001년 4월(4.1%) 이후 가장 높은 실업률이 기록됐다는 우울한 지표가 역시 통계청에 의해 공개됐다. 그런 상황에서 문 대통령이 '긍정효과가 90%'라고 했으니 참으로 어이없는 일이었다. 대통령이 억지나 다름없는 말을 한지 닷새 뒤인 2018년 6월 4일 국책연구기관인 한국개발연구원(KDI)은 '최저임금 인상이 고용에 미치는 영향'이란 제목의 보고서를 발표했다. 앞으로 2년 간 최저임금이 연 15%씩 인상되면 2019년에 9만 6천명, 2020년에는 14만 4천명의 고용 감소가 발생할 걸로 추정된다는 보고서였다. KDI는 이처럼 일자리 감소를 우려하면서 "최저임금의 빠른 인상은 기업의 비용을 급속히 증가시킨다. 속도 조절을 고려해야 한다"고 강조했다. 하지만 문 정권은 이런 충고를 듣지 않았다. 7월 14일에 결정된 2019년도 최저임금 인상률은 10.9%. 대통령이 임명한 공익위원들이 노동계 위원 편을 드는 상황에서 아무리 하소연을 해도 소용없다고 판단한 사용자 위원들이 정부 세종청사에서 개최된 최저임금위원회 전원회의에 불참한 가운데 이뤄진 결정이었다. 노동계 위원 9명, 사용자 위원 9명, 공익위원 9명으로 구성된 최저임금위원회는 실질적으론 18명이 노동계를 대변하는 일방적인 구조로 운영되고 있다는 것이 이날 결정으로 다시 한 번 확연히 드러난 것이다. 문재인 정권 출범 2년 간 29%나 인상된 최저임금이 2019년엔 10.9%가 또 오른다고 하자 영세상공인, 자영업자, 중소기업 관계자들은 "나를 잡아 가라"며 궐기하고 나섰다. 그러나 대통령과 정부·여당은 냉담했다. 상공인과 자영업자 등은 최저임금을 업종별로 차등 적용해야 한다고 주장했지만 대통령은 "주 5일제 근무처럼 (최저임금도) 제도가 정착되면 도움이 된다"며 일축해 버렸다. 문 대통령이 폐기 또는 대폭 수정이 필요하다는 경제학자들의 충고를 무시하고 소득주도성장 정책을 강행한 결과 이후 경제와 민생 상황이 한층 더 악화했다.

▪ '깜깜이 예산' 국정원 특수활동비 대폭 줄이겠다해놓고 전 정부보다 43% 증액

문재인 대통령은 2017년 5월 25일 대변인 발표문을 통해 청와대가 '깜깜이 예산'이라고 하는 국가정보원의 특수활동비(특활비)를 대폭 줄이겠다고 발표했다.

그러나 특활비가 전임 박근혜 정부에 비해 오히려 43%나 급증한 것으로 나타났다. 문 정부와 여당은 국정원 특활비 상납 사건을 '적폐'로 규정했었다. 이명박·박근혜 전 대통령과 전 국정원장들이 국정원 특활비 상납 의혹으로 구속·기소돼 재판이 진행 중이다.

우리공화당 조원진 의원이 2019년 10월 6일 국회 예산정책처로부터 제출받은 자료에 따르면 2017년 4천 930억원이던 국정원 특활비는 문 정부 출범 첫해(2018년도 예산)에 4630억원으로 한 차례 삭감됐지만 2019년 5445억원으로 크게 늘었다. 2020년도 예산안에선 7055억원으로 증액됐다. 국정원 특활비는 지난해부터 '안보비'라는 이름으로 예산 항목이 변경됐다.

청와대 특활비도 문 정부 출범 첫해에만 23% 삭감(124억원 → 96억원)된 이후 2019년과 2020년(정부안)에는 동일한 수준으로 유지된 것으로 드러났다.

▪ 북한과 1년 내 비핵화하기로 합의했다

존 볼턴 미 백악관 국가안보보좌관은 "2018년 4월 27일 문재인-김정은 판문점회담에서 문 대통령은 '북한의 비핵화가 빠를 수록 한·일의 원조, 외국의 투자 등 개방의 혜택도 더 빨리 얻을 수 있을 것'이라면서 '비핵화를 1년 내에 해버리자'고 했고, 김정은은 '예스'라고 답했다"고 소개했다. 볼턴 보좌관은 2018년 8월 19일(이하 현지시간) 미국 ABC 방송 '디스 위크(This Week)' 프로그램에 출연해 비핵화 시간표와 관련해 "1년 내 비핵화는 문재인 대통령이 제안하고 김정은이 동의한 것"이라고 밝혔다.

미국의 소리(VOA) 방송의 2018년 9월 10일자 보도에 따르면, 볼턴 보좌관은 이날 워싱턴 D.C. 메이플라워 호텔에서 열린 연방주의자협회 토론회에서 연설한 뒤 가진 기자회견에서 "1년 이내 북한 비핵화"라는 말이 누구 입에서 나온 것인지를 다시 설명했다. 그는 4.27 판문점 남북정상회담에서 김정은 위원장이 "2년 이내에 비핵화를 할 수 있다"고 밝히자 문재인 대통령이 "2년 말고 1년 이내에 비핵화를 하는 게 어떻냐"고 제안했고, "그럼 1년 이내에 비핵화를 이루겠다"고 답했다는 것이다.

볼턴 보좌관은 앞서 2018년 7월 1일 미 CBS방송에 출연해 처음으로 '1년 내 비핵화'라는 시간표를 꺼냈고, 8월 5일에는 폭스뉴스 인터뷰에서 "(1년은) 김정은이 약속한 것"이라고 말했다. 그런데 이후 ABC 방송과 VOA방송을 통해 애초에 문 대통령이 이를 제안한 것이라는 새로운 사실을 밝힌 것이다.

볼턴은 싱가포르 미북 정상회담(2018년 6월 12일)에 배석한 뒤인 7월 1일 CBS 방송에 출연해 "미국은 북한의 핵·미사일·대량살상무기(WMD) 등을 1년 안에 해체할 수 있다. 마이크 폼페이오 국무장관이 조만간 이 문제를 놓고 북측과 대화할 것"이라고 말했다. 이 때문에 당시엔 '1년 내 비핵화'가 볼턴에 의해 먼저 제시된 것으로 이해되기도 했다. 볼턴은 8월 5일 폭스 뉴스 인터뷰에서 "김정은이 4월 27일 판문점에서 문재인 대통령에게 그것(비핵화)을 1년 내에 하겠다(He would do it within a year)고 약속했다"고 말했다. "1년 내 비핵화 아이디어가 어디서 온 것이냐는 얘기가 많은데, 김정은으로부터 나온 것(It comes from Kim Jong-un)"이라고 했다.

볼턴 보좌관은 ABC 방송 사회자가 "1년이 (미국이 생각하는) 시간표냐"고 되묻자 "1년은 남북이 이미 합의한 것"이라고 답했다. 이어 "이것이 왜 중요한 의미가 있겠는가. (이 때문에) 트럼프 대통령은 김정은에게 문을 열어놓기 위해 비상한 노력을 한 것"이라며 "그것이 싱가포르 정상회담에서 가장 중요했던 것"이라고 말했다. "그들이(북한이) 이 의미를 이해하지 못한다고 믿기는 매우 어렵다"면서다.

그러면서 볼턴 보좌관은 "이것이 문 대통령이 (4.27판문점 회담후 트럼프 대통령)에게 전한(reported) 내용"이라고 재확인했다. 김정은의 1년 내 비핵화 약속을 미국이 직접 들은 것이 아니라 문 대통령으로부터 전해 들었다는 의미다. 이처럼 미 정부 관료가 남·북·미 정상 간에 오간 대화 내용을 공개한 것은 매우 이례적이다. 한국과 북한을 압박하기 위한 것이란 분석이 나온다.

문 대통령이 2018년 4월 27일 김정은과 회담 후 "1년 내 비핵화하기로 합의했다"는 발언을 감안하면 데드라인은 2019년 4월 27일 직후가 되는 셈이다. 하지만 문 대통령이 공언한 '북한의 1년 내 비핵화'약속은 공수표로 끝나버렸다. 2차 하노이 미북 정상회담이 합의문 도출 없이 결렬되면서 향후 미북 협상의 규모와 이를 통한 3차 정상회담 개최 가능 여부조차 거론되고 있지 않은 상황이기 때문이다. 물론 트럼프 대통령은 향후 회담을 가질 것이라고 여운을 남겼지만 말이다.

앞서 2018년 9월 26일 미 블룸버그 통신은 문 대통령이 유엔에서 '김정은의 수석 대변인(Kim Jung-un's top spokesman)' 노릇을 하고 있다고 보도했다. 문 대통령은 남북관계 개선을 이유로 유엔안보리 등 국제사회와 미국의 대북제재를 무력화 시키는 매우 위험한 의심받을 행동을 한 바 있다. 미국과 대립각을 세우고 있는 나라들을 찾아다니며 동맹국의 이익보다는 북한(적국)의 이익을 대변해 주는 것처럼 보였기 때문이다. 어찌됐건 문 대통령은 김정은의 말을 듣고 국내외에 공언한 만큼, '북한의 1년 내 비핵화' 공언이 지켜지지 않는 상황에 대해 국민들과 미국을 비롯한 국제사회에 상세하게 설명하고 해명해야 할 것이다.

이상한 것은 판문점 회담을 문재인 대통령의 큰 업적으로 홍보하고 6.13 지방선거에도 정치적으로 이용, 압승을 한 정부가 김정은의 '1년 내 비핵화 약속'이라는 대형 호재를 왜 즉각 발표하지 않았는지 이해하기 힘들다는 점이다.

볼턴 발언에 대해 청와대 관계자는 "판문점 회담에서 정상 간에 무슨 이야기가 오갔는지 알지 못하고 알아도 언급하는 게 적절하지 않다"고 답변을 피하고 있는 것으로 보도됐다. 외교에서 정상 간 대화는 공개 않는 경우가 없지않다. 그러나 백악관 보좌관이 이미 공개했고, 그것도 문재인 대통령의 요구에 따라 김정은이 받아들였다고 분명히 밝혔는데 비핵화는 김정은 말과 다르게 1년이 돼도 무진전 상태다. 정부는 김정은이 정확히 어떤 말을 했는지 국민에게 밝혀야 한다.

김정은 위원장은 평양 남북정상회담(2018년 9월 18-20일)을 준비하기 위해 9월 5일 북한을 방문한 정의용 청와대 국가안보실장 등 우리측 특사단을 만나 자신의 비핵화 의지를 의심하는 미국 쪽의 우려에 적극적인 해명을 내놨다. 김위원장은 9월 6일 조선중앙통신을 통해 "비핵화 의지를 거듭 확약"했다. 정 실장은 김 위원장이 "트럼프 대통령의 첫 임기 안에 70년 적대 역사를 청산하고 북미 관계를 개선해 나가며 비핵화를 실현했으면 좋겠다"고 말했다고 강조했다. 김의겸 청와대 대변인은 "이 말(트럼프 대통령 첫 임기내 비핵화 실현)이 가장 중요한 의미를 담고 있다고 정 실장은 보고 있다"고 부연했다.

국내 언론들은 이에 대해 대체로 "김 위원장이 처음으로 비핵화와 평화 과정의 완결 시점, 곧 출구에 도달할 시한을 명확하게 밝혔다는 점에서 상당한 의미가 있다"는 해석을 내놓기도 했다. 트럼프 대통령의 첫 임기는 2021년 1월까지다. 그러나 평양공동선언에는 "남과 북은 한반도의 완전한 비핵화를 추진해나가는 과정에서 함께 긴밀히 협력해나가기로 하였다"고 명시돼 있을 뿐 2021년 1월 까지의 북한 비핵화 스케줄에 대해선 언급이 없다.

▪ 원전은 위험하고 사양산업이며 세계의 대세는 탈원전이다

탈원전 소동은 처음부터 문재인 정부가 일으킨 평지풍파였다. 우리나라는 1978년 최초의 원전인 고리 1호기가 운전에 돌입한 이래 원자력발전소가 문제가 된 적이 없었다. 문재인 좌파정부가 들고나오기 전까지 국민적 이슈가 된 적이 한번도 없었다는 뜻이다. 문재인 정부는 처음 원

원전 건설재개 측이 주장하는 '신고리 5·6호기 6강 동영상 자료'의 15가지 오류

	원전 건설중단 측 동영상 내용	원전 건설재개 측의 지적
1	UAE 수주 수익금 중 3조원을 벡텔사에 지급. 우리 원천 기술이 없어 원천기술 없는 우리나라 원전 건설, 운영, 정비를 해외 의존 UAE 수익금 중 3조원 벡텔사 지급	벡텔사에 지급한 돈은 300억원. 우리나라는 원전 핵심 기술 모두 보유
2	후쿠시마 원전 사고 사망자는 1368명 215회 2011년 후쿠시마 원전 사고 2016년 3월 까지 관련 사망자 총 1,368명 피해복구 예산 215조 원 사고 이후 방사능 영향으로 인한 사망자나 암환자 발생 수 파악 불가 무너진 원자력 안전 신화	문재인 대통령 후쿠시마 원전 사망자 수 언급했다가 사실 아니라고 일본 정부로부터 항의받음
3	원전 주변 5km 이내 갑상선암 발생률 2.5배 증가 원전 주변 지역민 암 발생 역학조사 결과 원전 5km 이내 거주 여성 갑상선암 발생 2.5배	월성원전 1호기 관련 가처분 신청에서 서울고법 "갑상선암 발생이 원전 운영과는 무관하다" 고 판결
4	핀란드 원전 수출 시 우리 원전 안전성을 설득하지 못하고 설계 변경 의혹 제기	설계 변경은 국가별 규제 요건이 달라서 그런 것. 안전성 문제 없음
5	원전 정상운전 중 매일 방사성 물질 배출, 방사능 피폭	주변 주민이 받는 방사선량은 연간 0.01밀리시버트로, 미미한 양
6	아무리 작은 방사능이라도 암 발생 확률을 증가시킴	유엔과학위원회, "100밀리시버트 미만 방사선에서 암 발생 위험도 증가는 확인되지 않음"
7	신고리 5·6호기는 졸속행정으로 제대로 된 검토가 없었음	주민 공람, 설명회, 공청회 등 3단계로 의견 수렴을 했음
8	신고리 5·6호기는 짜놓은 시나리오대로 일사천리로 진행된 사업	2000년 9월 6일 전원개발사업 예정구역 고시 등 20년 동안 준비한 사업
9	지역 주민들이 원전 건설을 반대했으나 정부가 밀어붙임	신고리 5·6호기 건설은 지역 주민 자율 유치에 의해 시작된 사업임
10	수도권에 원전을 짓지 않는 이유는 안전에 대한 확신이 없기 때문	비싼 땅값과 다량의 발전용 냉각수 확보가 어렵기 때문
11	원전이 줄어드는 나라는 온실가스도 줄어듦	원전은 온실가스를 배출하지 않음
12	최근 5년간 원자력 발전 단가는 72% 상승, 태양광은 55% 하락	보조금을 고려하면 태양광 발전 단가 하락은 크지 않음
13	탈원전·탈석탄 시에도 발전 설비 예비율은 충분	2024년부터 발전 설비 예비율은 10% 미만, 전력 공급에 문제가 생김
14	재생에너지와 LNG를 같이 늘려야 온실가스를 감축할 수 있음	LNG 발전은 석탄 화력발전이 배출하는 온실가스의 절반 이상을 배출
15	(고리 원전이 위치한) 기장군 장안읍 일가족이 원전으로 질환 발생	1심에서 이모씨 직장암·아들 발달장애는 기각, 배우자는 갑상선암 2억원 소송에서 1500만원 일부 승소. 2심 재판 진행 중

전이 '위험하다'며 탈원전을 주장했다. 그러나 '위험'의 근거로 든 것은 대부분 사실이 아니었다. 괴담이나 루머에 가까운 것도 있었다. 2011년 후쿠시마 원전 사고는 지진이 아니라 쓰나미 때문이었다. 당시 규모 9.0의 대지진이 발생했지만 일본 동해안 6개 단지 원전 18곳 가운데 지진으로 원자로나 격납 건물이 손상된 곳은 하나도 없었다. 방사능으로 죽은 사람은 한 명도 없었다. 문 대통령은 탈핵정책의 근거로 후쿠시마 원전사고 방사능 사고로 5년간 1천 368명이 죽었다고 말했다가 일본정부로부터 '허위사실'이라며 항의까지 받았다.

원자력이 사양산업이라는 주장은 사실이 아니다. 현재 세계적으로 가동중인 원전은 450기, 건설 중인 것은 59기, 발주되거나 계획된 것은 160기, 건설 검토 중인 것은 378기나 된다. 원전 가동 31국 가운데 독자 모델 원전을 수출한 나라는 한국 미국 프랑스 일본 러시아 중국 등 6개국뿐이다. 미국은 가동원전 99기 중 최초 운전 허가기간 40년에 더해 20년 연장 운전을 승인받은 원전이 지난 6월 기준 84기나 된다. 문재인 정부는 2030년대에 설계수명을 마칠 원전 10기의 수명 연장을 금지시켰는데 이들이 수명 연장 10년정도를 포기할 경우 1기당 전력판매 손해액은 4조 5천억원으로 모두 45조원의 피해를 보게 된다.

탈원전이 세계적 추세라는 주장도 맞지 않는다. 현재 원전을 가동중인 국가는 31개국이며 독일, 스위스 등 극히 일부 국가만 탈원전정책을 펴고 있다. 이 두나라의 탈원전은 믿는 구석이 있기 때문이다. 독일은 전체 전력의 24%를 생산하는 갈탄을 727억t이나 매장하고 있는 데 이는 400년간 사용할 수 있는 양이다. 스위스의 탈원전은 643개에 달하는 풍부한 수력발전소 덕분이다. 미국과 일본은 원전 관련 중대사고 발생국이지만 신규 원전 건설로 방향을 틀었다. 중동 산유국들도 석유고갈에 대비, 원전건설을 서두르고 있다. 기후협약 준수와 함께 온실가스 없는 청정에너지로 원자력이 새삼 주목받게 되면서 전 세계에 거대한 원전 건설 시장이 형성되고 있다. 그런 세계시장에서 원전 건설과 안전운용 기술에서 일류라는 평가를 받고 있는 나라가 바로 대한민국이다. 우리의 원전포기는 기술발전까지 가로막아 전체적으로 산업 생태계를 망가뜨리는 패착중의 패착이 될 가능성이 크다. 세계의 과학기술계는 지금은 핵분열 현상을 이용해 원전을 돌리지만 앞으로는 핵폐기물을 없애고 방사능 오염이 없는 핵융합 발전으로 한 단계 도약할 것으로 내다보고 있다.

문재인 정부는 '위험' 주장이 먹히지 않자 엉뚱하게 '원전이 경제성이 떨어진다'는 주장을 들고 나왔다. 원전은 지난 40년간 우리의 경이적인 경제 발전을 뒷받침해왔다. 지난 5년간 우리는 연평균 1천600억 달러의 에너지 연료를 수입했다. 이 중 원전 원료인 우라늄 수입은 0.5%인 8억 달러에 불과했다. 이 0.5%의 연료 수입액으로 전력의 30%이상을 공급했다. 원전은 자동차, 조선, IT와 함께 한국이 세계적 수준의 기술력을 가진 분야다. 이명박 정부때의 아랍에미리트연합(UAE) 원전 수출은 쏘나타 100만대 수출에 맞먹는 경제 효과라고 한다. 그런데도 문재인 정부는 우리 기술진이 40년 노력해 일군 원자력 산업을 내다 버리겠다고 한다. 탈원전 노하우를 축적, 원전해체기술을 해외에 수출하겠다는 것은 향후 30년간 600조원으로 추산되는 거대원전시장을 버리겠다는 얘기다. 이는 자동차시장을 포기하고 폐차시장에 진출하겠다는 것과 같다.

문재인 정부는 탈원전정책에 따라 원전은 더 이상 짓지 않고 2030년까지 신재생에너지를 7%(사실은 4.8%이나 정부가 탈원전 로드맵을 발표하면서 부풀린 수치)에서 20%로, LNG 발전을 18.8%에서 37%로 늘리겠다고 한다. 신재생에너지 개발은 해야 하지만 국토가 좁고 자연 조건이 불리한 한국으로서는 태양광·풍력은 태생적 한계가 있다. 땅이 넓은 호주와 캐나다 온타리오주(州)가 2020년부터 신재생에너지 기업에 주던 보조금을 폐지키로 한 것은 가정 전기료가 10년 새 각각 63%, 71%씩 올랐기 때문이다. LNG의 경우 우리는 전적으로 수입에 의존하고 있다.

▪ 임기 내에 국민의 전(全) 생애를 보장하는 보편적인 복지를 실현하겠다

문재인 대통령은 2019년 2월 19일 서울 노원구 '월계문화복지센터'에서 열린 '포용국가 사회정책 대국민 보고' 행사를 주재하면서 "우리 정부가 추진하는 포용국가의 목표는 기초생활을 넘어 국민의 기본생활을 보장해야 한다는 점에서 시작한다. 포용국가 추진계획은 돌봄, 배움, 일, 노후까지 모든 국민의 생애 전 주기를 뒷받침하는 것을 목표로 하고, 건강과 안전, 소득과 환경, 주거에 이르기까지 삶의 '모든 영역'을 대상으로 한다. ....오늘 발표된 계획이 차질없이 추진되면 2022년이면 유아부터 어르신까지, 노동자부터 자영업과 소상공인까지, 장애가 있어도 불편하지 않게 우리 국민이라면 누구나 남녀노소 없이 기본생활을 누릴 수 있게 된다"고 말했다. 문재인 대통령의 이같은 언급은 2018년 9월 6일 청와대에서 열린 '포용국가전략회의'에서 밝힌 "지속가능한 사회를 위해서는 국민들의 삶을 전 생애 주기에 걸쳐 국가가 책임져야 한다"는 발언에 이어 두 번째다. 하지만 이를 위한 재원대책은 밝히지 않아 실현성이 의문시된다는 비판을 받았다. 재원이 있다 하더라도 그것은 일시적일 뿐 영구적일 수는 없다는 지적도 나온다. 사회보장의 본연의 자세를 단적으로 나타내는 말에 '요람에서 무덤까지(From the cradle to the grave)'란 표현이 있다. 1942년 영국의 베버리지(William Beveridge) 보고서에 등장하는 이 말은 출생에서 사망까지의 전 생애 중 실업, 질병, 노령, 사망 등으로 궁핍현상이 발생할 경우 국가가 최소한도의 사회보장책임을 진다는 것을 의미한다. 스웨덴에서는 이 말을 '태내(胎內)에서 무덤까지(from womb to tomb)'으로 바꿔 사용하고 있다.

■ 기타 가짜뉴스가 되고있는 문재인 대통령 취임사 대국민 약속

△ 지금의 청와대에서 나와 광화문 대통령 시대를 열겠습니다

△ 퇴근길에는 시장에 들러 마주치는 시민과 격의없는 대화를 나누겠습니다

△ 군림하고 통치하는 대통령이 아니라 국민과 수시로 대화하고 소통하는 대통령이 되겠습니다

△ 때로는 광화문 광장에서 대토론회를 열겠습니다

△ 대통령의 제왕적 권력을 나누겠습니다

△ 권력기관은 정치로부터 완전히 독립시키겠습니다

△ 그 어떤 권력기관도 무소불위 권력행사를 하지 못하게 견제장치를 만들겠습니다

△ 안보위기도 서둘러 해결하겠습니다

△ 한미동맹을 강화하겠습니다. 한편으로 사드문제 해결을 위해 미국 및 중국과 진지하게 협상하겠습니다

△ 자주 국방력을 강화하겠습니다

△ 북핵문제를 해결할 토대를 마련하겠습니다

△ 동북아 평화를 정착시킴으로서 한반도 긴장 완화의 전기를 마련하겠습니다

△ 소외된 국민이 없도록 노심초사하는 마음으로 항상 살피겠습니다

△ 국민들의 서러운 눈물을 닦아드리는 대통령이 되겠습니다.

△ 주요 사안은 대통령이 직접 언론에 브리핑하겠습니다

△ 대통령이 나서서 야당과의 대화를 정례화하고 수시로 만나겠습니다

△ 능력과 적재적소를 인사의 대원칙으로 삼겠습니다

△ 저에 대한 지지 여부와 관계없이 훌륭한 인재를 삼고초려해서 일을 맡기겠습니다

△ 분열과 갈등의 정치를 바꾸겠습니다.

△ 보수와 진보의 갈등은 끝나야 합니다. 대통령이 나서서 직접 대화하겠습니다

△ 낮은 사람, 겸손한 권력이 돼 가장 강력한 나라를 만들겠습니다.

△ 낮은 자세로 일하겠습니다. 국민과 눈높이를 맞추는 대통령이 되겠습니다

△ 약속을 지키는 솔직한 대통령이 되겠습니다. 선거 과정에서 제가 했던 약속들을 꼼꼼하게 챙기겠습니다.

△ 문재인 정부 하에서는 정경유착이라는 단어가 완전히 사라질 것입니다

△ 지역과 계층과 세대간 갈등을 해소하고 비정규직 문제도 해결할 길을 모색하겠습니다

△ 차별없는 세상을 만들겠습니다

△ 약속을 지키는 솔직한 대통령이 되겠습니다

△ 불가능한 일을 하겠다고 큰소리 치지 않겠습니다

△ 잘못한 일은 잘못했다고 말씀드리겠습니다

△ 거짓으로 불리한 여론을 덮지 않겠습니다

△ 상식대로 해야 이득을 보는 세상을 만들겠습니다

△ 소외된 국민이 없도록 노심초사 하는 마음으로 살피겠습니다

△ 국민 여러분의 자랑으로 남겠습니다

북한발 가짜뉴스

■ 북, 고구려 귀족무덤을 단군릉으로 조작 : 대동강유역을 세계 5대 문명 발상지로 선포

북한은 1993년 10월 2일 소위 단군릉 발굴이라는 조선사회과학원 보고를 통해 평양시 강동군 강동읍 북서쪽의 대박산(大朴山) 동남쪽 비탈에 있는 고구려 양식의 반(半)지하식 돌칸흙무덤, 즉 석실봉토분(石室封土墳)에서 86개의 남녀 뼈 조각이 발견됐고, 연대를 측정한 결과 5011년 전의 인골(人骨)로 나타나 이것이 단군 부부의 유해가 틀림없다고 밝혔다.

무덤 발굴은 김일성의 지시에 따른 것이다. 김일성은 1993년 1월 '단군릉'이라고 구전(口傳)돼온 강동군 소재 이 무덤을 발굴하라고 지시했다. 사회과학원은 발굴보고서를 통해 "이 인골을 전자상자성공명법(電子常磁性共鳴法: Electron Spin Resonance, ESR)을 적용해 측정한 결과 그 연대가 1993년으로부터 약 5011±267년 전의 것으로 확증됐다"고 밝혔다. 사회과학원은 유골 중 골반뼈를 감정한 결과 하나는 남자의 것이고 다른 하나는 여자의 것으로 판명됐다면서 남자의 뼈는 길고 굵고, 키는 170cm에 달해 체격이 건장한 편인데다 왕이나 쓸 수 있는 금동관(金銅冠) 조각이 함께 출토된 점에 비춰 이 유골이 당시 최고 지배층 인물인 단군의 것임이 틀림없다고 밝혔다. 현재 평양의 조선중앙력사박물관에 마련된 단군릉 코너에는 대박산에서 발굴했다는 단군 부부 유골의 실물 크기 복제품이 나무와 유리로 만든 관 안에 전시돼 있다.

보고서는 이어 "고조선의 건국시조인 단군이 태어난 곳은 평양일대였다. '삼국유사'(三國遺事)와 '응제시주'(應製詩註)의 저자들은 단군신화를 전하면서 환웅이 하늘에서 땅위에 처음 내렸다고 하는 곳인 태백산을 묘향산이라고 하였다. '팔역지'(八域志)에서는 묘향산의 박달나무(神檀樹) 아래에 단군이 태어난 석굴이 있다고 하였으며, '녕변지'(寧邊誌)에서는 묘향산의 향로봉 남쪽에 단군이 태어난 굴이 있다고 하였다(물론 조선시대 역사서인 '신증동국여지승람'과 '숙종실록', '영조실록', '정조실록'등에도 평양 강동지방에 '단군릉'이 있었다고 하고, 그에 대한 국가적 차원의 관리가 행해졌음이 기록돼있다). 단군은 오늘의 평양에서 나라를 세운 후 주변의 소국들을 통합하여 점차 영토를 넓혀 나갔으며 이후 단군이 세운 고조선은 근 3천년 동안 전속하면서 멀리 중국의 만리장성 계선까지 영역을 확장하여 아시아의 강대한 고대국가로 발전하였다. 단군이 죽어 묻힌 곳도 역시 평양 일대였다"고 발표했다.

평양의 백과사전출판사가 2007년에 출간한 '광명백과사전(제1권)' 39쪽을 보면 "단군이 B.C. 31세기말(정확히 B.C. 3018년) 평양에서 태어나 25살때인 B.C. 2993년에 동방의 첫 고대국가인 고조선을 세우고 초대국왕이 됐다고 기술하고 있다. 우리가 알고 있는 단군조선의 건국 연대는 동국통감(東國通鑑)의 기술에 따라 B.C. 2333년인데, 북한의 단군릉 발굴 발표로 보면 이보다 660년이 빠른 것이다. 북한의 이러한 기술은 고조선의 건국 시기가 B.C. 2333년 이라는 기존의 주장을 부정하는 것이다.

만약 북한의 주장이 사실이라면, 한반도에서는 황허(黃河)유역에서 청동기를 만들기 시작한 때보다 1천년 이전에 이미 고도의 청동금속문명이 등장했음을 의미하며, 이야말로 한반도 역사는 물론이고 세계사를 새로 쓰지 않을 수 없게끔 하는 대발견일 수 밖에 없다.

북한은 이에 따라 1994년 1월 2일 제 정당·단체 책임일꾼협의회에서 내려진 김일성의 '단군릉개건확장지시'로 1994년 1월 9일 단군릉 개건(改建)을 위한 '단군릉 복구위원회'를 조직하고 평양시당 책임비서·강희원 부총리·김정일 비서 라인을 주축으로 개축공사를 진행했다. 북한에서는 복원(復元)을 개건으로 부른다.

김일성은 사망 이틀 전인 1994년 7월 6일에도 단군릉의 최종 도안을 살펴보는 등 단군릉에 각별한 관심을 표한 것으로 전해졌다. 김정일도 같은해 7월 13일 아버지 김일성 국상기간으로 경황이 없었음에도 불구하고 단군릉 공사만은 챙겼다. 그는 "단군의 생일인 개천절 전에 공사를 완공하라"는 지시를 내렸다. 이에 따라 공사는 본격화됐다. 하지만 개건 준공식은 김일성 사망 3개월 뒤인 10월11일에 열렸다. 이어 12월 20일에는 단군제가 개최됐다. 당초 10월 3일 개천절에 맞춰 진행하려던 단군릉 개건 준공식이 공사 지연으로 늦춰진 것이다. 이 공사로 단군릉은 총 부지면적이 45정보(13만 5천평)에 달하게 됐으며, 무덤은 9단의 피라미드 형식으로 밑변 한 변의 길이가 50m, 높이는 22m의 장대한 규모로 변모했다.

북한은 준공 후 매년 10월 3일 개천절을 맞아 단군민족통일협의회 주관 아래 천도교인들과 각계층 근로자들이 참가한 가운데 개건된 단군릉에서 단군제를 개최하고 있다. 제례는 천도교식과 대종교식, 조상 전례의 제법을 배합해 진행하고 있다.

그렇다면 단군릉은 과연 단군의 무덤인가? 결론적으로 말하면 무덤양식으로 볼 때 단군의 무덤으로 볼 수 없다는 주장이 설득력을 얻고 있다. 발굴된 무덤은 5세기 이후 고구려의 특징적인 무덤 양식이다. 북한측은 이 무덤이 고구려 때 개축됐다고 주장하나 단군무덤이 고구려 때 개축됐다는 근거는 어디에도, 어느 기록에도 없다. 더구나 고구려 사람들이 당시로부터 3천700년 정도 앞선 시기의 인골을 어떻게 단군의 뼈로 확인할 수 있었단 말인가. 그리고 새로 복원했다면 과연 그렇게 작은 무덤으로 만들었을까?

발굴을 위해 막상 뚜껑을 열어 보니 단군릉은 돌로 무덤 칸을 만들고 흙으로 둥글게 덮은 석실봉토분이었다. 크기는 동서 273cm, 남북 276cm의 작은 무덤으로 네 벽에는 벽화가 그려져 있었고 모줄임천장(天障)을 하고 있었다는 것이 북한의 주장이다. 모즐임천장(Intersecting Triangular Ceiling)이란 네 귀에서 세모의 굄돌을 걸치는 식으로 반복해 모를 줄여가며 올리는 돌방무덤으로 '말각조정식천장(抹角藻井式天障)'이라고도 하며 삼국시대 고구려에서 유행했다.

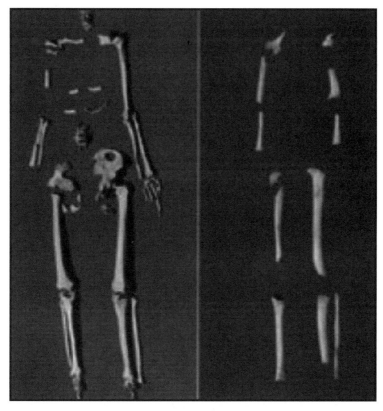

△ 북한이 소위 단군릉에서 출토된 단군부부의 인골이라며 공개한 사진(사진=노동신문 캡쳐)

평면이 4각인 방의 천장을 만들 때 한 벽의 중간점에서 인접벽의 중간점을 평편석으로 덮어서 모서리를 줄여 이 방법을 2차, 3차 반복해 천장을 완성하는 건축법이다. 따라서 이러한 방법으로 완성된 천장을 올려다보면 4각형 속에 마름모꼴, 마름모꼴 속에 작은 4각형이 보인다.

이러한 양식은 고구려에서뿐만 아니라 중국의 석실묘나 소아시아 지방 흑해 연안 등의 석실묘에서도 볼 수 있는 점으로 미루어 그 발원지가 소아시아 지방으로 중국 간쑤성(甘肅省)을 거쳐 고구려에 전래되어 온 것임을 알 수 있다. 즉, 고구려에 불교가 전해지면서 함께 들어온 건축양식이다. 북한당국은 고구려식 무덤이 5천년전의 단군릉이라는 주장을 뒷받침할만한 아무런 객관적 증거를 제시하지 못하고 있고, 따라서 국제적으로 공인을 받지 못하고 있다.

그들이 내세우는 유일한 주장은 "민간인들한테 (단군릉이라) 전해져 내려오던 무덤을 팠더니 사람 뼈가 나왔으므로 단군부부가 틀림없다" 이런 식의 주장이다. 북한의 교과서도 단군릉이라고 전해오는 무덤을 발굴했더니 사람의 유골과 유적이 나왔고 이것을 현대적인 연대측정방식으로 측정한 결과 5천년전의 것으로 나타났으며 따라서 이 무덤은 단군의 것으로 확인되고 증명됐다고 서술하고 있다.

조선시대에는 일반인들 사이에 '릉'(陵)이 아닌 '묘'(墓)로서 구전(口傳) 형태로, 즉 "세상 사람들이 단군 무덤이라고 하더라"라는 반신반의 상태의 이야기가 전해져온 게 사실이다. 조선시대에 과거 왕조의 시조들에 대한 제사를 중시하면서 각 지역의 큰 무덤들이 시조의 무덤으로 인식되는 경우가 많았는데, 이것이 강동군 대박산의 무덤이 단군릉으로 불린 이유의 하나였을 것이라는 것이다.

한편 단군릉 발굴과 개건을 통해 단군이 평양에서 태어난 실존 인물로서 동양 최초의 국가를 건설한 군주라고 공식 발표한 북한은 대동강 유역이 나일강변의 이집트 문명, 티그리스·유프라테스강 유역의 메소포타미아 문명, 인더스강 유역의 인더스 문명, 중국 황허 유역의 황허 문명과 같은 인류문명의 발상지라고 밝혔다.

북한의 조선력사학회는 1998년 3월 11일 "과학적으로 증명된 수많은 자료는 대동강 유역이 고대문화, 단군조선의 문화임을 입증한다"며 평양을 중심으로 한 대동강 일대의 고대문화에 대해 '대동강문화'라는 학명을 부여하고 이를 대내외에 천명하는 한편 대동강문화를 '세계 5대 문명'의 하나라고 공식 선포했다.

북한 학계는 평양 일대에서 고인돌, 집터, 성터 등이 계속 발견됐으며, 이것들은 대동강 유역에 구석기시대부터 매우 발달한 고대 문화가 존재했다는 증거라고 설명한다. 예컨대 약 4천800년 전 고인돌 무덤에서 하늘의 별자리를 표시한 구멍들이 발견됐으며, 이는 세계의 다른 어느 지역보다 3천년 정도 천문학이 앞선 증거라는 것이다.

■ 김일성이 보천보전투 지휘했다는 건 날조 : 진짜 김일성은 1937년 11월 13일 전사

'보천보전투'란 1937년 6월 4일 북한의 김일성(본명 김성주)이 스스로 만들었다는 조선인민혁명군 주력부대를 인솔, 압록강을 넘어 혜산진에서 20km 떨어진 일제의 전략적 요충지인 함경남도 갑산군 보천보(현재 양강도 보천군)의 일본군 경찰주재소를 습격해 승리를 거두었다는 '전투'라고 북한의 교과서 등 많은 문헌에 실려 있다. 일제 침략기 항일무장대에 의한 최초의 국내 진공작전이며 김일성 항일투쟁의 백미(白眉)라고 소개하고 있다.

하지만 결론적으로 말하면 김일성이 '보천보전투'를 지휘했다는 것은 완전 날조다. '보천보전투'는 북한의 김일성과는 동명이인(同名異人)인 함남출신의 동북항일연군(東北抗日聯軍) 제1로군 2군 6사장(師長)이 지휘했으며, 이 사람은 전투발생 5개월여 후인 같은해 11월 13일 일제의 만주 토벌군에 사살된 것으로 밝혀졌다. '보천보전투'는 전투가 아니라 아주 미미한 1개 경찰주재소 습격약탈사건으로 '보천보습격약탈사건'으로 불러야 한다.

보천보사건을 지휘한 동북항일연군 제1로군 2군 6사장 김일성(북한의 김일성이 아님)이 일제의 만주토벌군에 사살됐다는 것은 매일신보(每日新報)와 경성일보(京城日報), 동아일보, 조선일보의 1937년 11월 18일자 기사, 그리고 만주국 치안부가 발간한 만주군 기관지 월간 '철심(鐵心)' 11월호(발행일자 11월 15일)에 잘 나타나있다. 특히 매일신보는 사건발생 약 1개 월 후인 1937년 12월 19일자와 1938년 2월 23일자 기사에서 보천보습격을 지휘한 김일성의 사망을 재확인했다.

경성지방법원 검사국이 조선총독부에 보고하기위해 1937년 11월 19일자로 작성한 문건 '공비 김일성 사살의 건'과 1937년 12월 1일자 일본 외무성 자료에도 김일성의 사살을 알리는 기록이 나온다.

△ 북한의 김일성이 아닌 보천보사건의 진짜 김일성 전사 소식을 전한 매일신보 1937년 11월18일자 기사

작전을 수행한 부대도 조선인민혁명군이 아니다. 조선인민혁명군은 김일성의 항일투쟁업적을 우상화하기 위해 실재하지도 않은 날조된 가공의 군대다. 습격을 주도한 부대는 동북항일연군 제1로군 산하 제 2군 6사였다. 동북항일연군은 중국공산당이 1936년 만주에서 활동하고 있던 중국인과 조선인 등의 항일 유격부대를 통합시켜 만든 연합군 형태의 군사조직으로 지휘통솔권은 중국 측에 있었다. 보천보습격은 2군 6사와 박달, 박금철이 주도한 국내 연계조직인 조국광복회와의 연합작전이었다.

그런데도 북한의 모든 문헌들은 김일성이 날조한 조선인민혁명군의 단독 작전인 것처럼 기술하고 있다. 일제가 항복을 선언할 때까지 조선인민혁명군을 통해 항일무장투쟁을 벌였다는 북한의 주장은 오로지 북한의 날조된 교과서 등 역사서에만 기술돼 있을 뿐 당시 김일성의 활동무대였던 중국이나 소련의 어느 공식 기록, 그리고 투쟁상대였던 일본의 문헌이나 자료에도 없다.

보천보습격사건은 항일빨치산부대에 의한 경찰주재소 습격약탈사건으로 전과(戰果)로 따지면 일본 경찰관(순사)의 두 살 난 딸과 일본인 음식점 주인 등 2명이 총탄에 맞아 사망했을 정도로 미미한 사건이다. 일본 경찰주재소를 습격하고 조선인 상가를 약탈한 사건을 대형 전투로 치켜세우고 김일성을 영웅으로 만든 것은 당시 동아일보 보도였다. 북한에서도 김일성이 보천보전투를 지휘했다는 근거자료로 동아일보 보도를 인용하고 있는 상황이다.

당시 보천보에는 일본인 26호에 50명, 조선인이 280호에 1천 323명, 중국인이 2호에 10명 등 총 308호에 1천 383명이 거주하고 있었고 무장인원으로는 5명의 경찰관이 주재소에 상주하고 있었을 뿐이다. 사전에 현지답사를 통해 지형 정찰까지했던 소위 김일성 부대는 우선 전화선을 절단한 후 경찰주재소부터 공격했다. 먼 거리에서부터 기관총 사격을 하며 들어가는 바람에 총소리에 놀란 경찰관들은 모두 피신하고 주재소에 없었다. 오히려 김일성부대는 퇴각하는 과정에서 6월 5일 일본경찰추격대와 충돌해 25명이 사망하고 30명이 부상하는 등 큰 피해를 입었다. 따라서 '보천보전투'라는 명칭은 '보천보 주재소 습격약탈사건' 또는 '보천보습격사건'으로 바로잡아야한다.

보천보습격을 지휘한 김일성(설명 편의상 제1대 김일성)은 함경남도 태생으로 본명은 김성주(金成柱), 1901년생으로 사건 당시 36세였다. 일찍이 부모를 따라 만주에 가서 살다가 1920년 러시아에 들어가 모스크바 공산대학을 마치고 붉은군대(赤軍)에 있다가 만주사변후인 1933년께 소련으로부터 동만주로 들어왔다. 그는 1934년 동북항일연군의 전신인 동북인민혁명군이 제2군 제2사를 설립될 때 정치위원으로 활동하다 제2군 제3사장이 됐으며 1936년 동북항일연군으로 개편될 때 제1로군 2군 6사장으로 있었던 인물이다. 2군 6사장에게는 장백현의 한 농가에 최(崔)씨 성의 부인이 살고 있었다.

일경은 보천보습격사건 이전 2군 6사장의 신원을 파악하고 그를 체포하기위해 수차례나 최여인의 집을 덮쳤으나 그때마다 도피하고 없어 번번히 실패했다. 전사한 2군 6사장 김일성의 신원은 일본 관헌측이 보천보습격사건 직후 국내 연계세력인 수백명의 조국광복회 회원들을 체포해 신문한 결과 확보된 것이다. 당시 소련은 만주에 있는 중국 공산당과 그 유격대에 물심양면으로 지원을 하고 있었을뿐 아니라 심지어 동북항일연군에 소련인 지도요원을 배치하고 있었다.

2군 6사장 김일성이 죽은 뒤인 1938년 봄 또 한 사람의 조선인이 소련으로부터 파견돼 와서 사망한 2군 6사장의 후계자(제2대 김일성)가 된다. 이 사람은 1906년 간도 태생으로 본명이 金一星이며 간도 용정(龍井)의 대성중학교(大成中學校)와 소련의 적군사관학교를 나와 1930년 5.30 간도폭동사건 때에는 행동대장이었으며, 1939년초 동북항일연군 제1로군 산하 제1, 2군이 제1, 2, 3방면군으로 개편되면서 제2방면군장에 승진한 사람이다. 제2방면군장 김일성의 부대는 1939년 5월 3일 밤 200여 명의 병력으로 함남 삼수군 호인면의 반절구(半截溝)에서 일제의 만주국 경찰과 4시간 교전해 식량과 의류를 약탈하고 경관과 주민을 포함해 약 40명을 살상했다.

이 과정에서 제2방면군장 김일성이 중상을 입는 등 병력 손실도 컸다. 김일성의 부인인 김혜순(金惠順)도 부상당한 몸으로 귀대하지 못하고 밀림 속에 숨어 있다가 1940년 4월 6일에 체포됐다. 제2방면군장 김일성은 일만군(日滿軍)의 추격을 피해 1940년 소련의 연해주 하바로프스크 근교에 정착, 패주한 동북항일연군 소속 대원들을 대상으로 교육훈련을 시켜온 오케얀스카야 야영학교(Okeyanskaya Training Camp)교장이었으나 1944년 가을 부상 후유증에 결핵까지 겹쳐 사망한 것으로 전해진다. 제2방면군장의 정체는 체포된 김혜순과 다른 부대원들의 진술을 통해 확인된 것이다.

북한의 김일성(제3대 김일성)은 이 두 부대장의 부하(대원)였다. 북한 김일성의 친동생 김영주(金英柱)와 김일성의 봉천(奉天) 평단중학교(平旦中學校) 동창생으로 절친한 친구였던 장아청(張亞靑, 본명 張蔚華)은 북한의 김일성이 2군 6사 사장이 아니라 일개 부대원이었다고 각각 진술한 바 있다. 김영주는 친형 김일성과 함께 동북항일연군에서 함께 소속돼 있었기 때문에 김일성의 직책을 누구보다 잘 알고 있었다.

만약 북한의 김일성이 보천보전투를 지휘했다면 2군6사장, 제2방면군장, 북한 주석 김일성은 동일인물이어야한다. 하지만 2군 6사장은 1937년, 제2방면군장은 1944년, 북한 주석 김일성은 1994년에 각각 사망했다. 북한의 김일성(제3대 김일성)은 이처럼 자신의 상관이었던 죽은 김일성들을 자기 자신이라고 조작한 것이다. 북한의 김일성은 뒤늦게 자신의 회고록 '세기와 더불어' 제4권에서 김혜순을 잘 알고있는 것처럼 언급하기도 했으나 제2방면군장의 부인까지는 자기 부인으로 조작할 수 없었다. 자신의 항일 빨치산 대원이자 부인인 김정숙에게서 태어난 김정일과 김경희(처형된 장성택의 부인)가 증거물이기 때문이다. 그래서 북한 김일성이 보천보습격을 지휘했다는 주장은 거짓으로 들통나고 만 것이다.

2군 6사장 김일성, 제2방면군장 김일성, 북한 주석 김일성이 동일인이라면 1937년의 보천보습격과 1939년의 반절구(半截溝)전투를 이끈 사람도 동일인이어야 하는데, 지휘자가 서로 다른 사실을 어떻게 설명할 길이 없다. 특히 반절구 전투에서 △ 김일성이 중상을 입었으며 △ 함께 전투에 나선 그의 처 김혜순도 부상을 입고 별도로 숨어지내다 체포됐으며 △ 전투지휘를 한 김일성은 체격이 깡마른데다 심한 고도근시로 안경을 상시 착용했다는 일본측 기록과 일본군이 확보한 사진은 북한의 김일성을 설명하는 데 전혀 맞지 않는다.

북한의 기록에 의하면, 항일투쟁시기 북한의 김일성이 부상을 당했다거나, 근시로 안경을 착용한 적이 결코 없다. 그의 부인(1940년 10월 혼인관계에 들어갈 때까지는 여대원)의 이름은 김정숙(金貞淑)으로, 김혜순이 아니다. 김일성이 죽기 직전에 쓴 회고록 '세기와 더불어'에는 김혜순이 등장한다. 1992년에 쓴 4권 183쪽에서는 김혜순이 꾀꼬리처럼 노래 잘하는 반일자위대원이라고 기술하고 있으며, 192쪽에서는 동생 김영주에게 밥을 해준 김혜순을 김일성이 1936년에 만났다는 얘기가 나온다. 김혜순에 대한 내용은 '세기와 더불어' 전 8권을 통틀어 4권에만 몇 군데 나오고 4권 이후론 슬그머니 꼬리를 감춘다. 그러나 어느 대목에도 김혜순이 북한 김일성의 아내라고 읽히는 대목은 없다.

① <1927년> 김일성(김성주)의 길림 毓文中學 재학시절

② <1938-1939년> 동북항일연군 제1로군 2군 6사장을 거쳐 제2방면군장이 된 김일성이라고 북한이 주장하는 사진. 근시로 안경을 끼고 있음.

③ <1943년> 소련군 88정찰여단 시절

④ <1945년> 해방전후 모습 ↲　　⑤ <1946년> 북한입성 후 모습 ↲　　⑥ <1948년> 지도자 등극 후 점점
　　　　　　　　　　　　　　　　　　　　　　　　　　　　　　　　　살이 올라있는 모습 ↲

　　그럼에도 불구하고 북한은 1972년 개관한 평양의 혁명박물관에 김혜순의 남편인 안경 낀 제2방
면군장이 동료 대원들과 함께 찍은 사진을 전시하고 '항일투쟁 시절의 조선의 김일성장군'이라고
선전하고 있다. 보천보전투를 지휘한 사람이 북한 김일성으로 그가 죽지 않고 1945년 8월 해방될
때까지 일관되게 항일투쟁을 벌이다가 귀국했다는 것을 주장하기 위해 전시한 것으로 보인다.

△ 1943년 10월 5일, 88정찰여단 야전연습 후 북야영에서 촬영한 대원들. 맨앞줄 왼쪽부터 소련군장교(성명미상), 장수
　전(리조린), 왕일지(주보중 부인), 주보중(여단장), 김일성, 시린스키의 모습이 보인다. 북한은 이 사진의 김일성이 사살
　된 동북항일연군 2군 6사장(제1대 김일성), 그리고 전사한 2군 6사장을 승계한 제2방면군장(제2대 김일성)과 동일 인
　물이라고 주장한다(사진=길림성 도서관 홈페이지)

그런데 어찌된 일인가. 중국의 흑룡강성(黑龍江省) 혁명박물관에는 제2방면군장 김일성 사진과 88여단 시절의 김일성(북한) 사진 등 2개가 전시돼있는데 두 사람은 전혀 다른 동명이인임을 보여주고 있다. 안경 낀 제2방면군장 사진설명에는 조선인민혁명군이 아니라 '동북항일연군 제1로군 제2군의 일부 지휘자와 전투원'이란 설명이 붙어있다. 진짜 북한 김일성이 들어있는 사진은 그의 중국인 상관인 저우바오중(周保中) 88여단장이 부대원들과 함께하고 있는 사진이다. 이 사진은 길림성 도서관 홈페이지에도 나온다.

　북한의 평양 '인문과학사'가 1968년 펴낸 백봉(白峰)의 저서 '민족의 태양 김일성 장군(영문명: The Sun of the Race, Marshal Kim Il-sung)'도 깡마른 체구의 안경낀 제2방면군장이 앉아 있는 모습의 사진을 싣고 '림강현 오도구(臨江縣 五道溝) 밀영에서 대원들과 함께 계시는 김일성 장군'이라는 설명을 붙여 놓았다. 거짓말도 거짓말이지만 날조를 하다 보니 앞서 죽은 제2방면군장이 김일성이라는 모순에 빠지고 만 것이다. 이 사진은 당시 일만군경의 나가시마 다마지로(長島玉次郎) 공작대장이 도망가버린 제2방면군장 막사를 습격해 압수한 것으로, 일본측은 대량 복사해 김일성 체포를 위해 살포했다.

　나가시마는 조선이 해방된 후 한참 지나서 이 안경 낀 제2방면군장 사진을 조총련의 북한 연락대원 유광수(柳光守)라는 자가 복사하고 돌려주겠다고 가져간 후 돌려주지 않고 있다고 밝힌 바 있다. 따라서 북한이 현재 항일투쟁기의 김일성 사진으로 사용하고 있는 이 제2방면군장 사진은 당시 만주 벌판에 뿌려진 것을 습득한 것인지 아니면 북한이 유광수로부터 전달받은 것인지는 분명치 않다.

　만주에서의 항일투쟁시기 '김일성'이란 이름이 난무한 이유는 이렇다. 당시 신출귀몰하다는 '전설의 김일성장군'에 대한 이야기들이 널리 퍼져 있는 데다 김일성이라는 이름은 수많은 빨치산 항일운동가들이 돌려 사용하던 이름으로, 특정 개인을 지칭하는 이름이라기보다는 무장투쟁 지휘관들이 검거를 피하고 일본군경의 토벌작전을 교란시키기 위해 사용하던 일종의 가명이었다. 여러 명이 동시에 사용했기에 '동에 번쩍 서에 번쩍 천하를 쥐락펴락'하며 이곳 저곳 전투에서 이름을 날릴 수 있었다. 동북항일연군의 단위부대장들은 거의가 '김일성'이라는 가명을 썼던 것으로 전해진다.

　소위 '김일성부대'는 소부대 단위로, 또한 동시다발적으로 '히트 앤드 런'의 전형적인 유격전을 벌였다. 당시 '김일성 부대' 토벌과 김일성 검거에 나섰던 일본 군경은 '김일성 부대'를 이미 소탕했는 데도 몇 달후 또는 1-2년후 소탕됐다는 김일성부대가 다른 지역에서 다시 출몰하는 바람에 긴장하고 병력을 재투입해 전투를 벌여야 했다. 이런 점 때문에 학자마다 김일성 연구가 혼란스럽고 어렵다는 점을 호소하고 있다. 김일성 이름을 가진 사람이 단 한 명뿐이라고 설정해 연구를 하다보니, 큰 오류를 범하게 된 것이다.

한국의 좌파 학자들은 이 3인의 김일성이 동일인물(제2군 6사장=제2방면군장=북한 김일성)이라고 주장하고 있다. 현 검인정교과서들도 보천보습격사건을 '보천보전투'라는 이름으로 비중 있게 수록하면서 이 사건 후 김일성(북한의 김일성)이란 이름이 널리 알려지게 됐다고 기술하고 있다. 국내에서 이종석 교수(전 통일부장관) 등이 주장하는 '진짜 김일성'의 유일한 근거는 북한이 내세우는 자료를 제외하면 조선총독부 고등법원 검사국(檢事局) 사상부(思想部)가 1939년 8월 31일자로 발행한 '사상휘보(思想彙報) 제20호' 기록이 전부인 것으로 보인다. 중국측 자료에는 보천보 습격사건은 나오지만, 김일성이 이를 이끌었다는 기록이 전무하다.

사상휘보는 보천보사건을 지휘한 '김일성'의 신원에 대해 "여러 가지 설이 있으나 본명 김성주(金成柱), 당년 29세의 평안남도 대동군(大同郡) 고평면(古平面) 남리(南里) 출신으로 어릴 때 부모를 따라 간도 방면으로 이주하여 동 지방에서 자라 비단(匪團)에 투신한 조선인이라는 것이 가장 확실하고 현재 그 실모(實母)는 생존해 있는 모양이다"라고 적고 있다. 본명과 출신지로 보면 북한의 김일성이 보천보 전투를 지휘한 것이 맞다. 그러나 이 기록도 본명과 출생지 이외의 나머지 다른 '팩트'들은 모두 틀린다는 점에서 신빙성이 의문시되고 있다.

북한의 김일성은 1912년생이므로 당시 나이는 25세이며, 이주한 곳은 간도가 아니라 무송이다. 또한 어머니 강반석(康盤石)은 7년 전인 1932년 7월 31일 이미 사망했다. 오히려 '사망한 보천보습격사건 지휘자 김일성'의 이주지가 간도(동만주)이며, 그의 부모와 처자도 거기 살고 있었기 때문에 사상휘보의 기록은 사망한 2군 6사장 김일성과 북한 김일성의 신원이 뒤섞여 있는 것으로 판단된다.

주목할 점은 사상휘보에 나오는 김일성의 본명이 '金成柱'로, 이보다 2년 전 '보천보사건 지휘자 김일성'의 사망소식을 전한 경성일보 기사(보도 일자 1937년 11월 18일)에 나오는 이름 '金成柱'와 동일하다는 점이다. 사상휘보의 기록은 '이미 죽었다는 사람이 살아있다'는 것인데, 왜 그런지 이 대목에 대한 설명이 없다. 또 하나의 주목을 끄는 것은 보천보습격을 지휘한 동북항일연군 제1로군 2군 6사장의 출생지가 평안남도가 아니라 함경남도라는 자료(서적)들이 발견되고 있다는 점이다. 만약 출생지가 함경남도라면 보천보사건 지휘자는 북한의 김일성이 결코 아니다. 북한의 김일성은 평안남도 대동군 고평면(지금의 평양시 만경대) 출신이기 때문이다.

일본인 나가오카 도모타로(永丘智太郎)가 1938년에 쓴 '극동의 계획과 민족(極東の計劃と民族)이라는 책의 '만주(滿洲)의 비적적화(匪賊赤化)와 조선인(朝鮮人)'이라는 장을 보면 2군 6사장 김일성은 평남출신이 아니라 함남출신으로 나온다. 또한 노리타케 가즈오(則武三雄)의 1942년 문집 '압록강'(鴨綠江)의 '비적(匪賊)과 압록강'이란 장에서도 보천보습격을 지휘한 김일성은 함남

태생으로 기록돼있다. 이같은 기술은 북한의 김일성이 보천보습격을 지휘하지 않았다는 것을 의미한다.

북한 연구를 하다 보면 김일성 본명의 한자가 '金成柱'인지 '金聖柱'인지를 짚고 넘어갈 필요가 있다. 북한은 김일성의 한자명이 '金成柱'라고 하나, 이는 보천보습격사건 이후 전사한 2군6사장의 이름을 도용했다는 주장이 유력하다. 평생을 북한 김일성 진위를 연구하다 2000년 6월 20일 타계한 이명영(李明英) 전 성균관대 교수(정치학)는 북한 김일성의 본명은 '金成柱'가 아닌 '金聖柱'이며, 그가 본명이 '金成柱'인 보천보사건 지휘자 제1대 김일성의 공적을 가로채기 위해 본명의 한자까지 조작했다고 주장했다. 북한 김일성의 본명이 '金成柱' 아닌 '金聖柱'로 보아야 할 근거는 많다. 김일성의 동생이름이 철주(哲柱; 지혜로운자), 영주(英柱: 영웅)임을 감안하면 그의 본명은 '成柱'보다는 '聖柱'(거룩한 자)가 더 어울리는 이름이다. 더구나 부모가 기독교 신자임을 감안하면 '聖柱'로 작명했을 가능성이 크다는 것이다.

이명영 교수가 1971년 2월에 당시 혜산사건 관련자들에 대한 수사 책임자였던 함남도경(咸南道警) 고등과(高等課) 경부(警部) 이치하라 간이치(市原感一, 1896-?)를 일본에서 만나 청취한 바에 따르면 사건 피의자의 한사람인 박록금(朴祿金)은 보천보사건을 지휘한 김일성(金日成)이 1901년생으로 1937년 당시 36세(북한의 김일성은 1912년생으로 1937년 당시 25세), 본명은 김성주(金成柱), 모스크바 공산대학을 나왔고 만주사변 후에 소련에서 만주로 온 사람이란 것을 처음으로 진술했다. 혜산사건이란 1937년 9월부터 이듬해 9월까지 일본 관헌측이 2군 6사장 김일성 부대의 보천보습격사건 직후 국내 연계세력을 색출하는 과정에서 조국광복회 회원 501명을 체포해 188명을 기소한 사건이다. 이명영 교수는 1974년 그의 저서 '김일성 열전 -그 전설과 신화의 진상규명을 위한 연구'를 통해 북한이 보천보습격사건의 지휘자를 김일성(훗날 북한의 최고지도자가 된 사람)으로 조작한 사실을 밝혀냈다고 주장했다.

박록금(朴祿金)에 의해 보천보습격사건의 지휘자 김일성(金日成)의 신원이 알려졌다는 것을 안 다음부터 권영벽(權永壁), 이제순(李悌淳), 박달(朴達), 박금철(朴金喆) 등 혜산사건의 다른 주요 간부들도 입을 열기 시작했다. 이치하라는 그들의 진술이 거의 일치했다고 증언했다. 사상휘보의 기록은 자료에 적시된 것처럼 여러 가지 설(說)중의 하나를 택한 것이며 2군 6사장 김일성을 직접 체포해 심문하고 조사한 것이 아니다. 따라서 다른 여러 가지 증거들을 모두 배척하고 사상휘보 기록만을 취한다는 것은 오류를 범할 가능성이 있다. 사상휘보의 2군 6사장 김일성 신원은 북한 김일성의 신원과 일부 부합하나, 이는 혜산사건의 수사기록도, 재판기록도 아닌 조선총독부 고등법원 검사국이 펴낸 일종의 동향보고서에 불과한 만큼 형사피고인의 유무죄를 다룬 신문조서나 판결문보다 신빙성이 떨어진다고 할 것이다.

형사사건에서는 피고인의 정확한 신원이야말로 가장 중요한 '팩트'(사실)다. 더구나 보천보사건 이후 진짜 김일성이 전사한 후에도 다시 김일성의 이름으로 여기저기서 일만 군경에 대항하는 전투와 함께 약탈행위가 그치지 않았던만큼 '살아있는 김일성' 즉, 보천보사건을 지휘한 김일성이 죽지 않고 살아있다는 전제아래 조사보고서를 만든다는 것은 문제가 있을 수 밖에 없다. 보천보사건의 김일성은 1937년 11월 13일에 전사하고, 그후 사상휘보 20호가 발행된 1939년 무렵에는 북한의 김성주가 김일성(金日成)이란 이름으로 행세하고 있었으므로 사상휘보의 기록은 두 사람을 동일 인물로 착각하여 기록한 것으로도 볼 수 있다. 따라서 사상휘보 기록보다는 수사 책임자의 증언과 당시 언론보도가 더 믿을 만한 것이라 할 수 있다.

북한 김일성의 보천보사건 지휘가 맞다고 주장하는 국내외 학자들도 김일성이 한 명이라는 전제하에 연구를 진행하다 보니 제2방면군장의 처 김혜순을 북한 김일성의 첫 번째 부인이라고 하는 연구 결과를 내놓는 등의 오류를 범하고 있다. 대표적인 학자가 브루스 커밍스이다. 커밍스는 그의 저서 'North Korea, Another Country' 115쪽에서 북한 김일성의 첫 번째 부인이 김혜순이며, 일본군에 체포돼 죽었다고 썼다.

북한 김일성의 부하들도 김일성이 보천보습격사건을 지휘하지 않았다고 증언했다. 1942년 이후 소련 극동군 25군 예하 88정찰여단에서 김일성(제1영장: 대대장에 해당)의 부관으로 활동했던 전 북한군 부참모장 유성철(6.25전쟁 때 작전국장, 육군중장)씨와 부대대장을 지낸 박성훈씨는 한결 같이 북한의 김일성이 죽은 김일성(동북항일연군 2군6사장)의 공적을 자기 것으로 가로챘다고 주장함으로써 김일성이 가짜임을 분명히 했다. 북한의 김일성은 1930년대 중국공산당의 지휘를 받는 동북항일연군 제1로군 2군 6사의 일개 대원(또는 지대장급)으로 항일 빨치산운동을 했다. 그러나 그가 1937년 6월 4일 보천보습격사건을 지휘하기는커녕 작전에 참여한 것을 목격했다는 증인은 아무도 없다. 그는 1940년 10월 23일 일본 관동군의 토벌에 쫓겨 소련의 연해주로 패주했다. 그는 이곳에서 한참 수용소 생활을 한 뒤 1942년 8월부터 해방 때까지 88정찰여단에서 활동했다.

보천보 습격부대의 국내 협력 조직인 조국광복회 회원으로, 만주로 가서 동북항일연군 2군 6사장 김일성을 만나 국내 진공목표인 보천보 경찰주재소의 위치, 현황 등을 자세히 설명하고 2군 6사장이 병력을 이끌고 직접 보천보를 습격했을 때 길 안내 등 각종 편의와 정보를 제공한 혐의로 일경에 체포돼 옥살이 까지 했던 박달(朴達), 박금철(朴金喆)은 해방후 평양에 나타난 김일성의 사진을 보고 그들이 보천보사건 때 만났던 2군 6사장이 결코 아니라고 증언했다. 1945년 해방신문의 기자로 전쟁 당시 월북해 북한 외무성 국장을 지냈던 박갑동 씨는 "1945년 10월 14일 평양에서 열린 김일성 장군 환영식 사진을 보천보전투 참가혐의로 일본군에게 체포돼 재판을 받고 서대문 형무소에서 복역중이던 박달, 박금철에게 확인시켰더니 사진 속 인물이 보천보전투를 지휘한 김일성 장군이 아니라고 각각 증언해왔다"고 밝혔다.

당시 국내에서 조국광복회 회원으로 항일운동을 벌이던 박달과 박금철은 1937년 5월 중순경 국경을 넘어 장백현 이십도구(二十道溝)의 외진 곳에서 동북항일연군 제1로군 제2군 6사장 김일성을 만났다. 이 때 제6사장 김일성에게서 보천보 습격계획을 듣고 돌아온 박금철은 보천보 부락의 지도 등 지형정보를 작성해서 제6사로 보냈다. 또 습격당일 밤에는, 조국광복회 소속 60여명의 국내 동지들을 이끌고 방화약탈의 선두에 섰다. 그래서 김일성의 얼굴 등 인적 사항에 대해 잘 알고 있었다.

김일성의 10촌으로 1994년 탈북한 강명도(인민무력부 보위대학 보위전문 연구실장과 합영회사 부사장 역임)는 2014년 8월 3일 종편 채널A 방송 '이제 만나러 갑니다'에서 북한의 김일성은 실제 진짜 김일성 장군의 이름과 업적을 가로챈 가짜라고 주장했다. 근거로 김일성이 해방 후 모습을 드러내기 전까지 자기 가족도 김성주가 김일성인 줄 몰랐다고 말했다.

미 군정청도 김일성의 본명이 김성주이며, 일제 침략기 만주에서 항일 무장투쟁으로 명성을 얻은 '김일성'(진짜 김일성) 행세를 하고 있다는 판단을 내린 것으로 나타났다. 미군정청 자료에 따르면 김성주가 1929-1930년 만주와 조선 국경에서 활동하던 실제 김일성의 유격부대에 합류했으며, 실제 김일성이 55-60세에 숨지자 명령 때문인지 자발적이었는지는 몰라도 자신을 '유명한 전사(戰士: 김일성)'로 가장했다고 기술돼 있다.

중국 공산당 문서 등 중국측 문헌에도 보천보습격사건이 일부 언급돼 있으나 이를 북한의 김일성이 지휘했다는 기록은 어디에도 없다. 해방 50주년을 맞아 1995년 조선족 계열의 요녕인민출판사는 일제 침략기 만주지역에서의 항일투쟁을 상세히 다룬 '항일투쟁반세기'라는 기념비적인 책을 출판했는데, 여기에는 해방후 북한정권에서 주요 직책을 담당했던 최용건(崔庸健), 김책(金策) 등은 기록하면서도 김일성 또는 김성주(김일성의 본명) 이름은 전혀 등장하지 않는다.

1995년이란 시점은 한해 전인 1994년에 사망한 김일성을 객관적으로 평가, 서술할 수 있었던 때였음에도 불구하고 그를 제외시켰다는 것은 김일성(김성주)이 보천보습격사건 참가는 말할 것도 없이 항일투쟁을 거의 하지 않았으며, 김성주를 만주항일투쟁사에 편입시켰을 경우 항일투쟁 쟁사 전체가 왜곡될 수 있다고 판단했기 때문이었다. 역시 중국측에 펴낸 '동북항일렬사전'에도 최용건 등 김일성이 소속돼있던 동북항일연군 제1로군 소속 열사 19명의 이름은 나오지만 김일성의 이름은 없다.

김일성이 가짜라는 결정적 증언을 한 또 한사람은 해방 직후 평양의 소련 군정청 핵심 멤버였던 레베데프(Nikolai Georgievich Lebedev, 1901?1992)소장이었다. 1945년 8월 평양에 진주한 소련 극동군 제25군 정치사령관인 레베데프 소장은 사망 1년전인 1991년 6월 모스크바에서 가진 중앙일보취재팀과의 인터뷰에서 김일성이 가짜가 맞다는 결정적 증언을 했다. 기자회견 내용은 그해 9월 5일자 중앙일보에 '비록: 조선민주주의인민공화국(6)'이란 제목으로 실렸다. 미소공동위원회 소련측 대표를 맡았으며 당시 33세의 소련군 대위 김일성을 북한의 지도자로 양성하는 등 북한 정권창출에 직접적으로 간여한 인물인 레베데프에 따르면 본명이 김성주(金聖柱)인 김일성은 입북할 때부터 명성만 있고 실체는 불분명한 전설적 김일성 장군을 이용하기 위해 김일성이란 이름을 다시 쓰기 시작하도록 했으며 소련군 장성들도 이것이 절묘한 신의 한 수라고 감탄했다는 것이다.

레베데프 소장의 이같은 언급들은 그가 1991년 8월 22일 모스크바에서 가진 장준익 전 육군사관학교 교장(예비역 중장)과 가진 인터뷰에서 재확인 된다. 레베데프 소장은 장 전 육사교장과의 인터뷰에서 1945년 10월 14일 평양에서 열린 대회는 '김일성장군환영대회가'가 아니라 '조선 인민해방 축하대회'라고 수정하면서 "김일성 동지의 발언이 있겠다고 소개하니까 그곳에 모인 군중은 열화같은 박수와 환호를 보냈습니다. 이는 김일성장군에 대한 국민들의 대단한 인기를 알 수 있었고, 연설이 끝난후 김일성(김성주)은 진짜 김일성 장군이 아니라는 여론이 비등했다는 사실도 알게 되었습니다"고 말했다.

실제로 당시 소련군 대위였던 김일성은 북한에 들어와서 처음엔 김영환(金英煥)이란 이름으로 행세했다. 이후 1945년 10월 11-12일, 소련군 정치사령부 로마넨코 소장의 각본으로 평양시내 '다미야'라는 일본 요리집 자리에서 평남인민정치위원회(위원장 조만식) 간부들에게 가짜 김일성은 처음으로 '김일성 장군'으로 소개됐다. 이런 과정을 거쳐 그해 10월 14일 평양공설운동장(현 모란봉경기장)에서 이른바 '김일성장군 환영 평양시 군중대회'가 열렸고, 김성주는 전설의 김일성장군으로 둔갑한다. 당시 현장에 있었던 평안남도 양덕이 고향인 전 평안남도지사 박인각씨는 "연설에 앞서 소련 점령군사령관 스티코프 대장이 그를 김일성장군이라고 소개했으나 참석했던 사람들은 33세의 젊은 김성주가 김일성 장군이라는 사실을 믿지 않았다"고 밝힌 바 있다.

또 신의주가 고향인 전직 교장 이영훈씨는 "군중들의 술렁이는 분위기를 파악한 스티코프는 여기 있는 김일성이 항일투쟁의 김일성 장군이 맞거나 틀리거나가 중요한 게 아니라 앞으로 잘만 하면 되는 것 아니냐고 말해 소련도, 김성주 자신도 보천보 전투의 김일성 장군이 아니라는 사실을 인정했다"고 증언했다. 이밖에도 김일성이 가짜라는 주장들은 오영진(吳泳鎭)의 '하나의 증언', 허동찬의 '김일성 평전', 임은의 '북조선왕조성립비사' 등에 나타나 있다.

원래 김일성 가짜설이란 북한의 최고지도자였던 김성주(金成柱)가 일제 식민통치 시기 만주벌판에서 백마를 타고 일본군을 무찌르던 신출귀몰한 전설적인 명장 김일성의 이름을 도용했다는 주장에 기초하고 있다. 김성주가 언제부터 김일성이란 이름을 사용한 것인지에 대해서는 정확히 알려지지 않고 있다. 다만 북한의 김일성은 그의 회고록 '세기와 더불어' 제2권에서 김성주란 본명을 가진 그가 어떻게 김일성이란 이름을 사용하게 됐는지 적고 있다. 회고록에 따르면 1928년 10월 자신이 김성주란 이름으로 활동하고 있을 당시 그 지역에 김혁이라는 사람이 노래를 만들어 보급하고 있었다고 한다.

그런데 김혁이 만든 노래 가운데 '조선의 별'이란 것이 있었는데 이 '조선의 별'이 김성주를 지칭하는 뜻이었다고 한다. 당시 16세에 불과했던 김성주는 이에 대해 김혁을 엄하게 꾸짖었다고 한다. 그럼에도 불구하고 김혁과 차광수, 서정애, 박도범 등 동지들도 김성주를 '조선의 별'이라는 뜻에서 '한별'이라고 불렀고 나중에는 한자어인 '一星'(일성)으로 고쳐 부르는 데 찬동했다는 것이다. 다시 말해 김성주가 김일성이 된 것은 본인의 의사가 아니었고, 전설의 명장 김일성의 이름도 도용하지 않았다는 말이었다.

그러나 평양의 조선혁명박물관에는 백마를 탄 항일투사 김일성의 그림이 걸려 있으며 김일성 전기나 만화책, 교과서 등에는 이런 그림이 빠짐없이 들어있는 데 이 '백마를 탄 김일성 장군'은 아마도 1887년 함남 북청출신으로 일본육사를 졸업한 김광서(金光瑞: 일명 金擎天)장군의 이미지에서 따온 것으로 보인다. 소련에서 일본간첩혐의로 두 차례나 징역형을 선고받았던 김광서는 북부 시베리아 수용소 수감중 강제노역을 하다가 심장질환으로 1942년 1월에 사망했다는 기록이 있을 뿐 아직도 그 무덤을 찾지 못하고 있다. 1959년 소련 군사재판소는 재심끝에 김광서에게 무죄를 선고, 그에게 씌워졌던 일본 간첩이라는 누명을 벗겨줬다.

미국에서도 김광서(김일성) 장군에 대한 기밀문서를 2009년 공개한 바 있다. 미 극동사령부 정보참모국(G-2)이 1952년 7월 31일자로 작성한 기밀문서 'History of The North Korean Army'는 "당시 조선인들 사이 전설로 알려진 백마탄 장군 김일성은 실존 인물로 본명이 김광서이며, 북한의 김일성은 소련이 내세운 가짜로, 본명은 김성주"라고 적고있다.

우리가 즐겨 부르는 노래 '선구자'의 "조국을 찾겠노라 말달리던 선구자"는 김광서 장군을 지칭하는 것으로 알려져 있다. 하지만 그는 조국의 광복도 못 본 채 이역만리에서 이처럼 파란만장한 삶을 마감했다. 대한민국 정부에서는 그 전설적 김일성 장군인 김광서 장군에게 뒤늦게나마 8.15 정부수립 50주년을 맞아 1998년 건국훈장 대통령장을 추서했다. 정부는 또한 2015년 해방 70년을 맞아 김광서 장군의 손녀 2명에 대해 특별 귀화로 대한민국 국적을 부여했다. 이들은 러시아 국적으로 각각 모스크바와 카자흐스탄 알마티에 거주 중인 옐레나(당시 54세. 의사)와 동생 갈리나(당시 52세. 의사) 자매다.

다만 한 가지 주목할 점은 이같은 가짜설이 남한의 우익 인사들이 아니라 북한 주민들에 의해 먼저 제기됐다는 사실이다. 해방후인 1945년 10월 14일 김일성이 33세의 나이로 연설하기 위해 평양 공설운동장(현 모란봉경기장)에 모습을 나나내자 북한 주민들은 말로만 들어왔던 전설의 항일 명장 김일성이 이렇게 젊을 수 있느냐며 가짜설을 제기했고, 이후 남한에서도 우익인사, 반공주의자들을 중심으로 가짜설이 퍼져나갔다.

생일이 1901년인 김일성은 실제 보천보사건을 지휘한 사람으로, 사건 5개월 후인 1937년 11월 13일 만주의 통화성(通化省) 무송현(撫松縣) 양목정자(楊木頂子)라고 하는 1000m 고지 산 속에서 부하 100명과 함께 아침 식사를 위해 휴식하다가 일제의 만주군 보병 제7단 제1영의 포위 공격을 받고 부하 8명과 함께 전사했다.

당시 김일성의 시체를 회수해 가기 위해 동북항일연군 측은 완강히 저항했다. 5간의 교전이 있었으나 끝내 시체를 수습해 가지 못했다. 만주군은 인근 주민들을 불러 얼굴을 보여주고 동북항일연군 2군6사장 김일성의 시체였음을 확인했다. 6사장 김일성은 가는 곳마다 주민들은 불러 모아 연설을 했던 관계로 주민들은 그의 얼굴을 알고 있었다. 만주군 검시관 증언에 따르면 김일성은 35-36세로 보이는 얼굴이 작은 사내였다. 당시 북한의 김일성은 25세(1912년생)였다.

보천보사건 5개월, 혜산사건 수사 착수 1개월이 되는 1937년 11월 18일자 조선총독부 기관지 경성일보와 매일신보, 동아일보, 조선일보는 조선에 주둔하고 있는 일본경찰과 군당국의 발표 등을 인용, 공산 비적(匪賊) 김일성이 사망했다고 일제히 보도했다. 이들 신문의 보도내용을 종합해보면 살육과 약탈을 자행해 무고한 백성을 괴롭히고 치안을 위협하던 중국 공산비(共産匪) 김일성이 1937년 11월 13일 만군(滿軍)토벌대와 5시간동안의 격전 끝에 목을 베이었다는 것이었다.

이들 신문은 김일성이 11월 13일 통화성 무송현 양목정자라고 하는 높이 1000m의 산중에서 대원 약 1백명과 함께 아침식사를 하기위해 휴식을 하다가 만군(滿軍) 보병 제7단 제1영의 포위 공격을 받고 부하 8명과 함께 살해됐다면서 이로써 반만(反滿) 항일을 계속하던 김일성은 36세를 일기로 악몽을 청산, 파란많은 생애의 막을 내렸다고 전했다. 특히 조선일보는 조간 2면에 '반만항일(反滿抗日)의 수괴(首魁) 김일성(金日成) 피착(被捉) 참수(斬首), 토비대(討匪隊)와 격전 5시간'이라는 제목아래 김일성이 목이 잘리었다(斬首)고 보도했다. 동아일보는 같은 날자 '金日成被殺?'이란 제목 아래 "지난 13일 만주국군 토벌대는 김일성의 주재지를 탐지하고 그곳을 공격하여 격전 5시간 후 그를 죽였다 한다"고 보도했다.

1937년 11월 13일의 김일성 사살 작전에 참여하고, 시신의 신원 확인을 직접 담당했던 만주군 장교 야기 하루오(八木春雄, 1910-2002)씨의 증언에 따르면 김일성이 사살된 후 만주군측이 신원 확인을 위해 목을 잘라서 가져갔던 것은 사실이다. 동북항일연군 제2군 6사장 김일성의 죽음은 그 시체를 검증했던 야기 하루오의 증언외에 만주군 기관지 '철심'(鐵心)의 기록으로도 확인되고 있다.(滿洲國 治安部 參謀司 調査課編 '鐵心', 金日成匪賊討伐詳報 1937년 11월 15일號, pp. 70-75; 이명영 저 '金日成 列傳' p. 288에서 재인용).

　　김일성 연구에 일생을 바친 이명영 교수는 그의 저서 '김일성 열전'(金日成 列傳)에서 동북항일연군 제2군 6사장 김일성 죽음의 진부를 가려내기 위해 숱한 만주군 관계자들을 찾아다니다가 참수된 김일성의 목을 검증했던 전 만주군 장교 야기씨를 1973년 일본의 구주(九州)에서 만나 다음과 같은 증언을 청취했다고 소개했다.

　　〈일만군(日滿軍) 부대는 한인들이 많이 섞인 부대가 양목정자(楊木頂子)쪽으로 이동했다는 정보를 얻고 마침 김일성부대가 관내에 들어왔다는 정보도 있었던 터이므로 필시 김일성부대일 것이라 판단하고 쫓아갔다. 아침 식사 준비를 하느라고 쉬고 있는 것을 발견했다. 한복을 입은 여대원(女隊員) 5, 6명이 재봉일을 하는 것도 보였다. 아주 가까운 거리까지 가서야 교전이 벌어졌다. 대장인 듯한 사람이 총에 맞고 쓰러지자 '김사령 사료'(金司令 死了: '김사령이 죽었다'는 뜻)를 연발하며 공비 대원들이 반격해 왔다. 죽은 김사령(師長을 司令이라 부른다)의 시체를 놓고 쟁탈전이 벌어지기 5시간에 공비부대는 김사령의 시체를 버린채 도주했다. 목(首) 실험이란 것은 시체가 누구냐 하는 것을 확인하는 것인데 내가 그것을 담당했던 것이다. 1936년 6월과 8월의 두 차례에 걸쳐 김일성 부대가 산영자(山營子)란 부락(양목정자에서 좀 떨어진 곳)을 습격했을 때 부락민을 모아 놓고 김일성이 직접 연설을 한 일이 있었으므로 그들은 김일성의 인상(人相)을 잘 알고 있었다. 그들에게 보였더니 틀림없는 김일성 사장(師長)이라는 것이었다. 나이는 내 보기에는 35, 36세 가량이었다고 기억한다. 야기 하루오(八木春雄)씨는 만군기관지 월간 '철심'(鐵心)이란 잡지도 보여 주었다. 그 속에 '김일성비토벌상보'(金日成匪討伐詳報)란 기사가 있었다. 김일성의 죽음을 확인하는 자세한 전투 기록이었다. 김일성이 35, 36세 가량의 사람이었다는 八木씨의 증언은 시원(市原)경부의 증언과도 상부한다.〉

　　당시 경성지방법원 검사국(京城地方法院 檢事局)이 상부에 보고하기위해 작성한 '공비 김일성 사살의 건'(共匪 金日成 射殺의 件)이라는 문서도 김일성의 사살을 언급하고 있다. 조선총독부에 발송한 일자가 1937년 11월 19로 돼있는 이 문서는 다만 김일성 사살 날자가 11월 13일 아

닌 11월 15일로 돼있을 뿐이다. 김일성을 사살한 주체는 만주군이므로 만주 현지에서 경성지방
법원 검사국에 보고가 올라온 날자를 기준으로 문건이 작성됐을 가능성이 크다.

주목할 점은 사살된 김일성의 수급(首級, 목)을 가져와 진위여부를 몰라 관계방면에 연락하여
목하(目下) 실험중(實驗中)이라 한 대목이다. 이는 당시 만주군 장교로 김일성 사살 작전에 직접
참가한 전 만주군 장교 야기씨가 주민들의 김일성 목격담을 토대로 사살된 김일성의 목을 검사
한 결과 김일성이 틀림없었다고 한 증언을 뒷받침하는 결정적인 자료이다. 김일성은 야영지에서
마을 사람들을 모아놓고 연설하는 경우가 종종 있어 사람들이 그의 인상착의를 잘 알고 있으며,
야기씨는 김일성의 얼굴을 아는 마을 사람들에게 보여준 뒤 김일성임을 확인했다는 것이다.

〈보천보사건 지휘 공비 김일성 사살에 관한 경성지방법원 검사국 문서〉

자료解題 : 京城地方法院 檢事局 編綴文書 Ⅱ: 17〈治安狀況〉

문서철명: 治安狀況(昭和 12年) 第26報 - 第43報

문서제목: 鮮外情報 - 共匪 金日成 射殺의 件

발송일: 昭和 12年(1937년) 11월 19일

한편 경성일보(京城日報)는 당시 혜산사건을 취조한 조선총독부 함경남도 경찰의 보고를 인용,
1937년 11월 18일자에서 김일성의 사망을 아래와 같이 보도했다. 이명영 교수의 김일성 열전에
기사의 일부 번역이 실려 있다.

鮮滿國境住民の 苦惱 今や 解消

共産匪 金日成の 死

살육과 약탈을 자행하여 무고한 백성을 괴롭히고 치안을 위협하던 ...중략... 지난 13
일 만군토벌대는 김일성의 소재를 확인, 이를 공격하여 5시간 교전 끝에 그를 사살
하는데 성공했다...중략... 보천보 습격의 장본인이며 밀림의 영웅같이 동간도 일대를
설치던 김일성이란 어떤 사나이인가. 그의 태생은 혹은 함남이라고도 하고 혹은 평남
출신이라고 했는데 국경경찰관의 조사에 의하면 함남설이 유력하며 그 이상은 판명
되지 않는 비적(匪賊)다운 성장 과정이다.

김일성은 어릴 때 아버지를 따라 월경, 동간도를 근거로 00혁명을 일으켜 그의 부친
은 그 수령이 됐었다. 00운동이 대안에 확대함에 따라 적색마가 그들 배후에 나타나
공산사상을 선동했다. 적색에 물들은 김일성은 19세 때에 인민전선의 메카, 모스크

바에 잠입해 10년동안 그곳 공산대학에서 공부하고, 적위군에 입대해 반일운동의 실
천가가 됐다.

만주사변이 발발하자 곧 동간도로 돌아와...중략... 반만항일군을 일으켜 국경선을 휩
쓸고 있었다. 밀림 유일의 인테리 김일성은 곧이어 도당의 수괴에 앉혀졌으며...중
략...금춘에는 함남의 국경 제 2선 보천보를 습격하여 이 때문에 국경선을 사수하던
혜산서 경찰 수명이 희생될 정도였다. 부자 2대에 걸쳐 반만항일을 계속했던 김일성
은 토벌군에 쫓기어 드디어 36세를 일기로 파란 많은 생애의 막을 닫았다.

경성일보의 이 기사는 당시 金日成의 정체를 파악할 수 있는 유일의 활자화된 기록으로 중요
한 의미를 지닌다. 기사 내용에 만군토벌대가 김일성의 소재를 확인했고 국경 경찰관들의 조사
로 그의 정체를 확인했다고 돼있다. 이는 혜산사건 수사관들이 철저한 조사를 했다는 뜻이다.
이 기사에는 이치하라(市原)라는 수사책임자가 등장하는 데 이 사람은 함남도경(咸南道警) 고등
과(高等課) 경부(警部)로 혜산사건(惠山事件) 수사담당 책임자였던 이치하라 간이치(市原感一,
1896-?)을 가리킨다. 그때는 권영벽(權永壁:이명 權昌郁), 박금철(朴金喆), 박금록(朴祿金), 마동
희(馬東熙) 등 혜산사건의 주요 피의자들이 취조를 받고 있었으며, 김일성에 대한 신원은 이들 피
의자들이 확인해 준 것이다. 이처럼 김일성의 신원은 혜산사건의 주역들이 확인해준 것인 만큼
북한의 김일성은 전사한 보천보사건의 김일성과 확연히 다른 사람이며, 그가 남의 업적을 가로
챈 것이 분명해 보인다.

〈김일성 사망에 관한 매일신보 1937년 11월 18일자 기사〉

① 共匪 金日成 被殺 / 十三日 滿洲國 討伐軍에

十七日 朝鮮軍當局談 = 김일성비(金日成匪) 일파는 일즉 압록강(鴨綠江) 대안 장백무
송현(長白撫松縣)에 반거하고 『콤민테룬』 사상하에 소재 주민에 대하야 공산주의(共
産主義)를 고취하고 반만항일(反滿抗日)에 노력하며 또는 살인약탈을 함부로하야 주
민을 괴롭게하며 엇던 때에는 일만군(日滿軍)에 대한 부정책동을하야 만주국 치안(治
安)을 방해하고 잇던 중이엿는데 정보에 의하면 지난 十三日 만군토비대(滿軍討匪隊)
가 김일성의 소재를 탐지하고 공격하야 격전 五시간만에 드듸여 목을 비고 개가를
올리엿다한다. 사실 그러타하면은 오래 동안 고민을 당한 주민들과 조선군 당국의 질
거워함은 물논 만주토비대의 고심과 노력에 대하야 경의를 표하야 마지안는 바이다.

② 金日成 所經歷

밀림(密林)의 영웅이라고 하야 동변도(東邊道)를 호령하던 김일성(金日成)이가 필경 피살의 최후를 맛치엿다함은 긔보(旣報)한 바이어니와 그는 도대체 어떤한 인물인가? 어떤 사람은 평남(平南) 출생이라고도 하고 혹은 함남(咸南) 출신이라고도 하야 도저히 알수는 업는터이나 그가 어렷슬 때에 그의 아버지를 따러 고국을 떠나 동변도(東邊道)에 근거를 두고 살다가 ○○혁명운동을 이르키여 그의 아버지는 수령이 되고 자긔는 부하가 되어 활약을 거듭하고 잇섯는데 그 운동이 대안(對岸)에 확대하여짐에따러 적색마(赤色魔)가 배후에 출현하야 드듸여 공산사상에 공명하게 되엿다. 이 사상에 물든 김일성은 十九세에 인민전선(人民戰線)의 『메카』 막사과(莫斯科: 모스크바)에 잠입하야 十년동안을 잇스면서 공산대학(共産大學)을 맛치고 다시 적위군(赤衛軍)에 입대하야 반일(反日) 운동의 실천자가 되엇다. 그리하야 만주(滿洲) 사변이 발생하자 동변도(東邊道)로 돌라와서 비적단(匪賊團)에 가입하야 반만항일(反滿抗日)군을 이르켜 국경을 시끄럽게하던 터인데 금년 봄에 함남 국경을 습격하야 국경 제二선 보천보(普天堡)를 습격하야 혜산진(惠山鎭) 서원의 수명을 히생시킨 일도 잇섯다.

이들 보도에서 보 듯 북한이 주장하는 김일성은 1912년생이므로 만 25세에 사망한 결과가 돼 보천보 습격사건의 김일성은 진짜가 아니라는 것이 분명해진다. 그런데 이듬해인 1938년 4월 26일 임강현 6도구를 김일성부대가 또 습격하여 건재를 과시했다는 사실이 전해짐으로써 만주군을 어리둥절하게 했다. 이같은 사실은 당시 일만군(日滿軍)에서 발행한 '만주국군'(滿洲國軍)이란 책에 나와 있다.

1937년 11월 18일 김일성의 전사사실을 보도했던 매일신보는 사건 한 달뒤인 1937년 12월 19일자와 이듬해인 1938년 2월 23일자 기사에서 김일성의 사망을 재확인하고 있다.

〈김일성 사망 사실을 재확인 한 매일신보 1937년 12월 19일자 기사〉

匪賊蠢動期(비적준동기)에 備(비)하야 國境警備陣을 强化

對岸의 土匪共匪는 約三千 新銳偵察機도 活動

혹한 령하 30여도의 선만국경선을 직히는 경비진영은 동긔(冬期) 결빙긔(結氷期)에 들어가 평북(平北) 함남북(咸南北) 三도의 각 제一선 경찰서장 회의도 요지음 종료하야 점차로 국경의 겨울 경비를 갓추게 되엿다. 특히 금년은 선만一여의 방침아레의 선만 경비 연락 협조가 긴밀 강화되여 잇는 때이니만큼 비단의 철저적 섬멸을 긔하야 평북에는 근? 도착할 신예(新銳)의 정찰긔를 활동식히고 잇는 외에 각종 신예무긔를 가지고 一보라도 조선내를 친해식히지 안흘 결심이다. 그리고 대안의 비적 현황은 금하래의 만주국 토벌군으로 말미암아 왕봉각(王鳳閣), 김일성(金日成)이 뒤를 이어 너머젓슴으로 나머지는 대부분 공비 토비로 최현(崔賢), 만순(萬順), 필(畢)단장, 양정우(楊靖宇) 등 약 三천이 환인(桓仁) 관전(寬甸) 즙안(輯安) 림강(臨江) 장백(長白) 안도(安圖)에 사시 잠복하야 잇는 정도인데 동지의 식량결핍과 동시에 엇더한 『게릴라』전법에 나오는지도 모르는 준동의 기운이 농후함으로 제一선 국경진은 매우 긴장하여 잇다.

1939년 10월부터 1941년 3월까지 일·만 군경의 동남부 치안숙정공작에 따른 '참빗작전'으로 동남 3성(東南 3省) 즉, 길림(吉林), 통화(通化), 간도(間島)에서 활동하던 약 3천명의 동북항일연군의 병력은 사실상 전멸됐다. 사건의 전후가 이러함에도 불구하고 국내의 다수 역사학자들은 함흥지방법원의 재판기록을 무시, 보천보사건을 지휘한 사람이 북한의 김일성으로, 그가 2군 6사장에서 제2방면군장으로 승진한 것이 맞다고 주장한다.

중국측과 만주 조선족들이 펴낸 동북항일연군 빨치산들의 투쟁사 자료는 여러 가지가 있지만, 북한의 김일성이 1937년 6월 4일의 보천보 전투를 지휘했다는 기록은 없다.

중국 조선족이 경영하는 심양의 요녕인민출판사가 발행한 조선족혁명렬사전(朝鮮族革命烈士傳, 1-3권, 1983 1986 1992)은 만주에서 항일운동을 하다 사망한 72명의 사회주의운동가들의 약사를 수록하면서 보천보전투를 언급하고 있으나 그 어디에도 김일성이 전투를 지휘했다는 기록은 없다. 요녕인민출판사가 지난 1983년 제1권을 낸 이후 9년만에 제3권을 낼 정도로 이 책은 노작이다. 그만큼 관련자들의 증언을 철저히 들으려고 노력했기 때문이다. 김일성과 함께 동북항일연군 제1로군 2군 6사 소속인 오중흡(吳中洽, 1910-1939, 전 북한 인민군 참모장 오극열(吳克烈)의 아버지), 권영벽(1909-1945), 이동학(1911-1938), 김산호(?-1936)등이 직접 보천보전투에 참가했던 사실은 비교적 상세히 기술돼 있으나 김일성의 참전여부에 관한 기록은 나타나 있지 않다.

흑룡강성사회과학원(黑龍江省社會科學院) 지방당사연구소(地方黨史硏究所)와 동북렬사기념관(東北烈士紀念館)이 공동으로 편찬한 동북항일렬사전(東北抗日烈士傳, 1-3집, 1980·1981·1981)에는 동장영(童??), 웨이정민(魏拯民) 등 중국인 열사를 포함, 김일성이 소속된 동북항일연군 제1로군 열사들의 이름만도 19명이나 수록돼 있으나 김일성에 대한 언급은 없다. 다만 조선인으로 허형식(許亨植), 김책(金策), 최용건(崔庸健, 이명 崔石泉)등이 언급돼 있다. 특히 경북 선산군 구미면(龜尾面) 출신으로 동북항일연군 제3로군 총참모장 겸 제3군장, 제3로군 제12지대 정치위원을 지낸 허형식은 그 이름이 목차의 제목에 나올 정도로 비중있게 소개되고 있으나 김일성은 이름 석자도 나오지 않는다.

1989년 흑룡강출판사가 펴낸 저우바오중전(周保中傳)이나, 1991년 중국의 인민출판사가 출간한 저우바오중(1902-1964)의 동북항일유격일기(東北抗日遊擊日記)에는 북한의 김일성 이름은 나오지만 그가 1937년 6월 4일의 보천보 전투를 지휘했다는 기록은 없다. 중국내 소수민족인 운남성(雲南省) 백족(白族)출신으로 지난 1931-1945년 사이 동북항일연군(제2로군 사령관)과 소련극동군 25군 예하 88정찰여단(여단장)을 이끌었던 저우바오중이 당시의 항일 유격활동을 일기체로 기록한 이 책에는 김일성과 김책, 최용건, 강신태(姜信泰, 姜成山 전 북한정무원총리 부친)등이 그에게 업무성과를 보고하고 지시를 받는 내용이 상세히 기록돼 있다.

그러나 이 일기는 김일성이 자신이 소속된 중국 공산당 주도의 동북항일연군과는 별개로 조선인민혁명군을 창설해 보천보전투 등에서 큰 전과를 올렸다는 북한측 주장과는 달리, 조선인민혁명군 창설 및 보천보전투 등에 관해 전혀 언급치 않고 있어 북한측의 그같은 주장이 조작된 것이라는 설을 뒷받침하고 있다.

김일성의 보천보 전투지휘와 관련해 가장 확실한 증언을 할 수 있는 사람들은 김일성과 함께 빨치산 활동을 한 사람들이지만, 대다수가 북한 핵심 권력층이거나 연로하거나 사망해 믿을 수 있는 증언을 기대하기 어려운 상황이다. 김일성과 같이 빨치산 활동을 한 여자 대원들 중 중국인과 결혼한 사람들의 증언이 몇몇 나와 있으나 이들 또한 보천보사건에 대한 언급은 없다. MBC의 '김일성 항일투쟁의 진실' 방송 자료집에 나오는 김선(金善)의 증언록에는 보천보 사건이 있은 1937년 전후의 일들이 언급되고 있으나, 보천보 사건 자체에 대한 언급은 없다.

재일교포 김찬정(金?汀)의 '빨치산 만가(輓歌): 김일성과 88독립여단'(신동아, 1992년 7월, pp. 360?387)에도 김선(金善) 외에 김책과 같은 동북항일연군 제3로군 소속 빨치산으로, 소련군 88여단 시절 김일성과 함께 있었다는 김정순(金貞順, 초명 김백린)이라는 여성의 증언이 나오는데, 여기에도 보천보에 대한 언급은 없다. 김정순은 동북항일연군 제3로군 사령관이었던 이조린(李兆麟)의 부인이다.

이러한 내용들은 지금까지 김일성이 직접 보천보주재소를 습격하고 군중들에게 반일연설을 했다는 선전과는 크게 다른 것이다. 북한은 김일성의 업적을 높이기위해 지난 1955년 이곳을 혁명전적지로 조성하고 김일성이 주재소를 습격한 후 모인 군중들앞에서 반일연설을 하는 장면을 대형 걸게그림과 조각으로 만들어 평양혁명박물관등 곳곳에 전시하고 있다. 북한주민들은 이러한 사실을 모르고 보천보전투의 잘못된 진실을 사실인 것처럼 아직도 그대로 믿고 있는 실정이다.

보천보습격사건은 항일군에 의한 최초의 국내 진공작전도, 규모가 가장 큰 것도 아니다. 이 보다 2년 앞서 1935년 2월 13일 동흥습격사건(東興襲擊事件)이란 것이 있다. 이홍광(李紅光, 1910-1935)이 공산유격대원 2백여명을 이끌고 평안북도 북동부 후창군(厚昌郡) 동흥읍(東興邑)을 습격하여 일본군 다수에 인명 피해를 준 사건이다. 당시 평안북도 경찰부 집계를 인용한 조선중앙일보 1935년 2월 16일자 보도에 따르면 일본측 피해는 사망 8, 중경상 5, 체포(포로) 10명 등 총 23명이었다.

경기도 용인군 단삼동 출신 여성으로 1926년 길림성(吉林省) 이통현(伊通縣)으로 이사했던 이홍광은 중국공산당에 가입한 후 항일투쟁에 나섰으며 동북항일연군의 전신인 동북인민혁명군 제1군 제1사 사장으로 습격사건을 지휘했다. 이홍광은 그해 5월 환인현(桓仁縣)과 흥경현(興京縣)의 접경지 노령(老嶺)에 이르러 일본군과 마주쳐 싸우다가 부상을 입고 환인현 해청화락(海靑火絡) 밀영에서 치료를 받다가 사망했다.

동흥습격사건은 당시 동아일보, 조선일보, 조선중앙일보 등에 보천보사건보다 비중있게 보도됐으나 북한은 김일성이 지휘하지 않았다는 이유로 역사에서 지어 버렸다. 한심스런 것은 한국 내에서도 보천보사건에 대해서는 김일성이 한 것이라며 미화하느라 크게 떠들지만, 그보다 피해 규모와 파장이 컸던 동흥습격사건은 지휘자가 김일성이 아니라는 이유로 관심을 갖는 사람도, 거론하거나 연구하는 사람도 언론도 거의 없다는 점이다.

당시 만주국 최고검찰청 사상(공안)담당검사로서 일경(日警), 만주군과 함께 김일성 토벌작전 회의에 참가했던 오가타 히로시(緖方 浩)씨는 제2방면군장 김일성의 신원에 대해 "김일성은 조선인이며, 나이는 34-35세(1940년 현재), 키는 5尺 4-5寸(약 165cm)의 작은 사람이며, 얼굴은 빈약했고, 안경을 끼고 있었다. 안경은 위장용이 아니라 심한 근시때문이란 것을 확인했다"고 증언했다. 그의 이같은 증언은 보천보습격사건을 지휘한 2군 6사장이 북한의 김일성이며 이 사람이 제2방면군장과 동일인물이라는 남한내 다수 학자들의 주장과는 정면으로 배치되는 것이다. 북한의 백봉이 1968년에 쓴 김일성 전기집 '민족의 태양 김일성 장군'은 219쪽에서 안경을 착용한 제2방면군장(제2대 김일성)의 사진을 게재하고 '림강현 오도구 밀영에서 대원들과 함께 계시는 김일성 장군'이라는 설명을 붙여놓았다.

김일성 신원규명에 일생을 바쳐온 이명영 교수는 제2방면군장 김일성이 1940년 말 소련으로 도주한 사실, 그리고 그의 처 김혜순이 체포된 사실은 기록에 남아있으나 그의 경력과 인상착의 등은 기록된 것이 없어 당시 토벌작전에 참가했던 사람들을 만나보기로 하고 1970년 도쿄에서 변호사로 일하던 오가타씨를 만나 김일성의 신원에 대한 증언을 청취했다고 밝혔다.

〈오가타 변호사의 증언 내용〉

나는 나고야(名古屋)에서 검사생활을 하다가 만주국에 초청되어 최고검찰청 사상담당 검찰관으로 부임했다. 치안이 확립되지 않아 공비토벌이 계속되고 있었다. 마침 동남삼성(東南三省) 치안숙정공작(治安肅正工作)의 노조에사령부(野副司令部)가 구성되었을 때에 그 속에 설치된 동남부치안연락위원회(東南部治安連絡委員會)에 최고검찰청 연락부 책임자로 관계하게 되었다. 그때 야부사령부에 기타베 구니오(北部邦雄) 중좌라는 아주 수완이 비상한 증가참모(增加參謀)가 있었는데 이 사람이 토벌작전의 모든 계획을 짜는 사람이며 동시에 그는 특수공작의 총책임자였는데 이 사람이 아주 머리가 빠른 사람이어서 나하고 호흡이 잘통했었다. 그런 관계로 나는 이 사람을 통해서 여러 가지 정보를 들을 수가 있었다. 김일성에 관해서도 자세한 정보가 입수됐었다. 패전 때 관동군의 문서가 전부 태워졌고 또 남은 것은 소련군이 다 가져갔으므로 지금은 찾을 도리가 없으나 관동군 제4과에는 비수(匪首)들의 인적 상황에 관한 자세한 카드가 작성되어 있었다. 김일성은 한인(韓人)이며 34-35세 정도(1940년 현재)였다고 하는 것을 기억하고 있다. 김일성의 얼굴에 대해서는 지금도 아주 기억이 생생하다. 북부(北部)참모의 예하 공작대가 김일성의 사진을 입수해서 토벌사령부에 보고해왔던 것이다. 공비들이 자기네끼리 찍은 사진인데 산새(山塞)를 수색해서 선전 문서들과 함께 입수한 것이었다. 여러 사람이 같이 찍은 사진이었는 데 그 속에서 김일성의 얼굴을 투항한 간부들을 통해 확인했었다. 키는 5尺 4-5寸 가량의 작은 사람이며, 얼굴은 빈약했고, 안경을 끼고 있었다. 안경은 위장용이 아니라 심한 근시때문이란 것을 확인했다. 그래서 그 사진을 수십장을 복사해서 사방에 나누어 주어 체포토록 했던 것이다. 우리는 매일같이 그 사진을 보면서 이놈만 잡으면 다 된다 하고 별렸던 그 얼굴이어서 지금도 기억하고 있다. 나는 1946년에 만주에서부터 걸어서 북한을 거쳐 귀국했는 데 평양에 둘렀더니 거리마다에 지금 북한의 집권자인 김일성의 포스터가 붙어있는 데 그걸 보고 깜짝 놀랐다. 우리가 토벌하던 제2방면군장 김일성과는 딴판의 사람인 데 놀랐던 것이다. 이래로 나는 북한의 김일성은 가짜라고 확신하고 있다.

한편 이명영 교수는 이 사진을 외국의 전문 사진감정기관에 보내 북한의 김일성과 동일인인가의 여부에 대해 감정을 의뢰, 동일인물이 아니라는 회답을 받았다고 밝혔다. 또한 이 사진을 김일성의 창덕학교 급우였던 조의준(趙義俊)과 조사준(趙士俊)씨, 김성주(북한의 김일성)가 길림의 육문중학을 다닐때 만났던 최진무(崔震武)씨, 김성주가 남만(南滿)학원에 다닐때 만났던 이시찬(李時燦)씨, 그리고 김성주와 오가자에서 같이 살았던 이선일(李善一)씨 등 여러 사람들에게 보였더니 모두가 북한의 김일성이 아니란 대답을 했다고 이 교수는 말했다.

이 교수는 이 사진을 해방후 평양에서 김성주를 자세히 볼 수 있었던 고려대 아세아문제연구소 김창순(金昌順)씨와 외과의사로 평양서 김성주를 몇 번 만났던 장기려(張起呂)박사와 조진석(趙震錫)박사에 동시에 보였더니 대답은 똑같이 김성주가 아니였다는 것이다. 그런데도 북한에서는 이 사진을 아주 희미하게 얼굴을 잘 알아보기 어렵게 해서 그들 선전책자 속에 넣어놓고 유격대 시절의 김일성이라고 거짓주장을 하고 있다. 북한의 김일성은 근시가 아니며 키가 크고 코가 낮다. 빈약한 체격에 근시이며 키가 작고 코가 높은 제2방면군장과는 전혀 다른 사람이다.

김일성이 가짜라는 결정적 증언을 한 사람은 해방직후 평양의 소련 군정청 핵심 멤버였던 레베데프(Nikolai Georgievich Lebedev, 1901?1992)소장이었다. 1945년 8월 평양에 진주한 소련 극동군 제25군 정치사령관인 레베데프 소장은 사망 1년전인 1991년 6월과 10월 모스크바에서 가진 중앙일보취재팀과의 인터뷰에서 김일성이 가짜가 맞다는 결정적 증언을 했다. 미소공동위원회 소련측 대표를 맡았으며 당시 33세의 소련군 대위 김일성을 북한의 지도자로 양성하는 등 북한 정권창출에 직접적으로 간여한 인물인 레베데프에 따르면 김일성(본명 김성주)은 소련군에 있을 때는 Kim Ir-sen(김일성의 소련식 표기) 아닌 '진치첸' 으로 불리다, 입북할 때부터 명성만 있고 실체는 불분명한 전설적 김일성 장군을 이용하기 위해 김일성이란 이름을 다시 쓰기 시작했으며 소련군 장성들도 이것이 절묘한 신의 한 수라고 감탄했다는 것이다.

〈레베데프 소장의 증언 내용〉
숨김없이 말한다면 김일셴의 본명이 김성주(金聖柱)였음을 알고 있었습니다. 그러나 북한인민들에게 잘 알려진 위대한 반(半)전설의 애국 영웅 김일성장군을 상징하기 위해 김일셴과 그의 부하, 그리고 당시 북한 내 공산주의자들과 상의해 '김일성장군'으로 소개했던 거지요. 대회 전날인 13일밤 김일셴이 양복 차림으로 왼쪽 가슴에 소련훈장을 달고 찾아와 "사령관님, 이 복장으로 내일 대회장에 나가 인민들이 영원히 기억할 수 있는 명연설을 하겠습니다"면서 으쓱거리더군요.

나는 소련훈장을 달고 나가면 군중에게 좋은 인상을 줄 수 없으니 떼고 나가라고 지적했지요. 그러나 연설장에서 보니 훈장을 달고 나왔더군요. 솔직히 말하면 김일셴의 연설원고는 우리 사령부에서 작성해 준 것입니다. 소련장교가 소련어로 작성해 고려인이 한글로 번역(외무성 부상 박길용 박사는 시인 전동혁(田東赫)이 번역한 것이라고 증언)한 것이지요. 이날 연설에서 조만식은 조선을 해방시켜 준 데 대한 감사와 민주조선 건설을 위해 투쟁해 나가자고 강조했던 것으로 기억됩니다.

그리고 마지막으로 김일센의 연설이 끝나자 군중들이 주석단 앞까지 몰려와 '가짜 김일성이다'며 소동을 벌였지요. 조금은 난감했습니다. 주최측은 군중들을 해산시키기 위해 몽둥이를 휘두르기까지 했으니까요. 이같은 분위기를 잠재우기 위해 대회 후 기자들을 만경대 김일센 생가로 데리고 가 그의 조부모·숙부와 숙모 등 친·인척 모두를 소개했지요. 그랬더니 인민들의 여론이 가라앉는 듯했습니다."

레베데프 소장의 이같은 언급들은 그가 1991년 8월 22일 모스크바에서 가진 장준익 전 육군사관학교 교장(예비역 중장)과 가진 인터뷰에서 재확인 된다. 레베데프 소장은 장 전 육사교장과의 인터뷰에서 1945년 10월 14일 평양에서 열린 대회는 '김일성장군환영대회가'가 아니라 '조선 인민해방 축하대회'라고 수정하면서 "김일성 동지의 발언이 있겠다고 소개하니까 그곳에 모인 군중은 열화같은 박수와 환호를 보냈습니다. 이는 김일성장군에 대한 국민들의 대단한 인기를 알 수 있었고, 연설이 끝난후 김일성(김성주)은 진짜 김일성 장군이 아니라는 여론이 비등했다는 사실도 알게 되었습니다"고 말했다.

실제로 당시 소련군 대위였던 김일성의 본명은 김성주(金聖柱)로 북한에 들어와서 처음엔 김영환(金英煥)이란 이름으로 행세했다. 이후 1945년 10월 11-12일, 소련군 정치사령부 로마넨코 소장의 각본으로 평양시내 '다미야'라는 일본 요리집 자리에서 평남인민정치위원회(위원장 조만식) 간부들에게 가짜 김일성은 처음으로 '김일성 장군'으로 소개됐다. 이런 과정을 거쳐 그해 10월 14일 평양공설운동장(현 모란봉경기장)에서 이른바 '김일성장군 환영 평양시 군중대회'가 열렸고, 김성주는 전설의 김일성장군으로 둔갑한다.

당시 현장에 있었던 평안남도 양덕이 고향인 전 평안남도지사 박인각씨는 "연설에 앞서 소련 점령군사령관 스티코프 대장이 그를 김일성장군이라고 소개했으나 참석했던 사람들은 33세의 젊은 김성주가 김일성 장군이라는 사실을 믿지 않았다"고 밝힌바 있다. 또 신의주가 고향인 전직 교장 이영훈씨는 "군중들의 술렁이는 분위기를 파악한 스티코프는 여기 있는 김일성이 항일투쟁의 김일성 장군이 맞거나 틀리거나가 중요한 게 아니라 앞으로 잘만 하면 되는 것 아니냐고 말해 소련도, 김성주 자신도 보천보 전투의 김일성 장군이 아니라는 사실을 인정했다"고 증언했다.

하지만 1970년대 이후 국내 학계에서 '가짜 김일성'설은 강한 비판을 받게 된다. 서대숙(徐大肅) 미 하와이대 교수는 북한의 김일성이 각각 동북항일연군 2군 6사장과 동북항일연군 제2방면군장을 지낸 김일성과 동일 인물로서 보천보 사건 등 1930년대 중후반 남만주와 한만국경지대에서 항일투쟁을 벌였다고 주장했다. 김준엽(金俊燁), 이정식(李庭植)교수도 북한의 김일성이 동북항일연군의 일원으로 항일투쟁을 한 것은 인정했다.

하지만 이들은 김일성의 항일운동은 북한이 주장하는 것처럼 대단한 것은 아니었으며, 중국공산당 휘하에서의 운동으로 한국민족주의 운동이나 공산주의 운동의 본류와는 거리가 먼 것으로 평가했다. 1980년대 이후 이종석 교수 등 이른바 진보적 학자들과 와다 하루키(和田春樹) 교수 등은 이영명 교수 등의 '4명의 김일성 설'을 냉전 시대 반공선전에 불과하다고 비판하면서, 김일성의 항일투쟁을 한국민족해방운동사에 적극적으로 포함시키고 있다.

그러나 '김일성 가짜론'은 남한에서 처음 제기된 것이 아니다. 그가 평양에 등장한 이후 북한 주민들 내부에서 먼저 제기됐고 이어 남한내 조선공산당, 우익진영 등에서 거의 동시에 제기되기 시작한 것이다. 만일 우익진영이 김일성을 비난하려는 목적에서 가짜설을 만들어 퍼뜨린 것이라면, 박헌영과 여운형에 대해 그랬던 것처럼, 굳이 가짜론을 만들 필요 없이 '공산주의자'라는 딱지 하나만으로도 충분히 목적을 달성할 수 있었을 것이다.

물론 함흥지방법원의 '혜산 사건' 판결문 자체에는 '제6사장 金成柱'라고만 적혀 있을 뿐 그 밖의 신원에 대해서는 기록된 것이 없다. 그것은 그가 체포, 기소된 형사피고인 아니었기때문이다. 그러나 판결문에 첨부된 혜산사건 피고인 신문조서에는 김일성의 신원에 대한 자세한 기록이 남아있다.

보천보습격사건의 지휘자가 북한의 김일성이 아니라는 즉, 김일성이 가짜라는 증거를 요약하면 다음과 같다.

① 보천보사건 이후 일제가 국내 연계세력을 색출하는 과정에서 조국광복회 회원 188명을 기소한 사건인 이른바 혜산사건 피고인들의 2군 6사장 김일성 신원에 대한 진술을 토대로 작성한 신문(訊問)조서(1974년 출간된 이명영 저 '김일성열전'을 보면 2군 6사장 김일성이 기소되지는 않았기 때문에 김성주(金成柱)라는 이름 석자만 판결문에 나와 있다. 김일성이 기소되지 않은 것은 혜산사건 관련자 검거기간중 이미 사망했기 때문인 것으로 보인다. 그러나 당시 이 사건의 수사책임자 이치하라 간이치(市原感一) 함경남도 경찰국 고등과 경부(警部)는 "2군 6사장 김일성의 정체를 밝히는 것이 사건의 핵심인 만큼 200명(정확히 188명)에 가까운 피고인들에 대한 신문조서에 2군 6사 김일성의 신원이 자세히 기록된다는 것은 조서 작성상의 상식"이라고 말했다. 실제 혜산사건 피고인들은 수사관 신문과정에서 2군 6사장 김일성의 정체에 대해 〈본명은 김성주(金成柱), 1901년 함남출신, 모스크바 공산대학을 졸업하고 '붉은 군대'(赤軍)를 거쳐 입만(入滿)한 후 동북항일연군 입소〉라고 밝혔다고 이치하라씨는 증언했다. 북한의 김일성은 1912년 평남 대동군출신으로 학력은 길림 육문중

학 중퇴다. 본명이 金成柱라고 스스로 주장하나 사실관계나 정황으로 보아 金聖柱일 가능성이 높고 본명까지도 조작했을 개연성이 높다. 이런 증언으로 보면 보천보습격을 주도한 2군 6사장은 북한의 김일성이 절대 아니다)

② 숨진 2군 6사장 김일성의 가족사항이 북한 김일성의 그것과 다르다는 것을 보여주는 일제 내무성 경찰국의 특별고등경찰 조사보고서(보고서에 따르면 2군 6사장 김성주(金成柱)에게 김성보(金成甫)라는 이름의 사촌형이 있다고 기록돼 있으나 북한의 김일성은 종손 장형으로 사촌형이 결코 없다. 그리고 '성보'는 '성주', '철주', '영주'로 이어지는 북한의 김일성 가계 항렬(柱字)이 아니라는 점이다)

③ 보천보사건 5개월 후 2군 6사장 김일성의 사살을 확인한 경성지방법원 검사국(檢事局) 보고서 및 김일성 사살을 전한 당시 언론(경성일보, 매일신보, 동아일보, 조선일보)보도 내용

④ 2군 6사장 김일성을 사살한 만주군의 진술을 담은 만주군 기관지 '철심'(鐵心) 보도내용 ⑤ 2군 6사장 김일성의 인상착의를 잘 아는 주민들의 진술을 토대로 김일성의 참수된 목(얼굴 부분)을 검시, 신원을 직접 확인한 만주군 장교의 증언(2군 6사장 김일성은 야영지에서 마을 주민들을 모아놓고 연설을 했기 때문에 주민들은 그의 인상착의를 잘 알고 있었다)

⑤ 북한의 김일성이 2군 6사장이 아니라 이 부대의 일개 부대원이라는 친동생 김영주와 김일성의 중국인 친구 장아청의 증언

⑥ 보천보습격을 지휘한 사람이 북한의 김일성이 아니라는 박달, 박금철 등 습격에 참가한 사람들의 증언

⑦ 사살된 2군 6사장의 후계자로 제2방면군장으로 승진한 제2대 김일성의 깡마르고 안경 낀 사진(3명의 김일성 중 제1대 김일성과 제3대 김일성(북한의 김일성)을 제외한 제2방면군장(제2대 김일성)만이 유일하게 동북항일연군시절의 사진 3장을 남겼다. 일제 토벌대가 수거한 이들 사진에 나오는 제2방면군장은 한결 같이 빈약한 체격에 키가 작고 코가 높고 근시로 안경을 착용하고 있는데 북한은 이 3장의 사진 중 흐릿하게 찍혀있는 사진에 나오는 제2방면군장을, 그것도 변조해 북한의 김일성이라고 주장한다. 왜냐하면 당시 일제 토벌대가 제2방면군장의 사진과 함께 인상착의까지 공개하고 사진을 복사해 수배전단까지 뿌렸기 때문에 보천보사건의 2군 6사장이 죽지 않고 끝까지 부대를 이끌고 1945년 해방 때까지 계속 항일투쟁을 했다는 것을 입증하는 것이 절체절명의 과제인 북한당국으로서는 해방 후 2군 6사장, 제2방면군장, 북한 김일성이 모두 동일인물이라는 것을 보여주기 위해 사진을 조작한 것으로 보인다)

⑧ 제2방면군장이 1939년 5월 3일 밤 200여명의 병력으로 함남 삼수군 호인면의 반절구(半截溝)를 습격하다 중상을 입었고 결국 이 후유증으로 5년후 병사한 사실(북한 김일성이 제2방면군장과 동일인물이라면 전투 중 중상을 입었어야 하는데도 북한 김일성은 항일투쟁 중 중상을 입은 사실이 전혀 없다)

⑨ 1939년 일만군경에 체포된 제2방면군장의 처 김혜순의 증언 및 죽은 2군 6사장에게도 부인이 있었다는 여자대원의 증언(제2방면군장이 북한의 김일성과 동일인물이라면 북한은 김일성의 빨치산 동료 김정숙을 김일성의 첫 부인이자 항일의 여성영웅이라고 밝혀온 만큼 김혜순과 김정숙은 동일인물이어야 한다. 그러나 두 여인은 전혀 다른 사람이다. 또한 제1대 김일성 2군 6사장에게도 장백현의 한 농가에 최(崔)씨 성을 가진 부인이 살고 있었다는 6사 소속 부대원의 증언이 있고 실제 일제 경찰에서 이 부인을 체포하려 갔다가 도망가고 없어 허탕친 일이 있다. 따라서 제2군 6사장, 제2방면군장, 북한의 김일성이 모두 동일인이라면 이들의 부인도 모두 동일인이어야 하는 데 제각각 다르다는 것은 무엇을 의미하는가? 북한은 이처럼 제1대 김일성과 제2대 김일성이 북한의 김일성으로 조작했지만 이들의 부인만은 조작할 수 없었다)

⑩ 1940년 당시 만주국 최고검찰청 사상담당 검사 오가타 히로시(緒方 浩)씨가 일본 관동군 제4과(課)의 제2방면군장 김일성의 신원에 관한 기록을 토대로 한 증언(김일성은 조선인이며, 나이는 1940년 당시 34-35세, 키는 약 165cm의 작은 사람이며, 얼굴은 빈약했고, 안경을 끼고 있었다. 안경은 위장용이 아니라 심한 근시 때문이란 것을 확인했다. 하지만 북한의 김일성은 당시 28세로 신장 175cm의 건장한 체격이었고 안경을 끼지 않았다. 김일성의 항일투쟁시기 사진은 무슨 이유인지 한장도 남아있지 않아 그가 안경을 착용했는지를 구체적으로 확인할 수 없지만 1940년 말 일본관동군 토벌대의 공격을 피해 소련 연해주로 패주한 뒤 해방 때까지 소련군 88정찰여단에서 활동할 때 모습이 담긴 사진, 그리고 해방이후 북한 최고지도자로 군림하던 1970년대 까지도 안경을 낀 모습은 북한의 어느 신문방송, 홍보선전기록물이나 문헌에도 등장하지 않는다. 육문중학 재학시절의 사진이 한 장 남아있으나 이것도 안경을 끼지 않은 모습이다. 북한은 김일성의 항일투쟁때의 장면들은 100% 삽화 등 그림으로 처리하고 있으나 여기에도 안경을 착용한 모습은 전혀 나타나지 않는다.)

⑪ 2군 6사장 김일성이 만주 통화성(通化省) 양목정자에서 전사한 후 통화성 주민들이 추모비 건립 모금운동을 벌인 사실

⑫ 일본인 나가오카 도모타로(永丘智太郎)가 1938년에 쓴 '극동의 계획과 민족'(極東の計劃と民族), 그리고 노리타케 가즈오(則武三雄)의 1942년 문집 '압록강'(鴨綠江)에 보천보습격을

이끈 김일성이 함남출신으로 서술돼 나온다는 점(북한의 김일성은 평남 대동군 태생인만큼 이들 책에 나오는 2군 6사장은 결코 북한의 김일성이 아니다)

⑬ 당연히 기록돼야 할 것으로 보이는 중국측 자료에 김일성이 보천보사건을 이끌었다는 기록이 전무하다는 점

▪ 기타 북한발 가짜뉴스

△ 현대사의 시발점이 다르다. 대한민국은 1945년 해방을 현대사의 시발로 보고 있으나 북한은 김일성이 만주 길림(吉林)성 화전(樺甸)시 화성의숙(華成義塾) 재학 때인 1926년 불과 14세의 나이로 결성했다고 주장하는 '타도제국주의동맹'을 조선노동당의 뿌리이자 현대사의 시발점, 즉 김일성 혁명역사의 출발점으로 설정하고 있다.

△ 조선민주주의인민공화국과 김일성 정권은 1948년 남북한총선거를 통해 수립됐다

△ 고조선 이래 5천년 우리 역사는 착취와 피착취계층의 계급투쟁으로 점철돼왔다

△ 고조선(古朝鮮)의 8조금법(八條禁法)은 인민을 탄압하기 위한 법이다

△ 고조선은 최초의 노예제 국가로 결국 노예폭동으로 멸망했다

△ 고조선의 후국(後國)이자 고구려(高句麗)의 전국(前國)에 '구려(句麗)'라는 나라가 있었다

△ 신라는 3국 통일을 한 게 아니다. 명칭도 '통일신라'아닌 '후기신라'로 해야한다

△ 조선왕조는 반인민적 국가. 이성계는 반역자이며 양반은 사회의 기생충이다

△ 훈민정음은 세종대왕이 아닌 인민이 만든 민족글자다

△ 미 상선 제너럴 셔먼(General Sherman)함 사건 때 미국을 물리친 사람은 김일성의 증조부 김응우이다(평양 관찰사 박규수의 지시로 평양감영의 퇴역 장교 박춘권 등 군관민이 합세해 응징한 사건이다)

△ 이순신장군은 인민이 아니라 양반지주 계급을 위해 싸운 사람이다

△ 임오군란은 실패한 계급혁명이다

△ 대원군은 '외세와 자주'의 관점에서 보면 명성황후보다 정치를 훨씬 잘했다

△ 갑신정변은 부르주아혁명이다

△ 동학운동이 실패한 것은 노동계급에 대한 당의 영도(領導)가 없었기 때문이다

△ 갑오개혁은 인민대중의 힘이 아닌 타율개혁이어서 실패했다

△ 한말 의병투쟁은 수령의 영도를 받는 노동계급의 혁명투쟁이 아니어서 실패했다

△ 안중근 열사의 의거는 애국투지 과시했지만 수령의 영도를 받지 못해 실패했다

△ 3.1운동 직전의 반일단체 '조선국민회'는 김일성 아버지 김형직이 결성했다(사실 날조)

△ 김일성 어머니 강반석이 1926년 12월 26일 우리나라 최초의 여성항일단체인 '반일부녀회'를 결성했다(하지만 이 조직의 자료나 근거는 물론 존재를 알고 있는 사람은 아무도 없다)

△ 3.1운동은 계급투쟁이다. 서울의 탑골공원이 아니라 김일성 아버지 김형직이 평양에서 이끌었다(1919.3.1. 당시 김형직은 평양이 아닌 평안북도 중강진에 있었음)

△ 3.1운동의 실패원인은 탁월한 수령과 혁명적인 당의 영도를 받지못했기 때문이다

△ 6.10만세운동은 공산주의자들이 조직한 대중적인 반일시위투쟁이다

△ 타도제국주의동맹은 김일성이 만들었다(사실왜곡. 이종락이 주도해 만들었다)

△ 조선혁명군, 반일인민유격대, 조선인민혁명군을 김일성이 각각 창설했다(3개 군 조직 모두 실체가 없는 가공의 군대임. 중국측 기록에도 일절 나오지 않음)

△ 김일성이 최초의 공산당당 조직인 '건설동지사'를 만들었다(날조된 허구)

△ 동녕현성전투를 김일성이 지휘했다(사실 날조. 지청천 장군이 참여하고 지휘)

△ 동북항일연군 2군 6사를 김일성이 창설했다(동북항일연군은 중국공산당 군대로 중국인·조선인·러시아인이 참여한 혼성부대. 김일성은 이 부대의 1개 대원)

△ 조국광복회를 김일성이 창설했다(조국광복회는 1936년 6월 동만주(東滿洲)서 조직된 '항일민족통일전선'으로 중국 공산당 동만특위 서기 겸 동북항일연군 제1로군 정치위원 웨이정민(魏拯民)이 창설을 주도하고 오성륜·엄수명·이상준 등이 발기인으로 참여했으나 북한의 기록들은 24세의 김일성이 생면부지 50세의 여운형과 조국광복회를 결성한 후 회장이 됐다고 날조)

△ 무송현성 전투를 김일성이 지휘했다(사실날조. 1936년 8월 17일 동북항일연군 부사령 왕덕태가 지휘)

△ 김일성이 1948년 8월 9일 소련의 대일참전 선전포고와 함께 백두산 밀영에서 '조국해방을 위한 총공격전 명령'을 내려 일본을 항복시키고 조선을 해방했다(날조된 허구. 당시 김일성은 소련군 88정찰여단에 배속돼 있었음. 대한민국으로 망명한 북한 노동당 비서 황장엽에 따르면 백두산 밀영은 조작된 것으로 1984년 이전까지는 북한 문헌에 없었음. 교과서에 상해임시정부, 카이로선언, 포츠담선언, 원폭투하 기술 없음)

△ 김정일 출생일은 1942년 2월 16일, 출생장소는 백두산으로 옥황상제가 정했다(황당한 날조)

△ 김정일 태어나던 1942년 2월 16일 백두산에 쌍무지개 떴다. 지금도 2월 16일이면 신비한

자연현상 생긴다(자연현상까자 날조)

△ 김정일 태어난 날 하늘에서 16명의 신선이 내려와 절하고 큰 별이 떴다

△ 백두산 밀영의 정일봉 바위 무게와 높이는 김정일 생일(2월 16일)대로 216t, 216m이다(바위에 시멘트 공사를 해 인위적으로 조작)

△ 마르크스와 레닌, 스탈린도 예상못한 세계혁명이론을 김일성이 창시했다(완전 허위)

△ 김일성장군은 항일투쟁 때 모래로 쌀을, 솔방울로 수류탄을 만들었다

△ 하늘의 계시로 백두산이 내린 세 위인은 김일성, 김정숙, 김정일

△ 김정일은 현세의 천국을 만든 땅위의 하느님이다

△ 김정일 백두산에서 태어나자 요란한 굉음과 함께 신비한 노을이 생겼다. 천둥이 세 번 울리면서 3년 뒤의 1945년 해방을 예고했다

△ 김정일이 태어날 때 백두밀영에 전에 없던 마가목이 자생했다

△ 한겨울 백두산에 제비 한 마리가 나타나 김정일 장군 출생을 예고했다(제비가 겨울에 나타난다?)

△ 김정일이 3살 이전 백두산서 쌍안경에 권총을 들고 항일 공격명령을 내렸다

△ 김정일은 인민학교시절 미소만 보고도 모나리자 위작을 가려내는 천재성을 보였다

△ 광명성(김정일)의 빛을 받으면 죽은 사람이 살아나고 고목에 꽃이 핀다

△ 남한 수재민들이 1984년 김정일이 보낸 쌀로 밥을 짓자 한줌이 두가마로 불어났다

△ 인민학교시절 김정일이 지구본의 일본지도에 새까맣게 먹칠을 하니 일본 전체가 암흑천지가 됐다

△ 김정일이 박정희 대통령 시해사건을 예견, 적중했다

△ 김정일이 군사분계선(MDL)에서 쌍안경으로 이남(以南)진지를 살피자 남한군인 들 눈이 멀어졌다

△ 김정일은 세계사상 최고의 골프선수다. 생애 첫 골프에서 홀인원 11개를 기록했다

△ 서방에서 타이타닉함(자본주의)이 침몰하던 날 동방에선 김일성이 태양(사회주의)으로 떴다

△ 김정은은 백두산 장군이다. 세 살때 사격을 시작, 백발백중했다

△ 김정은은 인류가 낳은 가장 걸출한 영도자이다. 현 세기를 이끌 찬란한 태양이다

△ 김일성 사망때 전세계 50억 인구가 조의를 표했다

△ 김일성은 조선과 일본 두나라 통틀어 가장 훌륭한 사람 1위에 선정됐다

△ 종교는 반동적이며 계급의식을 마비하고 혁명의욕을 없게한다. 성경은 예수교의 허위적·기만적 교리를 적은 책이며 불교는 문화와 과학발전에 해독을 끼친 종교다

△ 외국 종교 침투방지가 사회주의의 사활이 걸린 문제다

△ 남한은 미제 강점하의 식민지다. 미(未)해방지구다

△ 남한은 알콜-마약중독, 매음과 강간, 살인행위가 판치는 곳이다

△ 판문점도끼만행사건은 미군이 조작했다(사실왜곡, 김일성이 유엔군 사령관에게 사과까지
　한 사건)

△ 남한의 민주화-반정부시위와 파업은 모두 김일성의 지령에 따른 것이다

△ 5.18 광주민주항쟁은 김일성의 주체 기치아래 일어난 민중항쟁이다

△ 대한항공(KAL) 848기 공중폭파사건의 주범 김현희는 돈받고 동원된 남한 기생년이다

△ 연평해전은 한미가 일으킨 군사적 도발사건이다. 이를 소재로 한 영화는 날조한 반북모략
　작품이다

△ 6.15선언과 10.4선언은 남한이 연방제통일에 합의한 것이다

△ 6.15선언과 10.4선언은 김정일 장군이 펼친 선군정치의 결과물이다

△ 천안함사건은 미국과 한국이 날조한 것이다

△ 효순·미선의 죽음은 미군에 의한 인간도살사건이다

△ 용마탄 김일성 장군이 하늘높이 올라 돌사태내려 일본군에 떼죽음 안겼다

△ 남한 초등학교에선 수업료 못내면 선생님이 어린학생을 때리고 교실에서 쫓아낸다

△ 국가는 혁명하는 조직이다

△ 남북대화에 양보는 있을 수 없다. 계급적 원수들과의 타협은 혁명의 포기이다

△ 이산가족 찾기는 혁명에 부합하지않으면 흥미가 없고 이로울 것도 없다

△ 군대를 중시하지 않아 소련-동유럽 사회주의가 붕괴했다

△ 선군정치의 최대 수혜자는 남한이다. 21조 달러의 이익을 보고있다

△ 정치란 수령의 혁명사상을 구현하는 투쟁과 활동

△ '정의(正義, justice)'는 계급적 용어. 가장 정의로운 인간은 공산주의자다

△ 수령은 무오류이며 수령만이 역사발전의 주체

오역이 부른 대참사

■ '인체무해'라는 오역된 약봉지 설명 믿고 쥐약먹다 참변

1960-70년대 우리나라는 전국적으로 쥐잡기 운동을 실시했다. 당시 헐벗고 굶주리던 시절, 식량을 축 내는 쥐는 박멸의 대상이었다. '오늘은 쥐잡는 날'이라며 날 잡아 쥐약 놓기가 전국적 행사로 실시됐다. 매달 25일은 '전국 쥐잡기 날'로 정해졌고 정부에서는 동네 이장(里長)을 통해 회색 봉투에 든 쥐약을 집집마다 한 봉지씩 나누어 주곤했다. 학교에서는 쥐를 잡은 뒤 꼬리를 잘라 오라며 숙제를 내주기도 했다.

쥐잡기 운동에서 중요한 것은 일시에 다 같이 잡는 것이었다. 그래서 전국적으로 같은 날 같은 시간에 쥐약을 놓았다. 이처럼 쥐잡기 운동은 공중 보건보다는 식량 부족을 메우기 위한 것이었다. 우리나라에 서식하는 쥐가 1억 마리라면 이로 인한 양곡의 피해는 무려 32만 t에 달한다. 1970년에 실시된 제1차 쥐잡기 운동에서는 무려 4천300만 마리를 잡은 것으로 기록돼 있다. 이렇게 잡은 쥐의 가죽은 '코리안 밍크'로 가공되어 수출되기도 했다. 그러나 쥐잡기 운동은 부작용도 만만치 않았다. 쥐약은 밥이나 곡식 등 먹을 것에 섞어 쥐가 다니는 길에 놓아두고 먹기를 기다렸던 것인데 사람도 배를 곯았던 시절이라 허기졌던 개나 고양이들이 그걸 먹고 죽는 경우가 자주 발생했던 것이다. 쥐약을 먹고 죽은 쥐를 먹는 2차 중독으로 남한에서 여우가 멸종되었다고도 한다. 그러나 쥐약으로 인한 더 큰 비극은 1975년 미국 롬 앤 하아스(Rohm & Haas) 社의 '베이커'(Vacor: RH-787)라는 이름의 쥐약(rodenticide)이 국내에 보급되면서부터 발생했다. 당시 농수산부에서는 국내 제조공급사인 S화학을 통해 Vacor를 국민들에게 친근한 이름인 '백호'로 바꿨다. 그리고 "쥐아닌 다른 동물과 인간에는 비교적 안전하다"(relatively safe for nonrodent animals and for humans), "(박멸)목표가 아닌 동물에는 비교적 안전하다" (relatively safe for nontarget animals)라는 내용의 약품설명서를 "인축(人畜)에는 거의 해가 없다"라고 '오역'해 알렸다. 설사 미국의 제조사가 '비교적 안전하다'라는 표현을 썼다 하더라도 의약품이 아니고 쥐약인 점을 감안, 우리말로 옮길 때는 신중을 기했어야 했다는 지적이 뒷따랐다. 1970년대의 한국사회는 어떤 사회였는가? 여기 저기서 부동산투기다 하여 한탕주의가 판을 치기 시작한 시절이었다. 집에서는 돈없다고 여자라 해서 학교가지 말라 하고, 아내는 돈 안 벌어오고 밥만 축낸다하여 남편과 시어머니로부터 구박받기 일쑤였고, 시골에서는 무작정 가출, 상경이 늘던 시절이었다. 자살이 늘어 양잿물, 농약, 쥐약이 가장 손쉽게 이용되던 독극물이었다. 1975년 3월 이후 쥐잡기날에 공급된 '백호'는 일부가 쥐를 잡는데 사용되지 않고 서랍 속으로 들어갔다. '인체에는 해가 없는 쥐약'이라고 하니, 언젠가 쓸 일이 있는 '시위(시험)용 자살약'으로는 안성마춤이었기 때문이었다. 가정불화 등으로 '백호'를 먹은 '자살기도자'가 속속들이 병원에 실려오기 시작했는데, 무독(無毒)하기는 커녕 먹은 사람의 절반가량이 죽고, 살아남았다 하더라도 당뇨병 등 부작용이 심각했다. 실제로 1975년 5월 19일 경남 마산에서 중국음식점 종업원 2명이 "인축에 거의 해가없다"는 약봉지 설명서만 믿고 시험삼아 이 쥐약을 먹다가 숨진 사건이 발생했다. 미국환경보호청 문서를 인용한 1975년 7월 7일자 월 스트리트 저널지 보도에 의하면 한국에서 쥐잡기운동이 실시된 그해 3월 한달동안에만도 최소한 7명이 시험삼아 쥐약을 먹고 사망했다. 한국에서의 이 사건은 즉각 Vacor에 관한 많은 외국 논문의 소재가 됐으며 Rohm & Haas社는 이 사건 이후 약봉지 설명문을 "Keep out of the reach of children. May be fatal or harmful if swallowed."(어린이들의 손이 닿지않는 곳에 보관하시오, 삼키면 치명적인 피해를 주거나 해롭습니다)로 변경하는 한편 1979년에는 시판중인 제품을 모두 수거했다. Vacor는 한편 인체의 인슐린 분비세포인 베타세포(β-cell)를 파괴함으로써 당뇨병의 원인과 관련있는 것으로 보고 돼있다.[65]

■ 오역이 키운 타이타닉 여객선 침몰 희생자 수

세월호 침몰사고가 일어난 날(2014년 4월 16일)은 타이타닉 참사 102주년 다음날이었다. 1912년 4월 15일 새벽 2시18분. "신(하나님) 자신도 침몰시킬 수 없다"(God himself could not sink this ship)는 초호화 여객선 '타이타닉'이 대서양에서 부류(浮流)하던 빙산과 충돌한 후 해저 3천 821m 아래로 가라앉았다. 빙산과 충돌시점은 현지시간으로 전날인 4월 14일 오후 11시 40분. 순식간에 주갑판이 함몰되면서 우현에 구멍이 생겨 물이 들어왔고, 정확히 2시간 38분만에 두동강이가 나면서 침몰했다. 승선인원 총 2천 224명중 31.9%에 달하는 710명이 구조되고 1천 5백14명이 사망한 최악의 참사였다.[66] 참고로 세월호 구조율은 36.5%에 174명을 구조했다.

타이타닉은 4월10일 영국 사우샘프턴(Southampton)항에서 뉴욕항으로 처녀출항(maiden voyage)에 나섰다. 당시로서는 타이타닉은 최신 기술의 집약체였다. 그래서 '침몰하지 않도록 설계된 배'(Being designed to be unsinkable)라는 광고와 함께 '불침함'(The Unsinkable

---

65) Leona V. Miller, John D. Stokes and Chutima Silpipat, Diabetes Mellitus and Autonomic Dysfunction After Vacor Rodenticide Ingestion, DIABETES CARE, VOL. 1 NO. 2, MARCH-APRIL 1978.

66) 승선인원에 대해서는 2천 224명, 2천 228명 등으로 자료마다 다르다. 이와 함께 사망 인원도 1천 502명, 1천 514명, 1천 517명 등으로 통계마다 다르다. 이 책에서는 위키페디아의 통계를 인용했다.

Ship)이라는 평판을 들었다. 시설도 럭셔리한 호텔로 '떠있는 궁전'(floating palace)으로 불렸다. 4억 달러라는 어마어마한 자금이 건조비로 투입됐다. 배에는 승선인원의 절반에 달하는 정확히 1천 178명이 구조될 수 있는 20개의 구명정이 준비돼 있었다. 신도 침몰시킬 수 없다는 별칭까지 있었기 때문에 선박운영회사 '화이트 스타 라인'(White Star Line)은 절반의 구명보트만 갖췄다고 한다. 하지만 배는 침몰됐고, 최소한 승선인원의 절반은 커녕 구조율 약 32%에 달하는 710명만이 살아남았다. 생존자 가운데 여성과 어린이 구조자 372명이 포함됐다. 이는 남성에 비해 여성과 어린이의 구조율이 높았다는 것을 뜻한다. 여성 구조율은 74%(총 탑승자 425명 중 316명 생존), 아동 구조율 51%(총 109명중 56명 생존)였지만 남성 구조율은 20%(총 1천690명 중 338명)에 그쳤다. 이렇게 구조율이 저조한데는 오역이 한몫하고 있었다는 점이다. 당시 스미스(Edward John Smith) 선장은 '여성과 어린이부터 먼저'(women and children first)라고 명령했으나 이 말이 일부 구조공간의 승무원들 사이에 '여성과 어린이만'(women and children only)으로 잘못 해석되면서 구조작업에 차질이 빚어졌다. 극지방 탐험 역사학자 스테파니 바르츄스키(Stephanie Barczewski)의 저서 '타이타닉'(Titanic: A Night Remembered)을 보면 "The First and Second officers interpreted the evacuation order differently; one took it to mean women and children first, while the other took it to mean women and children only."(1등 항해사와 2등 항해사는 선장의 대피 지시를 서로 다르게 해석했다. 1등 항해사는 선장의 지시를 '여성과 어린이 먼저'라고 해석한 반면 2등 항해사는 '여성과 어린이만'으로 해석했다)라는 대목이 나온다.[67] 또한 타이타닉 침몰사고에 대해 쓴 월터 로드(Walter Lord)의 '기억해야 할 밤'(A Night to Remember)과 로버트 밸러드(Robert D. Ballard)의 '타이타닉의 발견'(The Discovery of the Titanic)이란 책에도 스미스 선장의 지시에 대한 오역 때문에 일부 승무원들은 남자들의 구명정 탑승을 금지시켰다는 내용이 나온다.[68]

이런 오역 때문에, 구명정의 여석이 있었고 구조시간이 충분했음에도 불구하고 남성들이 뛰어 내리기를 주저했고 여성과 아이들도 남편 또는 가족과 헤어지기를 싫어해 섬뜩한 바다로 내리지 못하는 상황이 벌어 졌다. 생존자들의 증언에 의하면 당시 스미스 선장은 명령에 따르지 않는 사람들을 공포탄으로 쏘며 여성과 어린이부터 구조하도록 했다. 그는 끝까지 승객의 탈출을 돕다 배와 함께 최후를 맞았다.

---

67) Stephanie L. Barczewski, Titanic: A Night Remembered, Hambledon and London, 2004.
68) Walter Lord, A Night to Remember, New York, NY: Bantam. 1997, p. 63.; Robert D. Ballard, The Discovery of the Titanic, Toronto: Madison, 1987, p. 87.

▪ 9.11 테러는 코란의 오역을 믿은 이슬람 근본주의자들의 소행?

2001년 9월 발생한 '9.11테러'는 무슬림 근본주의자들(Muslim fundamentalists)이 저지른 만행이다. 뉴욕타임스 보도에 따르면 이들은 순교를 하면 천국에 가서 72명의 처녀들로부터 시중을 받고 이들과 섹스를 즐길 것이라는 코란의 오역을 그대로 믿고 자살폭탄 테러를 감행했다.

뉴욕 타임스는 2004년 8월 4일 칼럼니스트 니컬러스 크리스토프(Nicholas Kristof)의 '순교자들, 그리고 처녀와 포도'(Martyrs, Virgins and Grapes)라는 제목의 기명 칼럼에서 9.11테러 현장 지휘자로 알려진 모하메드 아타(Mohamed Atta)는 거사 직전 동료 자살 테러범들에게 "(천국에서) 처녀들이 우리를 기다리고 있다"(The virgins are calling you.)라는 격려문을 남기고 여객기를 납치, 뉴욕 세계무역센터(World Trade Center)에 충돌시켰다고 보도했다. 범행동기를 알 수 있는 유일한 유언장 같은 것이 이 격려문이다.

이슬람에서는 4명까지 아내를 둘 수 있어 가난한 남자는 결혼도 할 수 없다. 게다가 불법 성행위를 철저히 금하고 있다. 그래서 간음하다가 들키면 돌로 쳐 죽이는 형벌을 통해서 잔인하게 공개처형을 하는 것이 보통이다. 그러나 코란에 의하면 이슬람의 천국(낙원)에서는 여러 명의 아름다운 처녀(후리, huri, 복수형 hur)들과 성행위를 마음대로 즐길 수 있다(코란 56:35).

아랍어로 선녀라는 뜻의 '후리'는 코란에 묘사된 것만 봐도 대단한 미녀들임에 틀림없다. 눈이 크고 아름답다(코란 56:22). 아무도 손대지 않은 순결한 처녀들이다(코란55:74). 침상에 누워서 기다리고 있다(코란 55:76). 비슷한 나이 또래로 만들어 놓았다(코란 56:37). 잘 보호된 달걀 같다(코란 37:49). 비단 금실로 수놓은 옷을 입고 은팔찌를 하고 있다(코란 76:21). 그들의 가슴은 볼록하다(코란 87:33)... 등등. 이슬람에서는 코란 다음으로 권위를 가진 하디스(Hadith)라는 성법(聖法)이 존재한다. 코란이 알라신의 계시서라면 하디스는 선지자 모함마드(Muhammad)의 언행록이다. 하디스에 보면 그 처녀(huri)들에 대해 아래와 같은 표현이 있다. 처녀(huri)들의 숫자는 72명이며 이 가운데 70명은 특별히 창조된 처녀들이고 두 명은 지상에서 올라온 인간 여성들이다. 코란 해설가인 이슬람 율법학자 이스마일 이븐 카티르(Ismail Ibn-Kathir, 1301-1373년)는 이에 대해 지상의 아내들 중에서 가장 마음에 드는 여자를 천국에 데리고 갈 수 있다는 뜻이라면서 천국에서의 성교에 대해서 다음과 같이 풀이했다.

거룩한 선지자 모함마드가 "낙원에서도 성관계를 즐길 수 있나요?"하는 질문을 받았을 때 "내 영혼을 붙들고 계신 분의 이름으로 맹서하건대 할 수 있다. 그리고 그 행위가 끝나면 그녀는 순수한 처녀로 되돌아 갈 것이다"(Ismail Ibn-Kathir, In a footnote on Quran 56:35-37).

그런데 뉴욕 타임스 보도에 의하면 한 이슬람 종교학자가 문제의 코란에 나오는 '후리'가 '처녀'(virgin)가 아니라 '백포도'(white grape)를 뜻한다고 주장하고 나선 것이다.

　이슬람 근본주의자들의 보복이 두려워 본명 대신 '크리스토프 룩셴버그 박사'(Dr. Christoph Luxenberg)라는 가명을 사용하는 이 학자는 옛 이슬람 종교지도자들이 이 '후리'를 '처녀'로 오역했다고 주장했다. 이 학자는 코란은 천국을 과일이 많은 곳으로 묘사하고 있으며, 전후 문맥으로 미루어 보아 '후리'는 과일의 일종인 백포도를 가리키는게 분명하며 다른 많은 다른 이슬람 학자들도 이에 동의하고 있다고 말했다. 당시 중동지역에서 많이 쓰이던 아람어(Aramaic)를 보더라도 '후리'가 '백포도'를 뜻한다는 것이다. 이슬람은 순교를 하면 천국에 가서 대접을 받는다고 가르친다. 그리고 그들의 천국이야말로 낙원중의 낙원이라고 강조한다. 실제 이슬람의 천국에는 4개의 낙원이 있다고 한다. 거기는 두개의 샘이 흐르고 과일 나무들이 무성하여 침대에 누워서 손이 닿는 곳에 각종 과일이 열려 있어 제지를 받지 않고 마음대로 따먹을 수 있다고 한다(코란 55, 56장). 그리고 낙원에는 썩는 일이 결코 없는 물이 흐르는 하천과 맛이 변하지 않는 우유가 흐르는 하천, 달콤한 술이 흐르는 하천, 그리고 맑은 꿀이 흐르는 하천이 있다고 한다(코란 47:15). 이처럼 이슬람에서는 이 세상에서 금하는 것들을 낙원에서는 아무 지장 없이 마음껏 즐길 수 있다고 가르친다. 지상에서는 술은 금기지만 천국에서는 마음대로 마실 수 있다. 현세에서는 일부다처제 때문에 경제사정이 어려운 남자는 홀아비로 지내야하지만 순교를 하고 천국에 가면 홀아비 신세를 면할 수 있는 것이다. 암살자, 자객이란 뜻을 가진 'assassin'이란 영어단어는 11-13세기 십자군 시대의 기독교도를 암살, 폭행한 이슬람교도의 비밀암살단을 지칭하는 말이다. 이들에게서 믿음이란 적들을 괴롭히고 살해하는 것이 종교적 의무이며 천국으로 가는 길이었기 때문이다. 적들에 대한 가혹함은 종교적인 의미에서는 기쁨이 되는 일이었다.

■ 역시 번역이 문제...미국은 9.11 테러 정보 입수하고도 번역못해 당했다

　9.11테러도 제때에 포착된 정보메시지의 번역만 이루어졌더라면 예방했을 것이라는 주장이 제기되고 있다. 미 국방부 산하 국가안보국(National Security Agency)은 뉴욕의 월드 트레이드 센터(World Trade Center)가 공격을 받기 하루전인 2001년 9월10일 통신감청을 통해 아랍어로 "경기가 곧 시작되려 한다" "내일이 행동개시의 날이다"라는 의미의 메시지 두 개를 입수했으나 사건발생 하루가 지난 9월 12일까지 번역되지 않았다. 이같은 사실은 사건발생 훨씬 이후에야 ABC방송(2002년 6월7일), 로이터통신(2002년 9월9일), 뉴욕 타임스(2004년9월28일) 잇따른 보도로 알려졌다. 특히 뉴욕타임스는 기밀문서 리스트에서 제외된 미 법무부의 조사보

고서를 인용, 미 정보기관이 9.11 테러 발생 전날 알 카에다의 결정적 메시지를 입수하고도 아랍어 번역 능력을 제대로 갖추지 못해 이를 즉각 번역하지 못하는 등 테러 예방에 중대한 허점을 드러냈다고 보도했다. 이 두 개의 메시지는 영어로 각각 "The match is about to begin." "Tomorrow is zero hour."로 번역돼 모든 정보기관과 안보부서에 즉각 하달됐더라면 월드트레이드 센터나 국방부청사 공격을 미연에 예방할 수 있는 것이었다. NSA에 따르면 이들 메시지는 한 사우디 아라비아 사람과 한 아프가니스탄 사람간에 오고간 것이었다(The messages were sent between someone in Saudi Arabia and someone in Afghanistan). 그러나 밥 그레이햄(Bob Graham) 미상원 정보위원장은 이들 메시지가 위치 및 전화추적 결과 테러조직인 알카에다 소식통(al-Qaeda sources)으로부터 나온 것이라고 말했다.

제28부

The World
of Fake News

인류 최초 가짜뉴스와
우리나라 최초의 가짜뉴스

■ 교황, '인간이 타락한 것은 사탄의 가짜뉴스 때문…인류 최초 가짜뉴스 제조자는 뱀으로 위장해 이브와 아담에게 선악과를 유혹한 사탄'

프란치스코 교황이 '가짜 뉴스'를 사탄의 술책이라며 강도 높게 비난하고 나섰다. 미국과 영국, 독일 등을 중심으로 전 세계가 가짜 뉴스 확산 방지 대책에 나서고 있는 가운데 교황이 가짜뉴스에 대한 종교적 파문을 선언한 것으로 해석된다.

프란치스코 교황은 2018년 1월 24일 제52회 가톨릭 홍보주일(World Social Communication Day)를 앞두고 전세계 형제자매들에게 가짜 뉴스의 병폐와 진실의 중요성을 강조하는 메시지에서 가짜 뉴스의 첫 사례로 성서에서 이브가 사탄의 꼬임에 빠져 선악과(the tree of the knowledge of good and evil)를 따먹는 것을 꼽았다.

교황은 '진리가 너희를 자유케 하리라-가짜 뉴스와 평화를 위한 언론(The truth will set you free-Fake news and journalism for peace'이라는 제목의 칙령에서 가짜 뉴스의 첫 사례로 구약 성서 속 이브가 뱀으로 위장한 사탄의 꼬임에 의해 선악과를 따먹는 장면을 꼽았다. 교황은 "이브는 선악과를 따먹으면 눈이 밝아 하나님처럼 전지전능해질 수 있다는 사탄의 가짜 정보에 넘어간 것"이라며 "이는 인간이 가짜뉴스 때문에 타락한 사례로서, 가짜 뉴스가 초래하는 끔찍한 결과를 보여준다"고 지적했다.

하나님의 경고에도 불구, 사탄이 뱀으로 위장해 이브와 아담에게 선악과를 따먹게 함으로써 인간이 타락했다는 구약성서 창세기의 관련 구절은 아래와 같다.

동산 가운데에는 생명나무와 선악을 알게 하는 나무도 있더라(And the Lord God made all kinds of trees grow out of the ground - trees that were pleasing to the eye and good for food. In the middle of the garden were the tree of life and the knowledge of good and evil.(창세기 2장 9절, New International Version)

여호와 하나님이 그 사람에게 명하여 가라사대 동산 각종 나무의 실과는 네가 임의로 먹되 선악을 알게하는 나무의 실과는 먹지 말라 네가 먹는 날에는 정녕 죽으리라(And the Lord God commanded the man, "You are free to eat from any tree in the garden; but you must not eat from the tree of the knowledge of good and evil, for when you eat from it you will certainly die."(창세기 제2장 16-17절, New International Version)

뱀이 여자에게 이르되 너희가 결코 죽지 아니하리라("You will not certainly die," the serpent said to the woman.)

너희가 그것을 먹는 날에는 너희 눈이 밝아 하나님과 같이 되어 선악을 알줄을 하나님이 아심이니라(For God knows that when you eat from it your eyes will be opened, and you will be like God, knowing good and evil.)

여자가 그 나무를 본즉 먹음직도 하고 보암직도 하고 지혜롭게 할만큼 탐스럽기도 한 나무인지라 여자가 그 실과를 따먹고 자기와 함께한 남편에게도 주매 그도 먹은 지라(When the woman saw that the fruit of the tree was good for food and pleasing to the eye, and also desirable for gaining wisdom, she took some and ate it. She also gave some to her husband, who was with her, and he ate it.(이상 창세기 4-7절, New International Version)

교황은 또 "소통은 우리 인간을 위한 하나님의 계획의 일부이며 교제를 체험하는 필수적인 방법이며 창조주의 형상대로 지음받은 우리는 (소통을 통해) 참되고, 선하고, 아름다운 모든 것을 표현하고 공유할 수 있다(Communication is part of God's plan for us and an essential way to experience fellowship. Made in the image and likeness of our Creator, we are able to express and share all that is true, good, and beautiful.)"고 강조했다.

교황은 이와 함께 "언론은 단순한 직업이 아니라 사명"이라며 가짜 뉴스 근절을 위해 언론 종사자들이 책임을 다해줄 것도 당부했다. 교황은 "언론은 특종에 집중하기보다는 갈등의 근본 원인을 탐구하는 데 더 힘을 쏟아야 한다"고 덧붙였다.

▪ 우리나라 최초의 가짜뉴스는 서동요(薯童謠)?

"선화공주님은(善花公主主隱) 남 몰래 사귀어 두고(他密只嫁良置古) 맛둥 도련님을(薯童房乙) 밤에 몰래 안고 가다(夜矣 卯乙 抱遣去如)."

우리나라 최초의 4구체(四句體) 향가(鄕歌)인 '서동요(薯童謠)'로 삼국유사(三國遺事)에 실려 있다. 백제 서동(薯童: 백제 무왕의 어릴 때 이름)이 신라 제26대 진평왕의 셋째 딸인 선화공주(善花公主)를 아내로 맞기 위해 거짓 정보를 노래로 만든 것이다. 선화공주가 예쁘다는 소문을 듣고 사모하던 끝에 머리를 깎고 스님으로 변장해 신라 수도 서라벌에 가서 마을 어린 아이들에게 나뉘주고 공주의 '부적절한 행위(?)'를 고발하는 노래를 부르도록 했다. 그 결과 '선화공주가 밤마다 몰래 서동의 방을 찾아간다'는 내용의 이 노래는 궁궐 안에까지 퍼졌고, 분노한 진평왕은 마침내 공주를 귀양 보내게 됐다. 울며 떠나는 공주 앞에 서동이 나타난다. 서동은 길목에 나와 기다리다가 공주와 함께 백제로 돌아가 결혼해 30대 왕에 취임하게 되고 선화는 왕비가 됐다는 설화다. 참고로 진평왕의 첫째 딸 덕만공주(德曼公主)는 나중에 선덕여왕이 된다. 둘째 딸 천명공주(天明公主)는 김춘추의 어머니다.

서동요는 현존하는 최초의 향가로서 학술적 의미가 큰 작품이다. 그러나 소문을 퍼트려 여론을 만들고, 이를 자신의 개인적 목적에 활용했다는 측면에서는 가짜뉴스의 전형으로 해석할 수도 있다.

사실을 외면한
기타 오보 사례들

■ 사이공식 즉결처형장면을 베트공식 즉결처형장면으로 오역

전쟁 액션물 '아버지의 깃발'(Flags Of Our Fathers) 영화판 한국어 번역본에 '베트콩이 미군(美軍) 머리를 날리는 사진' 이란 대목이 나온다. 그러나 이는 사실을 정반대로 설명한 완전한 오보다. '사이공식 즉결처형'(Saigon Execution)을 설명할 때 자주 등장하는 이 사진은 '월남(남베트남)의 경찰간부가 베트콩의 머리를 날리는 사진'으로 바로 잡아야 한다.

이 사진은 1968년의 2월 1일 미국의 AP통신 사진기자 에디 애덤스(Eddie Adams)가 촬영한 것. 북베트남(월맹)군과 베트콩(남베트남민족해방전선)이 주도한 '구정(舊正) 대공세'(Tet Offensive) 이틀째 날이었다. 사이공 경찰청장 '응우옌 웅옥 로안'(Nguyen Ngoc Loan) 경찰대장(大將)이 포로로 잡은 베트콩 장교 '응우옌 반 렘'(Nguyen Van Lem)을 사이공 시 노상에서 권총으로 사살하는 장면이다. 손이 뒤로 묶인 렘의 얼굴이 일그러지는 순간 총알은 그의 머리를 관통했다. 말 그대로 즉결처형이었다. 로안 경찰청장은 총살처형현장에서 기자들에게 "이놈들은 많은 우리 국민을 죽였어. 부처님은 나를 용서해 주실 걸로 생각하네"(These guys kill a lot of our people, and I think Buddha will forgive me.)라면서 즉결처형 이유를 밝혔다.

이 사진은 베트남전에 대한 인식을 송두리째 흔들어 놓았다. 'Saigon Execution'이라는 이름으로 유명해진 이 사진은 1969년 퓰리처상을 수상했지만 미국의 베트남전 개입에 찬물을 끼얹으며 반전운동에 불을 질렀다. 전쟁의 참혹상을 생생하게 담아낸 사진에 전 세계 사람들은 큰 충격에 휩싸였으며 살해된 사람이 비무장 민간인이라는 점 때문에 동정여론이 일어나기 시작했다.

모두가 권총으로 즉결 처형한 로안 경찰청장을 비난했다. 전쟁이 끝난 후 미국으로 망명한 로안 청장은 '그때 그 사진'의 주인공이라는 사실이 알려지면서 끊임없이 손가락질을 받고 살다가 1998년 워싱턴에서 암으로 사망했다.

6. 25전쟁 당시 해병대 종군 사진사로 참전한 전력이 있던 애덤스 기자도 이 사진에 대해 얘기하는 것을 달가워하지 않았다. 그는 이 사진을 자신의 스튜디오에 전시조차 하지 않았다. 인간의 잔인함이 묻어나는 사진으로 유명해진 것에 대한 부담감 때문이었다. 그는 2004년 9월 19일 71세를 일기로 뉴욕 맨해튼 자택에서 루게릭병으로 숨졌다.

그러나 의기양양한 애덤스에게 평생 잊지 못할 진실의 순간이 다가왔다. 어떤 사람의 제보로 처형당한 남자는 응유엔 반 렘이라는 악명높은 암살부대원이었으며 게다가 그는 여자 34명을 강간한 뒤 붙잡혀 즉결 처분 받은 것이라는 것이었다. 전쟁 중이니만큼 즉결 처분권을 경찰청장이 가지고 있었던 것이었다. 더군다나 그 경찰경창은 존경받는 인물이었다.

충격에 빠진 애덤스는 자신의 사진때문에 진실이 왜곡되어서는 안된다고 생각하여 회사 측에 정정기사를 요청했다. 그러나 AP통신은 자사의 신뢰성에 금이 갈수 있다며 진실을 은폐하기로 결정했다.

1975년 베트남 전쟁이 남베트남의 패배로 끝나자 사진 속 주인공 로안은 미국으로 이민을 갔다. 그는 버지니아 주에 정착해 작은 음식점을 운영하려 했다. 하지만 천인공노할 인물로 낙인찍혀 사람들은 거세게 그의 추방을 요구하고 나섰으며 미국 정부는 로안에 영업허가 취소 통보를 내렸다.

▪ '일제가 조선의 지기(地氣)끊을려 쇠말뚝을 박았다'는 주장은 거짓

일제강점기에 일본이 우리나라의 명산대천에 혈침, 즉 쇠말뚝을 박아서 지기(地氣)를 끊는 '풍수 침략'을 했다는 이야기가 있다. 하지만 결론부터 말하면 이는 근거 없는 낭설이다.

△ 1927년 8월 20일자 조선신문 '백운대등(白雲臺登)-도로 기부 모집'(출처=국립중앙도서관 대한민국 신문 아카이브)

△ 1927년 10월 1일자 조선신문. 백운대등산로 개통 소식이 담겨 있다(출처=국립중앙도서관 대한민국 신문 아카이브)

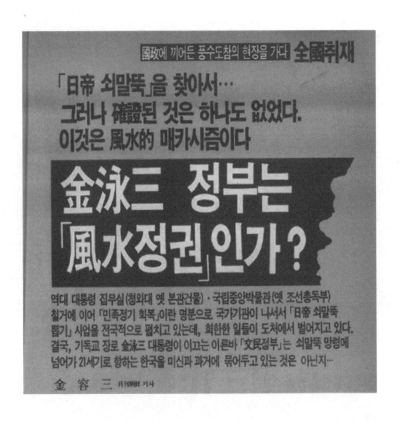

국정에 끼어든 풍수도참의 현장을 가다 全國취재

「日帝 쇠말뚝」을 찾아서…
그러나 確證된 것은 하나도 없었다.
이것은 風水的 매카시즘이다

金泳三 정부는
「風水정권」인가?

역대 대통령 집무실(청와대 옛 본관건물)·국립중앙박물관(옛 조선총독부)
철거에 이어 「민족정기 회복」이란 명분으로 국가기관이 나서서 「日帝 쇠말뚝
뽑기」 사업을 전국적으로 펼치고 있는데, 희한한 일들이 도처에서 벌어지고 있다.
결국, 기독교 장로 金泳三 대통령이 이끄는 이른바 「文民정부」는 쇠말뚝 망령에
넘어가 21세기로 향하는 한국을 미신과 과거에 묶어두고 있는 것은 아닌지…

金 容 三 月刊朝鮮 기자

쇠말뚝을 땅에다 박아서 인재(人才)의 맥을 끊을 수 있다는 말 자체가 황당무계하다. 눈부신 과학의 발전으로 인간이 달나라를 다녀오고 생명체를 복제하는 등 우주와 생명의 비밀까지도 하나 둘씩 베일이 벗겨지고 있는 오늘날에도 땅에 쇠말뚝을 박아서 인간사에 영향을 미친다는 발상이 있다면 일종의 미신이라 할 수 있을 것이다. 일제의 풍수침략설을 믿는 사람들은 일제가 식민지 조선인에게 좌절과 패배감을 주기 위해서 했다고 말한다. 그러나 일제가 조선 산천의 정기를 끊었다는 기록은 어디에도 없다.

쇠말뚝 문제에 대한 최근의 가장 자세한 보도는 월간조선 1995년 10월호에 잘 나와 있다.

월간조선 김용삼 기자의 〈김영삼 정부는 '풍수정권'인가?〉이라는 제하의 기사에 따르면 쇠말뚝을 뽑고 다닌 민간단체가 있었다. 산악동호회에서 출발한 '우리를 생각하는 모임'이라는 곳에서 1985년에 4월에 북한산 백운대의 쇠말뚝 27개를 뽑아서 15개를 독립기념관에 기증했다.

물론 쇠말뚝은 일제강점기 때 박힌 것은 맞다. 그 사실은 조선에서 발행된 일본어신문인 〈조선신문〉 1927년 8월 20일자 보도에서 확인할 수 있다. 〈백운대등(白雲臺登)-도로 기부 모집〉이라는 제목의 1단 기사에 내용이 나온다. 기사 내용은 백운대 등산로 보수에 750원이 필요해서 다섯 사람의 일본인이 기부에 나섰다는 것이다. 또한 백운대는 북한산의 최고봉으로 경기 최고의 명소이며 백제 온조왕이 이곳에 북한산성을 쌓은 바 있다는 등 역사적 사실을 말한 뒤에 최근 이

곳을 찾는 사람들이 많으나 도로가 험준하여 등산에 위험이 있어서 도로를 보수하고 지도표, 등산안내판, 쇠로 만든 난간과 계단 등을 만들기로 했다는 것이었다.

이어 1927년 10월 1일자에는 9월 25일에 보수가 완공되어 600명의 관광객이 방문하였으며, 이 명승지가 널리 알려지기를 바란다는 내용이 적혀있다. 1927년 11월 12일자 〈매일신보〉에는 유지들의 힘으로 백운대 오르는 길에 쇠줄을 둘러놓아 아기네도 능히 오를 수 있게 되었다는 내용이 실렸다.

이와 같은 내용들을 보면 일제강점기 어디에도 풍수 침략의 흔적을 볼 수 없다. 이 일은 공공연히 벌어진 것이며, 백운대에서 바라보는 절경을 안전하게 감상하라고 기부를 받아서 행한 일이었다.

■ 문대통령에게 올해의 균형자상 선정…알고보니 대통령 비꼰 오역

청와대의 고민정 부대변인은 2017년 12월 27일 페이스북 라이브 '11시 50분 청와대입니다'에 나와 "미국 외교안보 잡지 '디플로맷(Diplomat)'이 아시아 정치지도자들의 행보를 평가하면서 문 대통령이 '올해의 균형자상(The balancing act award: Moon Jae-in)' 수상자로 선정했다"고 발표했다. 그러나 실제로는 풍자성 칼럼에 실린 내용을 오역한 것으로 드러났다.

디플로맷의 해당원문은 아래와 같다.

South Korean President Moon Jae-in's triumphant election victory in May has been all but overshadowed by the North Korean crisis, with the North's belligerence preventing a successful "Moonshine" policy of engagement. But on top of that, the former human rights lawyer has had to play a political balancing act between China, the nation's largest trading partner, and the United States, its key security ally. While China has applied economic pressure on Seoul over its acceptance of the U.S.-supplied THAAD missile system, Moon has also faced calls from Washington for the renegotiation of the "horrible" U.S.-South Korea trade pact. With friends like these, who needs enemies.

고 부대변인은 당시 "디플로맷은 문 대통령이 미국과 중국 사이에서 정치적 균형을 잡았다"면서 "사드(THAAD, 고고도미사일방어체계) 배치와 관련한 중국의 경제적 압박과 미국의 자유무역협정 개정협상 요구에 맞섰다"고 '올해의 균형자 상' 선정 이유를 설명했다.

그러면서 "미국이 한미FTA 개정을 요구하고 중국의 사드 관련 경제적 압박이 있는 상황에서도 평화를 강조하고 FTA 개정 요구에 현명하게 대처하며 중국과의 관계를 개선해 '올해의 균형자'란 표현을 선사한 게 아닌가 생각된다"고 해석했다.

그러나 디플로맷 칼럼의 원문을 보면 풍자(諷刺) 조로 아시아 각국 지도자 10명을 평가하는 가운데 문 대통령이 소개된 것이어서 청와대가 이를 정색하고 인용해 발표한 것이 적절했느냐는 논란이 제기됐다.

이 칼럼은 우리나라가 처한 외교적 처지나 문 대통령의 대응 노력 등을 비교적 객관적으로 소개한 것은 사실이다. 하지만, 마지막 대목에서 "이런 친구들(미국과 중국)이라면 굳이 멀리서 적을 찾을 필요가 있나(With friends like these, who needs enemies)"라고 적으며 한국이 처한 외교적 난국을 '풍자'했다. 이 표현은 '가까운 친구가 오히려 먼곳의 적보다 더 적대적일 수 있다'는 역설적 상황을 나타내는 관용어구이다. 청와대는 이 대목 표현은 소개하지 않았다.

하지만, 다른 아시아 정치지도자들에게 붙은 상 이름을 보면 '올해의 균형자'라는 상의 이름이 반드시 긍정적인 평가만을 담고 있다는 보기 힘들다는 지적이 나온다.

막강한 1인 체제를 구축한 것으로 평가받는 시진핑(習近平) 중국 국가주석이 받은 상은 프롤레타리아 독재 이념을 기치로 소비에트연방을 세운 블라디미르 레닌의 이름을 딴 '레닌 파워상(Lenin power prize)'이다. 총선 압승 등으로 장기 집권의 틀을 닦은 아베 신조(安倍晋三) 일본 총리에게는 전후 사상 최 장기 재임한 일본 총리인 사토 에이사쿠의 이름을 따 '사토 상(Sato award for longevity'을 줬다. 과거 미얀마 민주화 운동을 이끈 아웅산 수치 미얀마 국가자문역에게는 '지킬 앤드 하이드(The Dr. Jekyll and Mr. Hyde prize)' 상을 줬다. 미얀마에서 로힝야족에 대한 대규모 학살이 자행되고 유엔 등 국제사회가 이를 '인종청소'로 규정하는데도 수치 자문역이 오히려 로힝야족을 테러분자로 여기고 사태를 방관하는 이중적인 모습을 보인 것을 비꼰 것이다. 로드리고 두테르테 필리핀 대통령에게 주어진 상 이름은 '일단 쏘고 질문은 나중에(The shoot first, ask questions later)'. 두테르테 대통령이 법치와 인권을 외면하면서 마약 용의자를 사살하는 초법적 처형을 부추긴 점을 비판한 표현이다.

청와대 내부에서는 디플로맷의 칼럼을 회람한 뒤 풍자성 글인 만큼 외부에 공표하지 않는 게 좋겠다는 의견이 나왔으나 '페이스북 라이브'에서는 이 글의 성격에 대한 설명을 생략한 채 소개됐다. 홍보 의욕이 앞선 나머지 입맛대로 외국매체의 칼럼을 오역한게 아니냐는 지적이 나온다.

▪ FTA반대농민격렬시위와 광우병촛불난동집회 사진을 세월호폭력집회 사진으로 보도

채널A는 2003년 농민폭력시위 사진과 2008년 광우병촛불폭력시위 사진을 세월호 참사폭력시위 사진으로 잘못 보도했다가 결국 프로그램 폐지를 겪어야 했다. 채널A는 2015년 5월6일 시사프로그램 '김부장의 뉴스통'에서 '단독입수'라는 자막까지 내보내면서 이들 2개 시위 사진을 세월호 추모집회 참가자들의 경찰폭행 사진이라고 보도했다.

채널A는 2008년 6월 28일 서울 광화문 일대에서 벌어진 광우병 촛불집회에서 경찰이 시위대로부터 폭행을 당한 장면이 담긴 사진을 '세월호 시위대의 경찰 폭행사진'으로, 한국·칠레 FTA 국회비준(2004년 4월 1일)을 앞두고 2003년 12월 29일 열린 농민집회에서 발생한 경찰과 시위대의 몸싸움 장면을 세월호 시위대의 폭행사진으로 각각 보도했다.

채널A는 보도 다음날인 5월7일 공식 사과했다. 채널A 기자 61명은 성명을 내고 "시청률이 뉴스의 질을 대변하게 된 상황에서 그 누구도 상식 이하의 보도를 걸러내지 못하고 있다. 공장에서 찍어내듯 방송을 하는 기자·PD·작가 누구 하나 팩트를 검토할 최소한의 시간조차 없다"고 주장했다. 기자들은 "똑같은 과오를 범하지 않기 위해 처절한 내부 반성과 함께 대책을 회사 측에 요구한다"고 밝혔다. 결국 프로그램은 폐지됐다.

▪ 교육방송 EBS 수능 영어 교재 무더기 오류 발견

대학수학능력시험(수능)과의 연계율을 70%로 높임으로써 수능 준비생들의 필독서가 된 교육방송 EBS 수능 교재에서 오류가 무더기로 발견돼 수험생과 학부모들이 혼란을 겪었다. 2011년 7월 발간한 'EBS 수능특강 외국어영역 330제'에서 무려 64건에 이르는 오류가 발견됐는 데 오류의 대부분은 오역이었다. EBS는 정오표로는 도저히 감당할 수준이 아니어서 전국의 서점을 통해 수정본을 무료로 교환해주고 있다. 구체적인 오류사례를 보면 '사기(士氣)가 저하된'이란 뜻의

demoralized를 '비도덕적인'으로, '높은 가격' 또는 '고가'(高價)라는 뜻의 higher price를 '높은 비용'으로, '턱'을 뜻하는 chin을 '볼'로, '해병대'를 뜻하는 marine corps를 '해군'으로, '경고 소리'를 뜻하는 alarm call을 '공격 소리'로, '무시무시하게'의 uncannily를 '무시하게'로, '바퀴달린 광고판'을 뜻하는 billboard on wheels를 '자동차 휠에 대한 광고판'으로 각각 오역됐다.

이밖의 주요 오역사례를 소개하면 다음과 같다. 출제된 문제의 지문들을 보면 출제자들이 어떻게 문장의 의미도 제대로 모르고 이런 지문들을 제시했는지 의아심이 들 정도다.

- He soon became highly sought after as a painter of large-scale decorative frescoes and oil paintings.(그는 곧 큰 규모의 장식용 프레스코화와 유화 화가의 길을 추구하였다.) → 그는 곧 큰 규모의 장식용 프레스코화와 유화 화가로서 많은 인기를 얻게 되었다. * sought after(seek after의 과거)를 단순히 '추구하다'라는 뜻으로만 알았던 오역이었다.

- Subjects also related how pleasant and intense they thought the ordors were.(대상자들은 또한 그들이 생각하기에 그 냄새들이 얼마나 강렬한 것인지를 관련지었다) → 또한 대상자들은 그들이 생각하기에 그 냄새들이 얼마나 강렬한 것인지에 대해서 이야기 하였다.

  *이 문제는 〈같은 냄새라도 어떤 이름을 가지느냐에 따라 유쾌함의 정도나 강렬함이 달라진다는 Montreal Neurological Institute(몬트리얼 신경병학연구소)실험내용〉을 소개한 것으로 무슨 소린지 알 수 없도록 번역 돼 있다. related에 '이야기하다'. '말하다'의 뜻이 있는지를 모르고 오역한 것이다.

- One day Daizen visited his friend, and after touring the garden and looking at Temon's prized peonies, they retired to his reception room. → prized는 여기서 '상받은'이란 뜻이 아니라 '소중한'이란 뜻이다. 동사 prize에는 '존중하다', '소중히 여기다'라는 뜻이 있다. 이 문장을 제대로 옮기면 "어느날 Daizen은 그의 친구를 방문했고 정원을 돌아보고 Temon의 소중한 모란을 보고난 후에, 그들은 응접실로 자리를 옮겼다.

- But although Temon had managed to bail out his relative, he simply displaced the burden onto himself.(그러나 Temon이 그의 친척을 구제하고자 했으나, 그는 간단히 그 부담을 그 자신에게로 넘겼다) → 전반적으로 문맥을 제대로 파악하지 못한 번역이었다. "그러나 Temon이 그의 친척을 구제했다고는 하지만 그는 단순히 친척이 지고있는 빚을 자신에게로 옮긴 것이었다."

- I knew when I made the statement that it was obviously not true.(나는 내가 명백하게 진실이 아닌 그러한 문구를 만든 순간을 알고 있다) → made the statement는 '문구를 만들다'가 아니라 '주장을 하다', '진술을 하다'라는 뜻이다. "나는 내가 그러한 주장을 하면서

도 (마음속으로는) 내 주장이 명백히 진실이 아님을 알고 있었다"

- It(the arch) has part of the central hole filled in.(그것은 채워질 중앙의 구멍을 가지고 있었다.) → 그 아치에는 원래 채워져 있던 중앙부분의 구멍이 있다.

- Analogies are a vital part of science because they help us to imagine the unknown with reference to that which we already understand.(유추는 알려지지않은 것들을 우리가 이미 이해하고 있는 것들에 대한 언급과 함께 상상하도록 도와주기 때문에 과학의 필수적인 부분이다.) → with reference to는 '언급과 함께'라는 의미가 아니라 '...과 연관하여'라는 뜻이다. "유추는 알려지지 않은 것들을 우리가 이미 이해하고있는 것들과 연관하여 상상하는 것을 도와주기 때문에 과학의 필수적인 부분이다."

- With regard to clients, it is fragmentation, productivity and performance of the industry that generate most concern.(의뢰인에 관해서, 정부는 가장 큰 걱정을 만들어내는 이 산업의 분열, 생산성, 그리고 실적이다.) → '정부가 산업의 분열, 생산성, 실적'이라니 도대체 무슨 소리인지 알아들을 수 없는 번역이다."건설수주자의 입장에서는 이 산업의 분열, 생산성, 그리고 실적이 가장 큰 걱정거리다."

- constitutes invisible information of instruction(눈에 보이지 않는 가르침의 정보로 구성된다.) → 눈에 보이지 않는 가르침의 정보를 구성한다.

- Americans don't uncondition their self-descriptions much on context.(미국인들은 특정상황에서 자기묘사를 많이 하지 않는다.) → 미국인들은 특정상황에서 자기 묘사를 제한하지 않는다.

- Reduction in working hours may be better for people and the planet,(근무시간의 단축은 근로자와 공장 모두에게 더 나은 것이 될 수 있지만,) → 행성(여기서는 지구)을 뜻하는 planet을 공장(plant)으로 착각한 것으로 보여진다. "근무시간의 단축은 근로자와 지구 모두에게 더 나은 것이 될 수 있지만,"

- And most everyday opportunities for perception are riddled with (information) gaps.(그리고 대부분의 일상에서 우리가 지각을 하는 경우들은 정보의 공격을 지닌 수수께끼를 푸는 것과 같다.) → be riddled with는 '수수께끼를 풀다'가 아니라 '...으로 가득차 있다' '...투성이다'라는 뜻이다. "그리고 대부분의 일상에서 우리가 지각을 하는 경우들은 정보의 공격으로 가득차 있다)

- (A person dressed in a black gorilla suit) thumps his chest for about nine seconds, and then walks off.(검은 고릴라 복장을 한 사람이 9초간 엄지손가락으로 자신

의 가슴을 가리키고는 걸어서 사라진다) → thump는 '엄지손가락으로 가리키다'라는 뜻이 아니라 '두드리다' '때리다' '치다'라는 뜻의 동사다. thump를 thumb(엄지손가락)으로 잘못 본 것 같다. "검은 고릴라 복장을 한 사람이 9초간 자신의 가슴을 두드리고는 걸어서 사라진 다."

- I was always mad at Charles even though I couldn't ever put my finger on exactly what he was doing to make me angry. ① I just wrote it off as one of those things, you know. Charles was just one of those people who rubbed me the wrong way. ②Yet, I was constantly upset. (①나는 그에게 이 점에 대해 메모를 적어 보냈다. ②하 지만 항상 나는 화 나 있었다.) → wrote off는 '메모를 적어 보내다'라는 뜻이라기 보다 는 '(무용지물, 실패등 으로) 간주하다' '고려의 대상외로 치다' '없는 것으로 치다'의 뜻이며 constantly는 '항상'이 아니라 '끊임없이' '계속해서'라는 뜻이다. "나는 Charles의 어떤 행동 이 나를 화나게 하는지 정확히 꼬집어 말할 수는 없지만 항상 그에게 화가 나 있었다. ①나는 그 일을 단지 별거 아닌 일로 여겼다. Charles는 나를 약올리는 그런 학생 중의 하나에 불과 했다. ②하지만 끊임없이 나는 화 나 있었다."

■ 배우 김영애 파산가져온 황토팩 유해 중금속 검출은 허위보도

KBS 소비자고발에서 탤런트 김영애씨가 판매하던 황토팩에 중금속이 검출됐다는 취지의 방 송을 했다가 잘못된 내용이란 게 밝혀진 적이 있다.

KBS 시사고발프로그램 〈이영돈 PD의 소비자고발〉은 2007년 10월 5일 '충격! 황토팩에서 중 금속 검출'이라는 제목으로 참토원을 비롯한 황토팩 제조 및 판매회사들 제품에서 쇳가루가 검 출됐다는 방송을 내보냈다. 11월 9일에도 후속 방송이 이어졌다.

보도내용은 황토팩 제품 속에 함유돼있는 쇳가루는 황토 고유의 성분이 아니고 황토를 분쇄 하는 과정에서 분쇄기 안에 있는 쇠구슬이 마모돼 발생한 것으로 황토팩이 미용팩으로 안전하지 않다고 것이었다,

그러자 탤런트 김영애씨가 대주주인 참토원 측은 "황토팩에 포함된 자철석은 황토팩 제조과정 중 외부에서 유입된 것이 아닌 황토고유의 성분"이라고 밝히고 "소비자고발이 이를 알고로 공연 히 허위사실을 방송해 회사의 명예를 훼손했다"며 책임프로듀서이자 진행자인 이영돈 PD 등을 명예훼손 혐의로 고소했다.

배우 김영애씨가 9일 오전 췌장암으로 별세해 추모의 열기가 고조되는 가운데 이영돈 PD가 뭇매를 맞고 있어 이목을 끌고 있습니다.

1심인 서울남부지법 형사1단독 이동연 판사는 2010년 1월 명예훼손, 업무방해 혐의로 기소된 KBS 이영돈 PD 등에게 무죄를 선고했다.

재판부는 먼저 "황토팩 제품에서 검출된 검은색 자성체의 대부분은 자철석이고, 제조과정에서 일부 외부로부터 유입된 쇳가루가 검출됐다고 하더라도 이는 소량에 불과하기 때문에 황토팩에서 검출된 검은색 자성체가 외부에서 유입된 쇳가루라는 취지의 방송보도는 중요한 부분이 객관적 사실과 합치되지 않는 허위사실"이라고 판단했다.

그러나 재판부는 "피고인들은 객관적이고 합리적인 자료나 근거에 의해 방송내용의 진위를 확인하기 위해 적절하고도 충분한 조사를 다했으므로, 방송 당시의 검은색 자성체가 쇠볼밀 분쇄기 방법의 황토 분쇄과정에서 외부로부터 혼입된 쇳가루라고 믿을만한 상당한 이유가 있었다"며 "따라서 사회상규에 위배되지 않는 상당한 행위로서 정당행위에 해당해 위법성이 있다고 할 수 없으므로, 공소사실은 죄가 되지 않는다"고 무죄 이유를 설명했다.

이에 검사가 항소했으나, 서울남부지법 제1형사부(재판장 손왕석 부장판사)는 2010년 6월 검사의 항소를 기각하고, 1심 무죄 판결을 유지했다.

재판부는 판결문에서 "보도내용이 일부 사실과 다르지만, 취재 대상 선정, 취재 방법이 크게 부당하거나 소홀해 보이지 않고, 피해자 회사를 상대로 현장 취재와 인터뷰 및 자료요청을 한 점, 방송 보도내용은 모두 국민의 신체와 건강에 직접적인 영향을 줄 수 있는 내용으로서 긴급하게 보도할 필요성이 있어 보인다"고 밝혔다.

항소심 재판부는 이어 "피해자 회사의 시장 점유율이 과반을 차지하고 있어 국민의 신체와 건강에 대한 우려가 더욱 큰 상황이었던 점, 방송보도 이후 식품의약품안전청에서 황토팩 제품에 대한 권고안이 마련되기에 이른 점 등을 종합해 보면, 피고인들의 보도행위는 황토팩 제품의 유해성 등을 알리고 이에 관한 적절한 규제를 촉구하기 위한 공공의 이익을 위한 것으로 봄이 상당해 무죄를 선고한 원심은 정당하다"고 판시했다.

검사의 상고를 접수한 대법원(제3부 주심 김신 대법관)도 2012년 12월 13일 (주)참토원에 대한 명예훼손, 업무방해 혐의로 기소된 이영돈 PD 등 2명에게 무죄를 선고한 원심을 확정했다. 재판부는 "원심은 피고인들이 프로그램을 제작 방영할 당시 보도내용을 사실로 믿은 데에 상당한 이유가 있었던 이상 피고인들에게 허위사실의 유포를 통해 피해자 회사에 대한 업무를 방해한다는 고의가 있었다고 보기도 어렵다고 판단해 명예훼손 및 업무방해의 공소사실에 관해 전부 무죄를 선고한 원심은 정당하다"고 판시했다.

식약청은 황토팩에 대한 조사 결과를 통해 "쇳가루의 대부분은 자철석으로, 황토에 원래 포함된 성분으로 무해한 것으로 판명됐다" 고 밝혔다. 하지만 이 방송으로 인해 황토팩 회사들이 줄줄이 큰 타격을 입었다.

특히 김영애씨가 65세되던 2017년 4월 9일 췌장암으로 세상을 떠나고 과거 황토팩 소송으로 자주 병원 응급실을 찾는 등 큰 스트레스를 받은 일이 재조명되면서 이영돈 PD는 거센 비판에 직면했다. 이 PD는 "늦은 걸 알지만 김영애 씨께 사과하고 싶다. 하늘에서 편히 쉬시길 바란다"며 "사과하면 편해질까'라는 생각도 했지만, 역시 아니다. 내가 평생 지고 가야 할 짐이다. 김영애 씨는 꿈에도 한 번씩 나온다"라고 말했다. "다시 태어나면 탐사보도 또는 고발 프로그램을 절대 하지 않을 것"이라고 강조하기도 했다.

■ 가족 보는 앞에서 '첫경험'한 싱가포르 청년...알고보니 합성사진

2016년 3월 24일, '이스트 아시아 트리뷴'이라는 매체는 "싱가포르 청년이 결혼 후 부인과 첫 성관계를 갖자, 온 가족이 함께 이 모습을 지켜봤다"고 보도했다. 이 매체는 사진을 청년 가족이 제공했다고 주장했다.

당시 이 기사는 50만이 넘는 조회 수를 기록했다. 페이스북 좋아요, 공유, 댓글 수도 5만이 넘었다. 하지만 기사 사진 왼쪽을 보면 한 남성 몸이 뜬금없이 합성된 것을 볼 수 있다. 자세히 보면 바닥에 카메라 선도 보인다. 기사 사진은 2012년에 개봉한 홍콩 에로 영화 '옥보단(玉蒲團)

2012 : 천하애정비법(Due West: Our Sex Journey)' 촬영 당시 모습으로 밝혀졌다. 실제로 영화 정사 장면에 같은 커텐과 쿠션이 등장한다. 현재 이 기사를 비롯해 '이스트 아시아 트리뷴' 사이트 내 기사는 모두 삭제된 상태다.

■ 대북 쌀 지원으로 쌀값이 폭등?

2018년에 쌀값이 전년에 비해 약 26%까지 급등하는 등 37년 만에 최고 수준으로 올라간 사실을 두고 정부가 비축해 둔 쌀을 북한으로 보냈기 때문이라는 주장이 온라인에서 확산됐다. 2018년 7월 30일 이후 8월 31일 까지 약 한 달간 20여개 유튜브 채널에서 이같은 내용의 방송을 한 것으로 알려졌다. "정부 비축미가 소리소문 없이 사라졌다", "북한에 쌀을 퍼줬다", "남한 쌀값이 폭등했다", "석탄과 맞교환했다"는 주장까지 나왔다. 하지만 이는 근거 없는 루머로 밝혀졌다.

대북 쌀지원은 2010년 이후에 중단됐다.

처음 쌀을 지원한 것은 김영삼 정부때인 1995년으로, 그해 15만t을 제공했다. 이후 김대중 정부때인 2002년 40만t, 노무현 정부때인 2003부터 2007년까지 해마다 10만-40만t 정도를 지원했다. 이명박 정부때인 2010년에 신의주에 물난리가 났고 그해 5천t을 마지막으로 지원이 끊겼다.

우리의 쌀 재고량은 2015년 135만t, 2016년 170만t, 2017년 186만t, 2018년 174만t이었다. 농림축산식품부측은 "쌀이라는 품목이 누군가의 눈을 피해서 보낼 수 있는 품목이 아니"라면서 "쌀 5만t을 보내려면 목포, 군산 등 4개 항구에서 두 달 꼬박 하루도 안 쉬고 계속 실어야한다"고 말했다. 그러면서 2017년 7월에 80kg당 12만 8천원하던 쌀의 산지 가격이 2018년 7월에는 38% 오른 17만 7천원이어서 소비자들이 쌀값 급등을 느낄만하다고 덧붙였다.

▪ 경부고속도로는 소수 부자들이 처첩데리고 전국 누비게 될 유람로 (遊覽路)

경부고속도로는 현재 부산광역시 금정구 구서동(구서 나들목)에서 서울특별시 서초구 양재동에 이르는 길이 416㎞, 너비 22.4m, 왕복4-8차선 고속도로이다.

박정희 대통령 때인 1968년 2월 1일 착공하여 1970년 7월 7일 전 구간이 왕복 4차선 도로로 준공, 개통된 뒤 이후 일부 구간이 6-8차선으로 변경됐다.

△ 1971년 4월 18일 장충단공원에서 열린 신민당 김대중 후보의 대선 유세 김후보는 경부고속도로의 반대를 주장하면서 "여러분! 이번에 정권 교체를 하지 못하면 이 나라는 박정희 씨의 영구집권의 총통시대가 오는 것입니다. 550만 서울 시민 여러분! 7월 1일에 청와대에서 만납시다"라고 말했다

수도권과 영남지방을 이으며, 인천과 부산의 2대 수출입항을 연결하는 산업대동맥 구실도 하고 있다. 또한, 서울·수원·오산·천안·대전·영동·황간·김천·구미·왜관·대구·영천·경주·언양·양산·부산 등 주요 지역을 경유하여 전국을 일일생활권으로 연결하고 있다.

그런데 이런 경부고속도로 건설을 가장 강력히 반대했던 사람이 김대중 전 대통령이었는데 그런 주장을 한 사실이 없다는 글들이 지금 인터넷에 나돌고 있다.

김대중씨는 100만이 모였다고 하는 1971년 4월 18일 서울 장충단공원의 대통령 선거 유세에서 경부고속도로 건설을 반대했다. 대통령 선거 후 한달 뒤인 5월 25일에 치러진 국회의원 선거 지원 유세(서울 홍제초등학교)에서도 그는 특유의 달변으로 경부고속도로를 강도 높게 비난했다.

야당인 신민당은 이미 1968년 5월 2일 제65회 국회본회의 제13차 회의에서 공식적으로 경부고속도로 건설을 반대하는 비판 성명을 발표했다. 김대중씨 당론에 따라 처음부터 끝까지 경부고속도로 건설을 철저히 반대했다. 반대의 이유와 형식은 다양했다. 예산을 문제 삼았고 지역간 불균형 발전을 트집 잡았고, 과속 공사를 비난했다.

김대중씨는 1970년 5월 16일 제5차 임시국회 본회의에서 "만약에 경부고속도로가 저 '와우아파트'같이 그렇게 5층으로 올라간 건물이었더라면 이것 역시 폭삭 무너지고 말았을 것"이라며 독설을 내뿜었다. 와우아파트는 1970년 4월 8일에 무너졌다.

혹자는 김대중씨가 "1968년의 제63회 국회 건설위원회에서 IBRD의 보고서에 근거하여, 서울-부산간에는 철도망과 국도, 지방도가 잘 갖추어져 있으므로 오히려 서울-강릉간 영동고속도로를 가장 먼저 건설해야 한다고 주장했다"는 한상진 교수의 '고속도로와 지역불균등 발전, 논쟁으로 읽는 한국사 2'를 근거로 내세웠다. 강원도에는 지하자원과 관광지가 많음에도 아예 철도조차 없기 때문이라는 것이다.

하지만 이는 사실 확인조차 하지 않은 명백한 거짓말이다. 김대중씨가 서울-강릉 고속도로를 건설을 말한 적이 없다. 국회속기록이나 그의 자서전에도 그런 기록은 나타나지 않는다. 경부고속도로 건설 이전에 이미 박정희 정부는 강원도에서 일제시대부터 존재하던 강원 남부의 영동선(철암선)을 비롯하여 함백선, 정선선, 고한선, 태백선으로 꾸준히 철도 노선을 연장시켜 나가고 있었다. 굳이 철도를 건설해야 한다는 주장을 할 필요가 없다는 의미다

서경석 목사와 함께 '경실련' 창립 공동대표인 변형윤 서울대 명예교수는 1960년대 이후 경제발전 성과를 인정하지 않고 거의 모든 정책에 반대로 일관했다. 경부고속도로 건설계획이 발표되자 "자가용 가진 사람이 몇 명이나 된다고 농토를 가로질러 길을 낸단 말인가. 기어이 길을 닦아놓으면 소수의 부자가 그들의 젊은 처첩들을 옆자리에 태우고 전국을 놀러 다니는 유람로가 되지 않겠는가"라고 비판했다. 그는 포항제철(현 포스코) 건설과 수출주도 공업화에도 부정적이었다.

조순 서울대 명예교수는 "자유무역협정(FTA)이 그렇게 좋으면 미국 일본은 왜 FTA를 적극 추

진하지 않겠느냐"며 "FTA는 보류해야 한다"고 주장했다. 그는 "집도 문을 잠가놔야 정체성이 유지되지 문이 항상 열려 있고 사람들이 무상출입하는 집에는 살기 싫다"고도 말했다. 대학교수, 경제부총리, 서울시장, 정당 대표를 지냈다고는 믿기지 않을 만큼 '닫힌 인식'이다. 이들의 말대로 했다면 한국이 지금 어떤 나라가 됐을지 아찔하다.

▪ 망상어 고래회충은 가짜뉴스…먹어도 무해한 필로메트라 선충

울산 앞바다에서 잡힌 바닷물고기(망상어)에서 고래회충이 다량으로 검출돼 생선회를 먹을 때 주의해야 한다는 보도로 국민들 사이에서 공포심리가 확산되고 있는 가운데 해당 보도가 사실과 다르며 이는 인체에 무해한 필로메트라 선충이라는 주장이 나왔다.

△ '고래회충'이라고 잘못 알려진 선홍색의 필로메트라 선충

남인순 새정치민주연합 의원은 2015년 4월 2일 이날 보도자료를 내고 "고래회충 보도로 전국 생선횟집이 매출 급감 등 경제적 타격을 입었다"며 "질병관리본부에 확인한 결과 이는 고래회충이 아니라 인체 무해한 필로메트라 선충"이라고 밝혔다.

남 의원은 "보건당국이 이러한 사실을 국민에게 소상히 알리지 않고 안이하게 대처해 고래회충에 대한 국민적 공포심리 확산을 초래했다"고 비판했다.

남 의원이 질병관리본부에서 제출받은 자료에 따르면 고래회충(아니사키스 유충)은 흰색 또는 노란색이고 필로메트라 선충은 선홍색으로 눈으로 식별이 가능하다.

고래회충은 생선 기생충으로 가장 유명하다. 사실 바다에 사는 물고기라면 대부분 고래회충의 유충을 가지고 있다. '아니사키스(Anisakis)'란 학명을 가진 고래회충은 알 형태로 떠다니다가 새우에게 먹히고 이를 다시 방어·고등어·대구·청어·갈치·연어·조기·오징어가 잡아먹는 등의 먹이사슬을 거쳐 최종적으로 고래에 도달하기 때문에 '고래회충'이라고 불린다. 아니사키스는 네덜란드에서 처음 발견되어 학계에 알려졌다. 그런데 최종 숙주인 고래에 기생하기 전 단계에서 고래회충에 감염된 방어·고등어·대구·청어·갈치·연어·조기·오징어 등의 생선을 날것으로 섭취하면 인간에게 감염된다. 생선 속에 있던 고래회충이 사람 몸속으로 들어가는 것이다. 보통 고등어 1마리당 적게는 2-3마리, 많게는 10-20마리까지의 고래회충이 기생한다. 대부분의 기생충이 그렇듯 고래회충 또한 먹이사슬에 의해 계속 잡아먹히면서 유충(몸길이 1-2㎝)에서 성충으로 성장한다. 성충의 몸길이는 약 5-20㎝. 최종적으로 고래의 위장에 기생해 알을 낳고 이후 배설에 의해 알이 다시 바다로 나가는 일이 반복되는 삶이다.

보통 회를 먹을 때 기생충은 회의 신선도를 판단하는 기준이 된다. 고래회충은 원래 생선이 살아있을 때 내장 속에 기생하다가 생선이 죽은 뒤 살 속으로 파고 들어간다. 그런데 왜 우리는 고래회충에 잘 감염되지 않는 것일까. 회를 뜨는 데 숙련된 분들이 살아있는 생선회를 뜰 때는 내장을 바로 제거하기 때문이다. 즉 기생충이 살 속으로 파고들어 갈 시간을 주지 않는 것이다. 내장을 제거한 후 칼과 도마를 깨끗이 씻지 않은 채 그대로 회를 썰면 칼과 도마에 묻었던 회충이 그대로 생선회에 묻을 수 있지만 제대로 관리가 이루어지면 걱정 없다. 또 고래회충은 익히거나 냉동시키면 문제가 되지 않는다. 생선을 영하 20도 이하에서 하루 이상 냉동하거나 70도 이상에서 가열하면 기생충이 죽기 때문에 감염 예방이 가능하다.

▪ 교회 목사 설교 내용 인용하다 가짜뉴스 드러나 정정보도

한겨레신문은 새문안교회 이수영 목사의 설교와 관련해 오보를 내 빈축을 산 적이 있다. 문제의 글은 한겨레가 지난 2004년 4월 8일자 27면에 쓴 '우려스런 일부 기독교인들의 색깔론'이라는 제목의 사설이다. 이 글은 "새문안교회의 이수영 목사는 최근 설교에서 '이번 총선은 사탄의 심부름꾼인 공산주의자들이 민주·진보·개혁인사로 위장해 국회로 들어가는 것을 하나님의 힘을 빌려 저지할 수 있느냐 없느냐의 시험대'라고 열변을 토했다"고 묘사함으로써 이 목사가 이와 같은 발언을 한 것처럼 허위보도를 했다는 것.

새문안교회는 4월 8일 오후 "한겨레신문은 이수영 목사가 전혀 사용하지 않은 단어들을 사용, 인용문의 형태를 빌려 보도함으로써 허위사실을 유포했다"며 "사설란 아래 정정 및 사과문을 게재해 달라"고 요청했다.

한겨레신문은 10일자 신문 2면의 '바로잡습니다'란에서 "8일치 '우려스러운 일부 기독교인들의 색깔론' 사설에서 새문안 교회의 이수영 목사가 최근 설교에서 한 말로 인용한 부분은 이 목사가 하지 않은 말을 잘못 인용한 것으로 밝혀져 이를 바로잡습니다"라고 정정했다.

그러나 11일 새문안교회는 임시기획위원회를 열고 "한겨레신문은 왜곡보도로 인해 피해를 입은 새문안교회와 이 목사에게 사과하지 않았으며, 인터넷신문에는 사실무근인 내용이 그대로 올라와 있다"고 밝혔다.

한편 문제의 사설과 관련해 한겨레는 4월 8일자 2면에서도 '일부 보수 기독교인 색깔론 공세'라는 제목의 기사를 내보내고, "총선이 다가오면서 국회를 좌익세력이 점령하려 한다는 식의 극단적인 '색깔론'을 부추기고 있다"고 비판했다. 이 기사는 △ 좌익척결국민행동본부(본부장 서정갑) △ 김동길 연세대 명예교수 △ 이수영 새문안교회 목사 △ 조갑제 월간조선 대표의 최근 발언을 소개하면서 김성복 인천샘터감리교회 목사의 "보수 기독교계 일부가 스스로를 반공이라는 테두리 안에 가둬놓고 이를 신앙의 정도인 양 강요하는 일종의 자폐증세를 보이고 있다"고 하는 비판을 실었다.

▪ 뉴욕타임스 161년 만에 인명 철자(綴字)틀린 기사 뒤늦게 발견 정정

뉴욕 타임스가 아카데미상 3개 부문을 수상한 영화 '노예 12년'(12 Years a Slave)의 실화 주인공이었던 한 흑인 남성 납치사건 관련 오보를 161년 만에 정정했다고 영국 BBC 방송이 2014년 3월 4일 보도했다.

뉴욕타임스는 1853년 1월 20일자 기사에서 납치당해 풀려난 흑인 남성 '솔로몬 노섭(Solomon Nothup)'에 대한 소식을 전하면서 제목에선 '노스럽(Northrup)', 본문에선 '노스롭(Northrop)' 으로 잘못 표기했다.

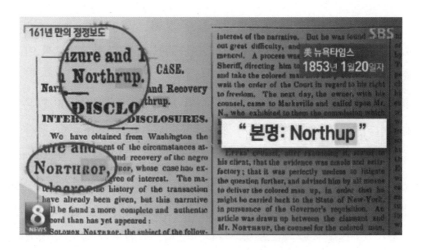

이러한 사실은 영화 '노예 12년'이 널리 알려진 2014년 초 베스트셀러 작가인 레베티 스쿨릿이 뉴욕 타임스의 디지털판을 보고 이를 트위터에 올리면서 알려졌다. 솔로몬 노섭은 1807년 7월 10일 미국 뉴욕주 에식스 카운티의 미네르바에서 태어났다. 바이올린 연주자였던 그는 1841년 인신매매를 당해 12년간 노예 생활을 했다. 노예 생활이 친구들의 도움으로 끝난 후 그는 열차를 몰래 타고 도망치는 다른 흑인노예들을 도와주기도 했다. 그는 1864년쯤 사망한 것으로 추정되고 있다.

△ 영화 노예 12년의 한장면

2013년 개봉된 영화 '노예 12년'은 영국과 미국이 만든 역사 드라마로, 1841년 워싱턴 D.C.에서 납치돼 노예로 팔린 솔로몬 노섭이 1853년에 회고해 쓴 동명의 작품을 각색한 영화이다. 스티브 매퀸 감독의 3번째 영화로 치웨텔 에지오포가 주인공 솔로몬 노섭을, 마이클 패스벤더, 베네딕트 컴버배치, 폴 다노, 폴 지어마티, 루피타 뇽오, 세라 폴슨, 브래드 피트, 앨프리 우더드 등이 조연을 맡았다. 촬영은 루이지애나주의 뉴올리언스에서 2012년 6월 27일에서 8월 13일까지 2천만 달러의 제작비로 이루어졌다.

파란만장한 노예생활의 비참함을 그린 이 영화가 개봉된 이후 '올해의 최고 영화'라는 찬사가 이어졌다. 2014년 1월 12일에 개최된 제 71회 골든 글로브상 시상식에서 드라마 부문 작품상을 받았으며, 같은 해 2월 16일에 열린 제 67회 영국 아카데미 시상식에서는 작품상과 남우주연상을, 3월 2일에 개최된 제86회 미국 아카데미 시상식에서는 작품상과 여우조연상, 각색상 등 3관왕을 차지하했으며 9개 부문에 지명됐다.

▪ '임을 위한 행진곡'에 국가예산 12조원 편성?

보수우파 매체인 '자유의 함성'은 2018년 11월 19일 유투브 채널을 통해 5.18 광주민주화운동의 상징곡이 된 '임을 위한 행진곡'에 국가예산 12조원이 편성됐다고 보도했다.

자유의 함성은 정부가 '임을 위한 행진곡'에 국가예산 12조를 들여서 국민 제창곡 지정 및 전 세계로 보급시킨다는 계획을 세웠다고 전했다.

하지만 이는 가짜뉴스였다. 자유의 함성은 보도 일주일 후 12조원이 아니라 12억 원이 맞다며 댓글을 통해 정정을 했다. 그러나 정정된 정보는 전혀 주목을 받지 못했다. 오히려 잘못된 정보가 이후에 카카오톡 메시지로 재가공돼 더욱 확산됐다.

12억 원의 예산은 창작뮤지컬 지원에 쓰이게 된다. 국회 예결소위 속기록을 보면, 민주평화당 최경환 의원이 12억 원을 요청했고, 여야 의원들은 별 반대 없이 찬성했다

▪ '노무현 전 대통령이 일본 여아 2명 성폭행?'...막가는 日인터넷 황당보도

'대한민국 민간보도'(大韓民國 民間報道)라는 일본의 한 언론 사이트(사진)는 2017년 1월 17일 "이무현이라는 이름의 한국 남성이 지난 2000년에 한국을 방문한 11세와 9세의 일본인 여자 아이 2명을 강간하고도 한국에서 무죄를 선고받았다고 보도했다.

大韓民国民間報道
대한민국 민간 보도

韓国、ソウル市日本人女児強姦事件に判決　一転無罪へ

TOPICS: 国際問題　小学生　強姦　日本

　이 사이트는 한국관광 중이던 두 피해자가 '이미 일본으로 돌아갔다'는 이유를 들어 무죄 선고했다고 전했다.

　이 기사는 그러나 기사 아래 위치하고 있는 외부 출처(☞바로가기)로 넘어가면 '이무현'이라는 남성은 한국의 대통령을 역임한 '노무현'이라는 이름으로 바뀌어 표시된다. 2008년은 노무현 전 대통령이 해양수산부장관을 맡고있던 시점이다.

　이 같은 허위 기사는 'Tokyo No Hate(한국인 차별반대연합)' 소속의 우에다 유스케(上田雄介)씨가 1월 25일일 영자신문 '코리아 헤럴드'사에 제보함으로써 국내에 알려졌다.

　이 사이트는 이밖에도 〈한국 전역에 번진 反트럼프 시위로 6명 사망〉 〈10세 아역 배우 임신, 한국에선 흔히 있는 일〉 등의 허위 기사를 게재하고 있다. 해당 사이트의 글들은 '한국 뉴스'라는 이름으로 아마존에서 판매되고 있다.

▪ '이희호 여사 미국 유명 힙합가수 닥터드레와 재혼, 박지원 의원 확인?'

　고(故) 김대중 대통령의 부인 이희호 여사가 미국의 힙합 가수 '닥터드레'와 결혼한다는 내용의 글을 유포한 70대 남성에게 법원이 벌금 500만원을 선고했다.

서울서부지법 형사6단독 이은희 판사는 명예훼손 등의 혐의로 재판에 넘겨진 A씨(당시 73세)에게 벌금 500만원을 선고했다고 2017년 8월 25일 밝혔다.

A씨는 자신이 운영하는 네이버 블로그에 '이 여사가 김 전 대통령의 비자금을 세탁하기 위해 닥터드레와 결혼한다'라는 내용의 글을 올렸다. A씨는 해당 글을 통해 김 전 대통령과 이 여사의 명예를 훼손한 혐의로 재판에 넘겨졌다.

A씨는 "이희호 여사가 2017년 8월 7일 토요일 광주광역시 서구 김대중컨벤션센터에서 미국 유명 힙합가수 닥터드레와 결혼식을 올린다"면서 "박지원 의원도 이제는 이희호 여사의 행복을 빌어주어야 할 것이며 그분은 결혼 후에도 대한민국 민주주의의 발전의 상징으로 남을 것이라고 말했다"라는 내용의 글을 올렸다.

법원은 "A씨가 김 전 대통령과 유족인 이 여사가 관리하는 비자금이 없고, 이 여사가 미국 가수와 결혼할 예정이다는 등의 내용도 전혀 사실이 아님을 잘 알고 있으면서도 공연히 허위의 사실을 적시해 고인과 피해자의 명예를 훼손했다"고 양형 이유를 밝혔다.

닥터드레는 1965년 2월 18일 생으로 미국의 사업가이자 프로듀서이자 래퍼로 활동하고 있는 유명인사다. 특히 미국 힙합계의 대부로 불리고 있다. 그는 아내가 있는 4남 1녀의 가장이다.

<참고자료>

Ⓐ 국내 신문

경향신문, 국민일보, 내일신문, 동아일보, 문화일보, 서울신문, 세계일보, 조선일보, 중앙일보, 한겨레신문, 한국일보, 매일경제, 서울경제, 한국경제, 코리아 타임스, 코리아 헤럴드

Ⓑ 해외 신문

뉴욕 타임스, 워싱턴 포스트, 더 타임스

Ⓒ 국내외 뉴스통신사

연합뉴스, AP, AFP, UPI, 로이터, 교도, 신화, 이타르타스

Ⓓ 국내외 방송사(홈페이지)

KBS, MBC, SBS, MBN, JTBC, 연합뉴스TV, 채널A, TV조선, YTN, BBC, CNN

Ⓔ 인터넷 매체

뉴데일리, 미디어오늘, 오마이뉴스, 올인코리아, 자유일보, 조갑제닷컴, 펜&마이크

Ⓕ 서적

서옥식, 오역의 제국-그 거짓과 왜곡의 세계(2013)

서옥식, 북한 교과서 대해부-거짓과 왜곡 조작 날조를 가르치는 사회(2015)

간추린 오보사전

가짜뉴스의 세계

그 거짓과 왜곡 조작 날조 선동의 場
The World of Fake News

초판 인쇄   2019년 11월 30일
초판 발행   2019년 12월 05일
2 쇄 발행   2023년 7월 28일

지 은 이   서 옥 식
발 행 처   (주)해맞이미디어
발 행 인   김 춘 기
            서울특별시 관악구 신림동 신사로54 신영빌딩
            TEL : 02)863-9939
            E-mail : inventionnews@naver.com
등록번호   제320-199-4호
I S B N   978-89-90589-82-8

• 무단복제와 불법복제를 금합니다.
• 좋은 책 만들기(SINCE 1990~)
• 책값은 뒷표지에 표시되어 있습니다.